PESSOA E PERSONAGEM

COLEÇÃO PERSPECTIVAS
dirigida por J. Guinsburg

Supervisão editorial: J. Guinsburg
Tradução: Luiz João Gaia e J. Guinsburg
Preparação de texto: Marcio Honorio de Godoy
Revisão: Eloisa Graziela Franco de O. Hamasaki
Capa e projeto gráfico: Sergio Kon
Produção: Ricardo W. Neves, Sergio Kon e Raquel Fernandes Abranches

Michel Zéraffa

PESSOA E PERSONAGEM

O ROMANESCO
DOS ANOS DE 1920 AOS ANOS DE 1950

Título do original francês
Personne et personnage: le romanesque des années 1920 aux années 1950

© Éditions Klincksieck, Paris, 1971.

Dados Internacionais de Catalogação na Publicação (CIP)
(Câmara Brasileira do Livro, SP, Brasil)

Zéraffa, Michel, 1918-1983.
  Pessoa e personagem : o romanesco dos anos 1920 aos anos de 1950 / Michel Zéraffa ; [tradução Luiz João Gaia e J Guinsburg]. – São Paulo: Perspectiva, 2010. – (Perspectivas / dirigida por J. Guinsburg)

  Título original: Personne et personnage: le romanesqu ׃ des années 1920 aux années 1950.
  Bibliografia.
  ISBN 978-85-273-0818-2

  1. Estética 2. Ficção – Século 20 – História e crítica. I. Guinsburg, J. II. Título. III. Série.

08-02186   CDD-809.3

Índices para catálogo sistemático:

1. Ficção : História e crítica   809.3
2. Romance : História e crítica   809.3

Direitos reservados em língua portuguesa à
EDITORA PERSPECTIVA S.A.
Av. Brigadeiro Luís Antônio, 3025
01401-000 São Paulo SP Brasil
Telefax: (11) 3885-8388
www.editoraperspectiva.com.br
2010

Sumário

9	Prefácio
PRIMEIRA PARTE	**O OLHAR DO ROMANCISTA**
19	1. A Revolução Estética dos Anos de 1920
37	2. Ponto de Vista e Pessoa
77	3. "Miríades de Impressões"
SEGUNDA PARTE	**A CONSCIÊNCIA COMO CAMPO ROMANESCO**
121	4. O Demasiado Próximo e o Demasiado Distante
187	5. A Biografia Impossível. O Exemplo de Proust
227	6. O Mito da Totalidade
TERCEIRA PARTE	**FIM DAS NOSTALGIAS**
285	7. Morte e Participação
321	8. Redução à Existência
363	9. Do Absurdo ao Contrassenso
	CONCLUSÃO
453	Estética do Romanesco e História da Pessoa
465	Ensaio de Síntese
467	Bibliografia
487	Índice Remissivo
497	Índice das Personagens

À Josette Fleury-Zéraffa

NOTA DA EDIÇÃO:

Para não prejudicar a fluência do texto e para facilitar a identificação pelo leitor, as obras de ficção mencionadas neste livro são apresentadas pelo seu título original, seguido de uma sugestão de tradução ou do título da edição existente em português, na primeira vez que aparecem; nas demais ocorrências, elas são apresentadas apenas por seus títulos traduzidos, pelos quais foram listadas no Índice Remissivo.

Prefácio

Todo romance exprime uma concepção da pessoa que sugere ao escritor a escolha de certas formas e confere à obra seu sentido mais amplo e mais profundo; se esta concepção se modifica, a arte do romance se transforma: tal é a hipótese sobre a qual foi fundado nosso estudo. Nosso propósito era o de seguir as evoluções concomitantes da pessoa e do romance em cerca de quarenta anos de história, civilização, cultura ocidentais, e evidenciar assim a originalidade das formas romanescas que se sucederam durante este período e precisar-lhes o sentido. Portanto, nosso estudo conjuga duas pesquisas: uma de ordem psicossociológica – tendo por objeto a pessoa – e outra de caráter estético – tomando por objeto a vida das formas. Associando essas duas pesquisas, nossa maneira de proceder irá distinguir-se daquela do sociólogo, que, com justiça, concebe o romance como o significante privilegiado do estado de uma sociedade, e pode descobrir relações necessárias entre as estruturas de uma obra e os traços essenciais de um momento de uma civilização; distinguir-se-á também daquela do psicólogo que, legitimamente, encontra num romance a descrição de fatos psíquicos. De nossa parte, consideramos a pessoa, mas no romance; isto é, tal como a traduz uma linguagem que tem suas próprias leis e estruturas, a linguagem de uma arte.

Pois, por mais fortemente que possam ser determinadas pela história, as formas romanescas são tão específicas quanto as pictóricas. Embora não haja nada de comum entre um burgo normando em 1840 e o lado de Guermantes, o romance proustiano continua sendo o de Flaubert. A sociedade industrial provocou o emprego do monólogo interior, mas suas formas têm gênese numa história propriamente literária. Como todo artista, o romancista jamais aprende seu objeto de maneira direta. Entre seu pensamento (sua concepção da verdade fundada numa experiência) e a obra que ele deseja escrever, interpõe-se uma linguagem estética já elaborada da qual rejeita certos aspectos que lhe parecem caducos, sendo outros, ao contrário, a seus olhos, referências e exemplos a explorar ou, sobretudo, a transformar. A história das formas e a história dos homens são distintas e paralelas. No universo real o romancista inovador encontra uma matéria, não um modelo. Descobre aí estruturas, não formas.

Ademais, o escritor original tanto dá um sentido à existência humana quanto o coloca em evidência. A obra romanesca exprime o sentido e imprime um sentido. O ato de estabelecer uma relação necessária entre a significação afirmada (a significação de que o homem tem necessidade em um certo momento de sua história), constituiu o êxito dos autores de *Ulisses*, de *Der Prozess* (O Processo), de *La Condition Humaine* (A Condição Humana).

O campo do romanesco é, por excelência, aquele da interpretação. Tendo observado o mundo e a si mesmo, o romancista pensa o mundo e se pensa, e é pouco dizer que sua hermenêutica exige o recurso a modos de expressão específicos: nenhuma técnica, nenhuma forma é puramente operatória; os meios de expressão utilizados pelo romancista significam, encarnam, representam, são seu pensamento.

Este pensamento romanesco, onde a constatação do real se alia a uma visão da existência humana, é por nós designado pelo termo *pessoa*, que, portanto, tomamos numa acepção extremamente vasta. Por pessoa, entendemos o homem e sua presença no mundo tal como o romancista os percebe em primeiro lugar e em seguida os concebe. Certamente, o escritor inovador não imagina a pessoa: ele a vê existente, ou não existente, na vida real, assim como ele mesmo sente-se ser ou não ser. Quer o romancista (como Balzac) veja a pessoa desenhar-se em relevo no mundo, quer, ao contrário (como Dos Passos), ele a veja oca, isto é, "falsa", alienada, esmagada, a pessoa sempre lhe é dada com traços sociológicos, psicológicos e morais. Mas a partir desta experiência do homem, o escritor busca conhecer em que consistem a essência e o valor da pessoa, e por este meio privilegia um aspecto da existência humana: atribui a esta uma dominante, psicológica e espiritual em Proust, enquanto que para Malraux e Bernanos a pessoa só existirá numa ação que promove valores. Por isso a existência da pessoa, no romance, implica um confronto entre o real e o verdadeiro. A pessoa concebida por Proust participa de uma reflexão sobre as intermitências do coração que é rigorosamente contraditada pelos dissabores de Charlus na casa dos Verdurin: o real tem como forma o Tempo; o verdadeiro, a Duração. Em Thomas Mann, assim como em Céline, para tomar duas obras que se excluem mutuamente, a pessoa se define por aquilo que tende a destruí-la, mas finalmente compreende, engloba e domina estas forças negativas. O romance, dizia Balzac, envolve o fato e a ideia. Consideramos que no romance (sobretudo no período que vai de *À la recherche du temps perdu* [Em Busca do Tempo Perdido*] a *L'Espoir* [A Esperança]) a pessoa é uma ideia posta à prova dos fatos que a constituem, e que no entanto ela ultrapassa. No termo do relato, uma ideia do homem tornou-se uma imagem do homem, concretizada por um conjunto de meios de expressão que representa noções e sentimentos, funções psicológicas e fatos sociais, atos e sonhos.

Nenhuma filosofia personalista inspirou uma pesquisa no curso da qual nos tenhamos esforçado em permanecer fiéis aos conteúdos e às formas das obras estudadas, em seguir o pensamento dos escritores, em examinar objetivamente as críticas às quais eles se expuseram. Estudar o romance em função do conceito de pessoa não é dar provas de idealismo a não ser na medida em que os próprios romancistas – num período da história que terá sido aquele de

---

* Romance publicado em sete volumes: *Du côté de chez Swann* (No Caminho de Swann), *À l'ombre des jeunes filles en fleurs* (À Sombra das Raparigas em Flor), *Le Côté de Guermantes* (O Caminho de Guermantes), *Sodome et Gomorrhe* (Sodoma e Gomorra), *La Prisonnière* (A Prisioneira), *Albertine disparue* ou *Le Fugitive* (A Fugitiva) e *Le Temps retrouvé* (O Tempo Redescoberto) (N. da E.).

uma dúvida sobre o valor de nossa existência e sobre o sentido de nosso destino – conceberam uma certa ideia do homem segundo os dados tirados de sua experiência do real. Ideia negativa ou positiva, desesperadora ou fonte de esperança, mas sempre outra, sempre diferente desta experiência, visto que ela a significava. A exemplo de *Dom Quixote* ou de *La Comédie Humaine* (A Comédia Humana), nenhuma das obras romanescas de que vamos falar é neutra diante do problema de nossa presença sobre a terra. Mesmo quando o escritor mostra o homem em seu nada, propõe-nos uma concepção global e orientada da pessoa humana que lhe inspirou o olhar sobre o mundo concreto. Pois os romancistas que nos ocupam são realistas. Por isso buscaremos mostrar que a pessoa cuja imagem elaboram é sempre possível e que a criticam ao mesmo tempo que a formam.

Portanto, se nossa tese era que o romance, em sua totalidade, concebido como conjunto de elementos estruturais (dentre os quais, naturalmente, o estilo, que foi objeto de tantos estudos notáveis) nos propõe uma imagem global, privilegiada, significativa da *pessoa*, devíamos logicamente distinguir esta da *personagem*. Devíamos expor-nos à mais válida das objeções: onde está a pessoa, a partir do momento em que não está totalmente encarnada? Onde está a pessoa em Gide, se não a representam nem a exprimem Bernard, Passavant, Edouard? Como recusar a qualidade de pessoas a Bloom ou a Dedalus, a Perken ou a Kyo?

Distinguir não é separar. Efetuando uma distinção entre *pessoa* e *personagem* acreditamos dever obedecer a um imperativo metodológico, mas que corresponde à realidade do romance, ao menos à do *Em Busca do Tempo Perdido*, de *Der Steppenwolf* (O Lobo da Estepe) ou de *Les Conquérants* (Os Conquistadores). Queríamos primeiramente reduzir a ambiguidade que se prende aos dois termos quando se trata do teatro, do cinema e do romance, pois nestes domínios falamos comumente da personagem como de *uma* pessoa. Mas a questão, a nossos olhos, era saber se tal herói representa, encarna *a* pessoa. Para maior clareza, referimo-nos a dois exemplos extremos: o das artes do espetáculo e o da arte abstrata. Para quem assiste a uma obra dramática, a personagem comporta três graus de presença humana, pois vemos um *ator*, um *herói* e uma (ou a) *pessoa*. Na maioria das vezes perguntamo-nos se o ator corresponde bem, por seus traços físicos e seu desempenho, à personagem criada pelo dramaturgo, personagem que nos remete (ao menos quando se trata de um protagonista) a uma concepção do homem. No romance, em compensação, personagem e ator fazem uma coisa só. Julien Sorel (percebe-se por que o escolhemos aqui) desempenha um papel, e Stendhal sabe comunicar-nos que abismo separa este papel do ser de Julien, e também de uma pessoa, da consciência humana autêntica que, aos poucos, se desenha em filigrana através do drama assumido pelo herói. Ao contrário da personagem de Julien Sorel, a qual reconhecemos que encarna (que acaba por encarnar, em sua prisão) uma ideia global e verdadeira do homem, situaremos uma pintura abstrata: podemos dizer que a pessoa humana esteja rigorosa e manifestamente ausente destas formas e cores? Não o acreditamos, mesmo que fosse só em razão da presença da personalidade do pintor no seio desta figuração abstrata, isto é (precisemo-lo) não humana. A arte moderna suscita uma questão cuja importância capital conhecemos: será necessário, para representar faces humanas falar sobre o homem? Ao contrário, não deverá hoje a arte traduzir uma ideia do homem – da vida humana – num mundo em que a verdade (desoladora ou positiva) assumiu justamente um caráter abstrato, visto que os indivíduos e as individualidades se apagam cada vez mais?

Ora, é precisamente a esta questão (como procuramos mostrar desde o primeiro capítulo) que os romancistas cujas obras, após a Segunda Guerra Mundial, subverteram as próprias noções do romance e do romanesco, deviam responder com clareza. Já se foi o tempo, afirmam eles em seus numerosos textos teóricos (Proust e Musil o dirão no próprio corpo de seus relatos) em que a função e a presença sociais de um indivíduo o designavam enquanto pessoa; onde um vínculo coerente (estirado, é verdade, por Stendhal, e mais ainda por James) unia o Eu e o Ego, a função e o ser; onde, por conseguinte, um romancista podia validamente conceber a pessoa como um tipo sociológico e psicológico. Os grandes romancistas dos anos de 1920 não consideram a personagem como forma suscetível de conter e de representar o homem em sua autêntica verdade e totalidade. O romance, ao contrário, tem por missão revelar o quanto o Eu, na finitude de sua aparência, é desproporcionado em face da imensidade do Ego, e, sobretudo, revelar que uma individualidade jamais sintetiza uma consciência. Não há pessoa sem personagem, mas a pessoa não poderia ser reduzida a um herói de romance; doravante, este não poderia ser sintético. A este princípio obedece a feitura de *Em Busca do Tempo Perdido*, de *Ulisses* e de *Manhattan Transfer*. Certamente, Léopold Bloom é uma personagem, mas explicitamente, (muito mais explicitamente do que Julien Sorel) ele nos remete a uma realidade humana – a uma concepção global da pessoa – cuja amplitude não é proporcional à presença, através de Dublin, de um "homem comum sensual".

Do mesmo modo as obras de Joyce, de V. Woolf, de R. Musil ou de H. Broch não correspondem somente às tendências da psicologia de seu tempo e às suas descobertas. Estas obras anunciam, além disso, o ensinamento da psicologia social, pois elas nos mostram que a "personagem" está do lado funcional e a pessoa do lado nacional; que um existe e o outro é, ou antes, deve ser; que um é máscara, o outro verdade. Oposições essas que o romance do século XX não cessará de acusar, pela boca ou pelos pensamentos de heróis, é certo, mas também por outros *modos de expressão* que não a personagem propriamente dita. Pois, a partir de *Em Busca do Tempo Perdido*, é a própria estrutura do romance (suas formas de composição) que contribui muito mais abertamente do que no passado, para transmitir ao leitor uma ideia e uma imagem da pessoa. Aí está um dos pontos fundamentais que desejamos focalizar: a pessoa não "pertence" unicamente a Quentin Compson; a noção de pessoa, tanto em Faulkner como em Joyce, depende também, e talvez sobretudo, da composição da narração.

Mas duas outras razões incitavam-nos a distinguir a pessoa da personagem. A primeira é que era necessário levar em conta um fenômeno de acumulação das obras romanescas que em larga medida determinou a mais ampla das reflexões sobre a arte do romance que jamais foi efetuada, e que foi uma das causas de desconfiança unânime com respeito à personagem – ou ao menos ao tipo. Com efeito, passou-se com o romance, depois de 1919, o que acontecera com as artes plásticas antes de 1914: muitos séculos de arte haviam acumulado e proposto tantas representações do homem que as próprias noções de forma e de discurso se tornaram suspeitas. Lendo Tolstói, que aliás admirava, o romancista inovador procurava espontaneamente outras vias além daquelas do figurativo. A recusa da "personagem" não manifesta somente a exigência de verdade e de autenticidade; sendo a do *retrato*, esta recusa procedia de móbiles estritamente estéticos e inscrevia-se, por reação e negação, na história de uma arte.

Enfim, queríamos expor três enfoques para tratar das relações necessárias entre formas romanescas e pessoa: um olhar sobre os próprios romances – um estudo dos textos teóricos dos romancistas – os comentários suscitados por suas obras. Ora, veremos que a maioria dos comentadores, para os quais o sentido e o valor de um romance repousavam essencialmente na coerência e na representatividade da personagem, abordava em termos negativos, este problema da pessoa cujos escritores originais haviam tentado resolver por outros caminhos que não os balzaquianos. O obnumbramento da personagem pode levar ao obnumbramento da pessoa? Não era suficiente considerar a questão unicamente em relação às obras, convinha também examiná-la através de suas ressonâncias.

Grandes nomes da arte do romance, romancistas de incontestável valor, não figuram em nossa obra ou são objeto de uma simples alusão. Nossa única justificativa, acerca deste ponto, é que nosso esforço de análise versou sobre romances cujos autores, julgando necessário destruir ou transformar formas antigas, elaboraram estruturas correspondentes a uma concepção nova da pessoa. Veremos particularmente que a linearidade do relato lhes inspira tanta desconfiança quanto a representatividade da personagem. Tal como a das artes plásticas, a evolução da arte do romance é balizada, para retomar uma feliz expressão de P. Francastel, de "cabeças de série". Escolhemos as obras que nos pareciam mais claramente exemplares de uma metamorfose. Aquelas cujos autores frequentemente foram teóricos de sua arte, e verdadeiros filósofos da pessoa.

Expressamos nosso profundo reconhecimento a Ignace Meyerson. Sem os conselhos, sem o exemplo do autor de *Les Fonctions psychologiques et les oeuvres* (As Funções Psicológicas e as Obras [de Arte], que mostrou a importância da noção de pessoa nas artes, e em particular no romance, nosso estudo seria ainda mais imperfeito.

Para testemunhar nossa imensa gratidão a E. Souriau, que se prontificou em assegurar a direção de nosso trabalho, escreveremos apenas isto: a compreensão da forma é o único caminho seguro para a comprecnsão do sentido.

Primeira Parte:

O Olhar do Romancista

Como tornar interessante o drama de três ou quatro mil personagens que uma sociedade apresenta?

BALZAC.

Um livro é a vida secreta do autor, o gêmeo sombrio do homem: não podeis reconciliá-los.

W. FAULKNER.

1 A Revolução Estética dos Anos de 1920

> Os romances nos consolam: eles nos propõem uma humanidade inteligível.
> E. M. FORSTER

O primeiro volume de *Pilgrimage* (Peregrinação), de Dorothy Richardson, apareceu em 1915. Faulkner publica *The Sound and the Fury* (O Som e a Fúria) em 1929. Entre estas duas datas houve uma revolução na arte do romance, assim como na expressão romanesca da pessoa. Marcada por um deslumbrante conjunto de obras, esta revolução é acompanhada de um esforço sem precedente no plano da teoria. Ao lado dos escritos de Proust, de Joyce, de V. Woolf, de A. Döblin, de J. Romains, de G. Stein sobre a arte e as técnicas do romance, tomam lugar o célebre *Aspects of the Novel* (Aspectos do Romance), de E. M. Forster; *The Structure of the Novel* (A Estrutura do Romance), de E. Muir; os estudos de Alain, de J. Rivière, de Fernandez. Entre 1920 e 1930 um renascimento estético (a aparição de formas novas) é acompanhado de uma profunda mudança na crítica: novo olhar é lançado ao romance em seu conjunto. Nunca seria demais insistir na importância dessa conjunção, ou ao menos dessa coincidência, pois teve como resultado trazer à plena luz a especificidade do romance não mais apenas como gênero, mas como linguagem. Passa-se então com o romance àquilo que já se passara com a poesia, a música, a pintura: obras inovadoras, que transformam uma arte, permitem tomar consciência de sua essência de maneira mais profunda. Durante os anos que seguem a publicação de *Ulisses*, precisa-se a noção de uma linguagem romanesca fundamentalmente comum a Joyce e a Balzac: o romance teve sempre seus próprios elementos constitutivos, seus modos próprios de organização e de significação da realidade. Quando o real muda, esta linguagem se modifica. O romance não reflete. Traduz.

Em nossos dias, pode parecer evidente que o valor estético de uma obra romanesca se reconhece e se mede pelas mediações que o escritor descobre, instaura, entre si mesmo e um certo estado do real, tal como ele o observou, e que destas mediações – destas formas, destas técnicas – depende precisamente o realismo do romance. Mas na época em que Proust empreende *Em Busca do Tempo Perdido*, e Joyce, *Ulisses*, a necessidade de descobrir novas formas, para dar conta de uma realidade nova, está longe de ser evidente. Pondo fim a uma crise do realismo romanesco, que foi sensível no Ocidente a partir do fim do século XIX até os anos que se seguiram à Primeira Guerra Mundial, os romancistas inovadores revelariam sua causa essencial, a saber, a impossibilidade de aplicar à época atual os modos de expressão de ontem. Antecipando nosso propósito, diremos que Proust, Joyce, Dos Passos, realizaram a inversão de óptica há muito esperada, amiúde pressentida, que era necessária para que o romance se tornasse novamente estético e atual ao mesmo tempo. Diremos também que estes escritores resolveram o problema fundamental da descoberta de uma relação coerente entre subjetividade criadora e objetividade realista.

Os períodos de mudança decisiva (raros e resultantes de uma evolução) dão-nos a impressão de que fazem aparecer uma diferença entre a noção de arte e a de estética: a arte é um estado, a estética um movimento, uma instauração de formas. Não podemos negar o valor artístico de muitos romances que surgiram na França desde o declínio do naturalismo até esse dia de 1913, quando M. Proust publica uma parte do *Em Busca do Tempo Perdido*, ou que aparecem na Inglaterra entre 1904 (*The Golden Bowl* [A Taça de Ouro]) e 1922 (*Ulisses, Jacob's Room* [O Quarto de Jacó]). Também são obras de arte os romances naturalistas americanos da mesma época. O historiador das formas, e também o psicólogo da arte, devem, contudo, admitir um fenômeno global que todos os romancistas originais dos anos de 1920 terão focalizado retrospectivamente, a fim de defender sua própria concepção do romanesco – sob a influência das grandes obras do século XIX instituíra-se a crença numa verdadeira homologia entre as formas do romance e das relações sociais, isto é, relações entre um indivíduo e uma sociedade, sendo o primeiro considerado como a parte e a segunda, o todo. Essas relações constituíam um *esquema romanesco* – um modelo – do qual tanto Proust como Joyce, tanto V. Woolf como G. Stein deveriam denunciar o caráter formal (no sentido pejorativo do termo), porquanto a seus olhos ele era inatual: no mundo moderno, a relação indivíduo-sociedade só dizia respeito à pessoa secundariamente, ou melhor, só a definia na aparência.

Por um longo período esta relação da parte com o todo tinha sido, ao mesmo tempo, real e racional. Por muito tempo constituíra a verdade fundamental da pessoa. Por mais poderosas e singulares, por mais ambíguas e complexas que sejam as personalidades de Vautrin, Julien Sorel ou Jane Eyre, por exemplo, estas personalidades não são separáveis da sociedade nem da história. Solidários ou vítimas do universo que os cerca, estão unidos a este por vínculos coerentes, por relações de causa e efeito, de modo que uma paixão individual é explicativa das leis do social, e que por um movimento inverso e paralelo as estruturas e o devir da sociedade são reveladores de uma vida afetiva. A interioridade tem como "razão" a natureza social do homem; mais precisamente a dominante sociológica da pessoa.

Já suspeita para Stendhal, a ideia de que o Eu (a unidade) e o Nós (a totalidade social) são interferentes, será recusada por Flaubert. De *L'Education sentimentale* (A Educação Sentimental), e sobretudo de *Madame Bovary*, resulta a ausência de medida comum entre individualidade passional e ordem social. A teoria flaubertiana (cremos dever dar-lhe este nome) segundo a qual a vida interior é diferente, não mais em termos de grau, como em *Le Rouge et le noir* (O Vermelho e o Negro), mas em termos de natureza, do aparelho das relações sociais, será aquela de James, ao menos em seu princípio essencial. Mas a originalidade de Flaubert e de James, sua qualidade de precursores, só apareceriam plenamente no decorrer dos anos de 1920, quando o emprego de uma óptica subjetiva renovou o romance. A formação desta óptica será descrita no capítulo seguinte, onde mostraremos como o ponto de vista do escritor (o plano diretor que ele adota) corresponde àquilo que ele julga ser a verdade da pessoa. Visto que o homem é subjetivo em sua essência, as formas do romance devem derivar de um princípio de subjetividade: a esta lei antibalzaquiana vai obedecer o romance, de Proust à Kafka. Especifiquemos mais: o princípio da subjetividade torna-se a condição necessária da objetividade romanesca.

Mais adiante evocaremos o combate travado por James, sem grande sucesso, para fazer com que seus contemporâneos admitissem que a arte do romance não podia ser analógica à relação indivíduo-sociedade. O autor de *The Portrait of a Lady* (Retrato de uma Senhora) vai substituir esta relação por aquela de consciência-meio, dando então a primazia à vida subjetiva, espaço em constante *expansão*, por oposição a este *sistema* que é o social. O mesmo combate, vitorioso, foi travado entre cerca de 1920 e 1927 por romancistas que, em numerosos textos teóricos ou no próprio corpo de suas obras (as últimas páginas de *Em Busca do Tempo Perdido* constituem uma estética do romance) quiseram persuadir leitores e críticos de que o indivíduo e a sociedade não passavam de aparências, de entidades, de signos: eram verdadeiros e reais apenas o *Ego* e a *existência do outro*. O escritor que compunha um romance segundo o princípio da interferência do individual e do social considerados como um conteúdo e um continente, como a parte e o todo, fazia uma obra humanamente falsa, e esteticamente sem valor. Com efeito, este escritor não era criador: recorria a formas e técnicas inadequadas à realidade atual. Proust, Joyce e D. Richardson acusarão de anacronismo muitos de seus contemporâneos, que aplicavam a uma realidade difusa e confusa os princípios e métodos de criação herdados de uma época em que a existência humana (tanto psicológica quanto social) estava ordenada. Sublinhemos desde já o quanto uma *visão social* foi determinante na gênese de uma teoria do romance que atribuía a preponderância ao *psicológico*. Foram as "grossas dimensões dos fenômenos sociais", para retomar a frase de Proust, assim como a complexidade e a variabilidade das relações interpessoais, como entre as classes, que em grande parte "psicologizaram" o romance e tornaram necessária a adoção de uma óptica dominante subjetiva para compor uma obra realista.

No romance, assim como nas outras artes, a inovação depende da ideia de necessidade. Chame-se Cézanne ou Faulkner, o criador original começa por descobrir (e as modalidades desta descoberta são diversas) um princípio diretor graças ao qual uma relação lógica (que *nos* parece ser natural) unirá a "realidade" e esta "sensibilidade do artista" ao mesmo tempo primordial e detestável aos olhos de Joyce, assim como o fora para Flaubert. Se de Proust a Musil o espaço vivo da consciência (por oposição ao espaço e às formas do social, e aos acontecimentos históricos) é escolhido como campo romanesco fundamental, isto se deve sobretudo ao fato de que o domínio das funções psicológicas é o único ao qual o escritor julga ter autenticamente acesso, o único que ele pode observar validamente, o único, ao menos, que a seus olhos é verdadeiramente pertinente.

A óptica diretora do romance será de natureza subjetiva e permitirá ao romancista (que inverte assim a óptica balzaquiana) desvendar quais os vínculos necessários que unem – precisamente – o Eu e o Nós: será mister especificar que através do solipsismo, ou da dispersão da pessoa de que se acusa, de modo fácil demais, Proust ou Woolf, pode haver conjuntos sociais? Provocar o surgimento de relações sociais concretas através da vida psicológica, como através de um filtro, fora o método de James, razão pela qual muitos comentadores o iriam taxar de esteticismo. Com efeito, devido a uma interpretação equivocada da obra de Balzac, e sobretudo dos romances naturalistas, o romance ficou por muito tempo encerrado no dilema entre ser arte (isto é: imaginação, sensibilidade, subjetividade do criador), ou verdade, isto é, representação fiel da sociedade *em si*[1].

A partir do momento em que as formas, as técnicas e o realismo romanesco eram postos numa relação de necessidade (muito mais claramente, como veremos, do que o haviam feito Flaubert e James) com as manifestações da consciência, o romance reencontrou uma especificidade da mesma natureza, de mesma essência que as das outras artes. Entre 1900 e 1914, a noção de beleza é associada à de subjetividade, tornando o realismo, paralelamente, algo de essência subjetiva. Para aquilo que se convencionou chamar vanguarda, a vida das representações e das tendências é estética, enquanto o anestético, em compensação, é o social, o histórico, o moral. Sem negar de forma alguma o valor dos romances de Barrès, por exemplo, nem o da escola naturalista americana, deve-se reconhecer que durante este período o romanesco está pelo menos recuado num movimento em que o *fantasmático* leva a melhor sobre o *discursivo*[2]. Isolados, James e Conrad adotavam o olhar de um Strindberg, que tomara por foco dramático a vida psíquica e esclarecera, por este mesmo foco, as estruturas sociais da quais suas personagens eram prisioneiras.

Esta transferência da beleza para o lado subjetivo contribuiu fortemente para lançar o descrédito sobre o romance, em geral classificado como documento social. Assim se explica, em larga medida, a aparição de um romanesco do imaginário e do ideal. O exemplo de uma poesia a exprimir uma crescente desconfiança (a mesma de que dão testemunho V. Woolf, Faulkner, Mann ou

---

1 A redação de nosso estudo chegava a seu termo quando foi publicada a tese de M. Raimond, *La Crise du roman, des lendemains du naturalisme aux années vingt*. Expõe-se aí detalhadamente o que foi o "declínio" do romance entre 1890-1920. O autor enfatiza (p. 40-137) a tendência a considerar o romance como um documento social, donde o "descrédito" do romanesco, e o "processo" feito ao romance. Cf. também a excelente obra de R. Stang, *The Theory of the Novel in England (1850-1870)*, que mostra que os romancistas ingleses da segunda metade do século XIX já se defrontavam com os problemas aos quais James devia trazer a solução. A existência de uma crise do naturalismo nos Estados Unidos, mais ou menos de 1910 a 1920, é atestada por A.A. Baiwir, *Le Déclin de l'individualisme dans le roman américain* e por D. M. Hoare, *Some Studies in the Modern Novel*.

2 A expressão é de M. Guiomar, que nos comunicou o manuscrito de sua tese complementar, *Introduction à la pensée musicale de Berlioz*. Esperamos demonstrar, em nossos capítulos 3, 4 e 5, que esta expressão designa de maneira feliz um aspecto essencial da inspiração dos grandes romancistas dos anos de 1920.

Broch) com respeito a uma sociedade moderna que ameaçava sufocar a vida do Eu e a dos valores, de uma poesia que, em compensação, exaltava os poderes da imagem, inspiraria d'Annunzio, e sobretudo Alain Fournier e P. Reverdy. Do mesmo modo, o expressionismo, que condena a representação da vida burguesa, do anedótico e do sentimental, incita os romancistas alemães e escolhe por heróis "seres de pensamento e de reflexão, livrando-se assim das coerções desumanas do mundo moderno"[3].

Estas eram, todavia, obras de evasão, no sentido não pejorativo do termo. A narração poética, filosófica ou idealista fazia renascer a "beleza romanesca", isolando a personagem do concreto, do atual. O autor ilustrava a impossibilidade, para o indivíduo, de participar num mundo em que a "prosa das relações sociais", para citar Hegel, jamais tivera um império tão grande, jamais oprimira tanto a existência de cada um. No espírito de um Joyce, ao contrário, o romance deve exprimir concretamente o *conflito* da vida subjetiva e dos constrangimentos externos, visto que no século XX a realidade de toda a existência é composta por esse conflito. Chegamos aqui ao essencial: seja qual for a distância que separa o *Em Busca do Tempo Perdido* e *O Som e a Fúria*, *To the Lighthouse* (Rumo ao Farol) e *Ulisses*, *Der Zauberberg* (A Montanha Mágica) e *Manhattan Transfer*, estes romances são frutos de uma mesma constatação fundamental: a vida do *espírito humano* e as *formas* do mundo moderno são inconciliáveis, – e realizam um mesmo desígnio primordial: exprimir esta contradição do Sujeito e do Objeto, que é a do verdadeiro e do falso. O romance não será obra de arte e de verdade se não for o teatro de um combate entre consciência e matéria, se por consciência se entende tanto o *"stream of consciousness"* como o sentido dos valores, e por matéria não menos as forças alienantes da civilização industrial quanto o desenvolvimento absurdo da história. Considerando o universo da Memória e o universo do Tempo como heterogêneos e incompatíveis, mas evitando isolá-los um do outro, os romancistas inovadores vão elaborar sua obra segundo um pensamento *dialético*. Das conferências de V. Woolf e das reflexões de Stephen Dedalus, das meditações do narrador de *Em Busca do Tempo Perdido* sobre a arte do romance como dos ensaios de Broch sobre a criação literária, resulta que assim como o Dentro não deve ser dissociado do Fora, o estético deve ser distinto do realismo.

O pensamento dialético, cuja ausência foi constatada por esses escritores no romance do começo do século, onde a personagem, qualquer que fosse o talento do criador, encontrava-se dividida em duas zonas: uma íntima (a de suas aspirações e sobretudo de suas tendências), a outra social, e moral, a zona das relações humanas e dos valores. Veremos que esta divisão foi particularmente manifesta no romance francês, tanto antes de 1914 quanto depois de 1918, com o autor desejando ora separar seu herói de um mundo absurdo e caótico, ora, ao contrário, reconciliá-lo com a sociedade. Mas o romancista devia sempre tomar a

---

3 Cf. A. Soergel, *Dichtung und Dichter der Zeit*, t. II, *Im Banne des Expressionismus*, p. 790-798, e também M. L. Richli-Bidal, *Après le symbolisme: retour à l'humain*.

atitude de juiz ou de árbitro, guiar seu herói segundo uma ética. Anotando, desde o começo do século, no prefácio de *L'Immoraliste* (O Imoralista): "O público hoje não perdoa mais que o autor, após o ato que ele descreve, não se declare a favor ou contra", Gide denunciava uma soberania de autor (já declarada inadmissível por H. James) que consistia em pôr frente a frente o individual (o subjetivo) e o social (segundo o caso, a moral) considerados como duas realidades e como duas verdades inconciliáveis. Se, com efeito, parecia impossível a muitos romancistas (em particular a Galsworthy e a Bennettt que atacou vivamente V. Woolf) *deixar a personagem sozinha*, é porque a seus olhos o individual e o social se *ignoravam* mutuamente e que em consequência cabia ao escritor estabelecer uma relação entre estes dois aspectos da pessoa. Ao contrário, graças sobretudo a uma concepção nova do *narrador*, as coisas se passarão de tal forma, em Proust como em Joyce, que o subjetivo não seja mais um segredo subjacente ao destino social da personagem, e que a sociedade, em vez de constituir um todo exterior à vida "pessoal" do herói, seja integrada, concreta, viva na subjetividade deste, transformada em força diretriz da narração. A solidão e a liberdade subjetivas de uma personagem que não está mais "na" sociedade, nem é explicada "em função" do social, mas apreende, conhece, experimenta a sociedade graças a contatos imediatos com pessoas e com coisas. Esta solidão e esta liberdade não são, pois, de modo algum subjetivistas, da mesma forma como a pessoa cuja imagem o novo romanesco propõe se situa no oposto do individualismo. Pode-se dizer que ao termo de *Em Busca do Tempo Perdido* o narrador está menos isolado do mundo, menos encerrado em si do que Julien Sorel ao termo de sua aventura. Se o romance doravante integra este universo das representações que parecia ser por excelência o campo do poema e constituir seu valor, esta linguagem metafórica continua realista, no sentido que o romancista não exprime, não uma evasão nem uma recusa da realidade social, histórica, econômica, mas a concretude vivida do conflito da memória e da matéria, da consciência múltipla, expansiva (mas, como veremos, também sintetizante) e das formas da realidade externa. Imagística, metafórica, a linguagem romanesca distingue-se, contudo, do simbolismo, e devemos citar aqui as penetrantes observações de G. Poulet:

> Por volta do começo do século XX, há, parece, na literatura, o sentimento de alguma coisa que começa de um novo ponto de partida. O que impressiona, não é mais a continuação desumana e regular do tempo dos relógios, como no romance naturalista; não é mais, como em Bergson [...] a melodia da existência prosseguindo em suas variações; e não é mais, enfim, como em Mallarmé e os simbolistas, a ideia de um mundo mental onde o tempo não mais fluiria [...].
> Falando desta reação contra o continuísmo e o eternalismo e definindo ao mesmo tempo o papel, a bem dizer capital, que havia desempenhado nesta questão, "pareceu-me, [escreveu muito mais tarde A. Gide] que é importante restabelecer o contato direto e sensual entre a literatura e o mundo exterior"[4].

---

4   G. Poulet, Introduction, *Etudes sur le temps humain*, t. III.

Contudo, literatura não é romance. Foi com o *Em Busca do Tempo Perdido* e *Peregrinação* (cujo impressionante paralelismo sublinharemos), com *Ulisses* e *O Quarto de Jacó*, que se tornou romanesco este "contato direto e sensual". Então – se compararmos a obra de Joyce com a de Stendhal – a noção de *experiência* vem substituir a de *destino*, do mesmo modo como é descrita a existência de uma personagem e não mais sua história.

Esta concepção do romanesco, fundada na expansividade das consciências, exigia o emprego de métodos, técnicas e formas cujo caráter de artifício deveria aparecer com muito mais evidencia do que no passado. Para desenvolver e organizar sua narração, o escritor inovador não queria seguir o curso dos acontecimentos da história, nem inspirar-se na organização da sociedade, mas apelou, antes de tudo, para a sua experiência de si e do mundo a fim de descobrir estes métodos, técnicas e formas. O escritor estudou igualmente as grandes obras do passado para conhecer sua feitura, sua estrutura, seu sentido, e acentuou o fato de que jamais um grande romancista reproduzira ou imitara o real: ele o havia traduzido com a ajuda de meios indiretos, abstraídos desta realidade. Sublinhando, por exemplo, num texto de extrema importância, que o estilo é para o escritor aquilo que a cor é para o pintor, Proust lembrará que um modo de expressão tem uma função mediadora entre sujeito e objeto, e o Narrador de *Em Busca do Tempo Perdido* considerará o realismo de Balzac em função da composição e da orquestração de *A Comédia Humana*. Os comentários de Virginia Woolf sobre o romance russo, de Dorothy Richardson sobre o desenvolvimento de Wilhelm Meister, o emprego por Joyce, no penúltimo episódio de *Ulisses*, de um modo narrativo clássico, sintético, linear, caminham no mesmo sentido: o romancista não reproduz o objeto que privilegia, mas estrutura-o e o interpreta de maneira a mostrar sua essência e significação: esta correspondência necessária entre o formal e o real varia, porém, segundo as épocas.

E por ignorarem esta relação de necessidade, esta relação dialética entre a natureza do vivido e a natureza do formal – que são paralelos, mas distintos – que V. Woolf devia censurar os romancistas "eduardianos". Afirmar, como Bennettt: "A base de um bom romance é a criação da personagem, e nada mais", era preconizar um figurativismo desmentido exatamente pelos aspectos que a realidade (social e psicológica) assumira desde o começo do século. O mesmo se passava com a outra "base" do romance: a intriga. Considerando como *patterns* estes dois elementos constitutivos do romanesco – que certamente *transcendiam* a evolução do romance, mas como a cor transcende a da pintura – eludia-se a realidade e a verdade de uma existência humana que não mais se deixava *esquematizar*. Era impossível, a partir de então, que uma personagem representasse os traços distintivos de um indivíduo num meio, que uma intriga exprimisse as relações entre as pessoas, porque não existia mais medida comum entre o papel social de um ser e o múltiplo tumulto de sua vida interior.

Na verdade, os romancistas acusados por V. Woolf eram vítimas, visto que aplicavam formas caducas a uma realidade atual, de uma dupla ilusão. De um lado, referiam-se a autores que haviam tomado por objeto uma realidade de natureza figurativa, em que existiam "comédias humanas" e "costumes de província"; em que os conflitos da paixão e dos interesses ou dos papéis sociais propunham modelos de intriga; em que o indivíduo, enfim, num mundo socialmente categorizado, hierarquizado, já era uma personagem. Sem dúvida, estes conflitos continuaram existindo no século XX, assim como nele subsistiram também certos tipos. Mas reproduzir os esquemas romanescos balzaquiano, naturalista ou "vitoriano" não era somente inútil; era, sobretudo (e aí residia a segunda ilusão), não ver que estes modelos haviam sido criados para fazer aparecer qual era a essência da pessoa em determinado momento da história.

Designemos esta essência pelo termo autenticidade. Não é a autenticidade que *procuram* Dom Quixote, o Capitão Ahab, e que procurarão Leopold Bloom, Hans Castorp e o Agrimensor de *Das Schloss* (O Castelo)? Contudo, esta procura de um ser autêntico pelo herói de romance é função de um certo aspecto, de uma certa estrutura da realidade que o romancista privilegia e valoriza. Rastignac e Rubempré são ambos autênticos em relação a um vasto organismo social que é para Balzac a própria trama do destino do homem. Inversamente, a vida e a estrutura da consciência serão, para Joyce, primordiais.

Censurando seus contemporâneos pelo fato de tomarem a forma pela substância, o signo pelo significado, a máscara pelo ser quando consideravam suas personagens "de fora", estes romancistas esposavam, sem o saberem, o pensamento de G. Lukács, cuja *Theorie des Romans* (Teoria do Romance, publicada em volume em 1920) devia permanecer ignorada por muito tempo no Ocidente. Com efeito, o ensaio de Lukács demonstra que o romance é um gênero específico (não representativo, mas interpretativo do real); que, todavia, o romance é histórico, decorrendo a evolução de suas estruturas das estruturas socioeconômicas; que o problema fundamental abordado pelos grandes romancistas diz respeito à busca da autenticidade da pessoa num mundo inautêntico: se o romance tem uma forma interior (cremos poder traduzir: específica) é porque descreve a aventura, votada ao fracasso, de um indivíduo que pretende dar um sentido – o sentido de sua própria alma humana – a um mundo em que as relações sociais são, literalmente, coisas. Mas de *Dom Quixote* a *Wilhelm Meisters Lehrjahre* (Os Anos de Aprendizagem de Wilhelm Meister), e esta relação antinômica entre um desejo individual de conversão do mundo à autenticidade e a reificação objetiva deste mundo não permaneceu estável: a evolução das formas romanescas é um relato preciso da historicidade (socioeconômica) das relações humanas[5].

Lukács precisará, em outros estudos, que não existe personagem "em si", mas que o herói do romance exprime e encarna uma visão do mundo fundada na própria noção de contradição. Sublinhará, em particular, que uma obra romanesca é tanto mais verídica quanto mais oferece uma representação mais crítica do real; que seu valor estético é tanto maior quanto mais revela, por meio de técnicas apropriadas, uma situação psicossocial em toda a sua complexidade,

---

5   O ensaio de G. Lukács apareceu em Berlim em 1916. Tradução francesa, *La Théorie du roman*.

toda a sua profundeza, toda a sua ambiguidade. Assim acontece com *Anna Karenina*, romance do "típico profundo", que Lukács distingue do "típico geral" do naturalismo de Zola[6]. Num espírito totalmente diverso, Dorothy Richardson ou Proust terão uma concepção do romance paralela à de Lukács: o romance não representa o real, mas significa-o; interpreta, em sua linguagem própria, aquilo que o determina. A pessoa ordenada, clarificada e lógica, representada por Tolstói, era a interpretação estética de um tipo de sociedade. A interpretação romanesca devia ser diferente quando o mundo aparecia destituído de "razão" moral, religiosa, política e psicológica.

Os modelos e os mitos foram destruídos pelas obras revolucionárias, que, com efeito, subvertiam os três grandes índices de referência tradicionais do romanesco: personagem, narrativa, intriga. Desagregando a coerência representativa do primeiro e a coesão formal dos dois outros, *Ulisses*, *O Quarto de Jacó*, *Em Busca do Tempo Perdido*, *Manhattan Transfer* fazem do romance o questionamento de uma arte e uma arte do questionamento. São transgredidas as leis implícitas de um discurso romanesco regular, histórico, explicativo, enquanto que a realidade sociopsicológica revelada pelo romance perde todos os contornos estáveis para compor, ao contrário, um universo de incerteza e de interrogação. Massacrando (o termo é de V. Woolf) a personagem-retrato e a narrativa-discurso (o comentário unívoco e explicativo), os romancistas dos anos de 1920 focalizam esta relatividade propriamente histórica das formas e dos princípios estéticos que, trinta anos mais tarde, P. Francastel estudaria para o domínio pictórico: o relato e o tipo, tais como os concebe, por exemplo, Balzac, não têm mais força de lei sobre o romanesco do que a tem, sobre a pintura, "uma figuração perspectívica do espaço"[7]. Para D. Richardson, Proust, V. Woolf, a personagem, a narrativa, a intriga têm, ao contrário, um caráter sempre relativo e cambiante, pois derivam de uma imagem do homem extraída de uma experiência vivida: a do escritor.

Entretanto, *O Quarto de Jacó*, *Em Busca do Tempo Perdido*, *Manhattan Transfer* propunham aos leitores, aos críticos, personagens: criaturas vivas. Mas por esta própria vida, que emanava de um modo de ser e de aparecer diferente daquele de Vautrin ou de Raskolnikov, estas criaturas levavam a duvidar da permanência dos modos narrativos dos quais parecia proceder mais ou menos há três séculos a imagem da pessoa no romance. Física e psicologicamente, Mrs. Ramsay ou M. de Charlus pareciam ser, em face do Príncipe André (e com mais razão ainda para as personagens tipificadas, determinadas e representativas dos romances dos anos 1900-1910), aquilo que um filme de imagens desfocadas e nítidas, sucessivamente rápidas e lentas, seria diante de uma série de fotografias, para retomar uma vez mais uma frase de V. Woolf. O crítico podia, pois, perguntar-se se não havia sido assim, guardadas todas as proporções, em toda a evolução do romance; se os próprios romancistas do passado também não

---

[6] G. Lukács, *Essays über Realismus*. Usamos a tradução inglesa, *Studies in European Realism*, p. 48-63.
[7] P. Francastel, Préface, *Peinture et société*.

haviam questionado as noções de personagem, de intriga, de narrativa. Da aparição de obras romanescas que se desviam a este ponto de todo o esquema representativo e lógico da pessoa e das relações humanas, era possível deduzir que os aspectos e o sentido da vida também eram agora ilógicos, e que, por conseguinte, era no domínio das significações, das estruturas, dos temas da existência humana, e não no domínio dos fatos, onde talvez fosse necessário procurar referências suscetíveis de corresponder a tal universo romanesco. A vida não era o modelo das obras, mas sua substância. E, visto que uma obra como *Ulisses* metamorfoseava (desfigurava) o romance, mas comportava assim mesmo "personagens", uma "intriga", uma "narrativa", podia-se tentar procurar quais eram os traços, as características essenciais desta substância, que deviam corresponder àqueles do romance – do romance como fato estético. Para definir o romance, devia-se distinguir, através de todas as suas mudanças, estruturas, modos de significação fundamentais. Tomar consciência da especificidade estrutural, temática do romanesco, era concebê-lo, ao mesmo tempo, em seu devir histórico.

Uma coincidência é, de fato, impressionante. Pouco depois do aparecimento de obras que desmentiam e desmantelavam a lógica, a cronologia, a ordem do discurso romanesco tradicional, eram publicados ensaios críticos que procediam de um espírito de síntese e que tendiam a captar globalmente a arte da narrativa. Pelo ano de 1925, Forster, Muir, Lubbock, Carruthers, Rivière, Fernandez farão balanços, procurarão distinguir estruturas, relacionarão temas e técnicas, perguntar-se-ão, enfim, qual o significado do fato romanesco com relação ao sentido da vida. Concebe-se o romance como sempre o tinham concebido os grandes escritores: a verdade romanesca compõe-se de signos e de símbolos diferentes daqueles do mundo.

Assim, a estética do romance é renovada (digamos antes: tende-se a situar o fato romanesco neste nível de generalidade que é a condição de uma estética) sob o efeito conjugado da própria história do romance (da acumulação das obras durante mais de três séculos) e da recusa, afirmada por escritores inovadores, de abeberar-se nesta história de modelos doravante inadequados. Reconsidera-se o romanesco no momento em que estes escritores desagregam, sem renegá-la, toda uma herança de princípios e de formas. Este esforço de generalização apenas seguia, com vários anos de distância, um movimento análogo na estética pictórica e musical. Com efeito, é por recorrência que se tornou manifesta a especificidade formal e semântica das artes. Da *Sagração da Primavera* ou das *Ninfeias*, resultava que a música não é melódica por essência, e que a pintura não é fundamentalmente imitativa do real. Da mesma forma, *O Quarto de Jacó* (romance cubista, dirá um crítico) implicava que o fato romanesco era mais uma versão do que uma representação da vida. Depois de Cézanne e Klee, os romancistas mostravam por seu turno o que significava uma transformação no universo das formas: a especificidade de uma linguagem artística permanecera pouco visível durante o tempo em que as obras haviam representado (e não imitado) um mundo regido por uma ordem, mesmo em suas situações mais dramaticamente caóticas. A partir do dia em que esta ordem aparece como um mito, vê-se desaparecer este ilusório paralelismo entre a arte e o real.

No entanto não se podia compreender as artes novas senão considerando a interpretação subjetiva do real como uma verdadeira categoria estética, da mesma forma que um Monet, *Les Faux Monnayeurs* (Os Moedeiros Falsos), ou um romance de V. Woolf, revelavam a importância do olhar do romancista sobre sua obra. O romance aparecia como um sistema de signos cuja organização e sentido dependiam das relações complexas e necessárias que uniam uma obra e uma consciência. A originalidade de um romance dependia, em primeiro lugar, de uma óptica narrativa particular: o ponto de vista do romancista tornava-se manifestamente o plano fundamental a partir do qual se podia traçar, como o fizeram Forster e Muir, um esquema de conjunto do romanesco; reconsiderar, como Rivière, o "conceito de literatura"; procurar definir, como Mauriac, a essência do romance.

Estes estudos gerais, publicados por volta de 1925, constituíram nosso ponto de partida por duas razões: primeiro, representam uma espécie de divisor de águas dos problemas do romance, num estádio decisivo de sua evolução e daquela da pessoa; por outro lado, estes trabalhos de síntese concordam com o nosso propósito: discernir as relações que unem, no romance moderno, a noção de pessoa e as formas (entre as quais a personagem) instauradas pelo romancista para traduzi-la. Mas quando tivermos evocado a situação nova e a nova representação global do romance suscitadas por *Em Busca do Tempo Perdido*, *O Quarto de Jacó*, *Ulisses* ou *Manhattan Transfer*, deveremos voltar atrás, abandonar uma óptica estrutural e adotar uma óptica histórica, a fim de descrever a evolução que tornou possível essa mutação. Pois a acusação feita por V. Woolf contra a "personagem" já se elaborava desde o século XIX. Não podemos situar com precisão a estética de *O Quarto de Jacó* (e a imagem da pessoa oferecida por um tal romance) a não ser com a condição de analisar o *ponto de vista* romanesco em certos precursores de V. Woolf e de Proust. A noção de ponto de vista será nosso fio condutor que nos levará à revolução dos anos de 1920.

A ideia central de *Aspects of the Novel* (que será também a de Muir em *The Structure of the Novel*) é que um romancista, nesta matéria informe e confusa que lhe propõem a vida e sua experiência da vida, escolhe zonas para extrair temas. Longe de querer representar tal qual a totalidade do vivido, o romancista distinguia aí primeiramente planos, eixos, forças essenciais. Partindo da hipótese de que o romance significa o real, o autor de *A Passage to India*[8] (Passagem para a Índia) fazia a estética romanesca realizar um progresso decisivo; em vez de considerar o romance como a expressão, por um estilo, da existência humana, Forster apresentava-o, ao contrário, como uma arte de abstração e de interpretação, que punha em forma a realidade. Pela primeira vez era desmentida, por uma demonstração coerente e global (e nisto Forster seguia o pensamento de Balzac

---

8   Tradução francesa, *La Route des Indes*. Trechos de *Aspects of the Novel*, foram publicados em *Mesure*, em 1938, tradução de C. Mauron.

assim como o de Henry James ou de Flaubert), a crença segundo a qual existiriam tanto as estruturas romanescas quanto os fatos sociais, históricos, psicológicos. Retomando por sua conta a distinção estabelecida por Alain entre *homo sapiens* e *homo fictus*[9], Forster se empenhava em mostrar que o segundo é um verdadeiro modelo para o primeiro. Com efeito, enquanto o homem real deve exercer sua inteligência a agir no imediato, ao vivo, o homem romanesco pode tentar descobrir o sentido da existência como também dar um sentido à sua existência: ele valoriza certos aspectos do real. O característico do romance, dirá Forster, é acusar a oposição de uma *vida dos valores* abstraída do vivido, e deste "e então, e então..." que constitui a existência cotidiana[10].

Vida dos valores à qual correspondem os *aspectos* do romance – Forster adota este termo em razão de sua natureza "não científica", dada a multiplicidade dos tipos e das técnicas de narração[11] – a saber, a personagem, a "fantasia", o ritmo, a intriga, a estrutura e a "profecia". Sublinhemos a originalidade do método de Forster. Para marcar ao mesmo tempo o paralelismo e a distância entre a realidade e o romanesco, o crítico examina em que medida o romance exprime os componentes essenciais da vida humana: o nascimento, o alimento, o sono, o amor, a morte – notemos que omite o trabalho – e constata o lugar imenso dado pelo romance ao amor, sendo que, em contrapartida, aí desempenham papel muito restrito os demais aspectos do humano.

Se, para Forster, o romance não tem senão aspectos, o ensaísta inglês considera contudo que o romance comporta três elementos estruturais essenciais: a intriga, a história, a personagem. Sua distinção entre intriga e história apresenta grande interesse se pensarmos na época em que Forster proferiu, no Trinity College, suas conferências reunidas mais tarde em *Aspects*. A história é a sucessão concreta dos acontecimentos narrados: o romance é histórico por ter uma origem, um desenvolvimento, um termo, e veremos que, partindo do fato de que todo romance conta uma história (ou melhor, que por todo romance uma história é contada), Forster tomava posição num dos mais importantes debates suscitados pela literatura moderna. Ao contrário da história, que é consubstancial ao romance, que aí se encontra *implicitamente* desenvolvida, a intriga é um conjunto de fatos tal como o romancista a *organiza* segundo uma certa cronologia e uma certa causalidade. Portanto, se a história se apresenta ao leitor como matéria do relato, a intriga, em compensação, depende da abstração, pois resulta de um trabalho intelectual: o romancista organiza uma sequência de mistérios, dos quais cada um será elucidado no tempo desejado.

Sabe-se que Forster divide em duas categorias as personagens romanescas; umas são "redondas", outras "planas". A personagem redonda (Moll Flanders, Swann, Leopold Bloom) é um verdadeiro complexo humano cujos aspectos são revelados aos poucos, a longo prazo, e que oferece ao leitor, no fim do romance,

9   *Aspects of the Novel*, p. 78-79. Cf. Alain, *Système des Beaux-arts*, p. 314-315.
10 *Aspectsof the Novel*, p. 20.
11 Idem, Introduction.

uma imagem ao mesmo tempo total e muito particular do homem. A personagem plana, ao contrário (o velho Príncipe Bolkonski, Legrandin, a Princesa de Parma) nos é dada de um só golpe em sua finitude representativa[12].

Mas, quer se trate de elementos fundamentais como a história, a intriga, a personagem, ou de outros "aspectos" do romance (da "fantasia" ao "ritmo") Forster considera que sob todos os aspectos a obra romanesca resulta de um conjunto de técnicas. Fato ainda mais importante, Forster vê não somente que um romance nos propõe uma temática do real, mas que, além disso, o propósito essencial que se impõe o romancista é o de tornar a vida *inteligível*. Conhecendo "toda a existência oculta"[13] o romancista organiza o trajeto, a aventura de seu herói explicando aquilo que, na vida real, nos permanece obscuro tanto em nós mesmos como em outrem. Baseando-se no fato de o romancista revelar a lógica de uma evolução afetiva que na vida real nos aparece como inexplicável, ou devida somente ao acaso, Forster nos dá um excelente exemplo evocando a estrutura "em ampulheta" de *The Ambassadors* (Os Embaixadores), onde vemos uma personagem (Strether) substituir "psicologicamente" outra[14].

Outro traço da originalidade de Forster é a maneira pela qual considera a *onisciência* do romancista, que ele relaciona com o *ponto de vista* adotado pelo escritor. Forster – é um sinal dos tempos – não oculta sua preferência pelo romancista que abandona o ângulo de visão fixa pelo olhar móvel[15]. Assim são comparados Gide de *Os Moedeiros Falsos* e Dickens de *Bleak House* (Casa Soturna) que ora adotam a visão exterior, global, explicativa de Balzac, ora, ao contrário, se entrincheiram por detrás de um personagem-narrador. Esta mobilidade de óptica caracteriza o romance moderno. Enfim, e de modo corolário, Forster considera que um romancista deve, sobretudo, se apegar à ideia de expansão em detrimento da de estabilidade. Leitor de Gide, de V. Woolf, de Proust (a tradução inglesa de *Em Busca do Tempo Perdido* estava publicada), Forster vê o romance moderno como um universo de relações fluidas e complexas, de perspectivas entrecruzadas e múltiplas[16]. Portanto, a ficção encontra doravante na música "seu paralelo mais exato"[17].

De *Aspects of the Novel* se depreendem princípios que se referem de maneira fundamental à história da pessoa no romance e à evolução das formas romanescas:

- ao contrário da existência concreta, o romance é organizado, coerente, lógico;
- o romanesco é *revelador* do real, na própria medida em que negligencia na maioria das vezes os componentes "naturais" da existência humana;

---

12 Idem, p. 90-91.
13 Idem, p. 69.
14 Idem, cap. VIII.
15 Idem, p. 26.
16 Idem, cap. VIII.
17 Idem, p. 101-102.

- a personagem é um ser simbólico: significa o pensamento do escritor, e constitui um dos componentes técnicos do romance;
- a análise das obras romanescas deve pôr em segundo plano as noções de objetividade, de subjetividade, de realidade: devem ser estudados antes de tudo os modos de organização da narrativa.

Estes princípios concordam com as características do romanesco, já expostas por Alain em seu *Système des Beaux-Arts* (Sistema das Belas-Artes): o romance é intencionalidade e construção; procede de uma disciplina da imaginação. Essas características (que distinguem o romance da epopeia, assim como da tragédia) são refletidas pelo comportamento da personagem romanesca, pois a vemos reflexiva, prudente, procurando adaptar-se com lógica às situações sempre imprevistas, incoerentes ou absurdas da vida[18].

Mas um ano mais tarde (1928), Edwin Muir publica *The Structure of the Novel*, onde censura Forster por distinguir no romance aspectos (muito numerosos), e não formas: a análise de Forster desenvolve-se em quadros de referência demasiado particulares e contingentes. As referências do romanesco devem ser, ao contrário, verdadeiras categorias: o tempo, o espaço, a causalidade. Assim, o romance dramático, denominado na França romance psicológico (*Jane Eyre*, *Wuthering Heights* [O Morro dos Ventos Uivantes]) é regido pela categoria do tempo, pois a evolução psicológica do herói se confunde com a ação romanesca. O romance "social", ou de "ação" (*Colomba*) depende da categoria do espaço, dado que suas personagens são tipos que representam uma sociedade. Uma terceira forma romanesca, a crônica, procede das duas outras no sentido de que a individualidade psicológica da personagem se choca com o movimento inelutável da História: *Guerra e Paz*. Na "crônica", o tempo interno é submetido às leis do tempo externo[19]. Enfim, Muir observava que com Proust e Joyce o romance perde seus quadros de referência espaciais (isto é, sociais) e temporais (psicológicos) devido à onipresença do narrador, que utiliza unicamente as leis da persuasão como princípios diretores da narração, em que a partir de então tudo se torna "particular, relativo, histórico"[20].

Muir mostra-se mais esteticista do que Forster. Põe mais claramente o acento na independência do romanesco em face dos esquemas da realidade. Opondo-se particularmente a J. Carruthers, para quem "o romance deve sempre ter uma forma, visto que a vida também a tem"[21], Muir julga, ao contrário, que não há nenhuma medida comum entre a existência e o romance, pois um romancista não se refere nem mesmo a temas provenientes da vida; ele abstrai desta certas ordens de significação dominantes (psicológicas, históricas, sociais) que determinam a substância da obra e sua forma e que são exclusivos umas

---

18 Alain, op. cit. p. 370 e ss.
19 E. Muir, *The Structure of the Novel*, cap. IV.
20 Idem, ibidem.
21 J. Carruthers, *Sheherazade, or the Future of the English Novel*, Londres, 1925, citado por Muir, p. 9-10.

das outras. A ideia mais original de Muir, e de enorme importância, é que um romance do espaço social não pode ser também o do tempo psicológico[22]. É reconhecer a existência de uma relação de necessidade entre forma romanesca e concepção da pessoa.

O esforço dos críticos anglo-saxões tem uma significação muito mais profunda e um maior valor histórico e estético do que as diversas tentativas feitas, na mesma época, para classificar, inventariar tipos de romance em função de seu *sujet* ("assunto")[23]. Contudo, *Aspects* e *The Structure* dão prova de uma atitude bastante paradoxal com relação aos romances que acabavam de ser publicados. Enquanto revelavam a especificidade do romanesco mostrando que os romancistas originais haviam sempre mediatizado seu objeto, que o haviam considerado segundo um sistema de pensamento de que derivavam modos de expressão apropriados, Forster e Muir discerniam mal os princípios de organização dos romances novos, a que, no entanto, seus métodos se aplicavam perfeitamente. Forster fala de *Em Busca do Tempo Perdido* como de um livro "caótico" ao qual as referências musicais ("Vinteuil") dão, contudo, uma ordenação rítmica[24], e Muir explica a composição desordenada da narração proustiana pelo fato de tratar-se, como em *Os Moedeiros Falsos* "de um romancista que escreve um romance"[25]. Forster observa que as quatrocentas mil palavras de *Ulisses* não poderiam ter sido escritas se Joyce não tivesse a *Odisseia* como quadro e guia[26] e ele se mostra aqui (contra sua vontade, pois a seus olhos um romance deve ter sua ordenação intrínseca) mais clarividente do que Muir, que denuncia o "desenvolvimento fraco", a "unidade duvidosa" de uma obra "desprovida em si mesma de estrutura"[27]. Mas até mesmo na França, pouquíssimos leitores discerniam um aspecto de *Em Busca do Tempo Perdido* que no entanto era essencial aos olhos de seu autor, e do qual veremos toda a importância quanto à expressão da pessoa no romance: sua lógica arquitetural. Rivière admite "a importância capital" de uma obra em que a literatura aparece como "uma atividade relativa a nosso espírito", mas teme que o exemplo do *Em Busca do Tempo Perdido* incite a "subordinar a operação literária a fins transcendentais", dado que o desígnio de Proust "não é literário, mas filosófico e científico"[28]. Para B. Crémieux, o herói de *Em Busca...* "se eleva, pela arte", acima desta "fragmentação", desta "dispersão" da pessoa que é objeto do romance proustiano[29], mas parece que Crémieux refere esta arte somente à beleza literária da narrativa, ou ao menos ao sentido estético do narrador, e não à estrutura da obra.

---

22 *The Structure of the Novel* p. 113.
23 Por exemplo M. Barrière, *Essai sur l'art du roman*, dividirá os romances em sete categorias. Seguem no mesmo sentido G. Duhamel, *Essai sur le roman*; e L. Bopp, *Esquisse d'un traité du roman*.
24 E. M. Forster, op. cit., cap. VIII.
25 E. Muir, op. cit., p. 126.
26 *Aspects of the Novel*, p. 157.
27 E. Muir, op. cit., p. 128.
28 J. Rivière, La Crise du concept de littérature, N.R.F., p. 160-161.
29 B. Crémieux, *Inquiétude et reconstruction*, p. 76 e ss.

O fato de que estes comentadores tenham admirado a escritura, a beleza poética, a substância de obras novas, mesmo sublinhando e deplorando sua falta de ordem e de estrutura, coloca-nos diante da grande questão que domina os anos de 1920, e cujas ressonâncias são perceptíveis ainda hoje: a das relações entre a forma do romance e a coerência da pessoa. Forster observava com lucidez o "romanesco em expansão" instaurado por Joyce e por Proust. Mas em seu espírito esta expansividade só podia ser informal. O escritor empenhado em exprimir o fluxo diverso, ondeante, aleatório de uma consciência não podia ordenar sua obra; a dispersão, se não a desagregação da pessoa, acarretavam a desestruturação do romance. Uma forma romanesca sem coerência atestava a não coerência do objeto privilegiado pelo criador.

Veremos que a maior parte dos comentadores de Joyce, de Proust e de Dos Passos tiveram uma atitude semelhante, de admiração pela substância (quer se tratasse da linguagem, ou sobretudo da verdade psicológica) e de inquietação diante de uma ausência de ordem (quer se tratasse da composição da obra ou sobretudo da imagem do homem que dela emanava). De um lado, acreditou-se de bom grado que a *descontinuidade da narração* era *o reflexo* de uma *dispersão da pessoa*; de outro, cabia perguntar se esta dispersão era real e se o romancista tinha o *direito* de descrevê-la. Não era para evadir-se do real, para exprimir *sua* própria subjetividade, ou antes seu subjetivismo, que Joyce, Proust, V. Woolf haviam atomizado (o termo foi empregado) a pessoa – atomização que motivava o estetismo de suas obras?

É que em poucos anos (*Ulisses* foi publicado em 1922, *Manhattan Transfer* em 1925) fora desmentido um princípio que o realismo romanesco até então parecia ilustrar: o da *consequência* da personagem. Designando (em 1924) o romance como "o poema do livre arbítrio", cujo herói, ao contrário do herói trágico, "escolhe seu destino"[30], Alain dá uma definição do romance que de forma alguma contradiz *Em Busca do Tempo Perdido* e seu Narrador, nem *Ulisses* e Leopold Bloom. Mas a lucidez, o espírito de responsabilidade e de desmistificação que testemunham essas obras e suas personagens pareciam não concorrer para a *formação* de uma *pessoa*: no termo de sua viagem, o Narrador, Leopold Bloom, ou ainda o "Lobo da Estepe", de H. Hesse não apresentam o semblante claro e distinto de Julien Sorel. Estes heróis não parecem propor ao leitor uma visão *concludente* do mundo.

Isso acontecia devido à não-intencionalidade psicológica dos heróis proustiano e joyciano, que se empenhavam em sua aventura sem outro desígnio afora o de se *reconhecerem* num mundo que lhes parecia não mais como uma ordem, mas como um sistema privado de sentido. Ao contrário, de Mme. de Clèves a Emma Bovary, de Vautrin a Lord Jim, a personagem seguia uma linha na qual cada ponto era a resultante de duas forças, uma interior, a outra social, histórica, mundana. O romance exprimia o conflito, por vezes, o acordo de um desejo pessoal profundo e de uma ordem exterior. Desejo e ordem (insistimos neste

---

30 Alain, op. cit., p. 376.

ponto) que, em si mesmos, já eram formas; tais eram, de um lado, a culpabilidade de Lord Jim e, do outro, as leis da navegação e as de um sistema colonial.

No entanto, o herói de Conrad, da pessoa cuja dominante era psicológica, se aproximava mais de Leopold Bloom do que do Príncipe André. Opor as personagens e a forma do *Em Busca do Tempo Perdido*, de *Manhattan Transfer* àquelas de *Germinal*, de *Guerra e Paz*, de *Biêsi* (Os Demônios), inclusive, como se opõe o vazio ao cheio, o fugaz ao estável, o difuso ao preciso, significava não levar em consideração os dois caminhos divergentes seguidos pelo romance desde Balzac. Por um paradoxo apenas aparente, inovação não é novidade: Proust, V. Woolf, Dos Passos não fizeram mais do que cortar, entre a existência pessoal, social ou histórica do homem, vínculos progressivamente afrouxados por escritores que preferiram uma concepção relativista a uma concepção determinista da pessoa. O ponto de vista subjetivo (ou melhor: a óptica romanesca de dominância subjetiva) em virtude do qual o herói, para descobrir sua verdade e sua autenticidade, critica e desagrega com seu olhar a ordem do mundo; esse ponto de vista tem uma história. No capítulo seguinte tentaremos mostrar que é sublinhando as diferenças entre certas obras que se faz precisamente aparecer o devir estético que as une umas às outras.

2   Ponto de Vista e Pessoa

> Para aproximar-me de meu ideal absolutamente imperativo de representação, vejo agora que sempre preferi tudo à majestade disfarçada do "autor soberano".
>
> H. JAMES

A princípio, dissipemos um equívoco. A importância da noção de ponto de vista, na arte do romance, revela-se numa época em que os romancistas (e em primeiro lugar H. James) partem do princípio de que a realidade só pode ser percebida sob certo ângulo, e que, portanto, é impossível, a menos que se traia a verdade, dar no romance uma visão totalmente objetiva de um dado universo. A objetividade procede, ao contrário, do respeito pela visão necessariamente parcial que o homem tem do real. Quando o romancista se coloca em situação de exterioridade com respeito à sua obra (a seu universo romanesco) priva seu personagem deste olhar, pois o herói é então colocado no mesmo plano do mundo que o cerca: é objeto entre objetos. Contudo, esta situação de exterioridade (a de Balzac, de Tolstói, por exemplo) era também um ponto de vista; era relativa a um estado e a uma visão do mundo. Insistimos neste ponto porque o relativismo próprio dos modernos romancistas suscitou a crença segundo a qual existiriam duas categorias de escritores, uns dirigindo sua obra (suas personagens) a seu bel prazer, outros respeitando o olhar parcial, partidário, variável das personagens e portanto da liberdade destas. Tal distinção entre romancistas não-relativistas e romancistas da relatividade não é somente artificial. É fruto, com muita frequência, de uma atitude normativa: um romance só seria estético e autêntico quando não proposto ao leitor como um jogo de xadrez com as peças movidas por mão invisível, sendo o conjunto do tabuleiro iluminado por uma luz vinda de cima, nada deixando na sombra. Em contrapartida, haveria arte e verdade se o leitor, em vez de assistir a um drama que se desenrola numa cena à italiana, se tornasse solidário, cúmplice de personagens que vissem do real apenas um setor iluminado, colorido por sua subjetividade. A arte do romance seria a arte do perspectivismo.

    Do complexo problema do ponto de vista sublinharemos primeiro o caráter histórico. O não-relativismo *aparente* de Balzac e o relativismo *confesso* de Stendhal, e sobretudo de James, constituem etapas na evolução do romance. Ademais, é considerar o passado em função do presente, é sucumbir à tentação modernista de aproximar, em nome do princípio de relatividade (ou da "técnica do ponto de vista") romancistas tão diferentes quanto Stendhal e Gide, James e Proust. O presente capítulo tem precisamente por objeto sublinhar quão diferentes são entre si obras que todavia anunciam aquilo a que chamamos a revolução romanesca dos anos de 1920. O olhar do romancista sobre seu universo fictício, que procede de sua concepção da pessoa, muda consideravelmente de Stendhal a Flaubert, como deste a James. A obra de Proust dará prova de uma mudança ainda mais clara no "ponto de vista", a despeito dos vínculos de parentesco que unem *Em Busca do Tempo Perdido* a *Os Embaixadores* de uma parte, a *Madame Bovary*, de outra[1].

Se é verdade que Stendhal inova de maneira decisiva confiando em grande parte a visão romanesca (a visão sobre o real) a um personagem privilegiado, cumpre não esquecer que esta visão continua sendo a do romancista, e que esta óptica, tanto em Dickens como em Proust, é sempre *total*, sem jamais ser *absoluta*. Uma lenda boêmia conta que um príncipe, vendo ao longe um grupo de banhistas, exprimiu o desejo de ser transformado em pássaro a fim de poder admirá-las mais de perto sem ser visto. Mas, depois de tornar-se pássaro, o príncipe deu-se conta de que o espetáculo não apresentava mais para ele o menor interesse. Este conto simboliza a situação do romancista diante de seu objeto: príncipe ou pássaro (e pode passar de um a outro estado, passagem que James recusará, como veremos) o escritor vê totalmente o aspecto do real que escolheu ver, e este aspecto muda de sentido de acordo com a escolha do romancista: a visão longínqua ou a visão aproximada. Em outras palavras, o romancista tem sempre um olhar *soberano* sobre seu objeto, nos limites que deve necessariamente consignar a este olhar. Além disso, no interior destes mesmos limites, o romancista sabe *tudo* a respeito deste objeto. De uma parte, o universo de Stendhal é exclusivo daquele de Balzac, mas, de outra, o relativismo stendhaliano não é menos absoluto do que o absolutismo balzaquiano. Num estado de um modo narrativo que parece ser totalmente oposto aos princípios e aos métodos de Balzac – o monólogo interior – R. Humphrey nota com muito acerto: "O autor é sempre onisciente: tal é a base de toda a técnica romanesca"[2].

Com efeito, uma coisa é ver que Flaubert deve necessariamente fazer de Emma um objeto e explicar-nos a "fatalidade" da qual é vitima, dado que a heroína ignora até que ponto suas tendências e seus sonhos a separam do mundo real – outra é atribuir a dominação de Flaubert sobre seu personagem à situação "burguesa" do romancista. Não é menos errônea a crença segundo a qual o escritor que dispõe de suas personagens nos dá uma representação menos verdadeira da pessoa, porque menos ambígua, menos indecisa, do que aquele que dá a palavra a seus heróis: o Príncipe André seria menos autêntico (e menos "moderno") que Stavróguin na medida em que o princípio de relatividade fosse mais verdadeiro do que o princípio de identidade. Ora, em *Guerra e Paz* e em *Os Demônios* estamos na presença de duas concepções do homem, e nas duas obras são aplicados dois princípios focalizados particularmente por James em seus textos teóricos: o princípio de *soberania necessária* e o de *coerência*. Como

1 *The Study of the Novel*, de S. L. Whitcomb, é o primeiro estudo que se refere especificamente ao ponto de vista narrativo. Mas a *necessidade* de adotar uma óptica (coerente) é focalizado por James desde 1884, por ocasião da célebre controvérsia com W. Besant.
2 *Strem of Consciousness in the Modern Novel*, p. 63.

veremos mais adiante, é o problema dos limites e da congruência da soberania e da onisciência que preocupa em primeiro lugar o autor de *A Taça de Ouro*: para James é impossível que um romancista respeite a verdade colocando-se ora acima, ora no interior de seu relato. A verdadeira soberania, por oposição à soberania "camuflada", consiste em escolher um ponto de vista permanente, no sentido profundo do termo: coerente, racional.

Mas a verdade de James não é mais a verdade de Balzac: a soberania racional (aquela que procede de uma escolha coerente, adaptada a um objeto determinado) corresponde às estruturas sociais de uma época. Diremos mesmo que raramente podem coexistir num mesmo momento da história duas soberanias, duas onisciências igualmente lógicas, como o foram a de Balzac e a de Stendhal. As obras originais, procedentes de uma óptica nova, dependem de uma necessidade histórica. O "saber tudo" de Balzac tem o mesmo valor que o "dizer tudo" de Gide escrevendo *Os Moedeiros Falsos*, mas estas duas onisciências são histórica e sociologicamente opostas: a que preside a *Le Père Goriot* (O Pai Goriot)reflete uma sociedade que determina a pessoa, enquanto a inspiração gidiana é animada pela recusa radical de tal determinismo. Dois exemplos célebres testemunham a historicidade do problema da onisciência. Para Boileau, quem detém o "conhecimento" do herói do romance é o seu escudeiro: "Ele sabe de memória tudo aquilo que se passou no espírito de seu senhor e manteve um registro exato de todas as palavras que seu senhor disse a si mesmo desde que está no mundo, com um rolo de suas cartas que tem sempre no bolso"[3].

Stendhal imaginará este onisciente absoluto com um estenógrafo que anota, no decorrer de um dia, todas as reações de um indivíduo, depois como um deus que, observando a mesma pessoa, "mantivesse uma conta perfeitamente exata de sua *cabeça* e de sua *alma*. Isto é, de seus pensamentos e desejos na ordem com a qual mutuamente se seguiram ou lhes serviram de causa"[4].

Estes dois conhecimentos ideais não são da mesma natureza. Boileau evoca o romance picaresco perfeito, no qual o herói seria totalmente humanizado, individualizado, isto é, desmitificado. Stendhal, que medita sobre a impossibilidade da onisciência completa[5], evoca, por seu lado, o romance psicológico moderno, revelador da complexidade da vida mental. Estamos na presença de dois modelos narrativos correspondentes a duas formas de sociedade. Boileau tem uma concepção burguesa do mundo, segundo a qual não há herói que não possa ser conhecido, sem perder seu prestígio, seu mistério: o romance picaresco anuncia o reino do indivíduo balizável, identificável. Pelo contrário, o perfeito testemunho de Stendhal pertence a uma época de relativa democratização, que se trata para o romancista de descobrir a singularidade de um indivíduo por meio da psicologia do comportamento, e das profundezas.

---

3   E. M. Forster, *Aspects of the Novel*, p. 79.
4   N. Boileau-Despréaux, *Les Héros de Roman, Dialogues à la manière de Lucien*, 1670. Cf. N. Boileau, *Oeuvres*, t. I, p. 451.
5   Stendhal, *Filosofa Nova*, t. II, p. 179-180.

Se Deus pudesse contar a história do universo, o universo se tornaria fictício, diz Forster, para quem, lembremo-lo, o romance é antes de tudo conhecimento, revelação, explicação[6]. A impossibilidade da onisciência total (queira o escritor fazer-se Deus, ou, ao contrário, recuse tal soberania) impõe ao romancista a escolha de um ponto de vista que, adotado, exclui qualquer outro, mas o escritor pode "jogar" com esta exclusividade, e precisamente mudar de ponto de vista para mostrar ao leitor que a verdade não tem apenas uma única face. Observemos que neste caso o escritor é antibalzaquiano por excelência, e antidostoievskiano, se admitirmos que para o autor dos *Demônios* a verdade comporta vários *níveis*, mas é única. Lembremos a composição tão moderna de *Confession of a Justified Sinner* (A Confissão de um Pecador Justificado), de J. Hogg, onde os mesmos fatos são narrados duas vezes. Sem dúvida, seduzido por esta técnica em que o objetivo sucede ao subjetivo (o "olhar de fora" ao "olhar de dentro"), Gide fez publicar na França este romance escrito em 1824[7]. Precisemos, contudo, que os dois painéis da narração de Hogg correspondem uma ao Bem, a outra ao Mal: ainda se está longe do "pirandelismo". Também não é de um pensamento gidiano que procedem os dois planos narrativos alternados do *Kate Murr* (O Gato Murr). Que Tchekov veja no romance por cartas um constrangimento intolerável, ou que T. Hardy louve, ao contrário, este modo de narração, a seu ver o mais apropriado para excitar a imaginação do leitor[8], um ponto de vista e uma técnica romanescas procedem sempre de uma concepção da pessoa, e esta concepção, se é *totalizante*, jamais é *total*: o romancista usa de sua onisciência para privilegiar um aspecto do homem e da vida humana que ele julga ser dominante ou essencial à sua época.

Quando o romance se torna uma "moderna epopeia burguesa", a diferença que não cessa de acentuar-se entre a "poesia do coração" e a "prosa das relações sociais"[9] regula, determina e limita a onisciência do romancista. Com efeito, duas forças se defrontam no universo romanesco: as aspirações do indivíduo (seus sentimentos, seus impulsos para a liberdade) e os mecanismos sempre mais estritos do aparelho social. Todavia, a oposição destas duas forças não será tal que uma seja absolutamente derrotada pela outra. Nestes romances "das Luzes" que são *La Vie de Marianne* (A Vida de Marianne), *Robinson Crusoé*, *Wilhelm Meister*, a "sensibilidade" do herói é tão necessária, tem tanto valor quanto a realidade socioeconômica cujas exigências ineluctáveis, no entanto, deve conhecer. Permanecendo fiel à poesia do coração, o herói prefigura uma sociedade ideal, que deixará desabrochar o lirismo de cada um; em compensação, a prosa desta sociedade ensina-lhe, dolorosamente, a impossibilidade da solidão, o senso da participação. De Marivaux a Richardson, de Diderot a Jane Austen e a Goethe, o romance é "hegeliano" na medida em que tende a afirmar a necessária síntese entre a racionalidade social e a irracionalidade individual.

---

6   E. M. Forster, op. cit., p. 79.
7   *Confession du pécheur justifié*, prefácio de A. Gide.
8   Cf. M. Allott, *Novelists on the Novel*, p. 260.
9   *Esthétique*, 2ª parte, cap. II, 8.

O mundo não se tornará justo e fraterno a não ser que a pessoa afetiva e a comunidade se "formem" uma pela outra.

Este realismo que se pode chamar de humanista (e também messiânico) vai triunfar na segunda metade do século XVIII, depois de uma crise notavelmente descrita por D. Mornet, em sua introdução a *La Nouvelle Héloïse* (A Nova Heloísa). A partir de 1740, aproximadamente, um novo gênero de narração se afastará não menos da pura efabulação do que do relato picaresco. Um longo debate sobre a *utilidade* do romance será encerrado pelo advento de um romanesco onde a pintura exata do concreto virá acompanhada de uma mensagem segundo a qual é preciso humanizar o mundo pela "sensibilidade". Para Richardson, Diderot, Rousseau, Rétif e Sade, somente o romance está apto a representar a existência humana real. Todavia, por realidade cumpre entender a aliança entre um realismo e uma ética, às vezes uma utopia. Todos os romancistas importantes do século XVIII afastaram-se da efabulação: o romance é necessário porque é o único gênero que permite descrever as coisas tais como são[10]. Mas este verismo será acompanhado pela expressão do valor da verdade sentimental: sejam quais forem os infortúnios do herói (e por causa mesmo destes infortúnios), suas aspirações ao bem, os impulsos de seu coração continuam verdadeiros, e são sobretudo exemplares, não para o homem considerado em sua estrita individualidade, mas para a sociedade inteira. Bem profunda é a observação de M. Blanchot, segundo a qual *Justine* é um romance de educação[11] e é preciso ver, também, o quanto a heroína de Sade se assemelha a Cândido, ambos fiéis ao princípio de que o homem *deve* ser bom e justo.

Diremos que o romancista das Luzes, seja sua regra a ironia revoltada ou o utopismo confiante, toma uma posição de árbitro soberano entre a realidade objetiva do mundo e a verdade subjetiva (sentimental) do homem, a fim de mostrar que a fusão do real e do verdadeiro é possível e que devemos concorrer para isto. O romancista ensina a sua personagem, por experiências geralmente dolorosas, que o mundo é regido por leis desumanas (priorizando o dinheiro e os instintos), mas ensina também ao leitor que não há salvação para o homem a não ser que o mundo se converta à justiça, ao bem que os heróis trazem em seu coração. Assim, o romancista preenche duas lacunas de saber: a personagem não sabe até que ponto ela é um objeto social, e o mundo ignora que a verdadeira natureza e a verdadeira razão humanas residem neste herói sofredor. Para a edificação do leitor, o escritor completa e associa duas "inconsciências" que assim se tornam a consciência, porque através das vicissitudes da personagem, que frequentemente se julga vítima de uma fatalidade, lemos o determinismo da história, enquanto

---

10   Numerosos textos asseveram que a missão humanista, moral e educativa do romance deve fundar-se na expressão dos sentimentos apresentados como valores e numa escrupulosa descrição do real. Por exemplo: Crébillon Filho, prefácio a *Egarements du coeur et de l'esprit*; Abade Prévost, "Le Pour et le contre" (*Oeuvres*, t. IX, p. 274-275 e "Avis de l'auteur" a *Manon Lescaut*, 1753); D. A. F. de Sade, *Idée sur le roman*, precedendo *Les Crimes de l'amour*, Ano VII. Referimo-nos também a P. Trahard, *Les Maîtres de la sensibilité française au XVIIIe siècle*; D. Mornet, op. cit.; A. Monglond, *Le Preromantisme français*.
11   *Lautréamont et Sade*, p. 69.

vemos o herói dar, a preço de seus sofrimentos, um rosto humano deste mundo determinado. O romancista transmite este duplo saber a seu leitor, ao qual com frequência se dirige, e que estará assim em condições de conceber uma possível harmonia entre o sistema social e os impulsos do coração. Definiremos destarte a óptica do romancista do século XVIII: comporta dois focos divergentes, dos quais um esclarece a realidade subjetiva de um herói e o outro a realidade social, mas esses dois focos convergem na consciência do leitor, que é informado e edificado. Óptica da qual *A Nova Heloísa* e *Wilhelm Meister* parecem oferecer-nos dois exemplos típicos, mas extremos, porque em Rousseau e Goethe a consciência da personagem tende a coincidir com a do escritor. Unidos numa mesma lucidez, numa mesma utopia e pelas mesmas paixões, Rousseau e seu herói-narrador arrastam o leitor para um mundo já metamorfoseado numa totalidade humana harmoniosa, e cuja realidade atual, cotidiana, é fielmente descrita. O herói de Goethe empreende uma aprendizagem racional da vida para que sua afetividade e seus conhecimentos objetivos façam dele um homem completo, capaz de transformar o mundo. Esta dualidade complementar do coração e da história, do messianismo e do realismo, irá perecer com o século XIX: a personagem de Balzac viverá um drama rigorosamente determinado pelo mundo real.

Este mundo agora é um teatro[12] que o mito da Sociedade domina como um deus contemplando a tragédia: como espectador[13]. Ao contrário de Saint-Preux, cujo desespero afetivo continha em si uma esperança num mundo melhor, a personagem balzaquiana constata que a poesia do coração deve se integrar, sob pena de aniquilamento, numa prosa social que *é* o destino do homem. No século XVIII, o herói era inocente em face à sociedade. Ele não pode mais sê-lo em Balzac, o que aproxima *A Comédia Humana* do espírito da tragédia. Por isso a personagem deve conceber a existência em termos de estratégia. Estão salvos (Vautrin, Vandenesse, Bette) aqueles que sabem que um ser só é um sujeito sob a condição de tomar consciência de sua natureza de objeto fundamentalmente social. Estão perdidos (Pons, Rubempré), aqueles que não puderam ou não quiseram ser "coisas". O Ele determina os modos de existência do Eu. A quase totalidade dos grandes romances contemporâneos da ascensão do capitalismo serão escritos na terceira pessoa. De Balzac a Zola a noção de pessoa tende a confundir-se com a de estado civil, de função.

Procuremos salientar os grandes traços do realismo balzaquiano, do qual ainda hoje derivam tantas formas romanescas. O romancista é totalmente soberano porque, a seus olhos, não há diferença real entre o sujeito criador e o objeto criado: o segundo determina o primeiro, orienta seu ponto de vista; o escritor é de certa forma o delegado da Sociedade, cujas leis, regras, estruturações e desestruturações sucessivas fornecem o plano da obra e ditam seu espírito. Ao contrário daquela de Dostoiévski, a onisciência de Balzac raramente é ultrapassada por sua pessoa. *A Comédia Humana* ignora o "messianismo

---

12 *Splendeurs et misères des courtisanes*, III, cap. 7.
13 G. Lukács, *Métaphysique de la tragédie*. Citado por L. Goldmann, *Le Dieu caché*, p. 10.

subjetivo" de um Proust. O romanesco não é expansivo (nem sequer livre), visto que sua expansão é sistematicamente determinada, como Balzac o precisará no prefácio de seu ciclo romanesco[14].

A representatividade do herói balzaquiano (sua natureza, seu valor de tipo) exige algumas observações. São sobretudo figuras secundárias às que *representam* um nível social, que são os exemplos vivos dos elementos da hierarquia. Os protagonistas, por sua vez, nos *remetem* à ordem soberana da sociedade. O típico é neles tanto mais profundo e significativo quanto é indireto, e se através deles compreendemos o poder e o rigor do determinismo socioeconômico, é porque Balzac não faz mais do que referir o destino deles a este determinismo. Com efeito, estas grandes personagens vivem à margem de um grupo do qual procede sua natureza social, e a qual, no entanto, não representam "tipicamente". É à distância, na sombra, que uns favorecem ou exploram o mecanismo dos interesses e que outros, ao contrário, sofrem efeitos e leis. Chabert decaído, Pons parente pobre, mas colecionador desinteressado de objetos cujo valor será sua Nêmesis, a obscura prima Bette, Vautrin aventureiro, revelam-nos os movimentos rigorosos de um sistema do qual não são peças de engrenagem, que não detêm um posto de comando como Popinot, Derville, Nucingen ou o inimigo do cura de Tours. O próprio Rastignac não nos é mostrado integrado na hierarquia. Representa a energia e a desumanidade necessárias para obter o poder. Seu *caráter* invoca e evoca o poder. O êxito de Balzac depende de que *personalidades* ilustrem a mais *impessoal*, a mais "objetiva" das estruturas sociais globais.

Ora, cada uma destas personalidades tem dois componentes: uma individualidade sociológica manifestada por seus traços, suas roupas, sua linguagem, e uma individualidade passional que vai no sentido da sociedade ou, do contrário, é maldita, contrariando a marcha do sistema. Para Balzac não há vida afetiva *em si*. O afetivo tem sempre como parâmetros, como determinantes ou como juízes, o social e o econômico. O amor paternal em Goriot é uma paixão que pode ser qualificada como social: ama as filhas porque pôde fazê-las passar de uma classe para outra; contudo não está com razão, depois de velho, espera sua ternura e sua gratidão como frutos de seus esforços. Também não têm razão Vandenesse amando Mme. de Mortsauf (ele se dá conta disso em tempo) ou Rubempré amante de Ester. No universo balzaquiano só se justificam os sentimentos eficazes, harmonizados com uma concepção organicista do mundo, tais como a ambição de Rastignac, a alma calculista de Bette, o humanismo e a humanidade de Bianchon e de Benassis, que são sustentados pelo valor eficaz de uma ciência, assim como, finalmente, a sensibilidade do romancista de Arthez que organiza em sua obra, como Balzac, uma sociedade na qual está integrado. Epifenomenal ou fatal, a paixão balzaquiana é um luxo, um corpo estranho a uma pessoa de essência sociológica, histórica, econômica, política. O herói balzaquiano está à mercê da paixão "associal" como Stavróguin estará à

---

14 No universo da exegese balzaquiana preferimos citar: E. Preston, *Recherches sur la technique de Balzac*; H. U. Forest, *L'esthétique du roman balzacien*, e J. Pommier, Naissance d'un héros, Rastignac, *Revue d'Histoire Littéraire de la France*, 1950.

mercê de seu orgulho; uma tal paixão faz dele um ser duplo, algo que a história e a economia não permitem. Por isso atribuímos grande importância ao fato de que Balzac tenha o mais das vezes descrito as paixões usando os traços com os quais as desenhara a literatura clássica ou pré-romântica[15]: a paixão é anacrônica (e fatal) quando não está adaptada à vida do organismo social soberano. Mas da dualidade do sentimental e do histórico, um considerado como fictício e o outro como a própria realidade, Balzac tira notável partido fazendo com que o passional remeta à realidade social, e inversamente: a morte miserável de Goriot cristaliza a ambição de Rastignac, enquanto Vautrin realiza (tarde demais) uma proeza "econômica" por amor de Lucien.

A soberania de Balzac foi menos absoluta, menos radical do que às vezes se imagina. Teve como limite uma visão hierárquica e totalizante do mundo que, sem dúvida, o obsedou (fertilizando sua imaginação) e que podemos comparar àquela dos colecionadores. Visão que chega a sublimar na *Recherche de l'absolu* (A Procura do Absoluto) por exemplo, onde o desejo de totalização sócio-histórica cede lugar à obsessão de uma plenitude individual pela realização de uma obra. Mas importa-nos sobretudo sublinhar a óptica e a técnica originais que permitiram este fenômeno sem dúvida único de um romancista a dominar seu objeto na exata medida em que este objeto orienta a obra e a contém.

Considerando o ser como um objeto-sujeito, assimilando a ambição a um desejo de integração social mais do que de dominação, Balzac põe-se no lugar como substituto da história-sentido e não da história-fim. Seu ponto de vista será rigorosamente positivista e didático. Não cabe ao romancista especificar que sua imaginação está a serviço do real: o real imagina, se para quem sabe observá-lo, deduzir-lhe as leis. Balzac fala ao leitor numa linguagem de historiador, cuja palavra forma um só todo como os acontecimentos, os lugares, os tempos, e que não deve intervir diretamente salvo para precisar uma causa, sublinhar a importância da anterioridade de um fato sobre o outro. Do mesmo didatismo darão prova certas personagens (Vautrin, em particular) que sabem que o sentido da vida se confunde com o dos mecanismos sociais. Sua liberdade vem desta ciência, que raia a um verdadeiro mimetismo dos movimentos da história. Esta ciência do objeto-sujeito, do Eu-Outro será encontrada no plano das técnicas. Butor mostrou muito bem que se tratou, para escrever *A Comédia Humana*, de fazer proceder a independência criadora de uma submissão a seu objeto. Balzac transpôs para o romance a "razão" dos fenômenos sociais dos quais era testemunha, e esta "razão" era um conjunto de movimentos, de mutações lentas ou bruscas, de reviravoltas e de consolidações, de passagens de uma zona à outra. Se o espaço social é imenso e infinitamente categorizado, se por outro lado *A Comédia Humana* não se justifica a não ser com a condição de que possa abraçar todo este espaço, zona por zona, andar por andar, da vida de província à vida militar, esta imensidão diversa oferece ao escritor um meio de traduzi-la condensando-a, esquematizando-a: ele escolherá primeiramente os

---

15   P. Barrière, *Honoré de Balzac et la tradition littéraire classique*, particularmente p. 27-30.

tipos que irão encarnar toda uma estrutura. Em seguida, fará reaparecer determinada personagem num outro romance, assim como determinado funcionário passa de um ministério para outro, como um perfumista se torna poderoso em Paris depois de ter sido artífice na província. Mais ainda: a Sociedade é uma ordem total, mas pode-se conhecer e revelar o sentido, a amplitude desta ordem compreendendo-lhe determinado detalhe, determinada circunstância fortuita; por isso o romancista de Arthez aconselhará a Lucien de Rubempré que comece seu assunto "pelo fim ou pelo meio"[16].

Esta economia romanesca[17] traduz uma economia da pessoa. Queremos dizer que há duas realidades balzaquianas. Uma é a da adaptação, da estratégia, indispensáveis para entrar no aparelho capitalista e conseguir postos de comando. A outra é sentimental, portanto negativa, e esta outra vertente do real é necessária à estrutura do romance: a paixão paternal de Goriot reforça a ambição de Rastignac, a desgraça de Chabert demonstra o poder intrínseco do dinheiro. Estas duas realidades, entretanto, permanecem isoladas uma da outra. Com efeito, se a sociedade é o modelo positivo de um futuro materialista, o sentimento, em compensação, é um modelo anacrônico, caduco, sem futuro.

Assistimos a um movimento inverso em Stendhal, cujos heróis vivem das paixões *atuais* numa sociedade *anacrônica*, ao menos com respeito a suas ambições. Depois de ter conhecido um amor espontâneo e romântico, Félix de Vandenesse se integra na ordem social que, justa ou injusta, é a própria razão da existência humana e com a qual, em última análise, a pessoa de cada um deve confundir-se. Julein Sorel, ao contrário, inicialmente calculista em suas relações sentimentais, incluindo em primeiro lugar o amor em sua estratégia de ambição, finalmente tomará consciência da *autonomia* de suas tendências afetivas. O herói perceberá que era impossível dominar, dirigir estas tendências de modo a levá-las a concorrer para o sucesso de um empreendimento: julgando pôr sua afetividade a serviço de sua ambição, não fez mais do que comprimir uma vida interior cuja força acabou por estourar, e arruinar seus desígnios. No romance stendhaliano, a vida psicológica aparece como a *rival* da vida social, do mesmo modo como a *exigência de autenticidade* se ergue contra o *determinismo histórico*.

O herói balzaquiano não era ator, visto que o mundo era, em si mesmo, um teatro. Longe de ter um papel, esta personagem ocupava um lugar e preenchia uma função, conformes (Vautrin, Rastignac, Bianchon) ou não (Pons, Rubempré) com um determinismo histórico-social soberano, sobre o qual a soberania do romancista era de certa forma calcada. Ao contrário, a personagem de Stendhal considera a sociedade *como* um teatro, e nisso mostra-se mais lúcido e mais cego do que Rastignac. Mais lúcido porque a seus olhos o mundo humano não é verdadeiro, mas cômico, no sentido original do termo: tanto para Julien Sorel como para Fabrice a potência é verdadeira, e não o poder. Mais

---

16 M. Butor, Balzac et la Réalité, *Répertoire*, p. 81-82. (Trad. bras. *Repertório*, São Paulo: Perspectiva, 1974).
17 Idem, p. 84-85.

cego, porém, porque se sabendo, ou melhor, se fazendo de comediante, julga poder e dever desdobrar-se em consciência de si e em aparência para o mundo, sendo a primeira fiadora da eficácia da segunda: o ator deve controlar seu desempenho. Mas esta consciência de si, que julgara poder utilizar como um meio, era na realidade um fim: era a consciência de seu Eu, cujas exigências e leis desde sempre estiveram em contradição com aquelas do conjunto social. Em Balzac, o Ser absoluto constituído pelo organismo social implica que o papel de cada um – sua aparência – é seu ser. Em Stendhal, o parecer ser a que se sujeita o ambicioso a fim de adaptar-se, para dominá-lo, a este conjunto de aparências que é a sociedade, faz-lhe descobrir que a essência do homem não é social, e que não poderia haver aí totalidade humana a não ser pela solução do conflito que opõe o universo das tendências pessoais e o universo da história. O paradoxo do comediante, que as personagens balzaquianas ignoram para sua salvação e para sua perda, revela-se ao herói stendhaliano sob sua verdadeira luz: uma exigência de autenticidade obseda todo o ator.

Balzac considera uma realidade social global e organizada, que basta explorar com método para traçar-lhe o mapa. Estático pela hierarquia que reflete e que constitui seu quadro, seu esboço, dinâmico pelo fato de exprimir as modificações internas a que a hierarquia sofre devido às leis econômicas e aos extravios passionais dos indivíduos, o esquema balzaquiano era o de uma consciência, primordial, senão essencialmente sociológica. Fazendo coincidir, porém, seu ponto de vista romanesco com aspectos estruturados e estruturais de um objeto histórico e social, Balzac ilustrava uma concepção da pessoa segundo a qual não podia haver aí relações atuais nem coerentes entre a vida afetiva de um indivíduo e as exigências do organismo das quais era, quisesse ou não, um elemento. Esta óptica de encenador negligenciava, de propósito, de um lado a situação diante da qual se encontra um ser tão logo percebe que sua função, por mais brilhante que seja, exige dele que desempenhe um papel, que assuma uma certa máscara, e, de outro, a reação do espectador quando pensa em confrontar o drama a cujo desenrolar assiste, com seus sentimentos, seus desejos efetivos. À óptica de Balzac, que só considerava a consciência humana em função de um Fora, opor-se-á logicamente a de Stendhal, que acolherá aquilo que *A Comédia Humana* abandonava. A uma teatralidade absoluta, Stendhal responde com uma visão crítica do espetáculo da existência, em função de uma realidade dominante que desta vez não é mais a sociedade, mas a vida psicológica de um herói. O *Vermelho e o Negro* vai completar exatamente a *Comédia* na medida em que o ator Sorel pergunta a si mesmo que homem é ele quando representa e se, no fim de contas, vale a pena representar.

Empreende-se assim um lento trajeto que leva a Proust: o trajeto de personagens que sabem ou que pressentem que sendo personagens não são pessoas. Já com Stendhal, verdade do Ser e verdade social não estão mais no mesmo nível. Já em *O Vermelho e o Negro*, a pessoa não aparece, não se torna verdadeira salvo nos momentos em que o indivíduo se aparta das convenções, em que toma distância com respeito às aparências do mundo. Em consequência, o olhar do romancista, que tende necessariamente a coincidir com o de seu herói, torna-se uma óptica, no sentido estrito do termo, visto que desta vez se trata, para o ator-sujeito, de saber quem é ele com relação a uma cena-objeto.

A estética stendhaliana do espelho é uma estética do reflexo: toda imagem suscita uma contraimagem, todo olhar um contraolhar. A feliz fórmula de G. Blin: "Não há mundo que não seja mundo de alguém em algum momento"[18], deve ser tomada em sua acepção mais ampla, porque se aplica tanto a Fabrice, em Waterloo, quanto às relações do escritor e de sua obra, do romancista e de sua personagem. Para Stendhal, não se trata somente de consignar a todo o campo romanesco os limites de um olhar singular, de só traduzir a realidade em função de uma experiência particular: cumpre também que romance e romancista existam um para o outro, se interroguem mutuamente; que Julien seja o crítico de seu "criador", e que este, efetuando uma intrusão em sua obra, acuse seu caráter essencialmente problemático. Não é possível olhar sem se ver; nem se ver sem ser visto: visão romanesca, visão de si e visão do mundo são em Stendhal interferentes e complementares. Como o mostrou de maneira notável G. Blin, problemas do romance e problemas da personalidade remetem uns aos outros, incessantemente, a respectiva imagem através de todos os aspectos (personagens, estrutura, movimento e estilo) da narração stendhaliana[19].

Isto porque a estética relativista de Stendhal devia ser ligada a uma concepção da pessoa que implique a primazia da liberdade de cada um sobre o determinismo histórico, do espírito crítico sobre todas as formas de crença, do singular sobre o coletivo, da existencialidade do Ego sempre imprevisível sobre toda a norma imposta do exterior ao Eu. É significativo que na França, por volta de 1950, Stendhal haja simbolizado para jovens escritores a rejeição do "engajamento"; que Julien, Fabrice, Lamiel tenham encarnado o direito à felicidade pessoal, e, sobretudo, o direito à contradição[20]. Fabrice não é homem voltado para si, repelido pela marcha cega e niveladora da história, e Julien não prefere a si mesmo a um sistema social que não lhe deu mais do que um papel? Mas é preciso, sobretudo, observar o quanto a estética do século XX se reconheceu em Stendhal. Confrontados com *Os Moedeiros Falsos*, *Jean Santeuil* ou *Farewell to Arms* (Adeus às Armas), seus romances pareceram singularmente modernos, e foi com razão que se invocou o relato stendhaliano para denunciar como ilusória a objetividade impessoal do naturalismo, e para justificar o "realismo do ponto de vista" (ou "realismo subjetivo") que caracteriza não somente o romanesco de nosso tempo, mas também a visão

---

18   Juntamente com as obras de H. Martineau e de J. Prévost, os dois estudos capitais de G. Blin, *Stendhal et les problèmes du roman* e *Stendhal et les problèmes de la personalité*, constituem nossa principal referência.
19   G. Blin, *Stendhal et les problèmes du roman*, em particular a Terceira Parte, p. 179-322.
20   Cf. M. Zéraffa, Problems of Style and Techniques: The Young novelists, *Yale French Studies*, n. 8, p. 3-10.

cinematográfica[21]. Era possível ver em Stendhal o criador do homem em situação, para quem só é real aquilo que vê aqui e agora, reconhecendo por única e verdadeira uma visão parcial e particular do universo, cuja subjetividade determina o ângulo, a luminosidade e a profundidade.

Mas, que se deve entender por "subjetividade" quando se trata de Stendhal? Que sentido, que forma revestem seu relativismo e seu perspectivismo? Pensemos em Fabrice na Torre Farnese. Antes que ele vislumbre um semblante que lhe fará descobrir a felicidade na própria prisão – as duas grandes personagens stendhalianas não se sentem plenamente felizes a não ser encarceradas – o herói encontra-se numa situação "óptica" exemplar; não pode ir ter com o mundo a não ser partindo de um ponto de vista restrito e fixo, que é seu único recurso para encarar seu devir, seu futuro, seu destino. Ora, cabe observar com que preocupação Fabrice considera sua posição, a que ponto organiza em seu espírito o lugar, o sentido e as perspectivas de sua detenção; o quanto ele é uma criatura pouco fascinada, obsedada, angustiada, e o quanto, em compensação, suas reflexões são lúcidas, coerentes, práticas. E quando sobrevém o choque afetivo (o choque "imaginário") do aparecimento de Clélia, vemos reproduzir-se a situação psicológica de Julien Sorel diante de Mme. Rênal, depois de Mathilde: a razão tenta transmutar (como em *Les Liaisons dangereuses* [As Ligações Perigosas]) a paixão em estratégia. Tanto em Julien como em Fabrice, uma intelectualidade predominante tende incessantemente a dominar, a organizar pulsões afetivas que provocam crises tanto mais agudas quanto permaneceram latentes, no sentido estrito do termo, pois fazem verdadeiramente irrupção numa consciência que quer ser essencialmente racional. Porém, depois que a paixão e a lucidez se tiverem defrontado cara a cara, sem máscara, nem Julien nem Fabrice terão o sentimento de viver um conflito, pois este confronto dá uma forma concreta a uma ideia que neles estava subjacente desde o começo do romance, e à qual ambas as personagens sempre permaneceram fiéis: a ideia de ser. Julien antes de morrer, Fabrice vivendo com Clélia um amor clandestino reconciliam-se porque descobrem como um espaço total e coerente, um Ego que os fez sentir-se cada vez mais como *duplo* (social e afetivo) sem jamais consentir verdadeiramente em viver divididos deste modo. Encontram a paz constatando que sua pessoa vale mais do que uma sociedade que proíbe ao homem ser ao mesmo tempo enamorado como Lucien de Rubempré e ambicioso como Rastignac. Ao termo do romance a personagem stendhaliana não renuncia ao mundo, mas ao combate para dominá-lo ou para transformá-lo, renúncia anunciada em O Vermelho e o Negro pela meditação de Julien sobre a montanha: "Aqui os homens não poderiam me fazer mal". A obra conclui num plano "ontológico" depois de se ter desenrolado num plano existencial. Mas tal conclusão não infirma a sucessão de ambiguidades, de

---

21 G. Blin, *Stendhal et les problèmes du roman*, p. 115-119. Em sua análise do relativismo stendhaliano, e das relações entre a visão romanesca de Stendhal e a visão cinematográfica, cita, entre outros, J. de Lacretelle, *Croisières en eau trouble* e J. Doniol-Valcroze, Naissance d'un véritable ciné-ceil, *Cahiers du Cinema*, janeiro de 1947.

trocas, de reflexos que compuseram a trama da narração: por meio de Julien e Fabrice, Stendhal queria mostrar que a individualidade humana prova-se enquanto tal, e forma-se, na e pela História, mas que ninguém se situa, no fim como no começo, fora dos quadros de referência sócio-históricos[22].

Que o romance stendhaliano faz predominar a totalidade do Ego sobre a totalidade social, Balzac o vê claramente, pois de uma parte observa que o "leitor se faz Fabrice", mas de outra lamenta que Stendhal não tenha representado em *La Chartreuse du Parme* (A Cartuxa de Parma) "o jovem italiano deste tempo": "Convertendo este jovem na principal figura do drama, o autor seria obrigado a atribuir-lhe um grande pensamento e dotá-lo de um sentimento que o tornasse superior às pessoas de gênio, e que lhe falta"[23].

Com efeito, Fabrice tem o espelho no qual se reflete a História. Assim o leitor, em vez de assistir a um espetáculo composto de objetos, segue os movimentos de um sujeito. Mas sendo aquele que olha a totalidade histórica fragmento por fragmento, Fabrice não pode ser dotado de um grande pensamento: permanece, aparentemente, no mesmo plano das personagens balzaquianas (Mosca) que o cercam. O que espanta Balzac é que Fabrice seja somente a testemunha de uma realidade sócio-histórica que, no entanto, apresenta em Stendhal a mesma natureza que em *A Comédia Humana*: trata-se de um sistema regido por leis próprias. Mas para Rastignac o real social faz a verdade do indivíduo, enquanto que para Julien Sorel este real não é verdadeiro a não ser através da verdade de um "caráter". Um submete as exigências de sua razão a uma racionalidade social intrínseca e indiscutível; o outro exigirá, ao contrário, que haja uma harmonia entre razão individual e razão histórica. Observemos, entretanto, que no romance stendhaliano esta razão histórica se encarna em uma pessoa: Bonaparte. Se Stendhal desmitifica a história, é porque este mito tem uma forma viva; assim, nos dois polos do real, encontram-se duas individualidades, dois sujeitos: Julien-Fabrice, e o Imperador, que se olham. Participando apenas em aspectos confusos da batalha de Waterloo, Fabrice vê quebrar-se a "razão", enquanto que um Fabrice balzaquiano ter-se-ia sentido incluso num determinismo global do qual precisaria tirar partido. O olhar doravante mutilado do real vai repelir Fabrice na direção de um Ego, cuja *forma* e exigências conhece intuitivamente. Aqui aparece a lógica profunda de Stendhal: o Ego revela-se na própria medida em que a História fragmenta e contraria o Eu; quanto mais estreito o ponto de vista sobre o mundo, mais a consciência se amplia; quanto mais o ator é obrigado a representar falsamente, mais ele se vê verdadeiramente.

Assim a estética dos jogos dos espelhos tende a exprimir uma concepção totalizante da pessoa e se fizermos o paralelo entre os escritos íntimos de Stendhal e sua obra romanesca, veremos o quanto Julien e Fabrice são modelos de

---

22 Julgamos não estar traindo aqui o pensamento de G. Blin em sua Introdução a *Stendhal et les problèmes de la personnalité*, particularmente em "Consistance et constance en Stendhal de l'individu", p. 15-37.
23 H. de Balzac, *Estudes sur M. Beyle*, *Revue Parisienne*.

plenitude, indivíduos exemplares, sendo cada um deles um Beyle "perfeito" a representar em função do mito degradado da História, uma experiência que seu "criador" só terá vivido num plano "pessoal". É diminuir, se não deformar, a arte de Stendhal limitá-lo ao princípio do realismo subjetivo (ou do ponto de vista), porque esta mesma óptica é considerada, é questionada por uma realidade objetiva cujas dimensões ultrapassam muito o campo de visão da personagem. O mundo não é mais um teatro, mas o ator stendhaliano sabe que este teatro existe objetivamente; que a sociedade é uma mentira objetiva que o condena ao perspectivismo, até o dia em que percebe que suas contradições e seus erros desenharam a forma de seu ser. Por ter vivido esteticamente, por ter sido obrigado a conservar no mundo uma atitude crítica, o herói de Stendhal reconhecerá o valor ético de sua experiência, e descobrirá sua pessoa como uma totalidade.

Tocamos aqui num problema crucial da história do romanesco: o da coerência da pessoa, portanto da coerência da obra. Certamente, Stendhal é o primeiro romancista a nos desvelar sob outros tantos aspectos, com outras tantas dimensões, a subjetividade de uma personagem. A psicologia da inteligência, a do comportamento, das motivações e das profundezas e a psicologia social podem encontrar sua matéria nos raciocínios, nas condutas, nas autoanálises de seus heróis[24] e a maneira pela qual Julien representa sua personagem corresponde à descrição que fará J.P. Sartre do "sujeito que *devo ser*, e que não sou"[25]. Mas em razão de sua riqueza e de sua complexidade, o perspectivismo de Stendhal é um modo de compreensão e de elucidação globais do mundo e do Ego graças ao qual suas personagens, que são investidas de uma inteligência totalizante, se encontram, se reconhecem como seres coerentes; resultado ao qual não chegará o Narrador de Proust, vencedor-vítima do Tempo, e ao qual não chegaram as personagens de Balzac, vencedoras-vítimas da história social. Num mesmo movimento, Julien e Fabrice aprendem a compreender-se e a compreender o mundo. Os jogos de espelho desembocam numa ordenação dos seres e das coisas, porque seus jogos tendem a revelar a pessoa como continente, como forma de sua própria existência. A sucessão de pontos de vista *parciais* desemboca na revelação de uma *essência*. Por isso mesmo um autor cujo pensamento e cujos métodos são relativistas, pode entregar ao leitor personagens "redondas" (para retomar a expressão de Forster) como as do deísta Tolstói ou do místico Dostoiévski. Stendhal faz-nos ver o mundo pelos olhos de uma personagem, mas este mundo tem uma clareza, uma precisão de linhas que o opõem ao universo de *Rumo ao Farol* assim como ao universo gidiano. O relativismo de Stendhal é absoluto e não é por seu espírito de independência, mas pela plenitude da consciência deles que seus heróis são exemplares[26].

---

24 G. Blin, *Stendhal et les problèmes de la personnalité*, p. 425-451
25 J. P. Sartre, *L'Etre et le Néant*, p. 99.
26 Cf. G. Blin, *Stendhal et les problèmes du roman*, p. 165-170, e a notável conclusão de *Stendhal et les problèmes de la personnalité*, assim como um homem não "tem total senão destotalizado, não conserva seu passado senão como meio do ser do qual é a necessidade", da mesma forma, cremos, o desejo de totalidade do herói stendhaliano se realiza por uma experiência histórica destotalizante.

Stendhal inaugura o ponto de vista do sujeito. Entretanto, este ponto de vista é "subjetivo", se pensarmos em *Em Busca do Tempo Perdido*, em *Ulisses* ou no "olho da câmara"? Com Stendhal a soberania do romancista se apaga, sua onisciência é questionada por uma personagem investida em grande parte da óptica romanesca. Trata-se aí de uma etapa decisiva da história do romance, mas que corresponde a uma concepção da pessoa, notável por sua amplitude e por sua nitidez. A óptica subjetiva assumirá aspectos totalmente diversos.

"*Sentir* é o rival de *Compreender*, assim como *Agir* é o antagonismo de *Pensar*" escrevera Balzac a propósito de *A Cartuxa de Parma*[27], e Marcel Proust, em 1920, observará que com *A Educação Sentimental* "uma revolução é realizada; aquilo que era ação torna-se impressão. As coisas têm tanta vida quanto os homens, pois é o raciocínio que consigna a todo fenômeno visual, depois de ocorrido, causas exteriores, mas na primeira impressão que recebemos esta causa não está implicada"[28].

A palavra "revolução" não é exagerada, e a passagem da ação à impressão se refere a cerca de três quartos de século de arte romanesca: em diversos graus e sob muitas formas a receptividade predomina sobre os atos em *Retrato de uma Senhora*, *Lord Jim*, *Mrs. Dalloway*, *O Lobo da Estepe*, cujas personagens preferem representar-se suas próprias vidas a construí-las ou concebê-las em termos de racionalidade. De James a Faulkner, o indivíduo romanesco é aquele que não intervém no mundo, porque perdeu toda a confiança no valor de tal intervenção. Esta atitude receptiva será a primeira do escritor, que se desviará da história e da intriga, e transformará de maneira fundamental os elementos estruturais do romance considerados por Muir: o tempo, o espaço e a causalidade. Com Flaubert o realismo torna-se subjetivo, implicando, de fato, que a ordem do real deve depender da ordem de uma sensibilidade: "O fundo de minha natureza é, diga-se o que se disser, o saltimbanco... Talvez tivesse sido um grande ator, se o céu me tivesse feito nascer mais pobre. Ainda agora, aquilo de que gosto acima de tudo, é da forma, desde que seja bela"[29].

Balzac encenava. Flaubert encarna[30]. Mas uma vez impregnado de seu modelo, o ator fixa e organiza suas atitudes cênicas; ele é "argila para receber as impressões e bronze para guardá-las"[31]. A submissão a uma forma por sua vez se faz forma. A celebérrima frase "Madame Bovary, sou eu" expressa esta mutação, a mais difusa receptividade tornando-se em Flaubert a mais precisa das linguagens, quando se entende por linguagem o conjunto dos meios utilizados pelo romancista para traduzir a existência de uma pessoa num universo. *Madame Bovary* traduz em termos organizados aquilo que uma consciência experimenta de maneira confusa, mas sempre obsessiva. Impressionada por

---

27   H. de Balzac, Etude sur M. Beyle, op. cit.
28   M. Proust, A Propos du "style" de Flaubert, N.R.F., p. 75.
29   Carta a Louise Colet, 7 de agosto de 1846.
30   Cf. J. Pommier, Flaubert et la nassaince de l'acteur, *Journal de Psychologie*, p. 185-194.
31   Idem, p. 186.

coisas, Emma não pode refleti-las. Ela é modelada por objetos. Modelagem de Flaubert olhará depois de tê-la sofrido, endurecerá depois de tê-la "imitado".

Com Flaubert manifesta-se um fenômeno que assumirá uma importância capital no romanesco moderno, ao menos de Dorothy Richardson a Faulkner: o impacto do mundo sobre as consciências, que serão, por conseguinte, subjetivas na própria medida em que sofrerem a intrusão dos objetos. Todavia veremos as personagens do "monólogo interior" defenderem-se contra estas intrusões, ao passo que Emma Bovary permanece prisioneira das repercussões das coisas sobre sua consciência. Encerrado ele mesmo nesta prisão, Flaubert entrega-se a uma "química maravilhosa". Sua maneira, de *La Tentation de Saint-Antoine* (A Tentação de Santo Antônio) a *Bouvard et Pécuchet*, será a atração exercida sobre os seres por aspectos do real: "O objeto que contemplavas parecia avançar sobre ti, à medida que te inclinavas para ele, e laços se estabeleciam…"; "Nada há de verdade afora as relações, isto é, a maneira pela qual percebemos os objetos"[32].

Mas recebendo a coisa, a consciência a "penetra"[33]: nossos vínculos com os objetos são vínculos fascinantes; como possessores-possuídos. Este duplo movimento ocupa toda a consciência de Emma Bovary. Enquanto a personagem stendhaliana conserva o tempo todo sua qualidade de sujeito – ele é olhar crítico de si e de outrem, faz a separação, ainda que seja ilusoriamente, entre a impressão e a ação, o passional e o racional, obedece enfim ao princípio de realidade – Emma só existe para sua sujeição a um mundo material que ela transforma automaticamente em imagens admitidas ou recusadas conforme elas concorram ou não para satisfazer o princípio do prazer. Não a vemos analisar nenhuma de suas situações. Não calcula. Ignora as estratégias balzaquianas e stendhalianas. Jamais tem alguma intenção; é movida em direção a. Ela só se admira em função da admiração sempre boquiaberta que a persegue: estamos longe do vigário de Tours deslumbrado com os móveis que quer possuir, e a "sensibilidade" de Emma é infinitamente mais delicada do que a de Rastignac escandalizado pela miséria de Goriot. Radicalmente imaginária, a vida de Emma se desenrolará entre uma "mentira romântica" – o mito que a persegue desde sempre – e uma "verdade romanesca" que começa com a chegada à quinta Rouault de um funcionário da saúde[34]. Por consequência a heroína viverá ora em harmonia, ora em conflito com a realidade, conforme esta se adapte ou não a seu sonho. Seu destino será uma sucessão de adesões e de rupturas. Quando da recepção em Vaubyessard, da aventura do aleijado, dos comícios agrícolas, Emma adere a objetos, depois deve desprender-se deles. Mas nunca é consciente dos acordos e das discordâncias, das harmonias e das rupturas que se operam nela. Quer seu mito lhe faça esposar certos aspectos do real, ou quer ao contrário ela sofra o divórcio do mito com a realidade, Emma Bovary continua sendo o teatro de uma fascinação "positiva" ou "negativa". Em sua pessoa

---

32 *Tentation*, de 1849.
33 Flaubert, *Correspondence*, t. VII, p. 135.
34 R. Girard, *Mensonge romantique et verité romanesque*, p. 10-18.

se defrontam *o* romantismo e *os* costumes de província. Emma Bovary é uma personagem, um "caráter", essencialmente não-crítico: uma consciência-objeto, ligada ao mundo pelos sentidos, e não por um olhar.

Em *Madame Bovary* tudo concorre para trazer à luz as manifestações, os conteúdos de uma consciência, e para deixar na sombra esta consciência como fato global, como sujeito coerente e lógico. Mas estes conteúdos constituirão uma totalidade, e Emma Bovary terá aquilo de que será privado o Narrador de Proust: um destino. Não há grande romancista que não deduza sua atitude de narrador – seu ponto de vista geral sobre sua obra – dos traços dominantes de suas personagens principais, que são, em graus diversos, os seus próprios: Flaubert objetiva a subjetividade de Emma porque esta subjetividade é um fenômeno considerado em si, isto é, não pessoal. A emotividade, a passividade de sua personagem, sua tendência imperiosa ao devaneio imaginante são os do próprio romancista[35], mas aquilo que Flaubert discerniu em si como um estado torna-se em Emma um desejo que não lhe pertence como coisa própria: inspira-o uma mitologia gerada por fatos sociais. Individualizada ao extremo na ordem das imagens e das tendências, Emma Bovary é despersonalizada no plano da consciência reflexiva e da consciência social, pois ela não se analisa, não tem inteligência alguma das relações humanas reais.

Os aspectos da não consciência de Emma são assumidos por Flaubert *narrador*. Considerando a visão subjetiva de sua personagem como fenômeno primordial (que dá seu sentido ao romance), Flaubert não podia exprimir-se como autor soberano que ora tivesse dado a palavra a Emma, ora tivesse comentado, explicado este "Eu". Considerando, de outra parte, Emma Bovary como uma consciência não-crítica (toda entregue a suas imagens, a heroína não se vê, a si mesma, vivendo), não podia investi-la de uma óptica romanesca stendhaliana. Por isso utilizará um modo de narração impessoal, que objetiva uma visão "imaginante" do mundo. Impregnada da subjetividade passiva e passional de Emma, Flaubert a converterá num objeto suscetível de formar a própria base da narração e de dar à obra um tom uniforme, porque mesmo as cenas em que Emma não aparece são constituídas de objetos que entram numa consciência e a fascinam, impressionando-a por suas qualidades sensoriais próprias, e não como em Balzac, por sua significação sociológica. Toda descrição, em Flaubert, procede de um sentimento cuja grande importância veremos no romanesco do "homem interior": o *espanto* diante da presença *atual* do mundo. "Flaubert abandona o nível da visão clara pelo da impressão" diz com razão E. Auerbach[36]. Com efeito, o escritor vê o mundo como uma desordem compacta. O impressionismo de Flaubert tem um caráter estético que não reencontraremos em Proust, nem em V. Woolf: Flaubert fixa, condensa as impressões mais do que traduz o movimento e a fugacidade; congela a fascinação, que toma um aspecto objetal. Os movimentos de alma de sua

---

35 Cf. J. P. Richard, *Littérature et sensation*, p. 119-219.
36 E. Auerbach, *Mimesis*, cap. 18. Utilizamos a tradução inglesa, p. 428. (Trad. bras., *Mimesis*, São Paulo: Perspectiva, 1976).

personagem são frequentemente traduzidos em termos abstratos, sintéticos, e o emprego do estilo indireto livre contribui particularmente para dar ao relato uma espessura que sem dúvida teria surpreendido Stendhal; o que vem do objeto volta para outro objeto: o verbo[37].

Mas a fascinação pode romper-se. Se Flaubert cria uma nova terceira pessoa romanesca objetivando os fenômenos subjetivos, inova também pela técnica narrativa do "A vê B" da qual se deu como exemplo a passagem em que Emma encontra o Abade Bournisien: este último só escapará ao leitor no momento em que Emma, que o terá seguido com os olhos, o verá entrar em sua Igreja[38]. Estamos aqui no lado oposto da óptica stendhaliana, pois em Flaubert ver significa ser impressionado à maneira de uma placa sensível. A narração segue um curso homogêneo ou é rompida conforme o objeto convenha ou não à consciência imaginante de Emma, cujo lugar é de certa forma tomado pela consciência imaginante do narrador. A sucessão dos planos narrativos corresponde estritamente às associações e às rupturas que se produzem por ocasião do contrato com uma realidade que o sonho de Emma ora acolhe, ora rejeita. A cena dos comícios é, neste sentido, significativa. Certamente, Flaubert "dissolve a sequência indo de um nível de ação a outro"[39]. Todavia, trate-se do murmúrio dos amantes ou dos ruídos da cerimônia, a subjetividade (a fascinação) reina sobre o conjunto do quadro, porque os comícios, em vez de constituírem um conjunto de fatos – uma ordem balzaquiana – se destacam sobre o pano de fundo de uma afetividade. A cerimônia "real" compõe-se de objetos em estado puro, de coisas absurdas porque inassimiláveis à consciência da heroína: eles contrariam a harmonia de suas relações com Rodolphe. A realidade objetiva dos comícios permanece ligada, por ruptura, por contraste, à verdade subjetiva encarnada por Emma. Mesmo porque Flaubert continua sempre cúmplice de sua personagem: as rupturas de plano, ou, ao contrário, a continuidade das sequências, são em função dos sentimentos do escritor com relação a uma sociedade. Os "vínculos" são rompidos sem cessar quando se trata do homem-objeto Homais; são reatados quando a coisa – por exemplo a chegada do carro do Doutor Larivière, aparecimento da inteligência e do coração num mundo de estupidez e de rapacidade – está em harmonia com a sensibilidade do romancista. O contínuo encontra-se do lado de Emma, que é a única a imaginar a vida – a imaginar uma vida diferente – e que, nisto, é a mediadora do romance inteiro; o descontínuo resulta de uma burguesia semirrural que matará em Emma este corpo estranho que é o imaginário. Citemos uma notável observação de H. Granville-Hatcher: "É no momento em que Emma quer emprestar dinheiro a Binet que *ela cessa de representar o ponto de vista principal*, porque aí *somente o dinheiro está em jogo*"[40].

---

[37] M. Lipps, Le Style indirect libre chez Flaubert, *Journal de Psichologie*, p. 644-652.
[38] H. Granville-Hatcher, *Voir as a Modern Novelistic Device*, *Philological Quarterly*, n. 2, p. 354-374.
[39] J. Frank, Spatial Forms in Modern Litterature, *Criticism*, p. 383.
[40] Granville-Hatcher, op. cit. p. 360.

Emma, observará H. James, está "sobrecarregada de sentido"[41]. Esta sobrecarga não é menos sociológica do que psicológica. Stendhal restringia o campo romanesco à medida do olhar de sua personagem a fim de mostrar ao leitor que uma totalidade sócio-histórica não se referia efetivamente à pessoa por alguns de seus aspectos. Flaubert, por sua vez, usa a restrição, e sobretudo a condensação, porque o universo de Emma não está mais ligado a nenhuma ordem nem a valor algum de caráter geral. Da totalidade stendhaliana, e, com maior razão, da balzaquiana, que eram existentes (e legítimos) nada mais resta na "província", senão objetos isolados, compondo um sistema fechado e irracional, e que são fascinantes por este mesmo isolamento: no "meio fatal" em que vive a heroína, cada coisa assume uma existência em si, e assim se torna provocadora para a sensibilidade de Emma. Pode-se até dizer que todo o fragmento do real fala a esta, torna-se linguagem. Detestado ou atraente, cada objeto é confrontado por Emma com a única *ordem* que ela tem por autêntica: a ordem de sua imaginação, romanticamente nostálgica daquilo que era romanesco para as duquesas de Langeais. Os lampejos afetados de uma *Comédia Humana* destruída fascinam Emma Bovary, que sonha viver os autênticos dramas passionais vividos por Mme. de Mortsauf ou por Mathilde de la Môle, dramas cujos romances "romanescos" lhe propuseram uma imagem deformada, ideal, edulcorada. Mas a vitória de Emma (a vitória de Flaubert) depende da especificidade das imagens mentais, até então inéditas, suscitadas por coisas que se tornaram específicas, e não mais significativas de uma ordem. Um ambiente regido por convenções mesquinhas, residuais de leis e de valores desaparecidos, comprime e faz estalar uma vida subjetiva (e não mais uma "sensibilidade"), e querendo dar a todo custo a forma de seus fantasmas a este meio, a heroína de Flaubert acusa sua estreiteza, sua fixidez, seu aspecto caricatural. Emma Bovary não se reduz ao bovarismo: através de sua personagem o romancista desvela e explora uma realidade nova que será a de Huysmans e que expressará em toda sua força os romancistas do "fluxo de consciência": num mundo "burguês", o indivíduo não pode ser uma pessoa a não ser por seu poder de representação, desenvolvido em detrimento de uma vontade de potência doravante impossível. Mas a via subjetiva pela qual o romancista se enveredava era também a da escrita metafórica, devendo o escritor traduzir com sua coloração, sua coerência particulares, as imagens projetivas ou identificadoras de seu herói. Proust soube ver muito bem que o "estilo" correspondia em Flaubert à necessidade de pintar seres votados a suportar, incapazes de agir: "O estilo é de tal forma a marca da transformação que o pensamento do escritor faz a realidade sofrer que, em Balzac, não se pode propriamente falar de 'estilo'"[42].

---

41   "Flaubert has overburdened his heroine with significance", escreve M. Allott, cf. *Novelists on the Novel*, p. 115, que assim resume a opinião de H. James, em *Notes on Novelists*.
42   M. Proust, *Contre Sainte-Beuve*, p. 207.

E D. H. Lawrence notará, em 1925: "A procura apaixonada da forma é a marca não de uma consciência artística, mas de uma certa atitude com relação para com a vida"[43].

Longe de ser um álibi dado a si mesmo por um escritor que não pode mais "assumir sua vocação social"[44], o artesanato do estilo praticado por Flaubert corresponde a um objeto escolhido e privilegiado pelo romancista: a zona das imagens obsessivas, que fazem da história de um ser um perpétuo recomeçar. Com efeito, Emma vive num círculo vicioso: sua imaginação, única coisa que lhe permite existir, subsistir num mundo literalmente tacanho a impede precisamente de realizar a miragem essencial que seu sonho lhe propõe: comunicar, ter verdadeiras trocas com outrem. A lenta espessura da escrita de Flaubert, seu aspecto compacto e homogêneo (a despeito das rupturas de tom) parece-nos traduzir a situação de um ser que, super determinado por um mundo fixo e fechado, o compensa pela intensidade ofuscante, paralisante de suas imagens. Pensamos que por meio de representações exemplares, Emma nega e ilustra, ao mesmo tempo, um universo social feito de tipos e de clichês, e que, concebendo uma tal personagem, Flaubert, neste ponto comparável a Stendhal, traça da pessoa um retrato dependente, ao mesmo tempo, do passado e do futuro. De um lado, Emma Bovary é por excelência a personagem do século XIX, porque sua representatividade social é mais acusada do que a de Mme. de Mortsauf: nenhuma heroína se explica mais em função da história de uma sociedade do que a filha de *père* Rouault. Aliás, Emma contém o essencial das figuras romanescas de Dorothy Richardson e de Proust. Pondo-se literalmente em contraposição ao romance balzaquiano, Flaubert priva sua heroína de toda participação ativa e concreta na vida social; ele a faz existir nesta zona subjetivo--passiva que será o domínio do Narrador de *Em Busca do Tempo Perdido*; se a realidade de Emma remanesce sócio-histórica, sua verdade depende de uma vida interior, isto é, de uma representação e de uma interpretação do real. A célebre palavra de Flaubert "ninguém pode nada por ninguém" anuncia o tema da não-reciprocidade *social* das consciências que tanto Gide como Virginia Woolf, tanto Hesse quanto Dos Passos desenvolverão. "O homem é o ser que não pode sair de si, que não conhece os outros a não ser em si...", dirá Proust[45]. Todavia por sua representatividade psicológica, pelo verdadeiro discurso sintético e abstrato que constitui, a despeito de muitos lampejos metafóricos, a evocação de sua vida interior, a personagem de Flaubert não prefigura Mrs. Ramsay, de Virginia Woolf a não ser como uma superfície congelada que espera o degelo. Objetivando o subjetivo, fazendo do narrador uma espécie de fantasma (o leitor tem a impressão de que ninguém conta a história, e examinaremos mais adiante este novo modo de narração), Flaubert obtém um resultado de grande alcance se compararmos seu romance tanto com *O Vermelho e o Negro* quanto

---

43   D. H. Lawrence, The Novel and the Feelings, *Phoenix, the Posthumous Papers of D. H. Lawrence*, p. 308.
44   R. Barthes, *Le Degré zéro de l'écriture*, p. 79-88.
45   *La Fugitive*, p. 450

com *Em Busca do Tempo Perdido*: o conhecimento que sua personagem tem de si mesma não é proporcional ao saber que podemos adquirir acerca de sua psicologia; a vida interior de Emma é fixada, condensada com tanta exatidão que estamos em condições de conceber que tipo de indivíduo ela poderia ser caso analisasse suas representações, se as confrontasse com a realidade hostil do mundo exterior, se procurasse enfim descobrir a história e o sentido de sua subjetividade. Caberá aos romancistas de 1920 pôr em movimento a obsessão imaginante de Emma Bovary, decompô-la em átomos, transformá-la em corrente de consciência.

Os julgamentos emitidos por James e Proust sobre a obra de Flaubert nos dão uma preciosa e exata medida de sua potência inovadora. Com efeito, de uma parte *Madame Bovary* abre para o romance esta via da impressão que será desenvolvida e diferenciada de *Ulisses* a *Der Tod des Vergil* (A Morte de Virgílio). De outro lado, Flaubert aprisiona, encerra a pessoa em seus fantasmas, o que nem Joyce nem Broch farão. Proust admirará em Flaubert seu respeito integral pelo olhar subjetivo de Emma, sua humildade diante da experiência sensível, que aliás será um aspecto fundamental de *Em Busca do Tempo Perdido*: "Todo grande artista que, voluntariamente, deixa que a realidade se expanda em seus livros priva-se de deixar aparecer neles uma inteligência, um juízo crítico que ele considera inferiores a seu gênio"[46].

Quanto a James (para quem Flaubert é "o romancista dos romancistas") sua crítica de *Madame Bovary* parece-nos ter sido escrupulosamente resumida assim por D. H. Lawrence: "Restringindo-se aos limites da consciência de Emma, Flaubert chega a um analogia da inteligência [...]. Misturou com demasiada sutileza seu romantismo a sua aversão pela plenitude burguesa"[47].

É muito importante ver que James não censura em Flaubert o subjetivismo de sua óptica romanesca. Apenas lhe faz o agravo de haver tornado absoluto e unívoco um ponto de vista subjetivo que só pode ser relativo e relativista. Flaubert, em outros termos, deixou-se apanhar pela armadilha de seu objeto: a fascinação. Pois, no pensamento de James, era impossível que um indivíduo, e com maior razão uma personagem, pudesse ficar fascinada por sua vida interior: o problema que James quis solucionar não se referia à fixidez, mas antes ao movimento de um Ego num universo por sua vez móvel e cambiante. Criando personagens que trazem "no fundo de sua natureza" o bovarismo, mas que, de alguma forma, o dissolvem em sua existência intramundana, James chega ao próprio limiar do domínio proustiano. Iremos examinar uma terceira metamorfose decisiva da óptica romanesca.

Uma das mais importantes controvérsias sobre a estética do romance foi aquela que opôs, em 1884, Walter Besant e Henry James. O primeiro sustentara que as formas romanescas são irredutíveis aos aspectos da vida: esta é

---

46 A Propos du "style" de Flaubert, op. cit. p. 81.
47 Cf. H. James, Gustave Flaubert (1902), *The House of Fiction, essays on the novel*, p. 187-219; D. H. Lawrence, The Novel and the Feelings, op. cit. p. 307 ss.; F. R. Leavis, *D. H. Lawrence novelist*, p. 24-28; M. Allott, op. cit. p. 77-78.

"monstruosa, ilógica, espasmódica", enquanto que o romance deve ser uma obra de arte autossuficiente em virtude de sua coerência e sua "fluidez". A esta concepção essencialista do romance (cuja marca reencontraremos nas análises de Forster), James oporá uma concepção dialética e relativista: não há, de um lado, a vida, e do outro, a arte; as formas do romance dependem, ao contrário, da experiência do escritor; ora, esta é tão múltipla e imprevisível como os aspectos da existência: "É como uma teia de aranha tecida por fios da mais fina seda, suspensa no quarto da consciência, pronta a captar em sua trama cada uma das parcelas de ar [...]. Quando o espírito se dispõe a imaginar – sobretudo se se trata de um homem de gênio – acolhe as mais ligeiras alusões da vida, e converte em revelações os menores frêmitos do ar"[48].

A célebre resposta de James a Besant não fazia mais do que desenvolver uma teoria totalmente nova, cujas ideias mestras haviam sido expostas por James desde 1877, no prefácio de sua primeira grande narrativa, *The American* (O Americano):

> O real, para mim, são as coisas que devemos necessariamente conhecer cedo ou tarde, de uma maneira ou de outra. Se este ou aquele detalhe ainda não nos foi apresentado, trata-se aí de um acidente devido aos limites de nossa condição [...]. O romanesco, ao contrário, são as coisas que, com todas as facilidades do mundo, jamais podemos conhecer diretamente, aquelas que não nos podem atingir a não ser pelo esplêndido rodeio de nossos pensamentos e de nossos desejos.

Para sublinhar a novidade das concepções de James, comparemos imediatamente estas linhas com algumas reflexões de Proust sobre a criação romanesca:

> "Os vínculos entre um ser e nós só existem em nosso pensamento...".
> "O achado do romancista foi substituir estas partes impenetráveis para a alma por uma igual quantidade de partes imateriais, isto é, que nossa alma pode assimilar".
> "Nosso tempo tem a mania de só querer mostrar as coisas com aquilo que as cerca na realidade, suprimindo assim o essencial, o ato do espírito que as isola desta"[49].

Atribuindo como função ao romancista a tradução das relações de seu *espírito* com os *movimentos* da vida, James entra sem equívoco no século XX. É numa linguagem semelhante à sua que V. Woolf falará das "miríades de impressões" que devem compor a substância do romanesco. Antes de Dorothy Richardson e Proust, James terá afirmado que a criação procede de uma sensibilidade atenta ao movimento do real, e que a experiência do escritor é mental: a teia de aranha recolhe menos fatos, objetos, formas, do que um fluxo incessante-

---

[48] *The Art of Fiction*, p. 388. W. Besant havia intitulado *The Art of Fiction* uma conferência feita em 25 de abril de 1884, no Instituto Real. Às concepções clássicas de Besant (o romance devia comportar uma "história" e exprimir uma "moral"), James replicou com um célebre artigo do *Longman's*. Cf. a introdução de F. B. Millet a *Portrait of a Lady*, New York, 1951, e L. Edel, *The Psychological Novel, 1900-1950*.

[49] *La Fugitive*, p. 450; *Swann*, p. 85; *Jeunes filles em fleurs*, p. 644-645.

mente recomeçado de átomos que é mister *recompor* e cujo sentido é preciso captar. Para James, o romanesco e a realidade não são da mesma natureza pelo que diz respeito ao *conhecimento*: a necessidade e a especificidade do romance residem nos fenômenos que ele permite *descobrir*. Por estes dois princípios (que presidiriam, uns trinta anos depois de O Americano, a um surpreendente renascimento do romance), James negava os próprios fundamentos do naturalismo e, mais geralmente, do realismo tal como era concebido em sua época. Com efeito, a escola naturalista associava precisamente o romance e o real no plano epistemológico: um devia ser o revelador de um saber contido no outro. O prefácio de O Americano, *The Art of the Novel* (A Arte do Romance), depois os grandes prefácios do período 1900-1904 opõem-se de maneira radical à estética definida por Zola em 1880 ("O mais das vezes [...] bastará substituir a palavra médico pela palavra romancista"), e cujos traços essenciais assim deviam ser resumidos por G. Lukács, uns cinquenta anos mais tarde:

> Um romancista naturalista toma em primeiro lugar por objeto a cena em que se desenrolará a ação. Portanto, antes de se preocupar com personagens ou acontecimentos, estudará o mundo que pretende descrever para encontrar aí tudo aquilo que puder: coletará dados. Uma vez reunido este material, é este mesmo material que fornecerá a *forma* do romance. *Tudo o que o romancista tem a fazer*, é agrupar os fatos segundo uma sequência lógica[50].

Mas é sobretudo com referência a Flaubert que a arte de James parece como original, na medida em que os dois romancistas estão próximos um do outro pela primazia concedida à "impressão". James deixa o objeto "entrar nele". Contudo recusa deixar-se encerrar nos limites da fascinação: a realidade revelada pelo romance dependerá da inteligência crítica de uma personagem que, ao contrário de Emma Bovary, se esforçará por captar o sentido dos vínculos complexos que se estabelecem sem cessar entre sua afetividade e sua experiência do mundo real, sua experiência do outro. Esta realidade romanesca é nova: não pode ser descoberta fora do romance, porque somente este faz a vida parecer um encadeamento de relações, de conexões, de interferências entre os seres. Esta realidade é objetiva porque o romance nos mostra a existência não tal como a vemos ou imaginamos, mas tal como a vivemos à nossa revelia: como um confronto entre *consciências*. Em nome da objetividade, James instaura o "romance em si"[51], que é um duplo do real.

James bane o fictício. Estigmatizará os romancistas que confiam de súbito ao leitor que "a história não é verdadeira", que tal personagem é "simulada"; procuram assim comover o leitor por sua "honestidade"; na verdade, persuadem-no de que romanesco e verdade são incompatíveis:

---

50 G. Lukács, *Essays über Realismus*. Usamos aqui a tradução inglesa: *Studies in European Realism*, p. 90.
51 A expressão "romance em si" para designar a obra de James é de W. Allen (*The English Novel*).

Tal traição de um encargo sagrado é para mim, confesso-o, um horrível crime. Vejo nisso uma atitude de culpabilidade que me choca em Trollope como me chocou em Gibbon ou em Macaulay. Ela implica que um romancista tem menor preocupação com a verdade do que um historiador, e arruína sua razão de ser. Com efeito, um e outro têm como tarefa representar, ilustrar o passado e as ações dos homens, e a única diferença que posso ver entre eles depõe em favor do romancista, pois este – na medida em que leva a bom termo seu projeto – encontra muito mais dificuldades na busca das provas, que estão longe de pertencer unicamente à literatura[52].

O Narrador de *Em Busca do Tempo Perdido* também situará no mesmo plano o trabalho do romancista e o do cientista[53]. Os dois romancistas concebem sua tarefa como uma experiência, no sentido profundo do termo: dos fatos brutos que a vida lhe propõe, o romancista deve destacar as relações complexas. Longe de ser uma imagem, um reflexo imaginário da existência real, o romance a representará tal como cada indivíduo a reflete e a pensa em suas relações com o outrem. Pois ninguém jamais existe sozinho; a vida é feita, sempre, de relações, que impedem a cada um de manifestar "a terrível *fluidez* de seu Ego". Portanto, o romance não poderia ser o teatro de uma expansão subjetiva que é impossível na vida real. O romance obedecerá ao princípio de interdependência, e visto que todo o universo se limita exclusivamente às relações mútuas dos indivíduos que o compõem, o romance deverá ter o aspecto de um organismo *autônomo*.

Com o prefácio dos *Embaixadores*, cuja substância resumimos, James condena toda a retórica romanesca: personagens, narrativa, intriga, narrador não constituem a seus olhos um discurso regulado por um autor; são elementos de uma estrutura cuja coesão não depende de uma forma imposta pelo escritor que lhe julga dever ordenar a confusão do mundo real (era a concepção de Besant), mas antes da solidariedade funcional de suas partes. O primeiro dever do romancista é nunca "quebrar a ilusão" referindo sua obra a uma realidade ou a uma pessoa que pareceriam ser independentes do universo romanesco ou exteriores a ele. Portanto, o escritor recusará, de uma parte, fazer de um herói um *sujeito absoluto*, de outra, de mostrá-lo ao leitor como *sujeito e objeto* alternadamente: em vez de ser "vulgarmente livre" à maneira de Gil Blas ou de David Copperfield, a personagem será engaiolada (*encaged*) no romance. Sabendo ser sujeito e objeto ao mesmo tempo, será o intérprete de um romancista que recusa inclinar-se (*surrender*) diante da complexidade da vida e das consciências.

Por isso o ponto de vista, em James, *não* é o da personagem. Sem dúvida o romancista denuncia: "a onisciência tagarela do autor que relata a história tal como a vê, e não tal como a vê um de seus heróis"[54], mas "ver" não significa

---

52 H. James, *The Art of Fiction*, p. 379-380. Este cuidado com a recomposição do real pelo *pensamento*, a partir de uma observação de *fatos* sempre fragmentários, não anuncia somente a concepção proustiana do romancesco: a teoria de James é igualmente comparável àquela que um Seignobos tinha da história.
53 *Le Temps retrouvé*, p.880.
54 Cf. N. Friedman, Point of View in Fiction, P.M.L.A., p. 1162.

para James "interpretar" nem "reconduzir a si". A história que sua personagem vê não é somente uma história que lhe diz respeito. O prefácio de *A Taça de Ouro*, da qual se pode dizer que completa, no plano da técnica, os princípios expostos no dos *Embaixadores*, mostra-nos o quanto a óptica de James difere do olhar stendhaliano:

> Na primeira parte do livro, o príncipe vê, sabe, anota seguramente, e representa para si tudo aquilo que nos importa saber; e embora não fale na primeira pessoa, assume plenamente uma exposição e uma crítica dos fatos. Tendo uma consciência cuja faculdade de registrar é muito grande, o príncipe nos faz ver aí as coisas que mais nos interessam, como se fosse nestes espelhos polidos que eram tantas de nossas breves novelas. No entanto esta atividade de testemunha nunca se exerce em prejuízo de sua situação de homem condenado a ficar no imbróglio geral, a desempenhar seu papel na peça. A função da princesa, na segunda parte do relato, corresponde, ponto por ponto, à do príncipe: ela também mantém escrupulosamente em dia o registro de sua consciência ...[55].

James utiliza, pois, como convenção narrativa, a "sensibilidade" de uma personagem, sua aptidão para captar os tênues movimentos do real. Contudo, a teia de aranha é tecida *no* quarto da consciência. James, romancista, separa uma da outra duas funções psicológicas que são, de fato, indissociáveis e interferentes: a consciência-registro e a consciência reflexiva. Pela primeira, a personagem reflete em seu conjunto a realidade que vê; pela segunda, reflete-se a si mesma, mas não como um ser solitário: presa num imbróglio onde se joga e trama seu destino, sabe que este olhar sobre si depende ao mesmo tempo de seus "desejos" e do olhar que outras pessoas projetam sobre ela. Chegamos ao ponto essencial: espelho, a personagem de James mediatiza o mundo; ser reflexivo, referido, ela é mediatizada por outrem. Assim, não só este herói não pode seccionar o mundo, como Fabrice, numa série de pontos de vista pessoais, mas ainda toda a narração procede de uma "visão indireta e oblíqua"[56], pois o leitor vê os fatos através de uma consciência que, em compensação, se apreende e se define como uma não-solidão. Guardemo-nos, no entanto, de atribuir uma significação demasiado técnica a este desdobramento da personagem em narrador e em *agente* (é a palavra de James): esta personagem procura sua salvação, tenta obedecer a uma exigência profunda de seu ser afetivo no único quadro de uma vida social complexa que lhe é imposta de antemão: ela é predestinada (*foredoomed*); ela é o ator em condições de registrar o conjunto de uma peça que, ao mesmo tempo, é obrigado a desempenhar; por isso a verdade do mundo e sua própria verdade têm um caráter essencialmente conjuntural e conjetural. A óptica de James está baseada no impossível isolamento da pessoa: uma consciência pode apreender um espaço social, mas este espaço necessariamente a *forma*.

Sabe-se que James organizou seus romances em função de um centro, de um foco, e que não cessou de aperfeiçoar, de afinar uma técnica de focalização

---

55 Prefácio a *The Ambassadors*.
56 Prefácio a *The Golden Bowl*.

interna da obra, que demonstra um notável domínio em seus romances do período 1899-1904[57]. O erro seria confundir "foco" com "ponto de vista". O universo romanesco de James não está compreendido no feixe luminoso de uma individualidade pura. O realismo subjetivo é, em James, fundamentalmente relativista, pois entre um *character* (personagem) e seu *envaironment* (meio ambiente) o escritor estabelece um constante sistema de intercâmbios e de interferências. Como observou P. Edgar, o romance é *focalizado* segundo o olhar privilegiado de uma personagem que está sempre *localizada*:

> Localizar [...] é levar rigorosamente em conta tanto as influências formadoras do *entourage* do herói sobre este, como as influências formadoras da personagem sobre seu meio. A estes dois princípios ajunta-se um terceiro: subordinar todas as descrições (as das pessoas como as dos lugares) às percepções das personagens, isto no salutar propósito de manter em xeque a tendência do autor à expansão lírica[58].

A esta regra de localização os protagonistas do relato não obedecem menos do que seu "criador": sua existência é uma permanente *correção* de seu Ego por intercâmbios com o outro. Se confrontarmos seu trajeto com o dos heróis de Stendhal, veremos que estes últimos, na origem, se veem como seres sociais e históricos: querem conquistar o mundo, portanto, em parte, se lhe adaptar; mas quanto mais avançam em seu destino, mais suas tendências afetivas arruínam esta imagem de sua pessoa, e no fim do percurso fazem a síntese de suas experiências contraditórias: a de sua subjetividade, a de seu ser-no-mundo. Totalmente diferente será o itinerário da personagem de James. Compreendemos logo que há nele uma exigência de caráter essencialmente psicológica. Entretanto esta imagem secreta que ela faz de si não é dissimulada: transparece através de suas relações com o outro. As aspirações de Izabel (*Retrato de uma Senhora*) ou de Strether (*Os Embaixadores*) são reveladas de maneira indireta: seja pelas palavras que trocam com terceiros, seja pelos juízos que terceiros emitem sobre eles, seja por comportamentos. James nunca nos diz claramente, nem de maneira sintética, o que preocupa seu herói. Ao contrário, assistimos a um desvelamento *dramático* da pessoa, e este desvelamento jamais será dado como acabado. Pois estas personagens, mesmo recusando renegar seu "caráter" e renunciar a um desejo que constitui o *valor* de seu ser, sabem estar ligadas a uma vida social cujas regras e cujo jogo aceitam plenamente, e que é para elas uma fonte de informações. Enquanto os destinos de Julien Sorel e de Emma Bovary eram determinados pelo conflito de um Ego interior e de um Eu social, em James o Ego e o Eu adaptam-se um ao outro, mas também se desenvolvem, se enriquecem mutuamente. A "expansão de uma consciência", que é o tema profundo dos romances de James[59], realiza-se através de múltiplos confrontos, graças a incessantes intercâmbios entre uma essência afetiva e uma curiosidade de outrem, de modo que o herói se definirá – que sua pessoa será definida –

---

57   Cf. F. E. W. Barnes, *L'esthétique de Henry James*.
58   P. Edgar, *H. James, Man and Author*, citado por H. Read, *The Sense of Glory*, p. 209-210.
59   Cf. Barnes, op. cit.

como um *equilíbrio* entre sua subjetividade e sua inelutável participação no mundo. Como observou H. Read, devemos fazer a separação, para bem compreender James, entre a consciência (*consciousness*) e a tomada de consciência (*awareness*). Se uma é "registro", a outra é revelação; uma nova situação de sua própria pessoa aparece à personagem quando pode confrontar suas aspirações profundas com uma mensagem recebida de outrem. No fim do *Retrato de uma Senhora*, vemos Izabel passar assim da *consciousness* à *awareness*:

> Ah! sede minha como sou vosso! ouviu-o gritando. De repente, cessara de argumentar e sua voz parecia feroz, temível, massa de sons confusos e vagos.
> Certamente, não havia aí mais do que um fenômeno subjetivo, como dizem os metafísicos; o murmúrio das águas ajuntava-se a esta desordem em que sua cabeça flutuava, agitada. Num instante ela tomou consciência desta confusão. "Dai-me a melhor prova de bondade", suplicou ela, "Peço-vos que partais"[60].

É possível crer que Izabel repele Caspar Goodwood porque não o ama, e para permanecer fiel a uma exigência secreta: uma imagem ideal do amor condiciona seu destino afetivo. A realidade revelada à heroína, no fim da narrativa, é mais complexa. Izabel, através da qual ouvimos a defesa de Goodwood, compreende de repente que não pode aceitar, ao menos por ora, a violência passional do jovem americano. Este é um ser sem ambiguidade: ama Izabel e sua vida é ação. A jovem, ao contrário, sente-se curiosa por si mesma, curiosa por confrontar suas aspirações com uma experiência crítica da vida. Dissemos que James anima a fixidez flaubertiana. Emma Bovary e Izabel Archer estão ambas ligadas a uma imagem mítica do amor, mas enquanto que para Emma a vida não é real e não vale senão em função deste mito, que ela viverá sob uma forma degradada, Izabel distingue sua exigência afetiva das exigências de um mundo social que a seus olhos não é nem desumano nem falso; realiza um casamento de conveniência que lhe permite conservar intato seu ideal, sem por isso ter o sentimento de usar uma máscara; aceita que sua existência se componha de um registro interior e de um registro mundano cujas relações constituem, em seu pensamento, a verdade de sua pessoa. Izabel, sem dúvida, abandonará o marido; talvez um dia amará Goodwood; mas certamente continuará vivendo na "curiosidade". Strether, no fim dos *Embaixadores*, "perdeu tudo", salvo a *consciousness* e a *awareness*. Em ambos os casos, a personagem é não-trágica; remanesce no mundo; ela só se conhece, só se realiza por referência a um "outro" que aprofunda, ramifica sua consciência.

Situar e situar-se, diz James. Ver-se mas ser visto, pensa Stendhal. E Flaubert: entrar no objeto que nos penetra. Observemos como o relativismo (do ponto de vista subjetivo) muda de sentido e de forma de um romancista para outro, num caminho que deve chegar àquilo que de bom grado se chamará, na primeira terça parte do século XX, a dissolução da pessoa. Como Stendhal, James faz com que se defrontem numa personagem o império de um mito pessoal[61] e a necessidade de viver no mundo. Mas o romancista da *Taça de Ouro* perma-

---

60 Op. cit., p. 435.
61 Tomamos este termo de C. Mauron, *Des métaphores obsédantes au mythe personnel*.

nece coerente com seu relativismo, pois não resolve o problema do Ser. James não totaliza a pessoa. Ao fim de seus romances, a personagem é localizada, definida, explicada, mas seu destino não é decidido, porque uma experiência, como James observara a Besant, não tem limite. A propósito do destino de Izabel, James anotará em seus *Notebooks* (Cadernos) esta importante observação: "Impõe-se uma crítica, evidentemente: isto não está completo – não conduzi minha heroína até o fim da situação – deixei-a *no ar*. Censura ao mesmo tempo pertinente e injustificada. Jamais se diz alguma coisa *totalmente* – só se pode tomar aquilo que se pode agrupar"[62].

Suas personagens não nos aparecerão tal como nelas mesmas; a vida ou a morte as modificam. Não conhecerão este sentimento de plenitude do ser que leva o herói stendhaliano a aceitar a morte. Não serão vencidas, como Emma Bovary, por uma obsessão ou por uma paixão. Enquanto Stendhal e Flaubert opunham, para no fim fundi-las num absoluto trágico, numa liberdade suprema mas impossível, uma fatalidade subjetiva e uma fatalidade social, James deixa a pessoa em suspenso, mas também em equilíbrio, entre mensagens saídas de uma vida interior e mensagens recebidas de outrem. Esta autonomia totalmente relativa simboliza e cristaliza um universo no qual as relações sociais assumiram o aspecto de contatos entre consciências: o universo do romance moderno.

Lendo *Retrato de uma Senhora* ou *A Taça de Ouro* ficamos impressionados com a facilidade, e mesmo com a franqueza das relações que se travam entre diferentes níveis de uma mesma classe. Este termo por certo só deve ser empregado com prudência. Queremos apenas sublinhar que as narrativas de James ilustram a facilidade de comunicação que caracteriza a vida burguesa desde a segunda metade do século XIX. Tal como irá acontecer no romance proustiano, as personagens vindas de horizontes socioeconômicos muito diferentes se tratam de igual para igual; certa cumplicidade une-as e borra questões de precedências que, em outros tempos, teriam constituído uma barreira. Isto se verifica, por exemplo, entre uma burguesia britânica refinada, ciosa das tradições, de formas e matizes, e uma burguesia americana apaixonada sobretudo pela ação e pela eficácia. James situa seus romances em ambientes que são outros tantos focos onde os encontros e as conversas relegam a segundo plano as necessidades de posição na sociedade, os aspectos hierárquicos da vida. Estamos numa sociedade que é mais concebida por seus membros em termos de correspondências e de intercâmbios do que em termos de autoridade. Eles têm certamente uma existência objetivamente sociológica; obedecem aos princípios e aos hábitos de uma classe, mas transformam o "mundo" numa rede de linguagem onde cada um espera do outro informações de ordem psicológica. Se é verdade que cada qual fala segundo seu interesse (fazer um casamento rico, declarar um amor sincero ou dominar alguém), é verdade também, que a rede tramada, a peça complexa que se desenrola põem em jogo um desejo de conhecimento, uma curiosidade intelectual por outrem cuja liberdade sem

---

62   H. James, *Carnets*, p. 40.

dúvida teria espantado Stendhal. Uma passagem de *The Awkward Age* (A Idade Difícil) parece-nos indicar particularmente que em James um grupo social onde reinam os costumes da sociedade e no qual se entrecruzam muitas rivalidades, assegura, além disso, uma função de conhecimento, sendo que cada qual espera do outro a extensão de sua consciência:

> Somos simplesmente uma reunião de afinidades naturais, explica Mitchy, que se encontram principalmente no salão de Mrs. Brook – mas às vezes em casa de Van, como o senhor sabe, e às vezes mesmo em minha casa – e, em todo caso, governados em toda parte por Mrs. Brook, em nosso misterioso fluxo e refluxo, como as marés são governadas pela lua. Como dizia eu, continuou Mitchy, o senhor deve inscrever-se. Mas se Van se ligou ao senhor, acrescentou ele, ou se o senhor está ligado a ele, *está* inscrito. Realmente não somos tão numerosos como eu desejaria, e falta-nos variedade; precisamos justamente daquilo que estou certo de que o senhor trará – um olho novo, um espírito de forma[63].

O termo *psicodrama* pode designar a situação das personagens ás quais o escritor consigna a função de refletir o universo romanesco, ou de que ele converte no foco da narrativa. A "confusão geral" em que estes heróis se veem presos, e eles o sabem, não tem outros espectadores afora seus participantes, e não tem nenhum encenador. Integrados numa rede complexa e mutável de relações humanas, devem, para se compreenderem a si mesmos, captar a sua trama móvel, registrar as suas variações e as conexões. A elucidação de si não se realiza na personagem sem a inteligência de um ambiente no qual ela se encontra em situação de *proximidade*. Assim sendo, sua vida social forma uma coisa só com sua consciência: o social se inscreve na vida psicológica. Em sua própria existência – se os consideramos como seres reais – estes heróis se desdobram em espelhos de um grupo ou em "agentes" que tentam, nos limites deste, expandir e preservar sua singularidade. Se se admitir que a sociedade cujo quadro se oferece nos romances de James é desenhada em grande medida através das relações sócio-afetivas que dizem respeito a cada um de seus membros e que portanto podem ser refletidas numa consciência privilegiada unicamente a título de testemunha, então aparecem relações necessárias entre a estética de James e uma visão realista do mundo que, fundamentalmente, será a dos grandes romancistas do "homem interior". A arte e as técnicas de James parecem derivar da seguinte dialética: só existe sociedade concreta em relações de ordem psicológica; não há psicologia individual concreta a não ser ao nível da comunicação.

Num estudo que citávamos a propósito de Flaubert, H. Granville-Hatcher observa particularmente: "são os escritores modernos que nos ensinam que em dado momento A vê B, e que nos mostram indiretamente um fragmento da existência de tal personagem filtrado pelos sentidos de outra"[64].

Esta filtragem, que caracteriza o método de James, não teria sido possível na sociedade de Balzac, onde os seres se comunicam a partir de um sistema de

---

63   *L'Âge difficile*, p. 89.
64   Op. cit., p. 356-357.

signos representativos de uma ordem hierárquica estabelecida e reconhecida. A visão oblíqua praticada por Flaubert, Dostoiévski, James e Conrad – em que romance a *indirectness* é empregada com mais arte do que em *Lord Jim*? – nos parece corresponder a um mundo onde as pensões Vauquer e as pequenas cidades de Verrières não significam mais a pessoa. Na burguesia encenada por James, o código do ser-com-o-outro não é regulamentado, como o era no palácio de la Môle, segundo o registro dos lugares e das categorias. O herói stendhaliano devia descobrir a personalidade de seu interlocutor decifrando primeiramente o modelo que este encarnava; a personagem de James, ao contrário, descobre o mundo através dos caracteres. A um era dada de preferência a sociedade, a outro são dados antes atitudes, sentimentos, tendências. Esta inversão da relação, no plano da comunicação, entre o social e o psicológico, indicava ao romancista que devia colocar, face a face, suas personagens, eliminando ao máximo os signos e as coisas suscetíveis de significá-lo de fora, e de levá-las a exprimir diretamente uma *vida social* que, ao contrário da *sociedade* balzaquiana, podia ser traduzida pela linguagem pessoal de cada um.

A visão oblíqua, sublinhemo-lo, é a visão *direta*, por uma personagem e não mais por um autor, de outrem e o do mundo. Mas esta visão é essencialmente *indireta* por duas razões: ela só pode ser fragmentária, posto que B é visto por A só num dado momento: ademais, esta visão passa através da tela de uma subjetividade individual, e não através de uma visão global do mundo. Esta tela subjetiva é transformada por James (antes de Proust) num filtro com duas funções simultâneas, mas, do ponto de vista da técnica, distintas: transmitir ao leitor mensagens que, focalizadas na consciência de uma testemunha, exprimem e significam a vida de um grupo; transmitir à personagem, portanto aos "leitores eventuais", estes mesmos dados, mas dos quais ele retém apenas aquilo que concerne às suas preocupações profundas, a imagem que ele se faz de si. Assim o registro da vida pela personagem oferece-nos um quadro extensivo e progressivo de um universo social, enquanto que a filtragem propriamente subjetiva terá uma função redutora, precisando, cingindo cada vez mais de perto a personalidade do herói-agente. Consciência filtrante do mundo, esta personagem nos aparece como impessoal: é este outrem, estes objetos que ele está olhando ou comentando. Consciência filtrante de si, ela se individualiza aos poucos, embora jamais possa confiar totalmente a outrem seus "pensamentos" ou seus "desejos": cabe ao romancista fazer-nos perceber, por um discurso indireto, o poder daquilo que não é expresso. James, sem dúvida, compreendeu a contradição que o psicodrama implica: na medida em que as relações sociais passam por mediações psicológicas, o indivíduo se despersonaliza como testemunha, mas se superindividualiza como ator. Torna-se duplo dos outros, mas compreende que sua consciência é irredutível às mensagens que recebe deles, e que no entanto lhe permitem encontrar um equilíbrio entre o "para si" e o "para outrem".

Esta personagem espelho-agente, que se situa num meio e é localizado por um meio, obedece a um princípio de *autonomia relativa* do qual dependem também a estrutura do romance e o narrador tal como James o concebe: estes três "aspectos" do romanesco não podem ser dissociados, salvo por necessidades de análise. Quer se trate do herói (do protagonista), da atitude do romancista diante de seu objeto e das formas narrativas, a noção de duplo preside à inspiração de James. Reconstrutor do real graças a instrumentos de óptica subjetivos (entre os quais, em primeiro lugar talvez, a inteligência), James é o precursor direto de Proust e de V. Woolf.

Situados em ambientes restritos, ao mesmo tempo rígidos e móveis, e que prefiguram os "lados" (*cotés*) e os "núcleos" invocados por Proust, os protagonistas de James estarão em condições de colocar, face a face, de fazer rivalizar de algum modo, suas exigências afetivas (sua liberdade profunda) e sua não-liberdade sociológica. Ao contrário de Emma Bovary e de Bouvard-Pécuchet, têm a "inteligência" de efetuar a separação entre convenções e sua precisão de autenticidade: entre forças externas despersonalizantes e uma força íntima de personalização. Todavia este conflito não se resolve tragicamente. Em suas grandes obras realistas, James parece seguir um caminho oposto (mas não contrário) àquele que ilustram *The Turn of the Screw* (A Volta do Parafuso), *The Figure in the Carpet* (A Imagem no Tapete), ou sua peça de teatro *The Beast in the Jungle* (O Animal na Selva), porque Izabel, Strether, o príncipe de *A Taça de Ouro* travam uma luta contra o mistério e a morte. Mas o caminho que leva à elucidação e à realização de si mesmo, deve ser seguido por estes heróis elucidando e assimilando um não-Eu que tende a despersonalizá-los: realizam-se tomando a medida de sua dependência com respeito a outrem. Ora, esta soberania, absoluta porque relativa, é a de James narrador. Com efeito, é participando da vida de seus heróis, "descendo à arena", "tomando parte na luta" que o escritor chega à objetividade, isto é, a dar a impressão ao leitor que suas personagens são livremente responsáveis por seu destino numa sociedade: o romancista se despersonaliza pondo *aspectos* de sua personalidade a serviço do esforço crítico de suas personagens. O próprio James o diz: sua soberania reina manifestamente (*ostensibly reigns*) sobre o romance[65], mas desta vez ela se apresenta difundida no psicodrama romanesco, e nada representa que seja externo a este.

Com a instauração do narrador interiormente soberano (do narrador cuja subjetividade está difundida na obra) o romance entra numa nova fase. Mas o "subjetivismo" que vai triunfar de Proust a Musil atestará uma mudança radical na visão social do escritor. *The muffled authorship*, com efeito, esta soberania disfarçada, mais exatamente vergonhosa, que escandaliza James, caracteriza o romancista que, em lugar de assumir a responsabilidade total pela veracidade da obra, considera que uma ficção não poderia ser a realidade que no entanto descreve. Tal romancista não assume a obra enquanto restituição interpretativa e explicativa do real. Joga em dois tabuleiros, ora usando a máscara do "realismo",

---

65 "It's not that the muffled majesty of authorship doesn't here ostensibly reign". Prefácio a *The Golden Bowl*.

ora a da "imaginação". Mas é Trollope que James acusa de trair assim "um encargo sagrado" (o dever de ser o *historiador* da pessoa), e não Balzac nem Tolstói, porque estes, referindo-se ao absoluto da Sociedade e ao absoluto da História, têm uma atitude coerente; não desfazem uma ilusão que está inscrita em modelos reais. A onisciência externa, e confessada como tal, do romancista, era justificada pelo fato de que o autor podia legitimamente conceber a realidade socio-histórica como um conjunto ordenado que por sua lógica (por seu determinismo justo ou injusto, admitido ou contestado) englobava os indivíduos, sendo exterior a eles, em última análise, regulava seu destino e permanecia seu juiz supremo, seja porque a pessoa regulasse sua vida sobre esta exterioridade soberana, seja porque, ao contrário, se recusasse sacrificar a esta um desejo, uma exigência de autenticidade.

James vai substituir esta visão de uma ordem global do mundo pela representação de microcosmos complexos, compostos de relações que se tornaram verdadeiramente interpessoais. Seus romances desenrolam-se nas falhas, nos interstícios que apareceram no universo categorizado de Balzac. O mundo observado por James (não esqueçamos que antes de Dedalus o autor de *A Taça de Ouro* pensou na História como num pesadelo) tem este aspecto móvel, fragmentário, incerto, que Proust observará e no qual V. Woolf verá a causa principal da rejeição, por parte dos romancistas "jorgianos" dos princípios literários tradicionais e, em primeiro lugar, da personagem, ou ao menos do tipo. Fundamentalmente, James é inovador por haver concebido a consciência humana como a única criadora de valores autênticos: a responsabilidade de si que confere a seus heróis é função de sua receptividade, de sua aptidão para captar os movimentos e os matizes das relações humanas. Esta responsabilidade da personagem-foco será considerada essencial por Joyce, Proust e V. Woolf e eles a aprofundarão. Baseando o romanesco no "quarto da consciência", James (como Flaubert e Conrad) atesta a verdadeira defecção da ordem e dos valores de uma sociedade que não assegura nem representa mais a coerência da pessoa. Se fizermos um paralelo entre a concepção naturalista do romance (segundo a qual a sociedade é um organismo, uma *natureza* que tem suas próprias leis e que por conseguinte o romancista pode e deve considerar como um *objeto*) e as teorias de James, para o qual, ao contrário, o romancista deve infundir *os elementos* de sua própria consciência numa personagem que focalize a totalidade motriz de um meio, mesmo sofrendo a pressão deste, pode-se compreender por que Trollope, depois Galsworthy, se colocaram ora do lado da ficção, ora do lado do real: não acreditavam mais suficientemente na existência da sociedade enquanto estrutura, e enquanto modelo, para francamente dirigir suas personagens de fora, mas ainda acreditavam demasiado nela para pôr-se, invisíveis, em seu lugar, e assim deixar-lhes fazer o romance.

Entretanto, a dialética da participação impessoal defendida e aplicada por James levantava as duas grandes questões que iriam constituir o centro dos comentários e das controvérsias suscitadas pelo romance moderno: qual é o valor realista de um romanesco dotado de uma autonomia estética? O romancista ainda representa a pessoa (e sua coerência) se deixa na sombra, se não *expõe* as determinantes sociológicas e históricas de suas personagens?

Se tomarmos ao pé da letra os textos teóricos de James, poderemos pensar, com efeito, que sua arte e seus métodos implicavam uma contradição: de um lado, o romance "em sua definição mais ampla", era "uma impressão direta da vida", e dependia de "um autor e somente dele"; de outro, devia ser "uma ilusão da vida"[66], conseguida graças a uma visão indireta e oblíqua, ocultando-se o romancista por detrás de suas personagens. Estes princípios pareciam contraditórios se estabelecermos que a função do romance é a de reproduzir a existência e não de reconstituí-la. Para James a realidade (vivida) só propõe ao escritor, como ao historiador, uma matéria confusa e essencialmente não acabada; mas se esta realidade jamais constitui em si mesma um modelo significativo, uma consciência pode em compensação infundir-lhe um sentido, pô-la em ordem dando-lhe a forma de seu "quarto": esta consciência torna-se então o duplo e o significante de sua experiência, de suas impressões diretas. Esforçamo-nos por decompor em níveis solidários a linguagem teórica, e amiúde figurada, de James: o romance é "um análogo literário do real"[67] porque representa um complexo de relações psicossociais a interferir entre si e a equilibrar-se. Implícita e objetivamente autônomo (o que não teria sido no tempo de Balzac), este conjunto torna-se explicitamente autônomo (aparece como uma estrutura) graças a uma personagem-espelho que o focaliza; com efeito, um "meio" não pode tomar forma e sentido a não ser que seja abraçado por uma consciência que aí se encontra prisioneira; esta consciência, por sua vez, torna-se autônoma e "se estende" porque é informada por este meio que ela reflete e que a localiza. O romancista limita-se a conjugar e a relacionar estes dois níveis de autonomia (o de um universo e o de uma pessoa); ele considera que o sentido e o desígnio das coisas e dos seres devem aparecer unicamente no jogo e pelo jogo de suas relações. Mas se o escritor se absteve de dirigir o universo romanesco e suas personagens em função de uma ordem ou de valores preestabelecidos, em compensação projetou no relato sua experiência direta, subjetiva do real; sua responsabilidade de criador é à imagem da independência relativa e ambígua de seus heróis: a título individual jamais aparece numa obra, mas está em parte dela a título pessoal, porque muitos *aspectos* de sua pessoa assistem as personagens em suas funções de atores e de espelhos.

Negando que uma forma romanesca possa ter a realidade como modelo, mas recusando também curvar a expressão do real a exigências puramente formais, James empenhava o romance numa terceira via da qual se haviam aproximado Stendhal e Flaubert: a da analogia. Devia haver paralelismo entre a autonomia da personagem, relativa a um meio, e a autonomia da narrativa, relativa a um conjunto de técnicas. O romance era uma arte – devia ter sua ordem, sua composição próprias – na medida em que uma personagem,

---

66 *The Art of Fiction*, p. 383-384.
67 H. Read, op. cit. p. 212.

tornando-se o centro de um universo, fazia com que este passasse do estado de desordem ao estado de estrutura inteligível. Mas conceber o romance como uma reconstituição, por uma inteligência individual, da realidade, era ir ao encontro de um preconceito que seria combatido por V. Woolf como por Joyce, por Gide como por Dos Passos, e que enunciaremos assim: o romance não pode, ao mesmo tempo, ser uma obra de arte e apresentar a realidade social. Sobre este falso dilema basear-se-ão diversos juízos emitidos acerca de James muito tempo depois de sua morte, e muito tempo depois do aparecimento de *Rumo ao Farol* e de *Ulisses*: "Dado que não se encontra nos romances nenhuma documentação social, é necessário, em última análise, considerá-los não como literatura, mas como arte", escreve W. C. Brownel, que se espanta com o fato de que a obra de James, "tão ampla, forte e penetrante, e fundada tão claramente no caráter pessoal do autor, seja tão pouco fundamentada nas relações e nas correspondências"[68].

Outros comentadores, como H. Read, reportarão todos os juízos de James unicamente à estética. Assim, a "socialidade" de um romance ligava-o ao realismo (considerado como não artístico), mas sendo "a-social" o romance pertencia ao domínio da arte. Cumpre dedicar muita atenção especialmente à crença segundo a qual conceber o romance como um fato de arte era incompatível com uma expressão fiel da realidade social. Assim se explica, em larga medida, não somente a lentidão com a qual deviam ser reconhecidas a importância e a originalidade de James, mas também as reticências de que seriam objeto os romancistas inovadores dos anos de 1920 por não terem exprimido (ou antes explicitado) a pessoa em função de suas determinações sócio-históricas. Estabelecendo o dilema "ou literatura ou arte", buscava-se fundamento no postulado da gratuidade da arte, contraditório à vocação do romance, que era, em primeiro lugar, de traduzir uma realidade social por natureza anestética. Na verdade, havia contrassenso nas teorias dos escritores realistas e naturalistas, para os quais a ordem formal e o sentido do romanesco deviam surgir a partir da ordenação, boa ou má, de um *sistema social*. A estética por muito tempo repousara sobre a dualidade complementar do indivíduo e da sociedade. A estética de James, que também era realista, repousava sobre a interdependência de um *caráter* e de sua *circunstância*. Mas porque esta interdependência se inscrevia na própria textura da linguagem de um herói assim como em seus pensamentos indiretamente expressos, o realismo de James permanecia, de certo modo, secreto.

V. Woolf e Proust irão até o fim deste caminho. Também eles integrarão a vida social na consciência de suas personagens. O célebre episódio de *Em Busca do Tempo Perdido*, em que o Narrador denuncia os "néscios" que querem explicar os seres pelas "grossas dimensões dos fenômenos sociais" em vez de "descer, *para compreender estes fenômenos*, em profundidade numa individualidade"[69],

---

68 W. C. Brownell, *American Prose Masters*, p. 280.
69 *Guermantes*, p. 330.

de forma alguma parece-nos testemunhar uma atitude individualista, nem ser um sinal de esteticismo. Proust vê a necessidade de instaurar uma psicossociologia romanesca: o escritor que se coloca no ponto de vista da sociedade (que considera os fatos sociais como exteriores à pessoa individual) não está em condições, precisamente, de exprimir uma realidade sociológica despida doravante de existência concreta a não ser ao nível dos pensamentos, das atitudes, das reações e da linguagem de um indivíduo; em compensação, o romancista que primeiramente estudar estes fenômenos individuais e os justapuser em grande número – cada personagem contendo em si (e não refletindo) um aspecto dos fatos sociais – obterá pelo romance um quadro sociológico verdadeiro. Veremos nos capítulos seguintes todo o alcance da observação do Narrador a propósito de Françoise, porquanto a ideia de que a sociedade é uma abstração, de que "suas grossas dimensões" não significam mais a pessoa, não será somente enunciada como um princípio de criação por V. Woolf; esta ideia é fundamental em Gide e Faulkner, Broch e Kafka. Não há grande romancista dos anos de 1920 que não considere a sociedade, no sentido balzaquiano e naturalista do termo, como uma totalidade não significativa, senão absurda, encontrável somente ao nível do indivíduo que sofre seu poder alienante e tenta defender-se, conscientemente ou não, contra ele. Veremos também acentuar-se o aparente paradoxo das teorias e dos métodos de James: participar no universo romanesco a fim de não governá-lo, colocar-se ao lado dos heróis porque é necessário evitar a preservação de uma ordem, de valores, de leis que já não constituem mais do que uma fachada e uma mentira. Assim como o indivíduo não se reconhecia mais numa sociedade global e, por conseguinte, não podia mais reconhecê-la como legítima, a não ser por interesse econômico ou por puro conformismo, do mesmo modo a personagem romanesca não podia mais estar ligada à *autoridade* do romancista; esta personagem só dependeria, em sua solidão assediada por convenções sociais absurdas em si mesmas, da cumplicidade de um *narrador*. "O romancista se reconhece no fato de tornar-se sua personagem", escreverá H. Massis em 1927, e acrescentará logo a seguir: "Desde há um século, não há mais sociedade que dê o tom da linguagem"[70]. De *Moll Flanders* a *Germinal* a sociedade havia dado sem dúvida o tom da linguagem romanesca, mas a observação de Massis referia-se a um dos traços essenciais do romance moderno: a visão indireta e oblíqua foi procedimento de romancistas que não mais podiam exprimir-se segundo o código de uma sociedade total global. Ao contrário, o escritor terá para si como tarefa essencial ajudar seu herói a assimilar e a criticar, uma realidade social fragmentária, que ele possa confrontar com uma *totalidade psicológica* agora constituinte do valor do homem e de sua vida. A função primeira de um romancista é a de auxiliar a sua personagem a tornar-se um sujeito. Para cumprir esta tarefa, o escritor "se reparte" no romance.

É muito elucidativa, a este propósito, a controvérsia sobre a "presença" do romancista que ocorreu por volta de 1920, na Alemanha. Certos romancistas

---

70 H. Massis, *Réflexions sur l'art du roman*, p. 24-25.

alemães invocavam Spielhagen que, em 1898, declarara inadmissível toda intrusão do autor no relato. Outros, ao contrário, partilhavam da opinião expressa em 1910 por Käte Friedmann, segundo a qual o narrador, sendo o mediador do conteúdo do romance, devia necessariamente figurar nele de maneira explícita. Um importante romancista como Wassermann era do primeiro partido, T. Mann e Döblin do segundo. Ora, era em nome do respeito pela objetividade que as duas tendências se opunham e, em 1925, um penetrante estudo de K. Forstreuter iria mostrar que a questão estava mal colocada, visto que se partia do dilema "presença ou ausência do escritor". Toda narração, precisará Forstreuter, procede de um *narrador fictício*, e o único problema é saber se o romancista se exprime pessoalmente através deste *medium*, ou se deixava de solidarizar-se com ele[71]. Introduzindo a noção de narrador fictício, Forstreuter caracterizava uma época literária: que Wassermann procurasse fazer reinar sobre o romance uma terceira pessoa absoluta, ou que Mann interpusesse entre seu herói e ele uma consciência narradora "irônica", tanto aqui como ali afirmava-se a impossibilidade, para o escritor, de exprimir-se diretamente, seja em seu próprio nome, seja para representar uma verdade geral e certa. Todos os romancistas de 1920 arranjarão, entre si mesmos e suas obras, uma distância que corresponde a uma incerteza profunda sobre o destino moral, social e histórico do homem, e compreende-se que os escritores alemães se tenham preocupado de modo particular com o problema da "intervenção", porque foram mais sensíveis do que os outros ao espetáculo da despersonalização do homem e da degradação dos valores[72].

De *Em Busca do Tempo Perdido* a *Ulisses*, de *Rumo ao Farol* a *Absalom! Absalom!* (Absalão! Absalão!), o narrador é imaginário porque ele é *mediação* e não mais *mediador*: daí a impressão de confundir-se com uma personagem que, por sua vez, parece ver só ele o mundo e a fazer sozinho o romance. Partindo do princípio de que toda a realidade (sobretudo a realidade social) pode ser filtrada tão-somente por uma consciência, o escritor não pode figurar na obra, ou fora dela, como pessoa distinta, porque o sentido do romance deve emanar exclusivamente desta consciência, que refrata um espaço social no qual ela se situa e se debate. Em compensação, o romancista é livre para "duplicar" uma ou mais de suas personagens prestando-lhes traços de sua própria consciência, na acepção totalmente psicológica do termo: a *consciousness* de James, que capta o real através do desvão das tendências profundas do Eu. Quando difunde assim em sua obra aspectos de sua vida psíquica, o escritor converte-se num narrador impessoal e objetivo, porque estes aspectos se tornam objetos, elementos de uma estrutura. Esta participação despersonalizante, esta objetividade cujo princípio é de essência subjetiva parece-nos constituir, ao nível mais profundo,

---

71 F. Spielhagen, *Neue Beiträge zur Theorie und Technik der Epik und Dramatik*; Käte Friedemann, *Die Rolle des Erzählens in der Epik*; o estudo de Forstreuter constitui o objeto de comentário analítico preciso na *Revue Germanique*, p. 37-84; cf. J. R. Frey, Author Intrusion in the Narrative, *Germanic Review*, p. 274-289.
72 Cf. M. Boucher, *Le Roman allemand (1914-1933) et la crise de l'esprit*.

o "foco" dos romances de James, tal como de *Madame Bovary*. Quando James quer fazer uma construção impessoal de um romance que depende apenas de sua onisciência, quando Flaubert quer permanecer impassível mesmo esperando escrever uma obra "na qual se dará por inteiro"[73], ambos fundamentam o romance numa contradição dialética que será plenamente concebida e assumida por seus sucessores. V. Woolf escreverá em *The Voyage Out* (A Viagem): "Vós ledes um romance apenas para saber que tipo de ser é o escritor", mas anotará em seu diário: "o perigo é este maldito egotismo"[74]. E as célebres palavras de Stephen Dedalus:

> A personalidade do artista, traduzida inicialmente por um grito, uma cadência, uma impressão, depois por uma narração fluida e superficial, subtrai-se enfim até perder sua existência e, por assim dizer, impersonalizar-se. O artista, tal como o Deus da criação, permanece no interior, ou atrás, ou além...[75].

mostra-nos que a passagem da ação à impressão implica que o romancista esteja ausente do criado depois de ter estado presente na criação. Unindo-se à obra no plano existencial (sensações, inteligência do real), o romancista separa-se dela no plano do sentido e no do julgamento. Procuraremos mostrar que esta metamorfose da óptica romanesca corresponde a uma concepção do homem que, de maneira esquemática, pode ser expressa assim: a pessoa se define não mais em função da relação indivíduo-sociedade, mas conforme a distância, ou melhor, o fosso, que separa nossa realidade social da realidade de nossas *funções psicológicas*. Distância que deve ser preenchida para que a pessoa seja autônoma, coerente e humana. Assim como a personagem, integrando a vida, chegará a uma existência autêntica, mas dolorosa, do mesmo modo é desaparecendo *no* romance que o escritor dará a este o aspecto de autonomia que J. W. Beach sublinhará, em 1932: "A grande característica de nosso tempo é que a própria história relata a si mesma, pelo canal das impressões das personagens assim, enfim, o romance se distingue da história e da filosofia"[76].

Um comentador de James observou que a "ideia do romance como obra de arte" só se manifestou a partir de Flaubert[77]. Mediatizar o social pelo individual, conferir onisciência a um ou dois heróis, incluir o espaço romanesco naquele de uma consciência, banir, enfim, do romance todo comentário de uma verdade geral, mesmo desviando-o de uma figuração individualista da pessoa, era dar à obra uma "liquidez" que as narrativas onde a personagem era "sujeito e objeto alternadamente" haviam tido em grau bem menor. Sem dúvida esta unidade de tom, esta homogeneidade estrutural tornaram-se sensíveis graças a novos estilos com frequência paralelos à escritura poética. Mas desejaríamos precisamente sublinhar que, aquém dos problemas de escritura, colocava-se

---

73 Cf. M. Bonwitt, *Flaubert et le principe d'impassibilité*.
74 V. Woolf, *Journal*, 26 jan. e 22 out. 1922.
75 *A Portrait of the Artist as a Young Man* p. 168.
76 J. W. Beach, *The Twentieth Century Novel*, p. 101.
77 F. Madox Ford, *The Old Man. The Question of Henry James*, p. 64.

o problema de criar formas romanescas capazes de corresponder a uma nova visão da vida, a um novo conhecimento do homem. A autonomia formal do romance era a consequência da obliteração dos modelos sociais ou sócio-afetivos; ela corresponde à refração, à interiorização das relações sociais pelo indivíduo. Quando James quer dar ao romance sua composição, seus limites, sua duração próprios – ele é, com Dostoiévski, o primeiro romancista a conceber uma duração romanesca específica, radicalmente distinta do tempo sócio-histórico[78] – rompe a tela de uma arte que traduzia uma realidade a seus olhos ultrapassada. *Os Embaixadores* ilustra uma verdade da qual estarão profundamente impregnados os romances de Proust ou de Joyce, e que será um dos temas principais dos textos teóricos de V. Woolf: os novos traços da especificidade de uma arte não se manifestam por razões nem num escopo puramente estéticos; provoca sua aparição uma análise que versa, ao mesmo tempo, sobre as formas antigas e sobre os aspectos novos do real. Mas a partir do momento em que parecia "narrar-se ele mesmo", o romance tornava-se evidentemente um objeto estético: sua autonomia formal e epistemológica, se iria suscitar muitas suspeitas quanto à verdade da pessoa descrita pelo escritor inovador, iria também, em compensação, focalizar, ou ao menos tornar mais manifesta, a especificidade da linguagem romanesca em geral. Do mesmo modo que Proust admira Balzac não por seu realismo, mas por ter enformado uma totalidade humana[79], ou que D. Richardson se mostra reconhecida a Goethe por haver retraçado lentamente a evolução de um ser[80], assim Forster e Muir considerarão o romance como um fato estético global, cujos temas e constantes tentarão isolar.

"Só a forma apreende, mantém e preserva a substância"[81]. Não atribuamos a este preceito um significado exclusivamente estético. É uma forma de si que a personagem de James chega a distinguir, porque deve cingir e dominar a substância de sua vida interior e da existência de outrem, visto que ambas se compõem de ambiguidades e de matizes mutáveis. Ele consegue uma vitória sobre a desordem e a confusão, mas esta vitória é incerta. Demasiado dependentes de sua experiência de outrem, demasiado integradas num meio-ambiente, as figuras romanescas de James adquirem um conhecimento autônomo de si mesmas que, ao mesmo tempo, dissimula e delimita uma realidade de que se aproximarão muito mais as personagens de Proust e de V. Woolf: a realidade do subconsciente. Lendo James, M. Butor fica impressionado com "uma espantosa mistura de cegueira e da mais penetrante lucidez"[82]. É que James concebe a pessoa como um compromisso coerente – portanto, em certa medida, artificial – entre sua vida propriamente interior e as oscilações de um drama mundano às quais está necessariamente sujeita. A proximidade de outrem, a necessidade do diálogo e

---

78 H. Read, op. cit., p. 102-103.
79 *La prisonnière*, p. 160-161 e 220.
80 Cf. "Miríades de Impressões", infra, p. 77 e s..
81 H. James, *Selected Letters*, carta a H. Walpole, 19 de maio de 1912.
82 M. Butor, Henry James, *Monde nouveau*, out. 1955, e B. Dort, Henry James: de la connaissance à la compromission, 14 jan. 1954, e Un Roman de la connaissance: *Les Ambassadeurs*, *Cahiers du Sud*, n. 306.

da comunicação revelam, se não é que determinam no herói de *A Taça de Ouro* uma intensidade psicológica (a existência social é o campo de treinamento de sua existência interior) que reencontramos de certo modo em estado puro no *Narrador* de Proust assim como na heroína de *Rumo ao Farol*, porque estes decompõem literalmente um mundo exterior cuja realidade intrínseca e cujas convenções Izabel Archer ou Strether ainda admitem. Se nos é permitida esta comparação, a arte de James foi, ao mesmo tempo, contraditada e continua pelo romance do "homem interior", como a pintura de Cézanne o fora por este neoimpressionismo que influenciou tão fortemente V. Woolf em 1910. Na obra e nas teorias de James, o estudioso da estética do romance descobre três princípios que logo terão força de lei: o romance deve revelar o sentido, a essência, as formas de nossa experiência vivida; a noção de subjetividade não é antinômica daquela da objetividade; a extensão e o aprofundamento de uma consciência, objetos primordiais do romancista, necessitam de uma estruturação rigorosa do real.

Neste capítulo, nosso propósito foi confrontar, através de três grandes obras romanescas, a óptica do escritor com sua concepção da pessoa, e de assegurar em base histórica o estudo mais particular de uma fase decisiva do romance. Enquanto o realismo romanesco mantém vínculos necessários com a "história e a filosofia", o romancista pode passar o ponto de vista de uma realidade global para um fragmento desta; logo o feixe luminoso apanha uma personagem, que parece tornar-se um sujeito, mas sempre em função de um objeto geral. Chega um momento em que o deus espectador vacila e desaparece, porque a totalidade do real não é mais clara nem distinta. Então a visão se transforma em ponto de vista, no sentido estrito do termo: não sendo mais livre para ver tudo, o romancista se coloca ao lado de uma personagem. Tentamos destacar a significação ética, psicológica e sociológica desta transferência de foco: a partir de Stendhal *é preciso ter um ponto de vista individual* sobre a realidade global, e se Zola e Tolstói ignoram esta óptica fragmentária, acidental e limitada do sujeito, é porque encontram, um na psicologia de uma sociedade e outro no poder devorador da história, dois conjuntos de determinações tão vastos quanto o panorama balzaquiano. Frisamos que a óptica romanesca se torna mais estrita, mais diferenciada e ambígua, ao mesmo tempo, à medida em que a vida social se fragmenta e em que meios-ambientes substituem a sociedade. Quanto mais movediças se fazem as relações sociais, mais os seres estão em situação de proximidade, de modo que cada um tem do outro não mais uma visão global, determinada, porém impressões sucessivas e parciais que é mister reunir. Para recompor a pessoa, é preciso vê-la sob diferentes ângulos. O romance nem sempre foi "uma experiência da sociedade no âmbito privado". Esta excelente definição de T. Goodman refere-se em certa medida a Flaubert, James e Stendhal[83]. A necessidade de tal experiência determinará, em grande parte, a revolução dos anos de 1920.

---

83 T. Goodman, *The Techniques of Fiction*, p. 17.

Mas é grande a distância que separa o olhar crítico stendhaliano da impressão flaubertiana, e esta das técnicas focalizantes e localizantes de James. De "Fabrice em Waterloo" aos salões de *Retrato de uma Senhora*, o "ponto de vista da personagem" sofre consideráveis mudanças, e se impõe tanto mais sublinhar a historicidade da óptica subjetiva ou relativista que esta vai assumir, com Proust ou D. Richardson, formas e significações nitidamente novas. Pois do *Vermelho e o Negro* aos *Embaixadores* a relativização é posta a serviço de um princípio de coerência. Em Stendhal, Flaubert e James, a realidade psicológica e a realidade social contribuem, em seus próprios conflitos e em suas interdições, para compor claramente a singularidade da personagem, para dar-lhe uma forma. Coerência e finalidade que vão ser decididamente negadas por escritores inovadores, alguns dos quais empreendem sua obra quando James se aproxima da morte, e aos quais a noção de ponto de vista será suspeita, porque demasiado racional. Para eles, o romancista deve dar conta de uma verdadeira osmose entre personagem-sujeito e mundo-objeto. Sucessores dos heróis stendhalianos, as personagens de James defrontavam-se com o problema da personalidade. O Narrador de *Em Busca do Tempo Perdido* defrontar-se-á com o problema da consciência.

Qual o romancista moderno que não declarou ser ele próprio o seu romance? Nenhum, no entanto, apresenta sua biografia romanesca. O "sou eu" de Flaubert significa que na gênese das formas as funções psicológicas substituíram as funções sociais.

3 "Miríades de Impressões"

> O romance é o perfeito mediador para revelar-nos
> o arco-íris cambiante de nossas relações na vida.
> D. H. LAWRENCE

No dia 18 de maio de 1924, Virginia Woolf denunciará, diante de seus ouvintes de Cambridge, a ilusão alimentada pelos romancistas "eduardianos" quanto à "criação" das personagens. Como é possível, dirá ela em substância, criar um personagem quando a pessoa é essencialmente incriada e sempre inesperada? Para ilustrar sua asserção, a romancista evoca uma conversa que ouviu, no trem, entre "Mr. Smith" e "Mrs. Brown". Em meio a um colóquio bastante prosaico, Mrs. Brown pergunta subitamente a Mr. Smith: "Pode dizer-me se um carvalho morre quando suas folhas foram comidas durante dois anos pelas lagartas?".

Virginia Woolf imagina então três escritores eduardianos (Bennett, Wells e Galsworthy), assistindo a esta cena e perguntando-se como transformar Mrs. Brown em personagem: Wells a conduzirá a um universo utópico, Galsworthy denunciará os capitalistas que a reduziram à penúria, e Bennett construirá a minuciosa biografia de uma pequena burguesa inglesa. "Os instrumentos dos eduardianos são maus para nós", diz V. Woolf:

> Deram uma importância enorme à matéria das coisas. Oferecem-nos uma casa com a esperança de que poderemos talvez tirar de lá alguns seres humanos que vivem nela... Mas se vocês estão pensando que um romance se ocupa em primeiro lugar das pessoas e somente depois das casas em que vivem, está aí um mau jeito de abordar a questão...

Também os romancistas "georgianos", que surgiram por volta de 1910 (Forster, Lawrence) não quiseram construir personagens, mas compreendê-las, porque os seres só nos aparecem por lampejos. O "massacre" dos modelos propostos por Galsworthy ou por Bennett deixam V. Woolf "cheia de confiança": "Pois eu creio que tal estado de coisas é inevitável toda vez que a convenção cessa de ser um meio de comunicação entre o autor e o leitor e se torna, ao contrário, um empecilho".

Com efeito, como seguir modelos que já não mais existem no mundo real? A partir de "dezembro de 1910" a ordem da sociedade vitoriana não passa de uma lembrança: "Todas as relações mudaram entre patrões e empregados, entre marido e mulher, entre pais e filhos. E quando as relações humanas mudam, há, ao mesmo tempo, uma mudança na religião, nos comportamentos, na política e na literatura".

O escritor deverá, pois, "reconciliar-se com um tempo fecundo em malogros e em fragmentações". Imagem da segurança e da instalação na vida, "Mr. Smith" só pode inspirar um romance "bem acabado, bem penteado, uma biografia sinistra", enquanto a observação de Mrs. Brown permite captar um ser em sua fugacidade assim como em sua complexidade profunda:

> Mas não esperem que ela lhes seja apresentada agora de um modo completo e satisfatório. Tolerem o espasmódico, o obscuro, o fragmentário, o defeituoso... Porque vou fazer-lhes uma predição, que é de uma temeridade sem igual: atualmente estamos a vacilar a bordo de uma das grandes épocas da literatura inglesa. Mas somente entraremos nela se estivermos resolvidos a jamais abandonar Mrs. Brown[1].

Aqui se esboça uma nova personagem de romance: em lugar de querer tornar verdadeiro e durável aquilo que é sempre transitório e banal[2], o escritor respeitará o caráter *ocasional* das situações humanas; em lugar de ser construído, a personagem será o foco incerto das "miríades de ideias extravagantes e sem sequência" que "se comprimem" na cabeça do escritor quando as lagartas e as folhas de carvalho de uma Mrs. Brown irrompem no aparelho social ordenado e incômodo representado por Mr. Smith. A nova personagem atravessará, ao contrário, estas aparências que são as convenções. A célebre afirmação de V. Woolf: "Se o escritor fosse um homem livre e não um escravo, se pudesse escrever aquilo que quer e não aquilo que deve escrever, se pudesse alicerçar sua obra na convenção, não haveria nem intriga, nem comédia, nem tragédia... no sentido convencional destes termos."[3], resume a estética de uma época e a concepção do real de que derivará uma nova arte do romance: uma narrativa não terá sentido e valor a não ser com a condição de traduzir o movimento, a indeterminação da existência, e de exprimir a incerteza que caracteriza a visão do mundo do artista. Uma passagem de *O Quarto de Jacó* fala sobre isso claramente:

> Parece que os homens e as mulheres estão igualmente sujeitos a erro: que uma opinião de nossos semelhantes, perspicaz, imparcial, e verdadeiramente justificada, é absolutamente impossível. Ou somos homens ou somos mulheres. Somos frios ou sentimentais... Em todo caso, a vida não é senão uma procissão de sombras e Deus sabe por que razões – visto que se trata de sombras – agarramo-nos a elas tão fortemente, e vemo-las desaparecer com angústia![4]

Referimos estas palavras aos problemas da criação romanesca: assim como nos agarramos a seres que não passam de sombras, da mesma forma o escritor se empenha em representar a pessoa, a despeito da inconsistência desta. Contudo, o romancista que recusa a bela segurança figurativa dos "eduardianos" não adotará, no entanto, uma atitude cética ou idealista. Ao contrário, deverá dar forma à incerteza de seu olhar sobre um mundo incerto e imprevisível.

---

1 V. Woolf, *The Captain's Death Bed*. Recorremos à trad. de R. Celli, *L'Art du roman*, p. 43-65.
2 Idem, p. 17.
3 Idem, ibidem.
4 V. Woolf, *La Chambre de Jacob*, p. 17.

Esta aposta foi fértil: gerou uma metamorfose do romanesco. A contradição (concebida como tal) entre a necessidade de uma forma e a incoerência de uma matéria suscitará modos narrativos próprios cujo significado não se pode discernir (significado histórico e estético) salvo examinando em primeiro lugar como os romancistas dos anos de 1920 transferiram para o plano da arte uma concepção totalmente problemática e relativista da pessoa. Transferência que V. Woolf estudou com precisão e profundidade. Seus textos teóricos poderiam intitular-se: "Romance e Pessoa", e nenhuma grande obra romanesca de sua época invalida suas ideias fundamentais.

Sua recusa em "catalogar os traços característicos de uma personagem"[5], seu sonho de escrever um romance "todo ele o silêncio"[6] puderam fazer acreditar ora no "atomismo" de V. Woolf (suas narrativas pareciam exprimir "menos personalidades distintas do que fragmentos esparsos de uma consciência coletiva"[7]), ora em seu subjetivismo absoluto: "Mrs. Woolf finge que se interessa somente por Mrs. Brown; de fato, ela só se interessa pelas ideias que Mrs. Brown lhe sugere", dirá um crítico em 1930[8]. Colocados lado a lado, estes dois juízos permitem situar a problemática romanesca concebida por V. Woolf: de uma parte, o mundo é constituído de fragmentos, de outra, toda a visão deste mundo é subjetiva. Mas há aí uma relação de causa e efeito: é a atomização do real que obriga a pessoa a ter dele uma visão subjetiva. Portanto, o subjetivismo não é, propriamente falando, individual. Assim, não há contradição entre a necessidade de observar, de ouvir Mrs. Brown e esta célebre passagem do diário de V. Woolf: "É erro crer que a literatura possa ser tirada como parte do que é vivo. É preciso sair da vida. É preciso sair de si e concentrar-se ao máximo em um só ponto"[9].

Saindo de nós mesmos, "distanciamos" com o mesmo lance o mundo, a realidade. Empenhado na obra, projetando-se nela apenas as miríades de impressões que lha ditam, o escritor deve, de outro lado, desprender-se dela para cingir o "halo luminoso"[10] da existência, delimitar o espaço romanesco em que esta aparecerá em sua fragmentariedade e em seu movimento. Uma inteligência crítica mediatiza e organiza a subjetividade do escritor e a apreensão empírica do mundo.

James e Stendhal sabiam que esta dialética da participação e do desprendimento constituía a essência da verdade romanesca, mas V. Woolf dá-lhe um significado muito diferente, porque não crê nem no destino, nem na formação, nem na realização da pessoa: os seres são descontínuos por natureza e o romance só deve focalizar esta descontinuidade imprevisível. Também James poderia ter escrito, também ele: "É inútil querer resumir indivíduos. Só se pode seguir certos indícios; nem exatamente aquilo que é dito, nem inteiramente aquilo que é feito"[11].

5   *L'Art du roman*, p. 129-130.
6   Idem, ibidem.
7   Idem, ibidem.
8   V. Sackville-West, The Future of the Novel, *The Week-end Review*, p. 535.
9   *A Writter's Diary*, p. 153.
10 *L'Art du roman*, p. 15. V. Woolf escreveu este texto em 1919.
11 F. Delattre, *Le Roman psychologique de Virginia Woolf*, p. 101, citação do *Diário* de V. Woolf.

Mas a partir desta constatação James trabalhava como historiador: expunha uma continuidade psicológica e, no fim de seus romances, a personagem descobria uma verdade, enquanto que V. Woolf recusa-se a apresentar ao leitor um Strether ou um Lord Jim: a incerteza terá no romance a primeira e a última palavra. Se o romancista deve esforçar-se, através de suas técnicas de narração, por mostrar a descontinuidade essencial dos seres, cumpre que o leitor sinta a precariedade deste esforço, tal como percebe, ao longo de todo o romance, as constantes oscilações de personagens que não chegam à nenhuma conclusão definitiva sobre si mesmas, sobre os outros ou sobre a existência. V. Woolf substitui a construção pela dissociação; a história pela duração; os imperativos sociais pela experiência direta do mundo; e a personalidade pela consciência. Se o romancista não quiser "jamais abandonar Mrs. Brown", suas personagens devem corroer os signos e os pontos de referência que lhes guarnecem a vida. Pois a realidade deste se desenrola e se manifesta "entre os atos".

Que uma narrativa deva ser visceral e formalmente experimental e exprimir uma lenta e indecisa procura da pessoa contra as convenções e as normas da sociedade, uma romancista o demonstrava por uma obra que lembra, sob muitos aspectos, o *Em Busca do Tempo Perdido*. De 1915 a 1935, Dorothy Richardson publica, em doze partes, o romance de um só ser às voltas consigo mesmo e com os quadros de sua vida. O posfácio de *Peregrinação*[12] anuncia, aliás, princípios teóricos paralelos aos de V. Woolf. Para D. Richardson, o romance é, antes de tudo, um caminho imprevisível, uma sequência de revelações:

> No curso do escrever, ela (a autora) vê aparecer um aspecto novo, "estranho", da realidade que ela observava, aspecto que tem sua linguagem própria e que dá razão àqueles que veem no ato de escrever a maneira mais segura de descobrir a verdade dos pensamentos de um ser.

Visto que a realidade se compõe de aspectos contraditórios, o romance deve procurar exprimi-los todos, mas não chega à descoberta de significações definitivas: "Ao mesmo tempo, ela sofria ao ver que esta realidade que se lhe impunha não só não se exprimia adequadamente na trama do texto, mas ainda se revestia de centenas de faces, cada uma das quais contradizia a outra logo que uma frase a fixava".

A única forma possível do romance é informal, posto que o romance é uma corrente incessantemente imprevista, nunca represada: "Quando se lhe lança a acusação de haver escrito uma obra sem pontuação e ilegível, ela protesta altos brados, pois é nesta forma que se encontra a verdade".

Assim, o romance é a aventura sempre inacabada da pessoa de um escritor; "Em Proust", diz D. Richardson, "a França de Balzac tinha, a partir de 1914, seu primeiro aventureiro, que reconstruía uma experiência vista pelos olhos de um indivíduo". Por certo, havia James, mas: "O venerável cavalheiro Henry James...

---

12 *Pointed Roofs* (do qual apareceu uma trad. francesa em 1966); *Backwater*; *Honeycomb*; *The Tunnel*; *Interim*; *Deadlocks*; *Revolving Lights*; *The Trap*; *Oberland Dawn's*; *Left Hand*; *Clear Horizon*; *Dimple Hill*. Título geral: *Pilgrimage*.

introduz suas personagens, uma a uma, numa câmara de ressonância onde planta alguma viceja, onde nenhum mistério é difundido pelas estrelas"[13].

Eis aqui denunciada a estética "da localização" inadequada a partir do momento em que o escritor quer expressar a imediatez, a fugacidade, a precariedade dos fatos de consciência e seu caráter contraditório. Pirandello, nesta época, publica *Uno, nessuno te centomila* (Um, Nenhum e Cem Mil). Um longo caminho, num período de quarenta anos, foi percorrido, que separa duas concepções globais da pessoa: em James a consciência tendia a delimitar-se; a personagem aprendia de certa forma a hierarquizar suas tendências, e seu olhar crítico sobre o mundo não a impedia de buscar um equilíbrio, se não um compromisso, entre seu meio social e aquilo que julgava ser o elemento dominante de sua personalidade. Em V. Woolf, D. Richardson ou Joyce, uma consciência será dada como um todo cujos níveis, do mais superficial ao mais íntimo, do mais "social" ao mais "marginal" interferem sem cessar à vontade de uma "experiência do indivíduo" que é uma sequência de choques com aspectos rígidos e arbitrários do mundo. A pessoa se caracteriza, se define – ou, antes, se esboça aos olhos do leitor – por uma situação de passividade, ou ao menos de receptividade cuja importância decisiva no romance moderno depois de Flaubert foi mostrada por Proust. D. Richardson lera "com alívio" em *Wilhelm Meister*:

> O herói do romance deve ser passivo, ao menos não ser ativo em alto grau. Grandison, Clarisse, Pamela, o vigário de Wakefield e o próprio Tom Jones são personagens senão passivas, ao menos *ressonantes*, e todos os acontecimentos se modelam de certa forma com base em seus sentimentos[14].

Sem dúvida, não é um acaso se esta concepção da pessoa, que devia inspirar uma estética romanesca essencialmente não-diretiva – fundada na imediatez e na duração – foi defendida e exposta por duas mulheres escritoras, que podiam censurar ao romance "masculino" seu perfil demasiado claro, sua ordem demasiado lógica e evidente. Tanto D. Richardson quanto V. Woolf se apartam de Flaubert e mais ainda de Goethe, porque para elas a modelagem do real por uma subjetividade de modo algum tende a destacar os contornos de um estado psíquico determinado em função do qual o romance se desenvolve. O bovarismo é estranho a *Peregrinação* como a *Rumo ao Farol*, onde o subjetivo aparece, ao contrário, como o desdobramento arriscado de uma atividade mental por contatos ocasionais e fugazes com objetos: subitamente atraído por determinado aspecto de seu ambiente, a personagem em seguida volta a si por um jogo de associações de ideias ou de imagens que será logo interrompido, porque um novo detalhe do mundo captará sua atenção. O começo de *Rumo ao Farol* ilustra tipicamente este vaivém entre o exterior e o interior, esta alternância de percepção e de reflexividade que não têm nenhum sentido em si mesmas, porquanto nenhuma estrutura psicológica as condiciona nem aí se manifesta. Ao contrário

---

13 Conclusão da edição definitiva de *Pilgrimage*.
14 Idem.

de Emma Bovary, Mrs. Ramsay não molda o mundo segundo seu desejo, nem exige dos objetos ou de outrem que correspondam às suas tendências. Estas só existem à maneira de filigrana insensivelmente revelada pela trama do relato: a personalidade da personagem que o leitor apreende é um limite indeciso, que aparece, transparece através de inúmeras "respostas" ao mundo real.

Qual será a forma de um romance cujas personagens jamais estão *formadas*? De obras tão diferentes como *Em Busca do Tempo Perdido* e *O Quarto de Jacó*, *A Montanha Mágica* e *A Morte de Virgílio*, *O Lobo da Estepe* e *Sanctuary* (Santuário) depreende-se um mesmo princípio: quanto menos nítidos são os contornos da pessoa e do mundo, mais rigorosa deve ser a composição da obra, mais importância têm os problemas de estrutura. Nossa primeira abordagem da questão das formas romanescas, que domina todo o período 1915-1930, será de ordem estética, e nisto seguiremos as pegadas de romancistas para os quais a expressão da pessoa e o arranjo da narração eram as duas faces de um mesmo problema. Uma concepção essencialmente estética (na aparência) do romance coincidiu com uma nova concepção da pessoa e da personagem. Prova disso são as correspondências que os escritores discerniram entre a realidade psicossocial que pretendiam traduzir e as formas já revolucionárias de duas outras artes: a pintura e a música.

V. Woolf considerava "dezembro de 1910" como um momento decisivo da história social da Inglaterra: uma ordem acabava de desagregar-se definitivamente. Ora, em dezembro de 1910 deu-se em Londres um acontecimento que marcava "uma rápida transformação no caráter e na visão humanos[15]: a abertura, na Galeria Grafton, de uma exposição dos pós-impressionistas franceses. "Num mundo em que se esperava de um pintor que ele fosse ou fotógrafo ou acrobata, os pós-impressionistas, que antes de tudo se proclamavam artistas, irromperam"[16].

Assim, metamorfose estética e mudança social devem andar juntas. Numa época em que as formas literárias reinantes não correspondiam mais às transformações que se manifestaram nas sensibilidades e nas relações humanas, faz-se necessária a irrupção "de artistas acima de tudo" para exprimir as "folhas de carvalho" de Mrs. Brown. O romancista, ao afirmar a primazia da arte, não tomava pois o partido do esteticismo, nem o da gratuidade. Queria significar que os problemas de forma se tornavam imperativos devido à própria complexidade do real. Por preocupação com a verdade, o escritor artista banirá o clichê fotográfico. Trata-se menos de rejeitar a *noção* de personagem do que de saber situar num contexto psicossocial novo o Barão de Charlus, Mrs. Ramsay ou Jimmy Herf, personagens que, aliás, talvez hoje assediem nossa memória com menos nitidez, mas com igual vigor não menor que o Príncipe André, Gervaise ou Heathcliff. Para chegar a isto, não cabe refletir uma realidade tanto menos reprodutível quanto é sempre mais dissociada: será criada uma linguagem capaz

---

15 Cf. A. Kettle, *An Introduction to the English Novel*, p. 100.
16 Idem, p. 101.

de traduzir e tornar significativas a um só tempo a instabilidade das consciências e a artificialidade das funções sociais. O impressionismo era o próprio exemplo de um romanesco que devia revelar "o arco-íris cambiante de nossas relações na vida"[17]. As telas expostas em Londres eram muito mais fiéis à realidade viva do que os romances ingleses (e franceses) dos anos de 1910. Um quadro de Monet mostrava a V. Woolf que o composto devia ser induzido a partir do decomposto, que uma forma estética podia proceder da tomada de consciência de uma dissociação do real. Para V. Woolf, como para Bergotte a contemplar um Vermeer, a pintura era menos um modelo do que uma referência de linguagem. Era o exemplo de uma fusão a ser realizada entre o sujeito e o objeto. Tal como o quadro, o romance (e em primeiro lugar a personagem) compunha-se de toques sucessivos, dos quais nenhum teria sentido e valor exceto se posto em relação com os toques vizinhos. Mas era também necessário reunir estes elementos num conjunto estrutural, compreendê-los segundo uma óptica organizadora. A. Kettle estabeleceu claramente o paralelo entre a visão romanesca de V. Woolf e a visão pictórica dos impressionistas: "É o impressionismo que melhor explica o método de V. Woolf, seu cuidado com a textura, sua experiência, suas tentativas de compreender as "miríades de impressões" de uma consciência individual, e de fazer um *todo significante* de uma cena aparentemente fugidia"[18].

O escritor realizará uma totalidade significativa organizando o relato no segundo grau: a "ação romanesca" será situada num quadro temático da mesma natureza que o lago das ninfeias de Monet. O "passeio ao farol", o "quarto de Jacó" provêm efetivamente do vivido, do acaso e da convenção em conjunto. Não se trata, como se julgou amiúde, de símbolos. Haveria aí simbolismo, como observa Kettle, se o passeio ao farol, depois o quadro de Lilly Briscoe ilustrasse, representasse a psicologia das duas "narradoras" sucessivas. Ora a excursão sempre diferida para mais tarde e o quadro jamais acabado (só o será no fim do romance) são respectivamente uma convenção e uma forma – uma necessidade – concebidas como tais por duas personagens. Convenção e forma das quais Woolf faz dois quadros de composição, duas persianas justapostas delimitando a narrativa. A estrutura da obra tem assim as mesmas características que as duas personagens atribuem aos objetos de que deriva: ela é artificial e necessária, objetivada e subjetivizada. "O passeio ao farol", diz Kettle, "não é mais simbólico do que a Montagne Sainte-Victoire de Cézanne"[19].

A prioridade da arte (das técnicas de expressão) estava pois justificada pela necessidade de traduzir novos aspectos do real. Não podendo mais extrair um "tema" de romance de determinada circunstância histórico-social *exemplar*, nem descobrir no mundo personagens próprias para representar uma sociedade,

---

17   D. H. Lawrence, Morality in the Novel, *Phoenix, The Posthumous Papers of D. H. Lawrence*, p. 532.
18   A. Kettle, op. cit., p. 102.
19   Idem, ibidem. Lembremos que H. James sublinhava, em 1884, a exata semelhança da arte do pintor e da arte do romancista. *The Art of the Fiction*, p. 378.

tendo, ao contrário, como autêntica matéria romanesca unicamente dos dados imediatos da existência (seja esta interior ou social), o escritor tomará como princípio de criação que no mundo há situações e não estados. Mas então se levanta um problema de *enquadramento* cuja resolução não se impunha – ou ao menos era mais facilmente resolúvel – do escritor ao qual a vida social *e a vida psicológica* por ele observadas propunham modelos suscetíveis de serem convertidos em formas. Para James, uma personagem podia focalizar o mundo, ser o centro de um encadeamento de relações humanas, colocar o real e colocar-se a si mesma em perspectiva, pois por mais complexo e incerto que fosse, o ambiente onde vivia o herói ainda era um organismo; de outra parte, sua consciência, se era um fluxo, continuava no entanto orientada tanto pela necessidade de viver socialmente, como pela existência, no fundo do ser, de uma *tendência profunda dominante*. Repetindo: uma teia de aranha tem uma forma. Ao contrário, o indivíduo "impressionado" que V. Woolf quer evocar só aparentemente está adaptado a uma sociedade que, além do mais, é informe (e absurda) e este indivíduo *não tem psicologia*, no sentido que teriam dado a esta palavra Stendhal, Flaubert e o escritor de *Os Embaixadores*. Sublinhemos, com efeito, antecipando o assunto de nosso próximo capítulo, que os heróis joyciano ou proustiano *exercem* sua consciência precisamente a fim de captá-la, de conhecê-la como espaço, como organismo, como forma, como ser. Nem "amorosos", nem "cidadãos", estes heróis não são, de outro lado, animados por esta intenção psíquica tenaz que caracterizava Izabel Archer ou Lord Jim. Recortando um espaço *narrativo* na superfície do real, V. Woolf e Joyce (Dublim não é mais simbólica do que o "passeio ao farol") dão cada um a seu romance uma *forma* que limita a expansão ousada das consciências. Mas esta forma, ao mesmo tempo, corresponde à atitude de suas personagens diante da vida, pois para elas a "sociedade" não passa de um conjunto de convenções que não tem a menor relação com a sua vida autêntica (a vida interior), e que, ademais, a comprimem, a constrangem. Veremos isto mais adiante: a exterioridade da forma permite a expressão do desdobramento totalmente existencial da interioridade, e isto é verdade também para *Em Busca do Tempo Perdido*, na medida em que Proust subordina a representação minuciosa do vivido a preocupações de caráter essencialmente estrutural. Mas o enquadramento do romance envolve também uma significação realista (somos obrigados, como seres sociais, isto é, inautênticos, a fazer "passeios ao farol" e um valor estético: a obra deve ter uma forma.

O primado da arte afirmada por uma romancista que via um exemplo a seguir na pintura impressionista não demonstra nenhuma religião da arte, nenhum espírito de sublimação estética. Como todos os seus contemporâneos inovadores, V. Woolf punha o acento numa indispensável renovação da técnica e da composição. De *The Common Reader* (O Leitor Comum) a *Portrait of the Artist as a Young Man* (Retrato do Artista Quando Jovem), das teorias de G. Stein às reflexões proustianas sobre o romance, trata-se de instaurar modos narrativos de forma que o romanesco nem se evada de uma realidade cuja vida complexa é preciso, ao contrário, exprimir, nem seja encerrado nesta realidade.

Trata-se de escrever de tal modo que sejam banidos tanto a abstração e o lirismo como o "clichê fotográfico" naturalista. Os escritos de A. Döblin apresentam grande interesse no caso. Eis como o autor de *Berlin Alexanderplatz* condena o espiritualismo de seu contemporâneo Flake, que pretendera escrever "alguma coisa melhor e mais elevada do que o romance tradicional":

> Aquilo que é do domínio da reflexão Flake quer antes de tudo incluir no romance como uma realidade natural, fundamental e específica, e não mais como um fator anexo. Quer uma forma romanesca que seja nova pela estratificação dos elementos, a repartição destes num todo, a simultaneidade. A inclusão do abstrato no romance e sua estruturação não deixam por certo de ter relação entre si. Mas Flake visa assim instaurar um "estado filosófico". Ora, se pode acontecer que *uma* obra suscite tal estado, em compensação é insensato exigir que ocorra o mesmo com *todos* os romances.
>
> Introduzindo no romanesco elementos abstratos autônomos, Flake tem a intenção declarada de espiritualizá-lo recorrendo à abstração, à maneira dos pintores. Mas estas são duas coisas diferentes, que é absolutamente errôneo confundir. Os pintores, com efeito, querem ser abstratos, mas a partir do que? Eis o essencial: da realidade das coisas. Tendem a uma abstração particular, que não é em nada a dos conceitos lógicos e metafísicos. Libertando-se de uma imitação do objeto estranho à arte, os pintores querem chegar a dar o mais amplo significado possível a formas e a cores *pictóricas*. Com esta finalidade é que recorrem à abstração. Flake, ao contrário, apela para os pintores quando quer impor à arte do romance a reflexão filosófica. Se se desejasse imitar os pintores, seria necessário, ao contrário, destruir a lógica e a sintaxe para penetrar na alógica, como certos autores se empenham hoje[20].

Mas se Döblin recusa que o espiritual, o conceitual, o abstrato figurem no romance a título autônomo, ou como fins em si, recusa também que uma tal autonomia seja concedida aos fatos. Como arte, sublinha o autor de *Berlin Alexanderplatz*, o romance é *a priori* desacreditado pela "facilidade das comunicações cotidianas", que ele necessariamente reflete, e que leva o leitor a crer que um romance não é um objetivo estético. O gênero romanesco, reconhece Döblin, "dificilmente pode afirmar-se como expressão *estética* da existência".

Para evitar não menos o irrealismo espiritualista do que o figurativo banal, (e não significativo), Döblin propõe, como todos os seus contemporâneos inovadores, um caminho que se pode chamar o da abstração sensível: "O elemento "reflexão" não é nada. Tudo está na representação sensível, na irrigação do processo do pensamento, assim vivificado pela afetividade[21]".

Dez novelas não fazem um romance, dirá ainda Döblin. O escritor só tomará os fatos pontuais do cotidiano, de uma parte, os conceitos e os impulsos poéticos, de outro, na medida em que são materiais, em que são substância. O grande problema do romance é um problema de harmonia. Mais exatamente: de fusão. Sem dúvida, é à continuidade do tempo psicológico (por oposição à descontinuidade do tempo histórico e social) que os romancistas, de Proust a Musil, se referirão essencialmente. Mas na ordem da arte, ou ao menos de seus aspectos

---

20 A. Döblin, Reform des Romans, *Aufsätze zur Litertur*, p. 32-34.
21 Idem, p. 34.

técnicos, invocarão os exemplos que lhes propõe (como Döblin referindo-se à harmonia wagneriana) a música moderna. É preciso "musicalizar"[22] o romanesco. Às formas musicais são reportados, de uma parte, o caráter combinatório da composição de um romance. De outra, o aspecto contrapontístico de sua substância. Gide, V. Woolf, Proust podiam subscrever as palavras de Thomas Mann, em *A Montanha Mágica*: "música e narração são semelhantes", porque a "montagem", já praticada por James e por Conrad[23], aparecia como essencial à criação romanesca. Como o sublinhará M. Butor, Proust não descreve a música ou a pintura: ele as evoca na qualidade de esquemas de composição[24]. E E. Muir, com acerto, observara que a partir do século XIX os romances mais originais se caracterizavam menos por uma sucessão histórica de acontecimentos do que por uma combinação de temas[25]. Enfim, a escritura musical ilustrava aquilo que Forster chamava de expressão romanesca: a de consciências a receber "os átomos à medida em que atingem o espírito"[26]. Ora, o "à medida" é na realidade um "ao mesmo tempo": a música oferece um modelo privilegiado ao romancista que quer traduzir a simultaneidade dos níveis da consciência. O Narrador do *Em Busca do Tempo Perdido* vê aí uma cópia de sua vida mental. T. Mann comparará os pensamentos de uma personagem a tonalidades surdas cujo conjunto forma uma "movente música composta perpendicularmente, em três níveis"[27]. Lendo um conto a seu filho, Mrs. Ramsay pensa "num baixo acompanhando docemente uma canção que, cá e lá, surgisse de improviso na melodia". Uma personagem de *Peregrinação* ouve uma leitura em voz alta enquanto continua o curso de seus pensamentos. Como diz mui acertadamente P. Mendilow,

> Traduzir a *multiplicidade temporal* na progressão *linear* da linguagem é o maior problema do romancista moderno... Os escritores com frequência se referem aos princípios da melodia e da polifonia para evocar esta técnica da progressão múltipla, porque, diferentemente da mediação da linguagem, a mediação musical permite, ao mesmo tempo, a tradução *linear* pela melodia e a tradução *simultânea* pela *harmonia*; os dois princípios podem ser aliados pelo *contraponto*[28].

Mas o exemplo da música justificava sobretudo um romanesco cuja ausência de forma era de bom grado e denunciada ("ela é exasperante de tão informe", dir-se-á de V. Woolf[29]). Por volta de 1925, a arte musical corresponde a dois traços essenciais do romance novo: o aspecto fragmentário de seu conteúdo e a incoerência – o tateante – de sua progressão[30]. Em uma arte cada vez menos

22 A. Huxley, *Point Counter Point*, cap. XXII.
23 Cf. M. Schorer, *Technique as Discovery*, em *Forms of Modern Fiction*.
24 M. Butor, Trois oeuvres d'art imaginaires chez Proust, *Répertoire II*.
25 *The Structure of the Novel*, p. 67-69.
26 V. Woolf, *The Common Reader*.
27 T. Mann, *Joseph und seine Brüder*, v. II, p. 180.
28 A. A. Mendilow, Le Roman et les autres arts, *Time in the Novel*. Cf. também Mary Gaither, Literature and the Arts, em *Comparative Literature*, p. 155-158.
29 Cf. A. C. Ward, *20th Century Literature*, p. 51.
30 Cf. M. Schorer, op. cit.

retórica e cada vez mais temática, em obras que avançam por intervalos, rupturas, simultaneidades, e cujo desenho formal parece emanar da expressão sonora, o escritor pode ter um modelo técnico que corresponde à expressão de uma pessoa – de uma personagem – não histórica, de contornos incertos e cujo ser profundo parece desvanecer-se logo que se manifesta. Pois a pessoa só existe por momentos, e se o romancista sabe traduzir estes precários instantes, que contêm em germe uma totalidade sempre fugaz do ser, o leitor terá esta intuição da presença de uma forma que o ritmo suscita na arte musical moderna[31]. O ritmo significa o equilíbrio instável, sempre *recomeçado*, que caracteriza o conjunto do relato. É a marca de uma tal relatividade que o "ponto de vista" do escritor e de sua personagem (se nos referimos a James ou a Flaubert) parecem dissolver-se aí. Recordemos a célebre definição de Stephen Dedalus: "O ritmo é a primeira relação de forma entre as diferentes partes de um conjunto estético, ou entre este conjunto e suas partes, ou entre qualquer uma destas partes e o conjunto ao qual ela pertence"[32].

Arte de relações e de correspondências fluidas e precárias, a música – como a pintura – podia, além disso, simbolizar a separação do indivíduo com respeito a uma sociedade ao mesmo tempo demasiado vasta e movediça, que não mais lhe oferece a imagem de uma ordem complementar de sua pessoa, ou adaptada à sua existência. Cego à noção de sociedade global, a personagem não será realmente social a não ser em suas relações com um grupo restrito: amigos, uma família, que compõem seu ambiente. A estrutura "humana" de *Rumo ao Farol*, de *Em Busca do Tempo Perdido*, de *Os Moedeiros Falsos* é comparável ao de uma célula cujos elementos se atraem e se repelem sucessivamente. Nova York é uma cidade imensa, mas Dos Passos não mostrará as personagens de *Manhattan Transfer* como átomos em movimento, sem contacto real entre si, em um certo ponto da cidade, depois em outro? Em *Les vagues*, Bernard recorre a uma imagem musical para evocar os seres que o cercam, e observa até que ponto estes são, ao mesmo tempo, isolados e inseparáveis uns dos outros: "Inumeráveis rostos se comprimem contra as paredes da bolha de ar... Impossível pôr ordem nesta multidão, impossível ter de cada rosto uma visão separada. De novo, a música deveria intervir aqui"[33].

Grupo sinfônico ou desordenado, indivíduo afinado ou destoante: as noções de categoria social e de individualidade (coerente) se dissolvem, ou ao menos passam a segundo plano. O universo romanesco é concebido como um jogo de relações entre consciências fragmentadas e incertas de si mesmas, assim como do mundo em que vivem. A noção de função social e o valor deste papel estão doravante ausentes do código de comunicação romanesca. Esta comunicação determina, ao contrário, um ceticismo fundamental quanto ao valor da ordem social, como também quanto à unidade, à estabilidade da pessoa. O romancista delega este ceticismo a certas personagens privilegiadas que, por

---

31 Cf. E. K. Brown, *Rhythm in the Novel*.
32 J. Joyce, *Dedalus*, p. 206.
33 *Les Vagues*, 1937, p. 253.

este motivo, parecerão viver no solipsismo e no mal-entendido. Há sempre um intervalo a separá-las de outrem: o próprio avultamento de sua consciência isolada do próximo. E uma das razões de ser do romance será a de atualizar, e não de preencher nem de atenuar, os vazios, os intervalos que fazem da existência humana uma sequência de tentativas, porque nem a sociedade e nem o Eu são modelos ainda suscetíveis de orientar seu curso: a vida social de uma parte, as tendências afetivas pessoais de outra, aparecem como forças que o homem procura elucidar e entre as quais se debate. É a partir desta consciência e não mais da ideia de individualidade, que a personagem romanesca procurará valores e certezas. Uma penetrante observação de M. Butor situa com muita exatidão o romance do século XIX: "A promoção do indivíduo é um dos temas principais do romance clássico, mas é impossível descrevê-lo sem descrever ao mesmo tempo a arquitetura de um grupo social"[34].

Para atribuir um valor e um sentido a esta vida individual exaltada pelos romancistas do século XIX (com exceção de Dostoiévski), é mister, com efeito, conceber a sociedade como uma ordem inteligível, e a pessoa como um todo coerente. Este relativismo fundamental permanente e múltiplo das consciências e da existência, havia sido prefigurado pela música e pela pintura antes do romance.

Ainda faltava persuadir o leitor de que um romanesco do descontínuo e da incerteza correspondia à realidade humana atual e de que o romance novo se desenrolava à imagem de sua própria vida. Em sua célebre conferência de 1924, V. Woolf denunciará como mitos os belos objetos construídos pelos romancistas eduardianos:

> Num só dia, milhares de ideias percorreram vosso cérebro; milhares de emoções se encontraram, se chocaram e desapareceram numa estupefaciente desordem. Contudo, permitis aos escritores que vos façam passar por verdadeira uma versão de tudo isto, uma imagem de Mrs. Brown que não tem nenhuma semelhança com esta surpreendente aparição. Em vossa modéstia pareceis considerar que os escritores são de outra carne e de outro sangue que não o vosso [...]. Tal é a separação entre autor e leitor, esta humildade de vossa parte, de nossa parte estes ares e estas graças profissionais que corrompem e que emasculam os livros, os quais deveriam ser os frutos salutares de uma igual e estreita aliança entre nós[35].

Em vez de propor ao leitor modelos ou exemplos, V. Woolf quer oferecer-lhe uma imagem em negativo de si mesmo, que ele discernirá se afastar a tela das convenções. O leitor deverá partilhar o que há de mais imperfeitamente partilhado no mundo: a dúvida (ou o espanto). Por isso o romance exige a colaboração e a solidariedade críticas do público. Se perceber que seu próprio conhecimento de si corresponde à consciência da personagem nova, consciência ambígua, incerta, incessantemente posta em dúvida, sempre relativa

---

34 M. Butor, Individu et groupe dans le roman, *Cahiers de l'Association Internationale des Études Françaises*, p. 123.
35 *L'Art du roman*, p. 64-65.

ao olhar de outrem, o leitor verá a verdade da pessoa numa figura que o romancista terá traçado por meio de toques, de lampejos hesitantes. Tornar-se-á solidário com esta figura em razão desta própria não-finitude, mostrando-lhe o conteúdo de uma consciência em suas relações consigo mesma, com outrem ou com objetos. O romancista propõe ao leitor uma imagem virtualmente universal do homem, e não mais uma personalidade com traços morais, sociais, afetivos definidos. *Cada individualidade tem uma forma diferente, mas elas se assemelham pela mobilidade interior.* Como a pintura de Monet ou a de Kandinsky, é a universalidade do antirretrato que o relato irá exprimir: a universalidade do possível.

O espírito e a intenção com os quais foi escrito *O Quarto de Jacó* podem ser discernidos nesta fina observação de R. Liddell: "A verdade é talvez que conhecemos as personagens de Virginia Woolf como nos conhecemos a nós mesmos: pois o conhecimento que temos de nós mesmos é, ao mesmo tempo, melhor e pior do que aquele que temos de outrem"[36].

Com efeito, se para V. Woolf o leitor pode e deve participar da própria vida do romance, se pode e deve igualmente sentir-se solidário com o romancista, isto se deve ao fato de que todos os seres têm em comum, de um lado, uma *sensibilidade* que é exatamente o contrário daquela do século XVIII (porque não implica moral nem messianismo) e, de outro, este *relativismo* ilustrado por *Os Moedeiros Falsos* ou *Mrs. Dalloway*: para além de suas personalidades sociológicas e psicológicas (para além das *formas*), todos os homens têm em comum a receptividade de sua consciência, mas também a incomunicabilidade das consciências: ninguém se vê como o Outro o vê. A universalidade "impressionista" do romance, da qual devia depender seu valor estético, já fora sublinhada por Conrad no prefácio a *The Nigger of the "Narcissus"* (O Negro do "Narcissus"):

> Um romance – mesmo o que se esforça o menos possível para alcançar a obra de arte – dirige-se ao temperamento. E este deve ser, em verdade, como em matéria de pintura, ou de música, ou de toda a espécie de arte, o chamado de um temperamento a todos os outros inumeráveis temperamentos cujo poder sutil e irresistível dota os acontecimentos efêmeros de seu verdadeiro sentido, e cria a atmosfera moral e emocional do lugar e do tempo.

Pedir ao público que renuncie ao tipo (ou *caráter*), propor-lhe, em lugar de modelos de contornos determinados e evidentes, aplicáveis a toda uma categoria de indivíduos, obras cuja verdade e beleza compreenderia se consentisse em afastar as cortinas das aparências e das convenções sociais para ele ver-se vivendo *em contato* com a realidade, seria apelar para um novo modo de identificação, baseado na certeza de que o homem não é, mas que ele se procura. Não seria mais seu semelhante no típico sintético, nem nas pessoas totais e exemplares que o leitor encontraria no romance, mas os movimentos de um espírito. Vamos mais longe: pedia-se ao leitor que se tornasse receptivo

---

[36] *A Treatise on the Novel*, cap. V.

ao próprio romanesco que era, como queria James, o análogo, o duplo de uma realidade a "impressionar" o herói. A personagem não mais se apresentaria como uma entidade situada num contexto. Enfim, o leitor que seguisse o trabalho do romancista, trabalho que consiste em mediatizar os "dados imediatos", tornaria consciência da especificidade do romance e de sua necessidade: o romance trazia à luz e enformava aspectos do humano invisíveis (despercebidos) da vida real.

A partir do momento em que se negava toda a possibilidade de homologia entre as formas do romance, a partir do momento em que o romanesco passava definitivamente do registro da história e do tempo ao da interpretação e da duração, era necessário precisar, como o fará V. Woolf numa conferência pronunciada em 1940 (mas esta mensagem estava implicada em todos os textos teóricos a partir de 1924, como o estava em *Retrato do Artista*...), que um romancista não tem menos obrigação de aprender sua arte do que um compositor ou um pintor, e que a compreensão do romance pede certa educação estética do público[37]. Encontramo-nos aqui no âmago do problema das relações entre romance e sociedade na primeira terça parte, senão na primeira metade do século XX: de um lado, o escritor recusa toda adequação do romance a modelos sócio-afetivos, de outro, a participação na obra que se pede ao leitor é um ato de solidariedade que corresponde à situação sócio-histórica do romancista. Com efeito, aquilo que V. Woolf diz sobre os escritores ingleses que começaram a publicar por volta de 1915, aplica-se à grande maioria dos escritores europeus e americanos. Saídos quase todos da classe média, efetuaram, contudo, estudos secundários e universitários. Assim, o romancista se encontra separado, por sua cultura, das classes médias e operárias com as quais se solidariza afetivamente, enquanto rompe a solidariedade com a alta burguesia, isto é, com a Ordem: "Tirem tudo o que a classe operária deu à literatura inglesa e a literatura quase não sofrerá com isto; tirem tudo o que a classe "cultivada" deu, e a literatura inglesa quase não existirá. A cultura deve, pois, desempenhar uma função muito importante na obra de um escritor"[38].

É mister, pois, conceber a existência de um nível sócio-cultural, distinto das categorias sociais propriamente ditas, se quisermos compreender a estética defendida por V. Woolf, assim como por Joyce, e a significação de personagens que, mesmo pertencendo em sua totalidade a diversas cepas da burguesia, tinham a sensibilidade e o espírito de análise de membros da *intelligentsia*. Personagens cuja participação no mundo não depende (salvo em D. H. Lawrence) de uma atitude de revolta nem de um desejo de transformar a sociedade, mas de uma atitude reflexiva que os leva a considerar a vida como uma sucessão de experiências que trazem mil descobertas, mas nenhum resultado definitivo. Descobertas psicológicas, mas ao mesmo tempo sociais (o subjetivo é o instrumento óptico graças ao qual a vida social é revelada, como já o era em Flaubert

---

37   *L'Art du roman*, p. 180-185.
38   Idem, p. 183-189.

e em James) e estéticas, porque é essencialmente pela imagem – pela repercussão do real exterior na consciência – que os heróis de *Ulisses* ou de *Rumo ao Farol* descobrem o valor de sua existência, escondem o sentimento frágil, precário, de sua identidade. Afora o *Em Busca do Tempo Perdido*, e somente em certa medida, o romance novo terá como protagonistas seres *médios*, se por esta palavra entendermos exatamente o contrário de medíocres: seres passivo-receptivos, para quem o mundo não é vontade, mas representação. Estas personagens interessam-se menos pelos fatos do que pelos ecos dos fatos: tais ressonâncias formam para elas os únicos vínculos autênticos entre as pessoas, e permanecem estranhas ou surdas às convenções e aos atos que lhes permitiriam desempenhar uma função na sociedade, ou obter desta algum poder. Em sua fértil impotência, estas personagens compensarão a desagregação dos "valores", o absurdo e a desumanidade do mundo "moderno" percorrendo um domínio que é tido como comum a todos os homens: o Eu. Todavia estes heróis, mesmo em Proust, não são introspectivos: analisam-se menos do que ouvem os movimentos, as oscilações, a mudança de nível de sua consciência.

Tolerando "o espasmódico, o obscuro, o defeituoso" o leitor reconhecerá que a pessoa, quando se vê vivendo ou apenas vendo – quando se afasta das convenções sociais artificiais – está sem cessar em vias de fazer-se e desfazer-se. A personagem não é mais dada ao leitor: nenhum romance importante dos anos de 1920 (mesmo aqueles cuja forma continua "clássica" como *Der Fall Maurizius* [O Caso Maurício]) começa com um retrato. Cabe ao leitor tomar contato, aos poucos, com a realidade, a humanidade, o caráter de uma figura romanesca. O próprio termo "personagem" estará sujeito a reservas, visto que certos críticos julgam que a personagem é uma criação do leitor, e não do escritor[39]. Correndo ela mesma um espelho sobre os desvios e as voltas de seu lento caminhar, a pessoa romanesca encarna este princípio estético já ilustrado por outras artes: a beleza não procede necessariamente da continuidade nem da finitude. Mas este princípio mostra-se singularmente revolucionário quando é aplicado a esta arte da continuidade que por tanto tempo foi o romance. Doravante a linguagem romanesca é estética e específica, devido às aproximações, às contradições e às rupturas que a compõem, e na medida em que o romancista recusa um discurso inapto para traduzir a complexidade, a multiplicidade das situações psicológicas. É preciso resignar-se a uma linguagem hesitante a fim de traduzir uma realidade hesitante. De Joyce, V. Woolf dirá que ele quer "a qualquer preço revelar as hesitações desta flama que, das profundezas mais secretas, lança sua mensagens através do cérebro"[40]. Na última parte de *Peregrinação*, D. Richardson tratará a realidade como uma "incessante corrente de acontecimentos em uma incessante corrente de comentário inadequado"[41].

Uma única noção permite ao leitor atribuir uma forma à fugacidade, à instabilidade da personagem: a noção de tempo, que se torna por conseguinte uma

---

39   Cf. F. R. Leavis, *The Great Tradition* e R. Liddell, op. cit., p. 114-115.
40   *L'Art du roman*, p. 16.
41   *Pilgrimage*, posfácio.

categoria moral e estética do ser, assim como assume um valor estético a evocação do curso de uma vida expressa por uma sequência de funções psicológicas. Mas o tempo se compõe de fragmentos de existência, e não de duração. Dizendo: "curtíssimo espaço de tempos através de curtíssimos tempos de espaço"[42], Stephen Dedalus resume a situação concreta do homem tal como a exprimirão Proust, Dos Passos ou Faulkner. O espaço-tempo, pelo qual se caracteriza com demasiada facilidade o romance moderno, é antes de tudo um instante-olhar. Já antes da Primeira Guerra Mundial, havia aparecido a ideia de que as artes se renovariam pelo "registro" da vida moderna, que devia oferecer ao artista, pela multiplicidade de seus ritmos, temas originais de criação. Não sendo o homem nada mais do que seus sucessivos olhares, a obra assumiria o aspecto desta sucessão, tornada vertiginosa na era industrial, e capacitada por isso mesmo a romper os quadros antigos. O instante-olhar explica e compõe: tal é a ideia diretriz de *Composition as Explanation* (Composição como Explicação) de Gertrude Stein, publicado em Londres, em 1926, por Leonard e Virginia Woolf:

> A composição é uma coisa vista por qualquer um que vive sua vida, e cada qual compõe a composição do tempo que vive... A composição de um presente prolongado, eis a composição natural num mundo que de trinta anos e esta parte foi um eterno presente. Portanto, criei um eterno presente... O tempo é o tempo da composição. Ora ele foi um passado, ora ele foi um futuro, e ele foi também os três juntos[43].

A noção de *time-sense* (inseparável de um *sight-sense*) aplicava-se a *Ulisses*, a *O Quarto de Jacó*, e ao filme *The Birth of a Nation* (O Nascimento de uma Nação), de Griffith. Surgidas em 1922 – "um grande ano"[44] – estas três obras efetivamente transpunham para o plano da arte o aspecto fragmentado, sincopado do mundo moderno, e a impressão de simultaneidade que ele provocava. Todavia, *O Quarto de Jacó*, *Ulisses* e seu espaço-tempo, o filme de Griffith e sua estrutura estranha à concatenação lógica dos acontecimentos, reproduziam muito menos o real do que o reorganizavam e o interpretavam graças a uma composição abstrata do real. G. Stein, em compensação, desejava "uma estrita adequação... entre a estrutura literária e a face do universo que vemos cotidianamente"[45], e sua estética a levou a escrever "romances no presente perpétuo", nos quais Forster ia enxergar a prova por absurdo da necessidade de uma cronologia coerente: "G. Stein triturou e pulverizou seu relógio para dispersar seus fragmentos sobre o mundo como os membros de Osíris. Isto porque quis libertar o romance da tirania temporal, fazendo-lhe exprimir somente a vida dos valores"[46].

Ora, diz Forster, G. Stein chegou a um malogro "cheio de ensinamento". Ele se deve ao fato de que, ao contrário de Joyce ou de V. Woolf, G. Stein escreveu

---

42 *Ulysses*, p. 36.
43 G. Stein, *Composition as Explanation*, p. 24.
44 J. Isaacs, Introdução, *An Assesment of Twentieth Century Literature*. O filme de Griffith apareceu nos Estados Unidos em 1915.
45 Cf. G. A. Astre, *Thèmes et structures dans l'oeuvre de Dos Passos*, t. I., p. 162-163.
46 E. M. Forster, *Aspects of the Novel*, p. 21.

narrativas "não quadradas", e que nos esclarecem sobre o problema da expressão do real como se apresentava entre 1920 e 1930. Guardadas as devidas proporções, a estética de G. Stein deriva de princípios comparáveis aos do naturalismo clássico: uma relação direta e unívoca pode e deve unir o plano do real e o do imaginário. Em certo sentido, G. Stein ia até mais longe do que os naturalistas: julgava possível não só transferir para o romance as estruturas da realidade, mas apreender esta em seus aspectos pontuais, imediatos. Esta estética sem dúvida influenciou Dos Passos e V. Woolf, mas eles não aplicaram seus princípios ao pé da letra. A teoria da "composição como explicação" resolvia de maneira muito simples o problema com o qual se defrontaram Joyce ou Dos Passos: como permitir que as coisas falem quando estas não têm uma linguagem significativa? Como reproduzir, mas também dominar e significar, o vertiginoso e a dramática movimentação do diverso? Não há dúvida de que Dos Passos leu Joyce, e sua concepção do romance está de acordo com o princípio de G. Stein, segundo o qual um simples olhar sobre o mundo já é uma forma em potência que o escritor não deve desnaturar nem por uma intervenção lírica, nem por um comentário. Mas Dos Passos inspirar-se-á sobretudo nas técnicas cinematográficas[47].

◆ ◆

Como arte, o cinema realista (*O Nascimento de uma Nação*, *Bronenosets Potomkin* [O Encouraçado Potemkin]) procediam de um princípio aparentemente muito simples: imagens acumuladas e combinadas de certa maneira podem levar o espectador a redescobrir e experimentar uma ideia e uma emoção suscitadas no autor do filme pelo espetáculo do real; à vista de imagens justapostas, o espectador compreende que o universo concreto em que vive é um *puzzle* trágico; a arte da montagem, acentuando, sistematizando a incoerência da vida social, ilustra seu caráter absurdo[48]. Significar o descaminho e a mutilação da pessoa na vida moderna é, sem dúvida, o maior problema do cineasta e do romancista. Contudo, um e outro não podiam – na época do cinema mudo – encarar nem resolver este problema do mesmo modo. O primeiro procurava dar de preferência a imagem de um mundo descontínuo, fragmentado; o segundo devia sobretudo fazer com que suas personagens compreendessem, sentissem e sofressem a natureza absurda deste universo. Para escrever *Manhattan Transfer*, Dos Passos utiliza as técnicas de montagem, os retalhos de atualidades, o "olho da câmara". Cria assim um fundo de visões entrechocadas sobre os quais suas personagens se destacam, mas a desagregação, a impotência da pessoa (que se fazem mais evidentes em sua obra do que nos outros romances do mesmo período) são sentidas ou pressentidas pelas próprias personagens; as imagens--palavras de sua consciência ultrapassam o estádio do simples comportamento;

---

47 G.A. Astre, op. cit., p. 164-166.
48 Cf. J. Mitry, *S.M. Eisenstein* e S.M. Eisenstein, *Film Form*.

em graus diversos, sentem-se alienados, frustrados em seu Eu. Ellen, depois de ter atravessado uma rua de Nova York, "sente na boca um gosto de poeira, e grãos de areia estalam entre seus dentes". Bud no cabeleireiro, "desejaria alongar o pescoço, como uma tartaruga sobre o dorso"[49]. Jimmy Herf dá-se conta de que é inútil imaginar o passado quando se está esmagado no meio da multidão do metrô, e Emile diz a Mme. Rigaud: "Mas nunca se sente só nesta grande cidade estranha? Tudo aqui é tão duro... As mulheres olham para seu bolso e não para seu coração... Quanto a mim, não posso mais suportar isso"[50].

Se para V. Woolf ou Proust, pintura e música são referências, se é o espírito e o sentido de uma técnica que compreende Bergotte fascinado pela intensidade de um amarelo, em compensação dos Passos integra, e não introduz, em *Manhattan Transfer*, a essência e o significado da visão cinematográfica, assim como suas formas: interpreta as técnicas fílmicas a fim de reforçar e valorizar a especificidade do romanesco. Para Dos Passos, o cinema não é menos um fato de civilização do que uma arte da imagem. Cerca de 120 quadros entremesclados, "simultaneados" de um romance cujos capítulos são quase todos precedidos de um texto que situa a cena de "Manhattan" no plano social, histórico, político, são destinados a mostrar-nos até que ponto as existências individuais estão separadas de um devir histórico que, no entanto, faz delas aquilo que são: grãos de poeira. Esta separação do homem (alienado) de uma história ("capitalista") que ele suporta, Brecht há de concretizar logo mais, ao projetar sobre uma tela, acima da cena, um texto que resume um importante acontecimento, ou mesmo uma imagem extraída de um filme de atualidades. Mas em *Manhattan Transfer*, o fílmico, longe de ter a função *metafórica* assegurada pelo musical em *The Waves* (As Ondas) ou em Proust, é incorporado ao romanesco porque se trata de fazer viver um universo onde os seres são condenados a ver: onde não podem mais pensar.

Sublinhemos, de fato, que Dos Passos ia muito mais longe do que este "fazer ver" e do que este "animar" pelos quais se caracteriza, de bom grado, e a justo título, o romance moderno. "A arte do romance", acabava de escrever Lubbock, "só começa quando o escritor considera sua narrativa como algo que deve ser *mostrado*, e que deve *parecer* verdadeiro"[51].

"Todas as artes parecem estar impregnadas de movimento", notará A. Berge em 1930[52] e, em 1932, P. F. Quesnoy observará o "caráter pré-cinemático" da literatura a partir de 1830[53]. Em nossos dias, enfim, certas passagens de *Em Busca do Tempo Perdido* são comparadas a sequências filmadas[54]. Todavia, uma coisa é ligar ao cinema o olhar-movimento próprio do romance moderno, e outra é determinar qual foi a incidência exata do cinema sobre o romanesco.

49 J. dos Passos, *Manhattan Transfer*, p. 22.
50 Idem, p. 91.
51 P. Lubbock, *The Craft of Fiction*, 1921.
52 A. Berge, *L'Esprit de la littérature contemporaine*, p. 12
53 Cf. P. F. Quesnoy, *Littérature et Cinéma*, *Les Essais*, n. 9, p. 10-31.
54 Cf. J. Nantet, *Cahiers de "Cercle ouvert"*, v. 3.

Sublinhando que Stendhal, Flaubert, James, Conrad ou Melville são cineastas na literatura, deu-se ênfase em sua estética ao ponto de vista "A vê B"[55], e à flexibilidade e vivacidade de sua narração. Ora, a concatenação flexível das imagens não é mais do que um aspecto do cinema, que é, sobretudo, a arte das mudanças de plano, a arte do fixo multiplicado. É principalmente isto que fascina Dos Passos: a câmera capta um objeto, depois outro; capta uma rua, depois a personagem atravessando-a: é depois de ter visto a rua que o leitor compreende que ela é vista pela personagem na qual Flaubert teria feito "penetrar" lentamente a visão. Há um terceiro nível, o mundo (Nova York, a História) desfila, anônimo, diante do leitor e diante das personagens. Assim o ponto de vista (quer se refira a James ou a Conrad) não pertence mais unicamente às personagens: acima de seus olhares, de seus contatos particulares (que constituem a trama do romance: nós só conhecemos uma personagem por meio de outra) paira um olhar geral abarcando-as e convertendo-as em atores, em objetos. Sofrem por viver através do olhar que lhes apresenta apenas desordens e aparências. "Na rua 42 ele despertou. Tudo era confusão de planos coloridos que se entrecruzavam, rostos, pernas, vitrinas, bondes, carros..."[56], mas elas fazem parte do quadro confuso e anônimo que o leitor vê. A óptica, o perspectivismo se dissolvem; só a visão reina. Tudo se detém no muro do instantâneo. Em V. Woolf, o ponto de vista (no sentido de: perspectiva) ainda aparece: dependendo de uma ou duas personagens principais – e de um narrador impessoal – o olhar vai além das aparências, penetra vastas zonas de reflexão, tende a dar uma significação à existência. Em Dos Passos, as duas acepções da palavra tela (superfície em que se projeta, e obstáculo) se aplicam conjuntamente à organização e à substância da obra. Quando diz: "Se eu pudesse ao menos crer nas palavras"[57], Jimmy Herf nos parece exprimir o sentido profundo de *Manhattan Transfer*. Dos Passos inspira-se em técnicas do cinema porque as formas coerentes, convencionais da linguagem – do discurso – não podem exprimir as consciências fragmentadas dos habitantes de Nova York e fascinadas por esta mesma fragmentação. Assim como dissocia a pessoa, a cidade desmembra a palavra organizada, herdeira de uma ordem antiga. As palavras reais pertencem doravante à desordem de imagem que o viver em Nova York suscita nas consciências: imagens-visões de uma parte (a cidade é um espetáculo obsedante por sua velocidade incoerente), imagens reflexivas de outra, quando a personagem procura em sua vida interior – em seu passado – um refúgio contra este caos mecanicamente organizado. Portanto, o romance não é, pois, filmado. O cinema, ao contrário, torna-se romanesco, sendo que Dos Passos toma emprestado dele formas, modos de composição apenas para traduzir em palavras uma realidade humana composta por gestos, olhares, tropismos. Escreve um romance a partir da significação social e histórica da arte cinematográfica.

---

55 Cf. G. Blin, *Stendhal et les problèmes du roman*.
56 *Manhattan Transfer*, p. 322.
57 Idem, p. 352.

De fato, julgava-se em geral que o romance e o cinema, longe de dever excluir-se mutuamente, precisavam ser complementares, como o tempo e o espaço, o passado e o presente. Numa época em que, em *Intolerance* (Intolerância), os exércitos de Ciro tomam de assalto o expresso de Chicago, Joyce pensa numa "história universal" e se pergunta se não seria melhor filmar, e não escrever, "uma viagem através da noite de um devaneio que, de maneira mais completa que *Ulisses*, contivesse os elementos de todo o conhecimento humano"[58]. Por sua parte, S. M. Eisenstein ficará entusiasmado com um episódio de *Ulisses*: o dos "rochedos errantes" (wandering rocks) ao qual o romancista soubera conferir duas dimensões sobrepondo o monólogo interior a uma montagem espacial[59]. Assim, romance e cinema justificavam-se mutuamente: ambos procediam da "técnica do labirinto"[60] aplicada por Joyce. Mas este recorria à tal técnica (em *Ulisses*) para libertar a pessoa da História, enquanto que Eisenstein ou Griffith aplicavam uma técnica semelhante com um objetivo oposto: enquanto a montagem romanesca joyciana fazia aparecer a heterogeneidade do pessoal e do social, a montagem cinematográfica do *Encouraçado Potemkin* trazia à luz a necessidade, para a pessoa, de agir sobre a História a fim de transformá-la.

De uma pesquisa de opinião levada a efeito pelos *Cahiers du Mois* resulta que em 1925 os romancistas franceses não viam no cinema nem um rival nem um perigo, mas nele descobriam antes novas possibilidades técnicas[61]:

> De modo geral, não creio na influência especial do cinema, mas antes de toda a vida moderna (Cendrars). – O cinema me encorajou a introduzir em minha obra certos efeitos de que eu dispunha, mas cujo alcance eu não distinguia bem (Ramuz). – O cinema desembaraçou a literatura de muitos cuidados absurdos tais como: movimento, rapidez, golpes teatrais, como a fotografia havia felizmente curado a pintura da preocupação de "fazer parecido". As artes se ajudam bem menos por aquilo que uma oferece a outra do que por aquilo que uma tira à outra (Paulhan).

Paulhan defendia a literatura pura: o exemplo do cinema persuadiria o escritor da especificidade das artes da linguagem, e sem dúvida o incitaria a ser ainda mais atento aos problemas de estilo. Mas esta atitude não se justificava a não ser que se considerasse o cinema como uma arte do movimento, da ação, da aparência, do elementar. Ora, a maior parte dos escritores interessava-se menos pela *kinesis* do que pelos procedimentos de composição cinematográficos. Se o "romance cineóptico" de A. Machard ou *Le Train fou* (O Trem Louco) de H. Poulaille tendem a reproduzir literalmente efeitos fílmicos, escritores como Cendrars (que se dedicou à encenação cinematográfica com Abel Gance) ou Barbusse viam no cinema a ilustração de um princípio romanesco doravante a dominar: "Mais do que explicar, fazer ver"[62]. Da verdadeira influência do filme sobre o romance temos um exemplo notável no começo de *Pylon* (Pilone), de

---

58   Cf. P. Hutchins, *James Joyce's World*, p. 140-141.
59   R. Humphrey, *Stream of Consciousness in the Modern Novel*, p. 50-52.
60   S. Gilbert, *James Joyce's Ulysses*, p. 209-211.
61   *Les Cahiers du Mois*, n. 16-17, p. 9-230.
62   P.F. Quesnoy, op. cit., p. 25.

Faulkner, quando uma personagem descobre outra de baixo para cima, com o olhar subindo lentamente como uma câmera.

O caráter cinematográfico de *Manhattan Transfer* (cuja leitura lhe fora justamente recomendada por Yves Allégret) desagrada André Gide:

> Sucessão de imagens, exatas, sem dúvida, mas tão rápidas que a retina não pode permanecer suficientemente impressionada com elas. Não se retém nada. E que processos nas notações sensoriais! Nenhuma desaceleração; e isto só pode levar ao desespero... Tenho dificuldade em continuar até o fim. Nenhum destes seres pulverulentos me interessa. Que desapareçam, e o mundo não ficará mais pobre. Não me envolvo nem fico ligado com nenhum deles[63].

Para Gide como para Dorothy Richardson, uma lentidão reveladora das consciências é necessária ao romanesco. Todavia, a ausência de desaceleração que Gide censura a Dos Passos é sensível em *Os Moedeiros Falsos* onde não encontramos esta "infinita expansão do momento"[64], este desdobramento da consciência íntima comuns a *As Ondas*, a *Em Busca do Tempo Perdido*, a *Ulisses*. A Personagem de V. Woolf quer atravessar as aparências e revelar-se enquanto ser sob suas máscaras sociais pouco a pouco desagregadas, ao passo que Gide nega a possibilidade de uma essência da pessoa: esta é uma sucessão de aspectos, um "inapreensível Proteu"[65]. Este ser subjacente às suas reações cambiantes que se revela ao narrador proustiano ou a M. Ramsay em certos momentos privilegiados, e cujas figuras "pulverulentas" de Dos Passos experimentam confusamente a nostalgia, este ser é, para Gide, inexistente. Cumpre ver, no entanto, que Gide está à *procura* de uma essência: o homem de *Os Moedeiros Falsos* não é nem "ondeante e diverso", nem uma "quimera". Confundindo numa mesma *noção* a personagem e a pessoa, Gide não afirma de modo algum a inconsistência desta: a função de um romance é, ao contrário, fixar a imagem de uma das etapas, de um dos níveis da história de um indivíduo, e primeiramente de um escritor:

> Nada é feito, se eu não soube verdadeiramente me tornar esta personagem que assumo, até eu me enganar e me despersonalizar nela a ponto de incorrer na censura de jamais ter sabido retratar algo mais que a mim mesmo, por diferentes que sejam entre si Saul, Candaule, Lafcodio, o pastor de minha sinfonia ou La Pérousse ou Armand. O que me interessa é voltar a mim, porque, em verdade, não sei mais exatamente quem sou eu; ou, se se preferir, eu nunca sou; torno-me[66].

Fundamentalmente, a concepção gidiana do romanesco é próxima daquela de V. Woolf ou de Proust: romance e romancista "tornam-se", vem a ser um pelo outro; escritor e personagem fazem juntos a experiência da instabilidade, da imprevisibilidade da consciência. Gide, entretanto, não concede à reflexi-

---

63 A. Gide, *Journal*, 6 de fevereiro de 1934, p. 1194.
64 Cf. J. W. Beach, *The Twentieth Century Novel*, p. 387.
65 Cf. G. Brée, *André Gide, l'insaisissable Protée*.
66 *Journal*, 8 de fevereiro de 1927, p. 829-830.

vidade, ao monólogo, o papel privilegiado que lhes conferem os romancistas inovadores de sua época. Para ele, todo o contato com outrem põe em questão, remolda a figura do indivíduo: não há vida interior absoluta, como não há "personagem" constante. O exterior e o interior, o ser e o parecer, o Eu e o Ele modificam-se sem cessar mutuamente. O romance ilustrará esta relatividade essencial da pessoa humana se o próprio narrador der o exemplo: conceber um personagem é deixar-se transformar por ela, sendo que a personagem toma em compensação certos traços do escritor. Ao mostrar até que ponto o artificial e o autêntico são complementares, Gide proporcionará ao romance um poder que lhe era, aparentemente, negado, sobretudo na França: o de exprimir a verdade em uma linguagem estética[67]. Com *Os Moedeiros Falsos* ele provará, como V. Woolf em *O Quarto de Jacó*, que o "típico" e o "profundo" não se excluem um ao outro: o romance deve, ao contrário, confrontá-los, e mostrar que a pessoa não está dividida numa "aparência" e num "jardim secreto" caro aos romancistas que é mister na verdade chamar burgueses.

Um dia de janeiro de 1922 (em pleno trabalho de redação de *Os Moedeiros Falsos*) Gide conversa com R. Martim du Gard sobre o problema da *apresentação indireta* (ele sublinha) dos eventos romanescos[68]. Ora, na véspera, havia feito "um esforço enorme para vivificar e aparentar suas personagens"[69]. Assim sendo, cumpre organizar relações *naturais* entre as personagens, como entre estas e o escritor. James levantara, de maneira análoga, este problema fundamental da criação romanesca: "A magnificência do indireto implica a exclusiva lealdade e a exclusiva intensidade dramática"[70].

Mas a *indirectness* de James tendia, como vimos, a fazer aparecer o desenho complexo, mas preciso e orientado, de uma personalidade, ao passo que Gide deixa a pessoa em situação de absoluta imprevisibilidade. Com efeito, as personagens de *Os Moedeiros Falsos* que convertem a liberdade, o cinismo, a própria lucidez numa regra de vida caminham para a ruína. Seu desejo sistemático de independência as cega. A verdadeira liberdade (a de Eduardo, por exemplo) consiste, ao contrário, em poder e em querer comprometer-se e libertar-se sucessivamente. Se a falsa moeda é a única autêntica (sendo mentirosa a moeda corrente pelo fato de ser universal, anônima, abstrata), o homem, em contrapartida, não pode ser um permanente falso moedeiro. Com Lafcadio, Gide havia mostrado, aliás, que trapaceando ou fazendo seu jogo, conforme o caso, a pessoa continua honesta diante de si mesma, isto é, fiel à espontaneidade de seu *desejo*. "Meu coração, diz Gide, só bate por simpatia"[71]. Todos os grandes romancistas de sua época têm uma atitude semelhante: veremos sua tendência a interpretar como "objetos" as personagens que não os atraem, que

---

67 Sobre os problemas do romance na obra de Gide, ver sobretudo L. Lafille, *André Gide, romancier* e M. Raimond, *La crise du roman*.
68 *Journal*, 3 de janeiro de 1922, p. 727.
69 Idem, ibidem.
70 Cf. G. Picon, *L'Écrivain et son ombre*, p. 247.
71 *Journal des Faux-Monnayeurs*.

não os tocam afetiva ou intelectualmente, sendo os outros (desta vez personagens) ao contrário, "sujeitos". Entretanto, a simpatia, particularmente em Gide, é antes de tudo a experiência do outro, imediata e indireta ao mesmo tempo: o Outro deve estar presente e próximo, mas também olhando através de uma sensibilidade e de uma inteligência que se esforçam por permanecer lúcidas. A simpatia é, pois, um conhecimento que se detém quando cessa o contato atual e crítico com o outro. É assim que Gide conceberá suas relações com suas personagens: "Logo que induzo, eu me retiro"[72]: pôr a imaginação ou a *projeção* no lugar do conhecimento seria "criar" uma personagem clássica de romance. E Gide precisa: "Há aquilo que se sabe e aquilo que se ignora. Entre ambos, o que se supõe. Admiro certos romancistas que jamais reconhecem que ignoram. Quanto a mim, em vez de inventar, prefiro confessar: não sei"[73].

Para Gide, como para suas personagens principais, o real importa menos do que o verdadeiro, que é sempre indireto, derivado de uma interpretação, ou de duas interpretações confrontadas. A significação do vivido jamais se confunde, com sua substância, nem com seus contornos. A personagem gidiana interessa-se pelo sentido de uma experiência muito mais do que por seus dados, e este sentido conserva um caráter interrogativo, já que a vida permanece sempre aberta. Por isso Gide é muito coerente quando recusa "condicionar" suas personagens, e "vesti-las"[74]. Não julga tampouco resolver uma contradição quando "dispõe os fatos de maneira a torná-los mais conformes com a verdade do que o são na realidade"[75], embora se esforçando de outro lado a "ouvir aquilo que suas personagens dizem", e a "habituar-se a viver com elas"[76]. Sendo o romance um ato de conhecimento que deve preservar o caráter de atualidade, o escritor deverá incluir em sua obra as experiências vividas enquanto escreve[77]. Mas visto este conhecimento se aplicar a um objeto preciso (e sempre mediatizado), cumpre também "expurgar o romance de todos os elementos que não pertencem ao romance"[78].

Todavia, para revelar a simbiose do concreto e do interpretado, do espontâneo e do artifício, do direto e do indireto, era mister recorrer a um modo de mediação que participasse ao mesmo tempo do escritor e de suas personagens, da vivência e do olhar crítico sobre esta. A presença "filtrante" do romancista Edouard no romance resolverá o falso problema: arte ou realismo, e permitirá a Gide basear sua narração no caráter essencialmente indeterminado da existência, na precariedade, na variabilidade das relações humanas e das consciências. Significativa é a analogia das censuras dirigidas a Gide e das críticas de que foram objeto V. Woolf, Joyce ou Proust. Afinal, se um romance devia tornar histórico e coerente o destino das personagens, e devia mostrá-los tais

---

72 *Journal*, 11 de novembro 1924, p. 794.
73 Idem, ibidem.
74 *Journal des Faux-Monnayeurs*.
75 Cf. *Paludes*, p. 45, e *Journal des Faux-Monnayeurs*.
76 *Journal*, 3 de outubro 1921, p. 699.
77 *Journal des Faux-Monnayeurs*.
78 Idem.

como neles mesmos eles se transformavam; se o romance era considerado como uma análise e uma síntese reveladoras, explicativas dos seres, então se poderia escrever, como L. M. Chauffier:

> Edouard não olha os homens como o faz um romancista, mas como um romancista olha seus heróis... O grande erro de Edouard (e de Gide) é ser agente, espectador, não *ator*... Quem diz romancista quer dizer aqui fora do jogo... O verdadeiro romancista não pede às pessoas reais que lhe proponham segredos a elucidar para os quais inventará uma solução imaginária e verídica[79].

É julgar *Os Moedeiros Falsos* segundo os critérios do realismo psicológico: admite-se que um romancista trabalhe "sob o ditado das personagens", mas o romance é falho se o escritor "não segue suas personagens em sua *metamorfose*". Além disso, observa o crítico, *esta metamorfose não se verifica*[80]. Ela não ocorre nem em *O Quarto de Jacó*, nem sequer no sanatório encantado de T. Mann, a não ser que se confunda metamorfose com experiência. Os grandes romances contemporâneos dos *Moedeiros Falsos* não se desenvolvem no plano da história, nem mesmo no do devir. As consciências são aí muito menos explicadas e explicitadas do que desenvolvidas em suas virtualidades. Permanecem abertas, tanto na superfície quanto na profundidade. As personagens evoluem sem contudo fixar-se, definir-se de maneira decisiva, e as relações humanas do universo romanesco são contatos, confrontos que jamais decidem francamente um destino. O romance propõe-se como um organismo instável, com interferências movediças de registros. Gide – que também se refere amiúde às formas musicais[81] – não concebe o romancista como um analista, nem o relato como uma síntese: um testemunho da imprevisibilidade das consciências, a construção do outro deve deixar espaço para o jogo entre seus elementos.

Este princípio de indeterminação (mas que leva o romancista a fazer da narração um objeto estético) une *Os Moedeiros Falsos* à corrente de onde procedem *Rumo ao Farol* ou *Manhattan Transfer*. Gide, certamente, que via na pessoa uma incessantemente forma decomposta e recomposta em função de seu estar-no-mundo, não utiliza o *stream of consciousness*. Conhece a importância das zonas profundas da consciência, mas não crê que a vida orgânica do Ego determine inteiramente o Eu. Como o reconhece o diálogo de Edouard e de Mme. Sophroniska, somos a personagem que decidimos ser em cada circunstância. Também o monólogo interior permanece subjacente a seu romance, aparecendo somente por breves notações, que são outros tantos índices de um *stream*, escoltando a personagem como sua sombra. Mas este simples estado latente do *stream*, esta recusa da reflexividade "em si" não impedem *Os Moedeiros Falsos* de apresentar os caracteres dominantes do renascimento romanesco dos anos de 1920. A ambiguidade, a instabilidade da pessoa são efetivamente acusadas pela técnica dos olhares cruzados e contraditórios sobre uma personagem: notável para Olivier,

---

79 L.M. Chauffier, *Les Cahiers du Mois*, março 1927, p. 132.
80 Idem, ibidem.
81 Cf. G. Michaud, *L'oeuvre et ses techniques*.

Passavant é insignificante para Bernard. Encontramos em *Os Moedeiros Falsos* estes reflexos múltiplos da pessoa (únicos capazes não de determiná-la, mas de situar a sua verdade) com os quais Pirandello compunha então uma estrutura dramática exemplar. A multiplicidade dos pontos de vista à qual acabava de recorrer Estaunié em *L'Appel de la route* (O Chamado da Estrada, 1922) tornara-se um modo de expressão (senão uma estrutura) privilegiado e procedendo diretamente da natureza subjetiva do plano diretor da narração. De uma parte, a técnica dos olhares diversos e contraditórios correspondia à própria noção de corrente de consciência, quer se tratasse daquela definida pelo irmão de Henry James ou da descontinuidade no entanto contínua de Bergson: em dois momentos diferentes um espírito nunca é o mesmo. De outro lado, o "cada qual sua verdade" contestava a noção de ordem social e, por conseguinte, de coerência da pessoa, e negava enfim, implicitamente, o valor da cronologia. Veremos, entretanto, que o pirandellismo traduz uma falta profunda, logo uma profunda necessidade de *ser* que caracteriza tanto *Santuário* como *Em Busca do Tempo Perdido*, e que o relativismo não é menos um fator de reunião do que de dispersão da pessoa.

Não é menos verdade que do princípio de indeterminação, da primazia concedida ao subjetivo, ou ainda da recusa da "personagem" resultava uma negação do *fato* como tal: como acontecimento e como sinal de uma realidade histórica. Em *Os Moedeiros Falsos* assim como em *Manhattan Transfer* desaparecia o fato como a intriga, ou a *cena* (ainda tão importante em James): toda a realidade ocorrencial histórica (*événementielle*) não passava de *matéria* (o "estilo" também, dirá Proust[82]), e aí residiu o erro de Valéry ao contestar o valor do romanesco: nenhuma marquesa sai mais às cinco horas, depois de Flaubert; doravante tudo está na interpretação, na "apresentação indireta dos fatos" – na busca, enfim, da verdade, implicitamente oposta à realidade *histórica*, na acepção ampla do termo.

Esta concepção relativista do romance, segundo a qual todas as coisas, a começar pelos seres, encontram-se em equilíbrio, e que exalta o não-acabamento da pessoa, era uma concepção estética, mas somente com a condição de não confundir *estético* com *belo*, nem sequer com *artístico*. De Flaubert a Gide e de James a T. Mann, não há um romancista que não tenha declarado ou não tenha dado a entender que sua obra devia ser considerada essencialmente de um ponto de vista estético, o que reafirmarão os romancistas originais dos anos de 1950. Mas por estética cumpre compreender: necessidade de organizar a obra segundo esquemas que evocam as convenções a reger a realidade (em particular o tempo "histórico") mas que não lhe correspondem. Que seu defensor seja Gide ou Proust, o gratuito é o contrário mesmo do inútil. Gratuidade romanesca significa: autonomia formal e, sobretudo, técnica, de modo a organizar os *conteúdos*, os elementos de uma realidade vivida e observada.

Com efeito, a recusa do estável, do determinado, do direto levantava para Gide os mesmos problemas de enquadramento e de focalização que levantava para V. Woolf ou para Joyce. Como o romance não podia ser estabelecido sobre

---

82   A propos du "style" de Flaubert, *N.R.F.*, p. 134.

uma realidade social, nem mesmo "pessoal", era mister focalizar convencionalmente a narração. A rede de *Os Moedeiros Falsos* tem por centro principal o romancista Edouard, a cujo respeito ousaremos dizer que desempenha o papel do "passeio ao farol" no romance de V. Woolf. Graças a Edouard, o escritor humanista e individualista de *Paludes* reúne seres que, em certo sentido, não são menos "empoeirados" do que os de *Manhattan Transfer*. Para Gide como para Dos Passos, a estruturação do romance se impõe por causa dos aspectos caóticos e fugazes (ou artificialmente ordenados) da existência.

Abandonando a imagem de um homem construído por sua história, e definível com clareza em suas relações consigo mesmo e com o mundo, os escritores franceses punham de lado um verdadeiro humanismo romanesco. Com efeito, constituía uma tradição muito pronunciada do romance francês a de formar seres, personalidades desvelando relações de necessidade entre um Eu e um Nós. De *Marianne* a *Colette Baudoche*, o romance havia mostrado que os indivíduos mais incoerentes são, objetivamente, consequentes e, portanto, explicáveis. O determinismo psicossocial não definhava com o declínio do naturalismo, pois se Zola fizera com que suas personagens, composta em sua maioria de operários, sofressem esse determinismo, Barrès e Bourget quiseram mostrar aos seus – "burgueses" – que o indivíduo se perde, se despersonaliza quando se esquece da classe, da nação, da pátria que o "determinam". Muitos romancistas franceses mostraram a força e o enraizamento do princípio de identidade da pessoa, que possuía aqui um caráter nacional e ético mais pronunciado que alhures, pela própria maneira pela qual o renegaram quando lhes pareceu como sendo o único válido o romance que evocasse o isolamento e a fragmentação das consciências. Experimentaram um sentimento muito agudo de ruptura, adotando, logo após a guerra, um subjetivismo que derivava da poesia simbolista, da filosofia bergsoniana ou da psicologia das profundezas, mas sobretudo de sua visão de um "mundo em ruínas" (Crémieux falará de um novo *mal du siècle*), desprovido de verdadeiros valores ou adornado de falsos. Tais escritores – com exceção de Gide e de R. Martin du Gard – estarão menos preocupados com a técnica e com o empirismo do que os romancistas de língua inglesa ou alemã. Em compensação, seu abandono da personagem-tipo, do romanesco demonstrativo, será acompanhado de maior violência, de lirismo, de cinismo ou de confusão. Por sua parte, os críticos franceses serão particularmente sensíveis à desagregação da pessoa que parecia privilegiar o romance do pós-guerra. O advento das "miríades de impressões" no relato provocou na França uma crise de fidelidade.

O exemplo do *Le Grand Meaulnes* (O Grande Meaulnes) quase não será seguido. O romance francês irá traduzir sobretudo uma "negação intramundana do mundo"[83]. A evasão poética ou onírica terá menos espaço do que uma recusa do real onde, no entanto, se existe. Uma sociedade real, concreta, assedia o

---

83 Parafraseamos uma expressão de L. Goldmann ("recusa intramundana do mundo") em *Le dieu cachê*, p. 1.

coração e o espírito dos *enfants terribles* de Cocteau, dos viajantes de Morand, dos primeiros "heróis" de Montherlant, dos aventureiros de Cendrars, de Simon de Giraudoux. O escritor não se pergunta: como recusar a vida?, mas antes: como viver num mundo no qual o indivíduo está separado mesmo sendo aí prisioneiro, e não tendo poderes para mudá-lo? Desejo, necessidade ou atitude, este sentimento de separação sem isolamento depende de causas sociopolíticas que *Gilles*, por exemplo, refletirá. Mas aos olhos de jovens escritores que, por sua cultura, se distinguem da burguesia da qual saíram, e que ignoram além do mais (ao contrário dos romancistas americanos) a situação real da classe operária, este sentimento baseia-se no desmoronamento das noções de ordem e de valor em todos os domínios: psicológico, moral, social. Esta constatação – se, mais uma vez, excetuarmos *Em Busca do Tempo Perdido*, *Os Moedeiros Falsos*, *Os Thibault* – não será explorada "positivamente", como em outros países. Os romancistas franceses quererão sobretudo dizer que a vida é "impossível", visto que a consciência, os valores, a sociedade são mundos descontínuos e incoerentes. Por isso procurarão (com talento) compromissos entre o passado e o presente, entre a narração clássica e a necessária expressão da incerteza, da movimentação dos seres.

Qual autor não teria subscrito as declarações de Giraudoux, que escrevia na primeira pessoa para "não cometer o artifício de criar outra personagem", e desejava que, ao abrir um de seus livros, o leitor se dissesse: "Vou tomar contato com uma alma viva?"[84] Qual romancista que não teria desejado, como Ramuz, "tirar o romance da pesquisa sociológica e dos estudos de costumes?"[85] À pergunta: "Por que é que você escreve?", feita em 1930 pela revista *Littérature*, nenhum escritor respondeu: "Para fazer uma obra, criar beleza"[86]. Pode-se ver nisto uma prova de que a literatura considerava, na ocasião, como domínios privilegiados, o descontínuo[87] e o possível[88]. Esta recusa do belo era uma recusa da ordem e da unidade: como escrever uma obra quando era preciso exprimir o movimento fugaz do real, e sobretudo a multiplicidade, a dispersão do Ego? Entretanto nem Gide, nem Proust e muito menos Virginia Woolf tomaram como álibi o caráter inapreensível da vida e da pessoa. Para eles o romance continuava sendo uma arte, e de maneira tanto mais imperativa quanto seu único objeto autêntico era, precisamente, a incerteza. Em sua conferência de maio de 1924, V. Woolf recusara toda a representação acabada e definida da existência e do homem para o romanesco. Mas pode-se pensar legitimamente que teria reagido de modo muito reticente diante desta observação de J. Green:

> Que estranho romancista é a vida! Como repete seus efeitos, como apoia sua mão pesada, como escreve mal! Ou volta a repetir aquilo que disse, esquece-se do plano que

---

[84] F. Lefèvre, *Une heure avec...*, 1ª série, p. 149.
[85] Cf. P. Claudel, *Du côté de chez Ramuz*, p. 50.
[86] Cf. A. Berge, op. cit., p. 60.
[87] Cf. A. Thibaudet, *Réflexions sur le roman*. Em *Le Liseur de romans* (1925), Thibaudet falava da chegada dos "romancistas-ensaístas".
[88] Cf. A. Berge, op. cit.

tinha em mente, engana-se de destino... E de repente, magníficos lampejos de gênio, reviravoltas como Balzac jamais sonhou[89].

Por sua ambiguidade muito significativa, esta observação se aproxima da atitude de Forster em relação ao romance: a vida não é romanesca, porque não comporta estes mistérios sabiamente urdidos, esta imprevisibilidade preparada que constitui a força de atração do romance; contudo, a vida é às vezes suscetível de golpes teatrais que nenhum romancista poderia imaginar. De um lado, o autor tão original de *Minuit* (Meia-noite) e de *Epaves* (*The Strange River*) mostra estar de acordo com Proust: o romancista medíocre, que imita a vida ou crê reproduzi-la criando "tipos", faz do romance "esta espécie de cubo que de bom grado enxergam as pessoas de sociedade"[90]. Mas de outra parte, J. Green traça o paralelo entre o romanesco e a existência no plano dos fatos, da intriga e da forma, ao passo que Proust ou V. Woolf se referem à vida como a uma matéria cujos movimentos (as modulações imperceptíveis) constituem a própria essência. Não se perguntam se é possível ou não exprimir por um discurso romanesco a multiplicidade da existência, as enganosas mudanças das relações sociais, a complexidade dos seres: o problema que querem resolver refere-se antes de tudo à repercussão destes fenômenos numa consciência e, depois, à sua interpretação. Para eles, o romance e a vida não são nem adequados nem opostos um ao outro: são os dois níveis complementares de uma mesma realidade global, sendo que o romanesco está justamente destinado a traduzir esta totalidade. Como Henry James, Proust e V. Woolf não concebem a forma e a impressão como dois planos inconciliáveis, porque a seus olhos a forma não é somente *literária*, como também não é impressão exclusivamente *subjetiva*.

Ninguém parece ter formulado melhor o problema da verdade romanesca em face do movimento da vida e do homem do que François Mauriac. Interrogado em 1926 sobre sua concepção da literatura, respondeu: "Minha função de escritor, de romancista, é estudar o coração do homem, e particularmente suas contradições. Um ser, desde que o observemos um pouco, mostra em si mil humores diversos; assim, é impossível abrangê-lo numa fórmula simples, sob pena de mentir"[91].

Todavia, escreverá em 1933:

> [...] O drama dos romancistas da nova geração é o fato de terem compreendido que as pinturas de personagens segundo os modelos do romance clássico nada têm a ver com a vida [...]
>
> Mas chega-se a um malogro quando se quer traduzir a complexidade da vida humana. Há não sei quê de desesperado na tentativa de Joyce [...]
>
> Foi Proust quem melhor superou esta contradição inerente ao romance e quem melhor conseguiu descrever os seres sem imobilizá-los e sem dividi-los [...]
>
> Assim devemos dar razão àqueles que pretendem que o romance seja a primeira das artes. Ele o é, com efeito, por seu objeto, que é o homem. Mas não podemos desa-

---

89 J. Green, *Journal*, 27 de novembro 1932, p. 130.
90 *Sodome et Gomorrhe*, p. 748.
91 *Revue Hebdomadaire*, p. 351.

provar os que falam dele com desdém, visto que, em quase todos os casos, destrói seu objeto decompondo o homem e falsificando sua vida[92].

Mauriac só em parte fazia justiça a Proust: a representação dos seres em sua complexidade e na sua totalidade não é mais do que um aspecto do êxito de *Em Busca do Tempo Perdido*; o outro reside na recomposição de uma consciência, graças à arquitetura adotada pelo escritor, e que torna justamente possível a apreensão dos seres em seu movimento. Acreditar que o romance devia, sob pena de falsidade, traduzir diretamente, esposar a vida, era admitir uma "teoria do reflexo" que os próprios romancistas realistas haviam desmentido recorrendo a artifícios de construção e de óptica[93]. Para quem adotava o princípio de uma profunda incompatibilidade entre a arte do romance e o curso da existência, mesmo desejando que o romance se aproximasse o mais possível desta, *Ulisses* ou *As Ondas* não podiam passar, efetivamente, de malograr.

Todavia, colocando o dilema, "ou romance ou verdade", Mauriac se exprimia como escritor preocupado com a criação de uma linguagem e, discernindo o desespero na tentativa de Joyce, mostrava-se mais compreensivo para com este do que muitos críticos que experimentavam uma espécie de mal-estar diante da luz incerta e confusa sob a qual as novas obras faziam aparecer o homem. Com mais acuidade do que Forster ou Muir, os comentadores franceses colocarão o problema da coerência da pessoa no romance. Perguntar-se-á, de uma parte, se a dispersão, a fragmentação, a confusão das consciências ilustradas pelas novas obras correspondem verdadeiramente à realidade e, de outra, à guisa de corolário, se o espetáculo da vida e de sua vida autoriza um escritor a apresentar tal imagem do homem: o papel do romance não é, ao contrário, o de oferecer ao leitor retratos, certamente complexos e contraditórios, mas definidos, e sobretudo identificáveis, discerníveis num contexto psicossocial determinado?

Em 1931, B. Crémieux publicará sobre a literatura do pós-guerra um estudo com o título significativo: *Inquietude et reconstruction* (Inquietude e Reconstrução). "O período 1918-1930, escreve, "foi um período de inflação literária assim como de inflação monetária. A baixa do franco *coincidiu* com a depreciação dos valores morais, particularmente da noção de personalidade"[94].

A expressão "coincidiu" mostra que Crémieux pensava em termos de influência – e não de determinação – sociopolítica: escrevendo obras em que valores e personalidades eram dissolvidas, os romancistas haviam sido vítimas de um estado de desordem que talvez tenha semeado menos a perturbação na consciência dos homens e tenha sufocado menos seu desejo de comunicação e de fraternidade do que eles julgavam.

É permitido conceber qual teria sido a atitude crítica de G. Lukács diante dos problemas levantados por Crémieux. Para Lukács, os fatos sociais (sobretudo

---

92 *Le Romancier et ses personnages*, p. 117, 120 e 122.
93 "O mais importante numa obra de arte é que ela depende de uma espécie de foco... Um dos aspectos mais significativos de uma obra de arte é o fato de só poder exprimir-se por si mesma", dirá, por exemplo, Tolstói. Cf. M. Allott, *Novelists on the Novel*, p. 235.
94 *Inquiétude et reconstruction: Essai sur la littérature d'après-guerre*, p. 26.

econômicos) condicionam os fatos de literatura, inclusive na ordem das formas. Esta não é nossa posição: damos mais crédito à *Psychologie de l'art* (Psicologia da Arte), de Malraux, às obras de P. Francastel ou ainda a *Mimesis*, de E. Auerbach, que acentuam a existência de um futuro específico das formas, paralela ao devir propriamente histórico. Certo é que a *Theorie des Romans* focalizava a profunda originalidade estética e realista de romancistas que, longe de opor Indivíduo e Sociedade, longe também de fazer uma sociedade desumana a causa de uma confusão individual, haviam criado personagens ambíguas e complexas que procuravam, em vão mas tenazmente, a autenticidade num mundo onde tudo era, em última análise, valor venal. Desta óptica de *realismo crítico*, que Lukács devia aplicar bem mais tarde, e de maneira mais matizada do que na *Theorie des Romans*, a T. Mann, a Kafka, a S. Beckett[95], dependiam romances da ambiguidade e da contradição como *Em Busca do Tempo Perdido* ou *Manhattan Transfer*, nos quais a inquietação e a perplexidade de uma época eram vividas, e com isso explicadas, por personagens que permaneciam *concretamente ligadas* ao social.

Pois se observava lucidamente o "hamletismo dos anos de 1925", Crémieux situava na categoria da inquietude a "recusa do real" de Morand e de Cocteau, a "falência do Ego" ilustrada por Drieu La Rochelle, e a "dispersão da pessoa" demonstrada por Freud, Pirandello e Proust[96]. Era colocar em mesmo plano *Um, Nenhum e Cem Mil*, *Em Busca do Tempo Perdido*, ou *Ulisses* (cujos autores representavam, com minúcia, a dissolução, a dispersão das individualidades e das consciências apenas para explicar estes fenômenos, para tirar daí o seu sentido tanto pessoal como social – graças ao emprego de formas e de técnicas novas –) e obras cujas personagens simplesmente se decidiam, com lucidez, ironia ou angústia, a partir desta degradação da ideia de pessoa. A evidência da "complexidade fugaz da vida" fez nascer diversos tipos de narrações, gerou diversas imagens da pessoa, mas cremos poder dividi-los globalmente em dois grupos conforme o escritor se detenha na constatação da inquietude, ou, ao contrário, a ultrapasse, a aprofunde, a relativize.

O romancista que admite, como fatos absolutos e irremediáveis, a descontinuidade das consciências, a desagregação dos valores morais e sociais expressará, antes de tudo, um isolamento que irá gerar diversos modos de ser: a perplexidade, o novo mal do século são ilustrados por romances com títulos eloquentes: *La Valise vide* (A Mala Vazia), *Corps perdu* (Corpo Perdido), *L'Incertain* (O Incerto), *Coeur gros* (Coração Pesado), *A la dérive* (À Deriva)[97]. Mas haverá também a inquietude ávida de Drieu La Rochelle, a evasão curiosa de Morand, o olhar crítico e poético de Cocteau e Giraudoux, as dramáticas fugas de Cendrars. Todavia as personagens que encarnam estas maneiras de ser – Gilles, Moravagine, Simon – têm em comum o fato de se afastarem quase que sistematicamente do caos da sociedade e das consciências. Parecem

---

95 G. Lukács, *La Signification présente du réalisme critique*.
96 B. Crémieux, op. cit., p. 28-29.
97 De Drieu La Rochelle, M. Betz, B. Barbey, P. Soupault.

dizer-nos que em razão da própria desordem social e moral e, acima de tudo, da hesitação, da multiplicidade sempre recomeçada do Ego, o Eu não pode, não deve ser senão único e singular. Não havendo nada de absoluto a fundamentar a pessoa, o indivíduo decidirá não assemelhar-se a quem quer que seja num mundo onde os seres estão perdidos numa confusão tão múltipla que parecem uniformes. Esta busca e está afirmação do único, do Só a se destacar do Todo é particularmente sensível em Cendrars, Cocteau, Giraudoux. Quanto a Drieu, verá uma condenação, uma fatalidade no fato de o homem dever viver só, sem poder fundir-se numa coletividade dotada de sentido. Fictícia ou fatal, libertadora ou angustiante, a noção de individualidade domina então uma narração cujo herói se vê como espectador tanto de si quanto da vida. A esta distância entre a personagem e seu universo corresponde a separação que o escritor mantém entre si mesmo e a obra: esta terá uma progressão linear, o tom continuará objetivo em seu próprio subjetivismo[98].

Mas se o romancista (Joyce, D. Richardson, Proust) quiser pesquisar e mostrar quais as relações concretas que existem entre a descontinuidade de uma vida mental e a de seu meio, então nenhum outro *a priori*, exceto o olhar de um personagem-testemunha, determinará o sentido do relato, a orientação da pessoa: os valores, o tempo, o destino, a individualidade de um ser serão sempre relativos a suas percepções, a suas reações, a suas interpretações aqui e agora. Mediador por sua imediatez mesma, o olhar da personagem determinará a substância do romance, mas não, como veremos, a estrutura.

Crémieux olhava como psicólogo e como moralista a literatura de seu tempo. Inquietando-se em ver a pessoa esmigalhada, dispersa, inconstante, era por isso mesmo incapaz de participar no mundo, agir sobre ele, comunicar-se enfim, sentia-se bem fundamentado para abranger com um mesmo olhar uma época literária: nem Gilles, nem Suzanne, nem o Narrador proustiano são seres autêntica e efetivamente sociais. Mas aqui é preciso distinguir duas atitudes com respeito ao romance. Uma consiste em deplorar como carência moral *e* estética o fato de um romancista decompor, dispersar a pessoa; coloca-se então ao lado do desespero joyciano a esperança encarnada pela personagem de Tolstói, que no fim do romance oferece ao leitor a imagem de uma totalidade coerente. Veremos a importância de que se reveste, com relação à história das formas romanescas e da pessoa no romance, a nostalgia implícita ou confessada que muitos comentários ou juízos sobre a narrativa do século xx manifestam: desejar-se-ia, em substância, que uma personagem ilustrasse, ao mesmo tempo, o "não existo" de Gide e o "como nele próprio" de G. Duhamel. Muito diferente foi a posição de Crémieux. Como Rivière e Fernandez (cujos importantes juízos sobre o *Em Busca do Tempo Perdido* serão por nós comentados), o crítico de *Inquiétude et reconstruction* censurava, nos romancistas do pós-guerra, o fato de interpretarem a desordem do mundo de tal modo que o indivíduo (a perso-

---

98 Cf. particularmente C. E. Magny, *Histoire du roman français depuis 1918*; J. Benda, *La France Byzantine*; A. Beucler, *Les Instants de Giraudoux*.

nagem) não pudesse senão contemplar, explorar ou evitar pela fuga a desagregação dos seres, dos valores e dos grupos, em vez de procurar reconstruí-los. Esta possibilidade de reconstrução, Crémieux a enxergava em Jules Romains, que propunha para o romance uma terceira via, oposta não menos a *Moravagine* do que a *Em Busca do Tempo Perdido*: a via da participação orgânica, essencial, efetiva do indivíduo na vida e nos valores sociais.

O teórico do unanimismo também admitia a movimentação e a instabilidade das coisas e dos seres. Mas daí deduzia uma ética e uma estética contrárias àquelas de Gide, de V. Woolf ou de Dos Passos, e que apresentam grande interesse quanto às relações que unem um ponto de vista romanesco e uma concepção da pessoa. Compreendendo lucidamente sua época, Romains formulará, nos seguintes termos, a questão fundamental: a vida psicológica é descontínua ou contínua? Esta *escolha*, julgava Romains, dividiria em duas tendências de pensamentos os homens do século XX. O unanimismo (sobretudo pelo romance) pode contribuir para fazer triunfar a primeira, demonstrando que a descontinuidade reina mais na superfície do que na profundidade, mais no consciente do que no inconsciente. Com efeito, só as manifestações superficiais da vida mental dependem da pessoa isolada; suas manifestações profundas têm um caráter social: exprimem esta "alma dos grupos" que o homem reencontra "se escavar bastante fundo em sua alma"[99]. É exatamente o contrário da óptica de Proust, para quem a observação do Ego levava ao conhecimento de Nós – e reduzia assim o social ao individual – enquanto que, para Romains, a pessoa, precisamente pela introspecção, reconhecia sua consubstancialidade com a de um outrem coletivo. O isolamento, a vida concebida como um "arquipélago de solidões"[100], não passam de tentações às quais Proust e Pirandello[101] cederam. Tais são os princípios diretores do *Les Hommes de bonne volonté* (Os Homens de Boa Vontade) "durkheimianos", na medida em que a estrutura do romance está baseada na socialidade fundamental das personagens. Desde o começo da ação romanesca, estas são virtualmente associadas umas às outras, de modo que cada uma realmente faça parte do conjunto. Notemos até que ponto Jules Romains se separa de Dos Passos: o autor de *Manhattan Transfer* também explora o tema da "tendência atual dos homens a se acumularem nas cidades", que foi a fonte da obra de Romains[102]. Mas para ele a cidade moderna aniquila justamente "a vida unânime". A visão romanesca de Romains também não é balzaquiana nem naturalista, porque Romains não opõe o indivíduo, suas funções psicológicas, sua função social, de uma parte, à sociedade e sua história, de outra. A história, o social está na personagem; exprimi-los é exprimir a pessoa, e inversamente. *Verdun* é muito diferente do Waterloo de *A Cartuxa de Parma* como do Waterloo de *Les Miserables* (Os Miseráveis): o individual aí faz

---

99 J. Romains, *Puissances de Paris*, e *Problèmes d'aujourd'hui*, que continuam uma conferência feita em 1925 sobre o unanimismo.
100 B. Crémieux, op. cit., p. 47
101 Cf. A. Cuisenier, *Jules Romains et L'unanimisme*, p. 71.
102 J. Romains, *Les Sentiments unanimes et la poésie*.

o histórico em vez de olhá-lo ou de suportá-lo. Este ponto de vista permite ao escritor fazer desaparecer e depois fazer ressurgir suas personagens – mas não à maneira balzaquiana: elas desaparecem e voltam porque a aventura de todas tem relação com a aventura de uma só, enquanto que Balzac reutiliza a personagem em função de seu papel social para contar a aventura de outra categoria sócio-histórica de indivíduos. Por este aspecto de contraponto, a estética de Os Homens de Boa Vontade se aproxima de Em Busca do Tempo Perdido e dos grandes romances de Dos Passos. Mas a obra é escrita (como o fora antes Lucienne e Mort de quelqu'un [Morte de Alguém]) num espírito de descrição analítica objetiva (o escritor permanece a uma distância constante de seu objeto) que a opõe diametralmente ao romanesco do subjetivo impersonalizado que Flaubert havia criado. Certo é que colocando o dilema: continuidade ou descontinuidade do psíquico?, J. Romains delimitava a questão em torno da qual gravitam ao menos vinte anos de literatura romanesca, de Proust a Faulkner, de Kafka a Musil. Romains talvez seja o único romancista importante dos anos de 1920 (como R. Martin du Gard) a conceber o mundo como vontade e não como representação.

O subjetivo não se objetiva: deve ser descrito tal como é, em seu conteúdo bruto, sem que o desnaturem as grades da análise, os canais da história, os rígidos labirintos das relações sociais: não é possível descrever as tendências gerais da estética romanesca entre 1920 e 1930 sem evocar a atitude negativa dos Surrealistas com relação ao romanesco. F. Alquié enumerou as razões pelas quais A. Breton condenou o romance: este é anedótico, lógico, exterior à verdadeira vida da consciência e, sobretudo, "a construção aí leva a melhor sobre a emoção direta"[103]. Em 1920-21, a revista *Littérature* publicou as notas atribuídas pelo grupo surrealista a Proust, que obtinha a média zero, a Zola (- 13,68), a Gide (0,81). Balzac não era mencionado, mas o fato de Dostoiévski ter obtido 9,72 e Colette 3,81 vai no sentido da afirmação de Breton em *Nadja*: "Felizmente os dias da literatura psicológica de efabulação romanesca estão contados": só se salvava, até certo ponto, o romanesco "do irracional". E se pensarmos nos ataques lançados, em 1928, por L. Aragon contra a personagem literária:

> *Manon Lescaut, Eugénie Grandet, Madame Bovary, Bella*, são tolas historietas burguesas... Ó vocês todos, Bouvard, Raskolnikoff, Azyadé, Lafcadio, Lovelace, hipotética Berenice, vocês são "bubus" indistintos e iguais [...]
> [...] Quando passam dos cinquenta deixam-se ir ao romance, e vê-se até que ponto eles têm a cabeça recheada de estudantes, de cafés, de estudantadas, sem falar das grisetes. Assim, leiam *Os Moedeiros Falsos* de A. Gide. É típico [...][104]

vê-se que a aversão dos surrealistas pelo romance refere-se antes de tudo à noção de ordem à qual toda forma romanesca permanece mais ou menos ligada, e à impressão de virtude que necessariamente dele se deduz, mesmo se o herói faz do assassinato um ato gratuito. A personagem mais atípica, mais revoltada, mais

---

103 F. Alquié, *Philosophie du Surréalisme*, p. 41.
104 L. Aragon, *Traité du Style*, p. 36 e 51.

negadora, cristaliza uma ordem social e suas leis: todo homicídio suscita um inquérito. O universo romanesco mais fugaz, o menos conformista, fixa uma imagem da pessoa e propõe aquilo que o surrealismo absolutamente recusa: um retrato resultante de um *savoir-faire*, de um enquadramento em perspectiva organizada. "O que o Surrealismo não perdoa a seu irmão inimigo, o romance, é a parte de inteligência que este último exige", escrevia A. Berge em 1925[105].

Mas lembremos esta passagem do *Primeiro Manifesto*:

> O autor ataca uma personagem e, uma vez que esteja colocado, faz peregrinar seu herói através do mundo. Aconteça o que acontecer, este herói, cujas ações e reações são admiravelmente previstas, deve evitar frustrar, mesmo dando a impressão de frustrá-los os cálculos de que é objeto. As ondas da vida podem dar a impressão de arrastá-lo, de fazê-lo rolar e cair, ele se reerguerá sempre deste tipo humano *formado*.

A atitude de Breton – que acaba de denunciar o "caráter inutilmente particular das "notações dos romancistas"[106] – não deixa de ter analogia com a de V. Woolf ou de Joyce. Breton ataca sobretudo a historicidade, a representatividade, a formação arbitrária da personagem. J. Gracq mostrará, além disso, (como M. Fourré em *La Nuit du Rose-Hotêl* [A Noite do Rose Hotel]) que o "surreal" pode aliar-se ao romanesco: o romance permitir-lhe-á dilatar, esgotar fantasmas cuja expressão teria sido retalhada pela brevidade do poema[107]. O surrealismo levou ao extremo a desconfiança dos grandes romancistas de uma época (de suspeita, dirá trinta anos mais tarde Nathalie Sarraute) com relação à personagem fotografada, "etiquetada", representativa. O escritor aplicar-se-á, ao contrário, a carcomer os contornos do romanesco, e principalmente da personagem.

A estética do ponto de vista, cada vez mais rigorosa de Stendhal a James, implicava uma redução perspectivista da descrição, que não devia ser mais isolada do campo de visão ou da consciência do herói. Mas Proust ou V. Woolf abolirão a existência "em si" das coisas, e mesmo em *A Montanha Mágica* ou em *O Caso Maurício* – cuja concepção depende em parte do objetivismo clássico – a personagem só verá do mundo aquilo que lhe diz respeito: seu olhar é cada vez mais descoberta, senão recriação do real. Com efeito, o caráter da personagem compor-se-á destas apreensões sucessivas, pois nenhuma mão estranha dará a impressão de interpor uma grade entre seu olhar e o mundo, e ela mesma comentará e interpretará os dados integrados em sua consciência. Por conseguinte, dados imediatos, que o leitor no entanto sentirá mediatizados. Com efeito, se a personagem é deixada só diante do objeto, se não é assistida por algum descritor, sua visão aparece em compensação como um fenômeno que se inscreve numa consciência, como uma função psicológica em vias de se exercer. A onisciência balzaquiana tomava como campo a representação e a significação sócio-históricas das coisas e das pessoas: a sobrecasaca de Pons, o

---

105 A. Berge, *Les Cahiers du Mois*, n. 11, p. 64.
106 A. Breton, *Manifeste du Surréalisme* (1924), p. 17-18.
107 Referimo-nos a uma exposição de M. Guiomar no colóquio realizado em julho 1966, em Cerisy--La-Salle, sobre o Surrealismo, exposição intitulada: "Le Surréalisme et le Roman".

apartamento de um vigário, o Coronel Chabert em seu *carrick* são significantes já constituídos, cuja descrição oferece ao leitor uma estrutura explicativa de um destino psicossocial. O do buquê de Mme. de Mortsauf é um "brasão" que a heroína "decifra secretamente", e que *é* o amor de Félix de Vandenesse[108]. "Balzac observou mais os móveis do que os caracteres", notam os Goncourt[109]. No universo de *A Comédia Humana*, efetivamente não pode haver personagens sem mobílias. O boné de Charles Bovary não tem mais o mesmo sentido: uma coisa (que fascina o escritor) servirá para caracterizar a personagem como objeto inassimilável para a sensibilidade de Emma, que é a de Flaubert. Aplicando-se, acima de tudo, à repercussão das coisas numa subjetividade, a onisciência de Flaubert preludia a de Proust. Mas em *Em Busca do Tempo Perdido*, o próprio Narrador analisa, decompõe, interpreta suas fascinações, e pode-se dizer que a ressonância do objeto é tanto mais rica, pondo em ação o afetivo, o imaginário, a inteligência, a memória, quanto este objeto é mais limitado, restrito, particular. Há, em Proust, refração dupla (mediação dupla) visto que, à apreensão dos objetos, se sobrepõem amiúde uma consciência estética (estetizante) e sempre a reminiscência – pensemos no campanário de Martinville – enquanto que a refração das coisas pelo sujeito é "simples" nesta passagem, por exemplo, do começo de *O Quarto de Jacó*:

> As lágrimas de Betty Flanders fazem ondular, em vagas rutilantes, as dálias de seu jardim, e cintilar diante de seus olhos a vidraça da estufa... Ademais, é por causa de suas lágrimas que, durante o serviço religioso, Mrs. Jarvis, a esposa do pastor, ouvindo o órgão e vendo Mrs. Flanders prosternada acima da cabeça de seus três meninos, diz a si mesma que o matrimônio é uma segura fortaleza...[110].

Por isso seria caracterizar de maneira demasiado geral o romance moderno se observamos simplesmente que o mundo aí é visto através da sensibilidade das personagens. De uma parte, cumpre precisar que esta sensibilidade é expressa em suas funções concretas de apreensão, de recepção, de informação, sem que um comentário histórico exterior se interponha entre tais funções e o objeto percebido, de outra, que este modo de apreensão direta pela personagem-sujeito assume formas muito diferentes em V. Woolf, Joyce ou Proust: cada escritor tem seu modo particular de projeção sobre o universo romanesco. Certo é que entre *Splendeurs et misères des courtisanes* (Esplendor e Miséria das Cortesãs) (ou *Oliver Twist*) e *Em Busca do Tempo Perdido* (ou *Ulisses*), a observação do real (sempre fundamental para o escritor: Joyce pede a um correspondente que lhe diga a altura da calçada de Eccle's Street onde mora Bloom)[111] muda de sentido, de função, de valor. Balzac observa para ordenar, situar, significar, enquanto que a observação proustiana dá lugar primeiro a uma decomposição, pela personagem-narrador, do próprio ato de observar. Esquematicamente, o

---

108 M. Merleau-Ponty, *Phénoménologie de la perception*, p. 371.
109 *Journal des Goncourt*, t. I, p. 970.
110 V. Woolf, *La Chambre de Jacó*, p. 12.
111 Cf. J. McCormick, *Catastrophe and Imagination*, p. 127.

procedimento de *A Comédia Humana* é este: observação-composição-indução--comentário de alcance geral que se aplica a indivíduos, e o procedimento de *Em Busca do Tempo Perdido*: observação-assimilação-desestruturação-decomposição-dedução-comentário individual suscetível de revestir-se de um significado geral. O trajeto que separa um processo do outro, e do qual Stendhal, Flaubert e James representam três etapas determinantes, Stephen Dedalus parece descrevê--lo quando expõe a seu amigo Lynch a concepção estética do tomismo, segundo a qual a apreensão de um objeto deve comportar três estádios: a apreensão como objeto distinto, isolado dos outros; a análise de sua forma e das partes que a constituem; sua compreensão como coisa rigorosamente única, formando um todo harmonioso[112]. Contudo *integritas, proportio, claritas* são letra morta se não se manifestar uma iluminação do espírito, este momento em que a *imaginação* do artista concebe o objeto como *imagem estética*: a epifania.

> Por epifania, ele entendia uma súbita manifestação espiritual que surge tanto dos mais ordinários discursos ou gestos, como da mais memorável das situações intelectuais. Julgava ser incumbência do homem de letras notar estas epifanias com extremo cuidado, pois representam os instantes mais delicados e mais fugidios[113].

Outras tantas epifanias são o pequeno pedaço de muro amarelo, a sonata de Vinteuil, a pequena "Madeleine". Mas o termo joyciano pode também designar a importância assumida pela *revelação* num conjunto de romances escritos entre 1915 e 1930: Hans Castorp, Franz Biberkopf (*Berlin Alexanderplatz*) Mrs. Ramsay e Lily Briscoe (*Rumo ao Farol*) Jimmy Herf (*Manhattan Transfer*) captam bem menos a significação daquilo que os cerca do que descobrem seus aspectos fascinantes. A personagem comporta-se como se tivesse perdido, esquecido, a noção de forma: vive num universo desprovido de apriorismo, de valores estabelecidos, de modelos; não encontra formas a não ser integrando os objetos em sua sensibilidade; mas elas são tão precárias quanto intensas; duram tanto quanto dura o instante, o olhar, porque o romancista, em vez de se colocar além, sobre a linha do tempo, de sua personagem (em vez de contar um destino realizado), segue doravante sua "criatura", passo a passo. "Nossos irmãos mais velhos", constatava R. Fernandez, em 1926, "conheciam o homem pela introspecção ou pelo documento: portanto, analisavam *fatos*. O fato é uma *coisa feita*, uma coisa passada… *Assim o pensamento jamais tocava o indivíduo vivo, mas as lembranças decompostas ou recompostas* deste indivíduo[114].

Ao contrário, dirá L. Edel:

> […] Quando um romance nos faz penetrar nas consciências de suas personagens, não pode mais ficar num passado histórico, procurando a História daquilo que *aconteceu*: deve pôr-nos diante daquilo que acontece no próprio momento em que Quentin

---

112   J. Joyce, *Stephen le Héros*, p. 211-212.
113   Idem, p. 216.
114   R. Fernandez, Resposta a uma pesquisa de *Cahiers du Mois*, jul. 1926.

arrebenta o relógio de seu irmão ou em que o Big Ben toca onze horas para Mrs. Dalloway[115].

Todos os contornos são corroídos: o espaço é visão, o tempo instante, os valores impressões. A personagem, poder-se-ia dizer, existe menos do que dura: sua pessoa compõe-se lentamente, por toques, índices sucessivos. Ser-nos-á necessário ler um grande número de páginas para que saibamos que a heroína de *Peregrinação* se chama Henderson, ou que o Swann em visita a Combray foi um outro Swann, amante de Odette. Por mais perscrutador, atento, autêntico e paciente que seja o olhar de uma personagem sobre os seres e os objetos, ou o olhar de outrem a observá-lo, o romance não terminará dando-nos uma figura decisiva, definitiva, da pessoa: o inacabamento do ser reina sobre *Peregrinação*, *Os Moedeiros Falsos*, *A Montanha Mágica*. É que escolhendo como campo romanesco funções psicológicas, fazendo com que suas personagens existam umas para as outras, sendo cada uma ao mesmo tempo juiz e parte, o escritor penetra no domínio, essencialmente poético, da interpretação: não sabemos se a esposa do pastor verdadeiramente pensou na necessidade do matrimônio ao ver Mrs. Flanders chorando; ignoramos até se ela viu Mrs. Flanders em lágrimas. Todos os Swann são verdadeiros; o das catleias, o marido de Odette, o esteta. E quem é Hans Castorp, senão o lugar de uma experiência que não terá sido uma Bildung, uma formação? À racionalidade de *Esplendor e Miséria*, baseada na lógica e na inteligibilidade da História, sucede uma razão que só tem como referência, por suporte, o sentido (individual) da duração. É preciso dizer: razão, porque a personagem, passiva mas lúcida, confia somente em suas experiências pessoais concretas, particularmente na ordem do tempo. Os acontecimentos da narração e (como veremos) sua estrutura dependem de um determinismo sócio-histórico cuja potência o romancista conhece mas que o herói, por seu turno, tende a rejeitar: ele quer, ao contrário, reduzir, eliminar estes acasos objetivos que em Balzac, Dickens, Zola decidiam o destino da pessoa. Que se faça o paralelo entre Lucien de Rubempré salvo pelo encontro do Abade de Herrera, e o Narrador de *Em Busca do Tempo Perdido* notando a olhada "prudente" de M. de Charlus: aqui necessidade externa (histórica), lá necessidade interior, propriamente psicológica. Em *A Comédia Humana* uma circunstância, um encontro integra o herói num organismo ou o exclui dele. Proust ou V. Woolf substituem esta alternância sistemática de aberturas e de encerramentos pela complementariedade do pasmo e da decifração: se a personagem vê autêntica e concreta realidade apenas em si mesma, ainda deve sofrer a presença, o peso das aparências do mundo para se "reencontrar" nas falhas deste. Ela se aprende, mas "entre os atos". Daí a importância do cotidiano, da banalidade, numa palavra, do instante, nos romances do "homem interior": uma *ocasião* constituirá (parecerá constituir) a gênese de um relato cujo esquema não está mais de acordo, doravante, com um modelo ordenado proposto pela história ou pela ordem da sociedade. A cortina romanesca abrir-se-á com

---

115   L. Edel. *The Psychological Novel*, p. 101.

a peça já iniciada. Para retomar uma expressão de J. Wassermann, tanto mais significativa visto que o autor de *O Caso Maurício* permanecerá fiel à narração linear e cronológica, o romance será comparável a um "funil cuja abertura estreita estaria na superfície do solo"[116].

A revolução dos anos vinte logicamente devia fazer com que o crítico se interrogasse sobre a natureza do romanesco: destruindo as leis implícitas de um gênero, os escritores inovadores levantavam o problema de sua essência. É igualmente lógico que estes escritores, que recusavam fundamentar a arte da narração nas noções de causalidade e de finalidade – ou que ao menos as reportavam unicamente ao universo interior da pessoa – tenham suscitado um mal-entendido bastante perceptível nos notáveis estudos gerais e estruturais de Forster, Muir ou Lubbock: as "categorias" da intriga, da estória, da personagem (como as do tempo ou do espaço) eram inaplicáveis a obras cujos autores só se fiavam, fundamentalmente, na experiência da duração íntima dos seres e que, em vez de querer contar uma história, consideravam que esta experiência era em si mesma romanesca. É, enfim, significativo que Forster, diante do "massacre" de que pareciam ser testemunhas *Em Busca do Tempo Perdido* ou *Ulisses*, haja meditado sobre esta definição de Abel Chevalley: "o romance é uma ficção em prosa de uma certa extensão"[117], que faziam eco à célebre expressão de Maurice Denis ("cores reunidas numa certa ordem") sobre a pintura. Tais definições, em seu tempo justificadas na medida em que focalizavam a natureza específica das artes e denunciavam um academismo que condenava as obras novas por sua ausência de ordenação e de realismo, hoje podem parecer contestáveis, ou ao menos prestar-se à confusão. Com efeito, vendo *Ulisses*, *Em Busca do Tempo Perdido*, *O Quarto de Jacó* desestruturar e até dissolver o discurso romanesco cronológico e histórico de *Guerra e Paz* ou de *Moby Dick*, Chevalley e Forster referiam implicitamente o valor estético e, sobretudo, a especificidade do romance à sua substância. Salientando que um romance valia principalmente por sua continuidade, sua fluidez, e não por sua fidelidade a um modelo histórico ou por sua composição lógica, deixavam na sombra os problemas de composição que os romancistas novos, para fazer obra realista, deviam ter resolvido ou deveriam resolver.

O romance, efetivamente, era recomposto e reestruturado segundo princípios novos. Pictórico ou romanesco, uma forma, uma estrutura original deriva de duas necessidades. Uma é histórica – suscitada por um estado do real – e veremos que os romancistas dos anos vinte, apesar da diversidade de suas obras, têm fundamentalmente a mesma atitude diante da realidade de sua época: Proust em 1907, Musil em 1928 são *impressionados* da mesma forma pelo mundo. A outra é propriamente estética (e técnica). Os problemas de forma são indissociáveis dos problemas de sentido. O novo campo romanesco aparecia fluido, não-acabado, até mesmo informe, e no entanto não é por acaso,

---

116 Cf. M. Boucher, *Le Roman allemand (1914-1933) et la crise de l'esprit*, p. 70-71.
117 E. M. Forster, Introdução, op. cit. Cf. W. Pabst, Literatur zur Theorie des Romans, *Deutsche Vierteljahrsschrift fur Literaturwissenschaft und Geistesgeschichte*, p. 276-280.

nem sobretudo para atender à sua espontaneidade, que o escritor se abstinha de passear um espelho ao longo de um caminho, para seguir, ao contrário, com um olhar profundo o curso da consciência. Mas na própria medida em que era mister traduzir uma *continuidade descontínua* do mental que a cada instante vinha contrariar, ferir a *descontinuidade contínua* do Exterior, a substância psicológica do romance (fundamental, mas múltipla e perigosa) devia ser enquadrada, estruturada de maneira rigorosa. Quadro, estrutura que, no espírito do romancista, não seriam mais gratuitos ("estéticos") pelo fato de não reproduzirem a realidade social ou histórica. Nesta relação entre *sentido da substância* e *sentido da forma* residiria a verdade da pessoa.

Relação que só foi percebida, compreendida, depois de certo tempo. Pode-se dizer que o caminho proustiano e *Ulisses* respondiam a uma expectativa e decepcionavam uma esperança. Durante os anos que precederam a primeira guerra mundial, os críticos e os escritores mais lúcidos desejavam um romanesco que exprimisse a vida concreta das consciências: "Todos os escaninhos psicológicos de um ser escapam ao romancista que quer constrangê-los ao molde artificial de uma ação maquinada com muita habilidade", escreve, em 1912, L. Bertrand, que todavia julga J. Copeau demasiado "bergsoniano" porque o romance deve dar conta de uma realidade em primeiro lugar "sentida, por certo, mas depois pensada"[118]. J. Rivière compreenderá o significado inovador de *Sagração da Primavera*, cujo autor "passa do cantado ao falado, da invocação ao discurso, da poesia à narrativa"[119].

Contudo a *Sagração* inspira inquietude a Rivière, visto que Stravínski arruinou a ideia de uma essência, de uma permanência, para dizer tudo: de uma forma do homem. No mesmo ano, Rivière deseja que os romancistas "vivam em estado de aventura", voltados "para aquilo que ainda não existe", em vez de viver "em estado de memória" como os poetas simbolistas[120]. Mas a obra de Proust inspirará a Rivière uma inquietação da mesma ordem que a *Sagração*. Ele não reconhecerá mais a pessoa humana num romance que, por sua substância, sua tonalidade, seu caráter de busca, sua fidelidade aos movimentos da alma, correspondia, entretanto, a seus desejos.

Excelentes leitores dos romancistas originais admiravam-nos por terem decomposto a consciência, mas criticavam-nos por terem dissolvido a pessoa, por terem desorientado a existência humana. Achavam que a dispersão e a imprevisibilidade eram verdadeiras, mas também julgavam impossível que o homem não fosse uno, nem coerente.

Encontramos esta contradição inscrita no conteúdo e na forma de *Em Busca do Tempo Perdido* e de *Ulisses*: ela constitui, dizem-nos Proust e Joyce, a verdade do homem consciente do século XX. Mas eles não se contentam com levantar o problema. No termo de seus romances, a coerência da pessoa é de novo possível.

---

118 L. Bertrand, Carta a J. Copeau, N.R.F., p. 693.
119 Cf. N.R.F.
120 J. Rivière, Le roman d'aventure, N.R.F.

Segunda Parte:

A Consciência como Campo Romanesco

A world in a nutshell.

JOYCE.

4   O Demasiado Próximo e o Demasiado Distante

> Dentro em pouco, o funcho marinho cresceria em suas órbitas; a tornar-se-ia friável, e num desses dias um jogador de golfe, lançando sua bola, espalharia um pouco de poeira. Não, nunca mais em quarto alugado, dizia Mrs. Flanders.
> VIRGINIA WOOLF

O romance que se impõe pelo ano de 1925 "coloca o leitor diante da experiência mental direta das personagens"[1]. Mas essa experiência traduz-se numa linguagem. O próprio pensamento, lembra I. Meyerson, já é objetivação, "*direção para outra coisa que não o puro estado mental*"[2]. Com maior razão, a escritura de um romance não pode ser confundida com as funções psicológicas que ela exprime, e veremos quais os problemas que a linguagem apresenta a um romancista quando ele põe em cena personagens que, precisamente, gostariam de não se fiar nas palavras, "que são coisas, isto é, prolongadas no tempo"[3], especifica E. Souriau. Inelutável e sempre inadequada – como observava Dorothy Richardson – a objetivação verbal das "miríades de impressões" estabiliza, endurece, retalha a corrente de consciência. Obrigado, além do mais, a objetivar as relações de sua personagem com o mundo exterior, o romancista não é mais livre do que seu herói para deixar suas imagens, seus pensamentos, suas tendências se desdobrarem.

Contudo, amiúde se confundiu, a propósito de Joyce, de Proust, de Faulkner, o significado com o signo. Suas obras foram julgadas principalmente em função de seu subjetivismo, e tendeu-se a ver a essência de sua arte em seu poder de revelar a existência secreta das consciências. As novas modalidades da narração – a técnica dos olhares sucessivos e cruzados, mas sobretudo a do monólogo interior – incitam a conceber o campo romanesco como a tradução de certo modo literário da espontaneidade psíquica. Por isso o acento foi posto de preferência na singularidade psicológica da personagem do que em sua pessoa social. Enfim, parece que se atendeu mais às técnicas empregadas pelo escritor para exprimir a interioridade do que à *forma*, à estrutura "exterior" do romance.

Procurando depreender as relações necessárias e significativas entre uma estética – a criação das formas – e a concepção da pessoa na narração "predominantemente subjetiva", examinaremos, de início, dentro de que limites se estende a expressão da subjetividade. Consideramos, em primeiro lugar,

1. L. Edel, *The Psychological Novel*, p. 14.
2. I. Meyerson, *Les Fonctions psychologiques et les oeuvres*, p. 31.
3. E. Souriau, *L'Abstraction sentimentale*, p. 1.

o elemento fundamental da narração: o monólogo, do qual propomos os seguintes exemplos:

> A servente colocou diante de Míriam um pequeno peixe fino com escamas semelhantes a pérolas, estendido sobre um papel. "Um salmonete", disse ela para si mesma. Como é que eu sei que se trata de um salmonete? E isto e isto *são* azeitonas, naturalmente.
> Por que a cabeça das pessoas se purpureja horrivelmente antes do chá?... Muro de pedra cinzento, e o reflexo do teto de vidro da sala... muro de pedra cinzento... muro... manchas no alto... frio – um céu frio... era a hora – de nove às seis...

◆

> Pois agora ela não tinha mais necessidade de pensar em ninguém. Ela podia ser ela mesma, para si mesma. E era disso que agora sentia necessidade: pensar, nem mesmo pensar, calar, estar só. Todo o ser, toda a ação, com aquilo que neles há de expansivo, de cintilante, de vocal se evaporam, e a gente se reduz, com um sentimento de solenidade, a ser apenas um simples núcleo de sombra... algo de invisível para os outros. Sob esta aparência tudo é sombrio, tudo se estende, tudo tem insondáveis profundidades. Mas, de tempos em tempos, voltamos à superfície, e é isto que se percebe em nós.

◆

> Boa lã macia este terno de Ned Lambert. Um bocadinho de púrpura. Já tive um igual a este quando morávamos em Lombard Street West. Ele era muito janota. Mudava de roupa três vezes por dia. É preciso que Messias me devolva meu terno cinza. Puxa. É tingido. Sua mulher, mas não, ele não é casado, sua empregada devia tirar seus filhos. Pernas plantadas, os homens deixavam deslizar sobre as corrediças o ataúde que desapareceu. Levantaram-se e se afastaram; todos de cabeça descoberta. Vinte.
> Um tempo.
> Se todos nos tornássemos subitamente outros.
> Ao longe um burro se pôs a zurrar. A chuva. Não tão burro quanto se pensa. Dizem que nunca se vê morto. Vergonha da morte. Escondem-se. O pobre papai foi a outro lugar.

> ... eu tinha qualquer coisa como dez anos ou mais, sim, é isto, eu tinha a grande boneca que tinha roupas tão engraçadas, eu a vestia e a despia este vento gelado que chegava uivando destas montanhas qual Nevada Sierra Nevada... É que eu era apaixonada por mim mesma naquele tempo toda nua diante do toucador com a esponja e o creme... posso dizer adeus a meu sonho nesta noite em todo caso espero que ele não vá meter-se com estes estudantes de medicina que o levam a imaginar que ainda é jovem voltar às quatro da madrugada que é pelo menos...

◆

> ... mas de repente senti a supressão dos obstáculos exteriores porque para mim não havia mais o esforço de adaptação ou de atenção que fazíamos mesmo sem dar-nos conta, diante das coisas novas: as ruas pelas quais passava nesse momento eram aquelas, desde há muito esquecidas, que outrora percorria com Françoise para ir aos Campos Elíseos. O próprio solo sabia aonde devia ir; sua resistência estava vencida. E, como um aviador que até aí rodou penosamente em terra, "decolando" bruscamente, eu me elevava lentamente para as alturas silenciosas da recordação.

◆

Ela se ergue, branca e fria, além de toda expectativa, como um farol. Mãos de homens rastejam como insetos sobre o vidro inquebrável... Mas no abismo interior, profundo e sombrio, alguma coisa tilintava como uma bomba de incêndios...

◆

Em que outra coisa posso pensar, em que outra coisa pensei? O rapaz deixou a avenida. Escalou o gradil sem olhar para trás e atravessou a relva até chegar a uma árvore e pôs no chão a cana de pescar e subiu na árvore e sentou-se numa forquilha, o dorso voltado para a estrada, manchas de sol enfim imóveis salpicavam sua camisa branca. *Que mais pensei eu não posso nem chorar morri no ano passado eu te havia dito isto mas não sabia o que isto queria dizer não sabia o que estava dizendo*[4].

O que esses episódios têm em comum é o fato de mostrarem uma consciência posta bruscamente em contato com objetos, afastando-se depois deles para recolher-se em si mesma. O leitor assiste não somente à passagem da exterioridade à interioridade, mas também à travessia de diversos níveis do psíquico. Além disso, a personagem vive uma experiência, depois uma descoberta fortuita, inesperada e expressamente atual no sentido em que o escritor traduz o próprio ato de experimentar e de descobrir. O escritor (aí está um aspecto dominante do romance do século XX) esforça-se por banir as soluções, as conclusões. Ao contrário, quer negar que a vida ofereça somente, para usar um termo de Gide, resultados[5]. Procura antes de tudo exprimir o devir, o imediato, o "em vias de". O monólogo é constituído por um fenômeno cuja importância vimos em Flaubert: o encontro e a apreensão de um elemento da realidade provocam ao mesmo tempo uma ruptura e junções na vida mental da personagem. Mas Emma Bovary esperava ou recusava de antemão o objeto percebido, sentido ou imaginado, conforme favorecesse ou não a tendência dominante de sua personalidade. Do mesmo modo, não se trata da tomada de consciência, da *awareness* de James, porque a personagem monologante não compreende (nos dois sentidos do termo, o *comprehend* e o *realize* inglês) suas próprias percepções ou pensamentos: não os integra naquilo que se poderia chamar sua forma – sua *Gestalt* psicológica. Singularmente engajada num mundo e desengajando-se sucessivamente dele, a personagem existe no e pelo espanto que comunica ao leitor.

Todavia, os episódios que citamos são muito diferentes uns dos outros. Nós os escolhemos de modo a comporem uma gama, um registro, de acordo com seu grau de interioridade, mais exatamente segundo o nível de interiorização dos objetos na consciência da personagem. A heroína de Dorothy Richardson parece descobrir de uma só vez a existência do mundo exterior pela fascinação que exercem sobre ela peixes que acabam de lhe ser servidos. Na outra extremidade do registro vemos Mrs. Ramsay (*Rumo ao Farol*) reencontrar-se a si própria, sentir a presença de seu Eu porque pode abstrair-se

---

4. Essas passagens são extraídas de: D. Richardson, *Backwater*, p. 355; *The Tunnel*, p. 65; J. Joyce, *Ulysses*, p. 105 e 683; *La promenade au phare*, 1950, p. 81; *Le Temps retrouvé*, p. 858; *Manhattan Transfer*, p. 101; *The Sound and the Fury*, p. 142.
5. Cf. A. Gide, *Journal des Faux-Monnayeurs*, 3ª parte, cap. 13.

da realidade cotidiana. Mas poder-se-ia também estabelecer uma gama em função da distância em que se mantém o romancista – dependendo de que um Ele se encarregue em troca do monólogo ou de que ao contrário este seja assumido pelo Eu. Dos Passos projeta, sobre uma tela, as fascinações de Ellen e sua volta a si. Em compensação, Molly (*Ulisses*) e Quentin (*O Som e a Fúria*) são entregues a si mesmos – à sua memória. Entre as passagens que escolhemos somente os monólogos joyciano e faulkneriano são rigorosamente interiores: a personagem se confunde com suas representações imediatas, precárias, caóticas. Mas devemos, justamente, restringir o monólogo ao exclusivo *stream of consciousness*?

Aconteceu com Joyce (citamos apenas ele) aquilo que aconteceu com Balzac; a ilusão romanesca desempenhou demasiado bem sua função. Com efeito, do mesmo modo que *A Comédia Humana* instaura a personagem, o homem da exterioridade significante, *Ulisses* representa aos olhos do leitor a negação exemplar e inquietante do Tipo, visto que a pessoa aí se manifesta geralmente pelos traços de um Ego que somente este Ego é suscetível de conhecer: estes traços são impermeáveis a qualquer outra consciência. Por isso o *stream of consciousness* foi estudado, sobretudo, em função da ideia de incomunicabilidade: o monólogo interior exprime a parte imersa (a imagem é frequentemente empregada) do *iceberg*. E se o *stream* se tornou uma dimensão específica do romanesco (ao mesmo título que a descrição ou que o diálogo) sua natureza, sua função, seus limites fizeram-no com frequência objeto de controvérsias. R. Humphrey, por exemplo, autor de um dos mais rigorosos estudos sobre este assunto, coloca V. Woolf entre os escritores do monólogo interior[6]. A. Kettle é de opinião contrária: não há *stream* em *Rumo ao Farol*, visto que o ponto de vista aí muda de enfoque, revezando-se entre Mrs. Ramsay e Lily Briscoe. Com efeito, para Kettle só há monólogo interior na primeira pessoa: "*Todo escritor que exprime* na primeira pessoa os pensamentos de uma personagem utiliza o *stream of consciousness*, e Joyce só é original pelo amplo emprego que faz dele"[7].

Para Humphrey, ao contrário (e lhe damos razão), o *stream* é caracterizado não pelo Eu, mas pela intenção particular do romancista querendo exprimir aquilo que a personagem não pode confiar a outrem, quer seu monólogo seja *direto* (Bloom, Benjy, em *O Som e a Fúria*) ou *indireto* como em *Rumo ao Farol*. Humphrey considera, porém, que o monólogo interior está ausente de *Em Busca do Tempo Perdido*, pois o Narrador lembra fatos em vez de "refletir" objetos imediatamente presentes. Humphrey neste ponto está de acordo com Dujardin, para quem o romance proustiano não pode compreender o monólogo interior por se tratar de um discurso organizado, de uma retórica romanesca: "[...] a própria contextura destas enormes frases carregadas de incidentes é *a priori* inconciliável com a expressão do pensamento em estado nascente, e,

---

6. R. Humphrey, *Stream of Consciousness in the Modern Novel*, p. 11-12.
7. A. Kettle, *An Introduction to the English Novel*, p. 139-140.

além disso, Proust tem a intenção de mostrar não a sequência irracional dos pensamentos, mas sua concatenação"[8].

O *stream* compõe-se, por certo, de dados imediatos, portanto de rupturas, de idas e vindas, de constantes mudanças e de substituições de níveis. Mas se o monólogo interior parece ser estranho a *Em Busca do Tempo Perdido*, é porque Proust fez do *stream* – da vida incoerente e múltipla da consciência, da divisão desta entre si mesma e aquilo que ela capta – um fenômeno a elucidar. Basta evocar as "intermitências do coração" para perceber a presença subjacente da corrente de consciência em estado bruto no romance proustiano. Consideramos, pois, que *Em Busca...* comporta, como *Rumo ao Farol*, um monólogo interior indireto. Todavia, o *stream* "em segundo grau" de Proust levanta problemas aos quais voltaremos.

As análises de Humphrey têm o grande mérito de mostrar, de um lado, que o monólogo interior depende de um conjunto de técnicas e de imperativos especificamente romanescos, de outro, que este tipo de narração não se refere – ou muito pouco – ao inconsciente da personagem. O escritor que emprega o monólogo interior não explora uma consciência, mas faz com que esta fale. O *stream* é, antes de tudo, um antidiscurso, que tende a exprimir relações (espontâneas) diante de uma situação dada:

> Nenhum escritor do *stream* (talvez com exceção de Joyce, em *Finnegans Wake*, e Conrad Aiken) se preocupou com as complexidades dos problemas psicológicos. Em compensação todos os autores reconheceram a primazia da livre associação para determinar o movimento dos processos psíquicos de seus personagens[9].

Modalidade da narração, o monólogo interior tem suas convenções, suas formas, sua escritura. Faulkner, por exemplo, escreve certas frases em itálico para marcar a diferença passado-presente e frequentemente suprime a pontuação a fim de traduzir o fluxo da corrente de consciência. Mas quaisquer que sejam os métodos utilizados, o escritor do relato ao modo subjetivo deve traduzir: a descontinuidade dos fatos psicológicos – a separação da consciência do mundo (mas também suas interferências) –, a atividade imediata, isto é, imaginada e imaginante, da vida mental. Além disso, o romancista deve agir de modo que o monólogo seja um modo de relação entre o herói e o mundo e a comunicação entre o herói e o leitor. Empreendimento cujas dificuldades Humphrey sublinha assim: "O grande problema, para o escritor do *stream*, é o de saber captar a natureza irracional e incoerente de consciências particulares (*private*) aquém do nível e da linguagem (*unuttered*) e, desta forma, comunicar-se ao mesmo tempo com o leitor"[10].

Pode-se pensar que o problema não se apresentou aos romancistas em termos tão abstratos. Mostraremos mais adiante que a irracionalidade de uma

---

8. E. Dujardin, *Le Monologue intérieur: Son apparition, ses origines, as place dans l'oeuvre de Joyce*, p. 90.
9. Humphrey, op. cit., p. 43.
10. Idem, p. 73.

consciência que "monologa" tem dois limites: o mundo exterior refratado pela consciência da personagem monologante e o nível de inteligência, e da intelectualidade, do herói; nível, não o esqueçamos, concebido e imaginado pelo romancista. Ao monólogo de Quentin Compson, Faulkner imprime sua própria consciência, sua própria visão do mundo, em grande parte. Em compensação, Faulkner terá elaborado o *stream* elementar de Benjy ao representarem-se os "pensamentos" que agitam crianças que procuram compreender uma situação para elas misteriosa[11]. A imaginação e o pensamento do escritor e os fatos sociais que o *stream* integra, retalha e veicula ao mesmo tempo canalizam, orientam e sobretudo racionalizam o monólogo, ao mesmo tempo em que particularizam em certa medida a consciência da personagem: esta não é de modo algum um sujeito em estado puro: suas funções psicológicas são grandemente condicionadas do Exterior, e é somente um nível de sua "profundidade", ocupado e cercado ao mesmo tempo pelo mundo, que é comunicado ao leitor.

Mas Humphrey observou notavelmente que as críticas de que foram objeto os romancistas da "corrente de consciência" dependem, o mais das vezes, de dois postulados errôneos; um que consiste em crer que cada consciência é rigorosamente singular, outro segundo o qual a corrente mental é inconsciente. Em ambos os casos o *stream* seria uma linguagem artificial e gratuita, uma pura construção do espírito, porque, para uns, a rigorosa ipseidade de uma consciência é incomunicável por definição, enquanto que, para outros, a personagem do *stream* diz "o ignorado", o que é impossível. "Empresa quimérica", dirá L. Gillet de *Ulisses*, "porque não existe linguagem para traduzir aquilo que escapa à linguagem"[12]. Para F. J. Hoffmann, a odisseia de Leopold Bloom "repousa numa combinação acidental de palavras"[13], e S. Spender intitulará (erradamente, nota L. Edel) "O Inconsciente" o capítulo de *The Destructive Element* (O Elemento Destrutivo), consagrado a Joyce[14].

O *stream* é efetivamente destruidor, mas de uma certa concepção da pessoa e do mundo que parecia doravante desprovido de realidade e de verdade para os romancistas inovadores. Concepção segundo a qual o indivíduo sempre tem uma forma, um contorno, por mais hesitantes e imprevistos que sejam, num universo que, a despeito de seus aspectos caóticos, sempre tem sentido. No romance como na vida real, a pessoa é uma individualidade referenciável por seus atos, seus olhares, seus pensamentos e suas relações *expressas* com outrem: tal é o princípio que *Ulisses* arruinava e ao qual *queriam* permanecer ligados, em sua maioria, os leitores de Joyce, que viam um tumultuoso nada se abrir sob os passos de Leopold Bloom; e o *Em Busca do Tempo Perdido* parecia-lhes tanto mais perigoso quanto Proust tornava estética uma dispersão da pessoa que convinha recusar, mesmo que muitos indícios a tivessem atestado. Signi-

---

11. Cf. R. Queneau, Prefácio, *Moustiques*.
12. L. Edel, op. cit., p. 54. O artigo de L. Gillet veio à luz no dia 1º de setembro de 1929, em *La Revue des deux mondes*
13. *Freudianism and the Literary Mind*, p. 32.
14. E. Dujardin, op. cit. .

ficativa é a palavra de Giraudoux em *Juliette au pays des hommes* (Juliette nos País dos Homens), que Gide sem dúvida subscreveria: o monólogo interior é uma "ventosa"; o escritor que recorre ao *stream* viola as consciências; a catarse que impõe implicitamente ao seu herói priva-o do direito que deve ser reconhecido a cada um de guardar seus segredos e, por isso mesmo, priva-o de sua liberdade, pois um Leopold Bloom, fascinado por sua vida interior, não goza mais do poder de poetizar o mundo (Giraudoux) ou de mudar de forma se lhe aprouver (Gide). Se, para Gillet e Hoffmann, o *stream* era uma inútil construção literária visto que a corrente de consciência, por essência incontrolável, intervinha na vida real sem o nosso conhecimento, para Giraudoux (e para o romancista Edouard) a perda do direito à singularidade secreta acarretava a do direito à liberdade das aparências. Os debates sobre o *stream* mostram-nos que seus adversários ligavam a noção de solipsismo à de desagregação, enquanto que o individualismo (que eles preferiam) implicava a possibilidade de um acordo do indivíduo com o mundo, quer este acordo fosse moral ou amoral, quer procedesse de um sentimento religioso, de um espírito de revolta ou de uma sede de poesia. Qualquer que fosse a admiração que pudesse suscitar por sua escritura ou pelas explorações que ela permitia ao romancista, a técnica do monólogo interior era suspeita porque fundada não na noção de *análise*, mas na de *decomposição*.

O *stream* levantava um problema de forma, no sentido profundo do termo, que, na origem, foi considerado de maneira negativa, e por referência a valores éticos, culturais, literários inatuais. Vimos que Mauriac enxergava "algo de desesperado na tentativa de um Joyce". Mas ele se mostrou particularmente lúcido ao observar que "nada é menos natural, mais arbitrário do que a associação das ideias"[15]. Com efeito, convinha considerar o caráter de necessidade do monólogo interior, tanto na ordem do sentido como na da arte.

Joyce talvez se tenha permitido uma "brincadeira cruel"[16], quando, em 1930, proclamou sua dívida para com E. Dujardin, cuja obra *Les Lauriers sont coupés* (Os Loureiros São Cortados, 1887) lhe teria dado a ideia de empregar o *stream*. É certo que, além do valor romanesco de *Lauriers*, deve-se a Dujardin o ter sabido caracterizar (desde 1931) o problema do monólogo interior. Nem o fato de estar escrito no presente e na primeira pessoa nem a descrição por um sujeito de seus estados de consciência constituem necessariamente um *stream*: este é caracterizado por um pensamento expresso ao vivo, tão logo esboçado. Dujardin não havia lido *O Som e a Fúria*, e sem dúvida também não lera *Berlin Alexanderplatz*. Mas sua definição "no vazio" do *stream* corresponde à situação de Benjy, de Biberkopf, assim como à de Bloom ou de Míriam; o monólogo interior não é um discurso que uma personagem se dirige, mas uma sequência de reações que se manifestam e se exprimem entre dois limites, duas telas: o do Ego indistinto e o do mundo exterior – demasiado distinto – que se respondem sem

---

15. *Le Roman*, p. 153.
16. L. Edel, op. cit., p. 30.

cessar. Nada disto aparecia em literatura antes de 1915, embora com frequência se haja ligado ao romanesco da "corrente de consciência" a obra de Stendhal, por exemplo, ou a de Jane Austen, que V. Woolf lia com fervor, sem dúvida por causa do "rio incessante" dos pensamentos de Miss Bates, que anuncia os "solilóquios impressionistas" de Clarissa Dalloway[17]. No entanto, há uma real diferença de natureza entre tais meditações ou sonhos, e o *stream*, que jamais é discursivo.

Os autênticos precursores de Joyce e de Faulkner terão sido E. Dujardin e A. Schnitzler. *Os Loureiros São Cortados* conta aquilo que hoje chamaríamos de um ato falho: o narrador, cuja corrente de consciência seguimos, passa uma noite com uma jovem que lhe permite acompanhá-la à sua casa sem conceder-lhe outros favores, e sentimos que este revés foi inconscientemente querido. O romance de Schnitzler (publicado em 1924, mas a mesma técnica fora empregada em *Lieutenant Gustl* [Tenente Gustl], em 1901) tem um tema mais amplo. Em vilegiatura, Else, ainda muito jovem, recebe de seus pais cartas que insistem para que obtenha do rico Dorsday, que mora no mesmo hotel, os trinta mil florins necessários ao reembolso de uma dívida de jogo contraída por seu pai. Else irá deparar-se com recusas ambíguas e acabará por tomar veronal. O romance acaba no instante em que ela articula uma última palavra. Assim, um personagem-narrador terá ditado o relato a um escritor invisível. Procedimento análogo ao de Dujardin, com a diferença importante de que, em *Loureiros*, o mental é traduzido em noções fugazes, fragmentárias e raramente por uma reflexão seguida. Dujardin escreve: "... Oh! este verão que alegria ir ao mar; sem dúvida iremos a Yport; minha mãe gosta desta região; a floresta, a falésia; ah! banhar-se na bacia; sobre meu pescoço a esponja que jorra, sobre o meu peito o frescor um pouco perfumado, boa água; meu guardanapo..."[18].

E Schnitzler:

> É preciso acender o fogo. Começa a fazer frio. Fecho a janela. É preciso abaixar as cortinas? Não é preciso, não há ninguém lá embaixo sobre a montanha... Mesmo sendo necessário talvez seja melhor esperar o fim do "jantar". A gente está mais à vontade. Também Dorsday. Poderia muito bem tomar um copo de vinho antes. Mas, se a coisa se arranjasse antes do jantar, teria melhor apetite. "Pudim à vontade, queijo e frutas diversas". E se o Senhor Dorsday disser não? Ou se chegar a ser insolente? Mas não, ainda ninguém foi insolente comigo...[19]

Essas duas formas de corrente de consciência falada diferem, contudo, do *streams* joyciano e faulkneriano pelo fato de a narração ser homogênea e *unilateral*. Aquilo que Dujardin acreditava ser o monólogo interior específico (inventado por ele) põe em relevo, por contraste e semelhança ao mesmo tempo, a originalidade e a novidade dos monólogos de Bloom ou de Quentin. Com efeito, em Dujardin e em Schnitzler, tudo se passa na consciência do narrador que, no momento em que fala, já integrou e assimilou as mensagens vindas de fora ou

---

17. J. Isaacs, *An Assessment of Twentieth Century Literature*, p. 87.
18. E. Dujardin, *Les Lauriers sont coupés*, p. 57.
19. A. Schnitzler, *Mademoiselle Else*, p. 31.

saídas de sua memória. Ao contrário, nas passagens que citamos no começo deste capítulo, os objetos de pensamento e o pensamento permanecem diferentes de natureza, e entre eles não há ligação; entre coisa e consciência (e repercussões na consciência), subsiste uma separação, que corresponde à intenção do escritor de nos mostrar que a consciência de alguma coisa não é a consciência de si. Absolutamente interior em *Loureiros* e em *Fräulein Else* (Senhorita Else), o monólogo só o é relativamente em *Ulisses*, em que a cada instante a contradição sujeito--objeto se torna sensível ao leitor assim como afeta a personagem. Tentaremos mostrar que esta contradição está no próprio centro de uma expressão nova da pessoa no romance. Se *Loureiros* e *Senhorita Else* são narrativas integralmente subjetivas, *Ulisses* ou *O Som e a Fúria* são obras com dominante subjetiva, que exprimem os contatos sucessivos de um sujeito e de um objeto estranhos entre si na natureza. Por isso nos parece que o termo alemão *Erlebte Rede* (discurso vivido) traduz com precisão a forma e o espírito dos grandes romances dos anos de 1920: a característica do monólogo interior, seja qual for sua construção estética[20], é exprimir a heterogeneidade, e, no entanto, o inevitável confronto, dos infinitos aspectos do mundo e das múltiplas zonas e movimentos de uma consciência. O *stream* traduz antes de tudo uma dramática ausência de mediações, sentida implícita ou explicitamente como tal pela personagem, entre sujeito e coisa. O monólogo interior exprime um drama do caráter imediato ignorado por Fabrice del Dongo assim como pela Srta. Else.

A expressão "vida interior" não pode ser aplicada validamente a *Peregrinação* ou a *Rumo ao Farol*, a *Em Busca do Tempo Perdido* ou a *Absalão!*, salvo com a condição de se conceber que a complexidade desta vida (cuja imensidade, multiplicidade e profundidade constituem, aos olhos do romancista, a realidade e a verdade mesmas do homem, fora das quais não há salvação possível) só é revelada ao leitor em seus contatos com um mundo literalmente externo, estranho à consciência e de fato inimigo desta. A introversão do herói se nos torna tanto mais sensível quanto é constrangido e forçado em seu desejo profundo de ter um quarto para si (para retomar um título de V. Woolf) a participar concretamente e, acima de tudo, de maneira imediata, diremos até sem precaução, numa vida social que a seus olhos se compõe de corpos estranhos. É assumindo, conscientemente ou não, uma série de mal-entendidos entre sua vida subjetiva e a realidade inelutável do mundo que esta personagem aprende e nos ensina que só é verdadeiro, autêntico, real mesmo, o campo da consciência humana.

Por isso esta personagem tem uma existência fragmentada, vai de fragmentação em fragmentação. Jamais entra em contato com algo mais do que uma realidade dividida e divisora. Trata-se aí de um ponto capital. Para o Narrador como para Míriam ou Leopold Bloom, só é real aquilo que se toca, aqui e agora – ou melhor, aquilo que vem, neste momento, acometer a consciência. Só é real o contingente. Fato ainda mais importante, constata-se neles a mesma ausência de forma na ordem dos sentimentos, das paixões, das ideias: só secundariamente

---

20. U. Eco, *L'Oeuvre ouverte*, p. 251. [Trad. brasileira: *A Obra Aberta*, São Paulo: Perspectiva]

(de maneira subjacente) são tomados por uma tendência afetiva caracterizada. Somente no fim da odisseia de Bloom damo-nos conta de sua profunda necessidade de amor e de comunicação. Aspiração que todavia não é em nada este motor, este princípio de animação do relato que eram a ambição de Julien Sorel, a paixão de Heatchliff, a obsessão de Ahab. O mesmo acontece com a fascinação da imagem da Mãe no Narrador ou com a insatisfação afetiva de Clarissa Dalloway, com as paixões, enfim, de que são presas as personagens de Faulkner. O tema profundo do romance situa-se alhures. O propósito fundamental dos romancistas que recorrem ao *stream* é mostrar-nos *fatos de consciência* que se revelam ao contato dos *fatos sociais* igualmente parcelares.

Não vemos onde o romancista quer chegar quando Benjy observa pessoas que, em vez de jogar golfe, batem nas bolas, quando Clarissa certa manhã sai de sua casa, ou quando o Narrador entra no cerne de suas recordações de infância. Devemos seguir as pegadas de personagens lançadas, repentinamente imersas na vida sem outro guia aparente afora suas apercepções, seguidas de repercussões mais ou menos profundas, e é somente depois de um certo tempo de leitura que vemos essas experiências pontuais e arriscadas seguirem o esquema de uma paixão e o de uma "intriga". O escopo primordial do escritor é o de mostrar-nos por que e como os seres são reflexivos – mais exatamente: devem ser – em um mundo dado, o mundo moderno.

Contudo, este escritor que deixa assim sua personagem defrontar-se com o imediato e com o contingente, que se abstém de informar-nos sobre sua situação passional e social, que evita levantar um problema, terá baseado sua obra em uma ideia diretriz: a consciência humana é uma e indivisível. Unidade que a personagem deve conceber acumulando, ajuntando umas às outras, reações psicológicas a objetos. Quanto mais é remetido a si pelas coisas, tanto mais o herói sente ou compreende quanto o afastamento é irredutível entre os aspectos contingentes do mundo e a amplitude, a continuidade das ressonâncias suscitadas pelo choque destes aspectos. Então nasce nele a suspeita (e não a certeza, pois se desvanecem depressa as ressonâncias e associações) de uma *totalidade possível* de seu ego. O *stream* faz aparecer o mental sob tantos aspectos e níveis, revela de maneira tão diversa sua mobilidade e suas conexões imprevisíveis que o leitor, ao mesmo tempo que a personagem, concebe a vida mental como um todo, que talvez não seja insondável nem ilimitado. Mas esta totalidade pressentida é a da tapeçaria de Penélope. Intitulamos o presente capítulo "o demasiado próximo e o demasiado distante" porque as personagens do monólogo devem "passar" por objetos rigorosamente contingentes, e que por isso as fascinam, para sentir a amplidão, a riqueza de uma vida interior que *deve* ter uma forma, e um sentido, por oposição a um Exterior que não a tem. Que relação pode existir entre um par de meias a tricotar e a plenitude de uma consciência? No entanto o caminho que leva a esta plenitude passa por passeios ao farol.

Suspended coherence, diz mui exatamente Humphrey[21]: o monólogo interior *implica* a coerência do mental, prefigura uma *identidade da pessoa* que

---

21. Op. cit., p. 78.

foi perdida, e que Mrs. Ramsay, Leopold Bloom e os sucessivos narradores de *Absalão!* querem reencontrar. Microcosmo de um cosmos interior possível, o *stream* é uma técnica de economia[22] que corresponde a uma necessidade de conceber, de reunir um universo. Da mesma forma que Balzac chegava a explorar e a traduzir um campo imenso de realidade graças, entre outras técnicas, aos retornos periódicos de personagens, assim Joyce ou Faulkner utilizam impactos do real sobre consciências a fim de reconstituir, através de suas personagens (à maneira de um *puzzle*), dois mapas: um psicológico, outro histórico e social.

Mas nenhum destes dois mapas, em que, no entanto, os lugares são marcados com extrema precisão, terá uma forma, no sentido próprio do termo. Com exceção do Narrador proustiano – ainda que no fim do relato o Tempo esteja a ponto de destruir este Ego uno e coerente revelado por "madeleines" – as personagens do *stream* não se reconhecem como idênticas a si próprias: o "demasiado próximo", que em Proust não tem outro nome senão o de Tempo, destruidor da Duração, a razão de seus esforços para abraçar uma plenitude interior que entretanto a escandalosa proximidade das coisas lhes permitiu entrever, fez-lhes conceber como necessária. Tal é a contradição do herói do monólogo: deve confiar no contingente para captar um ser cuja nostalgia lhe foi inspirada por este contingente. Aspira a ser constatando que o afastamento entre mundo e consciência é irredutível. Afastamento tal que acarreta o suicídio de Quentin Compson e pelo qual Mrs. Ramsay não pode fazer a "experiência de si" a não ser quando a vida se detém "um momento". Mas será necessário que a existência retalhe o curso de sua consciência, fragmente, pise sua vida interior para que a totalidade do Ego lhe apareça como a única verdade humana. O *stream* concretiza uma dialética sobre a qual se apoiam as formas mais originais da arte do século XX: o homem aspira tanto mais à unidade e à profundidade quanto mais se sente fragmentado, nivelado e alienado ao mesmo tempo pela vida moderna.

Esta situação de divórcio entre o mundo e o humano, os romancistas a exprimiram de maneira diversa e deram-lhe significações diferentes. Para Faulkner, a disjunção do Eu e do não-Eu depende de uma fatalidade trágica: o próprio fato de que toda a consciência seja consciência de alguma coisa, em vez de ser consciência de si, implica que o homem está desde sempre condenado a um não-ser absoluto, irremediável, porém tanto mais absurdo quanto a vontade divina deixa a Quentin Compson ou ao Coronel Sutpen o desejo de ser, – uma fantasmática visão do Ser. O esforço de Proust, ao contrário, tendia a reduzir o mal-entendido de sujeito-objeto.

Entre *Em Busca do Tempo Perdido* e *O Som e a Fúria*, entre a impotência mental de Benjy (em quem o demasiado próximo e o demasiado distante se recobrem exatamente) e a hiperconsciência do Narrador, situa-se um conjunto surpreendente de personagens que veem escapar-lhes o objeto de sua busca, de sua experiência, de sua exigência: o sentido, a forma, a destinação coerente

[22]. Idem, Cap. IV.

de sua pessoa. O Ser é um horizonte. Daí vem que o romance acabe sem que o herói se sinta Uno e que tenha podido reatar vínculos harmoniosos com o mundo: sem, para tudo dizer, que sua vida haja assumido um caráter de *necessidade*? Esta *inconclusão* liga-se ao fato de que a personagem se recusou a confiar nas formas existentes da "vida de valores", fossem estes morais, sociológicos, políticos e mesmo psicológicos. Quis talvez recorrer à sua experiência direta, e aqui os heróis do *stream* vão juntar-se a Hans Castorp, Joseph K., o "homem sem qualidades" que, após uma viagem no curso da qual a Pessoa sem cessar recuou diante deles à maneira de uma miragem, são entregues à desumanidade da História ou são esmagados pelo Absurdo. Somente o "reconhecimento" dos elementos, dos conteúdos de sua própria consciência a defrontar-se com objetos contingentes, devia, em seu espírito, levá-los a uma consciência de si e do mundo que estava, ao contrário, presente em Heathcliff ou em Fabrice antes que empreendessem sua aventura romanesca. O *stream*, em particular, decompõe estas formas, estes traços da vida interior que Stendhal, E. Brontë, Jane Austen haviam isolado e analisado. Mas simultaneamente a *Erlebte Rede*, ataca, carcome as convenções, as leis, os códigos sociais. Esta dupla contestação do formal (e do artificial) constitui uma vitória que o herói paga com seu inacabamento e com sua angústia diante do pensamento de que ele não *existe*. Em vez disso, a Else de Schnitzler é vítima de um sistema social que a obriga a se "interiorizar", mas este sistema (ao contrário da cidade de Dublin) permanece intacto na medida em que não for contestado e condenado senão globalmente. A personagem do *stream* ataca de frente os artifícios de um mundo reificado, sapa momento após momento suas formas e seus fundamentos. Else matava-se por impotência de assumir uma situação (pensemos aqui em Emma Bovary) enquanto Quentin Compson se dá a morte por ter tomado consciência do caráter absurdo da condição humana.

O Ego não é mais intuição global. Não é mais esta permanência implícita sobre a qual Stendhal podia fundamentar uma visão crítica do mundo, e uma arte do ponto de vista. O "eu sou" que Fabrice sente brotar do fundo de si mesmo será ignorado pelo Narrador assim como por Mrs. Ramsay, que darão um sentido novo à velha questão de Montaigne, pois o "quem sou eu?" humanista implicava que o homem é sempre *alguém* sob algum de seus *aspectos*. A *persona* (a máscara através da qual passa a voz humana) implica menos a dualidade do que a indissociabilidade do ser e de sua aparência: o homem é uma pessoa porque tem um contorno e uma forma referenciáveis. Se existem grandes almas sob uma velha sobrecasaca ou sob um velho *carrick*, Pons e Chabert não são menos, para a Sociedade, uma sobrecasaca e um *carrick*, e eles mesmos se veem como tais: enquanto eu envergar este velha vestimenta, diz Chabert, eu sou ela.

De forma alguma queremos dar a entender que *O Quarto de Jacó* ou *Peregrinação* tirem da pessoa suas máscaras e a façam aparecer integralmente verdadeira e autêntica: Mrs. Flanders e Míriam são figuras sociais, como o é Bloom e sua vida psíquica, por sua própria mobilidade e precisão, mascara, oculta realmente as tendências profundas, a estrutura fundamental do Ego. O *stream* foi inovador porque uma personagem decompunha a partir de si mesma máscaras que à sua volta não eram tomadas por máscaras, a fim de chegar a uma recomposição autêntica (da qual foi responsável) de si e do mundo. Essa aspiração a recompor-se como a recompor o real, que caracteriza o Narrador de *Em Busca do Tempo Perdido* como também o protagonista de *A Montanha Mágica*, implicava uma reestruturação formal do romance.

Examinaremos como o romance de dominante subjetiva dissocia a pessoa, depois em que medida e através de que modos de expressão, a recompõe. Mas é preciso considerar primeiro, particularmente no que se refere ao *stream*, a posição do romancista – o emprego que ele faz de sua onisciência.

IDENTIFICAÇÃO E NEUTRALIDADE

Em 1928 (uns vinte anos depois das primeiras conferências de Freud nos Estados Unidos), Eugene O'Neill fazia representar *Strange Interlude* (O Estranho Intermédio), no qual cada uma das quatro personagens diz dois textos adotando dois tons de voz diferentes. O primeiro desses textos destina-se a outrem, o outro exprime sentimentos reais, mas indizíveis abertamente, e denuncia assim a inautenticidade da palavra social[23]. A poesia, o teatro, o cinema podem traduzir simultaneamente a mentira do discurso para outrem e a espontaneidade do para-si, reunir numa só imagem (ou antes, em duas imagens superpostas) uma situação visível e a repercussão que ela provoca numa consciência. O poema, graças ao símbolo e à metáfora[24], o drama e o filme pelo uso da máscara (tomando-se o termo em sua acepção mais ampla: forma aparente suscetível de coexistir com outra forma) podem exprimir o desdobramento da personagem em aparência e em interioridade, sua presença ao mundo e sua presença a si. Mas o romanesco é linear e sucessivo. A linguagem metafórica, frequentemente indireta em Flaubert (que usa muito as comparações articuladas por "como") e utilizada indiretamente por Proust: "da cabaça de couro de um limão espalhávamos algumas gotas de ouro sobre duas solhas"[25], não bastará para o romancista que quer confrontar o exterior e o interior como se confrontam dois mundos compostos de *elementos*, sem que nenhum destes dois mundos apareça jamais como uma totalidade ordenada, com limites, com formas distintas e evidentes. A elaboração de um *stream* (lembremos que o monólogo interior constitui a própria ação romanesca, que ele não é um comentário) pede a confrontação, a justaposição, o emaranhamento de fatos de consciência e de objetos contingentes: de fragmentos de duas ordens cuja existência o leitor (como a personagem) só "pressente". Em *Ulisses, O Som e a Fúria, Rumo ao Farol*, vemos o discursivo banido da narração, porque a personagem deve confiar apenas em

23. Cf. M. Zéraffa, *Eugene O'Neill dramaturge*, p. 87-91.
24. Cf. R. Jakobson, *Essais de linguistique générale*, p. 45-67 e 240-245.
25. *Jeunes filles*, p. 673-674.

sua experiência direta, imediata, espontânea. Somente o Narrador de *Em Busca do Tempo Perdido*, cuja intenção *confessada* é a de conhecer as estruturas e os movimentos "determinados" de sua consciência, estuda a natureza das ligações, das relações entre Eu e não-Eu, e reencontra assim o Discurso. Mas Proust apela precisamente para um Narrador que é e não é uma personagem, que é e não é um escritor.

Chegamos ao essencial: a experiência direta, aleatória, existencial à qual está submetida a personagem do *stream*, experiência no decurso da qual a consciência aparece de preferência em suas *funções* mais do que em seus *estados*, faz com que a personagem não possa ser estranha ao mundo como uma Emma Bovary obcecada por si mesma (por seu desejo), nem ser, como Izabel Archer, uma sequência de tomadas de consciência que aos poucos organiza seu Ego e o mundo. Por isso, o romancista não pode manter-se ao lado da personagem para nos dar a compreender o *sentido* dos contatos desta com o real, nem delegar seus poderes de explicação e de comentário a uma personagem-foco. Para confrontar conteúdos psíquicos e objetos contingentes, o romancista que utiliza o monólogo interior tem necessidade de um mediador que faça com que os elementos de fora e os de dentro possam *corresponder-se*, e nisto este escritor, recorrendo a um modo narrativo subjetivo, mostra-se mais soberano, mais onisciente do que Balzac, escritor da objetividade.

Tomemos, por exemplo, o episódio de *Ulisses* em que Bloom detém seu olhar na vestimenta de Ned Lambert. Essa passagem comporta três planos narrativos. O primeiro pertence à personagem (ao jogo de suas associações): do sobretudo de Ned, Bloom passa ao guarda-roupa deste, depois a seus próprios problemas de vestuário. O segundo pertence a um narrador: "Pernas encurvadas, os homens deixavam deslizar sobre as corrediças o ataúde". O terceiro plano de narração pertence ao mesmo tempo a Bloom e ao narrador: "A chuva. Não tão burro como se crê". Nesta passagem, como em muitas outras, Joyce é sua personagem e não o é. O Interior e o Exterior são confrontados por um *desconhecido* que respeita sua especificidade, sua heterogeneidade e sua fragmentação.

Vimos a importância, em Flaubert, dos fenômenos de associação, de "tropismo" e de ruptura, e como o romancista objetiva suas fascinações (transferidas a sua personagem) empregando particularmente o estilo indireto livre. Esse fenômeno e esse procedimento reencontram-se, por exemplo, em *O Quarto de Jacó*, como mostra a passagem posta em exergo neste capítulo. Mas parentesco não é analogia: os romancistas de o "homem interior" terão uma óptica narrativa muito diferente daquela de Flaubert e darão formas e significações totalmente diferentes do subjetivo. Com efeito, Flaubert, depois James e Conrad apoiavam num registro totalmente impessoal as reações, as tomadas de consciência de suas personagens: nem por ser traduzida em sua imediatez, sua complexidade, sua ambiguidade, a vida interior destas era menos distanciada de maneira constante, pois se tratava (repitamo-lo) de descrever uma personalidade, de seguir no tempo e no espaço a orientação dominante de um dinamismo psíquico. O subjetivismo objetivado devia, pois, ter a forma de um discurso coerente, abstrato e, com frequência, explicativo. Emma Bovary "[...] confundia, em seu desejo, as sensualidades do luxo com as alegrias do coração, a elegância dos hábitos e as delicadezas do sentimento"[26].

E James escreve:

> Seu tom traía uma significação tão particular que as palavras pareceram abruptas; no entanto, havia sempre no rosto de Nanda esta estranha preparação da jovem criativa que desaprendeu a surpresa pelo hábito, em sociedade, de aprender a não comprometer sua inocência eludindo as coisas ditas[27].

Os romancistas do *stream* vão cindir, bipolarizar esse discurso. De uma parte, a personagem ficará entregue a si mesma, à viva imediatez de suas reflexões, de suas associações, de suas fascinações das quais conheceremos o como, não o porquê. Mas, como observa Humphrey, essa transcrição da pura singularidade da consciência, de suas puras "anedotas" constitui a grande escolha do monólogo interior[28]. Dificuldade de que o escritor triunfará colocando-se no lugar (momento após momento) de uma personagem do qual ele se faz, aliás, a *testemunha anônima*. Coincidindo com sua personagem no plano da expressão dos fatos de consciência, o romancista decide, de outro lado, a situação deste no universo concreto ao qual essa consciência reage, diante dos objetos que a obrigam a aprofundar-se, a se revelar. Entre a zona do imediato ou do espontâneo (percepções, reminiscências, associações) e o nível do olhar que descobre a personagem, a faz e a vê existir, abre-se um vazio que em outros tempos o escritor teria preenchido com um comentário explicativo. Combinando, ao contrário, uma estética da *mimesis* com uma atitude (igualmente estética) de *neutralidade*, o romancista libertar-se-á do discurso coerente e cronológico, assim como levará o seu herói a *atravessar* a "vida dos valores". Pondo-se no lugar daquele que monologa ao nível dos dados imediatos, terá a liberdade de variar os tipos de palavra, particularmente em função do grau de inteligência de sua personagem, da amplidão ou da estreiteza de sua visão do mundo, assim como de sua situação social concreta: cada espírito será singularizado. Mas aqui é preciso tomar cuidado com o sentido do termo "realismo", porque o romancista esforçar-se-á não para reproduzir uma linguagem interior (*unuttered*) que não pode conhecer, mas para traduzi-la simbolicamente. Não sabemos se um débil mental se representa o mundo como Benjy. O essencial é que Faulkner tenha sabido restituir uma linguagem primária, explicar uma consciência à qual escapam as ligações sócio-lógicas. Joyce havia empregado esta linguagem no começo de *Retrato do Artista...* para exprimir uma visão infantil da vida. É uma prefiguração do *stream*. Aliás o parentesco é impressionante entre as imagens do jovem Dedalus: "Os sapatos do prefeito partiram. Onde? Na escada ou nos corredores ou para seu quarto afinal? Via o negro. Era verdadeira a

---

26. *Madame Bovary*, cap. IX.
27. *L'Âge difficile*, p. 160.
28. R. Humphrey, op. cit., p. 49.

história do cão negro que andava por aqui de noite com olhos grandes como os faróis de carro? Diziam que era o fantasma de um criminoso"²⁹. E aquelas de Benjy (*O Som e a Fúria*):

> "Vamos, tira tua roupa", disse Quentin. Caddy tirou seu vestido e jogou-o à beira da água. Então ela não tinha mais nada sobre si salvo o espartilho e as calças e Quentin deu-lhe uma palmada e ela escorregou e caiu na água. Quando ela se levantou, pôs-se a bater na água para banhar Caddy. Versh recebeu um pouco de água e eu também e Versh me levantou e me colocou na borda³⁰.

Joyce e Faulkner, especifica com justiça L. Edel, põem o leitor no espírito de uma personagem, entregam-no a seu ponto de vista. Mas traduzindo, projetando os *limites de uma consciência*, como procede com tanto rigor e arte em *O Som e a Fúria*, Faulkner aplica exemplarmente os princípios de James³¹? Não se pode afirmá-lo a não ser que se tome a expressão "ponto de vista" numa acepção extremamente ampla. Os heróis de James tendem a pôr-se em perspectiva, a fim de cercar mais de perto aquilo que é mister chamar sua verdade psicológica e ser fiel a uma essência "pressentida" de seu Ego. De uma tal óptica, de uma tal reflexão relativista, as personagens de Faulkner são incapazes – chamem-se elas Benjy, Quentin Compson ou Rosa Coldfield –, pois, como veremos mais adiante, sua razão é impotente para vencer o absurdo. Condenado à *representação* e irmão, neste ponto, de Bloom ou de Mrs. Ramsay, o homem de Faulkner é frustrado por essa lucidez adaptadora que caracteriza as personagens de James. Estas têm um verdadeiro ponto de vista sobre o mundo e sobre si próprias. Não as oprime nem o peso da memória, nem a fascinação de objetos demasiado presentes, demasiado atuais. Com D. Richardson, Faulkner sem dúvida teria contestado a estética de James, estética concertada, negadora da imediatez dos fatos de consciência, e graças à qual o romancista de *A Taça de Ouro* podia permitir a seu herói, e ao leitor, elucidar um problema ou ao menos determinar os contornos de um mistério.

No monólogo interior, se se admite que o *stream* nega implicitamente as próprias noções de personalidade, de caráter e de sentimento (tais, ao menos, como os havia expresso o romance de *A Cartuxa* até *Lord Jim*), os *conteúdos* de consciência da personagem são *imitados* pelo narrador, de sorte que esses conteúdos parecem ter uma existência intrínseca. Num excelente estudo sobre os tipos de narração de *Ulisses*, V. I. Thomas qualifica de *undependable* (no qual se pode confiar) o narrador que prolonga o *stream* de Bloom de maneira a ligá--lo ao mundo visto objetivamente; graças a ele deslizamos do solilóquio para a narração. Com efeito, o *undependable narrator* não é outro senão Bloom ou um Dedalus colocado de súbito numa terceira pessoa absoluta (e não mais relativa como no *stream* propriamente dito em que o Eu intervém pouco, visto que a consciência é aquilo de que ela toma consciência). O campo mental do narrador,

---

29. *A Portrait of the Artist*, cap. 1.
30. *The Sound and the Fury*, p. 38.
31. L. Edel, op. cit., p. 51.

nota V. I. Thomas, tem os mesmos limites que o da personagem. A única diferença entre eles, mas capital, consiste no fato de Bloom ser logo mudado em puro olhar, em pura presença: seu *stream* é repentinamente despersonalizado; em certos momentos, o sujeito passa inteiramente para o lado do objeto[32].

Como não atribuir muita importância a esta neutralidade na e para a identificação, quando a reencontramos (sob diversos aspectos) na maior parte dos grandes romances publicados entre 1915 e 1930? O equívoco entre o pessoal e o impessoal é manifesto em *Manhattan Transfer*, e A. Döblin lembra-se certamente de Joyce quando faz de Hans Biberkopf um perpétuo olhado-olhando:

> Ao acaso, desceu Rosenthaler Strasse, passou pelas lojas Wertheim, virou à esquerda na estreita Sophienstrasse. Mais sombria, esta rua, pensou, sem dúvida é melhor quando é mais sombria. Os prisioneiros são metidos ou no segredo, ou na reclusão, ou em célula. No segredo, o prisioneiro é isolado dos outros tanto de dia como de noite. Recluso, está numa célula, mas durante o passeio ou o serviço religioso fica com os outros. Os carros roncavam, agitavam-se, as fachadas desfilavam, uma após outra, sem jamais parar...[33]

E encontra-se uma "atitude narrativa" semelhante em V. Woolf. Como observou com notável acerto E. Auerbach, o monólogo de Mrs. Ramsay no início de *Rumo ao Farol* (monólogo a nossos olhos exemplar, pois a personagem não cessa de ser solicitada, provocada pelo mundo externo, e de voltar a si) parece ser independente tanto do autor como da heroína:

> V. Woolf escreveu esta passagem e não a ligou por meios gramaticais ou tipográficos ao discurso e aos pensamentos de uma terceira pessoa. Concluir-se-á daí que estas frases representam seu próprio pensamento. Contudo, ela não parece ter em mente uma atitude de autor, que deveria conhecer o "conteúdo" de suas personagens. A pessoa que fala, seja ela quem for, desempenha o papel de um ser que tem somente uma certa ideia de Mrs. Ramsay, referente à sua fisionomia e restituindo a impressão recebida sem ter a certeza sobre o valor de sua interpretação[34].

Contar tudo com a condição de jamais dizer Eu[35]: já Flaubert, James e Conrad haviam tomado como regra difundir impessoalmente na obra "a personalidade do artista". Com respeito aos problemas da pessoa, o que implica este narrador mimo e não-confiável (*independable*) que se encontra tanto em *Pilone* como em *Ulisses*?

Esse narrador representa uma negação do individualismo e do culto do Ego, na medida em que permite que as funções psicológicas falem por si mesmas: à maneira de telas, atravessam-se as noções de personalidade e de caráter e, com maior razão, de tipo. Assim é afirmada e ilustrada, pela expressão de seus conteúdos, de suas manifestações, senão espontâneas, ao menos imediatas, esta "alma universal" da qual se pode dizer que constitui a mensagem essencial do

---

32. V. I. Thomas, *Narrative Types and Techniques in James Joyce's Ulysses*.
33. A. Döblin, *Berlin Alexanderplatz*, Livro I, 1º episódio.
34. E. Auerbach, *Mimesis*, p. 469.
35. Cf. A. Gide, *Journal*, 14 de maio de 1921, p. 692.

romance, de *Peregrinação* e *A Morte de Virgílio*. Paralelamente, o narrador "mimo e neutro" põe em contato, sem mediação aparente, objetos (fragmentos do mundo exterior) com a consciência da personagem, objetos que podem ser qualificados de brutos e de pontuais: em Faulkner, serão os resíduos absurdos de uma ordem desaparecida; em Joyce, serão os signos *verdadeiros* de uma cultura e de uma civilização *falsas*. Quer se trate de *Rumo ao Farol* ou de *Em Busca do Tempo Perdido*, a apreensão da coisa, em seu estado de nudez e de separação, é a condição primeira de uma acessão à autenticidade. Certos heróis de Faulkner pagam essa acessão com a vida.

Este narrador ausente e anônimo que põe em confronto uma vida psíquica e um universo externo igualmente ocasionais é, pois, agente de decomposição. Mais exatamente, mostra ao leitor que só o decomposto é verdadeiro e real. Nega que a pessoa seja uma entidade. Nega que o mundo seja uma ordem. Mas se é negador de todo o discurso, se age de tal forma que personagem e leitor realizem um trajeto incerto constituído de confrontamentos "sem sequência" entre um Eu e um não-Eu igualmente parcelares, este mediador invisível tem também uma função catalisante, pois graças a ele um universo aos poucos se compõe. A missão do narrador, se o leitor colabora com ele, é a de fazer com que apareçam personagens às voltas com a tentativa de refazer sua coerência e a do mundo. Não é gratuitamente (por simples preocupação de "experiência") que Mrs. Ramsay, Dedalus e Christmas, de *Light in August* (Luz de Agosto), são consciências rotas num universo roto. Essas personagens estão à procura de uma identidade perdida, que não é mais garantida pela ordem de uma sociedade nem pelos valores de uma civilização. Assim como as seis personagens de Pirandello estão em busca de um *autor*, da mesma forma a heroína de *Between the Acts* (Entre os Atos) procura seu ser, através e a despeito da incoerência e da não significação da realidade. Quer se trate de Christmas ao mesmo tempo falso branco e falso negro, dos protagonistas de *Os Moedeiros Falsos* que querem ser sempre disponíveis, de Swann que esposa Odette quando e porque não a ama mais, a mudança e a incerteza das aparências constituem sem dúvida, aos olhos do romancista, a realidade inelutável da pessoa, mas não sua verdade. Gide, Proust, Faulkner são perseguidos pelo problema do ser. O Narrador não quer ser Swann nem Saint Loup. Ele quer, ao contrário, transcender o mutável, e em *O Quarto de Jacó* vemos a inquieta procura de si de Mrs. Flanders avivada pelos juízos contraditórios que são emitidos sobre seu filho. O abandono, pelo escritor, de toda a soberania evidente e externa, ao ponto de o romance parecer contar-se ele próprio, o emprego do monólogo (a expressão das "livres associações"), enfim, o princípio e a técnica do "cada um sua verdade" são três planos novos do romanesco destinados a só decompor a pessoa para fazer aparecer a necessidade de sua recomposição. O princípio de *suspended coherence* (da espera de uma coerência) reina nas obras que I. Meyerson assim caracterizou:

> O romance psicológico e, às vezes, o drama tendem mesmo a dissolver a pessoa, a quase dispersá-la em seus momentos, seus atos sucessivos ou em seus aspectos e suas

máscaras. O ego aparece aí como uma oscilação entre essas dispersões e os esforços para reunir aquilo que foi espalhado. Assim é em Marcel Proust ou em Pirandello, em Joyce e em Virginia Woolf[36].

Dispersão e reunião; fragmentação sempre atual e reunião (totalidade) possível da pessoa: parece-nos que sobre estes dois polos, sobre esses dois movimentos, pode ser fundada uma análise estrutural que permita depreender o significado tanto humano quanto estético do romance do homem interior e, por extensão, das obras como *A Morte de Virgílio* e *Der Mann ohne Eigenschaften* (O Homem sem Qualidade). Significação humana: qual é a imagem psicológica e sócio-histórica *real* da pessoa traçada nesses romances? Significação estética: a dispersão do Eu e depois seu esforço para se reunificar implicam o emprego, por parte do escritor, de meios e de formas de decomposição e de recomposição.

Para precisar o sentido do romanesco dos anos de 1920, para determinar também seu valor artístico, nós nos baseamos o mais das vezes na dispersão, na aniquilação das consciências (no sentido psicológico e ético do termo) que se julgava, que exprimia em primeiro lugar. De 1920 a nossos dias, a história do romance é marcada pelo contraste entre a atitude de muitos comentadores e a dos romancistas inovadores quanto ao problema da pessoa: uns lamentam o fato de não encontrarem no romance personagens significativas, representativas, orientadas segundo um destino definido; outros, ao contrário, querem trazer à luz (e valorizar) o caráter incerto e contraditório das relações e das condutas humanas, dado que a personagem só tem ser e essência por sua própria desorientação. Dois aspectos fundamentais do romanesco do homem interior ou do "individualismo" (seja qual for sua forma) suscitaram, em muitos críticos, uma verdadeira nostalgia da pessoa: de um lado, pensam, a narração carece da coerência dos universos mentais, de outro, a personagem pertence à vida social sem participar o que quer que seja de coletivo no plano dos valores tal como no da ação. Assim, privado de uma dimensão essencial da pessoa humana, perde-se nos *detalhes* de seu Eu e do mundo. O romance de Proust e a obra de V. Woolf são caracterizados por esta observação de U. Eco sobre *Ulisses*: "Decompondo o pensamento (e, por consequência, a entidade tradicional dita 'alma') em uma soma de pensamentos 'atuais' ou eventuais, o narrador choca-se, ao mesmo tempo, com uma crise do tempo romanesco e com uma crise da personagem"[37].

Uma coisa porém é constatar com justeza que escritores tiveram de destruir para reconstruir, e outra é acreditar que em qualquer circunstância – quaisquer que sejam sua matéria e sua forma – o romance deva exprimir uma concepção determinada, definida, completa da pessoa. Da recusa de V. Woolf de "catalogar os traços característicos de uma personagem[38]", chegou-se à conclusão de que a romancista "atomizava" os seres ou só escrevia por empirismo. Evocamos também a inquietação de Crémieux diante do subjetivismo relativista

36. I. Meyerson, op. cit., p. 192-193.
37. U. Eco, op. cit., p. 228.
38. Comentário de V. Woolf a *La Chambre de Jacob*. Cf. Fl. Delattre, *Le Roman psychologique de Virginia Woolf*, p. 132.

e do esmigalhamento do Ego. Muitos juízos foram orientados de maneira semelhante. W. Allen reconhece em Bloom "a figura mais universal do romance moderno", mas insiste na diversidade das interpretações suscetíveis de serem dadas a *Ulisses*[39]. Para J. B. Priestley, a obra de Joyce é um "esplêndido beco sem saída da literatura romanesca"[40]. R. Liddell, se admite que Joyce e V. Woolf tentam "exprimir o homem total", observa também que todas as personagens de V. Woolf se assemelham e que Bloom "nunca diz nada de interessante"[41]. Ver-se-á, nas personagens faulknerianas, vítimas de um *fatum* ou de uma engrenagem socioeconômica[42], ou ainda, consciências esmagadas pela burrice, pela paixão e pela hereditariedade[43]. Enfim, os romances de V. Woolf, de Joyce e de Dos Passos seriam marcados pela gratuidade, pelo esteticismo e pelo irrealismo, visto que suas personagens são cortadas da comunidade humana no plano psicológico bem como no social. V. Woolf teria "perseguido uma quimera procurando significações ao nível primário da percepção"[44]. Se A. Kettle reconhece que Joyce "ampliou sistematicamente a consciência de Bloom", julga contudo que o romancista "não conseguiu criar uma grande epopeia moderna, porque construía seu romance sobre uma base estética e porque foi demasiado dominado por um sentimento de isolamento e de exílio"[45].

> [Em Ulisses diz A. West,] vemos pessoas que comem, amam, argumentam, correm atrás do dinheiro... e tudo isso ao mesmo tempo. Mas não há sinal algum de atividade produtora (ainda que essa atividade condicione todos esses fenômenos). Não vemos operários... O aspecto das relações sociais que ele (Joyce) nos dá é, podemos dizer, o da *consumação*[46].

E as personagens de *Manhattan Transfer*

> [...] cada um tem um corpo, aspirações e um estatuto social... mas não são *pessoas*, pois não se nos faz sentir neles a presença de um espírito que se oriente a si mesmo. Não se nos mostra o núcleo ideal em torno do qual se organiza sua vida emocional. Portanto, apesar de sua realidade tão vivaz, não têm a *densidade sentimental de personagens romanescas*[47].

Esses juízos – aos quais convém juntar aqueles de que foi objeto o *Em Busca do Tempo Perdido* e que serão analisados no capítulo seguinte – implicam em substância que o quadro minucioso, detalhado de uma *totalidade psíquica* (admitindo que esse quadro seja verdadeiro) é incompatível com a representação de

---

39. W. Allen, *Tradition and Dream*, p. 27-30.
40. *Literature and Western Man*, p. 416.
41. R. Liddell, *A Treatise on the Novel*, cap. V.
42. Cf. Cl. E. Magny, *L'Âge du roman américain*, p. 230-240.
43. Cf. J. Pouillon, *Temps et roman*, p. 254-257, e J.-P. Sartre, La Temporalité chez Faulkner, *Situations I*, p. 79-80.
44. D. S. Savage, *The Withered Branch*, p. 95.
45. A. Kettle, op. cit., p. 149.
46. A. West, *Crise and Criticism*, p. 169.
47. J. W. Beach, *American Fiction, 1920-1940*, p. 37.

uma *totalidade humana*. Quanto mais o romance traduzia a complexidade de uma vida mental, mais parecia dissolver-se esta figura de um homem responsável, coerente, lógico até em suas paixões e que se adapta ao real (Alain caracterizava assim o herói romanesco) tal como o traçara até então o romance. Podia-se, por conseguinte, lamentar que Bloom, Mrs. Ramsay ou o Jimmy Herf, de Dos Passos, não tivessem, *além* de sua receptividade reflexiva, o *caráter* do Príncipe André, de Fabrice, de Natacha Rostov, que *pertenciam ao mundo*.

Essa nostalgia da personagem coerente, histórica, significativa justifica-se somente em face do conteúdo das obras. Mais exatamente: se este conteúdo não é distinguido de sua composição. Já sublinhamos que Forster e Muir, por exemplo, consideravam a não-organização do romance do homem interior como a consequência natural da expressão de uma corrente de consciência necessariamente desordenada, imprevisível por sua natureza: o aspecto caótico da narração refletia o caos dos acontecimentos romanescos, o qual, por sua vez, desenvolvia-se à imagem da "complexidade fugaz do real". Outra atitude – mais *justa aquela* – tende a explicar a estrutura dos romances do *stream* por sua *tecnicidade*, visto que a complexa movimentação de seu objeto obriga o autor a recorrer a procedimentos, no sentido estrito do termo. Para cercar mais de perto a realidade romanesca, essa abordagem das obras através de seu aspecto técnico nem por isso deixa menos em relativa sombra os problemas estéticos e epistemológicos propriamente ditos: a enformação não é a forma, nem o sentido. Enfatizar a desordem de O *Quarto de Jacó* ou de *Absalão!*, ou os modos de expressão utilizados para descrevê-los, é implicitamente não discernir as relações necessárias entre a maneira pela qual o romance é construído e uma visão do mundo, uma concepção da pessoa. "Uma técnica romanesca remete sempre à metafísica do romancista", escreveu com justeza J.-P. Sartre quando mostrou que a "mutilação" do tempo, por Faulkner, Joyce, V. Woolf, não dependia de virtuosismo, mas de uma necessidade[48]. Essa metafísica, contudo, está incluída na própria obra; não emana do romance; ela é forma.

"Forma" é um dos termos mais incertos que há. Existe, nos diz o linguista, uma forma da substância e uma forma da expressão: propomo-nos, nas páginas que seguem, mostrar que a dissociação da pessoa (traduzida por certas modalidades da narrativa) é, para Joyce, como para Faulkner, o conteúdo somente de uma ideia global do homem, concebida em relação a uma cultura, a uma civilização, a uma sociedade, a uma história; ideia que formas e técnicas traduzem.

A forma é sentido: a "decupagem" de que procedem *Rumo ao Farol* ou *Manhattan Transfer* referem-se tanto, ou mais, à noção de pessoa quanto o monólogo de Mrs. Ramsay ou as apressadas reflexões de Jimmy Herf. No romanesco em que intervém a corrente de consciência, o aspecto artificial ou arbitrário da composição contrasta com um conteúdo que provoca uma singular impressão de vida imediata. Se a diegese do relato se afasta da ordem histórica e cronoló-

---

48. J.-P. Sartre, op. cit.

gica, em compensação a textura romanesca parece compor-se de fenômenos naturais e espontâneos. Essa coexistência de uma organização *formal* e de uma tradução *sensível* da vida incitou, por exemplo, J. Isaacs a comparar o *Quarto de Jacó* a uma obra "cubista"[49]. Confrontemos este juízo estético com uma opinião de L. Gillet sobre *Ulisses*, em que desta vez a referência à arte de Juan Gris e de Picasso era pejorativa: "[...] estes retratos cubistas em que a personagem, invadida pelo mundo exterior, tem dificuldade de reencontrar seus pedaços"[50].

Essa crítica resume muitas outras: é impossível que uma personagem que se deixa invadir, ao acaso, pelos aspectos do mundo exterior, seja uma pessoa, do mesmo modo como não pode ter forma um romance que exprime (isto é: segue) essa invasão. Para nós, é precisamente a composição de *Ulisses*, ou de *O Quarto de Jacó*, que confere uma significação objetiva e dá sua coerência a uma pessoa que só é desagregada em sua experiência de si – e do real.

O DECOMPOSTO: A SUBSTÂNCIA

S. Gilbert observa que "todos os fatos, seja qual for sua espécie, (mentais ou materiais, sublimes ou sórdidos) equivalem-se para Joyce"[51], e um episódio muito íntimo da "viagem" de Bloom inspira estas observações a U. Eco:

> Tal é o momento sórdido, mas real (e aquilo que é real deixa de ser sórdido no seio de um universo desembaraçado de toda a primazia estabelecida uma vez por todas) em que se encontra a imagem, exata, embora reduzida, desta *Weltanschauung* que domina todo o livro. Entendemos com isto a epopeia do não-significativo, da estupidez, do não-escolhido: o horizonte total dos eventos insignificantes ligados em constelações contínuas, sendo cada qual origem e fim de uma relação vital, centro e periferia, causa primeira e último efeito de uma cadeia de junções e de oposições, de afinidades e de discórdias[52].

Observação importante, que comentaremos a partir de outra obra que também tornava épicos o trivial, o insignificante, a assimilação da pessoa aos objetos que ela percebe ou manipula, e às suas funções mais "orgânicas": *Bouvard et Pécuchet*. Sobre os romances de Flaubert, de uma parte, sobre *Ulisses* e *Em Busca do Tempo Perdido*, de outra, reina esta categoria do *não-escolhido* sublinhada por U. Eco. Entretanto, se Joyce e Proust submetem o mundo a uma *crítica* análoga à de Flaubert, se seus heróis fazem com que o real sofra uma metamorfose subjetiva, se eles o metaforizam como as personagens flaubertianas, em compensação o resultado que visam e obtêm é o contrário mesmo daquele que Flaubert obtém, porque, neste último, o não-escolhido procede de um estado

---

49. J. Isaacs, op. cit., cap. I.
50. Du côté de chez Joyce, *Revue des Deux-Mondes*, p. 693.
51. *James Joyce's* Ulysses, p. 22.
52. Op. cit., p. 248.

de não-sentido e ilustra este estado, ao passo que as odisseias aparentemente arriscadas e não-seletivas de Dedalus, de Bloom e do Narrador desagregam e assimilam esse mesmo *nonsense* para torná-lo significativo e coerente.

A pesquisa flaubertiana opera-se, cremos nós, em dois tempos – em duas etapas anunciadas por *A Tentação de Santo Antônio*. Em *Madame Bovary*, o imaginário ainda pode rivalizar com o convencional. Em *Bouvard*, a imaginação joga o jogo, com encarniçamento, de uma moral da tecnicidade que doravante substituiu aquilo a que chamamos valores. Constrangendo o "bovarismo" (a potência imaginante do subjetivo) a fazer o inventário de um universo irremediavelmente esclerosado, Flaubert alcança sobre essa realidade morta uma vitória cujo caráter masoquista não escapou a James nem a Lawrence[53]. Totalmente diferente será a experiência joyciana, quando seus dados são similares: numa sociedade que não é mais um conjunto de convenções destinadas a manter uma ordem, cada manifestação de uma existência individual torna-se doravante derrisória e necessária ao mesmo tempo. Em um mundo onde tudo é artifício, somente o enfezado sentimento de existir é real e autêntico. Enfim, e sobretudo, quando não há mais unidade entre os homens, só aparece como verdadeira a concretude funcional do *Eu*. Mas, a partir de uma mesma constatação de uma ausência de valores autênticos, Bloom e o Narrador (precisemos que, guardadas todas as proporções, o "pormenor íntimo" e o insignificante desempenham em *Em Busca do Tempo Perdido* um papel tão importante como em *Ulisses*) separam-se radicalmente de Emma e de Bouvard-Pécuchet, porque estes últimos *estavam submetidos* a um sistema sociocultural composto de sucedâneos de valores, enquanto o herói joyciano ou proustiano *transforma em consciência*, dissociando-o parcela após parcela, um universo de *aspectos* que, por essa desagregação, recobre sua autenticidade. U. Eco sublinhou com apuro que a obra de Joyce tende antes de tudo a desarticular um sistema de pensamento e de vida religioso e burguês, sistema que sobretaxou a existência concreta dos homens – ao menos na Irlanda[54]. Bloom quer reencontrar essa existência, da mesma forma como o Narrador quer reencontrar o tempo verdadeiro dissolvendo o tempo social e, nisto, as duas personagens (imitadas por Mrs. Ramsay ou pela heroína de *Peregrinação*) opõem-se radicalmente tanto à sensibilidade romântica quanto à sede estética do Durtal de Huysmans que, desgostoso do mundo real, só considera autêntico aquilo que ele pode tornar artificial.

Ao contrário, todos os aspectos do mundo e da vida para Joyce conservam o valor porque estes aspectos – estes pormenores – compõem, sãos e salvos por detrás e a despeito das telas das convenções sociais, culturais e morais, a única *universalidade* humana possível, que existe não menos no espaço de Dublin do que por uma duração "odisseiana" que aos poucos formou o homem. Universalidade que só pode ser apreendida nos momentos em que o indivíduo se sente total (corpo e espírito, funções orgânicas e "associações de ideias"). E esses

---

53. Ver supra, p. 57-61.
54. U. Eco, op. cit., p. 170-222.

momentos não são todos "sórdidos": o sórdido (o instante "sórdido *mas* real") não é necessário (a Joyce como a Bloom) salvo a fim de acusar a necessidade de apreender *todo* o humano, aqui e agora, porque ao lado dos rins fritos ou dos costumes de Ned Lambert existe, inclusive com valor, a dramaturgia shakespeariana, outro elemento de uma história que recobra vida, fugindo às falsificações de uma ordem sistemática e constrangedora. Assim não pode haver consciência a não ser pela mediação de uma pequena "Madeleine". A decisão lírica de Dedalus: "[...] forjar sobre a bigorna de minha alma a consciência incriada de minha raça"[55] comporta três graus: a aceitação do real, a epifania, a reconstrução (metafórica) da alma humana. Mas essa decisão ficaria abstrata e estetizante sem a aventura das mais terrestres de Bloom que, libertando-se aos poucos, pelo exercício de suas funções psicológicas, dos apriorismos e das convenções, dá vida a todas as coisas, e torna todas as coisas estéticas por si mesmas, ou mais exatamente descobre e faz-nos descobrir que, se há momentos privilegiados (e depende de cada um que *todos* os momentos o sejam), nada é privilegiado na ordem da beleza, nem naquela dos valores. Aqui aparece o vínculo de Joyce com a visão surrealista do mundo (e de um mundo atual), visto que muitos episódios de *Ulisses* anunciam além do mais a célebre epifania de *La Nausée* (A Náusea), em que Roquentin descobre a existência de uma raiz, todavia com esta imensa diferença de que J.-P. Sartre não dará uma significação estética a essa descoberta, nem a integrará numa cultura, num passado humanos. A odisseia de Bloom é uma viagem rumo à humanidade total, e queremos sublinhar o modo pelo qual em Joyce, em Proust, em Faulkner, a estruturação e a espacialização do romance são necessárias para significar essa totalidade, para represar uma sequência aleatória de momentos em que a consciência explode a fim de rumar de volta a seu centro.

Cabe, acima de tudo, ao *stream* (direto e indireto) traduzir a dispersão e a expansão alternadas da consciência e de seu confronto com o cotidiano. Aqui *Ulisses* é exemplar. Mas o momentâneo (o fato de o Ego sofrer e valorizar ao mesmo tempo o insignificante, é disperso pelo imediato e reunido graças a ele) caracteriza também a narração de Faulkner e a de *Berlin Alexanderplatz*. Os momentos serão também os focos do romanesco em Mann e em Musil. O *stream* (a sequência de instantes psíquicos) está no âmago de um novo romanesco a prestar testemunho, como no-lo disse a obra de V. Woolf, "do valor e da dignidade de uma experiência aparentemente banal"[56].

Banal (assim escolhida de propósito) mas totalizante, pois a personagem de Joyce, de Faulkner, de Döblin está empenhada numa aventura que não é historicamente limitada: vive uma existência inteira. Mesmo narrando apenas um fragmento de um destino, o romancista age de modo a abraçar o passado de seu herói e a esboçar pelo menos o futuro. Mesmo Proust, e sobretudo ele, ignora o traçado biográfico para desenvolver, ao contrário, momentos tanto

---

55. *A Portrait of the Artist.*
56. A. Kettle, op. cit., cap. IV.

mais significativos quanto é valorizada a contingência dos fatos que os "desencadearam". Na própria medida em que se afasta do cronológico, o romancista Faulkner em *Absalão!* (mas também T. Mann em *A Montanha Mágica*) nos fornece uma imagem global e aprofundada da pessoa. Imagem, diremos, necessária. Muitos comentadores (A. Kettle, L. Edel, J. Isaacs, R. Humphrey, P. Mendilow e R. Fernandez, em particular, para a obra de Proust) insistiram no efeito de condensação irradiante obtido graças ao monólogo. Convém, no entanto, não esquecer que a técnica dos olhares cruzados, parciais, contraditórios produz um efeito de síntese semelhante e complementar. D. Daiches salienta que *Mrs. Dalloway* representa "muito mais do que um dia de uma mulher" e que das exclusivas 24 horas de *Ulisses* emerge "a personagem talvez mais completa de todos os romances"[57]. Daiches observa, além disso, que o aqui-e-agora do *stream* "faz emergir a personagem na sua totalidade ao mesmo tempo temporal e histórica"[58]. Mas essa totalidade é sempre precária; ademais, permanece virtual, senão abstrata. A realidade externa que critica e desagrega o monólogo não é entretanto modificada: o mundo permanece estranho à vida autêntica das consciências. Paralelamente, o herói do *stream*, se procura e às vezes encontra seu ser através da dissociação de seu campo mental, não é mudado por essa experiência como o são, graças à sua ação sobre o mundo, à sua concreta participação na vida, um Julien Sorel ou uma personagem de Malraux. Fenômeno de imediatidade, o *stream* é todavia um fenômeno de memória e de retirada: faz aparecer, de maneira sintética e total, uma personagem privada no entanto de destino. Bloom e Dedalus encontram-se, reconhecem-se graças à sua aptidão comum para dissolver-se e para abraçar ao mesmo tempo a realidade, que assim se torna de novo coerente e autêntica. Mas os laços que acabam por unir os dois heróis de *Ulisses*, o parentesco que descobrem entre si permanecem, diremos, metafóricos e culturais. Dos poderes e da impotência do monólogo interior, Faulkner dá-nos a medida em *O Som e a Fúria*: Quentin Compson mata-se depois de ter constatado que a palavra interior nada pode mudar de uma condição humana (a sua) cuja total realidade e verdade ela caracterizou. Estar desarmado diante de uma realidade exterior que, entretanto, transformamos em verdade, decompondo-a, integrando suas múltiplas parcelas e aspectos; encontrar-se e encontrar o Outro autenticamente, mas à margem da existência concreta: tal é a condição de uma personagem mais completa do que Lord Jim ou do que o Príncipe André, mas da qual Julien Sorel é a antítese na medida em que a necessidade de se ver e de se conhecer é antitética da vontade de se realizar.

Para sublinhar o caráter técnico do *stream*, Joyce o evocou como uma ponte que o inimigo podia fazer saltar após a passagem das tropas[59]. Eloquente imagem: o monólogo interior não é menos um meio de comunicação do que um modo de revelação de uma consciência. A fórmula de Joyce precisa a situação

---

57. Character, *Criticism*, p. 354.
58. Idem, p. 352.
59. S. Gilbert, op. cit., p. 86.

de um escritor que, de uma parte, só pode encerrar-se nos limites daquilo que imita e, de outra, deve, em tal momento, abandonar essa identificação para passar ou ao *stream* de outra personagem, ou a outro modo narrativo, sem o que o romance inteiro seria (como *Senhorita Else*) unívoco, unilateral. O monólogo exclusivamente impressionista de Benjy ilustra a necessidade, para o escritor, de fazer suceder a um *stream* um contra-*stream*, como o contracampo, na arte do cinema, segue o campo. A consciência primária de Benjy, caso limite do monólogo (o percebido confunde-se com o reflexivo) tem uma função romanesca precisa: significar o absurdo ao qual está votada a família Compson. Seguirá o solilóquio de Quentin que explicará, num nível totalmente diferente, o destino familiar e o seu próprio, e observou-se com justiça que se os "registros" de Benjy representam o id (este pensamento-imagem no qual Freud vê o primeiro estádio da formação de uma personalidade), em compensação o discurso interior em que Quentin procura em vão sua identidade através da história – a degradação – de sua família, depende das noções de Eu e de Superego[60]. *Absalão!* também põe em jogo muitas consciências narradoras de níveis diferentes, desde o sobressalto de Rosa Coldfield até a trágica lucidez do filho de Sutpen e ao testemunho de Quentin Compson.

Assim, o monólogo tem duas funções romanescas, sendo que a primeira corresponde a um "em si" e a segunda a um "para outrem". Numa e noutra, reencontramos a profunda preocupação que têm em comum tantos grandes romancistas de um mesmo período: dispersar a pessoa, mas também esforçar-se por reuni-la. Concretizando as virtualidades, os poderes de uma consciência, o monólogo interior é, no entanto, incessantemente fragmentado, parcelar. Aberto ao exterior como à vida das profundezas (que ele liga entre si), um *stream* é contudo um universo fechado, uma palavra unívoca que faz da personagem um sonâmbulo do qual o leitor espera o despertar, que se realizará quando outro narrador ou outro modo de narração dirigirem uma luz diferente sobre o mundo romanesco do qual um primeiro *stream* frequentemente terá dado uma imagem condensada. Essa dualidade complementar da parte e do todo, do fragmentado e do global (Benjy é um elemento da família Compson, e exprime-a em sua totalidade, Dedalus é um fragmento do destino cultural do homem moderno e representa todo esse destino, assim como o primeiro volume de *Peregrinação* contém em potência a psicologia de Míriam, que será desenvolvida no decurso das oito narrativas seguintes), parece-nos de extrema importância, porque o monólogo implica e significa uma necessária *complementaridade das consciências* de que depende a ordem do relato e que confere um conteúdo e um sentido novos à ideia de pessoa.

A personagem de Balzac (e ainda, até certo ponto, a de James) pode ser comparada à palavra, ao signo linguístico tal como o definiu Saussure: o herói balzaquiano é um significante arbitrário que corresponde a um significado "natural", isto é, histórico, social, psicológico. A prima Bette compreende em

---

60. C. Collins, *The Interior Monologue of* The Sound and the Fury, p. 52-54.

sua pessoa e significa um conjunto de elementos do real (inclusive paixões) que existem independentemente dela. Bette significa uma sociedade, mas *não dá* a esta um sentido – seu sentido. Em compensação, em Flaubert, e, sobretudo, em James, aparece um nítido decalque entre o significado e o significante, porque então a personagem contesta as formas, as convenções sociais, e essa contestação procede de uma força que doravante é intrínseca e especificamente psicológica. Emma Bovary e Strether representam a vida social sem aderir plenamente a ela, pois lhe atribuem um significado diferente do que é dado a essa sociedade por aqueles que os cercam. O Sentido, para esses heróis, é detido principalmente pela Consciência.

A qualificação de signo absolutamente não convém mais ao Narrador proustiano, nem ao "homem sem qualidades". Uma força secreta, profunda, incita-os efetivamente a nada representar (nem a serem representados por nada), mas, ao contrário, a tudo significar – a dar um sentido a tudo – em função de seu Ego. São totalmente críticos. Pode-se dizer que ao desenvolvimento da narração presidem não personagens principais, mas consciências dominantes, e que a hierarquia das figuras romanescas se estabelece em função da envergadura dessas consciências, de sua plenitude sempre virtual (pois, sempre fragmentado pela necessidade de viver "exteriormente", o Eu jamais é "adquirido"), mas que constitui a realidade e a verdade humanas por excelência. Pondo a reinar sobre sua obra o subjetivismo existencial (preferimos esta expressão àquela, por exemplo, de relativismo subjetivo), o escritor não pode mais assegurar a progressão da narrativa unicamente pelas relações interindividuais concretas, vividas, históricas para dizer tudo: a maior trama do romance (*Em Busca do Tempo Perdido* ou *Rumo ao Farol*) compor-se-á de relações dialéticas entre a fluidez das consciências interpretantes e dos fatos pontuais. O olhar-sujeito do Narrador sobre o sonho-objeto de Albertine pode ser considerado como um modelo de ação romanesca, desempenhando o papel assinalado por Balzac ao colóquio dramático que abre *La Cousine Bette* (Prima Bette).

Da primazia conferida ao subjetivo – primazia totalmente relativa, pois a "alma universal" sofre sempre a pressão de uma realidade externa de que por assim dizer se nutre – procedem três aspectos estruturais do romanesco: a solidão das consciências, não obstante sua complementaridade, e a divisão do universo romanesco em dois planos distintos, um situado do lado da consciência, o outro onde dominam as coisas.

No seio do monólogo desenvolve-se uma situação da qual Flaubert e James se haviam aproveitado muito: "A vê B" significa que existe mal-entendido entre A e B, dado que nenhum deles é visto pelo Outro como o desejaria ser. Das duas personagens em presença (Emma Bovary e Charles, Izabel Archer e Goodwood) uma tem uma consciência ao mesmo tempo mais ampla, mais diferenciada e sobretudo mais crítica do que a outra. Mas a personagem do *stream* não vê B: viu-o, ou o vê sem que B possa responder-lhe, de modo que o mal-entendido entre as personagens é muito mais grave do que era, por exemplo, em *Retrato de uma Senhora*, porque visto aqui e agora, ou revisto na recordação por A, B não passa de um ponto em comparação com a consciência movediça e ressonante do sujeito que monologa. O próprio fato de que A seja uma consciência sempre fragmentada, mas virtualmente total, e que englobe B, implica que A não foi compreendido por B como A desejaria sê-lo, isto é, precisamente como uma consciência, mas *pura*, sem máscara. Pensamos nas relações que se estabelecem *em* Mrs. Ramsay, o Narrador, Quentin Compson *com*, respectivamente, Lily Briscoe, Albertine, Caddy. Essas relações são nostálgicas: as convenções sociais, o Tempo, ou ainda essa impenetrabilidade de outrem, que com tanta frequência faz o Narrador sofrer, impediram a única comunicação válida, autêntica: a comunicação das vidas interiores.

Entretanto, *Em Busca do Tempo Perdido, Peregrinação, O Quarto de Jacó, O Som e a Fúria* não suscitam esse sentimento de irremediável que nos inspira *O Processo* ou *Tender is the Night* (Suave é a Noite), porque se V. Woolf, Faulkner ou Proust não têm mais ilusões do que Fitzgerald, Kafka ou Malraux sobre a comunicabilidade das consciências, ao menos suas narrativas nos propõem modelos possíveis, virtuais, de comunicação. A gente se comunica muito tarde ou unilateralmente no *stream*, mas ao menos o leitor pode conceber que nem toda a consciência persegue absoluta e inevitavelmente a morte da outra; que a incomunicabilidade das consciências não é radical – visto que a consciência *existe*, com sua riqueza, sua mobilidade e, sobretudo, com sua indeterminação. O valor do *stream*, que será logo refutado por Malraux, Bernanos, Steinbeck, Sartre, é este: poderíamos compreender o outro e sermos compreendidos por ele se fôssemos seres psicológicos – portanto poéticos, se pensarmos na linguagem do *stream* –, isto é, libertos do pesadelo da História. Reencontramos aqui, quanto ao problema da comunicação, a dialética da parte e do todo, do fragmento e do recomposto. Se a pessoa fosse essa totalidade "interior" na qual o *stream* implica pela própria decomposição que opera, ela estaria aberta à comunicação.

Nesse romanesco em que a dominante é subjetiva, as consciências revezam-se umas às outras. Mostrou-se, e insistiremos neste fato ao examinar as relações entre temas psicológicos e estruturas romanescas na obra de Proust, que parentesco (psicológico, ético, estético) une o Narrador, Swann e Charlus. Em *Rumo ao Farol*, Mrs. Ramsay é substituída por Lily Briscoe na função de narradora e testemunha "subjetiva" de uma realidade a bem dizer externa, estranha, senão absurda. Depois de ter seguido caminhos muito diferentes, Bloom e Dedalus se encontram, e dessa reunião de um "homem meio sensual" e de um "artista boêmio e arrogante"[61], que ocorre em circunstâncias aleatórias, triviais (porque, pensa Bloom, o atual *deve* fazer mergulhar "todo o futuro no passado"[62]), nascerá a imagem de uma pessoa virtualmente universal. Bloom encontra Stephen, "reconhece nele seu Telêmaco"[63], no

---

61. W. Allen, op. cit., p. 31.
62. J. Joyce, *Ulysses*, p. 172.
63. W. Allen, op. cit., p. 31.

momento em que este judeu convertido cessa de renegar sua judaicidade[64]. Então as duas personagens comunicam-se na destruição de uma imagem convencional, constrangedora do homem, e se completam, não enquanto seres sociais, mas na visão de um devir humano concreto, que engloba sociedade, tendências psicológicas, história e cultura, como o passado e o presente. Em *Luz em Agosto*, a busca sobressaltada de Lena emparelha com a fascinação de Christmas, obsediado por um passado que ele confunde com o seu ser. A complementaridade das consciências em sua impotência de completar-se, de conceber sua coerência, sua plenitude, parece ter sido para Faulkner uma verdadeira exigência. Depois de quase acabar "The Wild Palms" (Palmeiras Selvagens), sentiu que sua narração necessitava de "alguma coisa para valorizá-la, como o contraponto em música": a história de um amor vivido, e rompido pela morte (por um aborto), será unida num mesmo livro àquela de um homem que "encontrou seu amor e passa o resto de sua vida a fugir dele, até voltar voluntariamente à prisão": "The Old Man" (O Velho)[65]. Esse contraponto, essa necessidade de fazer com que as personagens se revezem entre si, caracteriza os romances cujo monólogo interior – na medida em que exprime as *reações imediatas de uma personagem diante de acontecimentos*[66] – constitui a arquitetura fundamental (*Peregrinação, Ulisses, O Som e a Fúria, Rumo ao Farol*) ou uma estrutura latente (*Luz em Agosto, Em Busca do Tempo Perdido, Berlin Alexanderplatz, Manhattan Transfer, O Homem sem Qualidades*). Em D. Richardson, cada rosto encontrado por Míriam é uma etapa no caminho do Ego, e dir-se-á igualmente de Hans Castorp que ele é a figura central de um romance que ele não faz e cuja significação não encarna sozinho: o herói de *A Montanha Mágica* é antes de tudo uma testemunha, uma consciência cada vez mais receptiva, e sua personalidade compor-se-á das de Mme. Chauchat, de Settembrini, de Naphta, ao longo de uma narração que só se desenvolve em função de suas experiências (passivas no mais das vezes) e de suas meditações[67]. Neste grande período romanesco em que a subjetividade se expande por fascinações aventurosas, mesmo criticando o mundo a ponto de desagregá-lo – este mundo que não passa de falsas aparências –, a pessoa aparece como um mar cujas personagens são as vagas.

À "defasagem" entre as consciências e a sua complementaridade ajunta-se um terceiro aspecto estrutural do romance: a oposição entre personagens-sujeitos e personagens-objetos. No romance proustiano e faulkneriano, na aventura mais e mais interior da heroína de D. Richardson, na narrativa de Musil, uma nítida demarcação separa aqueles para quem a sua consciência é uma realidade primordial, e aqueles cuja pessoa se confunde com um papel, uma função, uma máscara: Mr. Ramsay, Odette de Crécy, Robert de Saint Loup, o diretor da

---

64. J. M. Morse, Augustine, Agenbite and *Ulysses*, P.M.L.A., p. 1151-1153.
65. Writers at Work, *The Paris Review*, p. 133.
66. D. Daiches, op. cit., p. 352.
67. Cf. M. Boucher, *Le Roman allemand (1914-1933) et la crise de l'esprit*, p. 70-90, e K. Lehmann, *Der Roman unserer Tage*.

escola onde Stephen Dedalus ensina. Faulkner, em particular, oferece exemplos impressionantes do contraste entre o "consciente" e o "reificado". No início de *Santuário*, Benbow (visto por Popeye) tem "a inquietante delgadeza de uma silhueta de ferro branco", e os olhos de Popeye "têm o ar de dois botões de borracha que foram enfiados com um aperto de polegar e voltaram a seu lugar"[68]. Aqui a consciência está do lado do narrador, mas em *O Som e a Fúria* e em *Luz em Agosto* são Quentin e Christmas que sofrem, ficam espantados, na acepção forte do termo, por sentirem-se diferentes em natureza de certos seres que, no entanto, são ou foram seus familiares. Assim se opõem igualmente o Narrador e os Verdurin, o Barão de Charlus e Morel, o jornalista de *Pilone* e seu redator-chefe, Dedalus e Mulligan. Esta oposição parece-nos de grande importância no tocante à estética do romance do monólogo, assim como em relação a seus aspectos psicossociológicos. Joyce, observa E. Muir, "vê todas as suas personagens, com exceção da personagem central, exatamente como poderia vê-las um romancista tradicional"[69].

Essa observação pode ser estendida a todos os grandes escritores que tomaram a vida das consciências como campo romanesco fundamental: uma zona que compreende personagens-tipos distingue-se de maneira surpreendente da zona do ou das personagens atípicas, que são consciências ao mesmo tempo fechadas em si mesmas e abertas (e vulneráveis) ao mundo. As primeiras representam este mundo. As segundas o comentam, criticam-no, *veem*-no. Umas são livres porque ligadas a uma ordem aparente da qual são os elementos. As outras sentem-se prisioneiras dessa ordem inautêntica, alienante – que não é à semelhança de sua vida mental. Mas em seu esforço por não serem personagens – por não representarem o mundo – Bloom, o Narrador ou Míriam desmascaram essa realidade externa com a qual se chocam. Arruínam suas convenções e põem a nu as "falsas estruturas". Quentin Compson e Mrs. Ramsay são seres tão sociais quanto Frédéric Moreau ou Marianne. Não são mais introvertidas do que Raskolnikov ou Emma Bovary. Mas nas diversas formas da chamada narração objetiva ou tradicional, a personagem admite, reconhece, nomeia as mediações (sistema social, amor, ciúme, princípios de moral, mitos) que ao mesmo tempo a afastam e lhe permitem aproximar-se (para sua salvação ou para sua perdição) do mundo, de outrem, de si mesma. A personagem do monólogo, que desejaria viver "entre os atos", vê ao contrário em toda a mediação uma tela. Instintiva ou voluntariamente, decompõe modelos, referências, mitos, convenções. Por isso esbarra sem defesa (mas geralmente sem ilusão) em objetos nus, pontuais, a que no entanto quer dar um sentido. Quando Emma Bovary vê uma mesa brilhantemente servida na casa de um pequeno nobre de província, seus sonhos a levam imediatamente a aderir a este espetáculo. Ela tem sob os olhos os signos do valor de sua personalidade. Em James, os objetos e as estruturas sociais permanecem intatos. Em seu esforço para ser fiel a si (mais

---

68. *Sanctuaire*, p. 1-2.
69. E. Muir, *The Structure of the Novel*, p. 131.

exatamente: para guardar mais estritamente essa fidelidade), a personagem de James toma distância com relação ao mundo exterior, sem contudo corroê-lo à maneira de uma Mrs. Ramsay. Esta, com efeito, quando tricota um par de meias para o filho de um guarda de farol, pergunta-se incessantemente o que fazem aí as coisas presentes, qual o sentido deste afetado universo doméstico que a todo o instante a solicita, a impede, mesmo fascinando-a, de conceber-se a si própria como ser. Então torna-se movediça, e no entanto surpreendente pela nitidez, a fronteira entre o pessoal e o não-pessoal, porque são os próprios objetos (e não sua expectativa, o desejo ou a necessidade que deles pode ter a personagem) que fazem de certa forma explodir uma consciência e provocam, por reação, esta sede de *ser*, de conhecer o sentido de sua presença no mundo, que é comum a Míriam e Jimmy Herf, Quentin Compson e o herói de Musil. O choque do imediato revela o profundo, o disperso exige o uno. Mas essa profundidade e essa unidade ficarão movediços e indecisos porque o imediato não tem forma nem sentido. A coisa percebida, o objeto integrado foram isolados, voluntariamente ou não, do sistema, da estrutura aos quais pertencem. O mundo, para o sujeito, não tem *ordem* em si.

Uma situação que julgamos essencial não deve levar-nos a generalizar. Cada romance comporta, representados e vividos por personagens, muitos graus de consciência – e de inconsciência. A alternância de fascinação e de lucidez, de espanto e de reflexão assume um sentido muito diferente em dois romances cujo parentesco sublinharemos mais adiante: *Em Busca do Tempo Perdido* e *Peregrinação*. A personagem de D. Richardson isola-se das coisas e dos seres na própria medida em que estes a obsediam; hipnotizada pelo mundo, Míriam reagirá contra ele encerrando-se na solidão do Ego. O Narrador, ao contrário, ordenará os objetos percebidos (ou suportados), fará do exterior a matéria, o apoio de um conhecimento de si. A personagem de *Berlin Alexanderplatz* é o joguete, a coisa da desordem mecânica de uma grande cidade, mas acabará por ser salva quando se sentir solidária com as massas operárias, enquanto as personagens de *Manhattan Transfer* (com exceção de Jimmy Herf, relativa "consciência" do romance) serão vítimas de uma existência urbana que as arranca de si próprias, provocando nelas a nostalgia do Eu – da vida interior, do passado. Christmas está literalmente entregue ao fascínio do fragmentário, do incoerente, mas Stephen Dedalus e Leopold Bloom deixam-se penetrar conscientemente pelo real, confrontam-no com seu pensamento, e assim reencontram a unidade concreta da vida pela dispersão do vivido.

Um fenômeno, entretanto, transcende todas essas obras, e reencontrá-lo-emos em Kafka: a necessidade da personagem de ser o significante de objetos que, na qualidade de signos sociais (na medida em que já são significados), lhe são *estranhos*. Em seu esforço para transformar tais objetos externos em objetos *pessoais*, a personagem percebe – ou essa constatação se opera nela – que o sentido que espera da coisa, e que pretende dar a esta, não guarda proporção com a percepção ou a fascinação de um fragmento isolado de um conjunto. A personagem deseja significar-se por ocasião do contato com um objeto demasiado próximo e do qual sua consciência está demasiado afastada. O destino das figuras romanescas de Proust, de V. Woolf, de Faulkner, é de estarem presas entre fatos, coisas, pessoas que querem como imediatos, e forças psíquicas, imagens, obsessões cuja fonte é muito profunda, muito longíqua. A personagem assume uma mediação na maioria das vezes dolorosa entre um universo de pormenores ao qual é obrigada a aderir, e uma essência de sua pessoa que lhe foge, pois esta essência pertence a um passado, a uma memória irrecuperável em sua integralidade. Um Eu demasiado próximo procura um Ego demasiado afastado. Ora, a personagem não empreende esta busca para satisfazer um sentimento, uma paixão. Ela não é de modo algum o herói romântico desejoso de dar ao mundo a forma de sua vida afetiva[70]. Quer, ao contrário, situar-se, compreender-se na e pela consciência tal como esta é, tal como a personagem é aí lançada. Ela vai para a identidade de seu Ego por *ocasião* de circunstâncias que, em outros romances, teriam determinado e composto um drama que comporta um fim nos dois sentidos do termo: uma intencionalidade definida e um termo. Para além do fato vivido, da aventura, levanta-se a questão da autenticidade para a personagem do monólogo, ou é levantada nela. O preço dessa interrogação é o sentimento de uma não-finitude, de uma dispersão deste ser que a personagem desejaria precisamente reconhecer como total, ou ao menos como existente. Mas essa viagem infinita revela à personagem e ao leitor, *ou somente ao leitor*, a vida orgânica de uma consciência, e a singularidade concreta de cada aspecto do mundo e do humano.

O monólogo é efetivamente a linguagem de um esforço de atenção que, em torno do objeto surgido ou escolhido, cristaliza diversas funções psicológicas: emoção, memória, imaginação, intelecção. Eis por que, sem dúvida, pressentimos haver uma totalidade psíquica por trás do fragmentado vivido desde o início de *Em Busca do Tempo Perdido* e desde o primeiro capítulo de *Ulisses*. Mas a intensidade com a qual a personagem capta o não-Eu (e reflui para o Eu) nos faz também sentir o quanto a realidade é para ela, em primeiro lugar, exterioridade. Neste mundo do exterior do qual gostaria de abolir a fronteira que a isola dele, vê sobretudo uma resistência que tanto os seres como as coisas lhe opõem. Com um mesmo olhar, ou quase, decomporá, analisará as "personagens" e os objetos cuja *forma aparente* constitui obstáculo ao *stream of consciousness*. Cumpre mencionar aqui uma observação de M. Chastaing: "Por que o literato suporia alguma diferença entre o espírito vivo e as naturezas mortas? Esperamos ver na água da reflexão, como nos livros de Dorothy Richardson, no mesmo plano, os objetos corporais e os objetos mentais"[71].

"Proust", nota além disso M. Chastaing, "estuda uma face de moça como na geografia em relevo"[72]. Essa assimilação do animado ao inanimado (e inversamente) não é, todavia, comum a todas as épocas literárias. Em Proust, a confusão do humano e da coisa não tende, como em Balzac, a significar uma personalidade ou a situar um indivíduo num conjunto social. Em *Peregrinação*

---

70. Cf. R. Champigny, *Sur un héros païen*, p. 48-50.
71. Notes sur le style du roman, número especial do *Journal de Psychologie*, 1951, p. 299-300.
72. *L'Existence d'autrui*, p. 170-171.

(por exemplo) só está em causa um Ego que se defende contra um mundo exterior que precisa, no entanto, perceber com intensidade para compreender-se e para existir, e que metamorfoseia (metaforiza) os objetos de que é constituído este mundo. Perceber a coisa é fazê-la entrar no domínio do "demasiado distante", que a transforma em imagem. Não há diferença fundamental – quanto à expressão e à significação da pessoa pela narração com predominância subjetiva – entre a cena em que Míriam "imagina" salmonetes e azeitonas e o começo de *Pilone* que nos mostra Jiggs fascinado por botas. Que uma jovem introvertida se aperceba de súbito que as coisas existem e têm nomes, retornando depois a si mesma, ou que um mecânico contemple um par de botas que tão logo contemplado simboliza uma parte profunda de seu ser, o sentido da narração permanece o mesmo: a desproporção é manifesta entre a extensão de uma consciência e o ponto do mundo que ela aprende. Procurando indícios que a conduziriam ao Ser, a personagem só encontra signos. Ela os entrega à sua alquimia mental, mas o mundo não será "personalizado". Este esforço de decomposição e de metamorfose percebemo-lo tanto na narração progressiva como no relato retrospectivo: em *Ulisses, Peregrinação, Rumo ao Farol*, em que a atividade mental da personagem se exerce em contacto com objetos sucessivamente presentes, como em *As Ondas, Em Busca do Tempo Perdido, Luz em Agosto, O Som e a Fúria*, em que o narrador capta seu passado e aquele de outrem. Apreendidos ou lembrados, "vividos" ou imaginados, os objetos, os fatos, permanecem corpos estranhos à pessoa.

No entanto uma imagem, uma concepção do homem resultarão desta viagem entre o demasiado próximo e o demasiado distante. Com efeito, se a personagem não chega a criar uma harmonia, uma continuidade entre o Eu e o Ego, ao menos consegue fazer surgir sua vida mental e a das coisas fora das formas abstratas, dos códigos que comumente as designam: o psíquico e o universo dos objetos nos aparecem como realidades que podemos chamar fenomenológicas. A personagem desmitifica sua própria consciência e o mundo. Ela os arranca às noções comumente admitidas para revelar e recriar sua existência mesma. Sem dúvida, é Faulkner que nos faz perceber mais nitidamente que a fervilhante atividade mental do herói do *stream* tem como causa profunda a necessidade (consciente ou não, mas quase sempre obsediante) de dar aos objetos um sentido que lhes diz respeito na qualidade de ser singular e que por este meio se torna humano. Pensemos na célebre passagem de *As I Lay Dying* (Enquanto Agonizo):

> Quando nasceu, eu soube que a maternidade fora inventada por alguém que tinha necessidade de uma palavra para dizer isto, porque aqueles que têm filhos não se perguntaram se havia uma palavra para dizer isto ou não. Soube que o medo havia sido inventado por alguém que jamais tivera medo; o orgulho por alguém que jamais tivera orgulho. Soube que o que se havia passado não era que eles tinham o nariz sujo, mas que fora preciso, para falarmos uns com os outros, servimo-nos de palavras, como as aranhas que dançam suspensas pela boca a uma trave, saltitam e giram sem nada tocar...[73]

---

73. *As I Lay Dying*, p. 463.

O mundo deve ser experiência. Em sua exigência de autenticidade, a personagem tende a atravessar as palavras, os aspectos de outrem e até mesmo as noções (particularmente a de tempo, e a de amor). Para além das formas e das fórmulas, procura apreender substâncias, conteúdos, uma matéria que sua consciência possa verdadeiramente integrar. A busca da identidade implica a desagregação das aparências. O Narrador confiou de início nos nomes, depois os afastou a fim de descobrir, sob essas etiquetas, as verdadeiras coisas e os verdadeiros seres. Pensamos também em Joyce: "Que é que há num nome? Perguntamo-nos quando somos crianças ao escrever o nome que nos dizem ser o nosso"[74].

Essa exigência de autenticidade concreta refere-se, para além das formas aparentes, do exterior, à sensibilidade da personagem assim como à sua inteligência: na narrativa monologada intervém à própria consciência do corpo[75] ou, antes, a consciência pelo corpo. "Nossos ventres que teriam pensado que nossa garganta estava cortada", escreve Faulkner[76]. Em Proust, o corpo mede o tempo[77], e a vista, o tato, o ouvido, o olfato constituem a trama do discurso afetivo do Narrador[78]. Essa participação do corpo é dissimulada em *Peregrinação*[79], velada em V. Woolf, mas a sensibilidade da consciência narrativa permanece tão viva que percebemos, através do monólogo, a ação de uma rede sensitiva em constante despertar. E tal como para Faulkner o medo não existe, mas somente existem pessoas que têm medo, da mesma forma vemos em *Em Busca do Tempo Perdido* uma viva diferença entre o ciúme-paixão e o ciúme-comportamento. Se evocarmos a história da expressão do ciúme no romance francês[80], constataremos o quanto Proust decompõe em elementos vividos, concretos, existenciais, um sentimento que, de Mme. de La Fayette a Rousseau, depois a Stendhal, evolui, por certo, mas permanece uma categoria psicológica, integrada no discurso que exprime o universo e a hierarquia das paixões. Não que Proust seja um analista mais penetrante do que seus predecessores, porque estes descrevem com precisão o fenômeno específico do ciúme: temor de ver o objeto amado pertencer a outro, e desejo incoercível de certificar-se se assim é. Mas tais estados psicológicos em Proust não passam de emergências. O Narrador necessita ser ciumento para relacionar-se e comunicar-se com Albertine. Procedendo de um conflito fundamental entre o desejo e o temor de possuir, o "ciúme" impregna todas as suas atitudes. Nós o vivemos com ele, quer olhe Albertina dormindo quer lhe envie uma mensagem quando ela saiu acompanhada de Françoise. Assim os comportamentos, os gestos, as imagens desagregam este bloco chamado ciúme. Em compensação, o Narrador fará a síntese dos momentos que terá vivido como ciumento, e dar-se-á conta de que

---

74. *Ulysses*, p. 201.
75. M. Chastaing, *L'Existence d'autrui*, p. 171, e J. Pouillon, op. cit., p. 256.
76. *Pylône*, p. 29.
77. Cf. C. Vettard, Proust et le temps, N.R.F., p. 205 s.
78. Cf. H. Bonnet, *Le Progrès spirituel dans l'oeuvre de Marcel Proust*, p. 100-110.
79. W. Allen, op. cit., p. 38.
80. Cf. M. Zéraffa, *Aspects psychologiques du langage romanesque*.

os tormentos experimentados por Albertine enriqueceram seu Ego e afinaram seu sentido estético[81].

O homem do monólogo está sempre demasiado próximo ou demasiado distante da vida, e demasiado próximo ou demasiado distante de sua consciência. Quando cessa de ser fascinado pelo atual, é presa da alquimia mental que provocou sua paixão do imediato. Em ambas as situações, desfaz a linguagem como discurso ordenado, com articulações lógicas e em princípio compreensíveis para todos, e destrói, por conseguinte, os valores que este discurso representa. Observando que o amor é "o espaço e o tempo tornados sensíveis ao coração"[82], o narrador de *Em Busca do Tempo Perdido* exprime, como Faulkner, a recusa de toda a retórica: só é autêntica a consciência do vivido, só é verdadeira a pessoa que desejaria decompor os significados para reconhecer-se como significante, como ser autêntico. A personagem só se sente envolvida pelos pormenores, pelas engrenagens, pelas partes constitutivas dos fenômenos; a árvore não lhe oculta necessariamente a floresta, mas o termo "floresta" não tem ou não deveria ter para ela sentido senão ao tocar a árvore: ou chega a desagregar a realidade e a integrá-la no Ego – como Bloom, Ramsay, o Narrador –, ou a consciência se choca com os objetos fascinantes sem poder assimilá-los: é o caso de Benjy, e, ainda mais tipicamente, de Popeye em *Santuário*, que se serve de uma coisa para violentar Temple.

Destruir as telas do *a priori*, substituir o nocional pelo vivido, minar as aparências e as normas que delimitam artificialmente a existência humana a fim de evidenciar o movediço sob o imobilizado, o múltiplo sob o uniforme, e traçar uma figura da pessoa que não seja nem o reflexo nem a emergência da vida social, tais parecem ser as intenções dominantes do romancista da corrente de consciência. Evocamos aqui uma observação que nos fez de viva voz T. Adorno: enquanto o monólogo "unilateral" de *Senhorita Else* deixa intacta a ordem social e suas injustiças, estas ao contrário são *atacadas* pelo *stream* joyciano. As personagens que, por volta de 1920, renovaram a imagem da pessoa só são pulverulentas, para repetir o epíteto de Gide, porque são forçadas a pulverizar uma ordem opressora e porque, precisamente, fez deles átomos sociais; não são mais membros de uma sociedade.

Se a tradução direta ou indireta da corrente de consciência faz aparecer a paixão da experiência vivida e da imediatez como a razão de ser da personagem-narrador, essa atitude só difere em grau de uma visão do mundo comum à maior parte dos romances importantes contemporâneos de *Ulisses*: Jacques (*Os Thibault*), Etzel Andergast (*O Caso Maurício*) ou Hans Castorp, sem falar dos protagonistas de *Os Moedeiros Falsos*, também descartam os sistemas de signos e de significações que não procedem de sua experiência – tal como podem vivê-la em certas condições econômicas e sociais. O homem obrigado a criticar e a desmitificar a realidade imediata (e antes de tudo sua própria realidade

---

81. *Jeunes filles*, p. 600-601, e *La prisonnière*, p. 44-80.
82. *La prisonnière*, p. 386. Basta confrontar *L'Amoureuse initiation* com *Em Busca do Tempo Perdido* para ver que Milosz exprime uma psicologia "formal" e Proust, uma "alma viva".

interior) é uma figura central do romanesco da época que medeia entre as duas guerras até a aparição de *Os Conquistadores*. E se a gente se ativer a uma óptica estritamente psicológica, observa-se que numa obra como *Studs Lonigan**, de J.T. Farrell (1932-1935), a personagem desintegra-se na e pela alienação (Studs aceita sem discussão o "código da vida selvagem"[83] e os modelos que este imprime em seu universo mental, particularmente pela mitologia o cinema), uma realidade social que outros dissociam por lucidez, narcisismo ou introversão: no "sonambulismo", como no olhar crítico, a consciência permanece analítica, separadora, atomizante. Não é o amor, mas a maneira como é vivido o amor que nos mostra o Faulkner de "Palmeiras Selvagens". Em *O Caso Maurício*, a história de um erro judiciário permite a Wassermann confrontar o universo formal das leis, das tradições, dos aparelhos do poder, com a realidade psicológica e as exigências morais em certos indivíduos nos quais se associaram a necessidade de autenticidade e a sede de liberdade. Um desses universos é representado pelo magistrado Andergast, o outro por seu filho Etzel e pelo condenado Maurício. Ao olhos de Andergast, a pena de prisão é um castigo lógico, coextensivo à falta social. Para Maurício, a prisão encerra um homem em sua própria história e em sua vida psicológica:

> O mais horrível é que, com a possibilidade de querer, as palavras pelas quais se quer também caem em poeira. Com efeito, tudo é tão estreito, o ritmo da vida tão mesquinho, o domínio em que a gente se move tão vazio; nenhum desejo, nenhuma aspiração, somente as necessidades materiais ousam manifestar-se; e em vós o cérebro trabalha, borbulha, trabalha até o desespero (julgar-se-ia caminhar numa floresta e ver os caminhos apagarem-se atrás de si), as palavras abandonam-vos, perdem seu valor [...]
> Por que não mataram o sexo em mim? Não ter trinta anos e ser enterrado vivo. Não se vê mais em torno de si senão o ato carnal que desencadeia um frenesi sexual, duas nuvens no céu que se aproximam, as vigas que o carpinteiro junta na oficina, a chave que o guarda introduz na fechadura, a erva que viceja entre duas lajes, a própria língua quando molha os lábios, o H maiúsculo do título de um livro, a tampa de uma garrafa[84].

O romance de Wassermann é construído, talvez com demasiado rigor, sobre a dualidade do formal e do espontâneo: do não-humano e do humano. Sócio-historicamente, sua estrutura opõe o mundo dos pais ao mundo dos filhos, os aparatos do Estado às liberdades individuais (conflito que o nazismo iria resolver terrivelmente). No plano psicológico, a reclusão de Maurício põe frente a frente a realidade concreta das tendências de um indivíduo e a "ideia" que uma sociedade hipócrita pode conceber do fato. Poucos romances dividem tão radicalmente as personagens em dois clãs: o de uma visão totalmente convencional do mundo e o de uma consciência direta. O magistrado Andergast conhece o mundo por um sistema de signos, Maurício e Etzel querem conhecê-lo pela

---

*   Título da trilogia composta por: *Young Lonigan*; *The Young Manhood of Studs Lonigan* e *Judgment Day* (N. da E.).
83. W. Allen, op. cit., p. 172.
84. *L'Affaire Maurizius*, cap. XIII.

experiência. Mas entre os dois oscila a ambígua personagem de Waremme, intelectual e israelita que se perde por querer participar, ao mesmo tempo, do mundo dos poderes e daquele da independência. Herdeiro do expressionismo, Wassermann quer mostrar que o homem só se tornará humano reconciliando as formas de seu saber e os dados imediatos de sua consciência. Tudo indicava, no começo, que a personagem de Etzel, figura central de uma trilogia romanesca (*Maurício, Etzel Andergast, Joseph Kerkhoven*) asseguraria esta mediação, resolveria esse conflito. Ora, Etzel fracassa: a força de seu impulso para livrar-se daquilo que Kafka chama "a esfera paterna" faz dele "outro filho" que trairá seu "outro pai": o médico Kerkhoven. E este só tomou consciência de seu destino depois do encontro de um "pai" de forte personalidade, Ilren[85]. *Maurício* exprime com particular nitidez a problemática e o drama da pessoa tais como os apresentam a maior parte dos grandes romances de 1920 a 1930: procurando reencontrar valores autênticos e vivos, o indivíduo só crê que possa descobri-los se seu Ego for sentido como uma totalidade, compreendendo não somente a experiência do atual, mas ainda a herança do passado: a herança, o mais das vezes, do pai ou da mãe. Talvez a trilogia de Wassermann dava sua nitidez estrutural aos princípios do expressionismo, que o escritor parece utilizar como referência, mas cujo conteúdo ele modifica profundamente. Como os expressionistas, Wassermann rejeita as "leis"[86], mas não chega ao ponto de negar aquelas do corpo: ao contrário, dá o devido lugar aos fenômenos fisiológicos. Rejeita o mundo dos pais[87], embora mostrando que o homem não se realiza sem ser um filho: *Etzel Andergast* e *Joseph Kerkhoven* oferecem-nos exemplos típicos de complementaridade, de troca entre as personagens. Kerkhoven seria inacabado sem Ilren, Etzel o seria sem Kerkhoven. Aqui também se constata que a noção de pessoa não mais coincide com a unicidade do indivíduo. Lendo Wassermann tem-se a sensação de que o vínculo *psicológico* com o pai como com o Outro é indispensável à personagem para intervir na história socioeconômica, e transformá-la num sentido mais humano. Assim, a consciência que tende a humanizar as convenções e os aparelhos da sociedade acha-se na realidade dividida entre duas fascinações: a da vida imediata e a do universo ultrapassado e obscuro, que ela desejaria integrar para tornar-se total, e dar então um sentido à sua vida e à vida.

É a dissociação, o esmigalhamento da pessoa e do Ego que traduzem o monólogo interior e os diversos modos de expressão do "pirandellismo"? A erosão quase sistemática dos contornos, o estudado inacabamento das cenas, das descrições, dos diálogos, o suspense em que é deixada a evocação dos estados psicológicos parecem-nos antes exprimir a fragmentação de uma ordem, de convenções, de um discurso que, no espírito do romancista e de suas personagens, não são mais do que aparências esclerosadas. As miríades de impressões, que para V. Woolf constituem a verdadeira vida (e a vida unânime), representam

---

85. M. Boucher, op. cit., p. 72-73.
86. E. E. Noth, Le Roman allemand, p. 162.
87. Idem, p. 163.

uma ética segundo a qual a existência humana autêntica reside fundamentalmente no comentário psíquico das aparências atravessadas do mundo. A personagem dissocia os quadros, dissolve as formas da vida social a fim de recobrir uma consciência de si que é também consciência de um nós. Num espelho quebrado, são refletidos Ramsay ou Christmas, mas o espelho é quebrado pelos próprios heróis.

Essas novas personagens não contestam menos um figurativismo herdado das grandes obras do século XIX do que desfazem as formas de uma realidade social desumana, e o mais das vezes dada por absurda. Todavia esse trabalho destruidor, que torna "bergsoniana" a consciência da personagem, de um lado é orientado para uma forma e para um sentido da pessoa, de outro desenvolve-se num mundo social e histórico real. Em *Em Busca do Tempo Perdido*, *Ulisses*, *Absalão!*, estamos em presença de dois contornos da pessoa humana, um dos quais é ideal, porque profundo, e o outro real, porque "social". Contornos gravados por meio de técnicas que significam, de uma parte, uma visão do mundo e, de outra, uma observação realista da existência. O exemplo de Faulkner parece-nos impor-se aqui.

O RECOMPOSTO: O SENTIDO E A FORMA

Quando se perguntou a Faulkner se Popeye, o gângster de *Santuário*, correspondia a um "protótipo humano", respondeu: "Não, é um símbolo do mal. Dei-lhe apenas um nariz, uma boca e um traje preto. É uma alegoria"[88].

Sabe-se qual é o maniqueísmo faulkneriano[89]: desde sempre o homem está separado de um Deus indiferente, aliás, a seu destino. Mas o homem é, além disso, uma criatura abandonada e absurda, porque rompeu com a continuidade do passado, das tradições e da vida "natural". Observou-se com muita justeza que Faulkner viu o mal sob dois aspectos, "um inerente à natureza humana e o outro representado pela mecanização do mundo moderno, que separa o homem da natureza"[90]. A simbólica criada por Faulkner para representar estas duas condenações, uma metafísica e psicológica, outra de origem social, traduz-se por formas que nos parecem particularmente representativas do relato predominantemente subjetivo. Ao rigor com que Faulkner concebe o isolamento e a incerteza do homem, correspondem modos de expressão particularmente complexos e aparentemente artificiais. Da mesma forma, os comentadores de Faulkner confrontaram amiúde sua visão do mundo, que implica uma desagregação, até mesmo um aniquilamento da pessoa, e a feitura destas narrações. Como observa o Sr. Le Breton,

---

88. Writers at Work, *The Paris Review*, p. 133.
89. Cf. particularmente, M. Nathan, *Faulkner*, p. 147-159.
90. W. O'Connor, A Short View of Sanctuary, *Faulkner Studies*, p. 33-35.

Há na maneira de Faulkner, menos sutil, mais direta do que a de seus predecessores, um vigor e uma nitidez que fazem dele [...] o "vulgarizador" perfeito de uma técnica nova na qual nossos jovens escritores, curiosos de fórmulas inéditas e bastante propensos a um pessimismo inquieto muito próximo do de Faulkner, de bom grado se inspiram.

Foi, portanto, o aspecto puramente técnico e as implicações filosóficas da arte e do pensamento de Faulkner que retiveram a atenção da crítica[91].

Gostaríamos de estabelecer que tecnicidade e profundeza se determinam mutuamente; que para Faulkner se trata de dois aspectos contraditórios mas indissociáveis do mundo: sua atualidade concreta, que é um não-senso *vivido*, e seu passado, que é a *lembrança* obsediante de um sentido.

O mundo de Faulkner é continuamente evocado em termos de dualismo, de polarização e de estrutura. Escrevendo a "tragédia do Sul", o romancista totaliza, categoriza e hierarquiza não só uma sociedade, mas ainda os comportamentos, os pensamentos, os sonhos dos indivíduos que a compõem. Contudo, este conjunto sociopsicológico não tem, como em Balzac, Dickens e Zola, significação por si mesmo: cada um de seus elementos e o todo que ele constitui são os signos de uma ordem ao mesmo tempo perdida e renegada. Perdida, porque a existência concreta atual do condado de Jefferson não é mais do que um sinal parcelar da vontade, da consciência de um Deus doravante indiferente[92]. Renegada, porque o equilíbrio (injusto, absurdo, mas estável) que o respeito de uma tradição fazia reinar entre a gente do Sul foi destruído desde a guerra da Secessão. Esse esquecimento e esta renegação geram o conflito no qual (sem conhecer sua essência) se debate a personagem faulkneriana. Procura compreender o significado de uma ordem antiga cuja lembrança a persegue e da qual sente confusamente a autenticidade e a necessidade através dos signos de uma ordem nova e totalmente artificial. É preciso lembrar que nos dois polos do mundo de Faulkner há, de um lado, os Sartoris, que persistem em viver um sonho aristocrático e teocrático, de outro, os Snopes, encarnação do materialismo triunfante, e que entre essas duas forças vivem os negros, duas vezes malditos, duas vezes alienados: pela lei divina e pelo advento de um igualitarismo e de um mercantilismo destruidor das tradições? Conflito do qual *Luz em Agosto* oferece uma imagem exemplar: como observa J. Pouillon, Christmas é menos vítima de sua "negritude social" do que de "um passado legendário, de existência puramente subjetiva"[93]. Essa subjetividade não é pois individual, e tocamos aqui um ponto essencial: a personagem (Christmas como Quentin, Sutpen como Jiggs) espanta-se por viver, por ser confrontada com o mundo na medida em que está dividida entre o aqui e agora e uma espécie de sonho-memória de caráter religioso e mítico, situado ao mesmo tempo além e aquém de seu ser. Se o psicológico tem em Faulkner uma vida, uma complexidade, uma profundeza impressionantes, é que entre os dois polos do *stream* a distância é extrema. Uma consciência soberana domina as consciências

---

91. Temps et personne chez W. Faulkner, *Journal de Psychologie*, op. cit., p. 344.
92. Cf. particularmente Cl. E. Magny, *L'Âge du roman américan*, e M. Nathan, op. cit.
93. Op. cit., p. 258-259.

singulares, que ademais se chocam com uma realidade social concebida como rigorosamente histórica e contingente, isto é, estranha, por sua natureza e por suas leis, à singularidade de cada um. As personagens de Faulkner sentem-se fascinadas por um mundo rigorosamente organizado e preciso, e do qual, todavia, estão ausentes. Vivem tragicamente a surpresa que experimentamos ao comparar nossa leitura de *Absalão!* com a genealogia e a topografia apresentadas por Faulkner em seguimento do romance: vemos então que a armação sociológica é posta a nu.

Esse dualismo, essa paixão pelos extremos voltam a aparecer em todos os níveis da narrativa. Continuamente são opostos o concreto e o transcendente, o histórico e o mítico, ou o Eu social e o Ego profundo, a tradição e o modernismo. Faulkner pode imitar as linguagens mais triviais, ainda que sua narração e certas passagens de seus *stream* tenham uma potência poética ao menos igual àquela de *Em Busca do Tempo Perdido*, de *Ulisses*, de *A Morte de Virgílio*. Enfim e sobretudo, a ordenação do relato demonstra menos uma recusa da cronologia do que uma polarização do tempo: são justapostos sem transição, a menos que sejam literalmente imbricados, o passado mais próximo e o futuro mais longínquo. Trata-se de efeitos de uma técnica? Não há dúvida de que a leitura de Joyce influenciou muito Faulkner, e se este último se proibiu empregar técnicas e efetuar o plano de seus livros[94], ao menos evocou (como V. Woolf) "suas ferramentas de carpinteiro", entre os quais coloca a violência[95]. A verdade é que um romance de Faulkner é tão sutil, tão mergulhado em sua substância, tão complexo e sistemático por sua composição que não se poderia concebê-los mais em termos de tecnicidade do que em termos de espontaneidade. Por que esse romance, como diz C. Aiken, tem uma existência como forma?[96].

O Som e a Fúria foi escrito por patamares. Faulkner representa primeiramente um grupo de crianças às quais se ocultou a morte de sua avó e que tentam saber a causa da agitação reinante na casa. Concebe-se, em seguida, um ser "que, para resolver o problema, não teria a seu serviço um cérebro normalmente constituído", e escreve uma novela cujo narrador é Benjy. Mas Faulkner se apegará à personagem de Caddy, a ponto de dar a esta história a amplitude de um romance "que se completará quase apesar dela" e à qual dará por título uma expressão shakespeariana "surgida de seu subconsciente"[97]. Entretanto, estas palavras de *Macbeth* – "Eu as adotei sem pensar que o resto da citação se aplicava tão bem, senão melhor, à minha sombria história de loucura e de ódio"[98] – não intervieram fortuitamente. O domínio faulkneriano está impregnado de literatura trágica e poética, e se se considera a biografia do escritor, vê-se um estudante de Harvard, leitor de Yeats, de Swinburne, de Joyce, tornar-se aviador, exercer diversos ofícios para ganhar a vida e voltar, por fim,

---

94. Cf. Writers at Work, *The Paris Review*, p. 95.
95. Idem, ibidem.
96. Cf. C. Aiken, William Faulkner: The Novel as Form, *The Atlantic Monthly*.
97. Cf. M.-E. Coindreau, prefácio a *Le Bruit et la fureur*.
98. Idem, ibidem.

ao Sul original. Na própria pessoa de Faulkner coexistem dois extremos: uma modernidade vivida e um passado fantástico, cuja oposição mas também cuja complementaridade formam a estrutura fundamental da narrativa *The Bear* (O Urso), em que Faulkner, com notável economia narrativa, traça o paralelo entre sua própria juventude e o destino da antiga floresta aos poucos comida pela indústria, pelo comércio, pela estrada de ferro. Mas outra estrutura, em *O Urso*, não tem menos importância: a dos sistemas de parentesco[99]. Ainda aí vemos que o curso do Tempo arruína o Passado; que cada geração desfigura uma ordem absurda, mas estável e legítima, e que a mistura de uma ordem sagrada e de uma desordem "moderna" torna a pessoa cada vez menos humana, porque cada vez mais híbrida. Sublinhou-se com acerto que o mundo, em Faulkner, é visto no passado[100]. Essa óptica retrospectiva é efetivamente primordial – cronológica, moral e logicamente – mas é sem cessar quebrada pelo "menos passado", pelo pontual inexorável. No limite, o velho urso, carregado de todos os símbolos de uma tradição sublimada, será abatido. No limite oposto, o escritor Faulkner pode olhar como o signo, como o resíduo de uma consciência total (ao mesmo tempo renegada e obscura), a psicologia de suas personagens, cuja atividade mental é tanto mais forte e diferenciada pelo fato de se chocar com duas resistências: a do mundo demasiado atual e a de um passado demasiado longíquo. Mas essas personagens jamais saberão (mesmo Quentin) que o Eu e o não-Eu são radicalmente heterogêneos: entre a consciência imediata do mundo e seu conhecimento a diferença subsiste[101], que Proust, V. Woolf ou Joyce, ao contrário, tendem a reduzir. Parece que Gide se enganou com clarividência ao lamentar que o autor de *Luz em Agosto*, "perdido na maneira e no procedimento, continue constantemente consciente da inconsciência de suas personagens"[102].

Faulkner usa procedimentos porque a própria vida é feita de artifícios que arruínam e contaminam o autêntico passado legendário e religioso do homem. O mundo atual é uma forma sempre inadequada e indiferente à profundeza inacessível das consciências. O conteúdo do romance faulkneriano e sua composição, sua tecnicidade assim como seus aspectos metafísicos e psicológicos, parecem-nos derivar de uma oposição *entre realidade e cultura* que o romance vê, e quer, irredutíveis uma à outra, mas sem cessar interferentes. Por realidade entendemos o conjunto dos fenômenos sociais (inclusive o tempo, os sistemas de parentesco e as relações sexuais)[103], que, em face das consciências assustadas que se chocam contra eles, são objetos fragmentários, separados de sua significação original. O mundo externo, para Faulkner, é uma mediação fatal, mortal. Pensemos na espiga de milho de *Santuário*, no par de botas de *Pilone*. Fundamentalmente, Popeye vive a mesma situação que a heroína de D. Richardson

---

99. Cf. M. Butor, Les Relations de parenté dans *L'Ours* de W. Faulkner, *Répertoire I*, p. 250-261.
100. Cf. J.-P. Sartre, op. cit.
101. Cf. J. Pouillon, op. cit., p. 253.
102. *Journal*, 4 de abril de 1936, p. 1249.
103. Cf. C. Collins, op. cit..

"realizando", isto é, vendo como realidade os salmonetes, do Narrador "achando" um guardanapo rígido e hirto, de Biberkopf tomando consciência de Berlim. Mas aqui a defrontação da consciência e da coisa significa, simboliza o irremediável. Por cultura designamos não somente as tradições perdidas, separadas de sua origem teocrática, a Duração, a Natureza, mas também o universo interior de Faulkner, no qual se enxertaram Shakespeare, Eliot, Joyce e Freud[104]. Como é que essa dualidade, que o escritor ao mesmo tempo sofre e domina, organiza o romance?

Um herói de Faulkner aparenta-se com Dedalus, com o Narrador, com o Edouard de *Os Moedeiros Falsos*: personagem romanesca, é também escritor. Ao menos quer sê-lo, e mui significativamente de uma época literária em que a personagem (a função, a aparência de um indivíduo) é posta em questão, enquanto é exaltada a noção de consciência. Trata-se do jornalista de *Pilone*. Votado ao "na hora", à noção do *événementiel* (ocorrencial), do instantâneo, terá de súbito o desejo de exprimir o profundo, o humano, a duração dos seres dos quais é o testemunho. Irmão do Jimmy Herf de Dos Passos e do narrador de *Winesburg, Ohio*, de S. Anderson (também eles jornalistas), esse repórter de um pequeno jornal de província desejaria relatar não o que fazem um piloto, sua companheira e um mecânico por ocasião de uma exibição aérea, mas aquilo que eles são: quais as paixões que os animam; o sentido, a verdade de sua vida. Entra em choque com o seu redator-chefe, cuja atitude se assemelha à de M. de Norpois, que queria persuadir o pai do Narrador do valor das carreiras literárias:

> Ouça... As pessoas que são proprietárias de jornal ou que lhe dão sua orientação, ou que em todo caso pagam os salários, não têm entre seus redatores – seja isto um bem ou um mal – criatura como Lewis, como Hemingway nem mesmo como Tchekhov, pela simples razão de que não os querem; o que querem, não é romance, mesmo da classe de um prêmio Nobel, mas informações.
> – Quer dizer que o Sr. não acredita naquilo que lhe disse a respeito desta... destes tipos?
> – Digo-lhe ainda mais: isto não me interessa. Por que deveria eu encontrar informações no pretenso comportamento desta mulher na cama, visto que seu marido legítimo, como você mesmo o diz, não as encontra?
> – Pensei que o comportamento das mulheres na cama constituísse sempre informação, diz o repórter.
> – Você acha? Você acha? Pois bem, ouça-me um segundo. Se um desses tipos tomar seu avião ou seu pára-quedas e matar a mulher e o filho exatamente diante das tribunas, então ter-se-á aí uma informação[105].

Essa cena decide sobre o destino do repórter: testemunha à qual é recusado o verdadeiro testemunho (o relato que teria feito aparecer as motivações profundas das "personagens"), ele viverá aquilo que não escreveu, sacrificar-se-á para dar a seres as marcas de amor, de fraternidade que lhe recusa uma sociedade

---

104. Cf. R. Coughlan, *The Private World of W. Faulkner*, p. 30-40.
105. *Pylône*, p. 44.

preocupada em ser informada, não em conhecer. O escritor, por sua vez, será o repórter *e* sua consciência. Exprimirá os fatos e suas causas, o concreto e suas ressonâncias, o atual e suas raízes intemporais. Dessas duas ordens de realidades Faulkner, ao contrário de Proust, não efetua a síntese. Confronta, tragicamente, as coerções sociais impostas à personagem com a paixão que a anima e que ultrapassa de muito seu objeto confesso. Arriscando sua vida em acrobacias, Shumann quer conhecer o sentido da vida. Pela mesma razão o jornalista, pretendendo ser a "consciência" do aviador, procurará ajudá-lo *materialmente* e desejará sua companhia. Deixa-se, portanto, prender na engrenagem do real e torna-se "uma espécie de Cristo presa do delírio erótico" por ter sofrido a nostalgia de um mundo fraterno e consciente. Da mesma forma, a residência que o Coronel Sutpen de *Absalão!* constrói para seu uso é somente o signo de sua busca de identidade própria. Signo e obstáculo, resistência e mediação, bloqueio do Eu e abertura trágica e ilusória sobre o Ego, tal é a ambiguidade de um aqui--e-agora inelutável, que é necessário viver para ter acesso ao passado perdido e obsedante. Assim: "De uma parte a consciência do indivíduo jamais está separada da sociedade, de outra, encontra-se em oposição com esta, na medida em que a consciência se torna total"[106].

Que se deve entender por "consciência total"? Aquela que engloba o realismo conformista do redator-chefe e a fascinação de um repórter que descobre pessoas cuja história completa (anedótica e secreta, física e metafísica, particular e universal) desejaria contar na medida em que a vida do aviador Shumann é o signo, o exemplo de uma condenação que impressiona todos os homens, separados do *ser* pelo *mundo*. Essa história total será o romance *Pilone*, em que se manifestam de maneira notável a complementaridade das consciências e o "paradoxo do romancista": a dialética identificação-neutralidade. Empenhado na vida, na ação, o aviador Shumann experimenta somente esse drama do espanto de existir que o jornalista, por sua vez, analisa e exprime sem chegar a elucidá-lo, porque sua "onisciência" é prisioneira de uma condenação cujo sentido somente Faulkner conhece e detém. Entretanto a dualidade do "demasiado próximo" e do "demasiado distante", o dilaceramento do homem entre um universo reificado e sua consciência impotente não parecem ser exteriores às duas personagens. De maneira tão sutil quanto Joyce, Faulkner passa do registro do pessoal ao do impessoal: a mesma *função narradora* engloba a vivência e seu comentário, isto é, a linguagem das personagens e sua significação, que jamais é apreendida, a não ser parcialmente. Para significar a diferença, a separação entre a "não-onisciência" de Emma e a "onisciência" do narrador, Flaubert emprega com muita frequência o "como". Faulkner, por sua vez, irá recorrer ao "como se", ao "*as though*", para exprimir a incerteza e a incompletude de uma personagem que procura vencer a resistência do real por meio de uma atividade mental a cujo respeito se pode dizer que é sua *psicologicamente*, mas *poética* e *metafisicamente* estranha a ela: é apenas o fragmento de uma consciência global

---

106. J. R. Marvin, *Pylon*: The Definition of Sacrifice, *Faulkner Studies*, p. 20-21.

esquecida, e que representa a literatura. Darl (*Enquanto Agonizo*) pode sentir que o espaço e o tempo não constituem mais que uma coisa, mas para dizê-lo precisa da assistência deste narrador neutro instaurado por Proust assim como por Joyce, e que afirma não menos a necessária presença do poético nas consciências do que a nostalgia de um Ser coerente: "Era como se o espaço entre nós fosse tempo: uma qualidade irrevogável". Nem Quentin Compson dilacerado entre o *tempo* e a *duração*, nem Jiggs contemplando as botas, nem Christmas – "[...] nas trevas fracamente apenas empalidecidas, ele parecia observar seu próprio corpo. Parecia vê-lo tornar-se lascivo, lentamente, neste cochicho de imundícies do riacho, como um cadáver de afogado na espessa estagnação negra de alguma coisa a mais do que água."[107] – falam sozinhos: há neles e ao lado deles aquilo de que se sentem separados: o mundo e William Faulkner; a antiliteratura e a literatura.

Faulkner não suprime, pois, a objetividade[108]. Certamente faz do monólogo interior "a única expressão válida do real"[109], mas integrando o objeto no subjetivo de tal forma que permaneçam estranhos um ao outro mesmo sendo indissociáveis. Entretanto, o romancista deve "criar gente verossímil em situações nas quais se possa crer"[110]: a oposição dialética realidade-cultura, que em nossa opinião significa o romance e constitui sua articulação essencial, não deve exercer seus efeitos salvo num plano narrativo determinado. É mister, por exemplo, que essas duas forças possam ser assumidas pela consciência da personagem; que correspondam ao campo, à orientação de suas tendências. Quando o espaço psíquico da personagem não pode mais escolher a dualidade complementar de seu ser e do externo, o escritor deve recorrer a outro modo de narração. Assim, o repórter de *Pilone* vê Shumann "saltar quase que verticalmente, depois de uma cesta de papel cheia de leves restos escapar do avião"[111], mas "o resto" ele o aprenderá por outros. Faulkner rompe o curso de uma consciência narradora porque não pode mais exprimir-se autenticamente. Ademais, essa passagem de *Pilone* mostra-nos que, se Faulkner, no plano da narração, dá, no mais das vezes, prioridade à consciência de uma personagem assistida por um "narrador neutro", há momentos em que a realidade (sócio--histórica, de acontecimentos históricos) deve tomar a dianteira sobre a cultura: a morte de Shumann é um fato objetivo, um fato que o repórter só pode suportar; pertence irremediavelmente à informação. Entretanto, vai produzir-se em *Pilone* um fenômeno que nos parece de importância estética extrema. Após a morte de Shumann, o jornalista escreve um texto em que exprime a *verdade* desta morte, e não sua *realidade* acidental. Neste texto poético, o aviador entra na memória dos homens, reúne o passado perdido:

---

107. *Lumière d'août*, p. 76.
108. Cf. S. D. Woodworth, *William Faulkner en France, 1931-1952*, p. 100. O autor tira essa conclusão dos juízos expressos sobre Faulkner por numerosos escritores e críticos franceses.
109. Idem, p. 101.
110. Writers at Work, *The Paris Review*, p. 131.
111. *Pylône*, p. 201.

Quinta-feira Roger Shumann voou numa competição contra quatro concorrentes, e ganhou. Sábado voou contra um só competidor. Mas este competidor era a morte, e Roger Shumann perdeu. E hoje o avião solitário sobrevoou o lago sobre as asas da aurora, contornou o pilono onde Roger Shumann passou a última flâmula de controle, para desaparecer em seguida na aurora de onde viera.

Esse texto, rasgado e lançado ao cesto, é reconstituído, peça por peça, por um jovem redator que põe "em ordem coerente" aquilo que considera como "a própria essência da literatura", escreve Faulkner com ironia. Mas o redator--chefe já tem sobre a mesa o artigo de informação que o jornalista redigira inicialmente sobre o acidente de Shumann – artigo chato, conformista – ao qual, entretanto, junta uma nota a lápis, de um "monólogo interior" que termina o romance: "Suponho que é isto que quer, porco, e agora vou descer a Amboise Street e encher a cara e se não sabe onde é Amboise Street pergunte a seu filho para que lho diga e se não sabe o que é estar de cara cheia, desça e olhe-me quando descer traga…"[112].

Faulkner confronta aqui três níveis do romanesco. O primeiro, metafórico, correspondente à verdade "impossível" da existência. O segundo representa os aspectos utilitários, não humanos do mundo. "À meia-noite, ontem, as buscas para encontrar o corpo do piloto de competição Roger Shumann, caído sábado no lago, foram finalmente abandonadas…"

O terceiro é o da subjetividade do narrador, subjacente aos atos sociais. Nenhum desses três registros é suficiente para o romance porque cada um deles, tomado isoladamente, exprime apenas uma parte do humano: quer o sonho, quer as aparências sócio-históricas, quer a autenticidade interior. Quando a verdade aparece ao romancista como incompatível com a sucessão histórica dos fatos que constituem a realidade, o romanesco assume o aspecto de um volume e não mais de uma linha. Proust fez essa experiência, escrevendo uma biografia a uma dimensão, *Jean Santeuil*, antes de conceber as estruturas anti--históricas de *Em Busca do Tempo Perdido*. Pensamos também nas sessenta páginas de *Ulisses* escritas sob forma de questionário ("Qual o itinerário de retorno que seguiram paralelamente Bloom e Stephen?"). Aqui Joyce efetua a síntese histórica de uma série de acontecimentos que, por mais de quinhentas páginas, teriam o aspecto de uma viagem aventurosa em um oceano de pormenores, mas que constituíram o itinerário de uma consciência. No questionário de *Ulisses* é permitido ver a adjunção, ao romance do *stream*, de formas romanescas tradicionais, em que o real forma uma só coisa com o fictício, em que a história (no sentido que Forster dava à palavra) se torna explicação objetiva:

> Bloom deduzia de suas reações semelhantes e dessemelhantes diante da experiência fatores que lhes eram comuns?
>   Ambos eram dotados de uma sensibilidade mais musical do que plástica ou pictural. Ambos preferiam o gênero de vida do continental ao do insular, uma residência

---

112. Idem, p. 169.

cisatlântica à transatlântica. Ambos endurecidos por sua primeira educação e dotados de uma tenacidade hereditária de heterodoxia crítica[113].

Sem dúvida, por essa série de perguntas e respostas, Joyce dá mostras de uma "ironia estruturante" comparável àquela de Goethe em *Wilhelm Meister*[114]: a distância que Goethe assumia em face da epopeia romântica (cujas formas utilizou), Joyce também assume diante da narração unidimensional, cujo caráter objetivo e sintético adota. Ao narrador neutro, interposto entre o real e a consciência de Stephen ou de Bloom, sucede o narrador soberano que usa da terceira pessoa para associar o "interior" e o "exterior". O questionário reúne efetivamente os dados *objetivos* situando a *personalidade* de Bloom, suas tendências intelectuais e afetivas assim como seu ser social: a seus temas de meditação ou de preocupação misturam-se a lista de seus livros e o "orçamento de 16 de junho de 1904". Mas *Ulisses* não acaba com esse relato objetivado situando Leopold Bloom num universo histórico, e convertendo-o em uma "personagem de romance": surge depois o *stream* de Molly, vitória de expansão e de recriação da consciência. Assim, para pôr fim a *Ulisses*, Joyce justapõe e exprime o estado pelos dois aspectos do humano que, no resto da narração, interferem constantemente: o Eu reflexivo e o Eu visto por outrem. Esses dois aspectos são também dois elementos essenciais da estrutura romanesca. Isolando-os deste modo ao término do livro, Joyce não completa somente a "caracterização" de Bloom. Ele nos faz ver, além do mais, que no começo do século XX a pessoa é limitada e fechada no plano da história social, mas aberta graças a seus poderes de reflexividade.

Esses exemplos mostram, em primeiro lugar, que no escritor do monólogo o ponto de vista narrativo é, ao mesmo tempo, mais extenso e mais interior do que em Flaubert, James e Conrad. Mais externo: do relato linear, histórico, objetivado, o romancista pode servir-se como de um instrumento, como de uma forma, que todavia corresponde, na composição da obra – portanto em sua estética – àquilo que é o mundo externo para a personagem: um limite, uma resistência. Mais interior: a óptica romanesca primordial é aquela da vida – da existência orgânica –, da consciência, que o romancista jamais assimila nem ao caráter da personagem nem à sua personalidade. Como bem observou S. Gilbert, os protagonistas de *Ulisses* não são fictícios, e a significação do livro não reside em fenômenos de conduta ou de caráter[115].

Bloom e Dedalus representam, com efeito, a consciência humana em si, que o romancista evita de coar pelo molde de um *discurso* psicológico, moral, social. Teoricamente indeterminada e ilimitada, esta consciência deve desenvolver-se no imediato e pelo imediato: por ocasião dos encontros com fatos, objetos ou recordações – que são contingentes. A óptica romanesca fundamental, ou antes original, depende daquilo que nós chamamos o decomposto: o olhar do romancista segue o movimento de funções psicológicas e não de uma psicologia. O

---

113. *Ulysses*, p. 589-590.
114. G. Lukács, *Théorie du roman*, p. 130-140.
115. S. Gilbert, op. cit., p. 22-23.

escritor é, pois, levado a conceber suas principais personagens (a ou as consciências dominantes do romance) como pesquisadores que, a partir de indícios pontuais, singulares e estranhos, procuram reconstituir sua pessoa, seu ser. Este romance-pesquisa é, por excelência, o de Faulkner: uma primeira personagem conta aquilo que a fascinou num conjunto absurdo de acontecimentos; portanto, é necessário que uma segunda consciência, por seu turno fascinada, tome o lugar. *Absalão!* mostra-nos em particular que o grande problema do escritor concerne à ordem na qual as consciências narradoras devem suceder-se. Mas esse problema não é técnico, ao menos no sentido em que o entendeu certo número de comentadores, pois o que há de mais natural – quando se confere à consciência, à cultura, uma anterioridade lógica em relação à realidade – do que dar a palavra a personagens-narradores que contarão todos a mesma "história" seguindo o caminho sinuoso de suas obsessões e não uma ordem cronológica que para elas é um sistema estranho?[116].

O romance do "homem interior" depende de um pensamento analisante, de uma ordem analítica. Mas esse pensamento e essa ordem implicam a necessidade de uma síntese. Enfatizou-se a "impressionabilidade anormal" das personagens do romance moderno[117], assimilou-se com razão *Peregrinação* a uma "biografia psíquica"[118], observou-se que as personagens de Faulkner são "tão receptivas que sacrificam seu Ego a esta receptividade que é amor"[119], e sublinhou-se que "ao lado daquela de Proust, toda a psicologia romanesca aparece como uma espécie de simplificação da alma"[120]. Talvez não se tenha posto suficientemente em relevo o componente do imaginário na expressão das funções psicológicas bem menos analisadas do que decompostas e ramificadas. As personagens do *stream* vivem uma epopeia metafórica. O caminho de Julien Sorel era balizado de tomadas de consciência, mas, no itinerário proustiano, a compreensão de um aspecto, de uma etapa, de um grau do Eu jamais vai sem sua imagem. À *awareness* de James, o escritor do monólogo agrega o mundo das representações; a função imaginativa acompanha quase sempre a função intelectual. Ainda nisto o romance faulkneriano é exemplar, em que consciências fluidas, "bergsonianas" ao extremo[121], acusam a rigidez e a indiferença de um mundo em torno do qual em vão elas se desdobram. Intrusão da tragédia grega no romance policial, disse A. Malraux de *Santuário*. Não se pode dizer que de *Peregrinação* a *O Homem sem Qualidades* a busca do Eu tende tragicamente a renegar a ordem de um mundo onde ela é "demais"?

Essa luta do subjetivo contra a resistência das coisas é refletida por todos os aspectos estruturais do romance. O monólogo opõe-se à narração (à exposição dos fatos) como a linguagem do repórter de *Pilone* é estranha àquela do

---

116. Cf. particularmente J. Pouillon, A propos d'*Absalon! Absalon!*, *Les Temps Modernes*, p. 742-753.
117. H. Granville Hatcher, *Voir as a Modern Novelistic Device*, *Philological Quaterly*, p. 374.
118. J. C. Powys, *Dorothy Richardson*, p. 2.
119. M. Le Breton, op. cit., p. 346.
120. Cf. J. Rivière, Quelques progrès dans l'étude du coeur humain, *Les Cahiers d'Occident*, p. 1-18.
121. S. P. Callen, *Bergsonian Dynamism in the Writings of W. Faulkner*.

redator-chefe, como a literatura é antinômica à informação, e a autenticidade à realidade. O escritor do monólogo toma ao pé da letra a expressão de Forster: a história – a sucessão das circunstâncias – é a coluna vertebral, o simples suporte do romanesco. Escrevendo *Intruder in the Dust* (O Intruso), Faulkner fará de um caso criminal a causa atual, a ocasião de um drama cuja verdadeira origem e sentido pertencem ao passado da consciência humana; o verdadeiro romance se inscreve no plano de um *sistema* social. Em *Ulisses*, as vinte horas vividas por Bloom nada mais fazem senão subentender sua existência autêntica e, em Proust, os acontecimentos permanecem independentes de uma consciência que, no entanto, "determinaram" e que quer lhes dar um sentido.

A coexistência do relato ocorrencial e do romanesco subjetivo parece-nos constituir um aspecto muito importante da originalidade dos romancistas do *stream*. Sua "técnica" é essencialmente a de associar uma historicidade *funcional* a uma interioridade *animadora* que correspondem a dois aspectos opostos da vida humana. Dominando essas duas estruturas, o romancista pode dar à sua obra uma forma global e compor uma imagem total e não "fragmentada" da pessoa.

Os romances do homem interior não têm gênese nem conclusão. São somente *limitados*. Substituir o discurso pela expansão, dar a primazia à duração sobre a cronologia e ao associativo sobre o racional, engajar-se num labirinto em vez de seguir o caminho stendhaliano, edificar, enfim, o romance sobre um princípio de indeterminação era proibir-se de tomar como plano uma situação histórica ou *psicológica*. O maior problema, diz V. Woolf, refere-se à composição sintética do romance: "Desejamos também a síntese. O romance, está entendido, pode seguir a vida; pode acumular pormenores. Mas pode também escolher? Pode reduzir a símbolos? Pode dar um resumo como o faz um inventário?"[122].

Este desejo de síntese anima e obseda, em primeiro lugar, a personagem do *stream*. A partir de pormenores – única realidade que lhe é acessível, e que lhe parece autêntica –, procura reunir-se e reunir ao mesmo tempo o mundo. A situação fundamental dos protagonistas de *Em Busca do Tempo Perdido*, de *Rumo ao Farol* ou de *Ulisses* pode ser figurada por um cone cuja ponta toque a realidade externa – os fatos, a história: o "discurso vivido" exprime a desproporção entre o detalhe e sua ressonância, entre o aspecto fragmentário do mundo e o poder sintetizante da consciência. Mas esse poder é incessantemente "truncado"; a personagem existe entre dois universos descontínuos. Entretanto, a descontinuidade de um é definitiva, irremediável, ao passo que a descontinuidade do outro deixa transparecer a promessa de um sentido, de um acabamento, de uma plenitude. Subjetivamente, essa personagem vive em desequilíbrio entre os aspectos pontuais, não significativos do real, e a profundidade "esperada" de sua consciência que resiste à fragmentação a que o mundo a submete. Objetivamente, esta personagem oscila entre duas ausências, a de uma Sociedade

---

122. *L'Art du roman*, p. 148.

que se tornou impessoal e que só está presente por seus aspectos convencionais e opressores e a de um Ser que só está presente em estado de necessidade, que é sentido como um vazio a preencher. Demasiado concretas, as manifestações da primeira ausência são os sinais de uma inautenticidade da Pessoa, ao passo que a segunda ausência, a da autenticidade plena e inteira da Pessoa, deveria tornar-se presença concreta. Entre esses dois limites, a consciência vive – procura viver. Da primeira, o escritor faz uma forma, cuja rigidez e artificialidade *reais* reprimem (mas também provocam) a linguagem "interior" da personagem; da segunda faz um centro, que é a realidade da pessoa autêntica, realidade sempre latente, sempre pressentida, jamais alcançada, salvo em momentos que não *deveriam* ser privilegiados. Mas sublinhemos que essa forma e esse centro têm um significado *meta-individual*: no espírito do romancista, somos todos submetidos a uma inautenticidade social que põe nossa existência em *forma*, e somos todos animados pelo desejo de ser. Por isso, diremos que em todos os planos o romance ultrapassa e condena o individualismo: a todos "pertencem" a artificialidade social, a necessidade de ser e os *conteúdos de consciência* (por oposição aos "sentimentos").

O passeio ao farol, vimo-lo, é uma convenção sofrida por Mrs. Ramsay. Obrigada a viver em função desse objeto, a personagem de V. Woolf vê nisso um obstáculo à consciência que quer tomar de si. Mas os ritos sociais, os hábitos, os aspectos funcionais da existência só podem ser vencidos e negados "em profundidade": o *stream of consciousness* chega somente a contornar a resistência das aparências. Entretanto, a excursão sem cessar projetada, sem que jamais se realize, representa também uma ilusão da qual são vítimas aqueles que creem que a vida é essencialmente social, e não interior: Mrs. Ramsay, por exemplo, em que a personagem se confunde com a pessoa. Assim, o passeio ao farol, fronteira cruelmente real da corrente de consciência, representa igualmente um horizonte social impossível: a sociedade é uma totalidade estranha às aspirações dos indivíduos. Não há relação complementar e harmoniosa entre o Eu e o Nós. O romance é, pois, recortado num espaço que ultrapassa seu campo: limita-o uma realidade arbitrária externa e inacessível às personagens, que todavia sentem a cada instante sua presença "espantosa". Esse espaço romanesco convencional é, notemo-lo, a própria negação do monólogo interior, visto que traduz como um conjunto, como uma forma, aquilo que a "palavra interior" encara como uma sequência de parcelas. Em compensação, *Rumo ao Farol* tem outro limite, este positivo: o horizonte "ontológico" da personagem.

Os romances de Proust, de Joyce, de Dos Passos, de Faulkner, assim como *Berlin Alexanderplatz* e *A Montanha Mágica* também estão encerrados numa convenção. Uma separação semelhante é aí manifesta entre quadro e substância, entre espaço e conteúdo romanescos. Obra aberta na ordem do monólogo reflexivo, pelo qual Bloom e Dedalus minam o convencional e reencontram uma autêntica "epifania", *Ulisses* não é menos cingido pelo perímetro de Dublin. Contudo o quadro constrangedor da Cidade é compensado por outro limite, este positivo e libertador, porque os dois protagonistas querem atingi-lo:

a viajem odisseiana, horizonte possível onde seriam reconciliados um "passado" poético e a realidade moderna. Essa dimensão, este segundo quadro não se encontra em *Manhattan Transfer*: aqui reina o espaço urbano que, como em *Berlin Alexanderplatz*, contém, provoca e explica as nostalgias e as ilusões das personagens. Mas em Faulkner reencontramos, sobreposto a um espaço social no qual é cortada a narração, um espaço legendário, sendo que ambos são inacessíveis. Veremos que *Em Busca do Tempo Perdido* revela uma defasagem análoga entre o vivido e o formal.

Sendo diferente, por natureza, da existência de uma personagem que efetivamente só existe – ao contrário da personagem balzaquiana, e mesmo da personagem de James – por sua luta contra os aspectos totalmente convencionais do exterior, sendo além disso diferente em grau de uma consciência global que é a de um escritor tão onisciente como Balzac, o espaço do romance e seu contorno, quer se trate de um espaço urbano ou de um contorno legendário, representam a *situação objetiva* da pessoa. Porque o monólogo é uma *necessidade*: se a personagem não existe – não é –, a não ser pela memória, é porque lhe cumpre usar de astúcia, para procurar a autenticidade, com a realidade. Mas o *stream* (da mesma forma como a aprendizagem intelectual e espiritual de Castorp no espaço fechado e encantado do sanatório) corrói, critica, demonstra a falsidade da linguagem social e da linguagem da história, sem no entanto aboli-las. De outro lado, a viagem odisseiana, a teocracia faulkneriana, o conhecimento que Döblin tem das leis da economia de mercado, a cultura humanista de Virginia Woolf e aquela, muito diferente e certamente mais ampla, de um Mann ou de um Broch são contornos para os quais tendem as consciências da personagem, sem atingi-los: o contorno do *conhecimento* do romancista engloba a pesquisa "interior" da personagem. Entre esses dois círculos o desvio certamente é variável: o Narrador, Dedalus, o "homem sem qualidades" são heróis "completos" porque sua "onisciência" quase coincide com a de seu "criador". Mas, em *Berlin Alexanderplatz*, Biberkopf só tem uma consciência confusa de sua alienação pela Cidade; em *Luz em Agosto*, Christmas toma consciência de uma realidade sem conhecer seu sentido e, em *Manhattan*, somente Jimmy Herf sabe que é impossível *compor-se* com a cidade.

Sublinhemos, pois, que o espaço formal, convencional do romance não é gratuito. Não são símbolos, mas antes signos, de um lado, os limites de Dublin, o lugar encantado de Davos, a vila de Mrs. Ramsay, de outro, a imagem das "vagas", a ordem perdida faulkneriana, a consciência totalizante de Virgílio moribundo. Aqui e lá o romancista traça um limite sociológico e um limite metafísico. O lugar, o lar romanesco, que era necessário instaurar em presença de uma História que não oferecia mais ao escritor referências autenticamente humanas, tanto no plano social quanto no dos valores, é a bem dizer continente, representativo, seja de uma prisão social em que o Tempo entrava o curso da Duração, seja de um Ser a atingir, antes a recuperar, pois o romancista o espera menos do que tem a nostalgia por ele. A convenção (o termo inglês *enclosure* conviria melhor) torna estética, em ambos os casos, uma visão do mundo, um pensamento, uma concepção da pessoa. O sonho de Virginia Woolf admirando as telas dos pós-impressionistas franceses realiza-se pela limitação de dois espaços humanos, um demasiado real e o outro que deveria ser verdadeiro. O mesmo acontece com as técnicas "internas" do romance: a vida psíquica é pensada analiticamente, mas ela é concebida em termos de estrutura. Observemos, enfim, que em todos os níveis do romanesco voltamos a encontrar a oposição, a dualidade complementar do sujeito e do objeto. O relato tradicional, de modo particular, é objeto com relação ao monólogo interior e à expressão metafórica do vivido.

É unicamente ao nível da existência, dos comportamentos das personagens, que o romance do monólogo dispersa a pessoa, priva-a desta continuidade própria a Heathcliff ou ao Príncipe André. Ao contrário, a pessoa aparece recomposta e total se se consideram a organização, as formas do romance e suas técnicas: a relatividade e a complementaridade das consciências assumem todo o seu sentido se for levado em conta o papel desempenhado pela convenção no romance. Uma imagem real completa da pessoa não pode se nos apresentar no romance predominantemente subjetivo a não ser que relacionemos, não o real e o fictício, mas o concreto e o estrutural. Se o homem é um conjunto demasiado próximo e demasiado distante do real, se a não-coerência é sua essência, e se, para exprimir essa ambiguidade, é mister recorrer a artifícios que só o são na aparência, a falta não é nem de Proust, nem de Joyce: eles constatam no mundo, em seu tempo, a impossibilidade do indivíduo encarnar espontaneamente um sentido, de dar uma orientação autêntica à sua vida.

O TEMPO, O ESPAÇO, O SER

"Lá onde eu procurava grandes leis, chamavam-me fuçador de pormenores", pensa o Narrador ao termo de *Tempo Redescoberto*, quando confronta seu *método* para descobrir a lógica de sua vida interior com os *objetos* que agora vê arrancados à ordem da duração pelo curso cego do Tempo. O romance de Proust acaba com um sentimento de vitória e de derrota: a duração só triunfou do tempo graças a um "ato de espírito", enquanto o tempo continuava sem descanso a tramar a morte física, absurda, do Narrador e dos que o cercam. Como veremos no capítulo seguinte, a duração, para ser reencontrada em sua coerência assim como em seu esplendor, exigia que a consciência parasse, enfim, de explorá-la, de captá-la como um espaço, e é dessa maravilhosa observação que o Narrador de repente é, de súbito, arrancado: descobre-se a envelhecer, contingente, mortal, partilhando a sorte dos outros, daqueles que jamais viveram salvo uma *história*. O romance proustiano ter-se-á desenrolado entre o tempo perdido, que é necessário "reparar"[123] e o tempo "em estado puro"[124] apreendido

---
123. *La Fugitive*, p. 593.
124. *Le Temps retrouvé*, p. 872.

por ocasião de certas concordâncias deslumbrantes entre o atual e o passado: esse tempo – a duração – confunde-se com o sentimento de ser.

Proust é um pioneiro, dizia Virginia Woolf. Com efeito, a *Busca* empreendida logo no início do século tende a unir, senão a conciliar, um tempo fragmentário (sucessão caótica de eventos vividos) e o curso contínuo do Eu, do qual por instantes temos a intuição, mas que é mister desvelar em sua integralidade racional. A correspondência desses dois tempos, que uma pequena "*madeleine*" ou um "guardanapo rígido e hirto" fazem aparecer em plena luz, mas somente por lampejos, o Narrador se propõe a estabelecer como fenômeno universal. Para atingir essa meta, parte da hipótese de que a reminiscência, longe de ser fortuita, obedece a leis. Mas a demonstração só é possível se a memória permanecer mediadora entre o vivido e o Ego. O método do Narrador se esboroa no momento em que a memória é ultrapassada por esse tempo atual, histórico, que era o de Julien Sorel.

A unificação do Tempo e da Duração, que se produz, por si mesma, quando das epifanias exemplares, está ausente de *Rumo ao Farol* assim como de *Ulisses*, em que a atualidade constante, inelutável, do tempo "dos relógios" surge como um anteparo que a personagem deve atravessar, forçar para sentir a existência de "seu" tempo. É somente no fim de seu itinerário retrospectivo que o Narrador vê que o Tempo, que *é* a última palavra de seu relato, *tem* a última palavra. Mas Bernard, em *As Ondas*, admite que a pessoa é o joguete de um Tempo que Virginia Woolf, por seu turno, escreve com maiúscula porque se trata, como no fim do romance proustiano, do tempo "clássico", do curso histórico da vida:

> E o Tempo se escoa, a gota se forma sobre o teto da alma e cai. O Tempo a faz cair. Na semana passada, de pé, com a navalha de barbear na mão, senti que caía sobre mim. Subitamente dei-me conta de que meus gestos tinham algo de maquinal (a gota se forma) e felicitei ironicamente minhas mãos por se submeterem a esta rotina[125].

Contudo a *consciência do tempo* é semelhante nesses dois narradores, na medida em que constatam que o tempo *atual* é uma pura sucessão de automatismos: o tempo aliena a pessoa. Mas essa constatação (que permanece estranha a Robert de Saint-Loup assim como a Mr. Ramsay) lhes indica, em compensação, que unicamente o tempo *cumulativo* (a duração) é o de seu ser consciente: aí está o tempo que eles *podem possuir*, tempo contínuo em que presente e passado se interpenetram, vivem um do outro, iluminam-se mutuamente. Essa duração total, acumulada no curso do vivido, significa a plenitude do Eu, sempre virtual, sempre latente. Em Julien Sorel, o Ego era uma presença implícita e "imediata". Em *Tempo Perdido* assim como em *Ulisses* ou em *Manhattan Transfer*, a pessoa não é ela mesma a não ser sob a condição de sentir-se banhada pelo curso de sua própria memória. Todo um período romanesco resume-se nesta reflexão de Thomas Wolfe:

---

125. *Les Vagues*, p. 81.

Eu sou – diz o herói de um romance moderno – uma parte de tudo aquilo que toquei e daquilo que me tocou e que, não tendo outra existência senão aquela que eu lhe dei, tornou-se outro misturando-se com aquilo que eu era então, e que se transformou ainda, tendo-se misturado àquilo que sou, visto que aquilo que sou é a acumulação daquilo que me tornei[126].

Sentir-se ser porque se é a soma da própria vida, mas uma soma cambiante, sem cessar modificada em sua ordem e em seu sentido: tal é a obsessão da maior parte dos heróis nos romances que nos ocupam. A mudança faz a pessoa, mas essa mudança inelutável e necessária impede precisamente a personagem de captar seu Eu como um todo, porque nem a consciência nem sobretudo o tempo "externo" detêm jamais seus cursos. Para reconhecer-se como total, para se recompor, é necessário sentir-se colocado fora do Tempo graças ao "subterfúgio"[127] de uma consciência entre lembrança "imaginária" e percepção atual. Desejando escrever "um romance inteiro sobre o silêncio"[128], Virginia Woolf traduz o sonho de suas personagens quando podem recortar na agitação caótica da existência uma ilhota de recolhimento na qual sua pessoa lhes aparece como contínua, completa e autêntica. "Quando a vida soçobrava por um momento, o campo da experiência tornava-se ilimitado", diz a narradora neutra de *Rumo ao Farol*[129]. São ilhotas precárias aquelas da experiência total de si, logo recobertas pelo tempo. Reconhecer-se é impossível, dirá Faulkner, pois longe de se reunirem, de se fundirem em conjunto, de se modificarem mutuamente, nosso passado e nosso presente *excluem-se* um ao outro. *Non fui. Sum. Fui. Non sum*, pensa Quentin Compson. Observemos todavia que ainda aí Faulkner radicaliza uma situação considerada "dialeticamente" por Proust e por Joyce. O tempo externo e a duração da consciência existem, considera Faulkner, mas são somente as aparências de uma única realidade compacta: o *terminado*, o já realizado, o já decidido. "O bloco de pedra não pode ser *é*, pois não pode tornar-se *era*" lê-se em *Absalão!*[130] e, em *O Intruso*: "Tudo é presente, compreendes? Ontem só acabará amanhã, e amanhã começou há dez mil anos"[131].

Para aniquilar o tempo mensurável, o tempo que baliza a desagregação e a maldição da família Compson, Quentin quebra seu relógio. Mas negando por esse gesto que possa ser verdadeiro e real o cronológico, Quentin aniquila ao mesmo tempo o signo, o suporte (tão concretos como absurdos), de uma duração total e contínua, de um passado-presente-futuro que não *deveria* ser fissurado. Quebrando seu relógio, Quentin quis afirmar a verdade da consciência--duração proustiana e joyciana. Mas na visão faulkneriana do mundo, essa consciência é interdita ao homem, embora ele a pressinta e aspire a ela. Portanto, para Quentin Compson não resta senão a solução do suicídio, pois para

---

126. *Look Homeward, Angel*, p. 192.
127. *Le Temps retrouvé*, p. 872.
128. Cf. F. Delattre, op. cit., p. 125.
129. Sobre esta passagem de *La Promenade au phare*, cf. J.-J. Mayoux, Sur un livre de Virginia Woolf, *Revue anglo-américaine*, p. 434.
130. *Absalon! Absalon!*, p. 111.
131. *L'Intrus*, p. 237.

além do absurdo do tempo-medida que acaba de quebrar abre-se o nada[132]. "Os relógios massacram o tempo", escreve Faulkner[133], mas este tempo não *existe*. Ao contrário, existe para Mrs. Ramsay, para Leopold Bloom e sobretudo para o Narrador, que, para reencontrar a duração, reencontrar o tempo-ser, *utiliza* uma cronologia pela qual todavia será vencido *in extremis*.

A despeito das diversas interpretações dadas ao tempo, dos diversos tratamentos romanescos do tempo que se podem constatar de Proust a Faulkner, um fato essencial deve ser observado: a consciência do tempo – seja aquele negado, recusado, dos relógios ou aquele esperado, concebido, do *stream* – tem como foco o instante, o *momento*. É a partir de absurdas parcelas cronológicas que são reconhecidos a necessidade e o valor da duração. Cumpre que existam uma pequena *madeleine*-objeto, um relógio, os toques de Big Ben "anunciando ao mesmo tempo a visita de Septimus, a espera de Clarissa Dalloway e o carro ministerial"[134], para que seja pressentida, como continuidade tranquilizadora em face da hostil descontinuidade do Externo, a plenitude da consciência. "No momento desaparece a afirmação de si", escreve Virginia Woolf[135]. Todavia, é no momento, no minuto da vida cotidiana concreta, que suas personagens se veem dolorosamente dispersas, fragmentadas e tentam ordenar-se. Percebem o ser pela mediação do não-ser, descobrem que são estranhos ao tempo social por sua própria dependência deste. Os instantes vividos constituem os focos, as células de romances nas quais o sentimento de sua expansão possível confere à pessoa seu mais nítido valor. Querendo "dar o momento todo inteiro, com tudo aquilo que ele pode incluir"[136], e criar "impactos de tempo"[137], o romancista deseja transfigurar em liberdade, em desabrochamento, as irrisórias parcelas de tempo que compõem ineluctavelmente a existência humana.

A "teoria da duração", comum a Proust e a Faulkner, como a Wolfe e a Mann, e que P. Mendilow descreve com profundidade, em seu notável estudo do tempo romanesco, baseia-se numa experiência, no sentido mais amplo do termo, do momentâneo – da instantaneidade vivida e sofrida. Negado como fragmento cronológico, valorizado como meio de chegar ao Ser, o momento assume no romanesco uma importância psicológica, filosófica e estética fundamental. O "tempo fictício" da narração, observa P. Mendilow, é antes de tudo constituído de condensações do tempo social, histórico, biográfico: "Toda a vida num dia [...] eis o objetivo que estes romancistas se consignavam".

De outro lado, a existência verdadeira da personagem é feita de momentos, ao contrário, dilatados:

---

132. Sobre o tempo em Faulkner, cf. particularmente J.-P. Sartre, C. E. Magny, M. Le Breton, op. cit. e P. Lowrey, Concepts of Time in *The Sound and the Fury*, English Institute Essays, p. 57-82.
133. *The Sound and the Fury*, p. 104.
134. Cf. as observações de M. Nathan sobre a noção de tempo em V. Woolf (*Virginia Woolf*, p. 114-118).
135. V. Woolf, *The Moment and Other Essays*, p.11.
136. V. Woolf, *Journal*, 22 de novembro de 1928.
137. Cf. P. Mendilow, *Time in the Novel*, p. 106.

Essa teoria gerou uma concepção nova da personagem na maior parte dos romances modernos. Denunciando como falsa toda a *fixação* de uma personalidade com a ajuda de uma descrição exterior, por etiquetas, definições, ou listas de características, o romancista vê a pessoa através de uma óptica de renovação, momento após momento: seu passado sempre presente, que muda à medida que se desenvolve em seu campo temporal a mover-se incessantemente, compõe aquilo a que chamamos um ser humano[138].

Em um célebre texto, Virginia Woolf explica como o instante, não-senso e parcela, pode assumir um sentido e tornar-se uma forma: cada um de nossos instantes não é *somente* a *última* forma, o último aspecto que assumem as facetas de um caleidoscópio que olhamos depois de tê-lo atingido[139]; toda nova aparência de nossa vida contém, ao mesmo tempo, seu devir e sua essência, sua mudança e sua permanência. Ainda assim é preciso reencontrar a consciência nesta não-consciência que é o caleidoscópio. Em outras palavras, reconhecer-se como *pessoa* num momento em que se é subjugado como *indivíduo* – e escrever romances interpretativos de uma história de que dependem, da qual são prisioneiros, na medida em que são relatos. Nessa dialética, repousam obras que em razão de sua *ordem* foram comparadas, pejorativa ou laudativamente, à pintura cubista. A partir de pontos temporais o romanesco é dilatado, para voltar a um novo foco situado cronologicamente antes ou após o centro precedente, mas que lhe sucede logicamente no campo psicológico da personagem. Pouco importa a posição, sobre a linha concreta mas abstrata do tempo dos relógios, do objeto que provoca uma visão totalizante do Eu. O importante é que a personagem considera como sua essência, quer se trate da espera ansiosa de um beijo ou simplesmente da impressão de estranheza que se experimenta diante dos ritos, os hábitos dos hóspedes de uma vila de veraneio. O romance moderno devia mutilar o tempo social a fim de restituir sua coerência a um tempo que não pode ser chamado subjetivo, exceto se se joga com as palavras, pois é o de toda a subjetividade. Os problemas que esse romance levanta referem-se, em primeiro lugar, não ao "tratamento" do tempo pelo escritor, mas ao objeto que este último privilegia: uma consciência separada de um mundo que no entanto lhe cumpre suportar e que é seu "alimento". O relato, por conseguinte, se ordena segundo os interesses de um ser; é construído em função da importância das fascinações provocadas por acontecimentos, cuja "recusa" é assim compensada.

A forma de *Absalão!* sob esse aspecto é exemplar. Sem explicação prévia, penetramos numa "inflamada, fastidiosa e morna" tarde de setembro de 1910, no momento em que Miss Rosa Coldfield vai narrar a Quentin Compson a história de Thomas Sutpen, morto há quarenta anos. História acronológica. A narradora não seguirá a biografia de Sutpen. Evocá-la-á a partir da chegada fascinante de um "homem-cavalo-demônio" a uma pequena cidade do Sul. Essa imagem condensa todo o romance e é seu foco. Longe de começar "pelo fim", o relato de Faulkner principia por um choque psicológico do qual a narradora

---
138. Idem, p. 149-150.
139. Cf. V. Woolf, *The Mark on the Wall*, p. 154.

sem dúvida quer livrar-se antes de morrer; sua consciência exprime-se indo do mais fascinante ao menos fascinante, das imagens aos fatos, da cultura ao real. Quem não conta assim? Mas no desenrolar dessa narrativa psicológica, Miss Rosa evocará acontecimentos anteriores ou posteriores à sua "obsessão" por Sutpen, depondo assim os germes daquilo que resta a dizer e que outros narradores (dentre os quais o próprio Faulkner) dirão, obedecendo também eles a este mesmo princípio de fascinação. Assim assistimos, sob a autoridade velada de Faulkner, aos esforços de diversas testemunhas para reconhecer e explicar (no sentido de *explicare*, desdobrar) fatos que, no mais das vezes, encheram-nos de estupor e desviaram seu destino. Mediadores uns dos outros, esses narradores sucessivos avançam num passado sempre futuro e desprovido de gênese assim como de sentido (de orientação), porque se o romance progride dos efeitos (psicológicos) para as causas (históricas), essas causas são elas mesmas o efeito de uma Causa cega e inacessível – a ordem caótica estabelecida por Deus desde toda a eternidade – e da qual cada um dos narradores só terá percebido um fragmento. O romance não tem outra origem e outro fim a não ser os limites de uma "história" que é ela mesma o signo parcelar de um passado global, e os limites de algumas consciências encerradas em seu próprio tempo "imaginário"[140].

Esse esquema narrativo reaparece em *Em Busca do Tempo Perdido*, *Ulisses*, *Mrs. Dalloway*, na medida em que a duração (a expansão da consciência) é um sonho: o sonho do Ego, desencadeado pelo tempo do vivido e que "exige" que se compense sua pontualidade. Ao "por muito tempo deitei-me cedo" correspondem as badaladas do Big Ben ou a aparição de Mulligan munido de uma tigela de barba: são outras tantas ocasiões de um acesso à duração total. Os "círculos de bronze" do Big Ben podem ser comparados ao sono proustiano: o homem que dorme vê sua vida como uma totalidade, uma cosmogonia. Por isso, o romance do monólogo é *involutivo*, porque de uma parte a consciência narrativa não deixa o concreto pontual, salvo para voltar a ele, de outra, essa consciência se esforça por atingir o horizonte de um Ego que é na realidade seu foco obscuro. Nada se passou, nada foi *realizado* entre a angústia do beijo materno e o termo de um romance proustiano, entre o passeio ao farol sempre transferido e o acabamento do quadro de Lilly Briscoe – mas a geografia de uma consciência terá sido mostrada.

"O eu puro não é uma coisa, visto que ele não se dá a si próprio como a coisa lhe é dada", diz o fenomenólogo[141]. O romance do fluxo de consciência parece-nos obedecer a esse princípio. Mas esforçando-se por decantar o Eu da ganga dos objetos, o romancista e suas personagens acusam a realidade, a concretude destes. A "magnificência do indireto" ilustra sem dúvida, fundamentalmente, essa contradição, que o romancista designa por uma palavra ambígua e nova: o tempo, pois de Proust a Musil um dos traços dominantes do romance

---

140. Cf. J. Pouillon, *Temps et roman*, p. 240.
141. J. F. Lyotard, *La Phénoménologie*, p. 25.

é o de *nomear* o tempo, o de introduzir explicitamente a noção de duração. E a mesma palavra "tempo" exprime ora a absurda descontinuidade do universo concreto, ora, ao contrário, a maravilhosa continuidade deste rio prometido: a consciência. Trata-se realmente do tempo?

Sabe-se que faina custou a Flaubert a cena dos comícios agrícolas: é preciso que o leitor perceba, ao mesmo tempo, a conversa murmurada dos dois amantes e os ruídos da cerimônia que os cerca. Qual é a cena de romance que melhor demonstra que uma exigência estética se confunde com a necessidade de traduzir uma situação real, e verdadeira, da pessoa? Flaubert não quer simplesmente dizer-nos que dois indivíduos procuram isolar-se de uma manifestação social, nem exprimir um paralelismo entre uma realidade subjetiva e uma realidade objetiva. Instaura uma linguagem que põe em relação, senão em interferência, os interesses superficiais e convencionais de um grupo e as preocupações profundas de Emma Bovary. Escutando Rodolphe, esta é obrigada a ouvir a cerimônia. A simultaneidade, em Flaubert, corresponde não ao efeito obtido no teatro clássico pelo emprego do aparte, destinado a fazer contrastar radicalmente o "quanto-a-si" de uma personagem e seu comportamento social, mas antes à situação do *Estranho Intermediário* de O'Neill, em que cada personagem é e não é ao mesmo tempo sua existência socializada e sua existência interior. O "ao mesmo tempo" da cena dos comícios significa que no mesmo momento sócio-histórico uma afetividade é constrangida a "receber" objetos que ela recusa em nome de outro tempo desejado, absoluto, ideal; a continuidade de seu sonho. O objeto-tempo resume, em cada um dos episódios decisivos do romance, todas as coisas recusadas por Emma. Ela deseja sem cessar que o momento não exista mais, seja abolido em proveito de um Momento no qual ela não seria mais dividida entre as exigências do cotidiano e suas aspirações sentimentais e sensuais. Emma não deseja que o tempo suspenda seu voo, mas, ao contrário, que o tempo de seu desejo a preencha integralmente. Assim, Flaubert impõe a seu relato um tempo pontual que este mesmo relato tende a renegar. O momento dos "relógios", utilizado tecnicamente como suporte, é de outro lado ultrapassado por uma linguagem cujo tom é subjetivo, e gozando de uma primazia lógica e estética. O "ao mesmo tempo" romanesco torna-se com Flaubert, depois com James, um contraponto de dominante subjetiva, mas esta dominante sofre a lei melódica, linear, da *convenção* do tempo.

Em *O Quarto de Jacó* e mais ainda em *Ulisses*, a simultaneidade tem a mesma natureza conflitual (tempo do exterior contra tempo do Eu) que na cena dos comícios, sem ter todavia nenhum caráter dramático. O "ao mesmo tempo", que em Flaubert acusava a força de uma paixão comprimida pela realidade social, torna-se um aspecto fundamental da condição humana em Proust e em Joyce. Suas personagens não se revoltam contra o tempo social; procuram somente compensar-lhe o arbitrário, o automatismo, o não-significado. Cada um dos instantes que fragmentam a consciência de Mrs. Ramsay e de Leopold Bloom e provocam sua expansão é considerado por eles como um signo sem continuidade racional com o signo precedente ou subsequente. O instante não é senão uma divisão de uma totalidade que não tem, por si mesma, nem sentido nem valor. De Balzac a Tolstói, respeita-se o espírito do tempo – da História. De D. Richardson a Musil, toma-se o tempo à letra, como quando olhamos, sem querer medir, o ponteiro de um relógio que passa de um corte a outro. O tempo, então, fascina-nos e sentimos quanto nos alienam suas frações *intercambiáveis* e, no entanto, sucessivas. Também a intencionalidade desses heróis da "impressão" nunca é alinhada nessa cronologia do mundo segundo a qual Flaubert, Stendhal e James (cujos heróis continuam sujeitos aos imperativos sociais, ou desejam achar um compromisso com eles) ainda tramavam a "história" de seus romances, paralela à História. A personagem do monólogo não é, nem se considera, temporal, a não ser em função daquilo que faz, sente, pensa ou imagina. Para ele não há tempo universal, mas somente o tempo do vivido aqui e agora. O tempo social para ele, em última análise, não é mais do que uma série de pontos de referência através dos quais é obrigado a balizar sua vida "para outrem". Assim, os "curtíssimos tempos de espaço", como imagina Dedalus, são necessariamente mediatizados por "curtos espaços de tempo": o não-senso do momento assinala de algum modo a existência de uma duração íntima e, ela, insignificante[142]. Nada nos parece traduzir melhor esta situação do herói do *stream* do que a seguinte observação de Dostoiévski: "O que é o tempo? O tempo não existe; o tempo é uma série de números, o tempo é uma relação do existente com o não-existente"[143].

Um relógio põe simplesmente em relação a subjetividade "existente" de Clarissa Dalloway e o movimento "não-existente" da rua. A odisseia de Bloom desenrola-se no quadro de não importa qual dia, e Gide ("é a hora em que...") justapõe numa pura unidade de tempo as diversas situações de personagens que são "aparentadas" unicamente por sua marginalidade, por seu não-conformismo. Servindo-se da convenção do tempo, o escritor utiliza tecnicamente, de certa forma, esse sentimento da artificialidade, do arbitrário do tempo que suas personagens experimentam. Estas compreendem que o tempo-medida contradiz o devir, e vivem, assumem essa contradição. Reencontramos aqui a dialética do sujeito e do objeto: o objeto tempo é o inimigo da pessoa, mas seu revelador. Jimmy Herf e Quentin Compson, o Narrador e Mrs. Ramsay, o Lobo da Estepe e o herói de Musil não têm nada em comum, a não ser o fato de terem consciência de que o "mundo como história" contradiz radicalmente "o mundo como tempo"[144].

Quando tenta registrar os átomos "tais como caem, na ordem em que caem"[145], a personagem adere a um movimento de consciência múltiplo, confuso, mas espontâneo e livre, que significa para ela a presença do Ego, a possibilidade de ser. Mas ela precisa obedecer à sucessão dos instantes, suportar os fragmentos de uma totalidade desprovida, ao contrário, de sentido, de forma e de devir

---

142. Cf. M. Zéraffa, Le Temps et ses formes dans le roman contemporain, *Revue d'Esthétique*, p. 43-65.
143. Carnets de *Crime et châtiment*. Citado por G. Steiner, *Tolstoi ou Dostoievsky*, p. 155-156. (Trad. bras., *Tolstói ou Dostoiévski*, São Paulo: Perspectiva, 2007).
144. Cf. M. Mendilow, Introdução, op. cit.
145. V. Woolf, *L'Art du roman*, p. 16.

coerentes: o momento não significa mais do que uma totalidade social estranha à pessoa. Se Jimmy Herf é muito diferente do jornalista de *Pilone*, se tudo opõe o Narrador a Quentin Compson e Mrs. Ramsay a Bloom, suas existências são, todavia, partilhadas entre dois movimentos, dos quais um testemunha de uma ordem virtual, mas sentida e esperada como coerência e plenitude, enquanto que o outro procede de uma ordem concreta, porém totalitária, no sentido de que os sistemas de signos que o representam estão em toda a parte, e que em parte alguma ela aparece como um conjunto feito para o homem. Escritores que exprimem tão diversamente o vivido acabam se reunindo, no entanto, por seu modo de encarar a condição social do indivíduo. De Proust a Musil, essa condição é, de fato, uma desagregação que se traduz por movimentos automáticos, arbitrários, artificiais: quanto mais o Todo se esmigalha, mais as partes existem segundo uma ordem e ritmos sistemáticos e mecânicos. O Narrador assiste à dissolução das posições sociais, das precedências, das "formas", substituídas por núcleos Verdurin de ritos factícios, de etiqueta derrisória, *ersatz* ao mesmo tempo de uma cultura e de um "mundo" autênticos. Mrs. Ramsay pergunta-se por que aqueles que a cercam vivem juntos: reúne-os apenas a caricatura de uma verdadeira sociedade. O "Homem sem Qualidades" vê morrer um Estado, que é substituído por uma tecnologia política à imagem do novo imperialismo industrial. A agitação mecanizada de Dublin dá vertigem em Leopold Bloom, que imagina a época em que sua cidade será automatizada. Quentin Compson e o narrador de *O Urso* assistem à corrupção de certa forma planificada de uma ordem ancestral e da natureza original pela indústria e pelo comércio. Todas as "consciências" do romance dos anos de 1920 são fascinadas pelos *movimentos* e pelas *mudanças* que impõem ao indivíduo uma vida social que disfarça em organização e em "ritmos" a ausência de uma totalidade coerente e humana, adaptada à verdadeira vida do homem, sua vida interior. Nem em *Em Busca do Tempo Perdido* nem em *Manhattan Transfer*, os seres nos aparecem nivelados, uniformizados pelos "fenômenos sociais". Os protagonistas desses romances tentam preservar ou recuperar sua unidade, sua identidade num mundo onde constatam que os indivíduos se tornaram virtualmente intercambiáveis – como as divisões do tempo – visto que a vida social pode, de um momento para outro, *fixar* numa nova aparência os traços de cada um. Em potência, cada ser é "um, ninguém e cem mil" na casa dos Ramsay, entre os Guermantes, em Berlim, em Dublin. "Foi um outro que o fez, um outro eu", pensa Dedalus rememorando as precauções que tomava em Paris para preparar um álibi em caso de detenção. Sob os olhos de um Narrador que se esforça por permanecer um ser contínuo, Swann e Saint Loup tornar-se-ão os Proteus: personagens. A não-verdade do homem social será denunciada por Faulkner sem cessar, particularmente sob os traços de Sutpen, que em vão tenta metamorfosear-se para escapar à sua essência decidida por Deus: a negritude. A revolução romanesca que triunfa em 1922 apresenta-se à imagem de um mundo onde a variação e a dispersão, mas sempre "congeladas", ameaçam o homem de todas as partes. "A multiplicidade da existência está abaixo, acima, em torno da gente, sem trégua", dizia com exasperação S. Fitzgerald[146]. Não existe sociedade moderna. Existe apenas uma vida moderna, obsedante por sua fragmentação e por sua velocidade automáticas. Assim a percebem Mrs. Ramsay, Bloom e o solitário de H. Hesse. Assim a evocará Musil em sua notável visão que citaremos mais adiante. Assim a resume Thomas Wolfe: "À força de procurar também e sempre na termiteira humana a face do homem, acabarão não vendo mais do que uma fachada muda"[147].

E Trótski observará: "A sociedade burguesa atomiza as relações humanas, conferindo-lhes uma flexibilidade e uma liberdade sem precedentes"[148].

Palavras que James poderia ter escrito. Mas os grandes romancistas dos anos de 1920 veem que, de fato, essa flexibilidade e esta liberdade dependem de um código falsificado e desumano. E a multiplicidade muda, a totalidade uniforme em que se sente perdido o herói de Wolfe, estes escritores as exaltarão em mitos – e os erigirão em estruturas – a fim de denunciá-las.

É significativo que os romancistas americanos do período 1920-1930 que optavam pelo marxismo[149], quase a sua totalidade, tenham estigmatizado menos a injustiça, a exploração do homem pelo homem e tenham focalizado mais os aspectos desumanos da civilização industrial e urbana. *Manhattan Transfer* só secundariamente é o romance de uma alienação econômica e política. O tema de Dos Passos (ao qual dará uma dimensão épica com a trilogia U.S.A.*) é a fascinação alienante do social, decuplicado pela Cidade Moderna, onde não se tem mais o tempo de ser. "De que serve pensar em todas estas coisas passadas?", indaga Jimmy Herf: como pensar no próprio futuro, conceber que se tem uma história própria quando a gente se encontra no metrô de Nova York, que simboliza "esta máquina monstruosa de fabricar instantes que a sociedade capitalista inventa"?[150] Entretanto os "seres pulverulentos" de Dos Passos esforçam-se por pensar em si mesmos: encontramos em *Manhattan Transfer* a mesma distinção entre personagem-consciência e personagem-conformismo que em *Ulisses*. Romance de abstração e ilusão sociais (reais, os fenômenos sociais não são verdadeiros), a obra de Dos Passos justifica pelo absurdo *Em Busca do Tempo Perdido* focalizando a *necessidade do monólogo interior*. Na cidade compartimentada de *Manhattan* aparece, por breves lampejos, um Eu que, em Proust, irradiava sua luz e projetava sombras precisas. Mas do acabamento proustiano aos derrisórios esforços das personagens de Dos Passos, a problemática da pessoa conserva a mesma natureza e o mesmo sentido: o Ser é procurado fora dos movimentos, dos constrangimentos e dos signos sociais

---

146. Cf. W. Troy, Scott Fitzgerald: the Authority of Failure, *Forms of Modern Fiction*, p. 86.
147. T. Wolfe, *Au fil du temps*, p. 597.
148. L. Trotsky, *Littérature et révolution*, p. 207.
149. Cf. particularmente J. Brown, *Panorama de la littérature américaine*; H. M. McLuhan, John dos Passos: Technique vs. Sensibility, em H. C. Gardiner, *Fifty Years of American Novel* e G. A. Astre, *Thèmes et structures dans l'oeuvre de Dos Passos*. Enquanto corrigíamos nossas provas, chamou-nos a atenção uma observação de G. Lascault (colóquio com J. Laude, *Les Lettres Françaises* de 23 de novembro de 1968): "O expressionismo confundia industrialização e capitalismo". Guardadas as proporções devidas, essa observação vale para Dos Passos e Faulkner, para Broch e Mann.
*   Composta por: 42nd *Paralell*; *1919* e *The Big Money* (N. da E.).
150. M. Chastaing, *La Philosophie de Virginia Woolf*, p. 147.

que, no entanto, provocam essa busca, tornam-na necessária àquele que deseja menos a felicidade e aspira mais à salvação. Colocando suas personagens num universo onde os intervalos *entre* os atos são de uma tenuidade dramática, Dos Passos exprime a necessidade dos homens de opor o movimento livre de sua consciência ao movimento mecânico do Externo. Quando Jimmy Herf fala a si próprio por um instante, compreendemos que o monólogo é menos uma infralinguagem do que uma antilinguagem, pois Jimmy então cessa de falar como os outros, cessa de imitar formas de uma "máquina social" que Balzac admirava como tal, e cujo implacável determinismo Zola denunciava. O *stream* é uma resistência consciente a um movimento externo que fixa a pessoa numa sucessão de aspectos não-conscientes.

Quer se trate de figuras sempre fugazes e apenas esboçadas de *Manhattan*, que não podem ser pessoas, ou do Narrador, que reencontra a essência e a plenitude de seu Ego numa vida subjetiva metodicamente explorada, a palavra interior é um espaço virtual, mas coerente, que deve compensar o espaço totalitário e descontínuo do externo. A duração que a personagem busca é de fato, como o dizia Virginia Woolf, um campo de experiência. O vocabulário "crônico", tão larga e diversamente empregado pelos romancistas do monólogo refere-se geralmente ou à situação (à localização) da personagem no mundo, ou ao *estado* de sua consciência. Não se trata de um fluxo bergsoniano que o herói deseja reconhecer, ou de um devir movente que ele quer retomar; sua busca permitir-lhe-á muito menos reencontrar o tempo perdido (o fio, o curso de seu tempo) do que lhe assegurará a permanência de sua memória, do que o tranquilizará quanto ao estar-aí de sua consciência, cujos contornos lhe aparecem quando cessa o movimento do caleidoscópio: o campo da experiência é o campo global do passado. Recuperado ou simplesmente entrevisto, o passado é coerência salutar. O passado concede ao homem aquilo que lhe é recusado por uma sociedade cegamente movente, por um mundo brutalmente agitado: o sentimento de ter uma origem a partir da qual o tempo possa mudar-se naquilo que ele é – numa continuidade. A heroína de *Entre os Atos* (título exemplar: o mundo é comédia) exprime um pensamento que as personagens de Dos Passos não podem formular, mas que as persegue, e que o Narrador proustiano desdobrará num verdadeiro discurso: "Só é comum a hoje e ontem a noite antes que houvesse caminhos e casas; a noite que os homens contemplavam das cavernas do alto de uma eminência, entre os rochedos"[151].

A consciência do passado é o universo da autenticidade, a medida comum dos indivíduos, a alma universal, dirá Proust. Mas, procurando abraçar a continuidade de sua vida interior, a personagem deve encontrar, reconhecer e enfrentar as balizas e os limites desta. Do mesmo modo que a realidade de sua existência "aparente" se compõe de atos sem significação, que ele não pode deixar de realizar, assim, a realidade de seu passado é feita de imagens, de signos entre os quais predominam estas figuras do Pai e da Mãe que obsedam *Rumo*

---

151. *Entre les actes*.

ao Farol[152], tal como *O Som e a Fúria, Ulisses,* assim como *A Montanha Mágica.* Uma análise estrutural focalizou, no universo faulkneriano, a existência de três forças destruidoras: a inflexibilidade dos pais, a irresponsabilidade sexual – sobretudo na mulher – e o mercantilismo[153]. Se substituirmos os "Snopes" pelo aparelho burocrático de um Estado moderno, esse esquema se aplica, sem dúvida, ao mundo de Kafka. Mas importa sobretudo sublinhar que em Proust como em Faulkner a linguagem da lembrança, na qual os arquétipos de parentesco desempenham um papel tão grande, traduz o único devir reconhecido como verdadeiro pela personagem: o espaço de sua memória, enquanto os signos da civilização (industrial ou "moderna") traduzem a não-coerência do espaço social. Detestada ou amada, temida ou lamentada, a imagem do Pai ou a da Mãe representam a causalidade e a finalidade autênticas, lógicas, do devir pessoal, quando a ordem humana está ausente do devir histórico. Efetivamente, o romance da duração é o da nostalgia de um espaço humano.

O relato de dominante subjetiva exprime as relações reais, objetivas, do indivíduo e do mundo. Mas essas relações são invertidas pelo escritor. A espacialidade social acabada, e sendo, no entanto, informe, torna-se o quadro de uma expansão interior infinita, mas virtualmente coerente e ordenada. Aquilo que, no universo do século XX, contém e comprime a expressão de si torna-se o limite estético e significativo do relato. Nessa inversão das relações do "existente" e do "não-existente" é permitido ver o caráter essencial da arte romanesca de uma época. Contudo, a partir dessa relação ambígua entre espaço social e espaço interior, os romancistas concebem diversamente a pessoa. Quanto mais Bloom e Dedalus monologam, mais se comunicam com a cidade de Dublin, mais a reconhecem, integram-na. Em compensação, o tumulto sincopado de Manhattan opõe seu mutismo, sua indiferença às personagens de Dos Passos[154]. Para Joyce, só aparentemente a Cidade reduz o homem a uma sucessão de instantes; na realidade, as consciências são fragmentadas em si mesmas; só poderá recompô-las um olhar sobre a extensão de seu passado físico, cultural, psíquico global; o homem descobrirá então a existência de uma consciência humana total[155]. Para Dos Passos, ao contrário, o homem permanecerá não-consciente e alienado enquanto Nova York (a sociedade) permanecer desumana. Escolhendo por superfície romanesca um espaço real exemplarmente fechado, Thomas Mann suprime o tempo maléfico, o tempo da indústria e do negócio, que reina "na planície". Como observa Mendilow, "o senso da duração é tão rarefeito como o ar de Davos"[156]. Assim, encerrado num espaço atemporal que é o próprio inverso do espaço cruelmente temporalizado de Dos Passos, Hans Castorp pode entregar-se a essa experiência sem limite sonhada por

---

152. Cf. J. L. Blotner, Mythic Patterns in *To the Lighthouse*, P.M.L.A., p. 547-562.
153. K. E. Richardson, *Quest for Faith. A Study of the Destructive Forces in the Novels of W. Faulkner.*
154. Cf. McLuhan, op. cit., p. 153-154.
155. Cf. particularmente R. Bonnot, Le Roman du temps, *Journal de Psychologie*, p. 459-461.
156. P. Mendilow, cap. 10, op. cit.

Mrs. Ramsay. Proust, por sua vez, levara seu Narrador a assumir o confronto do tempo e da duração, da extensão significante do ser e de uma sociedade cujo sentido, cujos valores e cuja ordem estavam degradados.

Certo é que durante um período decisivo da história do romance, escritores recortaram superfícies romanescas em espaços sociais rigorosamente atuais. Daí o realismo das técnicas usadas e das formas instauradas para representar a pessoa, que se afirma por aquilo que a mutila e a despeito disso. As formas de expressão imitam os aspectos de um mundo concreto que se trata de negar como verdade, senão como realidade. Com razão sublinhou-se que os métodos de Joyce e de Dos Passos simbolizam a vida moderna[157]. Convém, todavia, observar que uma ordem aparente, que de fato é uma desordem, serve para estruturar narrações de aspecto caótico se nos referirmos à coerência psicossocial da pessoa ilustrada por *Guerra e Paz*, mas profunda, autêntica e lucidamente compostas se concebermos que essas obras ilustram precisamente um esforço (manifestam-se sempre aqui e agora) para recompor a pessoa. É por ter sido testemunha de um confronto, por assim dizer típico, entre o modernismo e a tradição, que Faulkner aparece, de maneira tão pronunciada, como um "técnico" e um "metafísico" do romance. Não podemos subscrever sem reserva este juízo emitido sobre o autor de *Absalão!*:

> Suas fraquezas dependem da grande antiguidade da comunidade onde viveu, que o impediu de dominar suas obras como Joyce, Conrad, Proust. A técnica do romance moderno, com seu ideal de eficácia, sua especialização dos meios, é o produto da era industrial: praticando sua arte longe das cidades que geraram os Flaubert, os Joyce, os James, Faulkner não pôde adquirir a virtuosidade no gênero que requer mais atenção do que cuidado[158].

O monólogo interior, que imita a fragmentação da vida, depois reage contra ela, certamente correspondia "a uma exigência da época"[159]. O *stream*, direto ou indireto, é certamente uma "forma espacial"[160], mas destinada a negar o espaço descontínuo que a suscita. Queríamos mostrar que o romance do fluxo de consciência é essencialmente a busca de um sentido e de uma forma da pessoa num mundo onde o indivíduo só encontra sinais e aspectos: onde ele só vê contingência e desordem organizadas. Nessa luta do fluido e do aberto contra o fixo e o fechado, da transparência interior contra a opacidade dos fatos, do espontâneo contra o artificial, da experiência direta contra a convenção, a personagem desejaria poder desenvolver uma linguagem cuja continuidade absoluta compensasse a ultrajante descontinuidade do vivido. Mas isso não passa de uma linguagem: assim como o monólogo integra e humaniza subjetivamente (por uma expansão secreta de que só participam o narrador e o leitor: somente Bloom e Dedalus se reencontram, reconhecem-se no romance

---

157. Cf. M. Schorer, Technique as Discovery, *Form of Modern Fiction*.
158. E. Wilson, *Classics and Commercials*, p. 464.
159. Cf. J. Isaacs, op. cit., p. 110.
160. Cf. J. Frank, Spatial Form in Modern Literature, *Criticism*.

pelo *stream*) o real e o histórico, da mesma forma os heróis de Faulkner e de V. Woolf dissolvem e metamorfoseiam signos brutos que, contudo, acabarão por vencê-los. Mas é justamente na latência do monólogo que residem seu poder e sua força de comunicação: o autor quer demonstrar-nos que nossas funções psicológicas são a única coisa do mundo bem dividida, e que somente elas, se quisermos abraçá-las em toda a sua amplidão "imaginária", poderão realizar a unidade dos homens.

O romanesco cujos traços esquematizamos no quadro (p. 187) revela uma situação historicamente real do indivíduo. A dissolução da pessoa, que à primeira vista parece caracterizar o romance moderno (depois de James e até nossos dias) é um fenômeno sociológico e político interpretado, de *Em Busca do Tempo Perdido* a *O Homem sem Qualidades*, por um grupo de escritores *cultivados*, como o aniquilamento de uma esperança humanista que cumpre precisamente restaurar. Que seja necessário recompor unicamente pela consciência e na consciência uma pessoa que este mundo desfaz, Proust o compreendeu desde o começo do século, e até os anos de 1930 essa recomposição do ser por sua linguagem interior – e não o esmigalhamento das consciências – será o objeto primordial do romance inovador. Resolvido pelo monólogo, o problema da pessoa, durante um longo período, é levantado pela história tal como o escritor constata seus efeitos: trata-se da impotência do indivíduo em conceber-se como um ser social, no sentido profundo do termo. Como um ser de participação e de comunhão. Enquanto o homem não *for*, não poderá ter biografia, e o romance proustiano, no qual está centrado o próximo capítulo de nosso estudo, comenta plena e positivamente esta amarga reflexão da heroína de D. Richardson: "Os homens tecem fios de ouro – pensamento, ciência, arte, religião – sobre uma negra tela. Jamais *são*. Agem ou fazem, eis tudo"[161].

161. *Revolving Lights, Pilgrimage*, p. 280.

CULTURA *VERSUS* REALIDADE

REALIDADE ◄─────────────────────► CULTURA
história   mito

SOCIEDADE   CONSCIÊNCIA
indivíduo   individualidade
convenções   autenticidade
(estado)   (pesquisa)
ação   contemplação
linguagem   interpretação
fatos   desejos
quadro romanesco   *stream*

OBJETOS   IMAGENS
signos   símbolos

TEMPO   DURAÇÃO
fragmentação   totalidade
atualidade   passado, memória
relato   "romance"

NÃO-SENTIDO   SENTIDO
(decomposição)   (recomposição)

PERSONAGEM ◄─────────────────────► PESSOA

5   A Biografia Impossível. O Exemplo de Proust

> Proust é obsedado pela ideia de que toda a esperança,
> ao se realizar, é substituída exatamente pelo novo estado
> e apaga em consequência o estado precedente
> (Swann imaginando que vai casar, Eu pensando
> que ele será recebido em casa de Swann). Além
> da incomunicabilidade das almas, também a dos estados
> de alma entre si. Daí o sentimento de que tudo é relativo
> e vão – a não ser que se recupere o Tempo perdido.
> Daí o gosto pelo devaneio e o fato de sublinhar
> sadicamente o quanto, nos encontros com a realidade,
> esta se desvanece e como é necessário, por conseguinte,
> procurar uma lei que sirva para eternizar cada sonho.
> C. PAVESE

Relato autobiográfico, *Em Busca do Tempo Perdido* não é, no entanto, a história de uma vida. Alguém aí descreve seu destino desde as primeiras lembranças da infância até as proximidades da velhice, mas esse trajeto não segue uma curva progressiva. Suas memórias, de uma parte, descem "em profundidade numa individualidade" e, não obstante o culto do Ego, a afirmação de um Eu singular oposto ao Nós, estão ausentes. Pela expressão "biografia impossível", queríamos assinalar desde o início que o romance proustiano consagra um corte: a uma concepção fundamentalmente histórica e individualista da pessoa sucede, em Proust, uma visão estrutural e universal desta. O objeto de *Em Busca do Tempo Perdido* não é a evolução, nem mesmo a extensão de uma consciência, mas antes o desvelamento de suas funções e de suas leis orgânicas. E vemos em *Em Busca do Tempo Perdido* um modelo, porque Proust não dissolve a pessoa a não ser para explicá-la e recompô-la a partir de sua própria dissolução. A incerteza do Eu, a incoerência, a fluidez e a fragmentação da consciência, que Proust admite e exprime mais nitidamente que seus contemporâneos, constituem para ele uma realidade básica da qual extrai meios que devem permitir-lhe atingir um fim: descobrir uma alma total cujas zonas afetivas, intelectuais, espirituais são unidas entre si por relações necessárias e lógicas.

Numa obra francesa dos anos de 1920, assaz representativa de uma literatura "de caos e de inquietação", encontramos claramente colocado o problema que foi a grande preocupação de Proust e de V. Woolf:

> Quem sou eu? Sem dúvida, eu me fundo em lembrança e em aspirações diferentes, mas aquilo que me surpreende é meu desejo de me recompor de um modo que me seja

próprio, minha necessidade de ser um todo... E quanto mais evidentemente vejo que sou múltiplo, mais sou devorado por uma sede inextinguível de unidade[1].

Passagem de grande interesse, porque esse narrador analisa com precisão o mal – a falta de ser – de que sofrem tanto Zeno ou Mrs. Ramsay quanto as personagens pirandellianas: a descontinuidade e o movimento da vida interior geram um desejo inquieto de reconstituí-la; a desagregação do Ego é, de certa forma, o preço que deve ser pago pela vida intensa e diversa das lembranças e a esplêndida variabilidade de nossas tendências. Entretanto, esse texto é típico daquilo que os romancistas do *stream* não fizeram de modo algum, que recusaram exprimir em termos abstratos ou líricos – admitir como um fato absoluto e irrevogável – a dispersão evidente, fundamental da pessoa. Longe de parar na constatação (nós o precisamos) da não-coerência do mental e da morte dos valores, consideraram-nos como fenômenos, no sentido estrito do termo. As personagens de V. Woolf, em lugar de "perderem-se em recordações e em aspirações", procuram-se através dessas imagens, e não por introspecção, mas por ocasião de um contato com o mundo – por ocasião de um instante vivido. Essas personagens procuram reconhecer-se confrontando o imediato concreto com a totalidade, a soma virtual de sua consciência. Essa busca de uma relação de continuidade entre a pontualidade da vida e o universo múltiplo do Eu *deveria* ser possível, mas mostra-se sempre vã, aborta sem cessar, porque não só o mundo e sua desordem desviam o indivíduo de si mesmo, impedem-no de se recompor, mas ainda a memória, única a permitir que a personagem "se veja", é mentirosa: a reminiscência dá à vivência de ontem a tinta da vivência de hoje. Todavia esse dilema, de que Stendhal teve plena consciência, constitui para os romancistas do monólogo a realidade, senão a condição humana por excelência e, como Gertrude Stein, eles levarão avante uma pesquisa "possível e impossível" do Eu total:

> Tudo é estranho.
> E a identidade é uma coisa estranha. Sermos nós mesmos é coisa estranha visto que jamais somos nós mesmos com relação a nós mesmos a não ser na recordação que temos de nós mesmos, e nisto é claro que não acreditamos. É realmente isto o que há de enfadonho com uma autobiografia. Não acreditamos, bem entendido, não acreditamos realmente em nós mesmos. Por que iríamos crer? Sabemos tão bem, tão perfeitamente bem que aquilo não somos nós. Não podemos ser nós mesmos porque não podemos lembrar-nos exatamente... Bem entendido, jamais somos nós mesmos. Pois bem, é certo que já contei tudo de mim mesma[2].

Irrealizável em virtude mesmo da preocupação com a sinceridade[3], a autobiografia foi, contudo, realizada sob diversas formas. Todos os grandes romances dos anos de 1920 são biografias em sua essência: a existência de uma personagem nos é dada como um fato global e em sua "lentidão"; além disso,

---

1. R. Honnert, *Corps et Ame*, p. 33.
2. G. Stein, *Autobiographies* e J. Brown, *Panorama de la littérature américaine contemporaine*, p. 347.
3. Cf. H. Peyre, *Literature and Sincerity*.

a narração é profundamente impregnada da personalidade do escritor. Mas estas "biografias do ser", como se disse dos romances de V. Woolf, estas "autobiografias psíquicas", como se designou *Peregrinação*, de D. Richardson[4], são narradas indiretamente: mediatiza-se a vida para exprimi-la imediata, concreta, complexa e contraditória. G. Stein recorre a um "narrador fictício" na *The Autobiography of Alice B. Toklas* (Autobiografia de Alice B. Toklas), assim como recorrem a ele Joyce e Proust, de maneira a focalizar, a concentrar, num espaço mediador neutro, os raios múltiplos de uma consciência viva. Ademais, a técnica dos olhares cruzados, o apelo a diversas testemunhas que traçam esboços contraditórios do mesmo indivíduo, podiam corrigir os erros de uma retrospecção unívoca.

Por mais diversos que sejam os métodos de Gide e de Proust, de Thomas Wolfe e de Thomas Mann, eles testemunham a mesma atitude radical de recusa, a mesma desconfiança categórica com respeito à história, a este tempo cronológico no qual os seres são todos, mas falsamente, "idênticos": que os nivela. Só a duração psíquica podia revelar os seres em sua singularidade e em sua totalidade. Entretanto, o termo duração presta-se à confusão. Os romances do fluxo de consciência suscitam facilmente a imagem de uma fluidez temporal. No entanto, o curso dessas obras é feito de rupturas, de desequilíbrios, de diferenças de nível: o tempo sócio-histórico não é ora comprimido, ora dilatado, ora ignorado mesmo, com a única finalidade de mostrar ao leitor como esse tempo é falso, artificial, irracional em face do fluxo natural de uma consciência, mas sobretudo porque a duração, ou antes, as durações romanescas, são determinadas pela necessidade de ser, única coisa que poderia satisfazer o "silêncio" da existência. *Rumo ao Farol* seria um relato linear, unívoco, se desde a origem não sentíssemos quanto Mrs. Ramsay é importunada pelo contraste entre os irrisórios aspectos e movimentos do cotidiano, e a presença confusa, imperiosa, de seu Ego. *Ulisses* só é possível porque um "homem meio sensual" se vê vivendo, refere o universo a si mesmo e traz consigo um segredo. Pode-se dizer que a duração "bergsoniana" de Faulkner e de Proust, como a de Flaubert, é constituída de *pontos de vista*, pois os objetos que impressionam a personagem são tomados numa luz que cada vez emana de uma paixão (Emma) ou de uma fascinação (o Narrador). O Coronel Sutpen evocado por Miss Coldfield, Albertine vigiada pelo Narrador são durações-espaços, porque a aparição e o desdobramento dessas figuras vistas indiretamente são literalmente isolados, recortados por uma afetividade no espaço significativo do real.

A partir do instante em que a vida psíquica não era mais o *comentário de uma existência* "realmente vivida" – o que em James ainda era – mas a *condição* da autenticidade dessa existência, as funções psicológicas, sucessivamente privilegiadas, porém, o mais das vezes dependentes de um "foco" profundo, tornavam-se aparelhos de filmagem, planos narrativos. E o universo romanesco

---

4. Cf. R. Humphrey, *Stream of Consciousness in the Modern Novel*, p. 10, e M. Yourcenar, prefácio a *Les Vagues*.

seria necessariamente descontínuo, retalhado, acronológico, porque cada uma de suas partes (pensemos no exemplo de *Absalão!*) devia corresponder a determinado momento de uma consciência. Ao contrário de Marivaux ou de Maupassant, Proust e Faulkner não consideraram uma vida humana como um fato consumado cuja sucessividade ocorrencial convém respeitar. Se Sterne, por exemplo, coloca "antes" aquilo que se passou "depois", essa anterioridade arbitrária, convencional, permanece alinhada sobre o vetor de um tempo histórico. Para Faulkner como para Joyce, não se trata de "antes" nem de "depois", mas de traduzir uma intensidade crescente ou decrescente de interesses afetivos, que formam a ordem verdadeira (a ordem estrutural) de uma consciência às voltas com o mundo. Em *Em Busca do Tempo Perdido* como em *Pilone* a vida só está ali a título de suporte: ela espera de certa forma sua realidade da consciência que a tiver assumido. A duração biográfica não tem sentido em si mesma. A psique deverá, ao contrário, significar determinada fração de uma vivência que é assim dilatada e ultrapassada, dado que o instante percebido e sofrido do real provoca reminiscências de uma vivência interior: a angústia de Christmas diante do pensamento de sua negritude imaginária e a espera do beijo materno em Proust cristalizam vastas zonas de existência. À biografia horizontal e diacrônica de *Marianne*, sucede a biografia profunda, associativa, sincrônica, cujos aspectos e cuja expressão são determinados por momentos psíquicos decisivos. Escrever a história de uma personagem não é mais segui-la, passo a passo, mas recompor sua existência a partir de um "problema" psicológico (ou metafísico) que precisamente decompõe essa existência, provocando a fragmentação de uma consciência sempre espantada em presença de objetos e de outrem. Não há dúvida de que a hipótese do romancista do *stream* (como o atestam muitos textos de Virginia Woolf, de Joyce e de Proust e como o atestava a imagem da teia de aranha em James) é que a consciência é contínua. Mas trata-se justamente de uma continuidade subjacente, de um fluxo que em profundidade aproxima entre si momentos cujas tintas discordam entre elas; de um fluxo a recuperar. Enfim, a biografia impossível é uma biografia terminada não menos que sintética: os acontecimentos jamais nos atingem diretamente, visto que não são acontecimentos, mas imagens. Proust e Faulkner situam-se exatamente na via aberta por James, teórico do *indirectness*[5].

O caso do romancista inglês Stephen Hudson é de um grande significado para o nosso propósito, pois Hudson partiu da narração biográfica cronológica para chegar a uma biografia subjetiva e estrutural. Hudson escreve primeiro *Richard Kurt*, em que narra o fracasso de sua vida conjugal devido, em parte, à inconsciente potência de seu apego ao pai. Seu segundo romance, *Elinor Colhouse*, porá em cena a jovem que provocou a ruptura do narrador com sua esposa. Depois, Hudson evocará sua infância e sua juventude (*Prince Hempseed, Myrtle, Tony*), e seu último romance relatará suas relações com duas de suas personagens: *Richard, Myrtle and I* (Richard, Myrtle e Eu). Conhecida sob o

---

5. Cf. B. Dort, Henry James: de la connaissance à la compromission, *L'Observateur*.

título geral *A True Story* (Uma História Verdadeira), a obra de Hudson está escalonada através de trinta anos (1900-1930), e sua estrutura apresenta grande interesse estético. O romance de Hudson, com efeito, segue um caminho retrospectivo comparável ao dos romances do fluxo de consciência; o narrador vai do menos passado ao mais passado, da maturidade à infância, do Ele ao Eu, do autor a suas personagens. O relato torna-se cada vez mais focalizado e mediatizado. Aos poucos, o escritor viu a necessidade de passar da narração linear à narração-volume, que parte do atual para descobrir uma consciência "révolue" (terminada), pela qual o universo romanesco é enfocado sob diversos pontos de vista. É que Hudson leu e depois traduziu Marcel Proust, que tinha por ele grande admiração. Como já notou J. Isaacs, perde-se o sentido de *Uma História Verdadeira* se se restabelecer a obra em sua ordem cronológica[6]. Com efeito, o relato de Hudson é o desvelamento, cada vez mais profundo e ambíguo, de uma consciência de escritor. Voltamos a encontrar em Hudson a temática complexa concebida por D. Richardson e por Gide: o romance modifica o romancista; a realidade romanesca e a realidade biográfica conjugam-se e se esclarecem mutuamente; o escritor não é o autêntico biógrafo de si próprio a não ser que leve em conta a refração do tempo vivido pelo tempo da escritura. O romance total que Stephen Hudson quis realizar por etapas, Proust o concebeu em toda a sua extensão (após a tentativa de *Jean Santeuil*) porque terá descoberto que a memória, enquanto função psicológica e não enquanto lembrança do passado, podia ser um princípio de criação. Proust vê que a memória, se soubermos ser receptivos a seus mecanismos (de maneira a revelar e depois a corrigir os erros sobre a verdade do passado que ela suscita e que tornavam a biografia falaciosa, *a priori*, aos olhos de G. Stein), já é uma inteligência do real e confere à realidade uma primeira forma.

Mas é sobretudo por comparação com o vasto *Peregrinação* de D. Richardson, do qual *Em Busca do Tempo Perdido* está tão próximo pelo espírito e pela letra, que a estética e o pensamento de Proust aparecem como profundamente originais. Como o sublinhou na conclusão a *Peregrinação*, D. Richardson propusera-se refazer uma experiência individual no curso de uma duração lenta e longa. A personalidade de Míriam efetivamente é retraçada através dos instantes decompostos, dilatados, refratados. "O mundo só existe para D. Richardson a fim de alimentar a sensibilidade voraz de sua personagem", diz W. Allen[7]. O mesmo acontece em Faulkner e Joyce. Para Míriam como para Mrs. Ramsay, o mundo não assume uma significação exceto se suas aparências – suas formas aparentes – são atravessadas e dissolvidas. À semelhança do Narrador, Míriam sente-se obrigada a dissociar o real para descobri-lo verdadeiro: "A verdade oculta sob as superfícies da vida submetia-se a ela lentamente, imperceptivelmente, e sem alegria"[8].

---

6. *An Assessment of Twentieth Century Literature*, p. 127-128.
7. *Tradition and Dream*, p. 38.
8. D. Richardson, *Revolving Lights*, *Pilgrimage*.

Contudo, o destino de Míriam será o de uma redução progressiva da pessoa, de um "fechamento" cada vez mais rigoroso da consciência. Míriam segue uma curva descendente. Desinteressar-se-á mais e mais pelas alegrias afetivas, intelectuais, estéticas. Quanto mais ela avança na vida, mais se fecha no espetáculo fascinante e ofuscante das coisas e dos seres, dos quais nada espera (dos quais nada quer esperar), que ela desfaz fibra após fibra e que se lhe tornam indiferentes por causa dessa mesma desagregação quase sistemática. O mundo acaba tornando-se para Míriam um pretexto para experimentar a presença e a dolorosa intensidade de seu "Eu secreto, querido e odiado"[9]. Observemos o quanto essas palavras se aplicam às personagens do *stream*, constrangidas pelo mundo a amar um Ego todavia odioso, visto que este Ego não pode ajudá-las a comunicar-se com o mundo. Descendo sempre mais profundamente em sua individualidade, na procura de uma identidade em estado puro, a heroína de D. Richardson rompe regularmente todos os vínculos que poderiam, ao acaso de sua viagem (de sua fuga para o Ser), aproximá-la daqueles que encontra. A vida de Míriam é cada vez mais uma recusa (tanto crítica quanto absurda) da existência. Cada uma das narrações de *Peregrinação* termina com uma partida da heroína. Deve sempre deixar o ambiente que a acolheu.

Por isso, *Peregrinação* é um romance linear. Queremos dizer que a obra se compõe de etapas para um isolamento radical do Eu. Essa linearidade é, pois, uma estrutura que corresponde ao devir da consciência da personagem. Míriam segue, sem dúvida, uma direção fatal, unívoca. Por essa composição progressiva na regressão (na redução de um Ego à sua impossível essência), *Peregrinação* se opõe a *Em Busca do Tempo Perdido*, ao passo que os dois romances apresentam impressionantes analogias de conteúdo. O espanto diante do real, a dissociação e a análise crítica das pessoas e das coisas, a constatação de uma diferença irredutível entre a pontualidade absurda dos aspectos do mundo e a extensão fluida do campo da consciência, a inquieta tomada de consciência das armadilhas da memória, são comuns a uma jovem, depois, velha solteirona inglesa, burguesa mais ou menos *déclassée*, obrigada a exercer trabalhos humildes, e ao amigo refinado de Swann, de Elstir e dos Guermantes. Mas Míriam caminha rumo ao Ego unicamente através de sua exclusiva memória "imediata"; a cada um de seus contatos com o mundo ela se limita a constatar o quanto os objetos e os seres, apesar de seus esforços por encontrar sua verdade através de suas aparências, são corpos estranhos. Constantemente ferida por essa distância entre o mundo e sua sede de ser, Míriam não procura relacionar determinado *aspecto novo* de si própria, revelado por uma experiência, com os *aspectos antigos* de sua consciência: Míriam vê seu Eu de maneira diferente daquela pela qual o vê o Narrador de Proust: como uma entidade. Das incertezas da memória e das intermitências do coração, tira uma única lição: isolar-se em si mesma, recusar a incoerência do mundo:

---

9. Idem, p. 289.

O quarto era mais exíguo do que em sua lembrança. Agora estava mais surpresa por ver tão familiares os detalhes deste cômodo... é o que se sentia quando se visitavam os lugares em sonho. Mais ainda... a parte real de sua existência comporta um sonho real; a parte de sonho que se torna verdadeira. A pessoa sabe, de antemão, quando está seguindo verdadeiramente o curso de sua própria vida. Estas coisas são familiares porque a realidade está aí. Os acontecimentos que hão de sobrevir projetam uma *luz*. É como quando deixamos cair alguma coisa e voltamos a procurar o objeto que sabemos estar aí. Por mais longe que tenhamos ido, voltamos. Voltei, presentemente, ao ponto onde estava antes de tentar agir como os outros[10].

Lendo esse monólogo (muitos outros da mesma natureza figuram em *Peregrinação*), o Narrador sem dúvida alguma teria reconhecido os traços de sua própria personalidade psicológica, particularmente esse fenômeno de antecipação do real (temido ou esperado) pela imaginação, que analisaremos mais adiante. Mas o ponto de chegada de Míriam é o ponto de partida do encaminhamento proustiano. Em vez de significar a presença de um Eu absoluto, que se deseja inalterável e soberano em sua latência, a defasagem entre a recordação e a percepção será para o Narrador um meio de exploração e um modo de conhecimento. Em vez de provocar sistematicamente um retorno a uma essência "querida e odiada", a reminiscência permitirá repertoriar as diversas zonas da consciência, discernir nesta diversos níveis, focalizar suas conexões. Concebida em suas funções estruturais do Eu, e da pessoa, a memória permite a Marcel Proust triunfar dos dois obstáculos que parecem impossibilitar a biografia psíquica: o escoamento do tempo e o olhar de outrem.

É, por certo, legítimo ver em *Em Busca do Tempo Perdido* o itinerário afetivo, intelectual, espiritual de um escritor e de um homem reunidos numa mesma pessoa fictícia. Nossa óptica é diferente. Não quisemos seguir *Em Busca...* como um fluxo, mas examinar quais as relações que unem os *aspectos estruturais* do romance proustiano e os *temas psicológicos* que servem de base às memórias do Narrador. Pelo estudo que se vai seguir, propomos uma ilustração monográfica do capítulo precedente, porque parece-nos que a dialética do "demasiado próximo" e do "demasiado longíquo" foi claramente sentida e analisada por Proust como por seus contemporâneos e levou a conceber relações de necessidade particularmente rigorosas entre a forma de seu romance e uma concepção subjetivista e anti-histórica da pessoa que caracteriza toda uma época literária.

O conjunto organizado que forma o romance proustiano, sua composição racional (a obra se desenvolve em volume e em intensidade de acordo com a importância das crises afetivas que balizam uma vida) e as especificações fornecidas pelo próprio autor sobre a feitura de *Em Busca...* parecem indicar, de fato, a existência de uma totalidade coerente que não poderíamos reduzir a uma duração: o escoamento de dois tempos (um psicológico e reversível, o outro cronológico e irreversível) constitui sem dúvida a trama da obra, mas não se segue daí que esse escoamento seja a força organizadora daquilo que se deve chamar

10. *The Tunnel, Pilgrimage*, p. 13.

uma ficção. *Em Busca...* procede de uma construção romanesca muito semelhante à de um discurso: há uma introdução, desenvolvimentos, uma conclusão. Queremos examinar aquilo que condiciona a ordem desse discurso, e qual é sua evolução propriamente histórica: para fazer aparecer a estrutura geral de *Em Busca do Tempo Perdido*, procuraremos depreender as correlações entre o que é contado e o homem que conta, entre a linguagem romanesca e o conjunto de tendências psicológicas do Narrador, tais como ele as procura, as expõe e as comenta no curso de seu relato[11].

AS CONSTANTES PSICOLÓGICAS

O Narrador só conta sua infância através da descoberta das grandes marcas afetivas que o marcaram: não se trata de uma crônica, mas de uma exploração de que se depreende um esquema psicológico do qual o Narrador, chegado à idade adulta, não chegou, de modo algum, a libertar-se. Esse esquema desenvolve-se a partir de uma insatisfação. Tendo partido à procura de seus anos de infância em Combray, o Narrador encontra a impressão de um vazio que somente a mãe tinha o direito de preencher. Cristalizado em torno do beijo materno da noite, sempre problemático, essa insatisfação provoca uma espera ansiosa, sofrida num quarto cuja imagem somente fixa essa ansiedade e pode desencadeá-la: esse quarto tornou-se "o ponto fixo e doloroso...". Mas a criança preferiria permanecer sozinha com sua dolorosa esperança a olhar as imagens da lanterna mágica que lhe mostram para fazê-lo esquecer a ausência materna e que, entretanto, o encantam. Oscila entre a reminiscência e o fantasma, entre um passado muito pesado e um futuro muito leve, porque *abandonar-se ao imaginário seria abandonar uma necessidade da qual a ansiedade se tornou o signo*. Quanto ao presente, ao atual, a criança só toma consciência dele contemplando o lugar de sua solidão, o teatro de seu mal-estar: basta que uma série de fantasmagorias lhe faça esquecer por um momento esse quadro, ou que um meio-sono o deforme, e eis o menino espantado. Entre os estados psicológicos que determinam o desenvolvimento da obra de Proust, esse espanto parece-nos ter grande importância e diremos, com o risco de simplificar demasiadamente, que se manifesta desde que o Narrador deixa a zona do amor filial insaciado. Os impulsos de sua imaginação e a percepção daquilo que o cerca são outras tantas rupturas deste absoluto fundamental que é a nostalgia da ternura materna.

Assim, se forma um circuito afetivo que vai do maternal ao não maternal, e volta à mãe. Circuito sem dúvida complexo, porque arrasta ou atravessa outras tendências, outros estados, tais como o desejo sexual, a imaginação criadora e sobretudo o sofrimento. É recorrendo ao imaginário (que é menos inventivo

11. Nossas citações se referem à edição da Pleiade (3 v., Paris, 1954).

do que reprodutor de impressões passadas) que o Narrador quererá resolver a contradição entre seu Eu (quase confundido com a ternura, a segurança filiais) e a vida atual, concreta. Além disso, confundirá amor com sofrimento (perder um é perder o outro) e consagrará grandes esforços para criar em sua consciência uma unidade em que figurem, ao mesmo tempo, o pesar da segurança afetiva, o sofrimento experimentado como prova de amor e a projeção no sonho. Mas a criança não pode sempre isolar-se na "leitura, na imaginação, nas lágrimas e na volúpia" (*Swann*, p. 12). Então, para não ficar muito espantado, prevê, apreende, imagina o vivido antes de vivê-lo; essa apreensão não será, pois, menos um modo de captação da realidade exterior do que uma defesa contra esta. A criança, o adolescente, o homem cujas figuras sucessivas o Narrador descreve fazem da *previsão* um *modo de ser*; esperar, amar, temer é prever. "Antes de tomar o carro, eu já havia composto o quadro de mar que ia procurar" (*Jeunes filles*, p. 707). Swann, os Guermantes, Veneza, a Berma, a igreja de Balbec, Odette Swann e sua filha Gilberte serão apreendidas de antemão, e o encontro do previsto e do percebido será dolorosa decepção, não somente porque "nossa imaginação se parece com um realejo desarranjado, que toca sempre outra coisa que não a ária indicada" (*Guermantes*, p. 42), mas ainda por causa da desordem causada numa subjetividade da qual o Narrador quer fazer um universo coerente acionando o duplo poder da imaginação e do raciocínio. Muito bem construída, essa lógica interior se choca com o real em vez de adaptar-se a ele. Daí uma contradição essencial: se a reflexividade do Narrador serve de anteparo entre ele e o real, em compensação, ela torna muito intensas, e de certa forma super-reais, as impressões produzidas pelo mundo exterior. A estranheza da percepção torna-se uma marca que o Narrador confronta com sua previsão, que era por sua vez um meio de continuar ligado à fonte profunda de sua afetividade. Por isso, podemos dizer que *ele avança na vida por regressões sucessivas*. Lento caminho balizado de fascinações que representam signos escalonados em profundidade: signos positivos como o beijo materno à noite, negativos como a visão do quarto, durante a noite.

"Sabes como sou uma criatura de hábitos", diz o Narrador à sua avó (*Jeunes filles*, p. 728). De hábitos, logo de repetições. Da mesma forma como a criança fundamentava sua segurança no rito do beijo, assim o adolescente, o jovem busca no amor de Gilberte Swann, de Oriane de Guermantes, de Albertine, a reprodução dos desejos insatisfeitos da infância. Esquematicamente, o processo parece desenrolar-se da seguinte maneira: impressionado por um ser, o Narrador sente uma fascinação na qual se apoia, apreendendo o objeto do desejo, e este mesmo desejo. Depois vem o choque comparativo entre a imagem e a pessoa da qual a gente se aproxima, com a qual se fala, e desde que o "pensado" enfrenta o "conhecido", o Narrador sente que seu coração desborda o ser amado. Estende-se um vazio, que ele preenche de angústia e de desespero. Absoluta e necessária, a necessidade de amar tornar-se-ia uma traição para com o passado se não fosse acompanhada de um sofrimento que atestasse o império do amor filial. Por isso o amor jamais é "autônomo": por desejar muito, por prever muito, o Narrador quase não tem contato com a pessoa desejada; prefere viver seus sentimentos na solidão e na imaginação, e lança assim o interdito sobre um verdadeiro andamento amoroso: "Eu trabalhava para tornar impossível a única coisa a que me sentia ligado, minhas relações com Gilberte, criando aos poucos, pela separação prolongada com minha amiga, não sua indiferença, mas aquilo que afinal vinha dar no mesmo, a minha" (*Jeunes filles*, p. 611).

Impedido por imagens carregadas de sofrimento e de culpabilidade, o jovem prefere sofrer no absoluto a conhecer uma dor precisa, e nova. Ademais – e este fenômeno nos parece ter influenciado muito na composição de *Em Busca do Tempo Perdido* –, o Narrador enamorado projeta além do amor o fim deste; ele se vê não amando mais e inflige ao "outro" a dor agora suportada. Essa antecipação, que rejeita o amor ao nada, completa o quadro de um verdadeiro "solipsismo" afetivo que Proust descreve com muita precisão:

> Quando amamos, o amor é demasiado grande para poder ser contido todo inteiro em nós; ele se irradia para a pessoa amada, encontra nela uma superfície que o detém, força-o a voltar a seu ponto de partida, e é a este choque de volta de nossa própria ternura que chamamos os sentimentos do outro, e é isto que nos encanta mais do que o ir, porque não reconhecemos que ela vem de nós (*Jeunes filles*, p. 699).

Mas há em *Em Busca...* três grandes amores que se repetem, marcados pelo ciclo previsão-malogro-retorno doloroso a si, e há também o tríplice esquecimento: "... eu que assimilava com tanta dificuldade as coisas novas e abandonava com tanta facilidade as antigas" (*Guermantes*, p. 9). Aquilo que foi vivido é esquecido com certa facilidade, porque pesa pouco em relação ao centro afetivo em torno do qual o Narrador acumula suas antecipações, suas tendências, suas lembranças, que desejaria ver confundidas para que se realizasse a unidade em sua consciência. Cessa de sentir-se "medíocre, contingente, mortal", porque uma pequena *madeleine* embebida numa infusão lembra-lhe a infância em Combray: uma concordância enfim é constatada entre uma percepção presente e um fluxo de impressões passadas. Mas o jovem rapaz experimentaria uma tal plenitude se descobrisse simplesmente os mecanismos da memória? Sua alegria procede do fato de uma percepção imprevista o ter conduzido ao fundo de sua consciência. Constata, enfim, a eliminação do *acaso*. *A concordância entre o atual e o passado efetuou-se segundo uma lei.* A prova é feita desta *unidade* afetiva e espiritual de que o Narrador é tão ávido. Contudo, quando se trata de uma paixão amorosa, em que o objeto é vivo, fugaz, a esperança de reencontrar o amor passado num novo ser torna-se sofrimento. A cada nascimento de um amor, o Narrador reconhece o "já amado" com uma espécie de vertigem, mas esse novo amor não pode afirmar-se a não ser através do signo permanente que o representa: a ansiedade. "Tratava-se de fato de inquietação por esta Albertine na qual não havia pensado três minutos antes do sarau Guermantes" (*Sodome*, p. 729).

E o Narrador se julgará na obrigação de amar Albertine a partir do momento em que souber que ela está ligada a um tema de dor e de culpabilidade:

Albertine conheceu a filha do músico Vinteuil, homossexual que se comprazia em escarnecer da imagem de seu pai, que aos olhos do Narrador é a imagem do gênio artístico. Todavia, Albertine não é nem Gilberte Swann, nem Oriane de Guermantes: o Narrador é agora um jovem que quer um amor durável, capaz de resolver os conflitos de que sofre. Mas manterá prisioneira a jovem, há de vigiá-la ciosamente, sentirá mais alegria em sonhar com ela (sobretudo de manhã, ao despertar) do que em tê-la junto de si, e não encontrará tranquilidade alguma ("esta calma que minha amiga me proporcionava era mais apaziguamento do sofrimento do que alegria", *Prisonnière*, p. 12), a não ser no rito dos beijos e das carícias da noite, antes do sono. Depois, a jovem foge, desaparece, morre por acidente, e o sofrimento do Narrador cessa porque o ciúme e a ansiedade não têm mais alimento. Não sente sequer necessidade de esquecer. A morte de Albertine deixa-o não só diante de um vazio, mas diante de um mecanismo parado. Então, dá-se um episódio prenhe de significado. Viajando para Veneza com sua mãe, o Narrador apercebe-se de que Veneza para ele não passa de uma cidade: casas, palácios, canais. Não projeta mais previsões nem antecipações sobre essa viagem outrora tão desejada. Esse desencanto, esse contato abrupto com o real atual provocam uma reação extraordinária: no dia da partida, o jovem sente-se tentado a não encontrar-se com sua mãe que o espera na estação. Por que não permanecer na paz uniforme do absurdo? Mas, no último minuto, correu para a estação. Um acontecimento decisivo verificou-se, entretanto: a energia afetiva do Narrador doravante se orientará para a literatura. Sua idade adulta será a do romancista.

A FASCINAÇÃO PRIMORDIAL

Por "idade adulta" deve-se entender não uma etapa numa biografia, mas o desabrochar de um símbolo romanesco: o destino do Narrador é também o de uma vocação artística. O desejo de escrever manifesta-se muito cedo no herói de *Em Busca do Tempo Perdido*; choca-se com um pai que deseja para seu filho uma "verdadeira" carreira, e será necessária a mediação do Marquês de Norpois para que a arte de escrever seja reconhecida como uma função social. Mas o jovem Narrador detesta o academismo. Seu desejo de expressão literária, nascido no momento em que descobre os campanários de Martinville e de Vieuvicq, é sentido como um fascínio ora aceito, ora rejeitado. Como o desejo de amar, o desejo de escrever é um impacto que provoca sucessivamente esperança e desespero e mistura-se de maneira tão íntima à afetividade complexa do jovem que vê-lo-emos aspirar a tornar-se escritor a fim de ter algum valor aos olhos de Mme. de Guermantes, por quem está apaixonado. Ao longo de todo *Em Busca...*, a vocação literária está ligada às constantes psicológicas das quais Proust fez a matéria do romance. Mas será mister que o Narrador sinta o coração *vazio* para poder consagrar-se a uma obra cuja forma exprime essas constantes.

Com efeito, Proust coloca seu romance entre duas situações muito *próximas no tempo cronológico* – de um lado, uma estada em casa de Mme. de Saint Loup (nascida Gilberte Swann), de outro, uma recepção na casa dos Guermantes –, mas muito *opostas no tempo afetivo* do Narrador: a primeira é um recolhimento noturno no qual reinam imagens e pensamentos, a segunda é uma cena social em cujo transcorrer o Narrador sente tragicamente os efeitos do tempo "real" sobre si próprio e sobre outrem. Esses dois "parênteses" que encerram a obra foram compostos *in principio*. "O último capítulo do último volume foi escrito logo depois do primeiro capítulo do primeiro volume. Todo o entremeio foi escrito depois", responde Marcel Proust a Paul Souday, que via *Em Busca...* como uma espécie de caos[12]. Vemos aqui a importância atribuída pelo escritor à concepção de seu romance: a obra não se desenvolverá a partir de um começo, mas de um movimento genético. Uma imagem global apreende as duas forças rivais experimentadas pelo menino de Combray: o passado em que reina sua mãe, o futuro que o incita a viver. A imaginação romanesca começa por anunciar os impulsos e as viravoltas psicológicas do Narrador. Este, homem maduro a passar uma temporada em casa de uma mulher a quem amou no tempo da pré-adolescência, reencontra uma situação de sua infância, a semivigília, que não é exatamente essa margem entre o sonho e o despertar de que habitualmente se fala, mas antes um estado de alma propício à reflexão: assim como a criança temia adormecer sem ser abraçada por sua mãe e, se adormecia, experimentava ao despertar um espanto profundo, da mesma forma o Narrador vê no sono um questionamento de seu ser. Dormir é sonhar, é sentir mais fortemente do que na vigília: se tivermos sonhado com uma mulher, esta parecerá depois mais real do que o resto dos seres humanos. Mas dormir é também não mais existir, é oferecer-se ao nada para reencontrar amiúde, ao acordar, uma realidade caótica, absurda:

> Chamamos a isto um sono de chumbo: mesmo durante alguns instantes depois que um tal sono cessou, parece que somos um simples boneco de chumbo. Não somos mais ninguém. Como é, então, que procurando o próprio pensamento, a própria personalidade como se procura um objeto perdido, acabamos por reencontrar antes o próprio "eu" do que qualquer outra coisa? (*Guermantes*, p. 68.)

Noite e sono, sonho e despertar resumem a existência e intensificam seus aspectos negativos (estados ansiosos, choques dolorosos diante do real) assim como seus aspectos positivos: desejos, projeções imaginárias. Enfim e sobretudo, depois que o Narrador experimentou sucessivamente a esperança ambígua de dormir, as liberdades do sonho e a angústia de reencontrar um quarto que lhe parece deslocado, surge então, pois o campo está livre para ela, a memória. Não um desfile de imagens do passado, mas uma operação de recordação, um trabalho de busca. Parece que o Narrador, tendo sentido a vaidade dos sonhos e o absurdo do real imediato, encontra na rememoração do vivido esta unidade

---

12. Carta a Paul Souday, 18 de dezembro de 1920.

da consciência impossível de ser realizada na vida; o imaginário e o conhecimento, os desejos e suas realizações abortadas constituem matéria pronta para ser trabalhada e que se tornará atual pela literatura. As páginas preliminares de *Em Busca do Tempo Perdido* revelam, pois, um esforço por reunir duas forças cuja oposição o Narrador experimentou no decurso de sua existência: a imaginação antecipadora e os choques da realidade concreta.

Esse esforço, destinado a escrever uma obra literária, situa-se não menos no plano do imaginário do que no da lembrança: Proust projeta fora do tempo um romance cuja trama é constituída, entretanto, pela duração de uma vida; abraça sua obra como o Narrador capta imaginariamente, por precaução, as coisas e os seres; mas desta vez o abraço é total, porque encerra também o vivido. Não somente a obra de Proust está compreendida entre os dois polos da visão reflexiva e da constatação das experiências vividas, mas também a maior parte dos elementos principais do romance é captada pelo escritor a partir de uma situação de "sono-despertar" ou de "devaneio-percepção": no silêncio de um quarto, o Narrador projeta imagens, figuras, ideias anunciadoras. Assim começam ou, antes, nascem *No Caminho de Swann*, a narração da estada em Balbec, o relato da visita a Saint Loup em sua guarnição, e *A Prisioneira*. Um dos grandes temas do romance proustiano é o do aposento matinal, longo momento que se encerra quando Françoise (mediadora entre o imaginário e a realidade) puxa os cortinados e descobre um novo dia. É na imobilidade de um sujeito que os objetos assumem, pouco a pouco, sua mobilidade, de maneira abstrata, e sobretudo intemporal, pois o imperfeito do indicativo empregado por Proust nesses prelúdios nos parece diferente do célebre imperfeito de Flaubert: exprime menos a duração ou a repetição do que seus efeitos mesmos, a saber, uma situação estática da qual o tempo se retirou. "Só me levantava quando minha lareira estava acesa e eu olhava o quadro tão transparente e tão doce da manhã cor de malva e dourada à qual eu acabava de acrescentar artificialmente as partes de calor que lhe faltavam" (*Guermantes*, p. 89.).

O ato de escrever procede de uma *parada na consciência*; ele fixa pelas palavras a fascinação, o fantasma; uma das originalidades essenciais do romance de Proust consiste em nos tornar *testemunhas* desta parada e dessa construção verbal. O introvertido não pode viver sem encarar primeiramente a vida, sem referir ao Ego (formado por recordações acumuladas) os possíveis que o futuro deve realizar. Do imaginário, faz o lugar onde se defrontam ontem e amanhã, saudade e esperança, a lanterna mágica e o desejo do beijo ritual. O fascínio prévio, que desempenha um papel dominante na afetividade do Narrador, reencontra-se na forma romanesca. Se a existência de um é fortemente condicionada pela necessidade do amor materno, a composição e o ritmo do outro o são por uma "memória-mãe" muito poderosa.

Em todos os principais níveis da obra de Proust, um *prelúdio* informa o leitor sobre a germinação dos acontecimentos romanescos. Pensemos, por exemplo, nas páginas de introdução à *Sodoma e Gomorra*, longa meditação redigida, desta vez, no presente do indicativo, a fim de atualizar com gravidade a maldição que partilham homossexuais e judeus, reunidos numa mesma culpabilidade. De outro lado, a necessidade de antecipação que experimenta o Narrador conduz o escritor a dar aos nomes, aos vocábulos, um valor sagrado:

> Na época em que os Nomes, oferecendo-nos a imagem do inconhecível que neles depositamos, no mesmo tempo em que designam também para nós um lugar real, forçam-nos com isto a identificar um ao outro, a ponto de irmos procurar numa cidade uma alma que ela não pode conter, mas que não temos mais o poder de expulsar de seu nome, não é somente às cidades e aos rios que dão uma individualidade [...], não é somente o universo físico que matizam de diferenças, mas também o universo social: então cada castelo, cada palácio tem sua dama ou sua fada... (*Guermantes*, p. 10-11).

Do mesmo modo, os termos "pequena madeleine" ou "guardanapo hirto e engomado" possuem um dinamismo romanesco; provocam a imaginação antecipando os objetos que representam, mas seu brilho frequentemente contrasta com a percepção desses objetos; assim se produz uma diferença de nível dolorosamente sentida pelo Narrador, mas com alegria pelo escritor, e que provoca uma energia artística depois de ter provocado uma energia afetiva.

Esta tendência a captar os momentos da vida a partir de um centro preside à elaboração da frase de Proust, bem como ao desenvolvimento dos episódios romanescos. A escritura se expande em torno da imobilidade reflexiva do escritor, que reveste o imaginário e critica pelo pensamento os objetos que quer captar e mostrar. Quanto à sucessão dos eventos, ela é integrada numa meditação, sendo que o Narrador dá mais lugar e importância a suas causas e a seus efeitos do que à sua aparição concreta. A circunstância bruta raramente existe em Proust; na maioria das vezes um fato novo só é expresso quando um fato precedente esgotou suas ressonâncias. As comparações articuladas por "como", os períodos estruturados por "seja que... seja que" traduzem uma preocupação com a "apreensão". Cumpre ver, igualmente, que a culpabilidade latente a marcar a vida afetiva do Narrador não é estranha a esses escrúpulos, a esse afluxo de razões e de hipóteses que preenchem muitas páginas de *Em Busca do Tempo Perdido*. Por isso, o romance desenrola menos sua duração do que suas ramificações e se desenvolve menos cronologicamente do que segundo certa lógica. Quando as "sequências" são temporais, essa temporalidade é expressa por meio de proposição que evoca a frase latina: elas mergulham a circunstância no espaço de uma reflexão que tende a cingir, a dominar a duração.

A primazia tomada pela fascinação e pela reflexão sobre o acontecimento terá como efeito corroer o patetismo de situação para exasperar, em compensação, o patetismo subjetivo. De um fato dramático, o Narrador só exprime primeiro emergências, fenômenos; sem dúvida, assim ele se protege contra a desgraça concreta. O "pequeno ataque" de hemorragia cerebral da avó do Narrador é contado com uma exatidão de escritor realista. A avó morrerá pouco depois, mas sua verdadeira morte só se verificará em Balbec, num quarto de hotel, quando o Narrador se choca com a ausência daquela que tanto amava, porque se vê diante da não-repetição de uma situação passada, isto é, diante de uma brecha em sua consciência. Por isso, o passado perfeito, tão raramente empregado por Proust, assume em sua obra grande valor: exprime o fato enquanto resistência a voltar, evitar ou dissolver. Na onda de angústia precipitada pela fuga de Albertine, a morte desta (anunciada por um telegrama) tem ar de um relato. O amor filial latente coloca o Narrador aquém ou além das realidades pontuais: os fatos lhe parecem sempre estar "demasiado próximos", mas registra-os de maneira aguda, como as personagens de Virginia Woolf ou de Faulkner. Toquemos aqui, talvez, na "motivação" primordial do romance proustiano: exprimir (e não resolver) a contradição entre o sonho de um Eu uno, coerente, e a fragmentação dos fatos percebidos ou vividos.

A CONSCIÊNCIA E O VIVIDO

A composição de *Em Busca do Tempo Perdido* é arborescente. O Narrador é o caule de onde partem duas ramagens principais: Swann e Charlus. Presentes ou quase, ao longo de toda a obra, essas duas personagens são delegadas pelo escritor para sustentar e animar seu romance: elas *desdobram, prolongam o Narrador*, ilustram as duas grandes tendências de sua personalidade: o amor-sofrimento, a paixão pela arte. Swann só amará Odette quando a tiver colocado em condições de fazê-lo sofrer. Tal é o Narrador enamorado de Gilberte; prevê sem cessar o tempo em que não amará mais a jovem. Mas quando esse tempo chega, a esposa: a autopunição tem a última palavra. Os signos desempenham na paixão de Swann um papel essencial. Swann interpreta tudo. Multiplica as fixações de angústia. Pode-se ver uma relação de oposição entre a *madeleine* e as catleias que ornam o busto de Odette e condicionam o desejo sexual de Swann: quando o signo e a coisa significada são separados um do outro, então nascem a desordem e o medo. Quanto ao Barão Charlus, este também compra seus amores, apraz-se em sofrer, em se degradar.

Entretanto, essas duas personagens são notavelmente positivas por seu senso de beleza, absoluto em Swann, que contribui ao despertar do Narrador para a arte, relativo em M. de Charlus, que gosta mais de belas coisas do que do belo e se entrega a uma estética perversa das relações humanas. Mas ambos se distinguem por uma oposição destacada entre a firmeza de seu juízo (sobre as obras de arte, sobre os indivíduos) e sua fraqueza quando se acham diante de um objeto de desejo. Probos e diretos na ordem do saber e do gosto, mostram-se hesitantes, demasiado flexíveis ou rígidos ao extremo se tratam do grupo social que cerca o ser desejado, ou se precisam enfrentar uma circunstância não inscrita naquilo que se pode chamar seu "projeto afetivo latente". O Narrador, Swann e Charlus sofrem, assim, os efeitos de um anteparo afetivo e imaginário que para eles é ao mesmo tempo uma razão de ser e um suplício. Aos olhos dos Verdurin, que montam guarda em torno de Odette, Swann é sonso, taciturno, insignificante. M. de Charlus, apesar do êxito do sarau que organizou na casa dos próprios Verdurin, para fazer ouvir o violinista Morel por quem está apaixonado, fica boquiaberto, desvairado (ele que ordinariamente é tão dominador e rude), quando Morel lhe diz: "Deixa-me, proíbo-o de aproximar-se de mim!" Em *Em Busca do Tempo Perdido*, a existência do barão não conhece mais do que um momento de felicidade sensual espontânea e partilhada: o encontro com Jupien. Apenas os dois homens se veem, passam a desejar-se, e o barão junta-se logo ao costureiro em seu cubículo. Testemunha da cena, o Narrador consagra-lhe muitas páginas, apresentando-a como um fenômeno extraordinário, pois desta vez M. de Charlus, que necessita de "muitas condições e muito difíceis de encontrar" para satisfazer seus desejos carnais, une-se a Jupien segundo um harmonioso instinto, como acontece no reino animal, e o Narrador confessa ter assistido a um milagre: os *atos naturais* são maravilhosas *exceções*. Deve-se aproximar esta cena daquela em que o jovem Narrador experimenta súbito prazer sexual ao lutar, nos Campos Elíseos, com Gilberte Swann. Em *Em Busca do Tempo Perdido*, o amor carnal desempenha um papel principal, mas apenas latente. Ele obseda, a pessoa se aproxima dele, toca-o de leve; pouco se fala de sua realização. Mas em que romance do fluxo de consciência se fala do amor *vivido*?

Não é o presente, a vida imediata que esse romance elude incessantemente na pessoa do Narrador, de Swann, de Charlus? Eles aderem demasiado à sua *consciência* para não serem estranhos aos momentos concretos da *existência*. Elaborando um universo em si mesmos, sentem-se espantados com o contato direto com o mundo. Reproduzem na vida cotidiana o movimento do passado ao futuro e do futuro ao passado que o Narrador tem o cuidado de descrever no começo da obra. Do passado se arrancam os desejos, que são projetados para o futuro imaginário e faltam, assim (salvo em raros momentos, quando brilha uma admiração solene), as *ocasiões* oferecidas pela vida. Os comportamentos de M. de Charlus, sob esse aspecto, são de uma clareza exemplar: o barão procura feliz acaso de prazer, mas prevendo-os, preparando-os com muito cuidado, nega e recusa inconscientemente o acaso. A questão que se levanta diante de tal atitude mental é a de saber se a recusa do presente pode ser confundida com a da ação prática, imediata. Cremos que uma acarreta a outra. Em todo caso, Proust parece afirmar isto numa célebre passagem: "Eu estava encerrado no presente como os heróis, como os bêbados; momentaneamente eclipsado, meu passado não projetava mais diante de mim esta sombra de si mesmo a que nós chamamos nosso futuro" (*Jeunes filles*, p. 815).

Em função dessa frase definiremos aquilo que é e não é o romance de Proust. *Em Busca do Tempo Perdido* é a presentificação de uma existência que pareceu irreal àquele que a viveu, porque o passado se tornava aí quase automaticamente projeção para o futuro, e o futuro se recurvava quase sempre para o passado. Mas o romance proustiano não é um relato que "imita" a vida, e cujas personagens vivem *hic et nunc*. Assim, Proust condena Ulisses, Don Juan, Rastignac, Julien Sorel: aqueles que realizam o presente em atos, em gestos. Para o Narrador, viver como bêbado (esquecendo o campo total da própria consciência) é tão alienante como viver quanto os heróis, que se projetam totalmente numa ação destinada a mudar um aspecto do mundo. Lembremos as páginas que evocam as duas vesperais teatrais em que o adolescente vai ver Berma em *Fedra*: o fato de haver sonhado demasiado com essa atriz trágica o impede, primeiro, de admitir que um papel e um talento (uma previsão e uma ação) possam coincidir. É na segunda representação que tudo se aclara. Essa conjunção de um plano abstrato com uma realização viva será alcançada por Proust através da literatura, mas na vida parece-lhe impossível, e ele pedirá sempre de antemão ao amanhã o prazer que a impressão da véspera lhe recusou. Mantendo seu espírito "preparado como estas placas sensíveis que os astrônomos vão instalar na África, nas Antilhas, com vistas à observação escrupulosa de um cometa ou de um eclipse" (*Guermantes*, p. 44), separa radicalmente *consciência e ação*.

Mas essa dissociação é dolorosa; provoca uma frustração esgotante. Para viver no presente e sentir-se no mesmo nível com a vida, o Narrador, Swann e Charlus recorrem a astúcias. O primeiro às vezes beberá álcool, Swann tentará inabilmente entrar no diapasão dos Verdurin, o barão usará uma linguagem baixa para conseguir as boas graças de criados ou de soldados. Esse *esforço de adaptação* constitui um dos aspectos trágicos de *Em Busca do Tempo Perdido*: querer captar o atual, o carnal, o concreto, é trair a poética do imaginário.

Mal conseguindo esquecer-se, abandonar um passado muito real e um futuro muito sonhado, as três principais personagens do romance gozam somente de uma *liberdade estética*. Participam do mundo pelo comentário, e o possuem pelo olhar. Possessão intensa, que cinge as coisas, os seres, e os faz passar da incoerência do universo visível à coerência viva da consciência no movimento da qual se ordenam. Mas só o Narrador é um artista. Só ele fará uma construção dessa possessão abstrata, como ele o pressente por ocasião de sua primeira viagem a Balbec:

> [...] e eu me desolava por ter perdido minha faixa de céu rosa quando a percebi de novo, mas desta vez vermelha, na janela defronte que ela abandonou num segundo cotovelo da via férrea: de modo que eu passava meu tempo correndo de uma janela à outra para comparar, para recompor os fragmentos intermitentes e opostos de uma bela manhã escarlate (*Jeunes filles*, p. 655).

Se considerarmos os comportamentos do Narrador, de Swann, de Charlus, os diferentes níveis concêntricos do romance, a estrutura da frase de Proust, a probidade e a complexidade das análises que se exercem sobre o possível tanto quanto sobre o real, vê-se que *Em Busca* está marcado em sua concepção por uma *recusa do espontâneo*, mas, em sua forma, por uma interrogação dessa mesma recusa, em que brilhará a espontaneidade generosa de uma linguagem. Uma concordância notável reúne os fatos psicológicos descritos e a composição literária. Da mesma forma como o Narrador, por três vezes, lança-se a uma paixão, volta ao amor filial e retorna a uma paixão, assim, o romance passa periodicamente por um foco de fascinação reflexiva que difunde seu ardor sobre a extensão romanesca e que propõe ao leitor, num só impulso, a singularidade de uma consciência e a contingência das coisas e dos seres. Esse dinamismo paciente faz-nos ver que tais coisas e tais seres não são mais redutíveis a uma consciência do que esta não possa assimilar à realidade objetiva do mundo contemplado. Albertine aparece tanto mais precisa e viva quanto o Narrador faz gravitar em torno dela sua culpabilidade e seu ciúme, seu esteticismo de homem culto e seus impulsos de ternura pueril, seu temor, enfim, de perder a própria necessidade de amor, essa insaciabilidade que o marcou em criança e da qual *Em Busca* explica por sua riqueza e sua potência exploradoras.

A imaginação escava tanto quanto preenche: o mito das Danaides e o de Tântalo desenham-se nela alternadamente. O desejo possui, a posse deseja. No autor desse vasto romance, reencontramos o menino cuja dolorosa preocupação era a de *nada perder*: nem o beijo materno da noite nem as imagens da lanterna mágica, nem as formas familiares de seu quarto. Estados passivos no plano da existência concreta, a inquietação e a irresolução desviam a energia psíquica para o imaginário. A contemplação (que Proust exprime por meio de longos períodos romanescos) transmuda-se assim numa atividade que poderia ser qualificada de épica. Longe de ver o passado como uma duração homogênea, o escritor distingue aí três aspectos do tempo que tendem a se excluir mutuamente: a lembrança (aceita, e o mais das vezes obsessiva), o presente (rejeitado ou temido), o futuro (desejado). Esta análise leva Proust a dirigir à própria consciência uma interrogação fundamental: por que é que esses conflitos, por que esses aspectos de duração parecem formar cada qual uma estrutura particular? Assim, o escritor tenta afastar as fronteiras do inconsciente, do qual deriva grande parte de seu romance, tal como se diz que um território é tomado ao mar. Mas esse esforço de exploração se exerce no imaginário e sobre o imaginário, na visão e sobre a visão. Proust inova na arte do romance porque evita as descrições abstratas de estados psicológicos. O amor filial e o masoquismo, por exemplo, nos são mostrados como tendências que se curvam ou se ampliam conforme a situação psicológica de conjunto do indivíduo e as relações deste com outrem. As descrições proustianas não implicam nem existência de uma consciência "em si" nem um homem imutável ou eterno. Tratam, ao contrário, da *atividade orgânica da consciência*: imagens, reflexos, desejos, percepções e condicionamentos sociais dessa atividade. Partindo o mais das vezes de imagens fascinadoras, Proust confronta em seguida a imagem e a experiência do vivido, para chegar enfim à reflexão metafísica ou moral. Em outros termos, ele tem da psicologia uma concepção que confronta sem cessar as noções de *história* e de *estrutura*. Evolutiva e concreta, a consciência parece-lhe como um objeto captando objetos, ou procurando captá-los.

Mas, para além dos indivíduos, das coisas, das visões, das reminiscências, o escritor visa a um objeto que ele sempre recusou ver: o tempo social que os calendários numeram. Ocupado por suas paixões, dividido entre a vida e o desejo de escrever, percorreu um presente fictício dotado de fisionomia da juventude. "A persistência em mim de uma veleidade antiga de trabalhar, de reparar o tempo perdido [...] dava-me a ilusão de que era sempre tão jovem" (*Jeunes filles*, p. 593).

Morta Albertine, vê fundir-se a tela dos sofrimentos e dos sonhos. Não pode mais eludir a acumulação dos anos. O tempo *perdido* terá sido pois um tempo *esquecido*: o espanto diante da duração cronológica resume todos os outros. A continuidade afetiva e a continuidade da vivência são duas correntes inimigas que cabe à obra romanesca canalizar e dominar; essas duas durações se recobrem mutuamente no fim do romance, pouco antes da morte do escritor. O espanto, a recordação, a análise introspectiva encontram seu terrível suporte temporal quando o Narrador considera os homens empoleirados nas andas do envelhecimento. E a longa meditação sobre a vocação literária, contrapondo à triste recepção em casa da Duquesa de Guermantes, exprime o combate incerto travado entre a vida passional e a literária, duas forças inconciliáveis aos olhos de Proust. "A verdadeira vida, a vida enfim descoberta e aclarada, a única vida por conseguinte vivida, é a literatura", escreve ele no fim de O *Tempo Redescoberto* (p. 893). Mas ele havia confessado em *A Prisioneira* (p. 255): "Se a arte verdadeiramente não passava de um prolongamento da vida, valia a pena sacrificar-lhe alguma coisa? Não era tão irreal como ela mesma?" A literatura salvadora (ela abraça a vida, põe-na em ordem) e a literatura vã (esta ordem é artificial) constituem dois polos a partir dos quais o romance se organiza. O "eudemonismo estético"[13] e a afetividade dolorosa "dividem" o Narrador, Swann e Charlus.

Como transforma Marcel Proust em totalidade romanesca esse conjunto de antagonismos? Subordinando a duração de uma existência à expressão das forças psicológicas, dos temas estéticos e morais que determinaram a evolução desta.

A LINGUAGEM ROMANESCA

"Arquiteto minucioso", Proust primeiramente redige, como vimos, o prelúdio e a conclusão de sua obra. Quanto à armação do relato, ela se ordena segundo três eixos: o Narrador, as constâncias psicológicas, a visão social.

O Narrador não deve ser confundido com o próprio Proust[14]. Para objetivar sua vida e deduzir seu sentido, tinha necessidade de uma figura que fosse para esta vida aquilo que Berma é para Fedra: a conjunção de uma linguagem e de uma função, de uma atividade e de uma sensibilidade. O Narrador é o principal mediador num romance que se compõe quase inteiramente de mediações: o amor filial conduz ao amor; Swann, Bergotte, Elstir conduzem à arte; Saint Loup (por exemplo) conduz a Oriane de Guermantes, e M. de Charlus,

---

13. Cf. H. Bonnet, *L'Eudémonisme esthétique de Marcel Proust*.
14. O escritor teve o cuidado de sublinhar isso em: A propos du "style" de Flaubert, N.R.F., p. 84.

ao mundo dos "invertidos". Graças ao Narrador, Proust toma distância em relação a si próprio. Simbolismo que permanece vivo, pois é encarnado por uma *personagem-escritor* cuja função é *exprimir o sentido* daquilo que a *impressionou*. Interpretando "as sensações como os signos de outras tantas leis e ideias" (*Les Temps retrouvé*, p. 879), essa personagem-escritor corresponde a uma necessidade psicológica: num primeiro grau, representa uma necessidade de defender-se contra o concreto, contra a vida imediata e o tempo cronológico; num segundo grau, torna transparentes as barreiras contra o real, aclara e explica o jogo das motivações e das tendências, transforma em energia criadora os estados de fascinação, assume enfim os sofrimentos da vida como a felicidade de escrever, e, inversamente, as venturas vividas como os esforços desesperadores do trabalho literário.

Em torno dessa dualidade encarnada, Marcel Proust dispõe o conjunto das constantes psicológicas, postas em relevo por uma composição de rigor musical. As três relações Narrador-Albertine, Swann-Odette, Charlus-Morel desdobram-se em três registros análogos: psicológico (culpabilidade-sofrimento), estético (a música de Vinteuil) e social (os Verdurin), que se entrecruzam constantemente. Ademais, em certos pontos de seu romance, o escritor dispõe os temas de fascinação de que falamos acima, e os famosos "momentos de analogia": a "madeleine", os três campanários, o "guardanapo esticado e engomado", a fim de nos recordar os centros da concepção romanesca. *Em Busca do Tempo Perdido* procede de uma *montagem*, tanto nas partes descritivas da alma do Narrador como no conteúdo anedótico. Uma vez estabelecidas as grandes linhas da composição, o escritor dá-lhes corpo, acumula os detalhes, descreve os mil reflexos de uma vida que tão frequentemente lhe pareceu vã e irreal. Vemo-lo recorrer ao relato tradicional lembrando Chateaubriand ou Stendhal e utilizar fórmulas de ligação convencionais ("… Por razões que mais tarde serão compreendidas…" – "Outros acontecimentos, que veremos…" – "Se não fôssemos obrigados, pela ordem da narração…"), a fim de guiar-nos num plano romanesco cuja ordenação, precisemo-lo, só é arbitrária na medida em que traduz um determinismo psicológico. Ordenação que esposa o movimento da vida, porque sua amplidão e sua intensidade vão crescendo até o desaparecimento de Albertine. Assim, Marcel Proust soube criar uma coerência artística com aquilo que sofreu, psicologicamente, como um conjunto de fatalidades. Referindo na arquitetura de seu livro o recomeço sempre modificado e a modificação sempre recomeçada que foi sua vida afetiva, escreve o *romance de uma psicologia*, que tem uma história num momento da história social.

As cenas mundanas, com numerosas personagens, que formam mais de um quarto da obra e em que o Narrador aparece como uma simples testemunha, podem parecer independentes do romance propriamente dito. Mas essa independência procede de uma atitude psicológica, e é por isso que essas longas passagens se integram necessariamente na narração. Para Marcel Proust, a sociedade não tem existência ontológica. "Os tolos só imaginam as grossas dimensões dos fenômenos sociais…" Certamente, existe aí um efeito da lucidez de Proust, que vê o caráter artificial e hipócrita dos ambientes que frequenta. Mas cumpre ir mais fundo, e compreender que esses fragmentos de crônica são para o romance aquilo que a realidade pontual, imediata, fortuita é para a psicologia do Narrador: um objeto desprovido de sentido, uma coisa que deve ser recusada. Para retomar dois qualificativos do episódio da "madeleine", a vida social é "contingente", "mortal", porque não pertence ao universo do amor, nem ao da arte. Mesmo a amizade não encontra graça aos olhos do Narrador: "Eu disse aquilo que penso da amizade: a saber, que ela é tão pouca coisa que tenho dificuldade em compreender como homens de certo gênio, e por exemplo um Nietzsche, hajam tido a ingenuidade de atribuir-lhe certo valor intelectual..." (*Guermantes*, p. 394.).

Assim, quando deixamos a zona Narrador-Swann-Charlus, voltamos a encontrar *personagens*, no sentido estrito do termo: atores, figurantes movidos por ritos, pela "moda", pelo desejo de fazer uma carreira: Robert de Saint Loup, por exemplo, só está próximo do Narrador no tempo de sua paixão dolorosa por Rachel. Mas recupera-se logo, entra nas fileiras de sua classe para tornar-se o "soldado antes de tudo", o anti-dreyfusiano, o aristocrata. O universo propriamente social de Proust é um conjunto de signos cuja coesão factícia é estranha à coerência autêntica de uma alma individual. O romance traduz essa oposição entre os grupos artificiais e a "verdadeira vida", a dos sentimentos, do imaginário, da literatura, que permite ao homem escapar ao poder degradante do Tempo.

Mas na realidade tudo se perde, foge, degrada-se: amores e visões, esperança e juventude, nobreza e burguesia. Tudo, menos as palavras, se o escritor chegar a dar-lhes um poder de síntese que exprima suas contradições psicológicas, o movimento pelo qual quer apreender o vivido e o imaginário, e, sobretudo, a integração das coisas na consciência. O "estilo" é a imagem da criança de Combray esforçando-se por conservar nele a obsessão do beijo materno, os fantasmas da imaginação e a percepção espantada de seu quarto. Como sua consciência, quando procura lançar uma grande ponte romanesca entre o polo deste lugar obscuro e o polo do tempo reencontrado, a escritura de Proust resulta de uma história: o romance dará um sentido ao esteticismo (o da *Revue Lilas* e das *Chroniques*), como também às angústias do homem. Se a literatura não possui o poder salvador do amor, permite ao menos atribuir forma e sentido àquilo que a consciência sentiu como uma fuga desesperadora. Escrever é criar um Tempo que dominamos, pelo qual somos responsáveis: "A revelação da arte é para Proust a revelação da salvação possível, mas essa salvação permanece estritamente estética e nunca vai além dos limites da expressão"[15].

E nessa salvação imaginária (obtida pelo ato de imaginar e de criar), encontra-se o tema da fascinação primordial, integrada na consciência e fixada nesta por imagens-signos: as palavras. Aprofundando a experiência de Flaubert, Proust só concebe a realidade como edificada a partir de estados afetivos. Depois, a impressão central será cercada por uma construção em que entram

---

15. R. Fernandez, Notes sur l'esthétique de Proust, *N.R.F*, p. 274.

em jogo as tendências da sensibilidade, a crítica intelectual, espiritual. A totalidade romanesca exige a acumulação dos termos verbais: à força da vida psíquica deve corresponder a intensidade estilística. O "estilo" é uma pasta a respeito da qual o escritor Bergotte (que encarna aos olhos do Narrador a beleza metafórica da literatura) lamentará, no momento de morrer, não ter explorado plenamente a densidade dos efeitos: tal é o significado do "pequeno lanço de muro amarelo". "É assim que gostaria de escrever, dizia. Meus últimos livros são demasiado secos, teria sido necessário passar neles muitas camadas de cor" (*La Prisonnière*, p. 187). A escritura torna presente a profundeza do passado que o escritor evoca, mas o poder de expressão do escritor acompanhava desde sempre seu poder de imaginar, e até o suscitava. Vem enfim o momento em que o trabalho sobre os signos infunde todo seu valor aos significados. Procurando, e procurando-se através do romance, o escritor descobre uma *verdade meta-romanesca*, mas sempre *neste romance mesmo*. Contudo, foi mister que a esta busca preexistisse (como certas fascinações preexistiam à vida) uma necessidade de expressão, uma visão verbal. No começo era o escritor: o jovem que quer falar dos campanários de Martinville. Um dia a obra, feita de experiência, valorizará a escritura. A vida artística de Proust mostra essa evolução e suas etapas: há primeiramente a virtuosidade das *Chroniques*, depois *Jean Santeuil*, enfim *Em Busca do Tempo Perdido*.

No romance proustiano, como na concepção da pessoa que ele traduz, gostaríamos de sublinhar a importância de duas noções: a de causalidade e a de estrutura. Se Proust é um profundo analista da vida psicológica e não um "fuçador de detalhes", se um "eudemonismo estético" e não um simples amor pela beleza marca a seus olhos o mais alto remate do ser, isso depende da lógica de seu movimento para explorar a consciência bem como da coerência de sua óptica narrativa. Precursor e símbolo do grande movimento romanesco que florescerá logo após a sua morte, Proust parte do princípio de que a vida psíquica forma um todo cujos elementos não podem ser uns dos outros. "Nosso sentimento da continuidade da alma é mais forte", escrevia já em 1907[16]. Mas ninguém levou tão longe as consequências e a demonstração dessa hipótese nem a concebeu com maior rigor. Efetivamente, para Marcel Proust, a alma deve ser explicável por si mesma (por suas estruturas e por suas funções), sem referência a uma metafísica religiosa, e pode ser conhecida em sua integridade. Por isso, o romance proustiano não pára de ser uma busca: o Narrador leva avante sua exploração de zona em zona, de detalhe em detalhe. Não encontramos em *Em Busca do Tempo Perdido* essas bruscas passagens de uma agitação dolorosa da consciência a um silêncio benfazejo em que enfim as pessoas se sentem ser (mas vaga e fugazmente) tais como as vivem as personagens de Virginia Woolf. Sobrevindo no relato proustiano, esse sentimento de plenitude e de repouso resulta de causas precisas, e não aparece como um fim em si, a não ser porque a busca não pôde ser levada mais longe. Mas se não podia haver

---

16. Sentiments filiaux d'un parricide, *Pastiches et Mélanges*.

terras desconhecidas na consciência, esta contudo só pode ser explorada com a condição de ser situada e cingida como um objeto, portanto como uma realidade não observada em sua evolução, mas apreendida em estado de passado. Enquanto as personagens de Faulkner, por exemplo, sentem estar vivendo no irremediável porque suas lembranças estão perdidas, de fato, num magma temporal "que jamais acaba", e cujo instante atual não passa de uma faceta sem significação, o Narrador funda sua investigação na existência de um passado concreto, localizável, limitado. Vê esse passado finito, e não insondável (como em Entre os Atos) nem metafísico (como em Absalão!).

Visto que a retrospecção constitui o único procedimento racional e objetivo para conhecer e reconhecer o Eu, todo o campo romanesco se inscreverá no passado. Entretanto o Narrador não se verá nem verá os outros "de costas", como Faulkner vê suas personagens[17]. Ao contrário, do passado quererá desvelar toda a presença que a geografia do Ego encerra, e essa presença tem dois aspectos, ou antes dois níveis: um global e indiferenciado, que se manifesta de maneira espontânea, e outro total e analisável, revelado graças à reflexão do sujeito. Já observamos que a refração, simples em Virginia Woolf (o Narrador se coloca ao lado da personagem no próprio momento da "impressão"), é dupla em Proust: o romancista vê seu Narrador no ato de ver aquilo que ele viu outrora: a uma primeira visão "imediata", mas já pessoal, em imagens, implicitamente estética, o Narrador superpõe uma interpretação segunda (pensada, ordenada, explicitamente artística). A criança de Combray já havia "composto" os campanários de Martinville e de Vieuvicq, mas o sentido psicológico dessa composição, sua realização bem como seu valor no plano da arte são coisa do homem que revê.

Todavia um papel decisivo é desempenhado em *Em Busca do Tempo Perdido* pelos momentos em que a consciência é dada a si própria globalmente. Na semivigília, por exemplo, as percepções, as recordações, as ideias, a duração formam uma espécie de bloco. Tais estados de síntese provam ao Narrador que a vida psíquica tem uma unidade e compõe um todo, mas que somente uma dissociação, uma pesquisa analítica podem fazer aparecer sua organização e sua forma. Em seus longos momentos de recolhimento e de meditação sonhadora, o Narrador deixa girar o *stream* antes de expor em detalhe as circunstâncias (a vida do passado) que esse fluxo contém associadas umas às outras em sua espessura. No episódio da *madeleine*, a impressão do já experimentado, é sintética com respeito à revelação de Combray. O sono de Albertine contém as peripécias de um drama amoroso. O Narrador, de algum modo, encosta-se incessantemente no Uno para descrever o Múltiplo que o explica.

A fim de poder passar assim do escoado sintético a um passado analisável e discursivo, cumpria que o Narrador se beneficiasse de um recuo total que lhe permitisse pôr frente a frente a "impressão" e a interpretação, as imagens e as "operações" do espírito. Recuo no tempo, mas também distanciamento "espacial",

---

17. Cf. J. P. Sartre, La temporalité chez Faulkner, *Situations*, p. 73.

garante a objetividade. Como observou L. M. Chauffier, a pessoa do Narrador é retrospectiva, correspondendo assim ao objeto e ao método escolhidos por Proust: "O Narrador recebe do autor a missão de substituí-lo numa de suas tarefas, que é a de mostrar e tornar sensível em sua duração o herói, doravante fictício, em relação ao qual ele é não o inventor, e não somente a testemunha, mas a própria pessoa, *em seu ponto de* chegada"[18].

O Narrador de *Em Busca...* não deixa de ter analogia com a "personagem-foco" de James, no sentido de que num mesmo movimento romanesco ela existe e registra, toma consciência e interpreta. A missão do Narrador é a de dublar, mas totalmente, sinteticamente, Marcel Proust, pois em sua pessoa conjuga duas exigências *a priori* opostas, porém necessariamente complementares aos olhos do romancista. A primeira é a de restituir a espontaneidade do vivido:

> Esforcei-me por rejeitar tudo aquilo que a inteligência pura dita, tudo que é, retoricamente, embelezamento e coisa parecida, imagens desejadas e procuradas, para exprimir minhas impressões profundas e autênticas e respeitar o andamento natural de meu pensamento[19].

A segunda, mostrar que essa vivência autêntica e espontânea depende de um sistema de determinações:

> Eu só me apego a tudo aquilo que alguma lei geral me parece decidir...
> É uma coisa imperceptível, se quiserem, este sabor de chá que de início não reconheci e no qual reencontro os jardins de Combray. Mas este não é, de modo algum, um pormenor minuciosamente observado, é toda uma teoria da memória e do conhecimento[20].

O Narrador harmoniza dois tempos: o da impressão, o da inteligência; sabe aliar a instantaneidade de uma revelação psíquica ao comentário que a situará num espaço mental; torna verossímil o fato de apreender, sem solução de continuidade, num mesmo impulso, uma verdade objetiva (os mecanismos e as estruturas de uma consciência) que na vida real só podemos "realizar" em dois momentos distintos do pensamento. Cabe aqui lembrar as teorias de James: o romance revela "coisas" que não podemos apreender na vida cotidiana; o romancista não deve inclinar-se diante da confusão, diante do obscuro. Como James, enfim, Proust sabe nunca "quebrar a ilusão": faz-nos crer que não há hiatos entre tempo e duração, entre o dado e o pensamento. Ilusão que resulta principalmente do anonimato do Narrador: ele é uma consciência mais do que um agente, uma pessoa mais que um indivíduo, uma personagem. Como já observamos ao estabelecer o paralelo entre o Narrador e as outras figuras do romance, podemos ver no "duplo" de Proust a representação *da* consciência, *das* funções psicológicas. O Narrador transfere sem cessar a ordem do Eu para

---

18. L. M. Chauffier, Proust et le double "Je" de quatre personnes, em Problèmes du roman, *Confluences*, p. 56.
19. Carta a C. Vettard, citada por J. J. Zéphir, *La Personnalité humaine dans l'oeuvre de M. Proust*, p. 20.
20. Carta a L. de Robert, idem, p. 18.

a ordem do Ego, passa do nível da historicidade pura (do anedótico) ao nível da lógica, e sobretudo ao do sentido. Os momentos de felicidade do Narrador não são aqueles em que se sente feliz afetivamente, mas aqueles em que consegue unir a uma ordem a difusão e a confusão do Ego. Conhece a felicidade de compreender. "O ponto mais original, o mais profundo da psicologia de Marcel Proust talvez seja o estudo da inteligência e de seu papel", diz com razão H. Bonnet[21]. Trata-se de nossa inteligência e da *forma* que assumem enfim os fenômenos observados:

> Por que é que o fato de viver a *lembrança* na percepção gera esta *felicidade*? É que a vida é vivida, ao mesmo tempo, no presente e no passado, portanto ela não se *escoa*, ela não tem *fim*. Mas pelo próprio fato de saboreá-la fora do tempo, a sensação se depura de toda a contingência e se realiza, ao mesmo tempo, como vida *individual* e como vida *universal*,

observa com justeza A. Tilgher[22]. Pois "saborear fora do tempo" é um efeito, não uma causa. Não é o curso cruel e absurdo do tempo que foi abolido, mas a contingência dos fatos e a da pessoa que os vive. Também *Em Busca do Tempo Perdido* terá conhecido o destino dos romances de Joyce, de Virginia Woolf e de Dos Passos. Enxergou-se de bom grado em *Em Busca...* ora o exemplo típico da dissolução da pessoa[23] – *Em Busca do Tempo Perdido* seria o romance das intermitências do coração e da pessoa-Proteu –, ora a narração de uma caminhada afetiva e intelectual, ora enfim (censura dirigida a James e a Virginia Woolf) a representação estética de uma existência dominada pelo egotismo. Ortega y Gasset referir-se-á a Proust para predizer "a morte da literatura", pois em *Em Busca do Tempo Perdido* "a contemplação faz as vezes da ação"[24]. Para J. B. Priestley, todo o romance proustiano está encerrado numa única consciência, a do Narrador, "mas mesmo que penetremos nas impressões tão sutis deste, não temos uma ideia clara e distinta de sua pessoa"[25]. H. Lefebvre estará pensando em Proust ao escrever que a "autobiografia se torna uma arte, o que não devia ser?"[26]. Repitamos que nos parece necessário distinguir entre arte e forma: à autobiografia (mais exatamente: ao autobiográfico) era necessário dar uma forma, a partir do momento em que o escritor, infundindo sua experiência num Eu que não era nem ele nem outro, rejeitava como inautêntica, para descrever esta experiência, a linha do Tempo, a sucessão dos fatos. A estética de Proust é antes de tudo olhar organizado, racional sobre o Ego. Estados de consciência dominantes – preocupações maiores se se preferir – estão na origem da arquitetura proustiana. Destes estados o romancista deduz primeiro sua visão diretora, graças à qual (pensemos aqui em James) o romance será um

---

21. H. Bonnet, *Le Progrès spirituel...*, p. 187.
22. A. Tilgher, *L'esthétique de M. Proust*, *Revue Philosophique*, n. 115, p. 131-132.
23. Remetemos ao capítulo "Proust et la dissociation de la personne", da tese de M. Raimond, *La Crise du roman*, p. 434-444.
24. J. Ortega y Gasset, *The Dehumanization of Art*, p. 92-93.
25. *Literature and Western Man*, p. 411.
26. H. Lefebvre, *La Somme et le reste*, p. 240-241.

"instrumento de óptica" próprio capaz de revelar em primeiro lugar ao autor, depois ao leitor, uma realidade psicológica que, sem este instrumento, ficaria obscura, senão desconhecida. Esta formalização (racional na própria medida em que respeita e expressa uma hierarquia natural das funções psicológicas, tais como as faz aparecer a introspecção – ou a introversão) parece não ter sido suficientemente observada por Sartre, que de um lado sublinha o solipsismo de *Em Busca do Tempo Perdido*, de outro julga que a técnica de Proust *deveria ter sido* (ele sublinha) a de Faulkner. Para Sartre, o gosto francês pelas ideias claras, pela intelectualidade, levou Proust a salvaguardar ao menos as aparências da cronologia, ao passo que Faulkner, quebrando a temporalidade histórica, exprime autenticamente a existencialidade subjetiva de seus heróis. Em outros termos, se o autor de *A Náusea* não adere, em seus comentários sobre Proust, à tese da "dissociação da pessoa", em compensação parece não considerar, de modo algum, como estrutural o pensamento de um romancista que, a seus olhos, deu demasiado crédito ao discurso. Para nós (levando em conta o fato de que *O Som e a Fúria* foi escrito, composto, seis anos depois da publicação de *Ulisses*) a diferença é mais de grau do que de natureza entre a técnica de Faulkner e a de Proust: ambas são fundamentalmente a-históricas, mas utilizam a história – os *fatos* – como meio e não como fim (é também o "ponto de vista" de Joyce, e de Thomas Mann em *A Montanha Mágica*). Pode-se somente conceder a Sartre que a subordinação da linearidade histórica ao "estruturalismo" psicológico é muito mais nítida em Faulkner, que tende a dissolver a cronologia porque suas personagens encontram na sucessão dos fatos uma resistência trágica (e absurda), ao passo que o Narrador proustiano, cujo objetivo confesso é recuperar a totalidade de sua consciência como organismo, pode *utilizar* a história de sua vida. Em Faulkner, com efeito, o destino todo já está jogado. Como Sartre bem viu, em seu universo só se pode ver atrás de si o real fugir. Em Proust, o homem pode chamar a si o Tempo, graças a uma memória que é um verdadeiro aparelho. Entretanto, tanto numa obra como na outra o espontâneo não é, de modo algum, expresso como tal. Diremos mesmo que em *Em Busca do Tempo Perdido* como em *Absalão!* o espontâneo é um *meio* pela mesma razão que o histórico. Sua expressão depende de esquemas, de hipóteses prévias: em Faulkner a cultura (onde se associam "Shakespeare", um pensamento religioso e a noção absurda), em Proust uma concepção organicista da vida mental[27].

Notar-se-á também que de 1922 a 1960 a obra de Proust, considerada através de suas exegeses, ganha em espacialidade aquilo que perde em "bergsonismo", visto que o acento é posto cada vez menos sobre seus aspectos analíticos e cada vez mais sobre sua natureza sintética assim como sobre seus aspectos estruturais. O Proust em busca de "grandes leis", o instaurador de uma óptica e de uma forma romanescas particularmente coerentes são estudados de preferência

---

27. J. P. Sartre, op. cit., p. 71-74.

ao Proust que escrevia "assim nosso coração muda, na vida, e é a pior dor"[28] e ao artista do verbo. J. Rousset, numa notável análise, mostrou, por exemplo, que *Em Busca...* possui essa "unidade de composição" considerada por Balzac (em seu artigo sobre *A Cartuxa*) como "a lei dominante"[29]. No mesmo sentido foram G. Poulet, A. Vial, G. Deleuze, J. Derrida[30]. Hoje é reconhecida a noção de espaço proustiano tanto no que se refere à composição do romance quanto à explicação ordenada de uma personalidade. Citemos uma excelente observação de J. Frank: "A maneira pela qual Proust toma contato com a duração é bergsoniana [...], mas as reações de sua inteligência e de sua sensibilidade, que determinam a curva de sua obra, orientam-no antes para a *espacialização* do tempo e da memória"[31].

Por certo, já em 1933, A. Tilgher sublinhava o quanto Proust era um organizador de formas e não um escritor apaixonado pela beleza[32] e, já em 1930, A. Dandieu havia observado que a arte do romancista exprimia em conjunto "uma confirmação do relativismo e o meio de escapar dele"[33]. Era, todavia, conceder demais à estética. A arte não é, em *Em Busca do Tempo Perdido*, uma região superior de refúgio, mas a enformação de estruturas psíquicas e de estruturas de pensamento descobertas, reconhecidas como tais. A arte proustiana não é mais "operatória" de uma introspecção do que "dominadora" do movimento do Ego. Na ordem do estilo como na da arquitetura, a estética de Proust cristaliza os resultados de uma experiência racional, senão científica.

Mas os comentários de R. Fernandez irão reter sobretudo nossa atenção. As análises críticas dessa testemunha de *Em Busca do Tempo Perdido* focalizam, com muita precisão, a natureza e o sentido da pessoa concebidos por Proust. Seu alcance vai mesmo mais longe: os juízos de Fernandez caracterizam, com um traço particularmente nítido, aquilo que designamos como romance de dominante subjetiva. Fernandez foi o primeiro (em 1924) a discernir "uma simetria rigorosa entre a técnica de Proust e seu mecanismo mental"[34]. Mas essa simetria implicava a seus olhos um malogro, na medida em que o romancista a considerara e expressara como simétricos, em vez de uni-los, fatos de consciência de ordem afetiva e as análises destes, de ordem intelectual. *Em Busca do Tempo Perdido* não podia ser algo realizado com êxito a menos que seu autor, ultrapassando o estádio da descrição de uma vida interior complexa e de seu comentário, fizesse aparecer a pessoa una e indivisível:

> Quando ele [Proust] faz viver suas personagens, procede exatamente como quando organiza uma experiência: jamais capta aquilo que pode ser chamado o centro da

---

28. *Swann*, p. 85.
29. J. Rousset, Notes sur la structure d'*A la recherche du temps perdu*, Revue des sciences humaines.
30. G. Poulet, *L'Espace proustien*; A. Vial, *Proust: Structure d'une conscience et naissance d'une esthétique*; G. Deleuze, *Marcel Proust et les signes*. J. Derrida, Forme et signification, *Critique*.
31. J. Frank, Spatial Forms in Modern Literature, *Criticism*, p. 385-386.
32. Em *Revue Philosophique*.
33. A. Dandieu, *Marcel Proust. Sa révélation psychologique*, p. 163.
34. R. Fernandez, La Garantie des sentiments et les intermittences du coeur, N.R.F., p. 389-408.

irradiação de um ser, e não o integra; cose, uma nas outras, lembranças e nos deixa ver as costuras [...].
[...] De sorte que lendo Proust nada posso concluir sobre a natureza humana porque só tenho sob os olhos uma parte restrita desta natureza [...].
Se as intermitências do coração e seus corolários representam o fundo da natureza humana, a experiência suprema de nosso *ego*, então a vida espiritual deve ser posta na categoria da imaginação, e a inteligência será o ponto mais elevado do desenvolvimento humano ao qual possamos pretender [...]. A vitória da inteligência marcaria a derrota do espírito[35].

Através dessas observações desenham-se não só os traços essenciais do romance de Proust. Pode-se ver aí também o esquema de um romanesco novo, fundado sobre a complexidade fluida da consciência. Ao contrário da maior parte de seus contemporâneos, o autor de *Messages* (Mensagens) acentuava a ordenação de *Em Busca do Tempo Perdido*, e não seus aspectos caóticos, o caráter metódico da experiência proustiana muito mais do que o subjetivismo, a sensibilidade ou o esteticismo do escritor. Distinguia, enfim, uma intenção racionalizante numa exploração do Ego da qual J. Rivière, por seu lado, logo iria sublinhar a profundidade e a precisão inovadoras – o que todavia era restringir o sentido e o alcance de *Em Busca...*[36]. Exprimiremos assim a decepção de Fernandez (o ponto crucial de sua análise): Proust havia limitado seu esforço à restituição da vida do Ego, ao passo que possuía, tendo-os discernido, repertoriado e posto à prova, todos os elementos que lhe teriam permitido operar uma síntese do *Ser*.

Que demonstra ao Narrador o fenômeno das intermitências do coração? A existência de dois aspectos, ou antes, de dois movimentos contrários, até mesmo contraditórios, da consciência: um movimento de dispersão, de fragmentação, pois o sentimento que ontem era tido como autêntico, torna-se mentiroso hoje; mas também um movimento de unificação (de autounificação) visto que agora podemos ver, por *comparação*, que a *primeira* repercussão psíquica de um fato vivido em Paris era *secundária* com relação a uma *segunda* repercussão *primordial* surgida em Balbec. Para o Narrador, a tomada de consciência dessa defasagem é dramática na ordem da afetividade: por que é que o coração nunca é uno? Mas é também uma vitória da inteligência para o observador que compreende que a consciência comporta diferentes níveis *complementares*, cujas relações e interferências devem ser regidas por leis. Fernandez, sem dúvida alguma, admite a realidade do fenômeno observado, descrito, interpretado pelo Narrador: no subconsciente residia o desgosto verdadeiro que, surgido em Balbec no instante em que um gesto atual coincide com sua própria imagem-lembrança, toma sua desforra sobre o desgosto *vivido* em Paris. Fernandez admite, além disso, um fato fundamental que o herói proustiano jamais dissimulou e que constitui um objeto primordial de sua pesquisa: todo o amor é mediatizado pela imaginação e pela inteligência. Sobre o que versam, pois, as reservas de Fernandez?

---

35. Idem, p. 407-408.
36. J. Rivière, Quelques progrès dans l'étude du coeur humain, *Les Cahiers d'Occident*.

Sobre o fato de que Proust, a seus olhos, crê que a afetividade-imaginação de uma parte, de outra a inteligência observadora são *analíticas* em sua *essência*. Por mais evidentes e angustiantes que sejam as intermitências do coração, por mais inquietante que possa ser a dispersão do Ego que elas manifestam, o amor não é menos uma realidade essencial, intrínseca, que transcende suas próprias incertezas, e é mascarar, senão renegar, o caráter transcendente dessa realidade limitar-se à constatação e à descrição da diversidade de suas formas, em vez de uni-las, como escreve Fernandez, "por intermédio do *sentimento*". Da mesma forma, o escritor que se limita a exprimir sua intelecção dos fatos de consciência se dissimula e dissimula a seu leitor a realidade do *espírito*, potência unificadora da consciência humana, como o amor o é de suas próprias intermitências. *Em Busca do Tempo Perdido* não faz mais do que "coser juntos" os conteúdos "imaginários" do Ego e os conteúdos "intelectuais" do espírito: "Faltou a Proust o poder de síntese da atividade viva e da atividade intelectual: sua análise só chega a uma *multiplicidade ostensiva*"[37].

Sublinhamos essas duas últimas palavras porque nos parece que jamais o romance proustiano foi melhor caracterizado e porque, além disso, a fórmula "multiplicidade ostensiva" pode ser aplicada não menos validamente às obras romanescas mais marcantes de uma época, de *Ulisses* a *O Homem sem Qualidades*, tendendo cada uma das quais a levantar principalmente um mapa da consciência. Fernandez compreendeu profundamente que Proust não dispersa o Ego nem desagrega a pessoa, mas que ele os desdobra, e que o objeto essencial de *Em Busca do Tempo Perdido* é trazer à luz a *coesão* do mental. Mas coesão, diz Fernandez, não é *unidade*, e aqui nos encontramos no âmago do problema proustiano: *Em Busca...* propõe uma visão não parcial da natureza humana (*partielle*), mas com parcialidade (*partiale*), porque essa obra engloba a existência de uma pessoa separada do mundo (sem ficar isolada) e que só pode chegar a uma compreensão de si e do real em função desse estado de separação. O Narrador, tal como Mrs. Ramsay ou Bloom, é reenviado a si pelo mundo, e por essa razão só pode conceber-se como total e coerente na ordem, no plano da subjetividade. O Narrador só pode ser uno *pensando* sua unidade, recompondo-se em espírito, porque entre seu Ego e o núcleo Verdurin, entre seu Ego e o objeto Albertine a diferença de natureza era tão flagrante que só podia integrar esses aspectos do real (do qual tinha necessidade para existir) em sua consciência e observar os efeitos dessa integração.

Com efeito, se se admite que o Narrador teve que se recompor incessantemente para ser (existir) porque desde sempre, desde a "lanterna mágica", o mundo foi para ele uma coleção de corpos estranhos que lhe cumpria converter em pensamentos e em imagens a fim de que constituíssem um verdadeiro universo (que por sua vez lhe faria aparecer sua consciência como um cosmos), então o juízo de Fernandez é justo, pois *Em Busca do Tempo Perdido* não nos mostra a unidade *real* da pessoa. A pessoa humana só tem unidade graças à

---

37. R. Fernandez, op. cit., p. 389-390.

existência de uma linguagem comum ao Sujeito e ao Mundo, ao Eu e ao Nós, ao Eu e ao Outro. Um ser não tem "centro de irradiação" quando sua vida não comporta estas mudanças, estes choques, estes conflitos que caracterizam a vida de Julien Sorel. Este último podia operar uma síntese de sua "atividade viva" e de sua "atividade intelectual", porque atava sem cessar os laços com o mundo e, em sua prisão, podia aceder a uma "vida espiritual", porque então estava em condições de transcender uma realidade humana vivida. O Narrador, ao contrário, realizou-se num progresso espiritual tão bem descrito por H. Bonnet, que só pode transcender em nome da arte uma experiência que não foi sensível, receptiva: o universo do Eu e o do não-Eu foram confrontados; jamais se uniram.

Mas Fernandez deu-nos a chave de sua recusa da visão proustiana do homem e do mundo. Talvez o leitor mais sensível e mais perspicaz de *Em Busca do Tempo Perdido* tenha atinado com o *verdadeiro* problema levantado por esse romance, que não é o da dissolução do Ego, nem da pessoa, mas o da *participação*: para Fernandez, falta o poder de síntese a Proust, porque o universo escolhido pelo romancista se situa aquém da ação, única que pode permitir a realização da unidade do afetivo e do intelectual. Em 1925, em sua resposta à pesquisa "Exame de Consciência" dos *Cahiers de Mois*, o autor de *Mensagens* defenderá uma "concepção una e indivisa do homem", realizável se se chegar a "estabelecer um sincronismo entre o pensamento e a vida ativa". Nesta importante declaração, que já citamos, Fernandez rejeitava um romanesco da memória (fundado "sobre as lembranças decompostas e recompostas de um indivíduo") e esperava o advento de um romanesco atual e dinâmico. Afirmando: "Se a inteligência quiser salvar-se, que ela se refugie na ação"[38], Fernandez nada mais anunciava senão *A Condição Humana*. Contestava, como logo o fariam Malraux, Bernanos, Aragon, Hemingway, a validade da escolha que havia determinado uma metamorfose do romance: a escolha da pessoa subjetiva. A censura dirigida a Proust por haver colocado a vida espiritual "na categoria da imaginação" referia-se igualmente a D. Richardson, Joyce, e concerneria a Faulkner, nas obras em que a pessoa se revelava antes de tudo por suas representações, consideradas como única realidade humana autêntica. Escolha cuja necessidade Fernandez, leitor de Proust, não viu – ou melhor, não quis admitir – , porque se, por exemplo, os romances de Virginia Woolf procedem de um *parti pris* de passividade e de receptividade[39], isso de deve ao fato de que, para a autora de *As Ondas* como para Joyce, o mundo se tornou tal que a verdade do humano não pode mais residir naquilo que o homem faz. É pouco dizer que a pessoa real só se desvela entre os atos: Proust como Musil, Thomas Mann como S. Fitzgerald recusam um mundo dominado pela ideia de *grau* e consideram como *fictícia* a superioridade *social* de um indivíduo. A expressão é de Ramuz[40], e Faulkner sem dúvida a teria subscrito. Os "graus" recusados por esses escritores eram os

---

38. *Les Cahiers du Mois*, jul. 1926.
39. D. M. Hoare, *Some Studies on the Modern Novel*, p. 50.
40. J. Ramuz, *Taille de l'homme*, p. 68-69.

estabelecidos pelo "mundo moderno" que se tornou (parafraseemos Malraux) um grande cemitério de valores. No universo joyciano, observa R. Liddell, "um só ser é real: o resto é fictício"[41]. Ora a realidade de Bloom é precisamente devida aos poderes de ficção (no sentido original do termo) de que Joyce o mune; a um mundo social falsamente real, Bloom (mas também Dedalus) opõe a verdade de uma consciência, ao mesmo tempo crítica e criadora, em seu movimento de decomposição e de recomposição.

A "categoria da imaginação" pela qual Fernandez acusa Proust é efetivamente a categoria do subjetivo em suas atividades, suas formas, suas estruturas, sua eficácia (através da vida psicológica vemos a do social) e, enfim, seu valor, porque o subjetivo (a alma universal de Proust) é o humano por excelência. A narradora-personagem de *Rumo ao Farol* concebe o Ser através de seu sentimento de ser, e a de *Entre os Atos* procura abraçar não seu passado, mas a totalidade do passado humano. Reconhecendo-se (reencontrando-se), Bloom reconhece o conjunto dos homens. "A grande noite impenetrável de nossa alma" é a verdade humana, contra a qual não podem prevalecer as "grossas dimensões dos fenômenos sociais", e se o tempo é aquilo que "separa" os homens, como observará Sartre no romance faulkneriano[42], a duração, em compensação, une-os. O passadismo proustiano que Fernandez recusa, a fascinação do passado que paralisa o homem e "restringe" sua natureza, tem todavia um valor e um sentido extremamente positivos, pois em Proust, como em Joyce, a recuperação do passado confunde-se com a compreensão do humano em sua verdade, totalidade, continuidade. O romance do *stream* é transindividual. A idiossincrasia estigmatizada por Gide[43] certamente pode ser observada num Narrador para o qual outrem (salvo talvez Swann) nunca é o próximo. Entretanto o herói proustiano não é mais individualista do que Bloom. O exame existencial de seu Eu faz-lhe descobrir que as mesmas leis regem todos os espaços mentais e, ao contrário de Lafcadio ou do Imoralista, nunca procura afirmar sua singularidade e sua liberdade contra um espaço social do qual pouco participa, mas do qual reconhece que faz parte.

Espaço social que limita cruelmente (mas vimos qual o partido estético que geralmente se tira dessa limitação) a expansão da consciência. Mas a vida subjetiva tem outro limite, este fundamental, e não mais constrangedor ou artificial: o plano do inconsciente, ou do subconsciente.

O Narrador sabe que sua existência afetiva, e mesmo social, tem como centro o seu apego à sua mãe e à sua avó e que essa paixão é para ele uma espécie de chave graças à qual compreende os mecanismos de sua memória afetiva. Cabe dizer, entretanto, que o herói proustiano tem consciência de que a imagem materna, este fantasma primordial, gerou uma estrutura psíquica cujos efeitos possuem um caráter de fatalidade? Cremos haver mostrado que a ordem do romance de Proust reflete essa estrutura, segue o seu desenho, mas de forma

---

41. R. Liddell, *A Treatise on the Novel*, cap. V.
42. J. P. Sartre, op. cit.
43. Cf. *La Prométhée mal enchainé*, p. 19.

alguma quisemos dizer que o Narrador refere à essa forma fundamental os trajetos cíclicos de seus impulsos passionais, que ele se dá conta de que a imagem da mãe instituiu nele um sistema de defesa e provocou aquilo que cumpre de fato chamar de seu masoquismo. Entre descrever uma consciência como um organismo animado por forças inconscientes cuja existência e a presença "roçamos" e explicar por tais forças a vida complexa dessa consciência, há grande diferença, precisamente atestada pela obra de Proust. Referimo-nos a uma interessante observação de Dufrenne: "O herói (de Proust) é um psicólogo que nos deve ser mostrado fazendo psicologia, e a virtude do romance não está na psicologia que expõe, mas naquela que não expõe"[44].

Para nós, a virtude de *Em Busca...* reside numa "multiplicidade" psíquica não somente ostensiva, mas também organizada em dois graus, em dois níveis: científica e esteticamente. Dufrenne, todavia, traz à luz uma realidade de grande importância, e que não concerne apenas a *Em Busca do Tempo Perdido*: a obra de Proust, se não nos abre as portas do inconsciente, coloca-nos no limiar concreto deste; graças à história, aos mecanismos, às formas do consciente expostos pelo Narrador, ficamos sabendo que o inconsciente tem uma história e, acima de tudo, uma forma; o escondido permanece obscuro ao herói, mas ele assinala seus contornos. *Em Busca do Tempo Perdido*, superestrutura, recobre estreitamente a realidade de uma infraestrutura.

Como o Narrador (mas de modo algum com a mesma acuidade, nem sobretudo com o mesmo espírito de método), a heroína de *Peregrinação* segue menos bem a história de sua vida do que descobre seu espaço psíquico, sem no entanto conhecer – ao passo que o Narrador a pressente – a significação psicanalítica desse espaço: Míriam ignora que se fechando cada vez mais em relação ao mundo (procurando cada vez mais ser ela mesma) recusa transgredir a autoridade de uma figura paterna mítica. Não hesitamos em dizer que, se assim não fosse, tanto *Peregrinação* como *Em Busca do Tempo Perdido* perderiam o essencial de seu valor romanesco e, por isso mesmo, tornar-se-iam inúteis para nós na ordem do conhecimento, pois é a procura tateante, imprevisível de si, provocada pela "estranheza" do mundo real e geradora de um desvelamento de funções psicológicas múltiplas, que nos prende ao Narrador como a Christmas, e não a explicação genética desse Ego. Assim como a dialética do ser e do parecer, fato de conhecimento para H. Beyle, é contada por Stendhal como uma experiência vivida por um herói sempre imprevisível, ou como o bovarismo concebido por Flaubert é realizado por Emma Bovary, da mesma forma a teoria do inconsciente está ausente do romanesco do *stream*, em que o inconsciente existe em compensação como uma realidade que seus efeitos atestam. A preocupação essencial do grande romancista é fazer aparecer a pessoa humana ambígua e contraditória, e mesmo mostrar que o valor da pessoa reside em suas ambiguidades e contradições. Mas os polos destas mudam de acordo com as épocas. Em *Ulisses* como em *Rumo*

---

44. M. Dufrenne, *Phénoménologie de l'expérience esthétique*, p. 164.

ao Farol, o consciente contradiz o real, e a pessoa é ambígua pelo fato de oscilar entre superfície e profundidade. Esses polos, como veremos, serão totalmente diferentes em Malraux, como eram completamente diversos em Stendhal. O inconsciente é existencializado, historializado dever-se-ia dizer, nas "Intermitências do Coração", e o herói de Proust sem dúvida estaria de acordo com os pensamentos que vêm ao espírito de Bloom, pela mediação do "narrador neutro", quando uma criança acaba de nascer num hospital de Dublin:

> Há pecados ou (designamo-los como o mundo os designa) lembranças culposas que são escondidas pelo homem nos recônditos mais sombrios de seu coração, mas que permanecem aí e esperam. Pode fazer com que estas recordações se esfumem, fazer que sejam como se jamais tivessem existido, quase persuadir-se de que não existiram de modo algum ou ao menos que foram diferentes. Mas o acaso de uma palavra as evocará de súbito e apresentar-se-ão diante dele nas circunstâncias mais diversas, visão ou sonho, ou enquanto o pandeiro ou a harpa encantam seus sentidos ou na paz fresca e argêntea da tarde ou no meio do banquete, à meia-noite, quando está embotado pelo vinho. Não que esta visão venha para cobri-lo de opróbrio, como se tivesse incorrido em sua cólera, não para vingar-se eliminando-o do número dos vivos, mas sob a mortalha do passado, vestimenta lastimável, em silêncio, censura viva[45].

Cumpre sublinhar quanto esse episódio é romanesco. Como o "terno de Ned Lambert", o nascimento de uma criança veio interromper o fluxo de consciência de Bloom, para logo imantar, por associação, pensamentos-imagens situados em zonas mais profundas, de sorte que o *stream* se vê ao mesmo tempo alargado, aprofundado e *reconhecido*. Tendo aparecido fortuitamente (como aparecem todos os fatos de consciência de Bloom, que acabarão por compor o espaço de um Eu num momento determinado de uma civilização), a figura do pai não revelará a Bloom a latência de uma culpabilidade que explique seus comportamentos nem lhe permitirá compreender melhor sua personalidade psicológica. O fenômeno (a "censura viva") que se manifesta ao herói de Joyce é uma baliza entre muitas outras no caminho de um reconhecimento da continuidade da consciência, condição fundamental da autenticidade da pessoa humana. Continuidade que, reconhecida ponto após ponto, zona após zona, permite ao homem reencontrar sua permanência, sua identidade, e conceber como novamente possível a comunicação com outrem, porque a consciência torna todos os homens irmãos não só por sua natureza de fluxo, mas também e sobretudo porque todas as vidas interiores, aquém de seus infinitos movimentos e aspectos, são análogas orgânica e estruturalmente. O episódio que acabamos de citar constitui um passo a mais para o encontro com Stephen Dedalus. Não que Bloom tenha necessidade de ser pai por seu turno para reencontrar-se como não-culpado em relação a um pai defunto, oculto mas sempre vivo no fundo de si mesmo. Necessitava de um Telêmaco como de um signo a lhe indicar que o homem não é humano a não ser pela fusão do passado e do presente, pelo reconhecimento do *stream* na qualidade de bem comum a todos

---

45. J. Joyce, *Ulysses*, p. 408-409.

os homens. O encontro (o reconhecimento, no sentido dramático do termo) Bloom-Dedalus é possível graças aos caminhos paralelos seguidos pelos dois seres que são opostos em tudo: um, pequeno-burguês curioso e sensual e outro intelectual dotado de profundo sentido de poesia. Mas cada um desses caminhos testemunha a existência de uma consciência virtualmente total, que integra todos os aspectos do humano, desde a costa irlandesa até o teatro de Shakespeare, dos bondes de Dublin ao complexo de Édipo. As consciências de Ulisses e de Telêmaco são culturais, e se encontram como tais. No momento em que se reconhecem, os dois heróis metamorfoseiam em altivez aquilo que social e historicamente constituía sua vergonha, a saber, sua qualidade de seres receptivos, capazes de arruinar os quadros artificiais do mundo para alcançar a vida essencial deste.

O comentário do "narrador neutro" de *Ulisses* à intrusão de uma figura paterna, que nada tem da terrível aparição de um fantasma nas muralhas de Elseneur, tem essa mesma natureza e essa mesma forma imaginárias censuradas em Proust por Fernandez a propósito das intermitências do coração. Trata-se, quer em Bloom quer em Dedalus, de uma "experiência" do Ego, e essa experiência é "suprema" porque, no pensamento de Joyce, a única pesquisa que para o homem tem um sentido e um valor é a de seu espaço mental, e não é somente o Ego como extensão que essa pesquisa deve revelar: fragmentado e recomposto alternativamente, o campo da consciência reflete e absorve como espaço um mundo que, enquanto história, é um pesadelo. Reflete, absorve, mas sobretudo reordena esse universo cujos *elementos* (passados ou presentes) foram arrancados a um determinismo cujas formas todas, quer se trate de convenções morais ou da vida econômica, são consideradas como falsas. Mas se a história é não-existente (para retomar a expressão de Dostoiévski a propósito de tempo), as manifestações da presença e do inconsciente asseguram, ao contrário, ao romancista, a existência plena, inteira, intrínseca do campo mental. Longe de mergulhar no inconsciente, está atento a suas aparições – a seus "sintomas" – que constituem para ele outros tantos signos de que a rede que explora (que é exposta e reconhecida através de sua personagem) só é incoerente na aparência, pois cada *reação* da consciência a um objeto põe em jogo uma *relação* no seio desta. Relação de efeito com causa que explica bem menos um caráter, uma personalidade, do que indica a natureza profundamente orgânica do mental. "O inconsciente é terrivelmente importante quando se escreve", nota Virginia Woolf, e não se poderia negar a importância das "profundezas" em sua obra quando se vê, por exemplo, Mrs. Ramsay sentir-se "presa na armadilha" por ter dito "alguma coisa que não tinha a intenção de dizer", ou Lily Briscoe pensando, de repente, "nos mortos" no momento em que surge nova dificuldade na realização de seu quadro[46]. Todavia, o inconsciente só nos aparece aqui como presença de uma origem. Se tal presença aviva essa nostalgia do ser tão profundamente sentida pelas heroínas de Virginia Woolf,

---

46. J. L. Blotner, Mythic Patterns in *To the Lighthouse*, P.M.L.A., p. 547-548.

a origem por si mesma (sua significação psicanalítica) permanece subjacente às preocupações do escritor, como também a suas personagens. Proust, Joyce e Virginia Woolf são sem dúvida os continuadores de Flaubert; o fenômeno essencial que estudam e comentam por intermédio de suas personagens é o das associações e das rupturas, das atrações e das recusas de que uma consciência é teatro no contato com o Externo. Mas eles ampliam, aprofundam, sobretudo, generalizam a experiência descrita em *Madame Bovary*, na medida em que tratam desse fenômeno não em função de uma paixão, mas da realidade viva do inconsciente considerado como um fato global e fundamental, como a base da consciência, que atesta que esta tem uma história e uma forma. Flaubert punha ênfase na intencionalidade passional de Emma, numa obsessão que ia sempre no mesmo sentido e perpetuamente quebrada pelo real, e assim explicava sua heroína. Seus continuadores focalizarão seus relatos no não-intencional (miríades de impressões, pequena *madeleine*), mas sem tornar essa manifestação do inconsciente explicativa da pessoa, nem sobretudo erigir o não-intencional em significação. Para eles, a pessoa é essencialmente a vida da consciência, geograficamente exposta; consciência romanesca e real ao mesmo tempo por suas constantes passagens de um nível a outro, desde a percepção mais banal até as forças "ocultas", que são atingidas, mas não analisadas enquanto motores dos comportamentos humanos. Num artigo intitulado "Freudian Fiction", Virginia Woolf censurava à romancista J. D. Beresford o fato de ter transformado suas personagens em "crianças de Freud":

> Se é verdade que nossa conduta, em determinado momento crucial, é mui poderosamente influenciada por um acidente esquecido de nossa infância, então é leviandade da parte do romancista referir nosso comportamento a causas não-verdadeiras. Mas o que censuramos em Mrs. Beresford, é que sua chave pode abrir todas as portas [...] Tornando-se casos, suas personagens cessaram de ser indivíduos[47].

Reencontramos aqui a recusa do formado, do desenhado, do explicado e do explicativo que caracteriza toda uma geração de escritores. Assimilar uma personagem a um caso, recorrer a um esquema freudiano para mostrar sua existência, é cometer um erro idêntico ao dos romancistas vitorianos, que adaptavam seus heróis a modelos socioafetivos que datavam de outra época em vez de seguir "Mr. Brown" em sua existência sempre imprevisível. *La Coscienza di Zeno* (A Consciência de Zeno), aliás, não é um romance psicanalítico[48]. O herói-narrador de Svevo expõe-nos fatos e comportamentos (por exemplo, o episódio das três irmãs: esposará precisamente aquela pela qual não está enamorado) cujo sentido freudiano nos compete depreender. Da mesma forma, só depois de terminada a leitura de *Peregrinação*, de *Ulisses*, de *Em Busca do Tempo Perdido*, e após ter considerado sua estrutura geral, é que podemos perguntar-nos se a identidade procurada pela personagem não era ilusória; se essa procura

---

47. W. Woolf, Freudian Fiction, *The Times Literary Suplement*.
48. Cf. particularmente o comentário de A. Robbe-Grillet que levamos em consideração no cap. IX.

não foi falsificada por motivações especificamente inconscientes. Pode-se dizer que no romance do *stream* os fenômenos psicanalíticos são demasiado vividos para que as verdadeiras forças inconscientes "se desenhem" na consciência da personagem. Paradoxalmente, *A Nova Heloísa* ou *Retrato de uma Senhora* têm um significado psicanalítico mais nítido do que *Em Busca do Tempo Perdido*: o complexo fundamental aí se esboça em virtude da persistência, da univocidade da paixão que anima as personagens. Em Proust, ao contrário, as motivações ocultas são recobertas, afogadas sob seus efeitos, que o Narrador utiliza como meios de interpretações de si próprio e do mundo. Num longo artigo sobre "o aprofundamento e a dispersão do eu", H. Daniel-Rops observou: "Esta intervenção consciente da memória impede estas *bruscas reviravoltas de atitudes psicológicas* que, nos romances de Dostoiévski, são suscetíveis de transformar em criminoso o homem mais ponderado [...]. Parece-nos, pois, exagerado falar de freudismo a propósito de Proust"[49].

No mesmo estudo, Daniel-Rops afirma que na França, país com "poucos recalcados", a quase conformidade entre o inconsciente e o consciente pode tornar perigoso "o aprofundamento e a dispersão simultâneos do Ego", ao passo que os ingleses, separando completamente sua vida inconsciente de sua vida consciente, podem ser completamente coerentes tanto num domínio como no outro. Julga enfim que Proust "foi mais longe do que Bergson graças ao *emprego* [grifo nosso] do inconsciente, que surge em sua obra sob duas formas: o sonho e o abandono do pensamento em proveito do sonho acordado"[50]. P. de Souza, por seu lado, observará que o inconsciente para Proust representou "o passado esquecido", sendo que esse passado foi "recoberto pelas necessidades práticas da vida"[51]. Esses dois juízos parecem-nos delimitar a natureza da busca e das descobertas do Narrador e aplicar-se ao universo psicológico de Joyce: o *stream*, sob todas as suas formas, tem como base, como fundo, um discurso associativo livre, cujos dois exemplos mais puros são os de Benjy e de Molly: o *Erlebte Rede* é, de outra parte, limitado pelo Externo – pelas "necessidades práticas da vida". Entre esses dois extremos, o *stream* é sempre um fenômeno de consciência, uma palavra consciente.

Mostrar que através de seus aspectos múltiplos e contraditórios a consciência é contínua, apesar das feridas que o mundo externo inflige ao Ego, e que essa continuidade é em si mesma um valor; revelar o consciente em sua máxima extensão, como em sua existência e sua atividade; fazer com que esse desvelamento seja vivido por um indivíduo presente no mundo, sofrendo a incoerência e o absurdo, e não podendo, por esse fato, nem autoanalisar-se (no sentido freudiano do termo) nem "sair de si", a tal ponto esse universo externo despersonaliza os seres: tais foram as principais intenções dos romancistas do monólogo interior, cujas obras pode-se dizer que foram antecipadamente comentadas e criticadas por Proust, tendo este tomado como objeto, como tema,

---

49. H. Daniel-Rops, Approfondissement et dispersion du Moi, *La Revue Hebdomadaire*, p. 425-426.
50. Idem, p. 426.
51. P. de Souza, *La Philosophie de Marcel Proust*, p. 135.

graças a uma óptica de retrospecção, um fluxo de consciência tramado "imediatamente" por Mrs. Ramsay, Bloom, Quentin Compson. Obras paralelas às pesquisas, às descobertas, às teorias de Bergson e de Freud; obras que refletem e amiúde ilustram as novas tendências da psicologia, mas jamais são fundadas nelas. O bergsonismo e o freudismo estão presentes na substância de *Rumo ao Farol* ou de *Absalão!*[52], mas jamais determinam seu sentido nem o desenvolvimento. Somente ao leitor cabe ver, através das experiências do Narrador, a diferença entre memória-hábito e memória verdadeira, ou através dos comportamentos e das reflexões de Christmas, da potência do complexo de Édipo. Proust sem dúvida viu confirmada pelas lições de Bergson sua certeza de que o Eu nunca era fixo nem estável e de que era impossível decompor em categorias a vida psíquica[53]. À diferença senão ao divórcio observados por Bergson entre zona de superfície e zona de profundidade, corresponde, sem dúvida, a teoria das intermitências do coração e a dos momentos privilegiados. Do mesmo modo, Virginia Woolf, Joyce e Faulkner são leitores de Freud, e não seus discípulos. Em compensação, romancistas como Conrad Aiken e Ben Hecht tomarão a psicanálise como tema e como esquema[54]. Aqui, ainda cremos reconhecer uma analogia entre a atitude dos romancistas do "homem interior" e a dos surrealistas, que no não-intencional, no surgimento espontâneo das representações, encontraram uma matéria, mas recusaram procurar uma explicação da pessoa humana.

No romance de Proust acreditamos ver a ilustração mais significativa, na ordem das formas e das estruturas, como na do pensamento, de um verdadeiro ato de fé que suscitou e animou um renascimento do romance, e que foi assim formulado, em 1923, por um escritor alemão: "Não é tanto uma reorganização exterior quanto um conhecimento novo da vida psíquica e das condições de seu desenvolvimento que pode levar a uma mudança fecunda na vida humana"[55].

Quer se trate do Narrador ou de Hans Castorp, o aprofundamento, a análise, a expansão do Eu – mas não do *Ego* – aparecem-nos efetivamente como as condições primeiras da salvação do homem. Contudo, a fé no primado do consciente (valor a exaltar para opô-lo ao não-valor do social, do econômico, do convencional) havia precedentemente animado o simbolismo e, sobretudo, o expressionismo, que colocavam o Eu acima do mundo. Concebido em compensação num espírito realista, o primado do mental, de Proust a Faulkner, assumirá um valor e um significado não menos técnico que espiritual, filosófico, moral, estético. Reorientado de certa forma para o mundo concreto, imediato, o Eu tornar-se-á óptica subjetiva. Por conseguinte, se o romancista concebe a pessoa como *essencialmente* psicológica, o *sentido* da vida humana (da pessoa num mundo dado) é expresso pelas *formas*, pelas estruturas do romance: pelos

---

52. Cf. S. P. Callen, *Bergsonian Dynamism in the Writings of W. Faulkner*.
53. E. Fiser, *La Théorie du symbole chez Marcel Proust*; R. Arbour, *Henri Bergson et les Lettres françaises*; J. J. Zéphir, *La Personnalité humaine dans l'oeuvre de Proust*, p. 27.
54. C. Aiken, *Blue Voyage, King Coffin, Great Circle*; Ben Hecht, *A Jew in Love*.
55. R. M. Holzapfel, *Panideal*, p. 303.

artifícios aos quais recorre o escritor, mas artifícios que esquematizam e simbolizam fatos. Afirmação do Eu como única verdade possível, a óptica subjetiva é, ao mesmo tempo, de captação do real, interno e externo. Proust, e em larga medida Faulkner, projetam, sobre uma "história", feixes luminosos saídos de funções psicológicas dominantes, e a arquitetura de seus romances corresponde então à estrutura de uma (*Em Busca...*) ou de muitas (*Absalão!*) vidas interiores. Outros romancistas apelarão, para completar a visão subjetiva, para esses espaços sociais que impedem as consciências de se expandirem e, no entanto, forçam-nas a se aprofundarem, precisamente para mostrar o valor e a necessidade da "alma universal". O romanesco do *stream* aparece, pois, mais nitidamente que o de James e, *a fortiori*, que o de Balzac, como um fato de linguagem. Não esqueçamos que Proust sublinhou a importância do papel desempenhado em sua obra pela *imitação* da memória involuntária[56] e que Faulkner, depois de Virginia Woolf, emprega a palavra "instrumentos" para designar aquilo que entendemos por "técnicas".

Pois de todos os romances baseados na primazia da consciência, e que dão a essa preeminência significações muito diversas, duas leis se deduzem. A primeira é que não se pode fazer aparecer a continuidade específica da consciência, a totalidade orgânica do Eu, a homogeneidade do mental, a não ser que se confrontem suas correntes, aqui e agora, com os objetos aos quais elas se chocam, que elas arrebatam e assimilam. A segunda, que quanto mais o escritor quer mostrar a intensidade, o prurido, a complexidade imprevisível do consciente, mais este deve ser represado, posto em forma, contido, estruturado.

A hipótese de Joyce era que se devia confiar num mundo desumano por suas *formas* (quer se trate de "Dublin" ou do catolicismo), numa vida mental que secreta ela mesma sua própria coerência. O romancista realizou tão bem seu propósito que Van M. Ames, em seu *Aesthetics of the Novel* (Estética do Romance, 1928) confundiu a coesão *estética* de *Ulisses* com a do mental e escreveu suas observações, aliás extremamente justas e penetrantes, quanto à *essência* e ao *valor* da pessoa concebida e expressa por Joyce:

> As antigas formas romanescas são presentemente abandonadas, não com uma intenção de anarquia ou para afastar tudo aquilo que é forma, mas com a finalidade de provar que a vida é tão fundamental e organicamente estruturada em todas as suas manifestações que todo o esforço para impor-lhe uma forma é supérfluo. A convicção do novo romancista é, ao contrário, de que, se ele exprimir a si próprio autenticamente, sua obra comportará a unidade inerente à consciência, a qual é mais coerente do que toda a unidade artificialmente imposta a seu curso por técnicas literárias [...]. Joyce confiou na vida para unificar suas páginas, tal como ela unifica os momentos da consciência, sem a intervenção de alguma intriga ou de algum artifício [...]. Joyce não nos ensina que é mister permanecer dentro de si para possuir a própria alma, como o fizeram tantos romancistas ciosos neste ponto da harmonia interior da vida, porque temiam perder

---

56. Cf. L. P. Quint, *Le Combat de Marcel Proust*, p. 78 (comentário de uma carta de Proust a René Blum, 1913).

o contato com ela indo distrair-se fora. Mais racional, Joyce julga que nada contraria essa harmonia, que tudo, ao contrário, contribui para alimentá-la[57].

Esteta, Van Ames enganava-se no plano do estético, ao passo que compreendia com profundidade a verdade "psicológica" de *Ulisses*: a consciência é coerente por seus contatos com a não-coerência do Externo. Contudo, seu erro quanto à arte de Joyce foi menos grave do que o de Carruthers que, lembremo-lo, julgava que o romance devia ter uma forma, pois a vida tem a sua, porque o autor de *Aesthetics of the Novel* acentuava a harmonia orgânica (fazendo-se por si mesma) da vida interior. Joyce não impunha uma forma à sua obra, mas conferia-lhe limites formais, que correspondem a dois espaços, um mítico, o outro real (social). Por esses artifícios, próximos aos de *Absalão!* ou de *Rumo ao Farol*, Joyce traz à luz um fato de grande importância que já indicamos: os romancistas do "homem interior" estabeleceram uma diferença entre a noção de arte e a de forma, e foi esta última que dedicaram mais atenção, dada a fluidez de seu objeto – de sua matéria. Mas se essa diferença é mais pronunciada em suas obras do que nas de seus antecessores, é certo que *A Comédia Humana* também o atesta, como o atestam as outras artes. O artista extrai, abstrai das formas de uma experiência vivida e também das técnicas. A óptica subjetiva resulta de uma análise da subjetividade, decomposta em diferentes níveis e focos. Do fato de que essa óptica era dissociativa frequentemente concluiu-se que ela dissolvia a pessoa, sem levar em conta, de um lado, a recomposição da pessoa que se operava pela acumulação dos "pontos de vista" e, de outro, da totalidade real da pessoa restaurada por meio de quadros abstratos da vida do mundo.

Devemos repetir: a noção de totalidade, o espírito de totalização presidem tanto em *Em Busca do Tempo Perdido*, assim como em *O Quarto de Jacó*. Mas trata-se de uma totalidade espacial, arquitetural, destinada a negar que doravante possa ser autêntica a totalidade da História; a provar que a consciência, dissociada e reunida, devia rivalizar com o caos real dos movimentos sociais. Antes de *Em Busca do Tempo Perdido*, Proust escreveu *Santeuil*, biografia romanceada que se *depôs*[58] nele cronologicamente. O título francês do primeiro romance de Virginia Woolf, *La Traversée des apparences* (A Travessia das Aparências), exprime bem o projeto fundamental da romancista, mas *A Viagem* continua uma narração linear: as aparências não serão transpostas a não ser pelo "cubismo" de *O Quarto de Jacó*. Antes de *Ulisses*, há o ensaio do *Retrato do Artista* e, antes, de *O Som e a Fúria*, *Mosquitoes* (Mosquitos). Em outros termos, foi necessário fazer a experiência da insuficiência, da inautenticidade do linear, do cronológico, do histórico, para conceber obras suscetíveis de traduzir, por sua composição, uma verdade estrutural, reconhecida como única real e possível.

---

57. V. M. Ames, *Aesthetics of the Novel*, p. 206.
58. Advertência, *Jean Santeuil*.

Dessa mesma noção de totalidade, desse mesmo desejo de reunir, de reencontrar o homem *contra* uma história moderna desumana, procedem os romances que examinaremos no próximo capítulo. Obras nas quais o campo da consciência permanece fundamental, mas onde a vida subjetiva (ao menos tal como a concebem Proust ou Faulkner) desempenha um papel menos determinante.

6   O Mito da Totalidade

> Uma secretária, um balcão, um ofício lhe eram execráveis como a morte, e o que lhe podia acontecer de mais horrível em sonho era ser prisioneiro de uma caserna.
> H. HESSE

> Vocês falaram de uma vida que seria necessário, de algum modo, deixar em suspenso, como as metáforas, que sempre flutuam entre dois mundos.
> R. MUSIL

O mundo dos homens é falso, o mundo do homem é verdadeiro: toda a obra de D. H. Lawrence vai denunciar esse maniqueísmo como um perigo mortal. Lawrence não crê que o indivíduo traga necessariamente uma máscara diante do outro nem que a pessoa possa ser autêntica por seu exclusivo fluxo de consciência. Negando que haja dicotomia entre vida subjetiva e vida social, recusará Balzac assim como Proust. O homem de Lawrence é essencialmente psicossocial: o Eu não poderia ser isolado de sua presença no mundo. Há duas forças que se conjugam constantemente e se fundem. Por isso o homem é, ao mesmo tempo, pessoal e extrapessoal. A introversão não será menos rejeitada pelo autor de *The Rainbow* (O Arco-Íris) do que a noção de vida privada.

> A intimidade ardente e estreita entre o homem e a mulher o desagradava. A maneira pela qual essas pessoas casadas fechavam suas portas, se encerravam em sua aliança exclusiva, mesmo por amor, chocava-o.
>
> Era toda uma comunidade inteiramente composta de casais desconfiados encerrados como que sobre uma ilha em suas casas [...] e não admitindo nenhuma vida mais ampla, nenhum futuro, nenhuma relação desinteressada: um caleidoscópio de casais desunidos, separatistas, das entidades desprovidas de significação[1].

Mas devemos logo sublinhar que Lawrence recorre ao vocabulário da psicanálise para denunciar essa separação entre pessoa individual e pessoa social: "Logo que a noção de *eu* ou a de *tu*, logo que as ideias de *eu* ou de *isto* penetram na consciência humana, a consciência individual é suplantada pela consciência social, que cinde a consciência individual em duas: de um lado o 'tu', de outro o 'isto'"[2].

Aqui se levanta um problema de grande importância, pois concerne não à psicanálise como modo de exploração e explicação do mental, mas à ciência

---

1. *Femmes amoureuses*, p. 244.
2. D. H. Lawrence, *Phoenix, The Posthumous Papers of D. H. Lawrence*, p. 761.

freudiana como fato social, moral, cultural. Para Lawrence, a psicanálise apresenta dois perigos: isolar do Nós um Ego considerado como uma entidade intrínseca, tendo sua vida própria, sua história específica, e fornecer um pretexto para negar a possibilidade de relações humanas naturais e *espontâneas*. Afirmando que o homem "nada tem a temer dos gritos que sobem das profundezas das negras florestas de nossas veias", Lawrence une-se ao pensamento profundo de Freud e, no entanto, põe em questão sua teoria e seus métodos. Enquanto para Freud as estruturas que se formaram no decurso da infância podem suscitar forças recessivas encerradas no inconsciente, mas que determinam o consciente, para Lawrence, essas forças irrigam o consciente e o informam: o indivíduo forma um todo vivo e que evolui; não existem, no fundo dele mesmo, estruturas rígidas, inalteradas desde o tempo da infância[3]. Lawrence vai mesmo mais longe: deseja que nosso ser seja relativamente passivo diante "dos sete oitavos do *iceberg* que permanecem debaixo da água"[4].

Confiando assim nas profundezas, das quais é mister ouvir as mensagens, Lawrence mostra ser, de fato, contemporâneo de Proust e de Joyce: a consciência forma um todo, e se Lawrence se recusa a conceber essa totalidade como um valor absoluto (visto que o social é um não-valor), ao menos pensa que conhecer o homem é conhecê-lo psicologicamente. Mas dá à vida psíquica um sentido que faz dele um romancista à parte, porque a seus olhos a consciência não é una por sua natureza de fluxo nem de organismo: a consciência deve sua unidade ao poder do *desejo*, que a anima e constitui sua substância. No *stream*. inscreve-se a história da necessidade que cada um dos homens teve do Outro no passado, e essa história é progressiva, pois os homens aprenderam e aprendem lentamente sua natureza humana, que consiste em ser com, em ser para:

> Nossa época subestimou ridiculamente a grande questão vital das relações humanas. Todos esses absurdos sobre o amor e o altruísmo são mais repugnantes do que o fetichismo dos selvagens. O amor é uma coisa que cumpre *apreender* por séculos de pacientes esforços. É a difícil e complexa manutenção da integridade do indivíduo através da imensa evolução das relações inter-humanas (*inter-human polarity*)[5].

Atribuindo uma importância vital às *relações* humanas, Lawrence afasta-se de uma das principais tendências de toda uma época literária. Ao esforço de Joyce é proposto o espaço rompido, analítico, de uma consciência que se recompõe à medida de suas reações, reflexões, representações, mas essa consciência não pode comunicar-se com outro Eu a não ser depois de realizada essa recomposição, porque é necessário que o mundo (objetos, outrem) *entre* nela; é no limite da introversão, pode-se dizer, que Bloom reconhece Dedalus, e que o Narrador poderia encontrar Albertine –, travar com ela um diálogo. O ponto de partida de Lawrence é um Eu sintético, que contém a existência alheia,

---

3. Cf. M. Freeman, *D. H. Lawrence, A Basic Study of his Ideas*, p. 136, e D. H. Lawrence, *Phoenix*, p. 756.
4. D. H. Lawrence, *Phoenix*, p. 756.
5. Idem, p. 532.

de sorte que este Eu está apto, de pronto, a uma comunicação vivida. Devendo "ostentar sua multiplicidade" antes de existir, e para ser, o homem de Joyce permanece aquém da ação. Tendo-se reconhecido como ser pela mediação do desejo, o homem de Lawrence afirma, ao contrário, que só a natureza humana é verdadeira (cujo ser é constituído de desejo e de amor), natureza que deve ser reencontrada rompendo os anteparos da análise psicológica, dos fatos culturais, das categorias e das funções sociais. As personagens de *Point Counter Point* (Contraponto) causavam horror a Lawrence: elas não têm existência, pois não sabem amar, não têm a coragem de amar, prisioneiras que são de uma rede de convenções sociais, – a que Huxley pôde responder que seus heróis eram vítimas de uma fragmentação da pessoa pela sociedade – e Lawrence detestará Usher, Ligeia, Casanova, Don Juan ou Wilhelm Meister, visto que todos encarnam sentimentos "culturais, racionalizados"[6]. Lawrence é o único escritor de seu tempo a acreditar que a natureza é boa (ela só será "tradicional" para Faulkner) porque o desejo é bom. Nenhum de seus contemporâneos quis demonstrar que o homem pode agir, visto que traz em si o amor; que pode fazer, visto que é. Para Lawrence, o homem está no mesmo plano do mundo, pois o indivíduo, vivendo o amor, agindo, participando, não faz outra coisa senão realizar um Eu que é ao mesmo tempo o Outro. O homem não é interioridade nem exterioridade, mas sua aliança e interpretação.

A personagem de Lawrence será a antítese de um Dedalus experimentando um prazer solitário à vista distante das pernas de uma jovem, e do ator-estrategista stendhaliano. Amar implica para ele que o Outro esteja presente e tenha sido escolhido. Escolha que só aparentemente é livre, porque de fato o Outro foi eleito pelo desejo mesmo, por certas tendências. Amando, o herói de Lawrence realiza uma natureza que é a seus olhos a realidade primeira e principal dos valores. A ideia e o sentimento até de amor não são mais do que formas, aspectos secundários da força que impele um ser em direção ao outro, como Birkin, em *Women in Love* (Mulheres Apaixonadas), tentará fazê-lo admitir a Ursule:

– Quer dizer que não me ama? – Dizendo estas palavras ela sofria terrivelmente.
– Se... não sinto por você a emoção do amor e não a desejo, pois o amor cessa de existir com o passar do tempo...
– Há em mim um ser impessoal que ultrapassa o amor, que ultrapassa toda relação de ordem pessoal. Mas nós queremos nos dar a ilusão de que o amor é a raiz... O amor não é mais do que os ramos da árvore. A raiz está além do amor, uma espécie de isolamento nu, um eu isolado, que nada encontra e é sempre incapaz...
– Vindo a você abandono-me ao desconhecido, fico sem reticência e sem defesa[7].

Desconfiar do Verbo, afastar as formas que a civilização, a cultura, a sociedade deram aos diversos aspectos da vida psicológica, e particularmente à afetividade: ainda por este traço Lawrence pertence a seu tempo. Todavia,

---

6. Cf. A. Huxley, D.H. Lawrence, *Aspects de la littérature anglaise*, p. 145-148, e D. H. Lawrence, *Correspondence*, t. I, p. 41.
7. *Femmes amoureuses*, p. 245.

quem mais, além de Lawrence, fez da natureza humana (das tendências, do desejo) o valor entre os valores? Todos os contemporâneos de Lawrence procuram mostrar o homem em sua totalidade, e como um todo. Mas o homem total que seus romances abraçam e reúnem é solitário, ao passo que para Lawrence cada individualidade só é total pela existência e pela realização do casal. O homem e a mulher, cada qual responsável pelo Desejo, são complementares e iguais. Lawrence censurará a A. E. Garnett o fato de amar as mulheres (as personagens femininas) "menos porque existem do que por aquilo que os homens encontram nelas, de sorte que as mulheres parecem ser as projeções dos homens"[8]. "O homem tem a sua liberdade absoluta, a mulher a sua. Cada um reconhece a perfeição do circuito polarizado dos sexos, e admite no outro a diferença de natureza"[9].

Unidade e complementaridade: assim podem ser designados os dois eixos principais do romanesco em Lawrence. O homem é uno pela continuidade progressiva do desejo, cujo dinamismo (exatamente o contrário do dinamismo bergsoniano) inclui e orienta não somente a diversidade do mental, mas também os aspectos múltiplos da vida social: a natureza abraça, sustenta a cultura e dá a esta seu sentido. O passado, em particular, não é algo a recuperar: o passado está aí, o homem não está, de modo algum, separado dele. Comparado com as diversas formas de *nostalgia* de que sofrem as personagens de Proust, de Thomas Wolfe ou de Musil, esta reflexão de um herói de Lawrence tem um significado claramente positivo: "A grande ideia unificadora da humanidade parecia morrer com seu pai; a força centralizante que mantinha todo o conjunto parecia desmoronar-se com ele"[10].

Com justeza observou-se que Lawrence nunca "isola o ato sexual de seu contexto social, ou mesmo metafísico". Se, em *Mulheres Apaixonadas*, o fracasso sexual (identificado com a impossibilidade, ou antes com a recusa, de viver autenticamente) é o signo da decadência de uma época, o êxito sexual marcará, em compensação, em *Lady Chatterley's Lover* (O Amante de Lady Chatterley), não a espontaneidade do desejo reencontrado, e menos ainda a felicidade reencontrada na plenitude do prazer, mas antes a tomada de consciência da primazia do Desejo sobre as convenções sociais, e estas só são denunciadas na medida em que impedem os seres de unirem-se de acordo com suas tendências. A vida social não é alienante em si. Lawrence sem dúvida é um romancista "progressista", mas assim como se recusa a ver a salvação do homem no "aprofundamento do Eu", do mesmo modo não atribuirá à civilização industrial, ao materialismo, ao próprio capitalismo, a desgraça do homem: a sociedade é má porque sua vida, suas formas, suas estruturas não são referidas às exigências de uma natureza-desejo que constitui a unidade do ser humano. De uma parte, o universo social de Lawrence é tão concreto, tão atual quanto o de Proust, de Musil, de Wolfe: como eles, é um modo essencialmente contemporâneo que

8. A. Huxley, op. cit., p. 148.
9. *Femmes amoureuses*, p. 272.
10. Idem, p. 177.

evoca. Mas de outro lado quer exprimir, através dessa realidade atual, a presença e o conflito de forças imemoriais, que não são "psicológicas", de modo que o ser de suas personagens e a verdade de sua pessoa são o mais das vezes expressos com referência à vida da natureza; efetivamente, pode-se dizer de Lawrence que, ao contrário da maioria de seus contemporâneos, não recorre à imagem, mas ao símbolo: em *Mulheres Apaixonadas*, a vontade de poder de Gerald traduz-se no amansamento de uma égua, e o comportamento de um casal de gatos representa o "mistério mútuo" do amor.

Essa natureza-desejo é dupla (polarizada, diz o romancista). Também não está presente nem existe a não ser através de duas pessoas, sendo ambas sujeitos: o romanesco de Lawrence é um romanesco de diálogo, de comunicação vivida, falada. A personagem jamais se revela a si mesma por um ensimesmamento, como tampouco não apreende seu ser constatando a estranheza, a hostilidade das coisas: o herói é (descobre-se) falando com outrem, e se vemos em Proust, como em Faulkner, consciências dominantes que, implicitamente, tentam demonstrar a outras consciências que não há verdadeira vida a não ser a do Eu, vemos em Lawrence protagonistas didáticos (representando o pensamento do escritor) que, explicitamente, querem ensinar ao Outro a libertar-se das convenções (entre outras, do malfazejo prestígio das palavras) para reencontrar uma autenticidade que se chama: disponibilidade; cumpre ser disponível a uma "natureza impessoal" que personaliza cada um na medida em que ela lhe permite *sentir* a presença do Outro e a presença das coisas. A defasagem sujeito-objeto, tão dramática de D. Richardson a Thomas Wolfe, não existe para Lawrence. Todos os aspectos da vida, quer se trate do Ego, do Eu ou do Nós, de outrem ou das coisas, procedem da unidade dupla do desejo, que evoluiu no decurso dos séculos, e cujas formas todas do aqui-agora constituem as derradeiras emersões. De sorte que se a linguagem (o diálogo) exprime a pessoa plena e inteira em determinado momento, essa pessoa é igualmente expressa por seu olhar sobre as coisas, sendo efetivamente esse olhar um vínculo de cumplicidade. Como observa J.-P. Sartre: "Lawrence excede em sugerir, ao passo que parece somente descrever a forma e a cor dos objetos, essas surdas estruturas afetivas que constituem sua realidade mais profunda"[11].

A psicologia comparativa e histórica encontra em Lawrence um objeto privilegiado. Partindo dos mesmos dados fundamentais que, por exemplo, Virginia Woolf – psicologia das profundezas, multiplicidade viva e cambiante da consciência oposta às escleroses do social, experiência direta preferida a todo conhecimento formal e herdado –, Lawrence desenvolve, entretanto, uma pesquisa radicalmente diferente, que anuncia a do romance existencialista, pois para ele a pessoa, em lugar de identificar-se com o Eu, ou com a Consciência, identifica-se com a participação. A seus olhos só é real aquilo que é vivido *com outrem*. Enquanto que desde *O Quarto de Jacó* até *Absalão!* a pessoa só existe na medida em que recebe um universo metamorfoseado em consciência (em

---

11. *L'Imaginaire*, p. 94.

funções psicológicas), em Lawrence a pessoa só existe transformando o mundo (e o outro) à imagem de uma transformação que se opera sem cessar no psíquico, e que concerne ao humano em seu conjunto. A noção de totalidade obseda Lawrence como obseda Virginia Woolf. Mas basta comparar aos textos teóricos desta última a seguinte frase de Lawrence para se ver tudo aquilo que os separa: "No romance o que importa é a *própria vida*. No romance *tudo* tem *livre curso*, ou tudo pode ter *livre curso*. E dessa liberdade emerge a totalidade do homem vivo, da mulher viva"[12].

O Tudo, para Lawrence, não é a reunião interior, mas a imediatez vivida, assumida com e diante do outro. A complexidade das relações humanas (e sua liberdade) no mundo moderno, à qual Virginia Woolf, bem como Proust, *refere-se* para consignar ao romance a necessária missão de traduzir o movimento e a incerteza do Eu e exprimir assim a obsessão de ser que cada um experimenta num mundo desumano, Lawrence quer pintá-la (esta complexidade) ao vivo, pela mediação de personagens inteiras (não como se fosse uma só peça) que resumem, com efeito, em contatos vividos, assumidos com outrem, o psíquico e o social. Enquanto que algum romancista do fluxo de consciência nos oferece reflexos memorizados das relações humanas, os contragolpes dessas relações, Lawrence, ao contrário, orienta seu esforço para o diálogo dramático, que tem valor e poder de revelação, pois, defrontando-se, suas personagens desagregam e sentem desagregarem-se máscaras sociais e ilusões sentimentais que são outras tantas resistências à autenticidade do desejo; resistências demasiado fortes em *Mulheres Apaixonadas*, mas que cedem em *Chatterley*.

Insistamos na *presença* dos heróis de Lawrence, que implica a presença viva do passado e uma fé real no futuro. Presença que só pode ser traduzida por uma narração linear e progressiva. Se a obra de Lawrence procede das recusas que determinam um renascimento do romanesco, esta obra contradiz, em grande parte, a ética e a estética dominantes de seu tempo: ela ignora essa necessidade de *integrar* o não-Eu a que obedece o romanesco do *stream* e que implica o recurso à metáfora, no sentido amplo do termo. Acreditando na existência de uma cumplicidade entre o sujeito e o objeto, que para ele participam de uma mesma natureza, Lawrence se fia nos símbolos, visto que estes são *exemplos* oferecidos ao homem pela vida contínua, universal, progressiva, do desejo. Renovando o relato linear ("objetivo") e a teatralidade romanesca, Lawrence ignora as duas grandes heranças às quais será referida a maior parte de seus contemporâneos, abertamente ou não: a de James, cujos "psicodramas" tendem a revelar uma personalidade psicológica, e a de Flaubert, em que a impressão, projetada sobre o objeto ou integrando-o, tende a metamorfoseá-lo; a personagem de Lawrence transforma o mundo, e diremos que é a única, nessa grande época literária, a alimentar uma confiança plena e inteira na existência, mesmo sob seus aspectos mais negativos, na própria medida em que ela participa, em que está aí presente. Obrigada a integrar fragmentos do mundo

---

12. D. H. Lawrence, *Phoenix*, p. 578.

para descobri-lo e descobrir-se como total, a personagem do *stream* tem uma atitude de desconfiança crítica com respeito a si própria como de um universo do qual está separada, ou com relação ao qual se acha em situação de ruptura. A tristeza de Virginia Woolf (e de Mrs. Ramsay) diante dos "instantes" que fazem obstáculo ao fluxo da Duração, a minúcia com a qual Joyce (e Bloom) examinam o cotidiano são, sem dúvida alguma, marcas de uma *ironia* (que Kafka leva ao extremo) em face não somente do caos absurdo do mundo, mas também dessa consciência individual, tão frágil em seu esforço de análise e de reunião, tão impotente na dilatação mesma de seu tempo.

Lawrence acusa também Flaubert e Thomas Mann de "manterem-se à distância da vida como de um leprosário", fazendo agravo a um por seu estetismo e ao outro por seu humanismo cultural[13]. São odiosos a ele tanto o subjetivismo de *Madame Bovary* quanto aquilo a que chamaremos a lucidez oportunista de Hans Castorp. No entanto, a atitude de Mann quanto à psicologia profunda não deixa de ter analogia com a de Lawrence. Como o autor de *O Arco-Íris*, o romancista de *Joseph und seine Brüder* (José e seus Irmãos) vê na psicanálise um modo de elucidação do determinismo psicológico, portanto um meio para libertar o homem. No discurso que pronunciou por ocasião do 80º aniversário de Freud, Thomas Mann sublinhou que a psicanálise "viera a ele"; reconhecera aí "muitas das ideias que lhe eram familiares desde suas primeiras experiências intelectuais".

> Bem vejo – continuou – que depois de ter franqueado, em meus romances, a distância que separa o individualismo burguês do mundo dos tipos e dos mitos, travei uma aliança secreta mais íntima com a psicanálise. O gosto pelo mito é inato à psicanálise como o gosto pela psicologia é inato a toda a atividade poética [...]
> Na expressão "psicologia das profundezas", a palavra "profundezas" tem também um sentido temporal: as profundidades da alma humana são ao mesmo tempo as épocas primitivas, os poços profundos do tempo.

Thomas Mann declara para concluir que a obra de Freud ajudaria a humanidade a tornar-se mais sábia e mais livre[14]. Assim, as "profundezas da alma humana" e as diferentes "transferências da figura do pai" dizem respeito, para além da psique individual, ao conjunto da evolução humana. Integrando a psicanálise em uma visão histórica do mundo, Mann se aproxima de Lawrence, que vê nas descobertas de Freud uma extensão do consciente e um fator de universalidade. Mas enquanto, para Lawrence, o progresso humano depende de um ato de fé em nossas tendências, Mann vê, no ensinamento freudiano, sobretudo um meio de conhecer e de recolher uma história-patrimônio, cujo conhecimento é, a seus olhos, uma condição primordial de progresso e de liberdade. Se, em função das Profundezas, confrontarmos *Ulisses*, *Mulheres Apaixonadas* e *A Montanha Mágica*, encontrar-nos-emos diante de três visões distintas do homem e do mundo. As forças inconscientes significam para Joyce que a consciência (a

---

13. F. R. Leavis, *The Great Tradition*, p. 68.
14. T. Mann, Freud et l'avenir, *La Table Ronde*, p. 46-57.

alma, diz Proust) é total e universal, e que essa universalidade da vida interior é capaz de englobar os infinitos aspectos do real e, assim, de valorizá-los. Lawrence pensa que o inconsciente (que é, de fato, consciente) informa o homem sobre condições de sua autenticidade. Para Thomas Mann, o nascimento do inconsciente oferece ao homem uma prova maior da existência de uma *tradição* cujo valor e eficácia o mundo moderno nos fez esquecer.

Essa preferência dada por Mann a uma psicanálise cultural, humanista, é atestada pela atitude de Hans Castorp que se absterá de fazer-se "psicanalisar" pelo Dr. Krokowski. E quando este último organiza uma sessão de espiritismo no decurso da qual o médium faz aparecer Ferdinand, o herói de *A Montanha Mágica* deixa a sala "com um ameaçador aceno de cabeça ao médico": Castorp recusa o mágico, o inexplicável, o irracional[15]. Nessa floresta de símbolos (ou melhor, de simbolizações) que é *A Montanha*, Mann afirmará sem cessar o primado da lucidez, portanto da distância, sobre a espontaneidade. Uma das frases-chaves de *A Montanha Mágica*, vemo-la nesta réplica de Mme. Chauchat a Hans: "Você se preocupa com seu enriquecimento pessoal. Mas a paixão é o esquecimento de si"[16].

Personagem de um romance que, como *Ulisses* e como *Mulheres Apaixonadas*, é um romance de educação, Castorp recusa ser Birkin, porque quer saber em que condições o homem pode ser espontâneo e participante. Recusa também ser Bloom (ou melhor, Dedalus), pois a informação que procura passará por seu espírito (no sentido que Fernandez, leitor de Proust, dava a este termo), e não pela vida múltipla de sua consciência. Mann jamais fez mistério da ironia com que havia concebido a personagem Castorp[17]. Com efeito, se a busca de Castorp não é menos eficaz e válida, em seu poder de imantação e de assimilação de uma totalidade humana, do que a de Leopold Bloom, esta busca chocar-se-á, mais cruelmente ainda do que a viagem odisseiana de Joyce, com o absurdo, com a irracionalidade da História-pesadelo. Castorp não se apoia, como Bloom, o Narrador, Mrs. Ramsay, na incerta certeza de que o Eu existe, em sua plena e exata extensão; ao contrário, é arrancado de seu Eu para ser entregue ao conhecimento das *significações* do *mundo*. Como tentamos mostrá-la, a biografia, impossível com referência ao Tempo, era possível com referência à Duração, e era de certa forma garantida pelas próprias estruturas da psique. As viagens através da Sociedade e da História que vamos evocar, e das quais *A Montanha Mágica* oferece um modelo, terão eixos diretores mais frágeis do que os de *Em Busca do Tempo Perdido* e serão na realidade marcados por um pessimismo mais profundo do que *Absalão!* A "desagregação da pessoa" é mais evidente em *O Homem sem Qualidades* do que em *Ulisses*, mais sensível em *Die Schlafwandler* (Os Sonâmbulos)* do que em *Manhattan*: é menos impossível

---

15. R. Pascal, Autobiography As an Art Form, *Proceedings of the 1957 Conference of* F.L.L.M., p. 78-80.
16. Cf. o comentário de R. Pascal, op. cit., p. 82-83.
17. Cf. a crítica de M. Brion de *Correspondance* de T. Mann (*Le Monde*, 18 de março de 1966), e T. Mann, *Lübeck als geistige Lebensform*, p. 27-28.
* Trilogia de H. Broch composta por: *Pasenow, oder die Romantik; Esch oder die Anarchie* e *1918: Huguenau oder die Sachlichkeit* (N. da E.).

recompor consciências do que fazer renascer valores. "O romance *europeu* – observa W. Allen – teve como grande tema a vida do homem em sociedade, mais exatamente a *educação* de homens e de mulheres que aprendem a distinguir o verdadeiro do falso em si mesmos e em torno de si"[18].

Mas o *Bildungsroman* (*Marianne* tanto quanto *Jude the Obscure* [Judas o Obscuro]) supunha que a sociedade (aquela de uma nação) constituísse um todo coerente de que a personagem principal fosse, ao mesmo tempo, uma parte, o reflexo, o símbolo. Uma educação não é mais do que sentimental quando a personagem é apenas espectadora de uma revolução que sanciona a divisão de um país em classes antagonistas. A partir de 1850, o *Bildungsroman* dá lugar, na Europa Ocidental, ao naturalismo, que por sua vez será vítima de seu próprio objeto, ou antes à forma que dá a este objeto: exprimindo num tom de lirismo épico e numa linguagem imaginada certos aspectos da miséria social, o escritor naturalista atribuía um valor estético a uma visão sincera mas pessimista da vida e, por isso mesmo, separava-se implicitamente daqueles que pretendia defender. Lembremos que o declínio do naturalismo coincide com a organização cada vez mais sistemática da sociedade industrial, que permite às camadas operárias dar um caráter cada vez mais tático à sua luta. O escritor vê então reduzir-se consideravelmente sua margem de lirismo, ou de indignação. A arte (a linguagem metafórica) opõe-se doravante à noção de eficácia. Assim se veem separados os elementos associados por Zola: o realismo objetivo e estético da linguagem. A. Kettle observa que na Inglaterra a cisão se tornou radical, em 1930, entre os escritores da eficácia, que querem apoiar o combate proletário por meio de um romance "positivo" e os romancistas "saídos da classe média ou adquirindo seus traços, que tendem, ao contrário, a explorar e a exprimir uma sensibilidade *atípica*"[19]. Vimos que para Virginia Woolf o romance é um fenômeno de cultura: é a Universidade que faz o romancista, e não sua pertinência a uma classe (operária ou burguesa): em outros termos, os imperativos estéticos aos quais deve obedecer o escritor são contraditórios em face da *realidade social* que ele *conhece*. Como o sublinha A. Kettle:

> Mesmo entre os grandes escritores desta época (Conrad, Joyce, Lawrence) a *batalha* do romancista com sua matéria bruta tende a tornar-se *desigual*. Não aceitando os aspectos decadentes da sociedade onde vive, nenhum dentre eles descobre uma filosofia própria para abarcar ou dominar este universo[20].

Um fenômeno análogo produzia-se nos Estados Unidos, onde os ideais da burguesia (mas este termo lá não tem o mesmo sentido que na Europa) "só na aparência coincidiam com os do humanismo tradicional"[21]. Tal situação fez com que o romancista inovador, recusando ao mesmo tempo estilizar uma realidade social objetiva e imitar esta realidade como alguém que segue um esquema

---

18. Introduction, *Tradition and Dream*, p. 15.
19. *An Introduction to the English Novel*, cap. 1 (Les Derniers victoriens).
20. Idem, p. 66.
21. Cf. G. A. Astre, *Thèmes et structures dans l'oeuvre de Dos Passos*, p. 274.

diretor, fundasse sua obra na incompatibilidade do *pensamento* e do *real*. Da constatação de um divórcio irremediável entre a ordem, a coesão, a verdade do humanismo e a ordem desordenada do universo social, procederão o sentido do romance, seu realismo, sua estética.

Numa situação de exílio (exílio positivo, mas nostálgico na ordem dos valores, exílio negativo, mas concreto e vivido quanto à atualidade do universo social), colocar-se-ão esses escritores originais para refazer a totalidade humana, mais exatamente para propor uma imagem possível desta.

Que o indivíduo se tenha tornado solidão, que as formas de uma sociedade se tenham tornado tais que privam esta de sentido, que enfim o passado em suas duas faces – cultura, história – se tenha tornado estranho à dinâmica social do presente, é o que tentaremos mostrar seguindo o trajeto da pessoa em duas curvas romanescas singularmente paralelas: a do romance americano e a do romance de língua alemã, sobretudo austríaco.

O realismo e o naturalismo romanescos tendem a descrever uma sociedade como uma sucessão de espaços, dos quais cada um é bipolar: a riqueza contra a pobreza, o poder contra a fraqueza, o maquinismo contra o humano. Ao escritor realista, o país americano propunha um domínio privilegiado. Influenciado pelo naturalismo francês, Frank Norris escreverá, bem no começo do século xx, a epopeia do trigo americano[22]. Esse realismo descritivo será dominante até 1920, mas, ao contrário de um Zola, o romancista americano (como aliás o inglês Galsworthy) insistirá menos na miséria dos fracos do que no triunfo dos poderosos e nas dimensões gigantescas da produção industrial. Upton Sinclair (*The Jungle* [A Selva], 1906) já havia, por certo, contado a história de uma família de lituanos vindos ao país da "oportunidade para todos" a fim de encontrar aí apenas uma miséria mais profunda. Ele se associava, assim, aos temas dos *Rougon-Macquart* e do Teatro Livre. Mas pintará depois, como R. Herrick, a corrupção do mundo dos negócios e da política, e Theodore Dreiser ficará fascinado pela vontade de poder: *The Financier* (O Financista, 1912), *The Titan* (O Titã, 1914), *The "Genius"* (O "Gênio"), *Sister Carrie* (Irmã Carrie) mostram o homem ou a mulher essencialmente animados por uma vontade de triunfar sobre "outrem"[23]. O *struggle for life* inspirava ao romancista certa simpatia: o "titã" é o exemplo extremo de uma ideologia segundo a qual a expansão econômica abre a cada um carreira livre. Ora, por volta de 1920, produz-se uma ruptura: deixando de admirar a personagem excepcional, Dreiser quererá, ao contrário, denunciar a imoralidade do arrivismo, e escreverá *An American Tragedy* (Uma Tragédia Americana)[24]. Não redescreveremos as circunstâncias econômicas, políticas e sociais que modificaram as concepções romanescas de Dreiser, de Dos Passos, de Lewis[25]. Como historiador da pessoa no romance, sublinharemos dois fatos

---

22. *The Epic of the Wheat* (*Octopus*, 1901, e *The Pit*, 1903).
23. Cf. C. Georgi, *The Businessman in the Novel*.
24. Cf. M. Geismar, *The Last of Provincials*. Particularmente p. 220-235.
25. Cf. J. Brown, *Panorama de la littérature américaine contemporaine*, e G. A. Astre, C. Georgi, M. Geismar, op. cit.

essenciais: se durante mais ou menos meio século "o romancista americano paradoxalmente demonstrou sua utilidade social insistindo no fenômeno da alienação"[26], essa alienação (ao menos até 1936, quando Steinbeck publica *In Dubious Battle* [Num Combate Duvidoso]) é sobretudo a de uma classe média ou burguesa; em segundo lugar, o abandono do naturalismo (e de seu esboço psicossocial) é acompanhado de preocupações estéticas novas. Em 1922, quando Dos Passos se inspira nos modos de expressão cinematográficos, aparece em *New Republic* um manifesto intitulado "O Romance de Amanhã e o Campo da Ficção", em cuja redação colaboraram Dreiser e Waldo Frank, e que acusa os romancistas americanos de terem "falta de forma"[27]. E *Uma Tragédia Americana*, sem apresentar o valor artístico de *Manhattan* ou de *Babbitt*, testemunhará, não obstante, nítidas preocupações formais. Ora o recurso ao *flashback*, a focalização do relato no processo de Griffith, o abandono numa palavra da narração linear atestam uma certa mudança no pensamento de Dreiser: é um problema psicossocial que *Uma Tragédia Americana* levanta, visto que Dreiser denuncia o mito da possibilidade de "subir", oferecida a todo americano. Através das reações de Griffith (vistas numa óptica retrospectiva), vemos que a sociedade americana é má não mais devido à dureza da luta pela vida (em que os fortes "merecem" vencer), mas sim devido às ilusões e aos falsos valores que ela engendra, e em relação aos quais aqueles que não pertencem à sua camada dominante são tanto mais facilmente as vítimas quanto essa sociedade é móvel: a expansão econômica parece tornar as altas posições acessíveis a todos. Mas o mito da promoção social só constitui um primeiro nível do romance de Dreiser, pois o escritor faz com que se opere uma verdadeira fusão, na consciência de Griffith, entre a aspiração ao bem-estar e as tendências afetivas. Griffith não é ambicioso. É mister a intrusão e a mediação do amor para que realmente veja abrir-se diante dele um futuro brilhante, e o pai de Sandra, também vítima do mito do "tudo é possível", aceita Griffith como genro sobretudo em razão da sinceridade de seus sentimentos. Assim, Dreiser nos mostra que nos Estados Unidos de após-guerra o mito do êxito (e da igualdade virtual) se tornou indissociável e, acima de tudo, indiscernível, da vida afetiva de cada um. Cumpre sublinhar, em Clyde Griffith, uma ambiguidade que as personagens de Dos Passos não terão: um "modelo socioafetivo" exerce tamanho ascendente que ele o toma como uma parte de seu ser. Tal como no *Vermelho e o Negro*, o social e o psíquico interferem, mas desta vez não há mais a inteligência e a reflexividade de um Julien Sorel para controlar e reconhecer essa interação. Entre *tendências* e *comportamento* a introspecção não estabelece mais alternâncias. Griffith não compreende até que ponto um Eu social hipertrofiado atrofia e deforma seu Ego. Enquanto Sorel procura sua unidade, Griffith permanece dividido, dilacerado, bipartido.

Entretanto, assim são quebrados os únicos indivíduos sobre os quais o mito pode exercer influência: indivíduos socialmente médios, nem operários

---

26. M. N. Klein, *The Novel in America in the 1950*.
27. Cf. J. E. Miller Jr, *The Fictional Technique of Scott Fitzgerald*, p. 89-90.

nem burgueses. Seres suscetíveis de captar o "sonho americano", feito ao mesmo tempo de um desejo de enraizamento e de êxito material. Por suas origens, Griffith estava inteiramente destinado a ser a presa de uma ilusão: seu pai era um pregador iluminado; desde sempre um sonho habitou Clyde, que é exatamente o contrário do tipo de homem que *realiza* o sonho americano na própria medida em que o *ignora*: o homem que se tornou um "tycoon" depois de ter começado vendendo jornais, o homem desmistificado de saída. A significação profunda de Uma Tragédia Americana nos parece consistir no fato de que num país de origem cristã e puritana, onde o espírito de empreendimento e o impulso capitalista foram associados a uma ética, a própria vida dos valores foi alienada pelas exigências "impiedosas" da máquina econômica, alienação que gera seres híbridos, consciências falsas e más. De fato, é bem de consciência que se tratará no romance americano a partir de 1920: de consciência perdida. A totalidade humana será evocada pelo escritor americano inovador pela mediação de uma nostalgia, mostrando o divórcio que separa um Passado em que nasceu um sonho de justiça e um Presente desumanizado pela mecanização, pela "estandardização" da vida e pelo mito demasiado real do dinheiro. Dessa consciência perdida daremos três exemplos: Clyde Griffith, tragicamente alienado pela confusão do sonho e da realidade; mas se Griffith houvera *tirado partido* de suas origens, ter-se-ia tornado Elmer Gantry, o charlatão que explora a credulidade das pessoas ricas fazendo-lhes aparecer o fantasma de um ente querido. Como observa M. Schorer: "Gantry refaz a sociedade como a sociedade o fez [...]. Todo o mundo, *inclusive o romancista, gira loucamente numa* órbita mecânica"[28].

Se, de outro lado, o herói de Dreiser houvesse realizado o casamento rico com que sonhava, sua tragédia ter-se-ia tornado comédia. Teria sido Babbitt, o conformista por sua natureza, o homem com Eu tão poderoso que seu Ego só se manifesta por meio de tímidas ressurgências.

Como personagem, Babbitt é o Rastignac do romance americano. Os Rastignacs "reais" – os ambiciosos que têm êxito – serão inicialmente exaltados pela literatura romanesca americana (ilustram, ao mesmo tempo, a vontade de poder e a possibilidade oferecida a cada um de ascender) para em seguida, a partir de 1920, condená-los, ora denunciados pela traição aos valores que encarnam (Dos Passos), ora pela vaidade de seu poder (Fitzgerald). Da mesma forma, os filmes de Orson Welles – *Citizen Kane* (Cidadão Kane), *Mr. Arkadin* (Grilhões do Passado) – farão aparecer a irremediável solidão do grande homem de negócios. Mas Babbitt é o tipo entre os tipos (pôde entrar na lenda), porque é o representante de um modelo social sem no entanto saber que o representa, sem saber que ele próprio é rigorosamente conforme ao modelo. A automaticidade de um grupo social está resumida pela estrita e na estrita individualidade de Babbitt, cujos gestos e comportamentos exprimem um conformismo (uma conformidade) que *parece* convir somente a ele. E é também só a título pessoal que

---

28. M. Schorer, Sinclair Lewis and the Method of Half-Truths, *English Institute Essays*, p. 143.

Babbitt condena a "estandardização" de seu nível social, no momento quando percebe que ele próprio não fez sua vida, mas que esta lhe foi ditada: "Durante toda a minha vida, jamais fiz uma única coisa que eu desejasse"[29].

Trata-se aí de uma tomada de consciência? Antes uma simples revelação que, por seu caráter tardio, é inútil – salvo para o leitor. Este concebe então plenamente a ironia da situação de Babbitt, cuja existência concreta terá sido um *cheio* total edificado sobre um *vazio* absoluto: a não-satisfação das tendências autênticas do Ego. Encontra-se, pois, em *Babbitt* o tema essencial de *Manhattan Transfer*. Mas, enquanto que as personagens de Dos Passos procuram existencialmente reencontrar-se numa sociedade que mutila seu Eu, Babbitt dá-se conta "globalmente" de que jamais pôde entregar-se a tal busca. É que Babbitt pertence a uma classe não dominante, mas privilegiada, que se beneficia do conforto e da segurança, de modo que o tipo criado por Lewis podia ser triplamente simpático ao leitor americano "médio": em primeiro lugar, Babbitt representava com uma semelhança perfeita o americanismo e sua inocência. Depois, mostrava que o *American way...* não era perfeito: restava conquistar um individualismo dado como possível, porquanto presente por trás da "estandardização". Enfim, a distância entre o Eu social e o Ego autêntico não era dramatizada pelo romancista. Babbitt é um Rastignac: é explicitamente cúmplice de um universo que critica implicitamente; é o próprio exemplo da personagem com a qual milhares de leitores podem identificar-se, porque no fim de contas Babbitt tranquiliza.

Para fazer de Babbitt, a despeito dele mesmo, "um teclado de respostas sociais"[30], Lewis narrador adota uma atitude de radical soberania externa, pois os dois planos do relato, o da ausência do autêntico e o da presença reinante do automático, devem ser rigorosamente separados. Se Babbitt se dá conta, de vez em quando, que sua existência não corresponde a seus desejos, deve em compensação ignorar até que ponto essa existência aparente exprime um fenômeno global: reduz o coletivo ao individual. Sabe que indo diariamente ao escritório obedece a um automatismo talvez absurdo, mas ignora que "As torres de Zenith se erguiam acima da bruma matinal, torres austeras de aço, de cimento e de pedra, intrépidas como rochedos, delicadas como varas de prata. Não eram nem cidadelas nem igrejas, mas franca e magnificamente, edifícios para escritórios"[31].

A esse distanciamento, Lewis acrescenta a técnica do simultaneísmo: a consciência e a pessoa são parciais e fragmentadas porque a vida, na cidade americana, se compõe de diversas camadas impermeáveis umas às outras; cada qual vive em sua zona, em seu compartimento, sem considerar o conjunto dos fatos sociais:

Na mesma hora, na cidade de Zenith...

29. *Babbitt*, p. 102.
30. Cf. M. Schorer, op. cit. p. 124.
31. *Babbitt*.

> Na mesma hora, em Zenith, um traficante de cocaína e uma prostituta bebiam coquetéis no bar de Hanson, Frank Street. Estando em vigor a proibição... eram forçados, para tornar seus coquetéis inofensivos, a bebê-los em xícaras de chá. A jovem atirou sua xícara na cabeça do fornecedor, e este, sacando seu revólver... matou-a negligentemente. Na mesma hora...[32].

Observemos que o simultaneísmo utilizado por R. Martin du Gard em *Jean Barois* para exprimir a unidade, a coesão da pessoa, por J. Romains para mostrar a solidariedade do Eu e do Nós, por Gide para focalizar a diversidade dos aspectos da existência, tende a significar em Lewis a separação dos níveis sociais, dos indivíduos e, por conseguinte, uma falta de consciência. Retomando uma célebre expressão de J.-P. Sartre, diremos que a má-fé só é necessária ao romancista quando "impede" sua personagem de remontar até as origens de sua alienação.

Em três obras tão diferentes como *Uma Tragédia Americana*, *Babbitt* e *Manhattan Transfer*, reencontramos um tema estrutural que não se apagará verdadeiramente no romance americano a não ser depois da Segunda Guerra Mundial: a dualidade superfície-profundidade, considerada e tratada como um fenômeno sociológico mais do que como psicológico. Em *Main Street* (Rua Principal), Lewis socializará com ironia o "recalcado" sob a forma de maledicências e de calúnias, que são o "Ego" de uma pequena cidade do Middle West. Em compensação, S. Anderson (como O'Neill no teatro) mostrará, de maneira patética, esta divisão da pessoa:

> Exteriormente a gente diz certas palavras, mas há outras que são pronunciadas ao mesmo tempo na profundeza dos lugares secretos. Forma-se aí um depósito de pensamentos, de emoções inexpressas. Quantas coisas jogadas, escondidas no poço profundo! Há uma pesada tampa de ferro no orifício do poço. Fala-se, come-se, fazem-se os próprios negócios, usam-se roupas, leva-se uma vida bem regrada. Às vezes, de noite, a tampa estremece, mas a pessoa nada sabe. Por que há pessoas que desejariam arrancar a tampa dos poços, furar os muros?[33].

A insistência dos romancistas americanos em exprimir a oposição superfície-profundidade tem muitas causas, que são conexas. Em primeiro lugar (cronologicamente), o espírito puritano, segundo o qual o homem não deve ter vida secreta. Em segundo lugar, a uniformização da vida americana moderna, desenvolvendo-se sobre grandes espaços urbanos repartidos por um país muito vasto. Enfim, e corolariamente, a ausência de um passado conscientizado nos Estados Unidos, em comparação com a Europa. Mencionamos aqui uma hipótese de M. Mead: não podendo comparar os fenômenos em profundidade, os americanos são propensos a confrontá-los no espaço, graças a esquemas de comportamentos[34]. Trata-se, efetivamente, nesse universo de comportamentos que é *Manhattan Transfer*, de recusar a espacialidade social para reencontrar uma duração (um passado) que também, por sua vez, é um espaço. Dos Pas-

---

32. Idem.
33. *Many Marriages*, p. 155.
34. Cf. G. Wagner, Sociology and Fiction, *The Twentieth Century*, p. 110-111.

sos, é verdade, "vê a cidade apenas como um lugar fantasmagórico de queda para as frustrações e as derrotas", ao passo que a cidade de Dublin pode ser considerada por Joyce "como um desdobramento das funções humanas"[35]. Mas para Joyce também Dublin é desumana, como o é para Döblin a vida berlinense de 1920. Em suas tentativas de monólogo, as personagens de Dos Passos são literalmente remetidas a si próprias (a fragmentos do passado) por uma vida urbana moderna que apenas está "aí", ao passo que Bloom em Dublin e Biberkopf, através de Berlim, percebem a existência de uma relação entre seu Eu (seu próprio passado) e o passado da Cidade. Certo é que *Manhattan Transfer* não é diametralmente oposto a *Ulisses*, na medida em que os *streams* das personagens de Dos Passos, por mais enfezados e frágeis que sejam, contêm um poder de desalienação, representam um esforço para a unidade da pessoa. No oposto do romance joyciano vemos antes *Babbitt*, ou o *Studs Lonigan*, de Farrell, obras em que a pessoa, ou melhor, uma metade desta, é rigorosa e essencialmente superficial, aderindo à espacialidade social e aos mitos gerados pela cidade moderna.

Poucos autores escreveram romances tão complementares e simétricos como Dos Passos. Em *Manhattan*, uma superfície urbana global remete a passados individuais, que são redescobertos por fragmentos irrisórios. Ao contrário, é a necessidade, a nostalgia de uma história, de um passado comuns a todos que Dos Passos exprimirá através dos itinerários individuais em sua trilogia U.S.A., obra concebida logo depois de uma crise que transtorna a sociedade americana e põe em questão seus princípios, senão a ideologia, do capitalismo liberal: a Depressão de 1929[36]. Se o caso Sacco-Vanzetti foi uma "tomada de consciência decisiva para toda uma geração de intelectuais americanos de esquerda"[37] (e em primeiro lugar para Dos Passos), o baque financeiro de 1929 vai arruinar aos olhos dessa *intelligentsia* os fundamentos de uma civilização: um fato político havia desvelado a extensão das injustiças sociais, uma catástrofe econômica revelava uma falência intelectual e moral. Todavia, Dos Passos será o único escritor a tirar partido romanesco dessa crise. Descrevendo, ou melhor, reestruturando trinta anos de vida dos Estados Unidos, Dos Passos quer explicar no termo de que evolução se produziu o desastre[38]. Tratando verticalmente e num plano geral (e não segundo o esquema superfície social-profundeza individual) o fenômeno de alienação, quer demonstrar que as atitudes do indivíduo americano dependem de um passado coletivo cuja responsabilidade todos carregam ao passo que ninguém se julga responsável por ele. O indivíduo cessará de ser o homem de *behaviour* se souber que seus reflexos sociais (chamem-se vontade de poder, prazer do conforto, repressão das tendências) são produtos de uma história.

35. H. M. McLuhan, John dos Passos: Technique vs. Sensibility, em H. C. Gardiner, *Fifty Years of American Novel*, p. 153-154.
36. Cf. G. A. Astre, op. cit., p. 270-300.
37. Cf. J. Brown, op. cit., p. 149.
38. Cf. G. A. Astre, op. cit., p. 292-293.

Mas de que história se trata? Daquela que obras e sinais balizam. As obras: a "filosofia" americana com seus dois eixos, o da livre concorrência, da lei do mais forte, encarnado por um Taylor ou um Ford, o da justiça, do equilíbrio representado, por exemplo, pela economia humanista Veblen. Os sinais: as atualidades cinematográficas, que projetam sucessivamente um concurso de canários na Alemanha, uma declaração sobre o bimetalismo e a derrota dos ingleses em Mafeking. Tais são as duas armaduras "externas" de U.S.A.: de um lado, as biografias dos "grandes americanos", de outro, os *newsreel*, mistura da pequena história e da grande. Cada uma dessas duas armaduras ilustra a confusão na qual vivem os americanos conciliando as ideologias generosas e a vontade de poder, a anedótica e a histórica. Assim, os americanos ignoraram que a história era também uma cultura. Para a estrutura interna do romance, Dos Passos inspira-se igualmente no modelo cinematográfico: graças ao *camera eye*, acompanha suas personagens, que representam a existência americana: a integração social pelo êxito, a busca do dinheiro e do poder. Uns são estáveis, instalados, enquanto que os outros, perpétuos itinerantes, percorrem os Estados Unidos em busca de uma terra prometida. Cada uma das três partes da obra (*Paralelo 42, 1919, Big Money* [Dinheiro Graúdo]) comporta essa alternância de poder fixo e de errância miserável, tornada tanto mais sensível e concreta quanto as personagens são vistas e comentadas umas pelas outras, e quanto Dos Passos usa amplamente o simultaneísmo. Nenhuma estrutura romanesca faz aparecer melhor a diferença concebida por um escritor entre personagem e pessoa, entre conteúdo e continente. Permitindo a Dos Passos passar do Eu ao não-Eu (como bem o mostrou G. A. Astre)[39], a técnica do *camera eye* acusa a distância que separa o sujeito possível (o humanismo americano concretizado pela totalidade de um país no espaço e no tempo) deste objeto real que é o homem a viver no instante através do reflexo. Compararam-se os errantes de U.S.A., que percorrem os Estados Unidos animados pela fé na felicidade e no dinheiro, com Gil Blas e Rastignac[40]. Mas esse renascimento americano do romance de educação oferece uma imagem absolutamente invertida do fato, ou antes rompida: na trilogia de Dos Passos, nenhum aspecto da sociedade, da cultura, da civilização (salvo as "biografias" de Veblen e de Emerson) depende das noções de ordem ou de coerência: nem o indivíduo nem a história se traduzem ou se expressam por um *discurso*. Assim como os fatos históricos e significativos são afogados na anedota e na informação, da mesma forma o indivíduo sente que se torna um elemento intercambiável do espaço social. Essa identidade de sua pessoa, que a personagem do *stream* se esforça por reencontrar através de *seu* tempo, e cuja existência ele manifesta implicitamente por esse próprio esforço mesmo, as personagens errantes de U.S.A. a veem de súbito apagada pelo tempo e pelos imperativos socioeconômicos, que as privam de sua própria *linguagem*. Voltando da guerra, o tenente

---

39. Idem, ibidem.
40. Idem, ibidem.

aviador de *Dinheiro Graúdo* procura entrar no jogo da corrida às posições; para tanto cumpre-lhe ocultar, em primeiro lugar, a sua singularidade:

> A posição oferecida, a ocasião fornecida, o botão de colarinho entra no pomo de Adão enquanto uma imagem de madeira numa mesa ridícula voltada para duas filas de *gentlemen* impecáveis que...
> Senhores, excuso-me por ter apertado o botão errado e foi em consequência de um erro que me vi em cena quando a cortina se ergueu, o poema em língua estrangeira que recitei não é meu de fato foi algum outro que falava e não eu, não mais de uniforme no instantâneo é algum outro...[41].

Reencontramos o narrador neutro, que se interpõe entre uma individualidade impotente (ou conformista), e a realidade que ela enfrenta. Realidade incoerente (não tem medida comum nem com o "caráter" da personagem nem com o interesse geral), mas total: é a realidade econômica. Essa dupla contradição (entre indivíduo e sociedade, entre sociedade e razão), Dos Passos a traduz por uma linguagem simbólica: a antítese do discurso. Era preciso, com efeito, dar a história por aquilo que ela era; um rio sem curso previsível, carreando não importa o quê. Muitas passagens de U.S.A. tocam a escritura surrealista e atingem o romanesco de Joyce. Essa arte simbólica exprime a nostalgia de uma história lógica e humana graças à qual a sociedade, humana e ordenada, poderia ter sido descrita, e a pessoa dotada de uma forma. Mais uma vez, vê-se que o romanesco, não só pela escritura, mas também por sua arquitetura, constitui uma totalidade cultural compensatória. "A vida escapa...", dizia V. Woolf. "A sociedade escapa", poderia ter dito Dos Passos. É muito significativo que, em 1948 (quando os Estados Unidos sentem ter entrado na história, e a dinâmica da economia liberal parece dever resolver os problemas sociais), M. Schorer haja escrito: "Os aparelhos estruturais de Dos Passos e as intrusões líricas de Steinbeck são as manobras desesperadas de homens obrigados a adotar um método cujos limites os desesperam. São nossos simbolistas falhados, que fracassam na alegoria"[42].

O romancista está condenado ao simbolismo se a desordem da história e a da sociedade proíbem a descrição analítica e exigem, ao contrário, serem expressas por um narrador subjetivo-objetivo: em última análise, o indivíduo carrega necessariamente em si sua condenação (ou sua salvação) quando não pode mais se reconhecer numa cultura nem numa sociedade. O narrador representa o homem que compreendeu que a não-identidade de sua pessoa é devida a seu isolamento na multidão. Mas seu simbolismo exprime o malogro presente, mas também a possível chegada da pessoa.

Berlin Alexanderplatz tem seus "Manhattan Transfer": é um universo de bondes, de máquinas, de automóveis e de ascensores. *Os Sonâmbulos* apresenta como pano de fundo a vida industrial, e *O Homem sem Qualidades* começa com um acidente de caminhão. Como a de Anderson, de Dreiser, de Lewis, a

---

41. *La Grosse galette*, p. 34.
42. Technique as Discovery, *Forms of Modern Fiction*. p. 26.

sociedade romanesca austro-alemã é uma sociedade urbana que reboa a desordem mecânica. E como em U.S.A., o indivíduo burguês ou pequeno burguês não escapa às desordens da história econômica. O começo de *Wolf unter wölfen* (Lobo entre Lobos), de H. Fallada, lembra os *newsreels* e o *camera eye* de Dos Passos:

> Sobre uma cama de ferro dorme um casal. A cabeça da jovem esposa repousa sobre o cotovelo direito; o rosto mostra uma expressão inquieta e amuada, semelhante à de uma criança que está com o coração carregado.

> É em Berlim, Georgenkirchstrasse, terceiro pátio interior, quarto andar, julho de 1923, o dólar ainda vale – às 6 horas da manhã, provisoriamente – 414.000 marcos.

Estamos porém na Europa, e num grande país industrial vencido: "O hálito de um povo miserável... adere pesadamente às casas, rasteja ao longo das ruas, filtra através das janelas". Aqui, o povo existe; a noção de povo. Na América, a depressão engendrará desemprego e miséria, mas as estruturas sociais – que se confundem com as estruturas econômicas – permanecerão intactas: o Governo não prestará atenção ao princípio da não-intervenção do Estado na indústria e no comércio. Na Alemanha de 1923, a inflação perturba uma hierarquia: *Lobo entre Lobos* concerne-se essencialmente à mistura das classes provocada pela queda do marco. O romance acaba com o fim da inflação, que traz o retorno à ordem. Mesmo que os burgueses tenham sido obrigados a fazer concessões a fim de sobreviver, voltam a encontrar uma segurança e uma posição. Para atravessar a prova, o jovem Pagel, personagem principal do livro, faz-se lobo entre os lobos; há várias espécies deles, mas são sobretudo os comunistas e os especuladores.

As estruturas, as tendências, as significações do romanesco austro-alemão de entre as duas guerras e as figuras da pessoa que ele exprime não podem ser compreendidas exceto por referência a uma condição burguesa "ideologicamente" inexistente nos Estados Unidos, e cujos traços morais, e sobretudo culturais, eram muito mais pronunciados do que os das burguesias francesa e britânica. Manter o humanismo que as tradições de uma classe haviam estruturado será o objeto dos romances de T. Mann. Wassermann mostrará, ao contrário, a desagregação dos valores burgueses, ao passo que Broch, H. Hesse e Musil desesperarão, como Joyce, de ver uma classe ou uma ordem representar uma cultura.

No mesmo ano em que os leitores de *A Montanha Mágica* veem Hans Castorp encerrar-se no mundo depurado e exemplar do sanatório, podem seguir as aventuras do jovem Jurgen Philippi, que ousa comprar brochuras revolucionárias e assistir a reuniões comunistas, apesar dos princípios da "aristocracia burguesa" à qual pertence:

> Nós não queremos que nossos filhos tenham fome, que sejam obrigados a trabalhar; nós vamos preparar-lhes uma existência ampla e unida como o asfalto, graças à cultura física, a uma alimentação copiosa, aos altos estudos, ao dinheiro, muito dinheiro. Quanto às monstruosidades que lhes são enterradas na alma, isto nada conta.

A história de Jurgen Philippi, o herói de *O Burguês*, de L. Frank, poderia resumir-se assim: como uma tomada de consciência política desemboca na má consciência. Jurgen "torna-se ele mesmo", vê cessar seu "estéril isolamento" no contato com o *lumpenproletariat* e com os operários e inscreve-se no partido socialista. Mas um matrimônio burguês fá-lo voltar à sua primeira condição. A partir de então estará sempre à procura de justificações: envia fundos a uma revista de esquerda ("Eu me tornarei útil ao movimento operário de outra maneira que não a de outrora") e acaba por *renegar seu estado civil* a fim de se persuadir que ele não existe. Gostaria de se aniquilar para escapar às suas contradições. O detetive que ele contrata para partir à *sua* procura leva-o a um alienista. Mas Jurgen continuará a viver no mundo: o romancista mostra-nos que a dissolução, mesmo voluntária, da pessoa, é um álibi.

A história de Jurgen teria sido impossível nos Estados Unidos: a má consciência social implica a existência de classes e de ideologias políticas. É em função de uma ordem estabelecida de longa data que o romancista alemão reflete sobre o problema da pessoa, ao passo que o romancista americano não dispõe de tais referências sociopolíticas. Evocamos a narração de Frank porque oferece uma imagem típica (mas simplificada) da mentalidade burguesa europeia durante a primeira terça parte do século XX e porque analisa uma psicologia que foi aquela de muitos jovens burgueses de entre as duas guerras. Jurgen não deixa de ter afinidades com o Etzel Andergast de Wassermann, o Castorp de Mann, ou mesmo com o seu primogênito Jacques Thibault. O relato tem como conclusão demasiado evidente que ninguém pode levar uma vida burguesa e ser revolucionário. Outra lição, mais profunda, daí se depreende, entretanto: se o jovem burguês vai para a esquerda é porque se sente só; não encontra na ordem de sua classe nem os valores nem a humanidade suscetíveis de dar-lhe o sentimento da identidade, da plenitude de sua pessoa.

A menos que assuma essa solidão à maneira de uma personagem de H. Hesse – uma das figuras mais significativas do romance moderno – O Lobo da Estepe.

Publicado em 1927, *O Lobo da Estepe* compõe-se de três narrações: há o Eu do "prefaciador" (o jovem que vê o "lobo" do exterior, porque mora na casa de sua tia), o Ele do *Tratado do Lobo da Estepe*, e o Eu "direto" desta estranha personagem solitária que é Harry Haller, que deu a si mesmo o nome de Lobo da Estepe, e que o "prefaciador" representa assim: "Reconheci que Haller era um gênio do sofrimento, que havia nele, no sentido nietzschiano, uma aptidão para sofrer infinita, terrível, genial. É também por isso que seu pessimismo não se fundava no desprezo do mundo, mas no desprezo de si mesmo"[43].

Mas através de si próprio, o Lobo da Estepe despreza a burguesia à qual pertence socialmente e da qual só se isola pela inteligência, pelo sonho, pelos fantasmas:

---

43. Préface, *Le Loup des Steppes*.

Desprezava o burguês e felicitava-se por não ser um deles. Contudo vivia muito burguesamente. Tinha dinheiro no banco e socorria os parentes pobres.

O burguês instala-se entre os extremos, na zona temperada, sem borrascas nem tempestade, e ele tem êxito, mas às custas dessa intensidade de vida e de sentimentos que dá uma existência orientada para o extremo e absoluto. Só se pode viver intensamente às custas do eu. O burguês, precisamente, nada aprecia tanto como o eu (um eu que não existe, é verdade, a não ser em estado rudimentar).

O burguês só existe *graças ao Lobo da Estepe*. Nosso Lobo da Estepe é um exemplo característico. Ele que evoluiu para o individualismo muito além dos limites acessíveis ao burguês, ele que conhece a felicidade da meditação assim como as alegrias melancólicas do ódio e do horror de si... é no entanto um prisioneiro do burguesismo e não poderia evadir-se daí...

Os agrilhoados (cujos talentos amiúde são muito honrados pela burguesia) veem abrir-se à sua frente um terceiro reino, um modelo imaginário mas soberano: o humor.

... Pois, no fim de contas, explicar por meio desta divisão ingênua em lobo e em homem alguém tão diferenciado como Harry é uma tentativa muito infantil. Harry não procede de dois seres, mas de cem, de mil. Sua vida oscila não entre dois polos, por exemplo o instinto e o espírito, ou a libertinagem e a santidade, mas entre milhares de contrastes, entre inumeráveis oposições[44].

Pensa-se logo em Pirandello e em Gide (*O Lobo da Estepe*, em que alternam o "diário" e a "narração", apresenta nítidas analogias de estrutura com *Os Moedeiros Falsos*), mas parece-nos que Hesse vai mais longe que Gide quanto ao problema da pessoa, ou ao menos considera esse problema de maneira mais realista. Mais radical ainda do que o autor de *Paludes* em sua negação da unidade da pessoa, Hesse refere a existência do "homem-Proteu" a uma classe social que um tal homem, fazendo-se múltiplo, tenta renegar sem poder todavia desprender-se dela. Em outros termos, o Ego estável, reduzido, esclerosado do indivíduo burguês provocou a exaltação, pelo escritor saído da burguesia, de um Eu estilhaçado em mil facetas, mas este Eu continua burguês, por estar em suspenso com respeito às outras classes sociais e, de fato, só concerne à burguesia, único grupo capaz de "ler" o mundo "imaginário mas soberano do humor". Uma lição similar nos parece depreender-se do drama pirandelliano: é-se um, ninguém e cem mil só contra uma classe e em função desta.

Por sua lucidez cética, amarga, desencantada, por sua concepção da pessoa que chega ao ponto de negar o Ego, Hesse distingue-se dos outros romancistas de língua alemã de seu tempo, com exceção de Kafka. Entre *O Lobo da Estepe*, de uma parte, *A Montanha Mágica* ou os romances de Broch, de outra, pode-se enxergar uma diferença da mesma ordem que entre *Os Moedeiros Falsos* e o *Em Busca do Tempo Perdido*, pois em 1927 Hesse faz corroer pelo Lobo da Estepe essa ideia de continuidade humana (humanista) cultural, política que Hans Castorp tende a fazer reviver, assim como Gide ataca, como se diz de um ácido, a alma universal e profunda buscada pelo Narrador. Observemos que mais tarde, com *Das Glasperlenspiel* (O Jogo das Contas de Vidro), Hesse escreverá o mais

---

44. Idem, p. 16-17 e 19.

cético e o mais utópico, ao mesmo tempo, dos romances, no sentido que mostrará a Cultura reservada a alguns homens isolados do mundo. Ao contrário, estava na intenção de Proust como de Joyce, de Mann como de Broch, reunir essa cultura (se tomarmos o termo num sentido muito amplo) pela mediação de personagens que fossem receptivas e contemplativas mais do que ativas. Já o dissemos: o homem "médio" (burguês pelo estado civil, antiburguês por sua sensibilidade e por sua inteligência crítica) é feito para a *Erlebte Rede* – sendo verdadeira a recíproca. A personagem média (o Narrador, não esqueçamos, não é nem Elstir, nem Vinteuil nem, aliás, Charlus) infunde vida a uma cultura que seu grupo social, que a herdou, converteu num modelo esclerosado, pois ele a mesclou intimamente a seus impulsos afetivos tal como a seus pensamentos. Contradiz, além do mais, uma moral burguesa e um tradicionalismo fundados no respeito de um "Ego estável", negado por Lawrence assim como por todos os grandes romancistas dos anos de 1920. No mesmo plano de receptividade, de disponibilidade, de humildade que caracteriza Clarissa Dalloway ou Bloom, será situado Hans Castorp, encarregado de catalisar uma continuidade humana ameaçada por todos os lados:

> Hans Castorp não era nem um gênio nem um imbecil e, se para caracterizá-lo, evitamos o termo "médio", é por razões que nada têm a ver nem com sua inteligência nem com sua modesta pessoa, mas por respeito para com seu destino ao qual somos tentados a conceder uma importância mais que pessoal[45].

Observações às quais convém aproximar este comentário do narrador de *O Homem sem Qualidades*:

> Ele não pensava em exigir do mundo que fosse o jardim de prazer do gênio. A história do mundo é uma história do gênio e de suas obras somente em suas extremidades, para não dizer em suas excrescências; quanto ao essencial, é uma história do homem médio. Ele constitui a substância com a qual o mundo opera e que o mundo sem cessar recria.
> ... Mesmo se é certo que a história humana não recebe seus melhores impulsos do homem médio, no total, gênio ou burrice, heroísmo ou inércia, ela não é menos a história de milhões de incitamentos e de resistências, de qualidades, de decisões, de arranjos, de paixões, de descobertas e de erros que o homem médio recebe e reparte de todos os lados. Nele como nela, os mesmos elementos se combinam...[46].

Para *O Lobo da Estepe*, ao contrário, a continuidade, a permanência, a coesão da pessoa, da cultura ou da História são adornos desfeitos em pó, e o mal vem de mais longe do que o advento da "vida moderna", visto que esta não fez outra coisa senão pôr a descoberto as bases totalmente artificiais de uma civilização; o Ocidente, efetivamente, forjou de alto a baixo as noções de pessoa individual e de Eu coerente:

---

45. *La Montagne magique*, cap. II.
46. *L'Homme sans qualités*.

Embora admiráveis, não nos são inatas, mas simplesmente ensinadas por repetição estas noções vindas da Antiguidade que, tomando sempre como ponto de partida o corpo visível, inventou a ficção do ego, do indivíduo. Esta noção é absolutamente desconhecida aos poemas da Índia antiga; os heróis das épocas hindus não são pessoas, mas feixes de pessoas, séries de encarnações. E, em nosso mundo moderno, há obras que provavelmente tentam representar, sem que o próprio autor se dê conta disto, por detrás dos véus das personagens e dos caracteres, uma multiplicidade de almas[47].

Fausto era, pois, bastante ingênuo querendo ser apenas "duplo", e quanto mais a humanidade avança no tempo – na vida moderna –, mais a pessoa se dispersa em aparências, em máscaras múltiplas, ao passo que as figuras estáveis do mundo civilizado (Cristo e Sócrates, Dante e Goethe) tornam-se placas tumulares enferrujadas, "cercadas de uma assistência hipócrita e constrangida que daria muito para poder ainda acreditar nestas placas de zinco outrora sagradas". A ironia do "Lobo da Estepe" é, portanto, menos profunda do que sua nostalgia: como o de Montaigne (ou de Gide) seu ceticismo em face da estabilidade da pessoa e da permanência do Eu não o impede de estar "enamorado de nossa personalidade problemática". Mas automatizando o homem, o mundo moderno tirou-lhe a *liberdade de ter um Eu múltiplo e cambiante*. Na "festa" alucinante que encerra O Lobo da Estepe ("Todas as mulheres te pertencem: põe a moeda de um marco na fenda do aparelho..."), a personagem vê num espelho "milhares de frações de Harrys". Mas, ao sair da festa:

> Automóveis, na maioria blindados, percorriam as ruas e perseguiam os transeuntes, encurralando-os contra os muros das casas, reduzindo-os a mingau. Logo compreendi: era a luta entre os homens e as máquinas, durante tanto tempo preparada, temida, esperada e finalmente detonada[48].

É exato, sobretudo se pensarmos que Harry Haller é um antigo oficial reduzido à inação, à solidão e (ele mesmo o diz) à culpabilidade, que O Lobo da Estepe representa alegoricamente a Alemanha dos anos de 1920[49]. Mas em razão mesmo de seu simbolismo, o romance condensa os problemas da pessoa tais como serão apresentados pelo romanesco austro-alemão durante uma dezena de anos: os traços de Mann, Broch, Musil terão como gênese um sentimento de exílio com relação a uma história, a uma cultura, a uma política, a cujo respeito pode-se dizer que cada uma formava, em 1914, um edifício. Para o escritor de língua alemã, tomar consciência da natureza fugaz, múltipla, fragmentária de uma pessoa implicava uma interrogação sobre o homem e sobre a sociedade muito mais dramática do que para os escritores anglo-saxões e franceses: coincidindo com a destruição de dois poderes hierarquizados e unificadores, o de Berlim, o de Viena, a "fratura" das tradições culturais fora mais nítida, rápida, impressionante. Lendo os relatos de Wassermann, de T. Mann, de Broch, do próprio Kafka, fica-se impressionado com a presença subjacente da

---

47. *Le Loup des Steppes*, t. IV, p. 71-72.
48. Idem, p. 138-139.
49. Cf. McCormick, *Catastrophe and Imagination*, p. 61.

noção de ordem. Absurda ou, ao contrário, carregada de sentido, a história aparece aí sempre como uma arquitetura. O edifício dos valores morais, culturais, estéticos e a "mediocridade humana" de que fala Musil tiveram um lugar, um papel definidos: um verdadeiro justo meio existia entre a aristocracia e as massas populares. Já ameaçados desde o começo do século, os valores se esboroam logo após a guerra com a queda do poder hierarquizado, e o homem médio, o homem de equilíbrio encontra-se preso entre as violências da extrema direita pré-nazista (evocadas na trilogia de Wassermann) e a potência crescente do movimento operário. Além disso, os efeitos da industrialização e do mercantilismo são sentidos de maneira muito forte por escritores que herdaram profundas tradições culturais e religiosas. A vida moderna, a seus olhos, não somente destrói a individualidade do homem e o priva do destino, mas ainda aniquila o equilíbrio dos elementos que compõem a pessoa: liberdade e autoridade, prazer e cultura, indolência e atividade criadora, egoísmo e participação social. No começo de *O Homem sem Qualidades*, Musil evoca o Estado austríaco de 1913 como o frágil fecho de abóbada de muitas contradições políticas, morais, sociais geradas pela intrusão, numa ordem decadente, mas humana, de uma civilização desumanizante por sua burocracia, seu espírito de sistema, pelo gesto do lucro, pelo nivelamento.

O sentido dos Valores é inseparável do sentido do Passado. Apesar das profundas e múltiplas diferenças, essa afirmação inscreve-se no romance americano e no de língua alemã. Suas personagens alimentam a mesma esperança que Mrs. Ramsay: que o Tempo (da civilização industrial) pare a fim de que a Duração (cultural, moral) possa alcançá-lo e humanizá-lo. Se *U.S.A.* houvesse recebido como título *Os Sonâmbulos*, Dos Passos teria indicado mal seu propósito, mas teria designado assaz claramente suas personagens. O romance de Broch (exatamente contemporâneo do de Dos Passos) também refaz três décadas de vida de um país, no decurso das quais se preparou aquela falência dos valores que a guerra e a derrota sancionarão. Mas se as personagens de Broch sonham de olhos abertos, nem todas fogem para a frente como as de *U.S.A.* O romântico Joachim recusa-se a adormecer neste sonho de ilusória potência e prosperidade desmesurada do jovem império alemão[50]. Todo o "realismo" fere Joachim von Pasenow: tendo deixado o exército pelos negócios, seu amigo Bertrand encarna doravante o Mal a seus olhos. Mas se Joachim recusa todo o compromisso com este mundo de negócio e de materialismo ao qual Mann subtraiu Hans Castorp, ele se dá conta de que não deve recusar menos a evasão e a sublimação: "Quando Joachim pensou em procurar na religião a saída de seu dédalo, reabriu-se o abismo que o separava dos civis...".

Atitude muito significativa: o sonho deve continuar desperto; a nostalgia "radical" dos valores não tem sentido a não ser que o nostálgico continue presente no mundo. De 1888 passamos a 1903. Desta vez (Broch é um romancista realista), o Sonâmbulo não é um aristocrata, mas o pequeno burguês Esch,

---

50. Cf. M. Brion, L'oeuvre d'H. Broch, *Preuves*, p. 77.

empregado numa companhia de navegação cujo presidente é justamente o ex-
-oficial von Bertrand. Despedido por se ter mostrado demasiado humano com
os grevistas, Esch tentará em vão partir para a América, depois ganhará a vida
recrutando mulheres para exibições de luta feminina. Mergulhando na existência burguesa, Esch não é menos o irmão de Joachim: num tempo de *anarquia*
(é o título desta segunda parte do tríptico romanesco de Broch), o Sonâmbulo
assumirá o não-senso da vida concreta embora conservando, e provando o fato
àqueles a quem ama, o senso de justiça e fraternidade:

> Porque no real a plenitude sempre se recusará, mas o caminho da nostalgia e da liber-
> dade é infinito e jamais será medido por nosso passo, é estreito e aberrante como o do
> sonâmbulo e contudo este caminho conduz aos braços da pátria...
> [...] O homem que, de longe, tem o desejo de sua mulher ou somente do país de
> sua infância, encontra-se à beira do sonambulismo[51].

1918: Huguenau oder die Sachlichkeit (1918: Huguenau ou o Realismo). Representante comercial alsaciano, Huguenau deserta, instala-se numa pequena
cidade alemã, onde apregoa seu patriotismo e se apodera do jornal local. "Seu
triunfo é o do pescador em águas turvas, do aproveitador de catástrofe"[52]. A
terceira parte do romance de Broch mostra-nos um "contrassonambulismo"
que representava já Von Bernard e que nos lembra o mercantilismo dos Snopes
roedores das tradições, detestados por Faulkner.

Sublinhou-se a justo título que "a solidão e a angústia não são para Broch
senão um ponto de partida. Ele procura perdidamente superar o isolamento do
homem"[53]. Se Broch tem uma concepção particularmente original da pessoa e
do romanesco, é que sua nostalgia é mais radical do que as de Mann, de Hesse,
de Döblin ou de Wassermann: seus livros são mais fortemente marcados do
que os deles pela recusa de um compromisso com as formas atuais da sociedade. A nostalgia de Broch não comporta nem a esperança de um retorno a um
equilíbrio político liberal, nem a fé numa abolição dos sistemas de opressão
capitalistas, nem um desespero desiludido diante do espetáculo de uma civilização materialista que despersonaliza o indivíduo. Que o Eu seja diverso e
incerto, que as fisionomias do homem moderno sejam máscaras intercambiáveis não significa, a seus olhos, uma irremediável falência da pessoa; com efeito, se uma civilização privada do sentido dos valores aliena o homem, faz dele
também um isolado. Ora, *tomando consciência* desse isolamento – em que as
personagens de Broch diferem absolutamente das de Dos Passos[54] –, o indivíduo terá a nostalgia do Ser, que é a prova do Ser e sentir-se-á solidário com as
outras solidões: por esse sentimento, por esse sonho de uma humanidade total,
que existe aqui e agora, mas alienada, o Sonâmbulo transcende sua angústia de
homem só, incessantemente tentado pela morte. À beira do suicídio ouve "a

---

51. H. Broch, *Les Somnambules*, II (*Esch ou l'Anarchie*), p. 385-386.
52. Cf. J. Boyer, *H. Broch et le problème de la solitude*, p. 70.
53. Idem, p. 57.
54. Cf. J. Isaacs, *An Assessment of Twenthiet Century Literature*, p. 121

voz do homem e dos povos, da esperança e da bondade imediatas: 'Não faças o mal, porque nós todos estamos ainda aqui'".

Tais são as derradeiras linhas de Os Sonâmbulos, impregnadas de religiosidade. Também Broch lamenta "o conjunto hierarquizado e orgânico dos valores medievais"[55]. Mas importa, sobretudo, considerar como Broch "desaliena" o homem da sociedade industrial e da civilização materialista. Embora sua aventura se situe no começo do século, e não pelo ano de 1928, o Esch da segunda parte de Os Sonâmbulos, que se faz empresário, tem alguma semelhança com Biberkopf de Berlin Alexanderplatz, que exerce entre outros ofícios o de rufião: ambos procuram integrar-se num mundo desumano, e ambos são personagens médias a sentir-se tão "esmagadas" quanto as de Faulkner. Mas Esch reúne-se à comunidade humana por um espírito e por atos de caridade (a consciência de sua solidão o tornou disponível e fraterno), ao passo que Biberkopf descobre que sua vida tem um sentido no dia em que se põe a trabalhar como simples operário. Seus constantes fracassos provinham das atividades marginais às quais se entregava e que faziam dele a vítima predestinada dos mecanismos do pequeno capitalismo comercial. Tal é a nova "versão" que Döblin dá do Bildungsroman: depois de ter mostrado com uma precisão clínica os processos segundo os quais uma sociedade mercantil exclui um indivíduo, "salva" sua personagem, integrando-a num grupo social cuja união fará a força. Biberkopf "pagou caro", diz o narrador, para aprender que uma sociedade autêntica não se compõe de indivíduos isolados. "Quanto mais um destino individual se torna interior, mais se harmoniza com o destino universal", havia escrito Döblin em seu ensaio Das Ich über der Natur (O Eu Acima da Natureza), aparecido em 1928. Mas essa interiorização é uma reação contra uma sociedade degradada, e o destino universal deve necessariamente tomar a forma de um mundo social diferente, novo: repelido para o seu Ego, o indivíduo só aspira a dissolver-se numa comunidade finalmente humana. Fundamentalmente, essa dialética é a de Os Sonâmbulos. A despeito da objetividade e do realismo de Berlin Alexanderplatz, também a conclusão de Döblin decorre do idealismo: Biberkopf une-se à marcha dos homens rumo a um futuro melhor. No romance em que se inscreve uma filosofia da história como no romance de atualidade (o Zeitroman), o homem olha para a Pessoa como se olha para o horizonte:

> O caminho leva à liberdade, à liberdade ele vai. O velho mundo deve cair em migalhas. Ergue-te, vento da aurora!
> Avante, marcha, direita esquerda, direita esquerda, marcha; marchemos para a guerra, centenas de menestréis na primeira linha com pífaros e brum brum, para um o caminho vai reto, para o outro vai de lado, este mantém-se firme, aquele é morto...

Mas essa Pessoa existe. Não é uma miragem. O horizonte humano que se desenha ao termo de U.S.A., de Berlin Alexanderplatz, dos Sonâmbulos não é mítico, ideal, abstrato, a não ser que recusemos ver que a nostalgia e a esperança

---

55. J. Boyer, op. cit., p. 16.

constituem uma só coisa: a humanidade e o humanismo sonhados têm sua fonte, seu sentido, sua forma no passado. Contudo, cumpre ainda que esse traço contínuo, ligando o passado e o futuro, seja reencontrado através das formas atuais da existência. Tomando consciência da fragmentação que lhe inflige a Cidade moderna, e assumindo-a, é que o homem verá a possibilidade de se transmudar nele mesmo. Insistamos no fato de que, em Dos Passos, Broch, Döblin, as relações conteúdo-pensamento e substância-forma são da mesma natureza que em Joyce e em Faulkner: a intenção global e profunda da obra, que tende a negar a realidade do mundo atual, desenha-se numa imitação e por uma imitação dos aspectos, dos movimentos fragmentários e absurdos deste mundo. A pessoa pensada é instaurada graças a um verdadeiro mimetismo do contingente e não-significante. Utilizando frases curtas, truncadas (esta "tamborinada verbal" já empregada em 1925 em *Berge, Meere und Giganten*[56] [Montanhas, Mares e Gigantes]), passando do Eu ao Ele, para designar sua personagem, com mais liberdade ainda que seu "mestre" Joyce, traduzindo enfim por onomatopeias a agitação de Berlim, Döblin relata a odisseia de Biberkopf, que quis viver sua vida quando era necessário viver a vida com "os outros". No tocante a Broch, quanto mais ele se aproxima da verdade profunda do "sonambulismo" e do termo de um ciclo histórico, exprimindo uma concepção de conjunto do mundo aberto, mais complica o emaranhamento dos fatos: *Huguenau* compõe-se de narrações que parecem ser independentes, mesmo imbricando-se entre si. Por essa "dissolução de toda a coerência orgânica"[57], Broch nos diz que a "separação" do homem se realizou.

Confrontou-se a evolução de Hesse e de Broch com a de Joyce. A primeira obra de Hesse, *Demian* (1919) evoca *Dedalus*, *O Lobo da Estepe* tem certas afinidades com *Ulisses*, e *O Jogo das Contas de Vidro* pode ser comparado a *Finnegans Wake*. De *Finnegans* aproxima-se também e sobretudo *A Morte de Virgílio*, que Broch, após *Die Schuldlosen* (Os Inocentes) e *Der Versucher* (O Tentador), escreveu entre 1938 e 1944[58]. Seria objetivo para todo um trabalho fazer o paralelo entre a obra do exilado da Irlanda e a do exilado da Áustria. Se nos ativermos apenas ao plano da noção de pessoa no romanesco, cumpre observar que *Finnegans* e *Virgílio* (que, como *Ulisses*, desenrola-se em menos de um dia e condensa a totalidade de uma vida) são bastante próximos pela forma (o monólogo sonhado, em que se entrecruzam muitos tempos e muitos espaços), mas opõem-se radicalmente ao nível do sentido: Cultura e História são em Joyce e em Broch realidades muito diferentes.

Os diversos aspectos do passado humano (míticos e legendários, históricos e políticos), Joyce os "condensa na noite de Humphrey Chimpden Earwicker, *cabaretier* de Dublin, e de sua família"[59]. Depois o *cabaretier* assumirá uma personalidade universal. Ele será H. C. E. (*here comes everybody*), o homem médio, o

---

56. Cf. *Revue Germanique*, p. 83.
57. V. Lange, *Modern German Literature*, p. 102.
58. Cf. J. Isaacs, op. cit., p. 114-117, e J. Boyer, op. cit., p. 31.
59. Cf. M. Butor, *Répertoire I*, p. 214.

"grão de areia" no qual se concentra nosso conhecimento do tempo que libertará o homem do pesadelo da história, como Stephen Dedalus o dissera. Pois Joyce tem do passado coletivo uma visão análoga à que têm Proust e Pirandello do passado individual: é uma opressão obscura, que só ela pode mitigar e aclarar a consciência da duração. Reduzindo a história e a cultura dos nimbos dos valores e da ordem estabelecida à realidade do sonho de cada um, Joyce dessacraliza-os. Confiando ao fluxo de consciência da "família H.C.E." os grandes temas (particularmente o Pai, a Mãe, o Filho) sobre os quais se fundou uma civilização, Joyce põe a ridículo a noção de hierarquia e de misticismo tradicionalmente ligados à cultura, à história, ao poder: os mitos, como o de Abel e de Caim, são o assunto de todos, como Shakespeare é o assunto do agente de publicidade de Leopold Bloom.

Totalmente diferente é o sonho de Virgílio moribundo. A longa narrativa de Broch que cobre somente dezoito horas (desde a chegada diante de Brindisi da frota de Augusto, que traz da Grécia Virgílio doente, até a morte do poeta) não concentra em alguns indivíduos anônimos as correntes da história humana; ao contrário, é uma personalidade, encarnando a cultura de um mundo, que reúne em si, prestes a morrer, "os vivos, os mortos, as energias, de qualquer natureza que sejam, esparsas no espaço"[60]. Romance da comunhão de um homem com sua própria biografia e com os cosmos, *A Morte de Virgílio* afirma a participação de uma alma em todas as formas da presença espiritual do homem. Mas a iminência da morte baralha as linhas do tempo, confunde atos e lembranças, lança todas as coisas no plano único do não-tempo. A simultaneidade é absoluta, e Broch a traduzirá graças a uma composição de natureza musical, em que motivos e temas se sobrepõem e se cruzam.

Se *Finnegans* exprime o humano pela presença de um "momento" que concentra a duração, *A Morte de Virgílio* exalta a permanência dos valores que compõem a pessoa. Mas tal exaltação tem a vulnerabilidade de uma nostalgia e de um isolamento: Broch a exprime à beira de um abismo. *A Morte de Virgílio* nasce de uma novela escrita para uma emissão radiofônica na qual o romancista devia tratar da "literatura no fim de uma época cultural"[61], e define seu romance como o "comentário lírico de si próprio"[62]. As duas expressões podem ser associadas para designar a última imagem da pessoa que o autor de *Os Sonâmbulos* propõe ao mundo ocidental: um indivíduo a afirmar uma fraternidade humana em nome de uma cultura, mas na morte e pela morte. Ouvindo a consciência narradora de Virgílio, estamos na margem adversa da margem proustiana. Aquele que fala é um homem de participação universal: o absoluto fugaz do "momento privilegiado" e o absoluto pérfido do sentimento estético são aqui arrebatados para o tempo cósmico. Um destino individual engloba os mitos, a história e estes valores morais e religiosos que Broch, em *O Tentador*, expusera à ameaça de um "sedutor político". O sonho de Virgílio (como o sonho de Anna Lívia de

---

60. Idem, ibidem.
61. Cf. J. Isaacs, op. cit., p. 121
62. Cf. J. Boyer, op. cit., p. 32.

Finnegans) nada tem do sonho das Intermitências do coração. O ser, em *A Morte de Virgílio*, não embarca "nas vagas negras de seu próprio sangue como sobre um Lethé interior aos séptuplos dobrados", e as "grandes figuras solenes" que lhe aparecem não são somente as de uma mãe ou de uma avó. Proust crê que um sonho individual é análogo a um sonho universal, Joyce e Broch, que o sonho universal compõe os sonhos de um único ser. Mas eles dão a essa universalidade significações contrárias: para Joyce, o passado cultural da humanidade é incondicionalmente aberto aos homens e a seu futuro; para Broch, esse passado é uma herança sagrada que nos é granjeada apenas pela mediação de uma ética. Certo é que os dois "sonhos" são concebidos e expressos em termos de espacialidade, sendo a duração "distendida". Transcendendo uma memória individual a fim de alcançar a memória de um universo em perigo, Broch instaura uma estética formal e temática que evoca as séries da música atonal[63].

Fazendo o paralelo entre a curva do romance americano e a do romance austro-alemão, vê-se aparecer nítidas analogias na concepção da pessoa e nas formas narrativas. A Alemanha, a Áustria não podiam ter Babbitt, nem os Estados Unidos, o Lobo da Estepe, mas o tema da alienação do homem pela cidade moderna é comum aos dois domínios romanescos. Studs Lonigan – "homem médio sensual"[64] – é um Biberkopf que jamais encontrará a solidariedade, a fraternidade de classe. Em *U.S.A.* e em *Os Sonâmbulos*, a sociedade é representada como um conjunto confuso e anárquico de que cada fragmento reflete o contraste entre riqueza e pobreza, baixeza e pureza, opressão e amor pela liberdade. As duas obras comportam duas categorias de personagens: as "presentes" e as "nostálgicas", aquelas que vivem da anarquia, exploram-na, alimentam-na e aquelas que uma força obscura ou evidente vincula aos Valores. Aqui e lá o homem está isolado, separado do humano, aqui por seu egoísmo, lá por seu desejo de autenticidade e de justiça. Aqui e lá, as personagens estão perdidas (sejam elas "estabelecidas" ou errantes) numa sociedade global à qual se pode dizer que o escritor consigna dois limites, um inferior (o poder do dinheiro), o outro superior (a continuidade de uma ética, de um humanismo que são elaborados na história e, o mais das vezes, contra ela). Para exprimir esse conjunto social em sua massa, sua confusão, seus aspectos incoerentes, Dos Passos e Broch evitam o discurso ordenado, procedem por justaposição de elementos díspares, ultrapassando os limites da sintaxe, recorrem enfim à metáfora, a todos os meios técnicos que lhes permitam condensar, de um lado, o caos da história "ocorrencial" e, de outro, um dever autenticamente humano. História e devir são, com efeito, incessantemente confrontados, e na fenda que os separa reside a significação essencial do romance: uma ausência *concreta* da Pessoa é isolada de sua presença *necessária*. Observemos, enfim, que a espacialização de uma duração a recuperar (para a salvação do homem) opõe-se à historicidade absurda, cruel, do espaço da Cidade industrial moderna.

---

63. Cf. M. Brion, op. cit. p. 83.
64. Introdução a *Studs Lonigan*.

Dois grandes romancistas, nesse entreguerras em que foram renovados o espírito e as formas do romance, nos trazem um sentimento de *segurança*: Marcel Proust e Thomas Mann – porque ambos procuraram reencontrar a *história* da pessoa. O fim de *Em Busca...* e o de *A Montanha Mágica* nos parecem ter significações globais bastante próximas: ao termo do relato uma totalidade e uma coerência do Ser duramente conquistadas, pacientemente procuradas e descritas, são entregues uma à destruição do Tempo físico, a outra à guerra europeia. No curso de cada uma dessas duas viagens, vimos um homem apropriar-se da duração, colocar aí ordem, categorizar suas correntes. A analogia pára aí, mas é importante. Da mesma forma que Proust recusa viver "o esmigalhamento da pessoa" e a "flutuação do tempo" (caros à sua época) sem dar-lhes um sentido, assim Thomas Mann não aceita as ameaças que pesam sobre as noções de permanência do Eu, de transcendência dos valores, de progresso histórico.

Enfrentar e assumir todas as tentações do irracional para que daí surgisse uma nova ordem, tal nos parece ser a lei da pessoa, dos *Buddenbrooks* ao *Doktor Faustus* (Doutor Fausto). Lei moral (e estética) mas também, e sobretudo, lei histórica. A história, a dos indivíduos e a dos povos, não é uma desordem, a não ser que se considere o passado como findo; ora, o passado deu seu contorno ao presente, e o homem não pode racionalmente mudar o mundo, a não ser permanecendo fiel a essa forma, contanto que ele a conheça e remonte, por conseguinte, o curso de sua história até chegar às origens desta. M. Deguy evidenciou bem, em Thomas Mann, esse "esforço de retrospecção exaustiva" que "se encosta à determinação de uma origem" e lhe fará escrever *Die Geschichten Jaakobs* (Histórias de Jacó), visto que o devir humano só começa verdadeiramente com Israel[65]. Do mesmo princípio decorre, como vimos, o interesse de Mann pela psicanálise: o conhecimento dos "arquétipos" nos ensina através de quais filiações chegamos àquilo que somos: "Quantas vezes constatei [...] que a personalidade de meu pai defunto é, no fundo, o modelo secreto que determina tudo aquilo que faço"[66].

A noção de totalidade humana repousa, pois, para Mann, numa estrutura completa, objetiva. Entretanto, essa noção procede de uma visão crítica, de uma escolha: longe de mostrar essa totalidade como um puro conjunto e a evolução humana como um destino, o conhecimento das estruturas do passado permite ao homem efetuar a síntese dos movimentos contraditórios que agitaram o mundo, a fim de encontrar um equilíbrio apto a transcendê-los, ou ao menos a conciliá-los. A história formou, efetivamente, para além de suas convulsões, uma figura cujos traços se acusam com os tempos modernos: a de uma pessoa lúcida e equilibrada, encarnando a continuidade dos valores culturais, intelectuais, morais, e para quem o devir humano é uma progressão. Estamos longe do "homem médio" de Musil, pois se trata do burguês no sentido original do termo, de um

---

65. Cf. M. Deguy, *Le Monde de T. Mann*, p. 7 e 14.
66. T. Mann, *Freud und die Zukunft*, p. 22.

tipo de homem que conquistou imunidades e assegurou a continuidade de uma tradição humanista. O *Bürger* tem por missão ser uma *consciência*:

> A *Bürgerlichkeit* é o conceito de um equilíbrio que recusa confiar o domínio das contradições à ordem *política*, à violência revolucionária inevitavelmente desconhecedora do passado e sacrificadora do presente. O amor ao passado e ao presente desconfia do terrorismo do progresso[67].

Essa concepção da pessoa burguesa – que não é uma concepção burguesa do homem – convém confrontá-la com a visão paramarxista da história expressa por Broch no fim de *Os Sonâmbulos*:

> Qualquer que possa ser a atitude que o indivíduo toma com respeito à revolução, quer se apegue, então, como reacionário a formas caducas, confundindo a estética com a ética, como o faz todo o conservador, quer se mantenha à distância na passividade de um conhecimento egoísta ou abandonando-se às suas tendências irracionais, quer se encarregue do trabalho destruidor da revolução,
> fica condenado pelo destino a não ter valor ético, rejeitado por sua época, rejeitado pelo tempo,
> contudo nunca e em parte alguma o espírito da época é tão forte, tão verdadeiramente ético e histórico quanto neste chamejamento ao mesmo tempo último e primeiro que é a revolução... Instante de abolição radical do tempo, criador de história, no patético do zero absoluto[68].

Mann afasta este dilema idealista (ou viver no nada, ou criar o nada na exaltação revolucionária) em nome da continuidade racional da história: a humanidade nem deve ser aceita tal como é nem deve ser destruída para ser refeita. Enquanto Broch admite que o homem da revolução vá até o extremo de seu pensamento e de seus atos (mais vale o absoluto na violência do que o compromisso na injustiça, e nisso a visão do mundo de Broch não deixa de lembrar a de Kierkegaard), Mann só aceita o espírito revolucionário como um fermento necessário ao devir humano: a humanidade tornar-se-á total e justa pela síntese do espírito de revolta e da tradição humanista. No duelo derrisório e trágico de Settembrini e de Nafta, Castorp verá a vitória do absurdo, a derrota do espírito que sucumbiu à tentação do absoluto (como o corpo sucumbe à tuberculose) em vez de se ultrapassar por um supremo esforço de racionalidade. Superação de si em todos os planos (afetivo, moral, intelectual, religioso), vigilância, lucidez, são os atributos da pessoa encarnada por Hans Castorp.

Logo após a Segunda Guerra Mundial, Mann poderá lançar um olhar sereno sobre as *José e seus Irmãos*: o livro "engloba toda a dialética política e moral do Ocidente, que, ainda hoje (em 1950) se prolonga numa luta... na espera da síntese humana"[69]. Mas, depois da Primeira Guerra Mundial, a possibilidade de uma tal síntese parecia comprometida, como se afigurava irreal o destino de um Thomas Buddenbrock, que havia procurado "uma identificação schopenhaue-

---

67. M. Deguy, op. cit., p. 21.
68. *Les Somnambules*, 3ª parte, fim.
69. T. Mann, Mon temps, *Comprendre*, p. 22.

riana com o cósmico"⁷⁰. *A Montanha Mágica* será o romance da "ascensão da dúvida"⁷¹ e da resistência à dúvida. Uma resistência organizada: a história de Hans Castorp e a estrutura da narração têm uma coerência, uma continuidade, uma "regularidade" que não se encontram senão em *Os Thibault*, este outro "romance de educação". Após um primeiro contato da personagem, e do leitor, com o sanatório, os antecedentes de Castorp nos são expostos. Pertence a uma burguesia cuja ética é assim resumida por P. P. Sagave: "Uma atividade capitalista frutuosa aumenta o poder econômico do chefe de empresa, que por isso mesmo contribui para aumentar a glória de Deus do qual é o 'intendente' segundo a explicação que E. Troeltsch e M. Weber dão ao pensamento do burguês pietista"⁷².

Entretanto Hans, órfão antes dos cinco anos, educado por seu avô, depois em casa de seu tio-avô, atinge a maioridade num tempo em que as tradições religiosas e morais sofrem os assaltos da política e das ideologias. Não se sabe se permanecerá vinculado ao equilíbrio humanista ou se se tornará um "radical". Aliás, a situação social é uma situação de compromisso: atraído pelo alto-mar, mas destinado unicamente aos portos como engenheiro na construção naval, Castorp é um herói "falhado" de *Bildungsroman*. Sua viagem imprevista será, aliás, imóvel: "a montanha encantada" o espera.

Esse prelúdio, totalmente histórico, a um relato que se converterá em crônica (aquilo que se pode chamar a duração espacial, ordenada, racional do sanatório opõe-se ao tempo caótico, perigoso, ocorrencial da "planície") parece-nos atestar notavelmente o paralelismo – a existência das relações necessárias – entre concepção da pessoa e forma romanesca. Para exprimir o "naufrágio de valores" em *O Caso Maurício*, Wassermann adota uma técnica narrativa de desvelamento progressivo a partir de um *momento* (a aparição do velho Maurício, cuja manobra intriga Etzel Andergast), e vimos no capítulo três que Wassermann comparava o começo de seu romance à "embocadura estreita de um funil". Além disso, o romancista procede por "aprofundamento de planos superpostos", visto que o mesmo acontecimento deve ser apresentado ao leitor "várias vezes, sob diversos ângulos, como novos detalhes"⁷³. Wassermann recorre à técnica de revelação progressiva (e contraditória) dos romancistas do fluxo de consciência, de modo a opor a indeterminação de Etzel (sua incerteza, sua ambiguidade, seu espírito e sua sensibilidade essencialmente críticos – e sua sede de ser –, características, que compartilha com Dedalus, Swann, ou com o herói de *Pilone*) à representatividade social e moral de outras personagens do romance (Maurício excetuado).

Mas, para Mann, os valores não estão, de modo algum, naufragados nem arruinaram as certezas. O combate permanece ainda indeciso entre a irracionalidade da História e a razão humanista. Deixado na "planície" em vez de conquistar a

---

70. Cf. E. Paci, Memoria e presenza dei *Buddenbrook, Rivista di Filosofia e di Cultura*, p. 7-27.
71. Cf. M. Boucher, *Le Roman allemand (1914-1933) et la crise de l'esprit*, p.36.
72. P. P. Sagave, *Réalité sociale et idéologie religieuse dans les romans de T. Mann*, p. 16.
73. Cf. M. Boucher, op. cit., p. 71.

paz perigosa da montanha enfeitiçada, Etzel Andergast viverá nesta *confusão* que Mann quis evitar a Castorp: "Assim podia acontecer que Hans Castorp se misturasse aos radicais, que posasse como homem de ação, como destruidor profano de velhos edifícios e de belas paisagens, livre de apegos como um judeu, sem piedade como um americano..."[74].

Com Hans Castorp, uma consciência possível penetra, pois, num microcosmo burguês e aí se encerra por "simpatia pela doença e pela morte"[75]. Digamos também: por esta inclinação à passividade que faz os Narradores, as Mrs. Ramsay, os Quentin Compson. No entanto, entre as tentações que assaltarão Castorp, e das quais ele triunfará, a menor não será a do subjetivismo. Entre ele e os outros não se interpõe esta barreira de previsões, estas defesas graças às quais o Narrador transforma o mundo concreto em museu imaginário. A fascinação é, ao contrário, para Castorp, o maior perigo. Seu oportunismo e sua lucidez irão de mãos dadas. Quanto mais a morte está presente (física, com o "bacilo", afetiva com uma paixão infeliz, social diante do espetáculo de uma burguesia que encontra no sanatório um porto seguro, ideológica com Settembrini e Nafta), mais o espírito de Castorp ganha em vigilância. Assim Mann resolve a contradição na qual vê debater-se a pessoa numa época de regressão dos valores: visto que o século priva o homem do tempo de refletir antes de agir, de fazer sínteses históricas antes de querer transformar o mundo, era necessário colocar a personagem num universo fechado e sobretudo imóvel, em que a "ascensão da dúvida" seria tanto mais ameaçadora quanto seria traduzida por *mensagens* (fora do contexto e do espetáculo da vida concreta e movediça) que o herói deveria decifrar. Como em *O Lobo da Estepe* ou *Os Sonâmbulos*, ironia e nostalgia se tocam: o "modo" de *A Montanha* é o irreal do passado. Teria sido necessário que antes de 1914 os homens houvessem instaurado este *tempo humano* que é o de Castorp, e que tem raiz no tempo histórico. Contudo, se o narrador "não ousa bastante apostar muito alto" na sobrevivência de Castorp, foi dada uma prova por absurdo da possibilidade de alcançar o equilíbrio e o discernimento, de ser fiel à razão através das piores ameaças, pois o que Castorp ensina fundamentalmente é compreender as diversas *significações* da totalidade humana.

O valor estético de *A Montanha* decorre por certo de um notável tratamento da duração. Mann soube realizar "a operação de magia hermética que faz passar seu jovem herói para o intemporal"[76]. Mas soube também, e sobretudo, cercar com esta duração diáfana e inconsistente, que às vezes somente Castorp "mede", um dos universos romanescos mais categorizados, dos mais sólidos que possam existir. *A Montanha* é, com efeito, articulada segundo uma trilogia rigorosa. Mann descreve apenas o significativo. Todos os objetos são ligados às personagens por laços de necessidade, e vínculos da mesma ordem unem entre si as

---

74. *La Montagne magique*, cap. II.
75. R. Pascal, *The German Novel*, p. 79-80.
76. Cf. G. Bianquis, Le Temps dans l'oeuvre de Thomas Mann, *Journal de Psychologie*, p. 355-370. No artigo, o texto de Mann sobre o tempo, extraído de *A Montanha Mágica*, está traduzido na p. 357.

personagens, ou melhor, as unem a Castorp. Um dos menores aspectos da arte de T. Mann não é o de ter criado a ilusão de um comércio fácil, natural, espontâneo, entre uma figura central, aberta, disponível, e personagens das quais cada uma representa uma concepção unívoca e determinada do mundo. Todavia, o romancista nos faz esquecer que Nafta, Joachim, Settembrini ou Peeperkorn são agentes, porta-vozes: ele os torna romanescos fazendo de seus gestos, de suas vestimentas, de sua linguagem, de seus nomes mesmos um sistema de signos que corresponde rigorosamente às suas interpretações do humano[77]. Por isso, estamos num universo romanesco racional, no qual as relações de causa a efeito são claramente explicitadas e as mensagens são plenamente significativas aqui e agora. O relato, linear, baseia-se na ideia de que tudo tem uma gênese e um fim históricos. Os artifícios de Mann, ao contrário daqueles dos romancistas do fluxo de consciência, tendem a organizar uma continuidade: o sentido da vida constitui uma só coisa com a vida. As meditações sobre a *noção* de tempo de Castorp não induzem a conceber a duração subjetiva como a única duração autêntica: ele compara entre si os aspectos da temporalidade[78]. Colocado num mundo rigorosamente real, o Narrador proustiano transforma esse mundo em magia. Colocado num lugar enfeitiçado, Castorp o torna absolutamente concreto. Graças à assistência de um narrador que não pode, aqui, ser neutro. Mantendo-se, ao contrário, abertamente ao lado da personagem, ajuda-a a passar da fascinação à lucidez, do símbolo ao real, das miragens do intemporal a uma lógica do tempo, e do por que ao como. Assim escoltado, Castorp humaniza a vida do sanatório infundindo-lhe o senso da comunicação, da compreensão do outro, do diálogo. Seu Eu é, na realidade, o Nós da humanidade total, o que implica a participação do leitor. Com efeito, tudo se passa como se este último aceitasse *a priori* a magia do sanatório, visto que Castorp não é o único a explorá-lo: "'A obra romanesca' consciente de seus procedimentos, confessa-os como tais. O encontro do autor e do leitor é uma operação mágica em que se desvanece a situação privada de um e de outro"[79].

T. Mann, para retomar a metáfora de Forster, "derruba a ampulheta" do romance tal como o concebem os escritores inovadores de seu tempo. A situação romanesca original não é extraída do curso banal da vida: o sanatório é um lugar privilegiado e típico – Castorp, entretanto, evita o recolhimento para dentro de si próprio, comunica-se plenamente com seu ambiente – mas o monólogo interior é subjacente à sua atitude de disponibilidade para as significações da vida. A duração não é subjetiva – mas Castorp toma consciência da perigosa artificialidade do tempo sócio-histórico. A solidão do "herói" não é contraditória, porém complementar da sociedade; Castorp todavia sabe que sua solidão lhe é necessária para compreender o outro. Se em contato com os aspectos concretos da existência não experimenta o espanto doloroso do narrador proustiano, aprende, no entanto, que a existência é sobretudo feita

---

77. Cf. R. Pascal, op. cit. p. 80-87.
78. Cf. G. Bianquis, op. cit.
79. M. Deguy, op. cit. p. 100.

de aparências e de artifícios. O sanatório é um cosmos ordenado, mas vemos defrontarem-se aí, como em Joyce, o fragmentário e o total, o sórdido e o sublime, o contingente e o essencial, o sonho e a realidade. Joyce ou V. Woolf afastavam-se do "romance" e da "intriga", que traçavam uma imagem simplificada, artificial da pessoa: romanesco e personagem deviam surgir do caráter cotidiano. Para reestruturar a pessoa, Mann toma o partido do romance tradicional. Mas se Castorp tende a conciliar personagem e pessoa, a aproximar o homem histórico de um ideal, a unir natureza e cultura, essa "totalidade" não é menos frágil do que a de Leopold Bloom; sabe-o o escritor, que dá à sua personagem a escolha de uma ironia e de uma ternura conjugadas, depois a entrega aos azares da guerra. Como *Em Busca do Tempo Perdido, Ulisses, Absalão!*, o romance de Mann exalta uma experiência num mito e traça os contornos de uma consciência possível. Efetivamente, não cremos que a ironia do romancista faça de Castorp um homem de compromisso. Ele seria assim em Viena, em Berlim. Realizando sua "educação" sobre a montanha, Castorp projeta uma imagem nostálgica e problemática da totalidade humana.

Nesse universo construído, coordenado, coerente, onde tudo tem um sentido, e no qual Castorp se procura e se encontra, apesar das tentações, dos perigos, das falsas aparências, cremos discernir a sombra de uma pessoa romanesca, um duplo de Hans Castorp que o assemelha sutil e tragicamente a seus "contemporâneos": nas entrelinhas aparece a figura de uma testemunha, isto é, a de uma impotência. Se privarmos Castorp da mensagem humanista que o narrador lhe confia, se lhe tirarmos sua difícil esperança num retorno das "Luzes" e o deixarmos só com sua vigilância, seu senso de observação, seu altruísmo sem patetismo e sua solicitude, então distinguiremos talvez nele certos traços que o aproximam de um tipo de homem que T. Mann sem dúvida não admite em seu universo, mas cujo criador assim evoca: "Não conheço nenhum escritor alemão cuja glória póstuma me pareça tão assegurada quanto a de Robert Musil"[80].

O Homem sem Qualidades: sem qualificações determinadas, sem "asperezas". Contudo, no começo de seu romance, Musil precisa os "caracteres" de tal personagem. Primeiramente o senso do possível: "a faculdade de pensar tudo aquilo que poderia ser 'assim também' e de não atribuir maior importância àquilo que é do que àquilo que não é".

Mas esse senso do possível não implica de forma alguma a recusa do mundo concreto. O "homem do possível" distingue-se do "homem do real" pelo fato de conceber inclusive o virtual em cada aspecto da realidade:

> É a realidade que desperta as possibilidades, e querer negá-lo seria perfeitamente absurdo. Não obstante, no conjunto e em média, serão sempre as mesmas possibilidades que se repetirão, até que venha um homem para quem uma coisa real não tem mais importância do que uma coisa pensada. É a ele que, pela primeira vez, dá às novas possibilidades seu sentido e seu destino.

80. Cf. C. David, Un chef d'oeuvre autrichien, *Preuves*, p. 13.

O homem do possível prevê, antecipa, discerne. O real para ele não tem sentido a salvo em seu devir, em suas transformações. Mas se deve guardar-se de cair nas armadilhas do contingente, o homem sem qualidades deve também evitar um perigo ao qual o expõe sua necessária propensão a imaginar, o da introversão romântica: "A uma extraordinária indiferença pela vida que vai morder o anzol corresponde nele o perigo de soçobrar numa atividade totalmente esplenética"[81].

Uma personagem se parece em espírito com Ulrich de Musil: Stephen Dedalus. Lembremo-nos do episódio em que Stephen, mesmo ao interrogar seus alunos, pensa em contraponto no sentido da História:

> Se Pirro não tivesse caído em Argos sob o gesto de uma harpia, ou se César não tivesse sido apunhalado até a morte. O pensamento não pode suprimi-los. O tempo os marcou com seu ferro e os carregou de suas cadeias, estão trancafiados na célula das possibilidades infinitas que eles excluíram. Mas essas possibilidades que não existiram eram possíveis? Ou a única possibilidade era aquela que existiu? Tece tecelão de vento.

Ulrich, em compensação, só tem em comum com o Narrador de *Em Busca do Tempo Perdido* a inteligência e a sensibilidade: *a atenção e a observação* que implicam seu senso do possível levam-no a banir a *interpretação*, portanto – literariamente – a imagem. É olhar crítico. Compara entre si fatos ou objetos sem referi-los a uma força subjetiva preestabelecida. A síntese metafórica proustiana seria para ele confusão. Comparar é discernir diferenças.

> Se eu afirmo pois que esta relva diante de nós é verde, por mais preciso que isto pareça, é ainda dizer pouco. Na verdade, não mais do que observar, a propósito de algum passante, que ele é da família Vert. Há tantos Verts! Por isso, é melhor que eu me contente em constatar que esta relva verde é verde-relva, ou que é verde como uma relva sobre a qual acaba de chover um pouco…
> …Eu poderia medir esta cor: à primeira vista, deveria ter um comprimento de onda de quinhentos e quarenta milionésimos de milímetros…[82].

O homem sem qualidades não é prisioneiro de outrem nem de si mesmo. Sua vida amorosa tem particularmente uma facilidade, uma naturalidade que surpreenderiam o jovem de Balbec e o Swann do núcleo Verdurin. Ao menos assim é durante a primeira metade de *O Homem sem Qualidades*, porque o sentido do possível, após haver orientado e justificado a existência de Ulrich, vai voltar-se contra ele e levá-lo à constatação do caos e do nada. Comparadas ao fim do relato de Musil, as últimas páginas de *Em Busca do Tempo Perdido* parecem reboar de esperança.

Convém todavia, cremos, referir-nos antes a Proust para situar a concepção da pessoa em Musil. Os dois romancistas, que foram de bom grado em demasia aproximados, parecem-nos situados numa mesma linha, mas nas duas extremidades desta. Como *Em Busca do Tempo Perdido*, *O Homem sem Qualidades* é

---

81. *L'Homme sans qualités*, t. I, p. 19-20.
82. Idem, t. IV, p. 61.

um romance retrospectivo que tende a fazer viver e a descrever uma consciência em sua totalidade, e exprime uma visão totalizante do mundo. Nas duas obras são confrontadas com rigor a "prosa das relações sociais" e a "poesia do coração". Como Proust, Musil mostra-nos personagens (Ulrich e sua irmã Agathe) feridas em sua sensibilidade pelos aspectos da vida cotidiana e pelas convenções sociais. Assim como o Narrador vê qual o abismo que separa a frieza profissional de um médico e o "pequeno ataque" de sua avó, do mesmo modo vemos a irmã de Ulrich recusar como uma humilhação (é "meter a cara na poeira") defender-se num processo de divórcio. Entretanto, tudo opõe a consciência possível estudada e exaltada por Proust, ao senso do possível de Ulrich. "Musil", observa justamente C. David, "foge do dado imediato. Procura através dele definir estruturas, problemas. A consciência de Ulrich, o homem do possível, é uma consciência intelectual"[83].

O trajeto do Narrador, efetivamente, partia de um fenômeno que Musil recusa: a fascinação, e quanto mais sua análise dos objetos entrados em sua consciência era intensa, fina e profunda, mais se distanciava do mundo. Ulrich permanece presente, por sua inteligência crítica assim como por sua sensibilidade, a todos os aspectos da realidade. Verdadeiramente há antinomia entre Proust e Musil pelo fato de o Narrador exercer por assim dizer sistematicamente sua inteligência sobre os objetos que o impressionaram, de modo que (lembremo-nos das críticas de Fernandez) elude "o intermediário sintético do sentimento", e que seu sofrimento, se está tomado de paixão, se aviva e se desfaz ao mesmo tempo em sua reflexividade. Em contrapartida, o "matemático" Ulrich (que procura diferenciar o mais possível os aspectos da existência) faz a separação entre vida intelectual e vida passional, e será no amor aquilo que o Narrador jamais é: um ser *lírico*.

Essa diferença nos parece capital. Também Musil escreve o romance de uma consciência, mas recusando a ter como verdadeira somente a vida interior, imaginária, reflexiva do homem, esforçando-se, ao contrário, por realizar uma síntese *atual* entre o Eu e o não-Eu, contradiz não somente a atitude proustiana, mas também o espírito de *Os Sonâmbulos* e de *A Montanha Mágica*. Enquanto uma nostalgia do homem total e coerente preside o desenvolvimento de *Em Busca do Tempo Perdido*, de *Absalão!* tal como a aventura transindividual de Castorp, o homem de Musil só será tomado de nostalgia ao termo de sua viagem, quando o *malogro* de seus atos, de suas esperanças, de seus sentimentos lhe aparecerá em sua desolada extensão. O Sonâmbulo, em sua dolorosa travessia do mundo concreto, ouve a voz do passado, fá--los viver com ele, e por mais absurda que seja a distância entre a vida dos valores e a realidade atual, pode ter a esperança de que a Duração, da qual é o mantenedor, "converterá" um dia o Tempo. Mas a viagem de Ulrich é a lenta morte de uma *utopia*, exatamente o contrário do sonambulismo, do sonho virgiliano, de aprendizagem aplicada de Castorp: a utopia consiste em

---

83. C. David, op. cit. p. 27.

conceber e em querer realizar um mundo melhor a partir das estruturas do presente e apesar delas.

Reencontraremos essas estruturas em Musil tais como as evocam Mann, Broch e Dos Passos. A Áustria de *O Homem sem Qualidades* "representa todo o mundo moderno"[84], e todos os temores que experimentam os contemporâneos de Musil diante do pensamento da alienação, da desumanização, do aniquilamento da pessoa que este mundo pode gerar, vemo-los resumidos nesta admirável réplica literária de *Metropolis*, do cineasta F. Lang:

> Entre estas ideias fixas sociais apareceu, desde há muito, uma espécie de cidade hiperamericana, onde tudo anda e pára segundo o cronômetro. O ar e a terra não passam de um imenso formigueiro sulcado de artérias em andares. Os transportes, de superfície, aéreos e subterrâneos, os deslocamentos humanos por pneumático, as filas de automóveis investem horizontalmente; ao passo que na direção vertical os elevadores ultrarrápidos bombam massas humanas de um patamar a outro; seu ritmo que, entre duas velocidades trovejantes, faz uma pausa, uma síncope, um pequeno redemoinho de vinte segundos, aspira-nos e nos arrebata sem que tenhamos tempo de refletir, e nos intervalos deste ritmo geral trocam-se apressadamente algumas palavras[85].

O homem sem qualidades, além disso, toma consciência de um fato que não deixou de impressionar Thomas Mann, Broch, Dos Passos e Faulkner: o século XX é o tempo da não-unidade; multiplicaram-se as palavras de ordem, as fórmulas, as ideologias destinadas a explicar o homem e a orientar seu destino.

> A filosofia no varejo é praticada em abundância tão terrificante que quase não há mais nada salvo os magazines onde se possa receber alguma coisa sem uma concepção do mundo sobre o mercado, ao passo que com relação à filosofia por atacado reina uma desconfiança muito acentuada[86].

Assim, os tempos modernos não fragmentam menos o pensamento e as ideias do que a vida social e a própria pessoa. Portanto Ulrich reagirá (como a maioria dos heróis do romance do entreguerras, ao menos antes de 1930) contra "a sistematização lógica, contra a vontade unívoca, contra os impulsos demasiado orientados da ambição"[87]. Mas aqui Ulrich vai separar-se dos heróis de Broch e Mann, bem como do espírito de U.S.A. Sua lógica do possível (lógica da possibilidade de modificar, de melhorar aquilo que existe) aconselhá-lo-á a agir politicamente a fim de reforçar, diante de uma Prússia industrializada, capitalista, de ambições hegemônicas, as estruturas *liberais* do velho Estado austro-húngaro. Mas, na Viena de 1913, a ação política é uma sinistra comédia marcada pelos piores comprometimentos e confusões. Ulrich, de fato, irá colaborar com ambiciosos sem escrúpulos, disfarçados em idealistas, e que estão totalmente tomados pela ideologia modernista e imperialista do Estado prussiano. A segunda utopia de Ulrich será sentimental. Enamorados um do

---

84. Idem, p. 23.
85. *L'Homme sans qualités*, t. I, p. 38.
86. Idem, p. 333.
87. Idem, ibidem.

outro, Ulrich e sua irmã Agathe conhecerão uma imensa felicidade, mas casta, e este amor acabará na amargura e no desencanto. Um último malogro marcará a vida do homem do possível. Por causa de uma mulher, comprometer-se-á num derrisório movimento niilista.

Se considerarmos o título do romance de Musil sob a dupla luz de sua época e de seu conteúdo, será permitido discernir duas significações em *O Homem sem Qualidades*. Num primeiro nível, Ulrich é privado de "características distintivas", por força de um momento da história europeia em que os valores continuam morrendo e no qual a *intelligentsia* liberal se vê desorientada. Ulrich, de outro lado, não quer ter "qualidades" a fim de estar disponível para a realidade de seu tempo. Chegado à idade adulta numa época de confusão e de desorientação, Ulrich deseja viver e agir sem ideias preconcebidas, pois para ele se trata, graças a esta liberdade de espírito, de resolver os problemas levantados por uma realidade sociopolítica da qual não quer se dessolidarizar, na qual, ao contrário, aspira a intervir. A pertença e a participação na vida social, a recusa do individualismo lhe são tão necessárias que quando constata o fracasso do amor que o ligava à sua irmã ele "anota" a importante reflexão seguinte: "Um amor pode nascer por desafio. Não pode sobreviver a não ser que se inscreva numa sociedade"[88].

E pode-se medir a distância que separa Musil de Broch por esta reflexão de August Esch em *Os Sonâmbulos*: "O amor só é possível para o estrangeiro. Quando se quer amar é mister inaugurar uma vida nova e aniquilar todas as velharias"[89].

Assim, a infelicidade de Ulrich provém dos laços que o unem ao social. Após o malogro de seu compromisso na "ação paralela", destinada a restaurar as tradições do humanismo austríaco, o homem sem qualidades vê-se logrado pelo *objeto* ao qual aplicou sua inteligência crítica. O homem do possível nada tem do sonhador: por mais utópico que seja, seu compromisso repousa na certeza de que o Eu e o Nós não podem decorrer de uma mesma *razão*. Se Ulrich, definitivamente retirado do mundo com uma mulher meio louca, constata que a vida contemplativa é "tão mentirosa como a agitação social"[90], isso se deve ao fato de que a separação do convívio com os outros homens a seus olhos é um estado contra a natureza, porque irracional. Quando o homem sem qualidades vê irremediavelmente verificado o pressentimento que abrigava desde sempre, a saber, que a razão e o amor existem somente nele, seu destino encontra o *vazio*.

A boa-fé, a disponibilidade, a experiência afetiva, intelectual, espiritual de Hans Castorp eram vistas ironicamente por Thomas Mann. Em Musil, pelo contrário, a ironia é consciente, consubstancial à personalidade, à visão do mundo, aos compromissos do herói. Ulrich, mesmo sabendo quanto o velho Estado austro--húngaro se acha, a um só tempo, degradado e esclerosado por um sistema

88. Idem, t. IV, cap. 94, p. 25.
89. *Les Somnambules*, 2ª parte, p. 45.
90. C. David, op. cit. p. 33.

burocrático, quão forte é, de outro lado, a ameaça de um modernismo desumanizante, recusa a ilusão do isolamento. A nostalgia é para ele um mito. Sabe que a totalidade humana não poderia ser reencontrada no seio de uma só consciência. O herói proustiano e o de *A Montanha Mágica* veem seu destino tropeçar no *impossível*, pois o *sentido* da vida, que pacientemente conceberam no decurso de sua experiência solitária e marginal, choca-se um dia com o não-senso dos *fatos*. Em contrapartida, o homem sem qualidades, que cientemente quis dar um sentido a um universo atual rigorosamente impermeável, refratário a tal esforço de humanização, terminará sua viagem impregnado de um sentimento que nem Julien Sorel, nem o Narrador, nem Virgílio moribundo haviam conhecido: o sentimento do *absurdo*. *O Homem sem Qualidades*, cujo conteúdo histórico e social e cuja substância humanista são da mesma natureza que os das obras de Thomas Mann, de Hesse, de Broch, de Joyce, constitui todavia um vasto prelúdio a uma inspiração romanesca de que trataremos em nossa terceira parte, e segundo a qual o campo do romance não pode mais ser o de uma consciência. O herói de Musil, que não concebe de modo algum a existência de um lugar privilegiado onde possa desenvolver uma *Bildung*, que concretamente viverá com "Settembrini", adorará "Mme. Chauchat", se perderá enfim com "Nafta", nos diz uma verdade que exprimirá o romance ocidental a partir dos anos de 1930: numa sociedade degradada, numa História-pesadelo, o homem do amor, da justiça e da razão não é menos alienado, *salvo se escolher a revolta*, do que o homem do lucro, do conformismo ou da nostalgia.

Tal é, nem cabe dizer, a verdade de Franz Kafka, cuja obra, quanto aos problemas de sua pessoa, examinaremos em dois tempos. Pareceu-nos necessário, com efeito, confrontar imediatamente com *O Homem sem Qualidades* o primeiro relato longo de Kafka, na medida em que o herói de *Amerika* (América) faz a aprendizagem do Absurdo, ao passo que os heróis de *O Processo* e de *O Castelo* fazem e ilustram a experiência deste.

Inicialmente convém ver quão significativo é o título original de *Amerika*: *Der Verschollene* (América: O Desaparecido), "o homem que desapareceu sem deixar traços". O próprio Kafka esclareceu que, desaparecendo nos Estados Unidos seu primeiro herói, Karl Rossmann, distingue-se do bancário de *O Processo*: ambos são destinados à morte, mas Rossmann, *inocente*, é somente posto "de lado", ao passo que K., *culpado*, será "abatido"[91].

Escrevendo *Der Verschollene*, Kafka pensa em Dickens[92]. A aventura de Rossmann, efetivamente, tem por teatro um país real, tal ao menos como é apresentado na Europa, pelo ano de 1912, e a narração comporta um tema clássico, ilustrado pelos filmes de Chaplin: o da emigração (sobretudo judia) para o país novo. Karl Rossmann, contudo, não emigra: é para puni-lo de uma falta que seus pais o enviam aos Estados Unidos, onde deve reencontrar o tio. A alegoria é clara. Vai-se à América para fazer-se esquecer, não para esquecer-se.

---

91. F. Kafka, *Journal*, 30 de setembro de 1915, p. 445.
92. Idem, 8 de outubro de 1917, p. 502.

O homem não suprime o passado por sua livre vontade, mas contrariado e forçado. A liberdade de apagar a História é uma ilusão. Descobrindo esta verdade, o jovem escritor judeu alcança Broch e Musil, nascidos como ele na velha Áustria-Hungria? Sim e não, porque estes, como T. Mann, ainda querem crer no enraizamento do homem no humanismo liberal, ao passo que, para Kafka, o indivíduo já é desenraizado, irrevogavelmente. Parece ser livre de ir para um novo mundo. De fato ele já se encontra aí, forçosamente, e este mundo é não-humano. Em *O Processo*, em *O Castelo*, a terra prometida está na Europa, caracterizada pela burocracia, pela confusão dos espíritos, pelo nivelamento dos indivíduos, pela organização oficial do terror. Hesse, Mann, Musil, Döblin, Broch também sabiam que na Europa se inscreviam os traços de um "mundo americano" que deviam levar em conta. Era uma realidade imediata e concreta, a tentação mais tangível, que ninguém podia recusar radicalmente sem separar-se de sua própria época, e que era necessário, repitamo-lo, humanizar. V. Lange, num estudo sobre a literatura moderna de língua alemã, expõe assim uma situação que devia determinar, entre os romancistas "dos valores", uma atitude ambígua com respeito à vida moderna:

> Concebe-se que sob pressão dos acontecimentos tecnológicos, sociais, políticos, certas fontes históricas que haviam sustentado o pensamento das gerações precedentes tenham perdido sua eficácia. Eram os anos em que se redescobria a América, país invejado, "país sem história"[93].

Para denunciar um modernismo desumanizante que era preciso, de outro lado, aceitar como uma realidade de fato, Broch, Mann, Musil aliavam a ironia à fidelidade aos valores. Pelo ano de 1913, na mesma época em que Kafka escreve *América* e em que Ulrich imagina "Metrópoles", Mann esboça a figura de Félix Krull, aventureiro que começa a sua carreira com o mesmo emprego que ocupa durante algum tempo Karl Rossmann: aquele de ascensorista[94]. Mas Krull é um cavalheiro de indústria, o homem da adaptação. Aproveitará desta ausência de tradição que a Europa inveja à América, mas onde Dos Passos, testemunha dos Estados Unidos reais, vê o pior dos perigos. O jovem ascensorista Rossmann é, ao contrário, um vagabundo – e um *déclassé* – cuja inocência leva sem cessar para "longe daqui", porque essa inocência aos olhos de outrem é culpabilidade. A ironia de Mann tende a conjurar a injustiça. A ironia de Kafka apresenta a injustiça como a essência da vida social.

As ressonâncias de sua obra são tão amplas que é difícil ver em Kafka apenas um romancista, e mais difícil ainda é analisar sua concepção da pessoa exclusivamente através das situações romanescas de *América* ou de *O Castelo*. É igualmente difícil separar as personagens de Kafka dessa noção de absurdo que o escritor soube erigir em estrutura romanesca – como Proust o fez no tocante ao tempo. Observemos contudo que *América* começa, como *O Processo*

---

93. V. Lange, op. cit., p. 103.
94. Cf. J. P. Faye, Mann et Musil; révolution du retour, *Critique*, p. 25.

(mas aqui de maneira menos clara), por uma situação "de justiça e de amor". Karl Rossmann sente viva afeição pelo foguista do paquete ao saber que este é vítima de uma injustiça. Toma logo, pelo outro, a iniciativa que tomará para si próprio o K. de *O Processo*: dirige-se em completa boa fé à justiça, ao capitão, no caso: "O inimigo estava pois ali, com o ar de quem está desembaraçado, em seu uniforme número um, com um registro debaixo do braço".

O inimigo: a diferença essencial entre *América* e *O Processo* tem uma relação com essa palavra. Julgando poder lutar contra as autoridades, Rossmann não é enganado por elas como o será "K.". Este último acreditará numa justiça suprema, global, e perseguirá essa ilusão tão lógica quanto tenaz. Mas Rossmann, vendo que as autoridades não reparam o dano feito a um inocente, sofre de pronto o ferimento de uma injustiça concreta. A partir do instante que se deixa levar por seu tio, Karl Rossmann é um ser fendido. Há nele doravante um ideal de justiça – sua pessoa – e a negação desse ideal: uma personagem. Esta divisão entre uma pessoa (individual) inocente e uma personagem (social) culpada é o que o jovem tentará abolir. Em *América*, ainda há possibilidade de enfrentamento entre uma esperança e um desespero concretos, existenciais. Mas, em *O Processo*, Kafka deixa seu herói não-consciente da impossibilidade radical, da inexistência da pessoa, até o apocalipse que marca o termo da narração, até o momento em que "K." se vê tal como era objetivamente desde sempre: um objeto, uma personagem.

Sem dúvida, a culpabilidade é fundamental para Kafka[95]. Em *O Processo* (cujo título português exato seria antes *A Ação Judicial*), K. procura bem menos estabelecer sua inocência do que obter as provas de seu crime. O interesse de *América* reside exatamente no fato de que Karl faz o aprendizado da culpabilidade. Ele não está ainda incluído num sistema social que assimila os indivíduos às coisas. Se K. e o Agrimensor não são mais sujeitos exceto na ordem intelectual – seguem obstinadamente uma lógica – o herói de *América* conserva sua individualidade plena e inteira graças a um espírito de inocência e de fraternidade que o leva a afirmar em todas as ocasiões seu senso da justiça. Karl corresponde bem a esta passagem do Diário de Kafka: "Abriu-se para mim uma vista sobre o glacial espaço de nosso mundo, que eu deveria aquecer com um fogo que me seria necessário primeiro acender"[96].

Por isso os inimigos de Karl têm razões precisas para persegui-lo. Veem em Karl aquele que faz ainda uma diferença entre si mesmo e o mundo[97] e recusa ser um objeto, um elemento de um sistema. É excluído logo que sua boa vontade e sua probidade são percebidas – até o dia em que encontra um lugar no Grande Teatro de Oklahoma, que "parecia verdadeiramente poder empregar todo o mundo". Com o resto da companhia, Karl embarca num trem com seu amigo Giacomo: "jamais tinham viajado com tanta despreocupação na América". O

---

95. Cf. particularmente A. Girard, Kafka et le problème du journal intime, *Critique*, jun. 1946, p. 25.
96. F. Kafka, *Journal intime*, p. 84.
97. Cf. R. Pascal, op. cit., p. 220-222.

romance se encerra com essas palavras. Nunca se saberá se Karl há de encontrar a terra de inocência prometida pelos cartazes do Grande Teatro.

O destino inacabado desse primeiro herói de Kafka deve ser posto em paralelo com os itinerários das outras personagens do romance austro-alemão. A visão do mundo de Kafka não é fundamentalmente diferente do "sonambulismo", nem da "ausência de qualificação": o indivíduo Rossmann procura a Verdade num mundo que a recusa e do qual ele não é mais do que a testemunha impotente. Cumpre observar também que o "fantástico" não é peculiar unicamente a Kafka, se se pensa no baile de máscaras e na festa da feira de *O Lobo da Estepe*, ou na festa improvisada em uma noite, no sanatório, por Peeperkorn. Mas aqui se manifesta a originalidade de Kafka: uma situação de aspecto fantástico (ou expressionista) não tende jamais, na obra dele, a dar uma expressão simbólica da pessoa. Ao contrário, a personagem, por seu comportamento lógico e realista em suas relações com outrem, corrige os elementos oníricos de ação romanesca e os reintegra no real. O escritor não atribui à personagem a missão de distinguir o verdadeiro do falso, nem de reduzir a distância entre uma nostalgia da autenticidade e um universo de mentira. Rossmann, K. e o Agrimensor perseveram simplesmente em seu ser e se comportam como se as qualidades deste ser pudessem ser percebidas e admitidas por outrem. Não tiram nenhuma conclusão do mal-entendido perpétuo que essa atitude gera. Mas por esse fato sua pessoa se degrada em personagem, pois obstinando-se em comunicar-se, como se nada fosse, com indivíduos que são engrenagens de uma máquina, fazem o jogo deles e tornam-se, por sua vez, objetos: objetos a serem excluídos, a serem eliminados, pois "os outros" não existem sem se notar qual *intenção* os anima numa sociedade que tolera somente *funções*. A inocência de Rossmann, a necessidade lógica de ser julgado em K., a consciência do dever de Estado no Agrimensor são outras tantas *durações contínuas* num mundo fragmentado. Mas por que este "como se"? Porque a sociedade constitui o universo absoluto e exclusivo do indivíduo e porque, consequentemente, a solidão não existe. A escolha é não só ilusória, mas ainda impossível entre o Eu e o não-Eu. O Eu torna-se não-Eu desde que um indivíduo se encontre com outrem. O único recurso que resta ao sujeito para afirmar sua identidade é acreditar na existência, no aparelho social, de uma lógica paralela à sua. Cumpre que seja morto "como um cão" para que K. tome consciência do caráter mítico, ilusório da razão.

América é o romance daquilo que puderam ser K. antes de sua "detenção" e o Agrimensor antes de chegar à aldeia. O destino de Karl decide-se no momento em que a sociedade lhe prova que a inocência ou a culpabilidade do foguista não tem importância alguma. Depois dessa rotura (tanto mais profunda quanto ele tomou a defesa do foguista para se reabilitar aos olhos de seus pais, para compensar a falta cometida na Europa), Karl dará razão em tudo à sociedade, mas conservando em si a ideia de justiça e o senso do amor. Aceitará ser expulso sem motivo por seu tio. E começa a viagem americana que o leva sempre mais longe. Ele não diz "tenho razão, a sociedade está errada" nem "existe uma verdade fora daqui" nem mesmo: "a sociedade será salva se eu preservar meu senso da fraternidade". Tais pensamentos permanecem implícitos: resumem-nos *atitudes*. Observemos, com efeito, que o herói jamais está sozinho; outrem está sem cessar diante dele, e os raros instantes de reflexão dados à personagem servem-lhe para definir qual o comportamento que deve assumir para adaptar sua verdade às normas da sociedade, visto que sua existência é exclusivamente social. O herói jamais contesta a situação em que outro o coloca. Aceita as sucessivas chicanas que vem bloquear uma busca que ele levará avante, imperturbável, a partir de cada novo obstáculo. Na América, Karl não se comporta como faltoso. Sendo irrecusável toda a decisão tomada a seu respeito por outrem, comporta-se como se fosse responsável pela culpabilidade de que está marcado por amar a justiça, o que é um sinal inadmissível de singularidade.

Assim, Kafka fecha as saídas que abriam os romances de sua época. A noção de Ser, a consciência de ter um passado e uma destinação, a esperança de transformar um mundo desumano, todos esses atributos da Pessoa permanecem cercados e secretos na personagem e não fazem mais do que sustentar sua linguagem que, de outro lado, os nega, adaptando-se incessantemente à linguagem de outrem. Ser uma pessoa, na vida concreta, é somente assumir uma alienação pela qual se é responsável de direito e de fato, posto que direito e fato se confundem num universo em que o indivíduo e a sociedade são assimilados um ao outro. Só a personagem é real. A situação global concebida por Mann ou por Broch é invertida: a totalidade humana tem a forma definitiva da sociedade atual, e o indivíduo significa rigorosamente esse conjunto. Em compensação, a *consciência* dessa totalidade está alhures, mas não neste mundo, e se por infelicidade uma tal consciência habita um indivíduo, este empreenderá uma viagem ao mesmo tempo imóvel, inútil, interminável no labirinto do aparelho social. Para o herói de Kafka não há lugar algum para onde possa *voltar*. Ele não deixou atrás de si nem Ego, nem Ser, nem História, nem Valores que justificassem sua experiência e lhe permitissem julgar seus resultados. *O Castelo* é a negação do *Bildungsroman*, cuja personagem percorre um ciclo de existência para voltar às essências[98]. O homem não pode reencontrar-se num universo em função do anonimato, do esquecimento da pessoa. Por isso é preciso aproximar *Der Verschollene* (O Desaparecido), o homem que se apaga, de *Der Mann ohne Eigenschaften* (O Homem sem Qualidades), o homem sem relevo, sem signos distintivos: quanto mais Ulrich avança no possível, menos está racionalmente ligado ao mundo real. Sua pessoa social – sua personagem – é cada vez mais isolada de sua personalidade, mas essa separação equivale a um não-ser. *América* e *O Homem sem Qualidades* mostram a impossibilidade da viagem realizada pelas personagens de Hesse, de Mann e de Broch para reunir, ainda que em sonho ou por magia, Pessoa e Devir a fim de reencontrar, de poder de novo conceber o humano como totalidade.

---

98. Cf. J. P. Faye, op. cit.

Daí a extrema importância do primeiro relato longo de Kafka: como na obra de Musil, a impossibilidade da nostalgia do Humano não é aí dada como radical; a evidência dessa impossibilidade só se desenha ao fim do romance, e mesmo então subsiste uma dúvida quanto à soberania absoluta do absurdo. Muito diferentes serão a situação e a temática de O Processo. Se é verdade que K., como observa E. Heller, "sabe estar na prisão e provoca o carcereiro por sua paixão de conhecer"[99], convém contudo especificar que o bancário não contesta a ordem representada por essa prisão. Sua indignação diante dos policiais é de curta duração, e toda vez que a seguir o virmos indignar-se, revoltar-se contra o aparelho judiciário, isso só acontecerá depois de haver esgotado todos os recursos de uma racionalidade que julga ser comum a ele e aos outros. Sem desesperar, K. segue o fio da lógica até o momento em que (mas aqui já antecipamos nosso propósito) esse fio é cortado: no instante de ser abatido, o herói de O Processo vê que ele próprio se excluiu do mundo por ter querido julgá-lo constituído de razão e de justiça, quando deveria, absurdamente, dessolidarizar-se deste mundo. Karl Rossmann, em troca, ainda não corresponde a este "homem de Kafka" cuja aventura torna rigorosamente complementar (faz recobrir-se exatamente) uma estrutura psíquica edipiana e a estrutura de um Estado burocratizado no seio do qual uma minoria, ao mesmo tempo integrada e estranha, ocupa um lugar bem determinado. Rossmann ainda não corresponde a um escritor que se sente "separado de todas as coisas por um espaço vazio", ao qual "tudo parece *reconstruído*" (nós sublinhamos) e para quem "a mais próxima realidade" consiste em "bater a própria cabeça contra as paredes de uma célula sem portas nem janelas[100]". O país americano do primeiro romance de Kafka não está a tal ponto murado que a esperança, o amor, a razão devam aí necessariamente chocar-se, para morrer. É o país do apagamento, a região simbólica e mítica onde o *sonho* de uma vida e o de uma totalidade humana permanecem possíveis. Enquanto a imaginação e a autenticidade afetiva são recusadas a K. como ao Agrimensor, que atravessam um universo rigorosamente formal (em que o significante e o significado formam uma só coisa), uma fraca ambiguidade persiste, subsiste, em *América*, entre o signo e a substância, entre a reificação do humano e a fé numa humanidade justa. A afetividade de Rossmann pode ainda ser avaliada pela rigidez e pelo mutismo das aparências. A "noite brilhante", que ele contempla em Nova York no começo da narração e que "parece abrir-se livremente a todo o mundo", terá como contrapartida o Grande Teatro de Oklahoma, onde há um lugar aí "prometido a cada um".

O homem que se perde e que está perdido por ter pretendido fazer frente a um mundo no qual é na realidade um estranho pode ser reencontrado na obra de S. Fitzgerald. Cremos dever confrontar *The Great Gatsby* (O Grande Gatsby) e *Suave é a Noite* com *O Homem sem Qualidades* e *América*, porque a distância parece-nos ser da mesma natureza, entre Fitzgerald e Dos Passos (ou Faulkner)

---

99. *The Disinherited Mind*, p. 158-159.
100. F. Kafka, *Lettres*, apud E. Heller, op. cit.

que entre Kafka e T. Mann (ou Broch). Tal como Ulrich e Rossmann, a personagem cara ao romancista mais representativo da *lost generation* (geração perdida) é solitária sem ser isolada. Carregando consigo uma exigência contraditória de sua função social, não é entretanto nem "reflexiva" nem idealista. Vai por si mesma à perdição sem levar em conta o mal-entendido que a separa de outrem. Desempenha até o fim o jogo de um mundo do qual se sente excluída. Sem dúvida, é por causa dessa intransigência que a influência de Fitzgerald não cessou de crescer desde 1945. Como Kafka, e mais que Faulkner, é o escritor da irremediável ausência de mediação entre uma solidão e uma sociedade.

Fitzgerald publica *O Grande Gatsby* durante a grande revolução romanesca que se afirma com *O Quarto de Jacó*, *Os Moedeiros Falsos*, *Manhattan Transfer*: 1925. No entanto, *Gatsby* quase não tem relações com o *time-sense* de G. Stein, o "espasmódico" de V. Woolf, os "aparelhos" de Joyce e Dos Passos. Um narrador, mesclado à vida do herói, é mediador entre este último e o leitor. Visto por uma testemunha que o sobreviverá – como é o caso de *Fausto*[101] –, Gatsby é apanhado e "distanciado" por uma óptica coerente. Mas se a estrutura narrativa de *Gatsby* é simples em comparação com a de *O Quarto de Jacó* ou de *O Som e a Fúria*, a *indirectness* desempenha aí, não obstante, uma função essencial, pois Gatsby é focalizado por um narrador que amiúde "reconstrói em sua própria linguagem aquilo que aprendeu de um acontecimento do qual não foi testemunha"[102].

Também o ponto de vista tem em *Gatsby* extrema importância, porque o herói é, de certo modo, reconstruído, e interpretado, por um narrador que o fascina. Americano médio, relativamente conformista, mas cultivado e impregnado de um evidente senso de medida, de um evidente humanismo, aquele que nos descreve o destino trágico de Gatsby "o magnífico" fica incessantemente espantado com a personalidade deste último (espanto subjacente que nos faz pensar em Miss Rosa Coldfield evocando, assombrada, o Coronel Sutpen). Surpreende sem cessar o narrador o fato de que Gatsby possa viver, ao mesmo tempo, no concreto e fora do real. Tem dificuldade em compreender que uma personagem, que por sua estatura social, seu arrivismo, sua habilidade mais ou menos proba em ganhar dinheiro, deveria ser colocado por "Dos Passos" no clã dos poderosos, dos desumanos, seja na realidade, em sua pessoa, mais vulnerável e alienado do que o são as vítimas da Cidade de *Manhattan Transfer*. A partir de um esquema romanesco tipicamente "americano" (amando sempre a mulher que não pôde esposar quando era pobre e que casou com outro, um homem presentemente rico pede-lhe que se divorcie), Fitzgerald escreve, com efeito, um relato de significação oposta à obra de um Dos Passos, de um Anderson ou de um Dreiser. Podendo recorrer a uma tática, utilizar para reconquistar Daisy as armas do dinheiro e do poder, Gatsby bate-se no terreno da pureza, porque só a fidelidade a um amor pode dar um sentido à sua vida, à

---

101. Cf. B. Romberg, *Studies in the Narrative Technique of the First Person Novel*, p. 92-93.
102. J. E. Miller Jr., op. cit., p. 90.

vida. Fitzgerald inverte, portanto, os dados do problema da alienação tal como a concebe Dos Passos: um arrivista às atividades mercantis dá uma lição de humanidade aos três americanos médios, respeitadores de uma moral mentirosamente idealista, que são o narrador, Daisy e seu marido. Gatsby é o homem da realidade objetiva: julga inútil e hipócrita não ganhar dinheiro num país feito para o comércio. Mas essa realidade não é a verdade. Só é verdadeiro o apego à ideia do amor, e essa consciência de uma ilusão necessária torna Gatsby mais inadaptado ao mundo[103] do que aqueles que procuram vãmente tornar-se Gatsbys. Os dois polos da contradição americana – a nostalgia dos valores, o pragmatismo – entre os quais Dos Passos situa seu universo romanesco, são reunidos por Fitzgerald numa só personagem, que não é despedaçada, mas dividida entre essas duas forças. Seu romance põe frente a frente conformistas e um homem que quer "que a vida seja outra". De outro lado, Gatsby representa a época em que os romancistas americanos não vislumbram nenhum futuro para os Estados Unidos[104]. Gatsby assume essa contradição entre a ilusão e o real. A outra vida que ele exige está aqui mesmo, nas estruturas concretas da América, mas não depende delas; depende da vontade de um homem distinguir entre seu ser e sua existência. À alienação pela má-fé, que consiste em cobrir de um verniz moral os aspectos de um mundo degradado (neste ponto Fitzgerald alcança Dos Passos), é preciso preferir a alienação pelo impossível. Sem sabê-lo, Gatsby acredita no mito do eterno retorno. A passagem mais significativa de *Gatsby* parece-nos ser esta troca de réplicas:

> Não se deve pedir-lhe demais, arrisquei eu. Não se pode repetir o passado.
> – Não se pode repetir o passado, bradou ele com uma voz incrédula. Mas claro que se pode!... Quero restabelecer tudo como era antes... Ela verá[105].

Após o suicídio de Gatsby, o narrador pensa que este, não esperando mais um telefonema de Daisy, sentira-se privado do "calor do velho mundo". "Pagava caro o fato de ter vivido demasiado tempo com um só sonho". Mas cumpre levar em conta a ironia de Fitzgerald em relação a seu narrador. Gatsby não se mata porque um sonho se desvanece, mas porque uma exigência é irrealizável. Até o fim assumirá a contradição de duas formas de alienação igualmente inelutáveis, sendo que cada uma tornava a outra necessária: a paixão, a "vida americana". Estamos no lado oposto do bovarismo pelo qual se quis caracterizar a segunda grande personagem de Fitzgerald, e que se assemelha a Gatsby: o Diver de *Suave é a Noite*. Tal como Gatsby, Diver "não confunde as sensualidades do luxo com as alegrias do coração, a elegância dos hábitos e as delicadezas do sentimento". As fascinações de Emma Bovary estão muito longe da cegueira do psiquiatra Diver, porque essa cegueira é desejada; é uma exigência.

Sabe-se que o jovem psiquiatra americano Diver, que trabalha numa clínica suíça destinada a enfermos ricos, soube tratar tão bem da neurose de

---

103. M. Geismar, op. cit., p. 318-320.
104. Idem, p. 315.
105. *The Great Gatsby*, cap. VI.

Nicole Warren que a família desta lhe propõe esposar a filha: assim, Nicole não correrá o risco de uma recaída e, em contrapartida, Diver terá o dinheiro necessário para obter êxito. Diver aceita, menos pela fortuna dos Warren do que por amor a Nicole; mais exatamente: porque se sente ligado a ela pelo sucesso que obteve tratando-a. O casal conhece alguns anos de união feliz, mas quando Diver reencontra a jovem atriz Rosemary, que desta vez ama espontaneamente e que está apaixonada por ele, recusa enganar ou deixar Nicole, não sabendo se ela poderá suportar o golpe. Nicole é que abandonará o marido. De volta aos Estados Unidos, Diver errará de cidade em cidade, sempre mais miserável. Perde-se sua pista.

Poucos romances têm uma estrutura e um desenvolvimento tão rigorosos como *Suave é a Noite*. Uma estrutura: o romance é construído sobre os dois significados do verbo dever; para Diver, todo *compromisso* deve ser cumprido a partir do momento em que foi contraído; para Nicole, uma *dívida* desaparece a partir do momento em que é paga. Um desenvolvimento: ao término do romance, Diver nos aparece como uma personagem trágica, pois perseverou em seu ser sem se preocupar com os mecanismos solidários entre si que o prendiam em sua engrenagem, a saber, de um lado as motivações de uma classe social detentora do dinheiro, de outro, o processo psicológico que ele mesmo desencadeou em Nicole curando-a de sua neurose. Nicole, com efeito, que abandona Diver por um sedutor bastante vulgar, torna-se assim culpada exatamente a fim de se livrar do sentimento de inferioridade, portanto de culpabilidade, que experimentava com respeito a um homem que a havia salvo: abandonando Diver, Nicole extingue a necessidade que tivera dele. Curando Nicole, Diver dá-lhe a *força* de vingar-se por tê-la curado; deu-lhe o poder de reencontrar a existência normal de sua classe, a de uma burguesia americana em condições de gozar, graças a seu dinheiro, destes aspectos "decadentes" e refinados de uma velha Europa que voltaremos a encontrar em *The Sun Also Raises* (O Sol Também se Levanta). Mas Nicole sorveu literalmente esta força em Diver: tê-la-á salva a preço de sua própria degradação psicológica, intelectual, profissional, pois sendo o primeiro, o constante cuidado de Diver é o equilíbrio psíquico de Nicole, dobra-se a seus caprichos, abandona uma situação em que podia enfim dar sua medida em que – mas que adquiriu graças ao dinheiro de Warren – para seguir Nicole pela Riviera francesa. Diver procura não ser culpado, enquanto traz em si, latente, uma dupla culpabilidade, a do pobre que casou com mulher rica, a de um marido e de um psiquiatra que se sente responsável pelo estado mental de sua companheira. Nicole, ao contrário, quer não ser culpada, e ela o consegue, porque, em seu espírito, deu compensações a Diver (anos felizes, dinheiro) e porque está pronta a dar-lhe mais: inquieta-se com seu paradeiro nos Estados Unidos a fim de fazer chegar-lhe dinheiro, caso seja necessário.

Mas o que Diver deu não pode ser compensado, pois se trata do dom de si próprio, de sua própria substância. O momento crucial de *Suave é a Noite* é, sem dúvida, aquele em que Diver compreende que *à força de estar em contato com personalidades, ele se tornou uma personalidade em si*, e que doravante leva a carga dos "egos" dos seres de quem cuidou e a quem amou[106]. "O tratamento estava terminado. O Dr. Diver recuperava a liberdade", escreve Fitzgerald. De fato, Diver está livre, mas para morrer (para errar bebendo cada vez mais álcool), pois, perdendo Nicole, perdeu a razão de viver, que consistia precisamente em perder constantemente forças para assumir as contradições geradas por seu casamento: contradição entre as necessidades de uma carreira e o cuidado pela alma de Nicole, contradição entre as aspirações, os gostos, os interesses de Diver e a vida superficial do "mundo", contradição entre o amor por Rosemary e uma palavra dada. No dia em que desaparece a causa de sua alienação, o Dr. Diver, que usou suas forças para assumi-la, reencontra o vazio, e sua existência perde-se nas areias.

Como nelas se perde a existência do herói de Musil e a de Rossmann. *O Homem sem Qualidades*, *América*, *Suave é a Noite* não têm nem fim nem conclusão. Apenas um tem: esses romances se dissolvem. A imagem do herói funde-se num crepúsculo. Assistimos, com efeito, ao esgotamento de uma utopia que constituía o valor, que era a essência da pessoa da personagem, e que só tinha razão de ser em função dos obstáculos que ela encontrava, dos desmentidos que lhe eram infligidos, das contradições que suscitava nos seres que queriam vivê-la, pô-la à prova, vê-la bem sucedida, e não recolher-se nela como num sonho. Utopia que cremos poder definir assim: fé na reciprocidade das consciências, na comunicabilidade das pessoas, e que torna irrisório, mas necessário, um mundo egoísta, materialista, onde o mais das vezes só se concluem contratos de negócios. Kafka e Musil, sem dúvida, teriam subscrito a palavra profunda de Fitzgerald: "falo com a autoridade do fracasso"[107]. Rossmann, Ulrich, Diver só malogram. Mas a autoridade que seu fracasso lhes confere vem menos da pureza de suas intenções do que da ambiguidade destas. Estão longe de ter boa consciência. Também Ulrich foi um homem de compromisso. Karl Rossmann vai aos Estados Unidos para purgar uma pena. Diver deixou-se comprar pelos Warren, que o fazem ver isso.

Utopia, enfim, que leva a personagem para frente, fá-la aderir à vida atual, histórica, progressiva, impedindo-a de recolher-se em si mesma e de guardar essa distância moral, humanista, que caracteriza os Sonâmbulos de Broch e o herói do Sanatório encantado. O romance da nostalgia impossível, sustentado por uma *intenção* da personagem posta à prova dos fatos, comporta artifícios técnicos menos evidentes, menos complexos, sobretudo, do que o romance da nostalgia possível, ou o do homem interior. O desígnio essencial de Musil, de Kafka, de Fitzgerald não é o de fragmentar a pessoa nem, ao contrário, de uni-la, mas de mostrar que ela não é *isolável* do curso de uma vida social e econômica, com o qual *deveria identificar-se* se não estivesse animada por uma exigência. Esses romancistas não encerrarão suas personagens num espaço ao mesmo tempo limitado, simbólico e constrangedor, cuja presença torna Bloom,

---

106. S. Fitzgerald, *Tender is the Night*, Livro III, cap. 2.
107. W. Troy, Scott Fitzgerald: The Authority of Failure, *Forms of Modern Fiction*, p. 73-74.

Jimmy Herf, Biberkopf *inocentes* da desumanidade do mundo moderno. Longe de dotar seus heróis de uma óptica subjetiva que ao mesmo tempo assimila e conjura o Real, esses escritores tornarão o mito de Rossmann, de Ulrich, de Diver, cúmplice dos compromissos e das coerções da sociedade, até que esse mito se esvazie e que então só o nada se lhes abra. Sabe-se, por certo, que Fitzgerald compôs *Suave é a Noite* de duas maneiras diferentes. Uma segue o curso cronológico dos fatos, desde a chegada a Zurique do jovem psiquiatra Dick Diver até a volta deste à América. A outra (de longe superior na ordem estética assim como na ordem do sentido) começa pelo encontro de Diver e de Rosemary na Riviera[108]. Resta que *Suave é a Noite* tem uma estrutura linear, e que seu autor, como Musil e Kafka, faz de sua personagem principal um objeto-sujeito, privilegiado sem dúvida, posto que a ação e o sentido do romance apoiam-se na sua *personalidade*, mas situado no mesmo plano de objetividade que as outras figuras romanescas. Em *O Homem sem Qualidades*, *América*, *Suave é a Noite*, o tempo social torna-se exclusivo da duração. O herói não pode mais reconstruir, recortar, estirar o tempo conforme seu desejo. Não há mais lugar para o símbolo, para a imagem, para a metáfora, graças aos quais, em tantos romances da mesma época, o herói pode procurar, recuperar o Passado. Desta vez, a personagem tem sua pessoa *diante* de si, devido à intenção que a anima e que continua paralela a uma realidade com a qual jamais concorda.

Por isso a volta às origens, em que reside o ser do Ser de *Em Busca do Tempo Perdido* a *A Montanha Mágica*, de *Entre os Atos* a *Finnegans Wake* e a *A Morte de Virgílio*, está interditada a Rossmann, a Diver, a Ulrich. "You can't go home again" (Você não pode ir para casa novamente), diz T. Wolfe. Mas a nostalgia da Origem ainda é esperança; é ainda ser. O herói de Wolfe não retorna "a si", mas como Castorp, como os Sonâmbulos, como o Lobo da Estepe, olha para as origens, para as raízes, ao passo que para Rossmann, Ulrich, Diver, o Passado só é significado pelo presente, tal como deve ser assumido.

Vemos três personagens, que não podem deter-se no caminho, *viver* este presente até a obliteração de sua pessoa. E através de seus destinos corajosos, lúcidos porém errantes, transparece uma questão cuja evidência determinará uma nova transformação do romanesco: que vale a vida se é somente na memória que o indivíduo pode encontrar um acordo entre seu sentido dos valores e a realidade?

Se é verdade que *América* mina antecipadamente o edifício humanista de U.S.A., que *O Homem sem Qualidades* arruína a generosidade de *Os Sonâmbulos*, e *Suave é a Noite*, o "fio do tempo" seguido pelo herói de Wolfe, talvez possamos lançar um olhar de conjunto sobre um período em que a extensão da consciência (em ambos os sentidos do termo: psicológico, ético) foi o próprio espaço do romance.

---

108. Cf. J. E. Miller Jr, op. cit. e M. Cowley, Introdução a *Tender is the Night*.

De Proust a Musil, o universo romanesco é regido por uma exigência de totalização: a partir de uma exigência "interior", trata-se de readaptar um caos em cosmos. Ao contrário de Zola, de Tolstói, de Dostoiévski mesmo, o romancista nunca vai do geral ao particular: sua personagem não é exemplar de uma ordem social estruturada ou de uma metafísica, já existentes quando o romance começa. Recompor o mundo, a cultura, a pessoa humana a partir de fragmentos esparsos, tal é, ao contrário, o destino de duas personagens tão diferentes como Mrs. Ramsay e Virgílio moribundo: a uma jovem senhora da burguesia inglesa que procura, durante um jantar, aprender uma fascinante dispersão de objetos, corresponde o poeta que reúne na alma sua própria existência e a do mundo. Pesquisas, aqui e lá, subjetivas e objetivas ao mesmo tempo, pois das impressões primárias de Benjy à experiência de si do Narrador nos é desvelado não a verdade do sujeito, mas a verdade do subjetivo como meio de conhecimento (a análise e a síntese). De Proust a Faulkner, o Ego rompe seus próprios limites. Ir para o ser pela experiência minuciosa e dolorosa do contingente: a aventura proustiana é da mesma natureza, tem o mesmo sentido que a de D. Richardson que, tratando dos "imponderáveis", escreve um romance cuja significação é universal[109]. *A Morte de Virgílio* é o "comentário lírico" de um Eu que não é um Ego, e, no fim de *A Montanha Mágica*, Hans Castorp não é mais um indivíduo: representa a autenticidade da pessoa humana num momento da história.

Universalidade cuja personagem é, para usar a palavra de Musil, o receptáculo. Indivíduo médio e atípico, a personagem é o porta-voz de um escritor cuja preocupação fundamental é afirmar a primazia da impressão e do pensamento sobre os fatos e sobre os atos, visto que o subjetivo é a única força totalizante capaz de readaptar em verdade as diversas e más aparências da vida. Opondo Mrs. Ramsay a seu marido, Quentin Compson aos "Snopes", o Narrador a Saint Loup, Dedalus a Mulligan, a América de Jefferson à América de Wall Street, os romancistas a quem consagramos a segunda parte de nosso estudo opõem uma continuidade fluida e natural a um descontínuo incoerente e artificial. Quando mostra o modernismo destruidor das tradições do Sul e da antiga floresta de *O Urso*, Faulkner junta-se a Musil a assistir à destruição da vida e do sentido dos valores pelo triunfo da técnica[110]. O espírito de totalidade e de reunião (de recobrimento da duração sobre o tempo), de que dão testemunho duas obras tão diferentes por sua forma, sua inspiração, sua significação, depende de uma mesma tomada de consciência: o mundo moderno separou a ideia de natureza da ideia de cultura; esse mundo rompeu as duas continuidades complementares que fazem o humano[111].

Sem dúvida, foi H. Broch quem mostrou de maneira mais profunda o caráter ao mesmo tempo necessário e mítico desses vastos empreendimentos para reinstaurar a união do natural e do cultural que foram *Peregrinação*, *Ulisses*,

---

109. J. C. Powys, *Dorothy Richardson*, p. 5.
110. Cf. C. David, op. cit.
111. Cf. particularmente C. David, op. cit. e os estudos de Geismar, Lange, Beach sobre o romance alemão e americano.

U.S.A. (e mesmo *Babbitt*). A mais ampla das tentativas de Broch, *Hoffmannsthal und seine Zeit* (Hoffmannsthal e Seu Tempo), não é somente exemplar em relação a um pensamento e a uma atitude que foram os de todos os romancistas inovadores dos anos de 1920 diante da desagregação da ideia de pessoa, da alienação dos indivíduos, da negação dos valores por uma civilização industrial em pleno surto, tanto antes como depois de 1914. Esse texto nos explica o espírito de nostalgia e o realismo de que estão conjuntamente impregnados *Ulisses* ou *A Montanha Mágica*, pois, através do destino de Hoffmannsthal, Broch reconhece a realidade fundamental que suscitará uma transformação profunda na arte do romance: a irremediável separação do Ego do criador e do mundo moderno tornou o ato poético impossível. Por isso Hoffmannsthal, "poeta lírico nato", abandonará uma arte que seria fatalmente *gratuita* numa sociedade materialista que tenderia a ver aí uma imagem *sublimada* de si própria[112]. Comentando o silêncio que Hoffmannsthal se impõe, Broch faz duas observações cuja importância é capital com respeito à intenção profunda que anima o romanesco de sua época:

> "A arte pela arte" e *bussinesse is bussiness* são dois ramos da mesma árvore[113].
> Aqui (em *Ein Brief* ou *Brief des Lord Chandos an Francis Bacon* [A Carta de Lorde Chandos]) se coloca a existência de um jovem para quem o Ego e o não-Ego perderam todo o contato, visto que as correntes de símbolos se romperam para ele antes mesmo que o primeiro elo fosse forjado. Para ele só subsiste a pura cisão em si, de modo que todos os valores da vida se extinguem[114].

Por isso, o romance se torna necessário – infelizmente necessário – a fim de um lado configurar o divórcio consumado entre o universo lírico do Ser e um mundo de pura contingência e, de outro, confrontar a atualidade desumana do mundo com seu esquecimento dos valores – isto é, com a rememoração destes pelo romancista. Broch dá testemunho da vocação universalista e humanista do romance precisando que o romance deve refletir *todas* as visões do mundo[115], e a ilustrará com *A Morte de Virgílio*, suma romanesca inspirada pelo exemplo da viagem joyciana. Dever-se-á acrescentar que o mesmo desígnio totalizante (o mesmo propósito de reinstaurar o Todo a partir de um ato de ruptura) anima *Em Busca do Tempo Perdido*, *A Montanha Mágica*, *Au fil du temps* (Ao Longo do Tempo)? Mesmo a obra de Faulkner, a despeito de seu tradicionalismo maniqueísta, exprime a diversidade das interpretações passadas e presentes da existência humana.

O romance terá sido sinfonia: a dimensão sincrônica dos fatos imediatos, contingentes, não-significantes cruza-se com a dimensão diacrônica dos valores, dos sonhos, da recordação, posto que a unidade romanesca é assegurada pela

---

112. H. Broch, *Dichten und Erkennen*, obra que reúne os ensaios escritos por Broch entre 1933 e 1952. É à trad. fr. (A. Kohn) publicada em 1966 que nos referimos: *Création littéraire et connaissance*.
113. H. Broch, Hoffmansthal et son temps, *Création littéraire et connaissance*, p. 59.
114. Idem, p. 160.
115. Idem, La Vision du monde donnés par le roman, p. 241.

consciência, sucessivamente desenvolvida e concentrada, vencedora do real e oprimida pelo real; esta consciência que, dizia Proust, restaura-se a si própria.

Mas, se o Todo formado por essa consciência é verdadeiro (visto que a realidade mais temporal encontra aí valores realmente vividos pelo herói), esse Todo permanece virtual, porque a mensagem do romance proustiano ou de *A Montanha Mágica* implica a necessidade de uma *parada da história*. Das intermitências do coração ao sonambulismo, a Totalidade é um mito, nos dois sentidos do termo: palavra (é-nos dito um universo possível, no qual está integrado o universo de agora) e ilusão, porque esse universo se situa seja aquém, seja além do devir humano concreto. A viagem para o futuro deve ir para o passado, assim como a adesão ao Nós só é possível pela recuperação do Eu, do mesmo modo ainda que não se pode viver no atual a não ser sentindo a presença das próprias origens: tal é a experiência possível e impossível de muitos heróis cujos nomes é inútil recordar.

Esta viagem no decurso da qual o homem não progride salvo por um retorno, este trajeto que deve ir do "individual ao enxame humano" (é como se designou a obra de Wolfe)[116], este esforço para reencontrar a totalidade humana se desvanecem com *Suave é a Noite*. Dick Diver volta para a sua casa, mas não para si mesmo. Para ele, estão mortos o passado e a infância, signos essenciais da duração. Fitzgerald, Musil, o "primeiro" Kafka nos dizem que a viagem se transforma em descaminho quando o homem quer ser disponível ao mundo atual sem, no entanto, renegar a vida dos valores.

E diremos que com essa afirmação, por esses três romancistas, do *mal-entendido* como substância mesma da existência, com sua recusa em compensar o absurdo do mundo pela continuidade da memória, apaga-se a diferença, para não dizer o antagonismo, que a revolução romanesca dos anos de 1920 terá implicitamente ilustrado entre *romance* e *narração*. Porque, para reunir o homem no espaço fluido da duração (contido pela pressão detestável e inelutável dos fatos), era necessário polarizar, focalizar o romance, que se tornava construção, no sentido próprio do termo. Ao contrário, quando se trata, para o herói, de seguir de bom grado ou à força a linha do tempo, então a narração progressiva retoma seus direitos: à expressão dos fatos romanescos não preside mais – ou preside em grau muito menor – um pensamento estruturante. Se se admite que *Em Busca do Tempo Perdido* e *O Homem sem Qualidades* se acham nas duas fronteiras extremas de uma inspiração romanesca baseada na consciência, pode-se conceber que o romance depende mais da ordem da interpretação, e a narração, mais daquela da constatação. "A narração", observa M. Blanchot, "não é a relação do acontecimento, mas este mesmo acontecimento o aproxima deste acontecimento, o lugar onde este é destinado a produzir-se, acontecimento ainda por vir e por cujo poder atrativo o relato também pode esperar realizar-se"[117].

---

116. Cf. O. C. Lawrence, *Thomas Wolfe*.
117. M. Blanchot, Roman et récit, *Le Livre à venir*, p. 13.

"A língua, nossa eterna bem-amada", havia dito Kafka. A língua em estado puro, a língua com suas regras, feita para relatar e não para exprimir. A língua não metafórica, e não esta linguagem de múltiplos recursos que, de Flaubert a Broch, tendia a lançar pontes entre os universos irreconciliáveis do Ego e do não-Ego – da consciência e da história.

Lembrando ao homem que seu presente não era senão um aspecto enganador da verdade de seu passado, ensinando-lhe que o Nós só era conveniente a partir do Eu, o romance da totalidade queria conjurar três perigos: a despersonalização, o desenraizamento, a não-comunicação. Reencontraremos esses três perigos que ameaçam a pessoa no coração da nova inspiração romanesca que aparece no decurso dos anos de 1930. Mas desta vez o herói, para afastá-los, desviar-se-á dos caminhos de sua memória. Confiará somente na sua própria presença sobre a terra.

Terceira Parte:

Fim das Nostalgias

Assim como a sensação de minha pessoa se envolvia num anonimato difícil de penetrar.

S. BECKETT.

7. Morte e Participação

> Manuel ouvia, pela primeira vez, a voz daquilo que é mais grave do que o sangue dos homens, mais inquietante do que sua presença sobre a terra: a possibilidade infinita de seu destino.
> A. MALRAUX

Em 1927, Forster discernia, no romanesco, constantes estruturais, senão categorias estéticas. Quinze anos mais tarde, não se poderá acusar os críticos de se fazerem "campeões do eterno"[1]: o romance tem "potências"[2], e não mais uma essência. Em 1942, no número de *Confluences* consagrado aos problemas do romance, Joë Bousquet escreverá: "Que é um romance? *Aquilo que o romance ainda não era*"[3].

Depois do vasto movimento de explosão e de restauração que sobreveio no curso dos anos de 1920, uma nova metamorfose se produzira: entre 1930 e 1940, Malraux e Bernanos na França, Steinbeck e Hemingway nos Estados Unidos, E. Bowen e C. Isherwood na Inglaterra publicavam obras cuja substância, cujo sentido e cuja forma pareciam desmentir *Ulisses* como também *A Montanha Mágica*. Mais ainda: mal *A Condição Humana* e *Journal d'un curé de campagne* (Diário de um Pároco de Aldeia) haviam proposto, acerca do mundo e do indivíduo, imagens que contradiziam as de *Os Sonâmbulos* e haviam colocado um novo humanismo no lugar daquele que designamos como o mito da totalidade, logo estes mesmos romances viam-se em larga medida renegados e, de certa forma, minados, por *Voyage au bout de la nuit* (Viagem ao Fundo da Noite), *Tropic of Cancer* (Trópico de Câncer), *A Náusea*. Testemunhas de mudanças tão rápidas e inesperadas, os colaboradores de *Confluences* evitam toda análise suscetível de encerrar o romance em quadros, de pesquisar-lhes as linhas essenciais de força. A maioria dentre eles considera um único aspecto do romanesco, mas fundamental: a expressão da pessoa. Em seu estudo sobre "André Gide ou o Drama do Romance Puro", J. Thomas lançava sobre *Os Moedeiros Falsos* um olhar novo – mas que correspondia bem às intenções do romancista:

> Quando se reduz o romance ao estado de pureza, isto é, quando é despojado das descrições, dos diálogos e das peripécias, que resta? A história de um espírito ou a história de uma alma. O romance (para Edouard) deve ocupar-se da própria essência do ser[4].

1. Cf. A. Chevalley, Temps, histoire, roman, *Revue de littérature Comparée*, p. 209.
2. R. Caillois, *Puissances du roman*.
3. J. Bousquet, sobre *Aminadab* de M. Blanchot, em Problèmes du roman, *Confluences*, p. 160.
4. J. Thomas, André Gide ou le drame du roman pur, em Problèmes du roman, *Confluences*, p. 65.

Estamos também muito longe de *Aspects of the Novel* – e de *Structure of the Novel* – lendo o artigo de P. Kaufmann sobre o "Ritmo Romanesco": "Fala-se de uma intriga romanesca. Mas o romanesco não é um gênero de intriga. Traduz a primazia do ser sobre a intriga, e a curva que se toma como sendo a de uma intriga é a própria marcha do ser cujas vicissitudes se fundam por sua vez, num ritmo purificado"[5].

Voltamos a encontrar aqui o pensamento de James ou de V. Woolf? Não exatamente: mais do que de "ser", eles falavam de "consciência", ou de "espírito". Romancistas e críticos deslocaram o centro de gravidade do romance: preocupa-nos o problema de uma essência do homem, a ser não apenas concebida, mas realizada. O caminho de um relato, longe de ser o de um espelho, traça uma filosofia da pessoa que a própria personagem terá feito. Não há essência sem ação. Ao "quem sou eu?", de Christmas, sucede o "que fazer para ser?", de Kyo. E, mais uma vez, vemos que obras novas modificam o olhar lançado sobre o romance em conjunto, fazem aparecer critérios estéticos novos, suscitam novas questões. Comentando *Aminadab*, de Blanchot, Joë Bousquet afirmava:

> Estamos num tempo em que a pessoa se torna um grande e verdadeiro romancista aprendendo a tornar-se um homem. Trata-se de fazer com a própria vida da pessoa um instrumento para explorar a vida coletiva, e de só chegar completamente ao fim desta difícil ambição pela exteriorização literária da experiência...
> Nós não queremos que a invenção escrita seja um valor de substituição; precisamos de obras de força e de verdade[6].

O romanesco mudou de significação. Não foi para tornar-se um homem – mas uma consciência – que Proust (como Joyce) escreveu. Para J. Bousquet, o romance permanece este análogo literário do real que ele foi para James; mas desta vez a experiência literária não tende mais essencialmente a descrever a expansão de um Eu à procura de sua identidade, ou de um acordo "refletido" com o mundo. A vida é agora explorada sem recorrer ao filtro da subjetividade. Engajados na vida, personagens ou narradores ignorarão os refúgios do Ego. A vida toma um aspecto heróico ou miserável, mas sempre coletivo. Ao contrário da visão faulkneriana, a humanidade existe, só, mas livre de seu destino. Não mais pesa sobre ela a dupla fatalidade de uma civilização mecanizada ou de uma maldição divina, às quais se opõem derrisórias tentativas de salvação. A nova personagem, em compensação, não mais poderá interiorizar o mundo, as coisas ou os homens, não mais redescobrirá as dolorosas riquezas da fascinação. Contrariamente ao pensamento de Joyce e ao de T. Mann, o advento do Homem não é mais referido a um futuro enfim ligado a seu passado cultural, ético, estético, mas a um futuro construído a partir de um presente. Todavia, se a humanidade existe desde agora, ela é o teatro de um combate: há os irmãos e os inimigos, ainda que o ódio apareça raramente no romanesco novo: a luta revolucionária de Katow, o combate cristão do Pároco de aldeia, a viagem amarga,

5. Idem, p. 187.
6. Op. cit., p. 159.

atônita e lúcida do narrador de Céline correspondem a esta palavra de Malraux: "o contra não existe"[7]. Existe uma única humanidade, quer esteja aquém ou além do bem e do mal. A personagem situar-se-á, definir-se-á, conhecer-se-á talvez em função de uma presença dos homens, e a obra romanesca (de força e de verdade) será menos uma exposição do que uma marca: toda a vida individual modifica o humano; todo relato participa de uma existência humana que ele muda. "Transformar em consciência uma experiência tão vasta quanto possível[8]" significa que a experiência é uma sequência de contatos bem diferentes destes choques fascinantes, "surpreendentes" experimentados pela heroína de Richardson assim como pelo Narrador, que só suportavam o imediato para mediatizá-lo, introvertê-lo, metamorfoseá-lo em consciência de si – em desejo de si. A experiência das personagens de Malraux compromete a pessoa total na comunidade e na história humana *atuais*. Seja com determinados homens ou contra outros determinados, o indivíduo está sempre *entre*. E a literatura, que M. Leiris considera como uma tauromaquia – "O fato de escrever certamente tem muito em comum com a corrida de touros", pensava V. Woolf em 1928, a propósito de Hemingway[9] –, será, ao mesmo tempo, uma procura e um combate. Esperamos mostrar neste capítulo que estes juízos de R. Caillois:

> Torna-se claro que a emoção essencial oferecida pela leitura dos romances não pertence à ordem do gozo estético desinteressado. Repousa numa participação e numa identificação...
> Há um só tema de romance: a existência do homem na cidade e a consciência que ele toma das servidões acarretadas pelo caráter social desta existência[10]

refletem uma nova etapa do romanesco, uma concepção nova da pessoa.

O drama de Perken em *La Voie royale* (A Estrada Real), de Frederick em *Adeus às Armas*, do Cônsul em *Under The Volcano* (À Sombra do Vulcão) não é mais o de não poder reduzir a oposição entre a pontualidade real do momento e a fluidez verdadeira, mas inapreensível integralmente, do tempo da consciência. Seu drama é o de dever resolver na hora, com, diante ou contra outros homens, o enigma, o mistério, o problema de uma existência à qual lhes cumpre dar um sentido imediato, isto é, que não proceda unicamente da memória. Prefaciando o conjunto dos estudos de *Confluences*, R. Tavernier observava lucidamente: "Os romances novos, e é este um fato importante, quase nunca oferecem a seus heróis a possibilidade de ultrapassar o presente"[11].

Mas o presente não é o instante. O presente que não poderão nem quererão ultrapassar o padre de Bernanos, os trabalhadores de Steinbeck, os narradores de Céline ou de Roquentin, nós o definiremos como a presença de um tempo concomitantemente real e verdadeiro, exterior e interior ao homem, particular a cada

---

7. Cf. G. Picon, *Malraux*, p. 30.
8. *L'Espoir*, p. 282.
9. V. Woolf, *Granite and Rainbow*. Citado por H. Peyre, *Literature and Sincerity*, p. 274.
10. R. Caillois, op. cit., p. 34-35.
11. Problèmes du roman, *Confluences*, p. 21.

indivíduo e comum a todos: o tempo histórico e biológico, natural e fatalmente contínuo. O tempo dos relógios, das implacáveis e derrisórias divisões, cuja falsidade e crueldade alienantes eram denunciadas tanto por Faulkner como por Musil, esse tempo será admitido como fundamental e inelutável por Bernanos, Malraux, M. Lowry, Hemingway, que o reintegrarão na vida humana – e farão dele o tempo romanesco. Esses romancistas não confrontarão mais a duração psíquica, afetiva, metafísica com o tempo mensurável, externo, mecânico detestado pelas personagens de Faulkner, e que o Narrador de Proust queria submeter às "grandes leis" do espírito. Doravante existe um só tempo, o tempo dos homens, como a terra é doravante a terra dos homens. Esse tempo só tem um limite: a morte.

Pode-se dizer que em *Em Busca do Tempo Perdido* como em *Peregrinação*, em Faulkner como em Musil, morrer é um fenômeno quase tão abstrato, insignificante, arbitrário quanto os fatos sociais e as divisões do Tempo? A morte de Sutpen, por exemplo, funda-se numa fatalidade metahumana, assim como ela é afogada, "arrebatada" neste comentário subjetivo que é a narração de *Absalão!*. A morte da Avó é o ensejo – como a pequena "madeleine" – de um desenvolvimento subjetivo que provocará um sofrimento. A verdadeira morte, na grande maioria dos romances de que tratávamos acima, é a da consciência. Mas de Bernanos a Sartre, de Aragon a C. McCullers, a morte põe fim à tensão de um destino, completa a vida total (pensada, sonhada, ativa) de uma pessoa. Só não morrem a ideia ou o sentimento que animaram esse destino. Em Proust como em Musil, raramente assistimos à morte de uma personagem principal ou de um narrador: sua morte física importa menos, com efeito, do que o revés vitorioso de sua consciência que se compreende a si própria (ou a história humana) como uma totalidade. Para Kyo e para Mouchette, em compensação, a morte é a sustação irremediável desta presença no mundo que era a vida deles. Morrem atuais como existiram.

SER PARA FAZER, FAZER PARA SER

"A morte, e é nisto que ela é terrível, transforma a vida em destino", observará J. Delhomme em seu notável comentário sobre a obra de A. Malraux[12]. Essas palavras desmentem o sonho do homem total desenvolvido pelo monólogo interior. Poderiam tê-las pronunciado, no extremo de sua existência, os heróis de Proust, de Musil ou de Broch, e eles não as pronunciam, pensando menos na morte do que no tempo, na cultura, na consciência. A morte é, ao contrário, inseparável da aventura vivida pelos heróis de Malraux. Ela se integra em sua pessoa, sendo imanente ao combate da vida. Por isso o fim de um homem, este não-ser, é indissociável de seu sentimento de existir, de suas exigências morais e passionais. Mas essa inelutável concomitância do possível (dos atos a empreender)

---

12. J. Delhomme, *Temps et destin*, p. 91.

e do nada (da ameaça de uma morte física e espiritual) constitui, por conseguinte, a própria razão de viver: visto que o nada é a outra face do ser, e a morte a outra face da vida, esta não pode ser nem recusada, nem eludida. "Nenhum homem vive de negar a vida", diz Kyo a Gisors[13]. Teria esse pensamento vindo ao espírito do Narrador? Não tendo contra a morte nenhum recurso que não seja falacioso e ilusório (amar a beleza e, com mais razão, amar-se a si próprio não é senão fugir da morte como da vida), o homem nada pode exceto fazer de sua existência uma criação. Ouvindo Perken dizer a Claude: "Não é para morrer que penso em minha morte, mas para viver[14]", não estamos apenas num universo diferente daquele de Quentin Compson. Estamos também diante de um pensamento estranho ao de Julien Sorel e de Vautrin, pois estes veem a morte como um termo puro e simples – um "depois" – e não como uma presença inerente à sua vida. Excluída da visão do mundo do ambicioso ou do enamorado, a morte é pensada, vivida dia após dia pelo aventureiro, pelo revolucionário, pelo operário em greve. Somente atos e, a rigor, as obras de arte ("são sempre obras…[15]") podem negá-la, ser seu contrário. Ameaça incluída no homem, a morte lança sua sombra sobre cada aspecto, sobre cada momento da pessoa, sobre cada um dos comportamentos de uma personagem. Para o Narrador, o fato de agir era uma forma sempre falaz com relação a uma essência imaginada dos objetos ou dos seres. Para os combatentes de Malraux, o ato é um risco e uma conquista necessários, pois nada, senão criar, senão modificar sua própria história, pode compensar uma morte cujos signos não cessam de se manifestar: o perigo de morrer assume a feição da impotência sexual para Perken[16], política para Garine[17]. Tão logo a ação se detém, a morte se aproxima, assumindo a aparência da ordem, da paz, do hábito. Em *Ulisses*, mostrava-se que a vida de uma consciência podia dar vida a um mundo moderno esclerosado e mecanizado. Mas, dos *Conquistadores* a *Les Noyers de l'Altenburg* (As Nogueiras de Altenburgo), toda a ordem, até e inclusive, a cultura e esse Ego total às vezes apreendido pelo Narrador proustiano, deve ser contestada e desfeita por tanto tempo quanto necessário para que toda a humanidade se torne senhora de seu destino. Suicidando-se a fim de evitar um suplício cujo risco assumiu de maneira totalmente consciente, Kyo morre muito menos que Ferral, que só sobrevive numa ordem que ele viu mais do que ameaçada pelo comunismo, e numa vontade de poder que uma mulher, recusando repentinamente ser um "objeto", pôde pôr a escárnio.

Outro sinal da morte: sofrer. "Todo homem se parece com sua dor[18]". Enquanto Perken está à procura de Grabot e vive uma aventura paralela àquela de Claude à procura de obras de arte, pode legitimamente aparecer ao leitor sob

---

13. *La Condition humaine*, p. 52.
14. *La Voie royale*, p. 109.
15. *L'Espoir*, p. 230.
16. *La Voie royale*, p. 107.
17. *Les Conquérants*, p. 194-195.
18. *La Condition humaine*, p. 53.

uma luz balzaquiana: uma personalidade excepcional afirma-se cada vez mais. Mas quando Perken for mortalmente ferido na guerra, sua figura nos parece entrar naquilo que se pode chamar o absoluto da pessoa: um ferimento, inicialmente sem gravidade aparente, torna-se o juiz de uma existência, diante do qual um homem se define em relação a si mesmo, aos outros e ao mundo:

> Ele acreditava mais na ameaça do que na morte: ao mesmo tempo acorrentado à sua cadeira e separado dela, como estes homens que eram afogados depois de serem ligados a cadáveres. Era tão estranho a esta morte emboscada nele que se sentia de novo diante de um combate: mas o olhar de Claude o rebateu para dentro de seu corpo. Havia neste olhar uma cumplicidade intensa onde se chocava a pungente fraternidade da coragem e da compaixão, a união animal dos seres diante da carne condenada; Perken, embora se apegasse a si próprio mais do que se havia apegado a qualquer outro ser, sentia sua morte como se tivesse vindo dele. A afirmação imperiosa estava menos nas palavras dos médicos do que nas pálpebras que Claude instintivamente acabava de abaixar. A dor viva do joelho voltou, com um reflexo que contraiu a perna: estabeleceu-se um acordo entre a dor e a morte, como se uma fosse inevitável preparação de outra; depois a onda de dor retirou-se, levando consigo a vontade que lhe fora oposta, e só deixou o sofrimento meio adormecido, à espreita: pela primeira vez erguia-se nele algo mais forte do que ele, contra o qual nenhuma esperança prevalecia. No entanto, contra aquilo também era preciso lutar[19]...

Nessa meditação de uma personagem objetivada, escrita no estilo indireto – exatamente o contrário do monólogo interior –, estão desenhados os traços essenciais da obra romanesca de Malraux. Sofrer significa morrer: a sorte comum dos homens. Mas esse prelúdio da morte revela a cada um a concretude de seu destino singular. "Não há... morte... Há somente... *eu... que vou morrer*[20]", murmurará Perken. A morte, universal, afirma a cada um sua fundamental e infrangível solidão, prova-lhe que ninguém pode fazer nada por ninguém. Todavia, essas últimas palavras do aventureiro, com as quais se encerra *A Estrada Real*, são menos a confissão de um fracasso do que de uma derrota: entre o momento em que sabe estar condenado e o da morte, Perken não terá cessado de lutar contra uma realidade que, com Malraux (após Kafka e Faulkner), assume importância capital no romance e em sua estética, mas que só estudaremos no capítulo seguinte: a do absurdo. Para negar o absurdo da morte, Perken mata dois indígenas Mois e, apesar da dor física, possui pela última vez uma mulher. Ora, esse esforço, para negar uma morte que o invade, e cuja iminência conhecia de há tempo, terá assumido em Perkens um aspecto muito mais importante do que uma última experiência erótica, mais importante mesmo do que o fato de pôr à prova sua vontade: o sofrimento-morte ter-lhe-á feito sentir a existência intensamente presente de uma fraternidade, de uma comunhão com um outro ser. Universal, a morte torna virtualmente os homens cúmplices uns dos outros em sua defesa contra ela; mas num nível mais profundo – no curso de uma existência, ou antes, de um compromisso –,

---

19. *La Voie royale*, p. 153-154.
20. Idem, p. 182.

dois ou alguns homens compartilham da dor e da angústia, sejam elas físicas, morais ou afetivas. A morte impõe viver e a dor, amar.

Pois a fronteira talvez mais clara entre o romanesco contemplativo de um Broch e o romanesco "agido" de um Bernanos é aquela que separa a ausência do amor de sua presença. A paixão de Hans Castorp por Mme. Chauchat terá sido um momento secreto que parece não ter outro efeito, no espírito do romancista, senão o de tornar sua personagem mais consciente da "morte dos valores", mais desejosa de compreender o mundo, mais disponível ao renascimento de um humanismo com o qual o Ego deveria poder confundir-se. O amor do herói de Musil por sua irmã continuará abstrato, e será finalmente um sinal a mais do absurdo da vida. Assistimos em Wassermann a uma degradação do amor e da fraternidade. Proust aplicava-se, sobretudo, a descrever o avesso passional, senão patológico, do desejo e da amizade; o Narrador não ousa amar senão a beleza. Em compensação, a fraternidade renasce no romanesco com *A Estrada Real* e *Num Combate Duvidoso*, e o amor, em *Adeus às Armas*, *A Condição Humana*, *La Joie* (A Alegria). Mais profundo em Malraux do que o pensamento e a ação políticos, confundido em Bernanos com a graça e a fé, encontramos agora no romance um amor transcendente que distingue May ou Mlle. de Clergerie de Mme. de Clèves como de Mathilde de la Mole e representa uma qualidade nova da pessoa. Transcendente, mas sempre existencial, pois o "ser com" nunca é gerado a não ser por um engajamento numa luta vitoriosa ou vã contra tal ou qual face da morte, portanto pelo risco e pelo sofrimento:

> Para Jaime, que tinha 26 anos, a Frente Popular era esta fraternidade na vida e na morte. Organizações operárias nas quais punha tanto mais esperança quanto menos esperava daqueles que desde há muitos séculos governavam seu país, e conhecia sobretudo estes "militantes de base" anônimos e paus para toda a obra, que constituíam o próprio devotamento da Espanha; neste grande sol e sob as balas dos falangistas, empurrando esta enorme viga que levava para os batentes seus companheiros mortos, combatia na plenitude de seu coração[21].

O amor é também plenitude fraterna, ou deve tornar-se tal. Ao passo que de *Rumo ao Farol* a *Absalão!* não encontramos nenhum casal, é a ternura, a compreensão mútuas de um homem e de uma mulher que constituem, em *A Condição Humana*, um foco tão intenso quanto a ação revolucionária; aliás, esses dois focos representam a mesma necessidade: criar uma nova liberdade humana. Nem Kyo nem May haviam procurado, efetivamente, realizar pelo Outro uma imagem de si próprios. Seu amor é, antes de tudo, vivido e erótico; existe pela mediação de atos a realizar em comum e graças aos quais eles se realizam, tornam-se o que são. Mais precisamente, esses atos – a tensão no sentido de um ideal revolucionário – jamais satisfarão de maneira total o sentimento de sua essência, de seu Eu pleno e coerente, que cada qual experimenta intuitivamente, e que *deveria* não dever nada a seus atos: no fim da célebre cena em que May, por honestidade, o informa de que dormiu com Lenglen, Kyo vai

21. *L'Espoir*, p. 35.

descobrir que o amor, ultrapassando aquilo que o motivou, emite então o som da única voz que um homem ouve "com a garganta": a sua, aquela de seu ser que lhe pertence de direito, que é irredutível a seus atos e inconhecível aos outros.

Como a Perken moribundo, a Kyo ciumento, a ternura revela que o *homem não mente para si mesmo quando sai de si*: a compreensão do Outro, o fato de admitir suas contradições não só afirmam que o amor é ser, mas também mudam a solitude em comunhão. Toda a filosofia proustiana é desmentida por esta reflexão de Kyo, que viveu este aspecto da morte que é o ciúme: "Para os outros, sou aquilo que fiz" – que Proust teria podido escrever –, mas o escritor prossegue, em estilo indireto: "Somente para May ele não era aquilo que havia feito; para ela, era algo completamente diferente de sua biografia"[22].

Assim o amor torna-se a marca desta presença *à soi*, deste sentimento de ser e de existir plenamente, deste Eu puro e simples que em *As Ondas* ficava maravilhado. Para V. Woolf, o indivíduo ou era ou vivia. Para Malraux, nós somos e não somos, num mesmo movimento, nossa vivência vivida. Entretanto se o amor – a comunhão com outra existência – prova ao homem que seu ser é um valor *em si*, é porque o amor já é também uma ação: um movimento para o Outro que nega o "terrível egotismo" temido por V. Woolf. Ser e fazer são contraditórios e, no entanto, solidários. Contradição e solidariedade que assumem todas as personagens de Malraux (inclusive, como veremos, Clappique), de Katow ao camponês espanhol que "é" quando pode ajudar as forças republicanas. Gide observou a Malraux que todas as suas personagens eram inteligentes[23]. Essa inteligência consiste, fundamentalmente talvez, em passar além da lucidez exaltada por James, depois por Proust, Joyce ou Faulkner – lucidez que Kyo ou Manuel recusam, visto que ela atesta um Eu *terminado* com respeito a uma realidade *histórica*. As personagens de Malraux não querem deixar-se distanciar pelo devir objetivo do mundo. Demonstram-nos que a consciência não tem valor quando não está presente. A seus olhos, a pessoa reside num esforço para atualizar o Eu, ainda que fosse em detrimento do Ego. Sabem, como observa com profundidade J. Delhomme, que o tempo autêntico do ser jamais pode coincidir com o tempo do fazer[24], mas não querem permanecer, em nome de uma duração que constitui todavia a verdade de seu ser, aquém ou à margem da realidade do mundo. Por isso, encarnam uma noção que podemos dizer que estava necessariamente ausente de *Em Busca* tal como de *Ulisses*, e que doravante assume grande importância no romance: a de escolha, ou mais exatamente de aposta, no sentido pascaliano do termo. Apostando a favor da história, arrastam e comprometem consigo mesmos (e não esquecem) este sentimento angustiante de não ser, tão fortemente expresso por V. Woolf. Mas querem ser históricos, porque a história não pode mais constituir, a seus olhos, um simples patrimônio ocorrencial, cultural, estético: a história não tem sentido a não ser que lha dermos um, para que corresponda, ao nível da coletividade, a esta essência individual,

---

22. *La Condition humaine*, p. 65-66.
23. Cf. G. Picon, op. cit., p. 44.
24. J. Delhomme, op. cit., p. 95-98.

a esta consciência de si que o amor de May esclarece e justifica em Kyo. A história é comparável ao ser que se ama: só se possui dela aquilo que aí se muda. Como Katow ou Manuel, Kyo certamente obedeceu a uma exigência racional engajando-se no comunismo. Todavia, esse combate – que exige uma estratégia – não tem para ele valor a não ser que represente um acesso a uma essência na qual a humanidade poderá reconhecer-se coerente e total. A luta revolucionária ultrapassa o nível do político: é abertura para um mais-ser dos homens. Como arte, como existência, a revolução é uma *tensão* para uma ética, pois o homem que quer num mesmo movimento unir seu sentimento de ser e seus atos (ou seu erotismo, ou sua necessidade de amor), engaja-se numa "possibilitação do impossível"[25]. O combate para a realização humana da história é paralelo à luta do indivíduo que precisa, para ser, desprender-se da sedução profunda do Ego não menos que das insignificantes aparências do mundo, da imobilidade do passado bem como da pontualidade do presente. Combate essencialmente duvidoso: sempre inacabada, como o são o amor e o desejo, a luta revolucionária é uma forma revestida, entre mil outras, pela "infinita possibilidade" do destino dos homens. A despeito da tradição corneliana que Malraux invocou[26], não se poderia caracterizar suas personagens pelo heroísmo, nem mesmo por sua ética. Seus heróis são romanescos (de um romanesco novo) porque sabem que todo o esforço para dar um sentido à vida acaba numa insatisfação – sabem que o realizado é não-realização. São romanescos em virtude de uma tensão, e não de uma divisão, entre a necessidade de ser e a obrigação de agir. Desde *Os Conquistadores*, vemos esses dois polos em equilíbrio instável na consciência das personagens. A angústia e o medo aderem à eficácia ou à coragem como se fossem seu reverso, e o mesmo se passa com a fé e com a incerteza diante da luta revolucionária, com o erotismo e o amor, com o ódio e com a fraternidade, o narcisismo e o altruísmo. Existir significa aventura e poder para Perken, mas a ideia de ser se lhe revelará plenamente nas proximidades da morte, por meio de uma fraternidade com Claude. Inversamente, o gosto, o senso da aventura são subjacentes ao ser comunista de um Katow, e detrás da vontade de poder de Garine percebemos, como uma surda censura, a exigência de uma moral. Longe de encarnar ideias ou de pensar atos, Malraux soube dispor entre agir e refletir uma abertura, uma interrogação, uma defasagem que aparentam seus romances aos de Dostoiévski. Vemo-lo bem em Tchen, cujo ser se exprime, no começo do romance, numa interrogação de aspecto anedótico, pontual, mas do qual conheceremos logo o caráter fundamental: tentará ele tirar o mosquiteiro? Antes, durante e após seu primeiro homicídio político, Tchen será assaltado por todas as tentações do Ocidente: respeito pela vida individual, aversão à violência, gosto pela sabedoria, pela meditação e pela arte, amor de si mesmo. Será preciso que a violência assuma para ele a face da fraternidade para que aceite perpetrá-la – ao preço compensatório de sua morte:

25. Idem, p. 81.
26. A. Malraux, Entrevista a *Horizon*, p. 241.

E talvez Kyo e ele não pensassem para os mesmos homens. Não se tratava de manter em sua classe, para libertá-la, os melhores dentre os homens esmagados, mas de dar um sentido a seu próprio esmagamento: que cada um se sentisse responsável e juiz da vida de um senhor... Pei, escrevendo, seria ouvido porque ele, Tchen, ia morrer: sabia a que ponto pesa sobre todo o pensamento o sangue derramado por ela[27].

E achar-se-á, ao mesmo tempo, surpreendente e lógico ver o revolucionário Kyo dar dinheiro a um guarda de prisão para que deixe de bater num demente; o amor incondicional do próximo coexiste nele com a necessidade de uma ação eficaz. Neste devir sempre ambíguo, nesta hesitação entre o dever ser e o dever fazer – como entre o Nós e o Eu –, desenha-se uma nova pessoa romanesca. A ambiguidade, sempre tão necessária no romance, mudou de direção e de sentido: à oposição da consciência significante e de um real-objeto somente significado, sucede a procura de uma complementaridade das ideias e dos atos. O mundo tal como é deve constituir para o homem uma razão de ser; em compensação, a pessoa existe para transformar o universo. Ao problema posto pela indeterminação do Eu, sucede o das determinações e dos fundamentos do ser considerado como uma totalidade hesitante, mas sempre presente na história. O "ontem, aqui e agora", de Joyce e de Faulkner, torna-se um "hoje e amanhã" não menos carregado de angústia e de ameaças, mas em que a realidade da morte é compensada por aquela do devir.

Se é verdade que um romancista se parece – por identificação ou oposição – a suas personagens, é verdade também que esse parentesco traz, ao mesmo tempo, a marca de uma época histórica atual e de uma estética em vias de deperecimento: seguindo a evolução do pensamento e da arte de Malraux dos anos de 1920 até 1933 (*A Condição Humana*), vê-se a passagem de uma época à outra. Notemos que Malraux segue um trajeto sensivelmente inverso daquele de Faulkner: este último vai da aventura à cultura, Malraux partirá de uma cultura e de uma literatura que logo contestará por ações que suscitarão obras essencialmente atuais, isto é, em larga medida, "antiliterárias". W. M. Frohock nos lembra que os primeiros textos de Malraux manifestam um estilo "contra o qual ele se revoltará mais tarde". O jovem escritor em quem A. Breton, em 1924, deposita "uma grande esperança" (*Lunes en papier* [Luas de Papel] é marcado por um humor negro surrealista, e o fantástico aí se afirma, como em *Royaume farfelu* [Reino Maluco]) a partir de 1925 empreenderá um caminho totalmente novo. Para ele, doravante, "por mais completamente que um homem desenvolva sua individualidade, só pode encontrar o Absurdo no fim dessa busca"[28].

Sua rejeição da "exploração de si e do mundo do imaginário pessoal[29]", Malraux exprimia-o, efetivamente, em *La Tentation de l'Occident* (A Tentação do Ocidente), em termos cujo alcance poderá ser medido se pensarmos na concepção da pessoa que animava as obras de Pirandello, assim

---

27. *La Condition humaine*, p. 276.
28. W. M. Frohock, *André Malraux and the Tragic Imagination*, p. 36.
29. Idem, p. 28.

como *O Quarto de Jacó*: "Imagem movediça de mim mesmo, sou para ti sem amor"[30].

Recusando todavia amar o Ego por sua multiplicidade e sua incerteza, Malraux não renegava a inspiração joyciana: derrubava-a, vendo um perigo lá onde Joyce buscava a salvação. Enquanto uma V. Woolf valorizava a incoerência na descontinuidade do mental, punha-a em paralelo com a liberalização e a complexidade das relações sociais aparecidas no século XX e desejava implicitamente que as "miríades de impressões" do indivíduo chegassem a tornar vivas e autênticas essas novas relações humanas – enquanto T. Mann, depois Musil, viam na vida subjetiva a fonte de uma imensa possibilidade própria para restabelecer o sentido dos valores num mundo esclerosado pelo utilitarismo – para Malraux, ao contrário, a imagem movediça do Eu fora engendrada em cada um pelo deperecimento do humanismo e do humano. Era o signo de uma civilização petrificada, em que os homens não conheciam mais nem comunicação nem comunhão: "Europa, grande cemitério onde dormem os conquistadores mortos [...] velha mestra da solidão"[31].

L. Goldmann observa, com razão, que o Malraux de *A Tentação do Ocidente* (que se tornou marxista em 1923), está próximo do pensamento de G. Lukács que, de suas análises da tragédia e do romance, devia primeiramente deduzir (em 1908) a impossibilidade para a literatura moderna de propor uma imagem autêntica da pessoa, depois (em 1923), a própria impossibilidade, para o escritor, de dar ao indivíduo "um caráter primordial". Na época de *Os Conquistadores*, Malraux está igualmente próximo da filosofia de Heidegger: o homem só pode *ser para* a morte (*Sein zum Tode*), mas como então conciliar esse imperativo com o valor dos projetos e das ações que não podem (*Sein und Zeit*) sobreviver ao indivíduo[32]? É verdade que Malraux abandonou a inspiração poética e individualista para criar em seus romances "universos regidos por valores positivos e universais[33]"? A notável análise de L. Goldmann dos romances de Malraux parte da seguinte hipótese:

> Nesta obra dominada pela crise dos valores que caracterizava a Europa Ocidental na época em que foi elaborada, a criação propriamente romanesca corresponde ao período no qual o escritor tem um poder, a despeito de tudo, de salvaguardar a existência de certos valores autênticos?[34].

Devemos de início precisar que o ponto de vista de L. Goldmann, que aborda a obra de Malraux, em termos de sociólogo e de marxista, é totalmente diferente do nosso. Tomamos por objeto, fundamentalmente, a expressão romanesca da pessoa. O estudo de L. Goldmann responde essencialmente, parece, a duas questões: a que motivações obedece Malraux romancista numa época

---

30. *La Tentation de l'Occident*, p. 218.
31. Idem, p. 218.
32. L. Goldmann, *Pour une sociologie du roman*, p. 60-62.
33. Idem, p. 42.
34. Idem, ibidem.

em que os valores de uma civilização são pelo menos questionados por um pensamento revolucionário que implica o engajamento concreto, num combate político, do escritor que adere a este pensamento?; qual é o sentido global e fundamental dos romances de Malraux com respeito à concepção marxista da história? As análises de L. Goldmann (se as interpretamos de maneira correta) chegam à conclusão de que Malraux, não podendo decidir-se a abandonar o Antigo, quis em seus romances conciliá-lo com o Novo e de que essa tentativa de conciliação se traduz logicamente por personagens contraditórias e ambíguas, de outra parte notavelmente vivas e significativas de uma época. Mas se considerarmos o lugar dos romances de Malraux na evolução do romance, a hipótese de L. Goldmann suscita dois reparos. H. Broch também empreendia uma obra romanesca para salvaguardar valores universais; mas esses valores em seu espírito eram existentes: *A Morte de Virgílio* reuniria a cultura, as aspirações, as angústias de uma humanidade total, à qual estariam reunidos por um vínculo contínuo o passado, o presente, o futuro. Ao contrário, os valores defendidos por Malraux serão universais porque positivos, isto é, recriados, revitalizados por um combate político concreto, ele próprio inspirado por valores novos e criador de valores. Mas esse combate é incerto. É incerto porque determinadas personagens de Malraux *querem* preservar valores quando lhes cumpre travar um combate necessariamente desumano, ou porque o inevitável enfrentamento dos valores e das exigências da ação lhes coloca um *problema* que, aliás, resolvem engajando-se em ações imediatas, por mais injustas e cruéis que sejam, e que esperam igualmente ver um dia resolvido pela história, isto é, pela conjunção de uma lucidez e de uma vontade? Por isso levantaremos uma segunda objeção: a hipótese de L. Goldmann reserva uma parte suficiente à ambiguidade assumida, vivida pelas personagens de Malraux? Parece-nos significativo que o comentário de J. Delhomme à obra deste, que é encarada de um ponto de vista ontológico, conceda mais importância à noção de *engajamento* do que o comentário sociológico de L. Goldmann. A contradição sublinhada por este último entre valores universais *herdados* do passado (que Malraux não terá querido sacrificar) e valores revolucionários novos (que obrigam a recorrer a *meios* desumanos), preferimos situá-la entre uma necessária essência do homem e uma necessária construção do humano: as personagens de Malraux não podem renegar nem uma transcendência (uma permanência) significada particularmente pelo amor e pela arte (porque essa transcendência designa o Homem, seja ele revolucionário ou não) nem a evidente necessidade de fazer a história por um combate, de sorte que a humanidade inteira possa passar da ordem do nada àquela do fundamental. Observemos que esse combate não carece de analogia com o combate surrealista. Se seguirmos em seu trajeto *romanesco* as personagens de Malraux, vê-las-emos exigir, sem cessar, que os "valores" dramaticamente ignorados por Etzel Andergast, e vãmente reunidos graças a um sanatório encantado, façam *parte integrante* do ser delas, e não que sejam mantidos nem sequer salvos. A diferença radical que em nossa opinião separa *A Condição Humana* de *Ulisses* é que o universo dos valores representa para Kyo ou para Tchen não mais um objeto de procura, mas uma tentação; eles criticarão, minarão a cultura, o amor, a arte, enquanto não os sentirem mais em si como necessidades tão fortes quanto a de uma ação que ao mesmo tempo as justifica e as põe em perigo: enquanto essas formas do ser permanecerem marcadas pela morte, e é morrer, para um valor, ele ser reservado a uma classe dominante ou é ser confundido com seus signos: o trabalho do artista, o erotismo, o egotismo. As personagens de Malraux são a própria ambiguidade porque são *forçadas* (logicamente) a admitir a permanência do humano e a necessidade de fazer o homem. Em *Le Temps du mépris* (O Tempo do Desprezo) (sem dúvida o relato mais rigorosamente comunista de Malraux), Kassner será "obrigado a sofrer a irrupção das reminiscências"[35], e Kyo será obrigado, na prisão, a admitir a realidade da caridade. A justiça, a arte, a esperança, a psicologia e a própria revolução continuam tentações na medida em que não são essenciais – essencialidade que permanece letra morta se não acompanha a finalidade da história.

Portanto, mais que tender a salvaguardar valores autênticos, os romances de Malraux nos parecem colocar as condições da autenticidade mesma da pessoa num período do século XX. Nas cenas cruciais de seus romances (morte de Perken, solidão de Gisors depois da morte de Kyo, colóquio de Scali e de Alvear), o escritor não escolhe a história a fazer contra a história-patrimônio, o erotismo contra o amor ou a morte, nem o Nós contra o Eu: suas personagens lutam, ao contrário, como Jacó com o anjo, com esta inconsciência incriada que Dedalus queria forjar; com "grande cemitério" ornado dos prestígios cambiantes do Ego, com esta Arte cuja natureza, ao mesmo tempo salvadora e diabólica, T. Mann exaltará em *Fausto* e com o mito de uma revolução "pura". Luta essencial e incerta, que oscila, para usar a célebre expressão de *As Nogueiras de Altenburgo*, entre o nada e o fundamental; combate necessário e sem conclusão necessariamente decisiva, à imagem do gesto de Katow dando seu cianeto a uma pessoa que é mais fraca do que ele. Concordamos com L. Goldmann que o amor de Kyo e de May é um sentimento "inteiramente novo", mas não que esse amor "entre em conflito com as sobrevivências que ainda existem em ambos de um tipo de sentimento e de erotismo que eles de fato ultrapassaram"[36]. Consideramos antes, de acordo com as análises de J. Delhomme[37], que a afirmação da liberdade em May e em Kyo a irrupção do ciúme são tentações inerentes a uma *condição humana* não passada nem eterna, mas presente. Kyo não supera seu ciúme enquanto sobrevivência do mundo burguês. Seu ciúme se apaga diante do ser permanente do amor, quando compreende que vive *com* May como *com* seu próprio sentimento de ser. A profundeza dessa ternura, da qual, para L. Goldmann, Kyo toma consciência "somente na rua, tendo reencontrado a ação", julgamos que se revela à personagem no momento em que ela mede a distância que separa o ser do fazer:

---

35. N. Chiaromonte, Malraux and the Demons of Action, *Partisan Review*, p. 777.
36. L. Goldmann, op. cit., p. 116.
37. J. Delhomme, op. cit., p. 119-122.

o amor é a única coisa que pode confirmar um indivíduo (seja quem for) em seu sentimento de ser uma pessoa singular, autônoma, coerente; só o amor manifesta ao homem que esse ser para si, necessário e suficiente, não *deveria* depender em nada de seu ser para outrem. O mundo não pode prevalecer contra vosso Eu – salvo quando o mundo vos ama e admite plenamente vossa singularidade. "Os homens não são meus semelhantes", pensa Kyo. Entretanto, essa tentação superior, absoluta do ser, deve ser renegada pondo-a em perigo: a ação (sem a qual não existimos) corre o risco de reduzir o ser-amor ao nada. Para Joyce ou V. Woolf, o amor era impossível: impedia-o de existir a barreira necessária erguida por uma subjetividade diante de um mundo de objetos derrisórios, mas fascinantes. Impossível também para T. Mann, na medida em que uma consciência humana, lentamente elaborada no passado, não viria reumanizar o presente. Em Malraux, o amor é impossível e possível, ser e não-ser, como estes valores que suas personagens sabem não serem imutáveis e que, no entanto, continuam para elas essenciais.

O romance, em todos os seus aspectos (personagens, formas, escritura), permanece para Malraux aquilo que era para V. Woolf: uma problemática. O discurso, a explicação unívoca, a descrição "soberana" são tão banidos tanto de *Os Conquistadores* quanto de *As Ondas*. Mas a problemática romanesca mudou radicalmente de sentido. Observamos que entre os princípios éticos e estéticos dos grandes romancistas dos anos de 1920 e o anátema surrealista sobre o romance havia menos incompatibilidade do que parentesco latente. M. Carrouges sublinhou que, buscando "a verdadeira relação entre as percepções ditas normais e as outras", o surrealismo propunha-se fundamentalmente a questão que se propõe o Narrador que, pondo o pé na "calçada de Guermantes", "*cambaleia no mesmo momento* sobre uma calçada desigual da Praça de São Marcos"[38]. Para os romancistas que escreviam contra a artificialidade do tipo e do absurdo da história, a pessoa era ao mesmo tempo hesitante e surreal, na medida em que concebiam uma oposição de natureza entre o movimento do sujeito e a fixidez do objeto. Malraux, que escreve contra Ego e seus espelhos, concebe uma pessoa incerta e hesitante. Seus heróis apostam na história. Dedalus apostava na consciência e na memória. Assim como o herói joyciano devia assumir a fragmentação e a mobilidade de um *stream* que prefigurava a totalidade do mental, da mesma forma as personagens de *A Condição Humana* deverão assumir a face imediata da história: a ação, o mais da vezes negadora, em sua crueza e em seus perigos, de uma essência universal do homem na qual eles têm fé, os heróis são exemplares de uma nova inspiração romanesca fundada naquilo que chamaremos o triunfo do fracasso do homem.

---

38. M. Carrouges, *André Breton et les données fondamentales du surréalisme*, p. 97.

ENTRE O MAIS E O MENOS

O Sol Também se Levanta é quase contemporâneo de *Manhattan Transfer* e de *Gatsby*. Mas E. Hemingway, cuja narrativa trazia em exergo a palavra de G. Stein – "You are all a lost generation" –, separava-se claramente de Dos Passos e de Fitzgerald. Se *Manhattan* era o livro do malogro social e *Gatsby*, o de um fracasso rigorosamente solitário, *O Sol Também se Levanta* era ao mesmo tempo o romance de uma impotência e de uma força, de um desespero e de uma esperança, indissoluvelmente ligados num destino. A ferida que tornou Jack Barnes impotente assume efetivamente um valor e uma significação gerais. Tendo dado "mais que sua vida", Barnes tem como quinhão o viver cada dia esta morte cuja presença Perken sentiu quando se viu impotente pela primeira vez[39]. Mas como Perken no momento de morrer, o narrador de Hemingway compreenderá o quanto a condição humana se separa da existência, compreenderá que o sentido da vida reside não no fato de viver, mas nos aspectos de sua pessoa que um homem pode ou não afirmar ou realizar: *O Sol Também se Levanta* desenrola-se entre o nada da impotência sexual e o ser do amor que une Barnes a Brett Ashley. Inferno para as duas personagens, este amor partilhado e impossível representa não obstante seu único ponto de apoio, para não dizer sua salvação, num mundo (num grupo social) que procura razões de ser no *teatro*: cafés de Montparnasse, *fiesta* em Pamplona, alcoolismo. Jack e Brett também tentam esquecer o vazio de suas pessoas tornando-se personagens. Sem consegui-lo, pois o contacto com a morte, que motivou seu amor (Brett cuidou de Jack quando de sua hospitalização e perdeu seu amante com a guerra), depois a impotência de Jack, os tornaram incapazes de se evadirem do fundamental. A vida, para eles, só pode ter um sentido. Depois de ter-se embriagado, o narrador de Proust se detesta por ter esquecido, ou antes traído, seu poder de reflexão do mundo e sobre o mundo, visto que para ele a pessoa não tem existência e sentido a não ser por este filtro atento da consciência de que James já dotava seus heróis. Ao contrário, os amantes infelizes de *O Sol...* não podem, apesar de seus esforços para desempenhar um papel, aproximar-se de uma autenticidade que sua infelicidade mesma lhes fez parecer imperativa. Mas se o primeiro romance de Hemingway é, em certa medida, pascaliano[40], o escritor não coloca todavia suas personagens diante da escolha entre ser e existir: sua desventura liga-se ao fato de que a autenticidade e o divertimento lhes são igualmente recusados; ambos são irrealizáveis. Invertendo a fórmula de Garine, Jack Barnes poderia dizer: "Nada vale a vida, mas a vida não vale nada". Sua saúde, seu gosto de viver, a paz relativa que encontra diante da natureza, seu mal-estar enfim diante da existência levada pelas pessoas de seu círculo fazem-no perguntar-se, por contraste, por que uma vida feliz com Brett lhe foi recusada. Interrogação despida de romantismo: Barnes não pode mais responder ao destino pela exaltação

---

39. *The Sun also Rises*, cap. IV.
40. Cf. G. A. Astre, *Hemingway*, cap. V.

"sentimental", nem pelo deleite lúgubre, nem pelo suicídio. Com efeito, a condição humana que cumpre assumir é uma mistura de possível e de impossível: a guerra (os homens, a história) criou o impossível, mas resta o amor, irrealizável, e no entanto evidente. Barnes só pode, pois, continuar a existir entre o contrassenso (a impotência) e o sentido. O amor, cuja transcendência se afirma tanto mais quanto Brett tem de sair de si para mostrar-se fraternal com o Outro. É toda a distância a separar a *absurdidade* do *absurdo* que Hemingway implicitamente sublinha no fim de seu relato:

> Brett aproximou-se de mim. Ficamos assim um junto ao outro. Pus meu braço em torno dela e ela repousou junto a mim, confortavelmente. Fazia muito calor, a luz era resplandecente, cobrindo as casas de um branco cru. O carro deu a volta na Gran Via.
> – Oh, bom Deus, diz Brett – poderíamos ter uma vida tão feliz.
> Diante de nós um guarda a cavalo, vestido de cáqui, dirigia o trânsito. Levantou seu bastão. O carro parou bruscamente, e Brett foi comprimida contra mim. Eu disse:
> – Sim. Faz bem poder pensar nisto, não é?[41]

Em 1945, em *Portrait de notre héros* (Retrato de Nosso Herói), R. M. Albérès insistirá com muita razão na importância assumida pelo sofrimento na literatura romanesca: "Outrora o romance cantava o sofrimento de amor, hoje procura o sentido do sofrimento"[42].

Sofrer, de Perken a Gisors, dos heróis da *lost generation* aos dois Mouchette de Bernanos e ao cônsul de *À Sombra do Vulcão*, suscita de fato duas interrogações fundamentais: como viver? (Como se pergunta Jack Barnes[43]). Como ser? Interrogando-se sobre a significação do mal, as personagens de Malraux e de Hemingway dão um sentido – uma *direção* – à sua vida, na medida em que seu sofrimento não é afetivo, nem mesmo psicológico. "A palavra medo", diz uma personagem de Faulkner, "foi inventada por alguém que jamais teve medo". Mas em Faulkner, medo, orgulho, dor são ressonâncias de uma condenação passada – presente – futura; são aspectos de nossa consciência coeternos ao homem, e que geralmente só existem na memória de uma personagem que os evoca, os arrasta no curso de um monólogo. É um mal metafísico que Quentin Compson "psicologiza". Em Hemingway, em compensação, o sofrimento é atual, pessoal, histórico; depende de acontecimentos nos quais um homem está embarcado, seja contra a vontade, seja livremente, para mudar sua vida ou a vida, acontecimentos cujo caráter é coletivo, porque é sempre com ou contra outros homens (em comunhão com eles ou para vencê-los) que um indivíduo se terá exposto ao sofrer – ao risco da morte. Esse sofrimento, se for pessoal, nem por isso se relaciona menos com o outro: o inimigo ou o próximo. O epíteto *rotten* (podre) retorna com frequência em *O Sol Também se Levanta*; Jack Barnes recebeu uma ferida "apodrecida" e repetidas vezes ele constata, por uma espécie de assimilação, o apodrecimento de um pós-guerra vivido por ricos ociosos. Compare-se

---

41. *The Sun also Rises.*
42. *Portrait de notre héros*, p. 192.
43. Cf. G. A. Astre, op. cit.

Adeus às Armas com "Palmeiras Selvagens". Em Faulkner, a morte de uma mulher amada, no parto, significa uma condenação eterna: querer a felicidade é uma ofensa. Para Hemingway, a felicidade total (despida de culpabilidade) que Frederik e Catherine conhecem na Suíça é uma vitória sobre o caos cego da guerra, e a morte de Catherine dando à luz uma criança morta nada tem de expiação: partindo só, debaixo da chuva, Frederick alcança um inexplicável – mas não fatal – sofrimento humano. Assim como o do amor, o tema da dor traça uma linha de separação entre dois tipos de escritores do período entre as duas guerras, sendo os romancistas de ação (exceto Hemingway) mais jovens do que os romancistas da nostalgia. Tudo se passa como se a primeira guerra mundial provocasse de início uma vasta tentativa para compensar a desordem do mundo pelo restabelecimento de uma consciência total, que transcende a história e repara o desmantelamento dos valores tanto universais como individuais que acaba de produzir-se. *O Sol Também se Levanta* e *Adeus às Armas*, ao contrário, mais nitidamente do que *Gatsby* ou *Suave é a Noite*, admitem a existência tal qual a guerra a fez. A necessidade de criar outra vida, apesar do caos presente e a partir dele, suscita um romanesco em que o sofrimento assume muito menos o caráter de um reflexo, ou de uma lembrança, do que o de um dever, ou de uma participação, de que dará testemunho precisamente o renascimento do amor, da fraternidade, da cumplicidade: desde agora é preciso amar, ser e viver "com", sem esperar que a "consciência" e o "indivíduo" sejam restabelecidos em sua plenitude e em seus direitos. Na ordem do amor, a distância entre *Aurélien* (Aureliano) e *A Condição Humana* é sem dúvida mais de grau do que de natureza. *Les Cloches de Bâle* (Os Sinos da Basileia) e as narrações de Malraux têm um parentesco de inspiração na ordem da ação política – da recusa da alienação. Aureliano, cuja situação é fundamentalmente a mesma que a de Saint-Preux, de Rousseau, escapa não menos às incertezas, aos erros, à passividade do Gilles, de Drieu la Rochelle, do que à inquieta introversão proustiana: seu amor por Berenice representa para ele, de um lado, um absoluto que as pessoas de seu círculo procuram apreender, para retomar uma expressão cara a Malraux, apenas a moeda, de outro, um sofrimento que lhe parece imperativo numa sociedade entregue à diversão e à degradação. E o "colar de assassino", que Berenice traz quando Aureliano a reencontra e vê seu amor justificado, é a imagem de um mundo dilacerado entre a esperança e o desespero. O amor, como a ação política, dá ao indivíduo o sentimento da identidade da pessoa, porque amando ele pôde sair de si. Amar, estar com, sofrer são os aspectos dominantes e associados de uma inspiração romanesca marcada pelo retorno da História. Perigo fascista, revoltas operárias, guerra de Espanha presidem *Os Sinos da Basileia*, *For Whom the Bells Tolls* (Por Quem os Sinos Dobram), *À Sombra do Vulcão* e preocupam Bernanos. A personagem não aspira mais a ser pela mediação de um olhar, a abranger a múltipla plenitude de sua consciência. Luta para ser existindo diante de outrem.

> [...] este homem não é um se não for todos os homens. A força, a resistência, o longo e hesitante pensamento de todos os homens e também todas as alegrias, todos os

sofrimentos que os desunem e que no entanto fazem deles um todo. Ele é todos os homens, é o receptáculo de uma parcela da alma de cada um; mais ainda: é o símbolo da alma da terra[44].

Assim fala uma personagem de *To a God Unknow* (A um Deus Desconhecido), publicado por Steinbeck, em 1933. Mas *Num Combate Duvidoso* dir-se-á:

– Você compara a greve a uma ferida?
– Sim. Homens agrupados são sempre vítimas de uma espécie de infecção. Esta é uma das mais perigosas. Eu quero *ver*, Mac. Quero vigiar estes homens agrupados; eles me parecem formar um só indivíduo novo; não, de modo algum, como indivíduos reunidos. Um homem, num grupo, não é ele mesmo; é uma célula de um organismo tão diferente dele quanto as células de seu corpo são diferentes de você[45].

– Seu defeito, Doc, diz Mac, é que você está demasiadamente à esquerda para ser comunista. Mas como explica que homens como eu dirigem e provocam movimentos? Eis quem vai de encontro à sua teoria do homem-multidão[46].

Essas passagens colocam em termos novos o problema da pessoa social. Em Balzac, os grupos têm um caráter institucional e dependem de leis econômicas implacáveis. Para Zola, a sociedade é um organismo cuja vida é mantida por um conflito opressores-oprimidos. De James a Joyce, o social só tem como referência e expressão válidas o individual, a tal ponto que somente o conhecimento do singular permite conhecer o Todo. Para Steinbeck – mas também em *Por Quem os Sinos Dobram* –, um grupo é, deve ser, uma pessoa distinta ao mesmo tempo da unidade e da massa, não apenas porque cada homem detém uma parcela da "alma da terra", mas ainda em virtude de uma condição comum a um conjunto de indivíduos e da meta que estes devem alcançar para escapar a isto. C. E. Magny viu o quanto Steinbeck se separa dos dois outros grandes romancistas americanos: "Faulkner e Dos Passos resistem ao mundo circundante; dão testemunho contra este mundo tão fortemente quanto podem. Steinbeck assumirá toda essa realidade que lhes desagrada, em seu horror como em sua grandeza"[47].

Com efeito, Steinbeck está "completamente reconciliado com a *impersonalidade* que quer descrever"[48]. O anonimato dos humildes, que para Faulkner está ligado à sua própria condição – eles só deveriam ter existência por seu lugar preciso numa hierarquia – e que para Dos Passos é a consequência do desenvolvimento desmedido e irracional de uma Sociedade que só conhece a lei do mais forte e do mais astuto, significa para Steinbeck a presença viva de um mundo oprimido. Em sua impersonalidade, reconhece uma pessoa. Mas falta ainda que esta se afirme como tal livrando-se da opressão, e aqui tocamos no aspecto

---

44. J. Steinbeck, *To a God Unknown*, cap. XII.
45. *En un combat douteux*, p. 191.
46. Idem, p. 192.
47. C. E. Magny, Steinbeck, or the Limits of the Impersonal Novel, em J. Tedlock; C. V. Wicker, *Steinbeck and His Critics*, p. 219-220.
48. Idem, ibidem.

crucial do problema da pessoa tal como se apresenta tanto em Steinbeck (entre 1930 e 1937) como em Bernanos e Malraux: somente uma ou algumas *personalidades* podem suscitar, organizar, controlar esse esforço, libertador comum, assegurar a mutação na pessoa do grupo que pertence propriamente ao século XX, que exprime o debate entre Mac e Burton. Este último julga que o "homem-multidão" se apega, para agir, a uma "divisa ideal, a um *slogan*, mas de fato este ser coletivo talvez só deseje "mexer-se ou bater-se"[49]. Mac pensa que o grupo oprimido provoca necessariamente a aparição do indivíduo consciente, esclarecido, que, solidário com ele, o guiará para a dignidade, fará de seus membros verdadeiros indivíduos. C. E. Magny observa com justiça que Mac e seu companheiro Jim "encontram sua verdadeira essência por se terem libertado de si mesmos, por terem abandonado voluntariamente sua personalidade"[50]. Mas essa negação os opõe às personagens de Malraux cuja personalidade continua "demasiado forte"[51]? Julgamos antes que Malraux erige em modelo, exprime em suas implicações extremas uma situação que subentende todo um período romanesco: qualquer que possa ser seu abandono de si (de que são prova Kyo, Katow e mesmo Garine), o homem consciente da necessidade racional de arrancar outros homens à sua *miséria* levando-os à realização de uma *ideia*, este homem nunca chega, exatamente por causa dessa consciência, a comunicar-se plenamente com essa miséria. A greve dirigida por Mac e Jim fracassa por falta de uma disciplina e de uma organização, portanto de uma compreensão, suficientes. A revolução malogra também em Xangai. Sem dúvida, o importante era que existisse, criada e vivida por alguns seres consagrados a mudar a vida e o mundo, uma tensão em direção a uma pessoa unânime e fraterna. Entretanto, a defasagem que subsiste entre seu ultrapassar a si mesmo e a "aderência" daqueles que eles querem salvar de sua miséria mostra a essas personagens a natureza e a extensão de sua *solidão*: estão sós por quererem ser mediadores entre uma doença e uma força.

Tal é a solidão para Bernanos e para Malraux: o dever de fraternidade e de participação, quer derive de um imperativo racional ou espiritual, implica uma ultrapassagem do humano, mas tem por anverso o desespero ao espetáculo de uma vida humana concreta de que é impossível afastar-se. Klein dirá do narrador dos *Conquistadores*: "Sim, fazer saber àquelas pessoas que existe uma coisa que se chama vida humana. É raro, *ein Mensch*... um homem!"[52].

E Bernanos faz dizer ao pároco de Torcy:

> Só que uma coisa é sofrer a injustiça, outra é suportá-la. Eles a suportam. Ela os degrada. Não posso ver isto. É um sentimento que não se pode dominar? Quando me encontro à cabeceira de um pobre diabo que não quer morrer tranquilo – o fato é raro, mas pode ser observado de vez em quando –, minha sagrada natureza volta a dominar,

---

49. *En un combat douteux*, p. 192.
50. C. E. Magny, op. cit., p. 220.
51. Idem, p. 223.
52. *Les Conquérants*, p. 48.

tenho o desejo de dizer-lhe. "Retira-te daí, imbecil! Vou mostrar-te exatamente como se faz isto". O orgulho, sempre o orgulho[53].

Entretanto Klein, "organizador europeu da greve[54]", e o robusto eclesiástico do *Diário de um Pároco de Aldeia*, fazem questão de permanecer nos limites do possível e do eficaz, enquanto o pároco e Chantal de Clergerie, de uma parte, de outra, Kyo, May e Katow deverão assumir ao mesmo tempo o sobre-humano e o demasiado humano. Observemos que a obra de Bernanos segue um trajeto comparável à de Malraux. A autenticidade da fé constitui o tema essencial de *L'Imposture* (A Impostura), como a autenticidade da ação (portanto do ser) é o de *Os Conquistadores* e de *A Estrada Real*. *A Alegria* triunfa tragicamente da dúvida, como *A Esperança* triunfa com incerteza da contrarrevolução. Enfim, a tentação do nada em *Monsieur Ouine* corresponderá à tentação do não-ser de *As Nogueiras de Altenburgo*. Mas no centro do romanesco há em Bernanos *Diário de um Pároco de Aldeia*, como em Malraux há *A Condição Humana*. Aí estão expressas suas concepções da pessoa em sua mais nítida plenitude, mas também sob seu aspecto mais agudo de hesitação, de interrogação. Da mesma forma como Garine, dirá E. Mounier, é uma personalidade associal, em quem a vontade de poder contradiz o espírito de disciplina indispensável à ação revolucionária[55], assim o santo de Lumbres (*Sous le soleil de Satan* [Sob o Sol de Satã]) vive no sobre-humano, por uma sobrenatureza e para um sobrenatural. Ao contrário, o destino do pároco de aldeia, tal como o de Kyo, estender-se-á entre os limites mais negativos e mais positivos do humano. Para participar da natureza humana, basta a Kyo ser eurasiano, ser ciumento, experimentar uma desesperadora compaixão por um demente; assumirá a sobrenatureza por amor de May assim como por sua recusa de trair a revolução. De seu lado, o pároco de aldeia não tem necessidade da tentação encarnada do diabo: basta-lhe o desespero, sob a forma de doença, de perversidade mesquinha dos aldeões e da "psicologia" – nem tem necessidade, para existir espiritualmente, de uma manifesta iluminação divina; a simples caridade fá-lo-á, antes de Chantal de Clergerie, "renunciar até à sua morte[56]". Do mesmo modo Katow, dando seu suicídio a outrem, dá mais que sua vida. À "dialética do Mal e da Graça, que está no coração da obra romanesca de Bernanos[57]", corresponde em *A Condição Humana* a dialética do ser e do fazer, visto que o ser se confunde, em última análise, com o espírito ou a consciência universais, enquanto que a ação tem um caráter essencialmente positivo: ela é engajamento entre os homens a fim de que estes tenham acesso a uma consciência que os leva para além de sua vida presente. Sobre "as verdes colinas da África" ou na corrida de touros, na guerra como na pequena paróquia, a ação é pragmática ao mesmo tempo que

---

53. G. Bernanos, *Journal d'un curé de campagne*, p. 102.
54. *Les Conquérants*, p. 37.
55. E. Mounier, *L'Espoir des désespérés*.
56. *La Joie*.
57. M. Estève, Bernanos témoin de notre temps, em *L'Herne*, núm. consagrado a Bernanos, p. 74.

final, quer a personagem a queira assim, quer a realize contra a vontade. O ato é operação num mundo a reumanizar.

Teatro para Balzac, suporte biológico para o naturalismo, fascínio opressor, mas que deve ser filtrado, interpretado, metamorfoseado de Flaubert a Joyce, o mundo é agora uma *matéria* que não tem sentido a não ser aquele que reveste com relação à esperança dos homens de tornarem-se humanos. Doravante o universo é aquilo que fazemos dele. Ele é com ou contra a consciência, com ou contra a história, com ou contra a fé. Evocamos a cena em que Leopold Bloom, tomado de uma vertigem irônica mas inquieta diante do espetáculo de Dublin, imagina a cidade automatizada. Em 1936, um crítico verá em *Diário de um Pároco de Aldeia* o "ódio deste mundo mecanizado que é o nosso" e comparará Bernanos a René Clair de *A nous la liberté* (A Nós a Liberdade) e ao Chaplin de *Modern Times* (Tempos Modernos)[58]. Mas, para Bernanos, este mundo tem necessidade de uma alma religiosa universal, ainda incriada, ao passo que, para Joyce ou Musil, o mal da vida moderna reside, antes de tudo, no fato de esta separar em compartimentos as consciências. Pensemos no olhar do pároco sobre sua paróquia: "Da costa de Saint-Vaast, a aldeia apareceu-me bruscamente, tão amontoada, tão miserável sob o céu hediondo de novembro. A água lançava vapores sobre ela de todas as partes e tinha o ar de se ter estendido aí, na erva molhada, como um pobre animal esgotado"[59].

Minada pelo câncer do tédio ("Pode-se viver por muito tempo com isto"), essa paróquia é a matéria proposta à ação do jovem padre, e a seu sofrimento. Ao narrador de *Os Conquistadores*, a China não aparece sob uma luz pitoresca – nem de eternidade. É um lugar onde "o domínio europeu vai desmoronar-se", onde os juncos passam "sem um som, sem um rosto, sem nada de humano[60]"; a China ainda não tem existência, ainda não passa de uma oferta à revolução. Em *A Esperança*, um avião republicano sobe "para a indiferente serenidade das estrelas"; o que escapa à ação dos homens para mudar o mundo, ou à sua vontade de dominar, é efetivamente indiferente, os céus noturnos como os pássaros soltos por Ferral no quarto de Valérie, ou mesmo a sabedoria de Gisors e de Alvear, que pôde ser qualificada de "estéril"[61]. Em compensação, a fábrica onde os operários se tornaram patrões participa doravante de sua vida, está com eles. "Existiam as colinas e eu existia, e não se estava mais separado", dirá uma personagem de *The Grapes of Wrath* (As Vinhas da Ira)[62]. Assim, a pessoa e o mundo estão ligados por uma mesma qualidade de sentido, por uma mesma intencionalidade temporal e histórica. A pessoa e o mundo só chegam à existência graças a uma ação racional e criadora dependente de um imperativo que participa do ser (e constitui a razão de viver) da personagem. Antes da ação, os objetos são mudos, degradados, informes. Assim são também os homens antes

58. J. Bénet, Journal d'un curé de campagne, *Les Cahiers du Sud*, p. 591.
59. *Journal d'un curé de campagne*, p. 2.
60. *Les Conquérants*, p. 7.
61. Cf. V. Brombert, *Studies in the French Novel. The Intellectual Hero, 1880-1955*, p. 89.
62. *Les Raisins de la colère*, p. 110.

que um amor ativo os desperte para uma consciência "tão vasta quanto possível". Mas trata-se de romances e de personagens: que formas reveste o romanesco, que significação "imaginária" assume ele a partir do momento em que a dualidade complementar do dever ser e do dever fazer se torna fundamental na inspiração do romancista e determina seu olhar?

Ao morrer dizendo "tudo é graça", o pároco de aldeia opõe-se a um Kyo seguro de que seu suplício aniquilará seu espírito como seu corpo, transformará sua vida em destino. Todavia, esse suplício, não mais que a doença do jovem padre, não remata a história – o devir dos homens: o espírito revolucionário (o ser da revolução) permanece em May e outro padre virá encarnar a santidade do pároco de aldeia. Em seu termo, ambos os livros significam de maneira diferente a união ou, antes, a concomitância rigorosamente necessária da essência e da existência, mas essa união é aqui e lá da mesma ordem. A uma mesma concepção do homem, pertence fundamentalmente o querer ser dos grevistas de *Num Combate Duvidoso*, dos insurrectos de *Le Cheval de Troie* (Cavalo de Troia) e até do marinheiro de Kay West (*To Have and Have Not* [Ter e Não Ter]) que se entrega ao contrabando por necessidade: é o querer ser de homens revoltados contra um aspecto do humano que Guilloux designará como *Le Sang noir* (O Sangue Negro), em 1936, e que M. Arland chama *L'Ordre* (A Ordem), em 1932. É verdade que escrevendo:

> Vimos tudo aquilo partir e ainda olharemos tudo aquilo indo embora. A coisa importante é durar, é fazer seu trabalho, ver, ouvir, aprender e compreender; e escrever quando se sabe alguma coisa, nem antes nem muito tempo depois. Deixem agir aqueles que querem salvar o mundo se quiserem chegar a vê-lo claramente e em seu conjunto[63].

Hemingway termina *Death in the Afternoon* (Morte ao Entardecer) no mesmo ponto onde começam os primeiros romances de Malraux[64]. Mas se Claude e o narrador de *Os Conquistadores* recusam-se a ser espectadores e simples "consciências", ao menos são também eles testemunhas, e duas personagens de Malraux (Gisors, Alvear) estarão muito perto de crer que o importante é durar. A Claude, espectador de Perken diante dos Mois e que se sente ligado a ele quando o vê ferido, corresponde o escritor de *Morte ao Entardecer*, que tenta identificar-se com o matador devido ao desafio blasfematório que lança à morte:

> Mas quando um homem está ainda em rebelião contra a morte, tem prazer em atribuir a si mesmo um dos atributos divinos, o de dá-la. Aí está um dos sentimentos mais profundos dos homens que sentem alegria em matar. São ações realizadas no orgulho e o orgulho, pecado cristão, é uma virtude pagã.

Balzac propunha a ambição, mas Stendhal, seu contrário: o amor de si. O Príncipe André e Anna Karenina ampliam Jean Valjean e Emma Bovary. O silêncio procurado por V. Woolf terá sido metodicamente preenchido de pensa-

---

63. *Mort dans l'après-midi*, fim.
64. W. M. Frohock, op. cit. p. 36.

mento e de imagens por Proust, e qual a personagem de *Manhattan Transfer* que não desejaria desfrutar da livre curiosidade de Bloom? Durante um longo período da literatura romanesca e dramática, a necessidade de monólogo constitui um aspecto essencial da pessoa, destinado a compensar uma história e uma sociedade "negativas" e a partir do qual se exprimem diversas visões do mundo, desenham-se personagens muito diferentes (mas não heterogêneas), criam-se muitos tipos de estruturas estéticas. *O Sol Também se Levanta* terá marcado uma data na medida em que Jack Barnes funda o valor da vida na consciência da morte, e não mais (se pensarmos em *Suave é a Noite*) naquela inconsciência que é a esperança individual. Perguntando-se "como viver?", porque um dos gumes mais cruéis da morte o atingiu, Barnes ultrapassa essa exigência de reciprocidade que cava a tumba dos heróis de Fitzgerald; por essa interrogação chega ao amor, à doação, à vida, mesmo se o amor é carnalmente impossível. Arriscada na arena ou suportada na guerra, afrontada pelo aventureiro ou assumida por escolha política, a morte tornou-se o sinal de uma solidariedade inelutável. Fundamenta uma imagem da pessoa assim definida por I. Meyerson: "A participação não é mais contestada nem discutida: é o ponto de partida. Na dor como na alegria, o homem é tributário dos homens, o Eu participa dos outros. Contato doloroso, que submerge, ou contato feliz que enriquece; mas sempre os outros estão em mim; sou aquilo que dou e recebo"[65].

Por isso L. Dietrich escreve, com *L'Apprentissage de la ville* (A Aprendizagem da Cidade), um anti-*Manhattan Transfer*. Enquanto Dos Passos, Wolfe, Farrell, Döblin, Musil e o cineasta de *Metropolis* viam a cidade à luz da alienação, da opressão, do nivelamento, o narrador de Dietrich ("resto que a vida não pôde digerir"[66]) procura, ao contrário, uma solidariedade, um contato com outrem graças aos quais possa, observa I. Meyerson, "descobrir e limpar sua caverna interior[67]". A aprendizagem da vida deve ser positiva. "A multidão cobriu tudo como a água do dilúvio[68]", mas essa multidão não é menos composta de homens a serem salvos da injustiça e da desordem[69]. De outra parte, os relatos de A. de Saint-Exupéry apresentam um desmentido ao *Pilone,* de Faulkner. A aviação é agora o meio de ultrapassar a vida para melhor conhecê-la e saber seu preço, para superar-se a si próprio e sentir-se unido a todos os homens; meio, enfim, de vencer o próprio corpo, de dominar a extensão do mundo, de dar um sentido à morte, transfigurando-a em eternidade pela ação fraterna. A tentação e a ameaça do absurdo, tão fortes em Hemingway, Malraux, Bernanos e Dietrich, é pouco sensível nos romances de Saint-Exupéry. Mas *Terre des hommes* (Terra dos Homens), *Vol de nuit* (Voo Noturno), *Pilote de guerre* (Piloto de Guerra) afirmam e negam ao mesmo tempo o homem mortal; afir-

---

65. I. Meyerson, Quelques aspects de la personne dans le roman, *Journal de Psychologie*, p. 323.
66. L. Dietrich, *L'Apprentissage de la ville*, p. 377.
67. I. Meyerson, op. cit., p. 325.
68. L. Dietrich, op. cit., p. 26.
69. I. Meyerson, op. cit.

mação, negação que salva o indivíduo de sua memória e o integra num devir humano coletivo e vivo.

Essa salvação, radicalmente oposta àquela que Stephen Dedalus concebia, é de natureza trágica, porque se funda ao mesmo tempo na constatação do irremediável e na obrigação para o homem de impedi-la a todo custo, mesmo ao preço da própria vida; é preciso viver a partir da hipótese da morte (*La A Estrada Real*), agir individualmente com a participação incerta dos outros (*Num Combate Duvidoso*), amar a partir da incomunicabilidade das consciências (Bernanos). Parece-nos significativo que para Malraux o homem só exista esmagado em Faulkner e que *Santuário* seja o romance do irremediável[70]. Faulkner, para quem tudo está terminado, já decidido e escrito, explora efetivamente da tragédia grega só o aspecto fatal: ignorando a defesa que Orestes e Édipo querem opor, com a ajuda do coro, ao destino fixado pelos deuses, Faulkner só compensa o *fatum* pela "lenda" do *stream*. Malraux, ao contrário, devolverá sua natureza de duelo à tragédia. Arrancando ao passado teológico a negatividade faulkneriana, transfere-a para o atual e opõe-lhe a ação. A luta de Garine contra seu corpo enfermo e contra o inimigo político ocorre hoje e é para amanhã; é o choque de uma vontade e de uma fatalidade, de uma revolução e de um estado. Num instante crucial, Ferral descobre que o conflito do homem "possuidor" e da mulher que se afirma como "ser humano também" tem um caráter de tragédia; duas concepções de relações humanas acabam de se defrontar. Numa extremidade do trágico há um irremediável que se pode admitir mas não suportar; na outra extremidade, um irremediável provocado do qual o homem terá sido ao menos responsável. Se Kyo aceita renegar a revolução, aniquila aquilo que para ele constitui o valor de sua pessoa; mas o suplício tirar-lhe-á a vida, e o comunismo perderá um combatente. Essa situação (a de Rodrigue, em que se apresentam ao herói duas saídas igualmente "impossíveis"), a única que pode resolver uma vontade de perseverar no ser que se escolheu, nós a reencontraremos em Bernanos. Recusando aceitar o irremediável dos pecados de outrem, aceitar o irremediável de sua doença, de sua miséria, o pároco de aldeia só pode permanecer fiel à noção de graça, que precipita sua morte. Em Saint-Exupéry, a graça será o espírito de fraternidade, vitorioso do mortal isolamento do indivíduo no mundo, e da morte física a ser enfrentada cada dia.

Entre esses dois aspectos do irremediável, ter-se-á desenrolado um combate que dá ao homem consciência de que o tempo *existe*. Se a solução do conflito trágico imobiliza o tempo – não é mais possível recurso algum: presente, passado, futuro são petrificados imediatamente pela morte[71] –, o tempo vivido durante a experiência trágica está contido à medida das ações de um homem: o indivíduo trágico dá um sentido a esse tempo não-significante que o narrador quer afastar ou transfigurar. "*Em Busca do Tempo Perdido* elude constante-

---

70. Cf. A. Malraux, prefácio a *Sanctuaire*, p. III-IV.
71. Cf. C. Rosset, *La Philosophie tragique*, p. 3-19.

mente o tempo", dirá Etiemble em 1945[72]. Os revolucionários ou aventureiros de Malraux, os padres de Bernanos, os aviadores de Saint-Exupéry recusarão tanto o refúgio proustiano na duração quanto a submissão faulkneriana ao peso do passado e à facticidade do presente.

De uma tal "imaginação trágica[73]", deriva um estatuto novo da personagem romanesca. *Ulisses* era dominado pelas duas figuras hiperdominantes de Bloom e de Dedalus e povoado de personagens que correspondiam a muitos níveis do simples significado. *Manhattan Transfer*, e o trio Narrador – Swann – Charlus, opõe um saber a uma não-consciência de toda uma sociedade. Personagens *representativas* animam, em compensação, o romanesco da participação. Representatividade muito diferente daquela censurada por V. Woolf nos romancistas "eduardianos" e também daquela de Balzac e do naturalismo. De *Morte ao Entardecer* a *Terra dos Homens*, a personagem representa não uma função, um estado, uma condição, mas os atos que deve realizar e, sobretudo, a ideia, o princípio de onde estes necessariamente derivam. As personagens de *Os Conquistadores*, observa W. F. Frohock, são: "antes de tudo tipos definidos por suas atitudes diante da vida e da política. Hong é o Terrorista, Nicolaieff, o Algoz, Tcheng-dai, a Força moral..."[74].

Com efeito, cada uma dessas figuras encarna uma visão do mundo, em vez de resumir, como em Balzac, todo um grupo e de pôr esta imagem social sintética em conflito (Hulot) ou de acordo (Rastignac) com a "vida das paixões". As personagens de Malraux são, voluntariamente ou por imposição, seres homogêneos e consequentes, e os de Hemingway também tiram as consequências que lhes parecem lógicas e realistas de sua condição humana. Para Malraux como para Bernanos, o típico depende da complementaridade do ser e do fazer, condição mesma da existência da pessoa. De Perken, foi dito que é "o aventureiro do século XIX"[75]. Mas quando a iminência da morte coloca Perken diante do problema da verdade, o típico se muda em símbolo de uma "atitude diante da vida". Poucos romances dão prova de uma categorização tão clara quanto *A Condição Humana*. Num primeiro nível, Malraux categoriza suas personagens como produtos de uma história ou de uma cultura: em Xangai de 1927, são representados o imperialismo, o espírito, a disciplina e a violência revolucionários, a sujeição da mulher, os prestígios da cultura, da arte, do jogo. Num segundo nível, essas personagens assumem o conflito do para si e do para outrem, como o da eficácia e dos valores. Contudo, esses dois níveis estão logicamente ligados. Com efeito, observemos que Ferral, depois de ser "contradito" em seu erotismo e em sua vontade de poder por Valérie, não é mais do que o representante de um Ocidente bombardeado. Sua "margem de ser" se estreita e sua ambiguidade se esfuma. Ao contrário, a ambiguidade das outras personagens se afirma, na medida em que a revolução é uma força aberta cuja

---

72. R. Etiemble, *Proust et la crise de l'intelligence*.
73. W. M. Frohock, op. cit.
74. Idem, p. 41.
75. Idem, ibidem.

finalidade última é o advento de um homem total: o universo revolucionário autoriza toda uma gama de atitudes, desde aquela do frio tático até o dilaceramento íntimo de um Tchen.

Entretanto, esses matizes, esses graus na situação de revolta, que serão por assim dizer recenseados em *A Esperança*, só conservam sentido e valor aquém de certo limiar de incerteza. Por mais válida que seja sua crítica do fato revolucionário, ou da vida sacerdotal, por mais profundo que seja seu desencorajamento diante de uma fraternidade a promover ou de um mais-ser a encarnar, por mais fortes que sejam as exigências de sua afetividade, a personagem deverá agir, e quanto mais essa ação se reveste de um caráter ético, mais se torna necessária. Significativa é a gradação no sentido do valor absoluto da ação que se manifesta de *Os Conquistadores* a *A Esperança*. Ao narrador de *Os Conquistadores*, Garine confia: "Minha ação torna-me abúlico com respeito a tudo aquilo que não é ela, a começar por seus resultados. Se me liguei tão facilmente à Revolução, é que seus resultados estão distantes e sempre em mudança. No fundo, sou um jogador".

Mas acrescenta: "Desde há alguns dias, tenho a impressão de ter talvez esquecido aquilo que é capital, que outra coisa se prepara..."[76].

Chamemos fraternidade necessária a esse esquecimento de Garine. Fraternidade que Kyo, Katow, Scali demonstrarão por seus atos, tanto mais asperamente quanto hão de saber qual o preço que é mister pagar para assumi-la: sofrimento físico, renúncia a uma mulher amada, orgulho a vencer, Eu a superar. Essa gradação na entrada no humano, para usar uma feliz expressão de I. Meyerson[77], é igualmente sensível de *A um Deus Desconhecido* ao *Cavalo de Troia*, de *A Impostura* a *Por Quem os Sinos Dobram*. Por detrás da ação de uma personagem como por detrás de suas dúvidas e de suas fraquezas, vemos afirmar-se, aquém da aventura, da política, da religião e do heroísmo, a presença dos outros, que também devem e podem agir, e que a personagem engaja por seus atos. Evocando o "sobrenaturalismo histórico" de Bernanos, E. Mounier escreverá:

> Se o padre é a personagem principal de seus livros, não é um tipo entre outros, um pouco fora da vida comum, de lado, acima ou abaixo: como Cristo que ele perpetua, é o homem central, o homem mais homem, o mais típico e o mais banal, visto que é preposto à vocação comum da humanidade – levar o máximo de plenitude humana ao contacto da plenitude divina[78]...

A sobrenatureza que o pároco de aldeia ou os aviadores de *Terra dos Homens* querem encarnar não é, com efeito, sobre-humana, mas exaltação do humano, e o trágico sentimento de solidão que experimentam não é um corte, mas uma distância. Concedamos a C. E. Magny que a grandeza das personagens de Malraux, que reside em sua separação de si próprias (sabem que "sua vida é seu único bem") se opõe à grandeza das de Steinbeck, que abandonaram sua

---

76. *Les Conquérants*, p. 195.
77. I. Meyerson, L'Entrée dans l'humain, *Revue philosophique*.
78. Op. cit., p. 190.

personalidade[79]. Mas Kyo, Katow, Manuel dizem a si próprios: "Só tenho uma vida", ou: "Todo homem só tem uma vida?" Em todo caso, o "se" (a gente) heideggeriano não é menos erigido em pessoa em *A Condição Humana* do que em *As Vinhas da Ira*[80]. Aqui e lá os homens existem atrás, com os protagonistas. O romanesco dos anos de 1930 não implica mais uma demarcação entre indivíduos – objetos e consciências – sujeitos. Todos os homens, presentemente, são sujeitos virtuais. Cada personagem de Malraux, observa W. M. Frohock, está em relação significativa e necessária com uma tragédia central, e C. E. Magny faz uma observação análoga a propósito de Steinbeck[81]. Doravante nada é inútil. O maniqueísmo do romancista mudou de natureza: tal personagem será desumana, não para recusar ou ser incapaz de olhar em si, mas para opor-se conscientemente ou não a um impulso no sentido de uma humanidade que se tornará homogênea pela superação de si. Desapareceram manequins, autômatos, falsas aparências. Vemos também alargar-se o leque das personagens "principais": visto que o romanesco não está mais fundado na receptividade de um ser (nem em sua cultura), mas na sua vontade ou em sua necessidade de agir, as figuras dominantes da narração poderão pertencer ao mundo dos humilhados, pois a ação é precisamente motivada por uma recusa da humilhação[82]. E a mulher, eleita por V. Woolf por sua inteligente sensibilidade, que em Faulkner (como em Proust em certa medida) encarnava a dualidade eterna da Mãe sagrada e da Eva maléfica, torna-se, em *A Condição Humana*, *Por Quem os Sinos Dobram*, *A Alegria*, este ser responsável que Lawrence já havia representado.

Observemos, enfim, que se os romancistas da interioridade amiúde faziam com que suas personagens se revezassem, esse revezamento em Malraux, Bernanos ou Hemingway assume uma forma totalmente diferente: cumplicidade, fraternidade, identificação. M. Mohrt fala do "casal" Rinaldo-Frederick em *Adeus às Armas*[83]. Há Mac e Jim em Steinbeck. O pároco de aldeia e o pároco de Torcy estão ligados por uma compreensão profunda contra as mentiras do século. Há Perken e Claude, Kyo e Katow. Em *O Sangue Negro*, o próprio "maldito" Cripure encontrará um amigo.

Típicos de uma ideia ou de uma fé que mudam a condição humana, essas personagens são anômicas: rompem uma ordem estabelecida, mas afirmam a necessidade de uma ordem nova. São heróis, mas menos por sua coragem, sua abnegação ou seu ideal do que por sua vontade de ultrapassar o humano sem jamais renegá-lo. De Hemingway a Bernanos, manifesta-se uma recusa da mediocridade, e sobretudo de toda a atitude passiva, conformista, espectadora. Mas essa recusa não traz em si sublimação nem desprezo: para levar os outros a uma condição futura, é mister compartilhar sua condição presente e, por conseguinte, oferecer-lhes (como também ao leitor) uma visão ao mesmo

---

79. C. E. Magny, op. cit., p. 223.
80. Idem, ibidem.
81. W. M. Frohock, op. cit., p. 62.
82. Cf. C. E. Magny, op. cit. p. 225.
83. M. Mohrt, *Le Nouveau roman américain*, p. 52.

tempo humana e mais que humana. O amor e a morte assumidos por Jack Barnes, a felicidade pela qual luta Frederick, o suicídio heróico de Kyo, a humildade redentora do pároco de aldeia nos levam a dizer que o romance da participação – se o compararmos tanto ao romanesco da interioridade como aos romanescos balzaquiano, stendhaliano e naturalista – reconcilia profundamente a *pessoa* e a *personagem*; uma tende a alcançar a outra na medida em que a noção de pessoa não é mais concebível a não ser no seio de um movimento contraditório de submissão à vida real e de revolta ativa contra esta. Quando a contestação do atual deve ser vivida, quando a pessoa não assume existência a não ser em direção a, para, contra e com, então se apaga essa contradição entre a essência e a aparência que Stendhal e suas personagens queriam assumir[84] e que Proust e suas personagens gostariam de reduzir através do conhecimento, da exploração e exaltação da consciência. Virtualmente, o homem de Malraux não é menos introvertido do que Dedalus, mas, de uma parte, sabe que a "descontinuidade do mental" pertence a um momento da história, a uma cultura que, tendo-a gerado, descobre-a e até a sacraliza; de outra, que o "movimento do eu" e *o medo de perdê-lo* endossando um papel se obliteram, na ação, quando esta tende a realizar uma ideia geral, uma concepção global do humano – quando ela é realizada para o Nós em nome do Nós. Como observa de maneira penetrante B. Dort, não é de modo algum espontaneamente – por gosto – que as personagens de Pirandello são seres divididos em múltiplas e contraditórias imagens de si próprios: a sociedade obriga-os a essa fragmentação, e eles aspiram a ser personagens, no sentido pleno do termo – em que o papel social e a profundeza seriam concordantes[85]. A frase de Aragon, que teria podido figurar em *A Tentação do Ocidente*, "Saio, como de uma floresta, da época em que a gente olhava para si com a ajuda de um sistema de espelhos"[86], não exprimia exatamente uma condenação do subjetivismo. Como Bernanos, o autor de *Anicet* não ignorava a inevitabilidade do conflito do Ego flutuante e do Eu unívoco, do ser e da aparência. Mas além de focalizar o caráter e as origens sociológicos e históricos de um "movimento do mental" valorizado ao extremo no curso dos anos de 1920, Aragon denunciava a transformação, por uma época – isto é, pelo romanesco "proustiano" –, da flutuação do Ego em sistema: encerrar a pessoa numa estrutura labiríntica na qual lhe cumpriria reencontrar-se porquanto estava perdida nela era recorrer a um álibi para evitar a participação no mundo. Abordando o romance, Aragon só traía em parte os princípios de A. Breton, pois, como este último, denunciava a inutilidade dos esforços dos escritores para forjar com todas as peças ("para as necessidades da causa") uma complexidade psicológica que nada tinha de comum com a profunda, viva e imprevisível espontaneidade do mental. Aragon tampouco desmentia o espírito de seus ataques mordazes do *Traité du style* (Tratado do Estilo) contra *Os Moedeiros Falsos*, pois ia mostrar em seus romances o quanto era irreal e inve-

---

84. Ver os estudos de G. Blin.
85. B. Dort, *Théâtre public*, p. 61.
86. L. Aragon, *Anicet ou le malentendu*, p. 10.

rossímil o indivíduo que *imobilizava* seu olhar na *mobilidade* de sua pessoa; real em troca era aquilo que, apesar desse movimento, mostrava-se responsável pelo *sentido* que devia necessariamente dar à sua vida. Assim renovada, a personagem seria a síntese de suas contradições e não mais sua expressão sempre fugaz e renovada. A participação inevitável no mundo obrigava todo o indivíduo a ter um rosto. Proust tinha razão ao escrever que o homem nunca pode sair de si, e Gide, ao aconselhar "volta a ti" (volta sempre a teu poder de mudar), pois desejavam assim responder a uma *expectativa*: seus semelhantes, para um, esperavam do escritor que levantasse um mapa, enfim claro e completo, de suas funções psicológicas; seus irmãos, para o outro, esperavam que a literatura lhes demonstrasse a essencial não-finitude da liberdade. Mas numa visão do mundo fundada na participação, a distância entre o ser e o parecer não tem mais valor. Não se trata mais de recompor a pessoa, porém de afirmá-la para além das fragmentações que sempre a ameaçam, de dentro como de fora.

Nem Malraux nem Bernanos fogem, como Edouard, quando precisam vestir uma personagem, indicar suas origens, evocar sua fisionomia, anotar seu comportamento: esses traços marcam sua pertença a uma história humana que a fez aquilo que ela é e na qual se engaja para modificá-la. O Barão de Charlus nunca se nos apresenta inteiro, mas por lampejos a refletir-se na "duração", no mais das vezes contraditórios entre si, e imprevisíveis, porém a evolução romanesca de Charlus é de fato uma involução rumo a um ser que permanecerá em grande parte misterioso. Perken, Kyo, Jordan (*Por Quem os Sinos Dobram*) constroem-se: determinado momento vivido constitui uma etapa de suas pessoas totalmente presente e que virá completar, aprofundar, precisar, e não contradizer, outra fase de seu compromisso. Construção todavia inacabada: geralmente decidido num combate, seu destino se completa numa interrogação, que aliás corresponde ao caráter sempre duvidoso de sua luta. A harmonia do ser e do fazer, à qual os chefes da greve de Steinbeck não aspiram menos do que Katow, não se realiza de maneira evidente. Garine conceberá os limites senão o caráter da vontade de poder. Absorvendo o veneno, Kyo põe fim a uma dúvida cuja força ao mesmo tempo acusa ("Esmagou o veneno entre os dentes como foi mandado[87]"). O "tudo é graça" do pároco de aldeia é certeza, ou ato de fé? Entre pessoa e personagem subsiste uma margem, mas tão frágil, e cuja existência o "ator" tende a renegar, como se se tratasse de uma tentação: os atributos visíveis da pessoa devem dar prova de uma coesão intencional do nosso ser – de nossa presença no mundo.

Testemunha-o, por oposição (como aliás diversas figuras de Bernanos), a personagem do Barão de Clappique. Diante do pensamento das infinitas possibilidades oferecidas a um indivíduo de mudar de personalidade mudando a aparência, Clappique entregar-se-á a uma reflexão toda proustiana, ou pirandelliana: "Encontrava de repente, por acidente, o êxito mais brilhante de sua

---

[87]. *La Condition humaine*, p. 357.

vida. Não, os homens não existiam, visto que basta um traje para escapar de si próprio, para encontrar outra vida aos olhos dos outros"[88].

Assim, nosso poder de metamorfose prova que o ser é nada, e a pessoa, fantasma. Num universo de contingência e de relatividade, traição e lealdade se equivalem, como viver e morrer. Contudo, o destino romanesco de Clappique se detém em "vamos embriagar-nos"[89]. Sendo destes franceses dos quais Perken dizia que concedem mais importância a *bem desempenhar um papel do que a vencer*[90], Clappique terá visto no jogo (como no erotismo, ou no ópio) um "suicídio sem morte"[91]. Esses simulacros de morte são para ele os únicos gestos suscetíveis de indicar a um indivíduo que ele possui uma aparência de ser, ou de destino. Jogar é o último ponto de uma travessia de aparências. Para este outro aventureiro, Perken, mas que jogava como uma morte verdadeira (como o matador), o suicídio era, ao contrário, uma demissão da pessoa: "Aquele que se mata corre atrás de uma imagem que formou de si mesmo: a pessoa jamais se mata, salvo para *existir*. Não gosto que a gente seja otário de Deus"[92].

Nunca se joga a não ser para existir, teria podido escrever Proust, porque, para o Narrador, apostar, disfarçar, desempenhar um papel são outros tantos esquecimentos e negações de uma essência que, por ser fugaz, não é menos um foco, o ponto de convergência da consciência. Mas o Narrador não evita somente jogar (nos dois sentidos do termo). Evita também todo o engajamento espontâneo e total na existência, e especialmente no amor. A ação e o amor, em contrapartida, determinarão a Kyo e ao pároco de aldeia que sejam aquilo que parecem – e inversamente. Veremos mais adiante que Malraux não "acredita" mais do que V. Woolf na personagem: qual é o grande romancista do século XX para quem a personagem não é antes um meio do que um fim? Mas V. Woolf recusava o Tipo porque atribuía ao romanesco a missão de atravessar as aparências, enquanto que Malraux e Bernanos querem que seus heróis sejam pessoas aparentes, isto é, desprovidas de "parecer" tanto mais quanto libertas do deslumbramento dos espelhos interiores. A coesão de Kyo ou de May, sem estar em contradição com sua ambiguidade, tinha o mesmo caráter de necessidade que a dispersão da qual Bloom havia oferecido à imagem: se Joyce devia dissolver convenções estratificadas para revelar o movediço como verdade, Kyo devia, pelo contrário, reunir o ser e o parecer (ou antes superar sua oposição) a fim de representar uma certa força, um certo sentido coerente do destino humano. A partir do início do século XX (se pensarmos em Proust), o problema da criação da personagem não se apresenta mais ao romancista que dá ao realismo um sentido, um valor, um alcance críticos. A questão para ele é, antes, saber se é possível focalizar numa figura de traços mais ou menos acusados uma visão do mundo que ultrapassa essa figura – que é, propriamente falando, um

---

88. Idem, p. 351.
89. Idem, p. 290.
90. *La Voie royale*, p. 11.
91. *La Condition humaine*, p. 200.
92. *La Voie royale*, p. 13.

horizonte –, mas que a personagem resume e torna existente. É certo que para Joyce a personagem é tanto mais eficaz e significativa quanto ela pensa o mundo, isto é, se abstém de *fazer* a sociedade como creem fazê-la tantas "personagens" de *Ulisses*. Ao contrário, o problema da *presença* do herói se coloca quando a visão do mundo a representar toma um caráter positivo: quando indivíduos intervêm num conflito de que depende o futuro dos homens, em vez de se contentar em reunir a história humana e uma cultura. A. Moravia parece-nos ter visto bem que não se poderia mais definir o romance moderno pela supressão da personagem, assim como a pintura moderna pela recusa de figurar o real. É por esses motivos precisos, determinados pela situação histórica, que Joyce se inclina para a "ausência" e Malraux para a encarnação:

> Deve-se considerar o repúdio e o desprezo da personagem e da intriga, ainda honrados na boa literatura, como um último eco da velha polêmica naturalista e impressionista. O romance ideológico (isto é, o romance que é obra de arte e de pensamento) não pode deixar de retomar o problema da intriga e da personagem lá onde foi abandonado, e deve encontrar para ele uma solução nova[93].

Solução que Malraux terá encontrado na história, e o mesmo ocorreu com Bernanos e com Hemingway, se se entende por história aquela que não avança mascarada: o devir humano tal como os homens julgam poder recriar em nome de uma ideia ou de uma fé. Kyo e o Pároco de aldeia são personagens de contornos mais visíveis, de uma densidade mais nítida do que Bloom e Dedalus porque devem mudar a vida por atos imediatos, em nome de um pensamento coerente.

O primeiro romance de Malraux tem a forma de um diário. A estrutura narrativa do "dia após dia" é igualmente fundamental em Bernanos, em *Morte ao Entardecer*, *A Aprendizagem da Cidade*, *Voo Noturno*: como nos relatos de Malraux, a ação é aí anotada "na tensão do presente", sem que o narrador ou determinada personagem dominante "saibam aquilo que vai acontecer[94]". Contudo essa narração dos eventos segue o desenvolvimento de uma crise pela qual é significado o pensamento que determinou o compromisso do herói. Assim como uma revolução põe à prova uma doutrina, da mesma forma as personagens de Malraux vão ao encontro (mortal) daquilo que já encontraram. A solidariedade humana preexiste a *Voo Noturno*, a fé, aos romances de Bernanos, a fraternidade, à experiência do narrador de Dietrich. Esses valores, submetidos à prova dos atos e dos fatos, são sempre postos em perigo. O romance da participação (*A Alegria* como *Les Beaux quartiers* [Os Bairros Elegantes]) baseia-se numa significação universal a ser dada à existência humana e, por conseguinte, numa visão finalista do mundo. Se, entretanto, o romance termina com uma conclusão positiva (o herói é vencido, mas permanece viva a esperança de fazer triunfar o Sentido), a substância do relato não é outra senão a descrição de um combate contra a dúvida. Em Xangai, numa pequena paróquia

---

93. Cf. D. Fernandez, *Le Roman italien et la crise de la conscience moderne*, p. 16.
94. W. M. Frohock, op. cit., p. 38.

francesa, acima dos Andes, o sentido do humano e o fim de nosso devir caem do nível do absoluto para o do ambíguo. À dúvida com a qual se mede o herói, corresponde a natureza ambígua da soberania e da onisciência escolhidas pelo escritor e pelas relações deste com suas personagens. Não pensamos que a diferença seja grande entre o Ele de *A Condição Humana* e o Eu de *Diário de um Pároco de Aldeia*, pois em ambos os casos a personagem é muito mais uma consciência do que sua consciência. Representativos de um valor a afirmar, mas também de uma história concreta (social, política, cultural) de que saíram, o combatente marxista e o padre são plenamente sujeitos pelo combate que travam contra sua própria angústia (o conflito da carne e do espírito, do desejo de felicidade e das exigências do dever os atormenta sem cessar) e sobretudo pela constância de que dão prova para afirmar a ideia que os anima. Mas com respeito à realidade atual do mundo, Kyo e o Pároco são objetos, e o sabem. O escritor só podia, portanto, distanciá-los, situá-los acima deles e não com eles. Essa distanciação não é balzaquiana: o romancista não representa uma ordem gerada por um determinismo histórico e econômico. Diremos que representa, ao contrário, a ambiguidade da condição humana, tal como surge do choque da história concreta, factual, e do Sentido que o herói deve fazer triunfar. Kyo e o Pároco são triplamente objetivados: com relação a uma crise concreta que assumem, mas da qual não são os senhores (ao passo que Mrs. Ramsay cria a crise do "passeio ao farol"); com relação a um sentido que eles representam e afirmam, mas que ultrapassa de longe seu destino singular; em função, enfim, de outras personagens das quais umas são seus adversários (Ferral, a condessa), enquanto que outras também encarnam a Ideia, mas num nível inferior: Tchen, Katow, o pároco de Torcy não pensam seu combate em termos de absoluto; estão privados da dimensão trágica conferida a dois heróis para quem o dilema: ou o ser, ou o nada, é de uma clareza deslumbrante. Entretanto nem Kyo nem o padre focalizam o real como Bloom focalizava Dublin. Com respeito à história vivida, em grande parte são coisas, como são em grande parte signos em relação ao Sentido. Bernanos evoca *um* pároco de aldeia, cuja qualidade de "signos" é manifesta ao fim do relato. Da mesma forma, Malraux toma a palavra no lugar de Kyo (por meio do estilo indireto) para mostrar-nos que o herói, por mais "total" que seja, não pode jamais se conter plenamente em si (escutar-se à maneira de Christmas) nem pôr rigorosamente de acordo seus atos e seu pensamento. A soberania tal como a concebe Malraux parece-nos corresponder à célebre reflexão de Kyo: "Os homens não são meus semelhantes…". Como Gide, Malraux e Bernanos se "repartem" entre diversas personagens: o eficaz pároco de Torcy sem dúvida seduz Bernanos; é possível que Malraux tenha sido "tentado" por Perken, Garine, Tchen, Gisors, e não é ele que nos fala ao lado de Clappique a jogar na roleta? Contudo aqui não se trata mais de revestir personalidades sucessivas, mas de fazer encarnar por personagens uma tipologia de visões do mundo e de hierarquizar estas a fim de mostrar a ambiguidade de uma condição humana à qual todavia é necessário dar um sentido. Por esse cuidado de relatividade, Malraux e Bernanos negam que o romancista possa ser Deus. Entretanto, as ideias de universalidade e de finalidade são para eles dominantes: é preciso *ir para* uma imagem do homem tal que todos possam reconhecer-se nela.

Sublinhemos, enfim, que se esses escritores renegam o espírito e a forma de *Ulisses*, não deixam de ser os herdeiros e os sucessores de Joyce ou de Dos Passos. A longa fascinação de Clappique jogando bola em lugar de procurar salvar Kyo sem dúvida tem sua origem no grande movimento romanesco que acabava de focalizar a incerteza do Eu, o movimento dos estados psicológicos, a futilidade das relações humanas. Se a arte de Bernanos e de Steinbeck corresponde a esta observação de M. Dufrenne: "os romancistas, depois que renunciaram a erigir-se em juízes de suas criaturas, nos põem diante delas, sem aviso e sem precaução"[95], é em razão dos caminhos abertos por *O Quarto de Jacó*. Hemingway, por sua escritura clássica[96], separa-se de Dos Passos (do mesmo modo, os acentos líricos de Malraux e de Bernanos estão muito longe do metaforismo subjetivo de Proust), mas o sentido da imediatez de que dão prova tanto *Os Conquistadores* como *Journal* está na linha da revolução romanesca dos anos de 1920. No começo abrupto de *A Condição*, há a herança do "por muito tempo eu me deitei cedo". A narrativa sincopada de *Os Conquistadores* está sem dúvida marcada pelas duas técnicas relativamente novas do cinema e da reportagem; mas Malraux não é igualmente o herdeiro do romanesco do instante e das miríades de impressões, aos quais se haviam habituado dos leitores clarividentes?

O romancista relata e testemunha. Sua técnica permanece aquela de uma descoberta, mas que desta vez esposa o movimento, a tensão de acontecimentos históricos e sociais atuais. Para a maioria dos escritores da geração precedente, o romance era antes de tudo justificado na medida em que permitia ao artista difundir sua personalidade em figuras engajadas no cotidiano e que, em troca, graças a uma consciência assim recriada, seriam a viva negação de uma vida moderna desumanizada e desumanizante. Todavia, essas figuras (Compson ou Castorp, Mrs. Ramsay ou Molly) pertencem à categoria social que é a única suscetível de semelhante tomada de consciência, a única que pode vencer a opacidade do Nós. Essa convergência da missão da arte e da de uma classe não aproxima menos Broch e Musil, que abandonam pela literatura uma posição na indústria[97], do que cria entre Joyce e T. Mann um parentesco assim sublinhado por H. Levin: "Todos os livros de Joyce, como os de T. Mann, são construídos sobre o tema dialético incessantemente mais amplo do encontro do *Künstler* e do *Bürger* [...]. Joyce arranca o artista de si próprio para levá-lo a explorar o espírito do burguês"[98].

Ao contrário, o heroísmo romanesco que se afirma por volta de 1935 ilustra um combate no qual o próprio escritor está engajado. "Não sou um escritor",

---

95. *Phénoménologie de l'expérience esthétique*, p. 403.
96. Cf. G. Astre, op. cit., cap. II.
97. Cf. especialmente o prefácio de A. Arendt a H. Broch, *Création littéraire et connaissance* e C. David, Un chef d'oeuvre autrichion, Le Roman de Musil, *Preuves*.
98. H. Levin e V. H. Mercier, *Society and Self in the Novel*, p. 122.

diz Bernanos. E também: "chegado ao termo de um livro assim como ao termo de uma vida...[99]": o romance torna-se antiliteratura quando sua necessidade deriva de uma concepção do homem a realizar no mundo presente. Ora, por mais diversas que sejam as razões que levam Malraux a abandonar os romances, Steinbeck a cessar de pintar um combate político, Bernanos a escrever *Ouine* e Hemingway, *Across the River and Into the Trees* (Do Outro Lado do Rio e Entre as Árvores) um fato remanesce: o espírito de *Num Combate Duvidoso* não sobrevive à Segunda Guerra Mundial. Não vamos evocar essa ruptura a não ser em relação ao problema da pessoa no romance.

Um dos últimos heróis de Malraux, o antropólogo Möllberg, de *Nogueiras*, lembra sob certos aspectos uma figura de *Etzel Andergast*, de Wassermann. O exemplo de Ilren, que volta doente da África, transforma a personalidade do médico Kerkhoven. Mas por sua própria irradiação, por sua força interior, Ilren demonstra implicitamente essa morte dos valores, esse deperecimento da fraternidade e da liberdade denunciados pela trilogia de Wassermann: somente a bondade eficaz de Kerkhoven e sua abnegação opor-se-ão à perversão dos seres pelo egoísmo, pelo espírito de gozo e pela ascensão do nazismo. Ao termo de *Joseph Kerkhoven*, o homem não existe mais.

Sabemos que Möllberg volta da África depois de ter sacrificado "a grande obra sintética de filosofia hegeliana da história[100]" que os participantes do colóquio de Altenburg esperavam. Desmoronou-se essa fé numa unidade possível dos homens que havia sido o foco de *Os Conquistadores*. Möllberg, partindo para a África, devia fundar cientificamente essa unidade que personagens revolucionárias, mas divididas entre um pragmatismo necessário e as exigências de uma ética, desejariam realizar. Ora, ele dispersará as folhas de uma obra que devia proporcionar: "uma interpretação do homem rigorosa e poderosamente coerente"[101].

Antinostálgica, anticontemplativa por excelência, a visão do mundo das personagens de Malraux opunha-se à das personagens de Broch e de T. Mann. Entretanto Kyo, Katow, May afirmavam por ações positivas, e às vezes cometendo violência contra os valores caros a Dedalus como a Hans Castorp, a mesma esperança que os heróis de Joyce e de T. Mann exaltavam no plano da consciência, da sensibilidade e do testemunho: o homem seria total e coerente, ou não existiria. "Escavando" indivíduos que libertava assim do pesadelo da história, Joyce fazia reaparecer a existência de uma universalidade humana que os heróis de Malraux, comprometidos numa ação histórica, empreendiam em vez de criar. Mas ambas as aventuras dependiam de uma ideia geral prévia: a ideia do homem. À alma universal sonhada por Proust, corresponde o "tudo é graça", de Bernanos. O sentido dado à morte pelos romancistas de duas épocas mostra-nos que caminhos contrários são seguidos para satisfazer à mesma preocupação de unidade. Ao fim de *Em Busca do Tempo Perdido*, quando Virgílio acaba de abranger seu próprio tempo e o tempo humano, quando se rompe

---

99. A. Béguin, *Bernanos*. Citação de *Nous autres Français*, p. 43.
100. Cf. L.Goldmann, op. cit., p. 170.
101. *Les Noyers de l'Altenburg*, p. 108.

o fio das representações infinitas de Molly Bloom, ou quando o jornalista de *Pylôno* é separado de seu sonho, a morte representa uma esperança desesperada, no sentido de que uma memória, uma imaginação, uma sensibilidade não estão mais ligadas à corrente de uma consciência universal. Nos romances de Malraux, morrer é, ao contrário, a ruptura, mas também o signo de uma esperança: morre-se criando a vida. Ora, a morte, em *As Nogueiras de Altenburgo*, vai significar este irremediável contra o qual se haviam levantado personagens que se viam incessantemente na obrigação de afastar a tentação do desespero, assim como a do absurdo. No colóquio de Altenburg, a imagem de um homem total e coerente esboroa sob múltiplos malogros e ameaças políticas, ao passo que se torna evidente ao narrador que estes ocidentais que eram Kyo, Katow e Tchen não podem por si mesmos representar o Homem, nem assegurar seu advento. *Existem outras naturezas humanas. Ainda aqui Malraux é profético.*

Do último relato de Malraux, tão rico em significações políticas, filosóficas, estéticas, devemos reter antes de tudo o fato de que exprime sem equívoco a derrota de uma concepção da pessoa e do romance baseado na ideia de universalidade. Doravante, o indivíduo é ameaçado por uma existência contingente que Dedalus recusara não menos que Katow e Gisors.

Ora, Hemingway, pelo ano de 1950, reconhecerá uma derrota semelhante ao escrever *Do Outro Lado do Rio e Entre as Árvores*, em que se vê um oficial de uns cinquenta anos, ferido em guerra e cujos dias estão contados, efetuar em Veneza o encontro maravilhoso e absurdo do amor. Richard Cantwell morrerá com serenidade e coragem, depois de ter amado a existência até o fim. Entretanto, esse fim em plena felicidade é, na realidade, muito mais desesperador do que a morte que assediava *O Sol Também se Levanta*. Morto vivo, Jack Barnes criava sua existência; a ambiguidade trágica da situação, sua angústia "pascaliana" correspondem à atitude das personagens de *Por Quem os Sinos Dobram*, que são sustentadas, animadas pela ideia de que a vida deve triunfar da morte. Procurando confortar Brett, Barnes afirma que o amor pode prevalecer contra a degradação da vida. Em compensação, a morte de Cantwell nos faz esquecer tais superações do humano e da existência, tais imagens da humanidade universal. Com *Do Outro Lado do Rio...*, Hemingway havia escrito outra *Der Tod in Venedig* (Morte em Veneza), e com justeza se estabeleceu o paralelo entre duas obras nas quais o mito de Fausto se desmorona[102]. Em 1911, ia ao nada, depois de ter encontrado um amor impossível, o escritor clássico sempre ocupado "com seu Eu e com o Eu da Europa", aquele cujas obras, exaltando o espírito e as obras do homem, haviam lançado um desafio a todos os perigos que o ameaçavam. Em 1950, os que combatem pela liberdade são abandonados por um simples e puro amor pela vida. Pouco depois, Hemingway escreverá a célebre história de um velho pescador que continua sereno depois de ter visto aniquilado o último esforço de sua existência. O espírito de sabedoria, de que se haviam guardado

---

102. Cf. J. H. Seyppel, Two Variations on a Theme, *Literature and Psychology*, p. 8-12; C. K. Hofling, Hemingway's, *The Old Man and the Sea...*, *The American Imago*, p. 160-173.

Malraux e Bernanos, torna-se vitorioso sobre o espírito de desafio. O homem volta a ser humano. O universal reconquista a muralha do individual.

De *Morte ao Entardecer* a *A Esperança*, a inspiração romanesca implicava uma aposta tão perigosa como o desafio de Aschenbach às forças da degradação do homem, e que Malraux e Bernanos não podiam ganhar, sob pena de escrever ficções, a não ser assumindo e descrevendo as ambiguidades, as dilacerações, as dúvidas que doravante marcavam todos os aspectos do humano. A coerência não era mais proposta aos homens em nenhum plano (individual, social, filosófico, moral, religioso, político), era mister assegurá-la por um combate que ficaria vão se fosse somente solitário ou mesmo exemplar. Todos os atos de Kyo tendem a desmentir o generoso pacifismo do Jacques de *Thibault*. Nenhuma linha de Bernanos é dedicada ao ideal. Deplorando "a imparcialidade quase desumana" de R. Martin du Gard, C. E. Magny une-se a G. Picon, que considera "engajado" o universo dos *Thibault* porque a relação do indivíduo com a história ali está "na medida do homem"[103]. Mas de *Adeus às Armas* e *A Alegria*, a cristandade, o amor, a revolução tornam-se necessariamente desmedidos na presença de uma desmedida da guerra, do farisaísmo, da injustiça. Os atos ou as escolhas dos heróis são inversamente proporcionais à passividade, à inconsciência da maior parte dos homens. E sua solidão é o contrário de um desapego. Para abeirar-se de um mais-ser que jamais diz respeito somente à própria pessoa, deve permanecer enraizado no menor-ser, aderir às mais resistentes misérias humanas: do medo à vaidade, do egoísmo ao sadismo, da indigência material à indigência espiritual. O Pároco de aldeia, o desertor de *Adeus às Armas*, os militantes sindicalistas efetuam diretamente duas experiências que asseguram ao romance sua mais profunda tensão: uma suportada, outra desejada. L. Goldmann sublinhou a amplitude simbólica da cena de *Nogueiras* onde os gases asfixiantes reduzem a natureza a mingau, mas provocam um impulso de fraternidade entre os soldados de exércitos inimigos[104]: o romanesco da participação abraça o podre e o sadio, o fraco e a vontade de agir, o real e o verdadeiro. Mas Möllberg, que não se sente mais no direito de crer em um homem "rigorosamente coerente", modelará pequenos monstros em seu quarto de Altenburg. A fraqueza do homem sem face tornou-se mais evidente do que sua salvação possível num mundo unificado.

Literatura prometeica, dirá R. M. Albérès. Mas para revoltar-se contra um destino desumano, para "inventar valores numa sociedade que não mais os tinha, ou que vivia sobre valores caducos"[105], cumpria assumir os aspectos mais negativos do humano. O romance da participação mantinha sua própria morte. Era-lhe designado um abutre chamado *existência*. Os padres de aldeia expostos às misérias de seus corpos e à desumanidade de suas paróquias, como os combatentes revolucionários prometidos ao carrasco, deviam rejeitar a tentação da Náusea.

---

103. Cf. C. E. Magny, *Histoire du roman français depuis 1918*, p. 63, e V. Brombert, op. cit., p. 117.
104. L. Goldmann, op. cit., p. 173-174.
105. R. M. Albérès, *La Révolte des écrivains d'aujourd'hui*, p. 20.

8   Redução à Existência

> Por que alguém deveria se intrometer na vida de alguém?
> M. LOWRY

Nas primeiras páginas de seu diário, Antoine Roquentin escreve:

> Estes jovens causam-me admiração; contam, bebendo seu café, histórias claras e verossímeis. Se lhes perguntamos o que fizeram ontem, não se perturbam: com duas palavras põem-nos ao corrente. Em seu lugar, eu balbuciaria. É verdade que ninguém, desde há muito, se preocupa mais com o emprego de meu tempo.
>
>   Quando se vive só, não se sabe mais o que contar: o verossímil desaparece ao mesmo tempo que os amigos. Deixa-se igualmente que os acontecimentos transcorram; veem-se surgir bruscamente pessoas que falam e que se vão, mergulha-se em histórias sem pé nem cabeça: dar-se-ia um execrável testemunho. Mas em compensação não se deixa passar tudo aquilo que é inverossímil, tudo aquilo que não poderia ser visto nos cafés[1].

Mas anotará, quase no fim:

> As coisas, dir-se-iam pensamentos que se detinham no meio do caminho, que esqueciam aquilo que queriam pensar e que ficavam assim-assim, balançando, com uma graça de pequeno sentido que as ultrapassava. Este pequeno sentido irritava-me: *não podia* compreendê-lo, mesmo que tivesse ficado cem anos apoiado na grade; sobre a existência havia aprendido tudo aquilo que podia saber. Parti, entrei no hotel, e eis que escrevi[2].

Perda do sentido, aborto de significação que o homem de Sartre recusa, não podendo compreendê-los[3], mas que lhe é mister admitir, a menos que cesse de viver: quando o homem percebe que as coisas "caíram" de seu sentido, passa a viver num mundo onde tudo é *demais* porque tudo, inclusive sua morte[4], é o resíduo de um pensamento e de uma linguagem.

De um lado, a impossibilidade de confiar em objetos flutuantes no quadro de ideias que eles não representam, portanto separadas dos sistemas de signos feitos para designá-los, de outro, a presença inevitável dessas coisas e desses seres já absurdos: o romanesco sartriano terá encontrado lugar entre esses dois extremos tão próximos. Em margem tão estreita de manobra ter-se-á desenhado

---

1. *La Nausée*, p. 19.
2. Idem, p. 171.
3. Cf. B. Pruche, *L'Homme de Sartre*, p. 61.
4. *La Nausée*, p. 163.

a pessoa de Antoine Roquentin. Ele vê as palavras se desvanecerem[5], mas entra no hotel e escreve. "Nomeando, mudamos aquilo que é nomeado", pensava uma personagem de *As Ondas*; mas como viver sem nomear?[6] Se para V. Woolf o romance, universo do não-finito, exprimia um esforço para nomear o inenarrável, para Sartre será uma tentativa de contar o inominável. Sartre descobre, por um duplo trabalho de sapa, a realidade romanesca procurada por Joyce aquém dos estereótipos. Ele mina a totalidade da literatura ao mesmo tempo que todas as imagens coerentes, eternas ou racionais do homem que uma civilização e suas expressões literárias puderam construir até o presente. A matéria rejeitada por essa dupla escavação formará, entretanto, uma personagem e uma narrativa, sendo que a primeira se reduz a contar a não-significação que a segunda descreve.

A Náusea, sabemo-lo, desagrega *Em Busca do Tempo Perdido*. Roquentin constrói suas lembranças com seu presente[7]. O passado é "um luxo de senhorio"[8]. Não há situações privilegiadas[9]. Mas *Em Busca do Tempo Perdido* não é para Roquentin mais do que uma referência exemplar. Sua ironia com relação a Proust, sua recusa, como observa R. Champigny, em "converter sua experiência em pura essência estética[10]" não carcome somente a arte proustiana da unificação de si. Quando Roquentin, tendo encontrado o Absurdo total, constata: "Serpente ou ferrão ou raiz ou garra de abutre, pouco importa"[11] e vê enfim justificada sua desconfiança em face da *imaginação*: desde sua chegada a Bouville pressentia que esta era fornecedora de significados inadequados aos objetos que ele representava e nomeava para lhes dar um lugar, uma função, um valor. O espetáculo da raiz lhe traz a prova de que o homem, ao contrário, não é senão aquilo que percebe: nenhuma de suas *interpretações* dos objetos o liga a estes. O ser do homem é não-pertença ao sentido das coisas, mas pertença à sua presença: aos tentáculos de um estar aí inominável do mundo.

A ilusão do sentido é o mal de que terá sofrido Roquentin até que a iluminação do Absurdo o tenha libertado: a partir da raiz, tudo se torna verdadeiro porque gratuito e rigorosamente contingente. Descrevendo os aldeões que vão aos Comícios, "Os granjeiros das redondezas, descendo do cavalo, retiravam o grosso alfinete que lhes fechava em torno do corpo a roupa arregaçada de medo de manchas…", Flaubert quer ser plenamente significativo. Gestos e costumes exprimem a coesão funcional de um grupo cuja aparência e essência se confundem e que assim se opõe à pessoa de Emma Bovary. Cada personagem preenche plenamente sua "pessoa rural", todo o detalhe *lhe* é necessário assim como ao *escritor* que quer colocá-lo em seu lugar no romance tal como ele o está no mundo real. Em compensação, "a saída da missa em Bouville", "[…]

5. Idem, p. 161.
6. Cf. P. Mendilow, *Time in the Novel*, p. 148.
7. *La Nausée*, p. 50.
8. Idem, p. 88.
9. Idem, p. 189.
10. R. Champigny, Sens de *La Nausée*, P.M.L.A., p. 43.
11. *La Nausée*, p. 163.

uma dúzia de pessoas se empurram e se saúdam em redemoinho, mas as barretadas se despedem demasiado depressa para que eu possa pormenorizá-las [...]. Uma dama de azul-marinho colou-se ao meu flanco esquerdo. Ela vinha da missa."[12], mostra-nos pessoas que não são mais que sua função. Aqueles nunca *tocam* uma dama de azul-marinho. Estes "outros" assemelham-se ao Autodidata que declara: "Sou Autodidata" quando seu ser é o de um pederasta. Assim as *personagens* são tão falsas quanto as *metáforas*. Só é real e verdadeiro o Inverossímil que Roquentin sente palpitar em torno de si, esta contingência das coisas e dos indivíduos que os "outros" vestem de mortos, de ritos e mesmo de pensamentos. Ilusão do sentido que os faz viver e que desapareceria se, como Roquentin, tocassem o mundo a nu em vez de designá-lo ou de agir nele por meio de puras funções. Chegamos aqui a um ponto essencial. Quando Roquentin escreve: "A função não explicava nada, permitia compreender *grosso modo* aquilo que era uma raiz, mas não permitia compreendê-la totalmente."[13], certamente desagrega o esforço de Proust e de Musil. Em *Em Busca do Tempo Perdido*, o singular, o único é um elemento que vem tomar seu lugar num conjunto, e que prova a existência deste. O Homem sem qualidades, como vimos, procura diferenciar o mais possível todos os aspectos do real a fim de completar sua lucidez, de compreender melhor o mundo. Mas para Antoine Roquentin, tal raiz é puramente fascinante, por não representar nada mais que ela mesma. Não lhe correspondem nem o desejo ou a aversão expressos por Flaubert, nem a inteligência angustiada de um herói de Kafka. E sobretudo este objeto descolado de sua função não suscita nenhuma *ação*: perdendo seus nomes, as coisas reduziram ao nada de sua presença opaca e informe o ser de Roquentin; perdendo sua significação de utensílios[14], impedem-no de agir; em vão tentará ele escorchar "por desafio" a casca da raiz. A redução à existência operada por Sartre só secundariamente minava o romanesco da subjetividade. Muito mais profundo era o ataque do romance da ação e da participação.

Sublinhou-se que o existencialismo já está presente na obra de Malraux[15]. A dialética do ser e do nada é vivida por Perken. Kyo sabe de que é feita, irremediavelmente, a existência: de momentos informes, híbridos, angustiantes pela dúvida de que impregnam a consciência; sabe que o ciúme degrada o amor, que a fraternidade quase nunca triunfa do egoísmo, que a morte-sofrimento desfigura a morte enfrentada por um ideal. Mas da constatação da realidade opressora e absurda do existente, Kyo deduz que só é verdadeira a vida quando ela tende para um objetivo, ao mesmo tempo concreto (contingente) e universal, fato e ideia ao mesmo tempo. Os protagonistas dos romances de Malraux jamais realizam esse objetivo, não tanto porque sua ação histórica os leva à morte, quanto em razão de uma dúvida sobre a coerência da pessoa que desde

12. Idem, p. 64.
13. Idem, p. 164.
14. R. Champigny, op. cit., p. 41, apud J. Wahl, *Poésie, pensée, perception*.
15. Cf. N. Chiaromonte, Malraux and the Demons of Action, *Partisan Review*, p. 782; J. Delhomme, *Temps et Destin*, p. 62-65; E. Mounier, *L'Espoir des désespérés*, p. 22.

sempre os obseda. Para que a ação pudesse realizar o ser, teria sido necessário ser antes de agir. Mas ao menos não renunciam ao esforço para sobrepujar a existência, que no fim de contas é para eles um vazio, ao passo que para Roquentin é "uma plenitude que o homem não pode deixar[16]".

A inversão, em Sartre, do trajeto de Malraux, foi sublinhado por J. Delhomme:

> O pensamento de J. P. Sartre progride da contingência original à ação libertadora, do contrassenso à significação, da existência à essência; a reflexão de André Malraux segue o caminho inverso – das vozes do mundo às vozes do silêncio, do absurdo da existência à incerteza primeira do ser, manifestada na pluralidade dos também…[17].

Entretanto, *A Náusea* devia ser um ponto de partida. Sobre o "pleno", sobre o "demais", sobre os resíduos de um pensamento e de uma imaginação doravante escavados e flutuantes, Roquentin estabelecia o nada sobre o qual Oreste, Goetz, Mathieu fundariam a escolha deliberada, não motivada de sua pessoa. Essa instauração da existência como absoluto tornava precisamente o relato de Sartre inversamente proporcional a *A Condição Humana*, pois Roquentin chegava ao ser – da Náusea – apartando-se de um Sentido que as personagens de Malraux queriam, ao contrário, realizar desde a origem. "Eu não deveria me queixar: eu não quis ser livre[18]", pensa Roquentin depois de ter rejeitado seu passado "proustiano", o das lembranças susceptíveis de apoiar, de justificar o presente; só existe o passado dos "relógios de pêndulo, das medalhas, dos retratos…[19]", horrível coleção de falso-sentido. Mas, para livrar-se dessa mentira, Roquentin teve de separar-se dos homens. Concebe logo que é preciso estar só para que se possa entrever, vislumbrar um inverossímil "que é (pressente-o desde o começo de sua aventura) a verdade". Desde então nada mais tem a dizer. Nada mais tem realidade. Em compensação, quando Roquentin, que se privou deste "estar com" onde Malraux e Bernanos viam, ao mesmo tempo, a pior miséria e o mais alto valor do homem, vê realizar-se a Náusea, então torna-se de novo possível escrever. A literatura recomeça no momento em que o narrador sartriano dá a mão a uma personagem desta ficção do desencanto que é *As Nogueiras de Altenburgo* – ao soldado que declara: "Espero que isto se desgaste[20]". O desgaste que Roquentin vigia é o da participação e do sentido. Mas espera *também* que se dissolvam a incoerência, a ambiguidade, o "para que isto serve?", a que Clappique consente, e a cuja tentação resistem as personagens de Bernanos. Em outros termos, o narrador de *A Náusea* terá esperado, para escrever, para reinstaurar o romance, que estivessem mortos todos os vínculos de significação do homem com o mundo. Então descobrirá a nua e monstruosa, mas verdadeira, existência dos objetos. Malraux queria despertar os mortos do grande cemitério ocidental para que viessem ajudar ao

---

16. *La Nausée*, p. 169.
17. J. Delhomme, op. cit., p. 245.
18. *La Nausée*, p. 88.
19. Idem, ibidem.
20. *Les Noyers de l'Altenburg*, p. 25.

advento do Homem. Roquentin não vê no humanismo, na cultura, nas belas-letras mais do que mentirosas e irrisórias formas de *amor* usadas no destino opaco e contingente dos seres[21].

Mas assim como Stendhal arruinava a óptica balzaquiana escolhendo, entretanto, por realidade primeira a sociedade, da mesma forma Sartre subverte a temática de Malraux seguindo a via essencial que ligava *A Esperança* a *Os Conquistadores*: a via das ideias. Pressentida por Roquentin desde sua chegada a Bouville, A Náusea é uma ideia que ele acabará vendo e que é universal: "A Náusea não está em mim: sinto-a lá embaixo, sobre o muro"[22].

Esse conceito é romanesco. Roquentin se lançou a ele como numa aventura. A narração deve-lhe sua tensão, sua progressão, como os relatos de Malraux deviam as suas à realização de uma história-ser. Aparecida em plena luz, a Náusea assume um poder comparável ao da morte de Perken observada por Claude, ou à defrontação do Pároco de aldeia e de Chantal: a verdade da existência explode com tanta força, impressiona tanto nossa imaginação como a revelação da fraternidade ou a intervenção da graça. É que o projeto de Sartre tinha igualmente um caráter hegeliano: no ponto culminante de uma busca romanesca (que não coincide necessariamente com seu termo), a noção de pessoa aparece como um absoluto tanto mais claro em Sartre quanto Roquentin, se foi pessoalmente responsável pelo aparecimento da Náusea, considera como um fenômeno universal e exterior essa Existência que enfim emergiu do Ilusório. Pelo apocalipse da raiz, Roquentin sente-se fundamentado para conceber a pessoa: está realizada a condição necessária e suficiente para pensar o homem. Em Malraux, ao contrário, a pessoa, concebida, existente, estava entregue à história e às ambiguidades dos destinos pessoais. A pessoa concebida "após a raiz" não correu o risco de degradação (o desgaste está atrás dela). Todavia, ela ficaria em estado de noção se Roquentin – ou antes seus "sucessores" (Mathieu e os heróis dos dramas de Sartre) – não a transformasse em *liberdade*. O desolante ponto de chegada do romanesco de Malraux é para Sartre o sinal de uma partida possível. Entretanto, a liberdade sartriana, se nos ativermos à imagem da pessoa no romance, não será menos frágil do que o heroísmo e o humanismo cuja derrota Malraux e Hemingway tiveram de reconhecer.

Certo é que a ideia de existência restabelece o romance. Depois de rever Anny – visita que traduz uma última resistência à Náusea e que, ao contrário, confirmará seu caráter de verdade soberana –, Roquentin compreende o erro por ele cometido ao ter querido fazer reviver um morto em seu livro. É com a lucidez que adquiriu, com seu ser-existente que se tornou seu único bem concreto que deveria presentemente escrever uma história "bela e dura como o aço e que faça vergonha às pessoas de sua existência"[23].

Tal relato dar-lhes-ia vergonha, efetivamente, por terem imaginado que poderiam existir afogando as coisas em palavras em vez de ver-lhes o ser na total

---

21. *La Nausée*, p. 149
22. Cf. R. Champigny, op. cit.
23. Idem, p. 228.

nudez do mundo. Ao contrário do Cripure, de L. Guilloux, homem "demais", mas que crê poder pactuar com burgueses, Roquentin "enceta uma vitória[24]", que é de início a da literatura reencontrada. Ainda aqui, o trajeto de Malraux é inverso. Desde o começo de *A Náusea*, é admitido, é tomado como objeto do mal do mundo, este desgaste do sentido da vida que angustia o narrador da última ficção de Malraux; mas Roquentin encontra-se em Bouville porque deseja escrever uma biografia honesta de M. de Rollebon: sua aventura está enxertada no humanismo literário rejeitado por Malraux assim como por Bernanos. Em troca, o fim de *A Náusea* é o do desgaste – nada mais se desgasta a partir do momento em que se vê e se pensa o mundo como estar-aí: a evidência da existência ressolidifica tudo – e nas últimas linhas de seu diário Roquentin acha-se às portas de uma possibilidade autêntica de agir e de ser sobre a qual as personagens de *Os Conquistadores* haviam fundado na origem o valor e o curso de seu destino. Os romances de Malraux devem sua progressão a uma série de compromissos vividos e pensados dia a dia, e sua estrutura à história. *A Náusea* deve seu andamento às sucessivas rejeições, por Roquentin, de todas as ilusões líricas, e sua forma a duas atividades literárias que se emaranham: uma artificial (uma biografia a escrever, que também parecerá excessiva), a outra que irá em direção à autenticidade, porque o clássico diário factual e solipsista de Roquentin acabará no apocalipse da Náusea – no desvelamento de uma essência universal do homem. O narrador de *Os Conquistadores* vai descobrir uma fase aguda da história e participar dela; suas anotações constituem um testemunho ativo que recria o romanesco a partir de uma recusa da literatura. O narrador sartriano começa por depositar confiança na ilusão literária e acaba por realizar uma ideia que é, ao mesmo tempo, virtualidade de ação. E seu trajeto terá tido um duplo: a existência do Autodidata, que parecia ler um dicionário (como Roquentin que prepara uma vida de Rollebon) e frequentava a biblioteca por um motivo totalmente diverso. Mas se o Autodidata (que cristaliza em si todas as ilusões e hipocrisias que Roquentin procura abolir) encontra sua verdade (sua náusea) quando o vigia o desmascara, essa verdade (cujo caráter é social: a sociedade o pune como havia punido Emma Bovary) permanece não obstante demasiado parcial porque ele cessa de ser *uma personagem* – um caso, uma figura representativa de um mundo alienado. Ao contrário, esse narrador humanista e individualista que era na origem Roquentin abandona aos poucos o despojo da personagem para descobrir no absoluto estar-aí do mundo a existência do *humano*. Roquentin dessocializou-se e despersonalizou-se[25], mas somente na medida que quis romper seus vínculos com os outros e, por conseguinte, com todos os atributos de sua individualidade: denuncia-se a si próprio como funcional, alienado, mitômano à medida que descobre que as pessoas de Bouville são assim. Em contrapartida, o conceito de náusea, realizado sob a forma de raiz, implica uma reaparição da *pessoa*: o "demais", tornando-se uni-

---

24. V. Brombert, *Studies in the French Novel*, p. 19-120.
25. Cf. R. Champigny, op. cit., p. 41.

versal, reintegra a ordem da necessidade; os homens podem ser vinculados uns aos outros pela constatação de uma existência desembaraçada de todas as suas interpretações míticas. Reconvertida em fundamental, visto situar-se aquém das relações aparentes do individual e do social, a pessoa deve, entretanto, fazer parte da constatação da Existência. O indivíduo que tiver compreendido que todas as coisas são supérfluas com respeito ao reino do Sentido e da Linguagem, poderá dar um sentido à sua vida, tornar-se personagem autêntica.

Jamais um tema romanesco fora tão abstrato, nunca a aproximação fora tão estreita entre o sentido de um relato e a encarnação desse sentido. O mundo é radicalmente desumanizado. Em Bouville, nada pode suscitar o monólogo interior, permitir uma superação do presente, fazer ressurgir o passado. O "menos" cuja experiência Roquentin assume chega mais baixo do que as misérias conhecidas de Katow, visto que esse menos toca o nada. Em compensação, a apercepção da Existência leva Roquentin para além de si próprio, e ele conceberá finalmente um "mais" projetado sem dúvida por Malraux como por Bernanos (pois a derrota da História e a de Deus estão aí inscritas), mas propondo ao homem uma razão absoluta de viver. Reduzindo-se à Existência, Roquentin reduz a vida à ideia geral da *possibilidade*. A degradação e a impotência do homem, que tendiam a prevenir o romance prometeico, convertem-se aqui nas bases de um novo começo.

Veremos também em *A Náusea* um romance de "passagem", à semelhança de *O Processo* ou de *Suave é a Noite*. Se a narração de Roquentin, verdadeira epopeia do contingente, arruína o romanesco do homem interior bem como o da participação e do heroísmo, em contraposição Sartre tira as consequências lógicas de uma situação do homem que exprimem ou vão exprimir muitos romances dessa época e que em grande parte *motivou* a ação de Kyo: o desamparo. Esses romances constituem como que o reverso de *A Alegria* ou de *Num Combate Duvidoso*, pois aí se vê o homem reduzido a essa existência estritamente individual e cotidiana, absolutamente desligada do Nós que frequentemente ameaça – tenta – os heróis de Malraux e de Bernanos tanto quanto o humanismo, a cultura, a "boa consciência". Romances em que o destino da personagem se desdobra naquilo que o Pároco de aldeia considera como uma mistura do "menos" e do "mais", de condenação à miséria e de aspiração à salvação. Romances, enfim, que se nos apresentam como meios-termos entre *A Condição Humana* e *A Náusea*: de uma parte, toda a superação do individual, toda a adesão a uma vida coletiva ou a uma ideia universal são proibidas ou estranhas a personagens que, no entanto, têm necessidade de superar-se acreditando em valores (especialmente afetivos: amor, ternura, amizade); de outra, essas personagens, apesar de seu desamparo, de sua luta vã para se enraizarem no mundo, dos fracassos de sua vida sentimental, não querem ver que a solidão do homem é radical, que os valores aos quais se agarram para se salvarem são simples palavras, nem que o não-senso é a própria forma da existência. Roquentin terá trazido à luz essa forma a fim de apoiar-se nela.

ISOLAMENTO FRATERNO, INOCÊNCIA CULPADA

Da viagem do homem ao fim da noite, Roquentin deduzia razões de ser, de escrever e de agir. Sartre conceptualizava, portanto conjurava, o desamparo dos indivíduos que G. Greene, C. McCullers, H. Miller, M. Lowry descreviam ou iam descrever como a própria situação, irrefutável mas escandalosa da humanidade. Compreendendo que a presença dos outros era infernal, abolia essa imagem de um homem condenado a procurar sua salvação no Outro que transparecia fundamentalmente através de *Trópico de Câncer*, *À Sombra do Vulcão* e *Mort a Credit* (Morte a Crédito) – e propunha em compensação uma ética nova, segundo a qual devemos ir ao encontro do outro sem ilusões, sem acreditar nele. Mas o narrador de *A Náusea*, se não é mais inteligente do que o de *Viagem ao Fundo da Noite* nem possui a envergadura afetiva e espiritual do Cônsul de *À Sombra do Vulcão*, distingue-se destes, como aliás de Garine e do Pároco de aldeia por sua qualidade de intelectual[26]. Roquentin chega a Bouville alimentado de ideias, de leituras, de uma experiência não-heróica. No bar, nas ruas, em suas relações sexuais, traz em si um kantismo cujo mundo, constatará ele, é um vasto e múltiplo resto. A ética da pessoa que chega a conceber deriva tanto de uma literatura e de uma filosofia como do espetáculo de uma raiz. Mas o absoluto *Dasein* das Coisas já estava inscrito nos romances de Céline, que se sabe o quanto impressionaram J. P. Sartre[27]. Entre o relato de Roquentin e o de Ferdinand se nos aparece uma relação análoga àquela que observamos entre *Em Busca do Tempo Perdido* e *Peregrinação*: Sartre interpreta racionalmente aquilo que J. P. Richard devia chamar "a náusea de L. F. Céline"[28]. Sobre a desolação sem saída de *Morte a Crédito*, constrói uma moral e talvez uma esperança. Lembremos que Roquentin e Ferdinand lançam um mesmo olhar sobre os pequenos-burgueses comovidos por sua "pertença" ao universo: "Entregam-se, então, com bastante facilidade a confidências. Nada como o Bois de Boulogne, inteiramente úmido, gradeado, gordurento e pelado, para fazer afluir as recordações, incoercíveis nas pessoas das cidades a passeio entre as árvores…".

Assim, Roquentin (como Cripure em *O Sangue Negro*) demorar-se-á contemplando os seres "apressados em ir jantar e em fazer o amor, agitados e viscosos, à espreita, atormentados pela hora implacável e pelo desejo de vida"[29], e suas relações com Anny oferecem-nos um duplo daquelas de Ferdinand e de Lola. Roquentin, após o apocalipse da raiz, adere livremente a uma moral à qual Ferdinand se viu obrigado pela força das coisas: "É preciso abolir a vida de fora, transformá-la também em aço, em algo de útil. É porque não era bastante amada tal como era. É mister convertê-la, pois, num objeto sólido, é a Regra"[30].

26. P. Rahv, The Intellectual is the Only Character Missing in the American Novel, *Image and Idea*, apud V. Brombert, op. cit., p. 86.
27. Cf. S. de Beauvoir, *Mémoire de une jeune fille rangée*, p. 142.
28. J. P. Richard, La Nausée de L.F. Céline, N.R.F., jul. 1962, p. 33-47, ago. 1962, p. 235-252.
29. L. F. Céline, *Voyage au bout de la nuit*, p. 60.
30. Idem, ibidem.

Entretanto, Roquentin penetra na existência, ao passo que Ferdinand, desde suas primeiras aventuras, julga que o melhor é sair daí[31]. Da mesma forma como Ferdinand, Roquentin viu-se "corneado com todo o mundo, com as mulheres, com o dinheiro e com as ideias[32]". Todavia negará que a vida seja uma *viagem*. O "amanhã choverá sobre Bouville" opõe-se radicalmente à imagem do rebocador conduzindo "também o Sena, enquanto não se falar mais", a qual encerra o romance de Céline. O contrassenso suportado da *Viagem...* termina, em Sartre, na possibilidade de o homem significar e nomear tudo, desde que o queira.

Por isso, A. Breton condenará a obra de Céline por falta de *caráter*[33]. Já em 1933, L. Pierre-Quint salientava em *Viagem ao Fundo da Noite* uma total ausência de ética, de escolha – e de esperança:

> Ferdinand nada reivindica. Ele conta a si mesmo, ele conta suas reações de "medo", os atos mais vergonhosos. E ele os conta sem remorsos. O fato de confessá-los tão simplesmente, sem fanfarronice e sem temor obriga o leitor a questionar o juízo de valor que costuma emitir espontaneamente sobre eles[34].

Experimentando na leitura de Céline uma "perigosa simpatia, que nos compromete contra a vontade[35]", L. Pierre-Quint terá caracterizado o essencial de uma atitude, de uma imaginação criadora e de uma linguagem das quais se pode dizer que conferem uma potência épica e lírica exemplares a uma inspiração romanesca que, por muitos aspectos, era o reverso e não o inverso daquela de Malraux. Apresentando o homem esmagado, abandonado, extraviado, Greene, Wright, Algren, E. Bowen não desmentem menos o espírito de *A Esperança* do que revelam a ausência de uma condição humana fraterna e universal. Os temas fundamentais do romance da participação reencontram-se, mas reduzidos e degradados, de *Native Son* (Filho Nativo) a *The Heat of the Day* (O Ardor do Dia). Para Greene ou L. Guilloux, a amizade, a coragem, o amor, a graça existem a despeito da vida, em lugar de transformá-la. A perigosa simpatia involuntária que L. P. Quint sente à leitura de Céline designa exatamente o narrador adulto de *Viagem...* e o narrador adolescente de *Morte a Crédito*: eles trazem em si ternura e vontade, mas não sabem o que fazer delas, razão pela qual não encontram nelas nenhuma significação. Por aí se distinguem das personagens de Zola cujos sentimentos são degradados, desnaturados por sua condição de oprimidos e opressores.

A "procura de amor" de Céline[36], sua "viagem ao fim da ternura"[37], seu universo composto de "compaixões voltadas para a revolta[38]", sua certeza de que a condição humana é sofrimento, mas sua recusa "em amar o sofrimento

---

31. Idem, p. 228.
32. Idem, p. 87.
33. Réponse à l'enquête sur le procès Céline, *Le Libertaire*, n. 212.
34. L. P. Quint, Voyage au bout de la nuit, *La Revue de France*, p. 528.
35. Idem, ibidem.
36. Cf. W. M. Frohock, *Accent*, II, p. 79-84.
37. Cf. A. Brissaud, *L'Herne*, v. V, p. 226-231.
38. Cf. *L'Herne*, v. III (opinião de A. de Noailles), p. 333.

para si como para os outros[39]", a dimensão religiosa sentida por alguns em sua obra[40], o ódio que, ao contrário, segundo outros, a modela[41], a imagem da morte que oferece a Céline uma humanidade fundamentalmente ocupada em digerir[42]" são para nós outros tantos sinais de que o escritor situa na ordem do "apesar", uma experiência que o Steinbeck de *Num Combate Duvidoso* elevava ao nível do "contra", do "com" e do "por". A grande arte de Céline foi reconhecida, e também seu estetismo[43]. Comparável à de Joyce é sua revolução da linguagem[44]. Mas criando "um instrumento novo: uma escritura tão viva como a palavra[45]" – própria também do romanesco de Aragon –, Céline não recria menos a literatura do que adere ao "sórdido", para usar o termo de A. Breton[46], e nisto se aproxima de Malraux, de Bernanos. Do mesmo modo como Ferdinand não tem nada a fazer com a sabedoria consoladora e abstrata de Montaigne[47], Céline resiste inicialmente às ilusões do "belo estilo". Adotando a escritura que lhe parece ser a única possível: "O jazz derrubou a valsa, o Impressionismo matou o 'falso dia', (a 'penumbra'), você terá de escrever de maneira 'telegráfica' ou não mais escreverá de todo"[48], cria uma palavra que representa o único recurso de que dispõe, a seus olhos, a pessoa humana contra uma corrente que a arrasta para o Nada. Como o de Proust, seu ponto de vista é retrospectivo: cada romance conta uma etapa finda de uma existência. Mas o comentário de que se compõem essencialmente esses relatos é um comentário ao vivo, modo de expressão de indivíduos que só podem possuir pela palavra uma vida que lhes escapa e os dilacera. De um lado, nenhuma personagem de Céline tenta, como as de *Manhattan Transfer*, arrancar ao mundo lascas de vida interior que significariam sua identidade e sua continuidade; de outro, o narrador celiniano não tentará, apesar da necessidade que sente de fazê-lo, encontrar entre os homens a solidariedade fraterna e redentora exaltada em *A Aprendizagem da Cidade*. Entretanto, esta fugaz e vã apropriação da vida pela palavra reveste-se de um significado muito diferente conforme se trate das personagens ou do narrador. Com efeito, alguns (parentes, amigos, Courtial des Péreires, Lola) falam de uma esperança que faz viver; creem na virtude, no dinheiro, no prazer, nos progressos da ciência, na propriedade, no vício, na ordem. Do lado oposto dessas *personagens*, sonâmbulos que correm de olhos fechados para luzes inexistentes, o narrador celiniano é uma *pessoa* que vai de olhos abertos rumo à noite. Enquanto que, para "os outros", as palavras contêm o sentido da vida

39. A. Brissaud, op. cit. p. 231.
40. Drieu de La Rochelle, N.R.F., p. 720-726.
41. M. Sperber, *Preuves*, p. 18-22.
42. Cf. colóquio com M. Henrez, *Céline*, p. 272.
43. Cf. especialmente P. Vandromme, *L.F. Céline*; M. Arland, *Essais et nouveaux essais critiques*, p. 228-233; L. Spitzer, *L'Herne*, v. v, p. 153-165. Em compensação, P. Pia sublinhará em Céline "uma violenta recusa da estética" (*Carrefour*, 11 de maio de 1955).
44. Cf. M. Nadeau, *Littérature présente*, p. 161.
45. Cf. R. M. Albérès, *Histoire du roman moderne*, p. 299-300.
46. A. Breton, op. cit.
47. *Journal de Voyage*, p. 288.
48. *Guignol's Band*, p. 101.

e permitem, pois, vivê-la, o porta-voz de Céline se entrega a um comentário de grande poder desmistificador, mas que, de outra parte, lhe permite formar um só corpo com a realidade. Quer se trate de medicina ou de erotismo, de defender-se contra um pai ou de procurar um emprego, o narrador celiniano realiza uma verdadeira *Bildung*. Com lucidez, tomará o partido da tecnicidade, da eficácia, da adaptação. Mas contra a vontade: a essência do homem situa-se, a seus olhos, naquilo que designaremos, pensando nas crianças, como o cabular a escola, o "sair de", depois na literatura (e às vezes no amor). Espantado por ver tantas pessoas debatendo-se como autômatos neste universo de mitos socioafetivos denunciados pelo realismo americano de Dreiser a Farrell (mas qual o romance evoca mais fortemente o americanismo do que *Viagem ao Fundo da Noite*?), o narrador celiniano "reflete" carregando o mundo como lhe é mister vivê-lo: imediatamente e a despeito de tudo. A dialética do ser e do fazer não está de modo algum ausente dos romances de Céline, mas sua linguagem deve imitar e contradizer ao mesmo tempo uma existência que é um combate *em si*, e não mais travado para atingir um fim. J. McCormick tem razão ao pôr em paralelo a *Luz em Agosto* e *Viagem ao Fundo da Noite*. Todavia, a coragem pela qual Byron Bunch e Lena se distinguem, a seus olhos, de Ferdinand[49] depende menos da própria energia deles do que da força do "passado legendário" faulkneriano: as personagens de Faulkner não se pertencem; são obrigadas a buscar, espantadas mas obstinadas, uma salvação – uma identidade – que sua memória lhes representa; mas esta é enganadora, não sendo mais do que a lembrança, o resíduo de uma presença divina. A coragem de Ferdinand, ao contrário, é a imagem de um desamparo total, rigorosamente concreto, privado desta falsa consciência infusa nas criaturas faulknerianas, privado também, e sobretudo, do pensamento coerente de que são dotados os protagonistas de Bernanos. Ferdinand erra, sofre, trabalha, ama ou sonha porque o erro, a dor, o ofício, o amor, a imaginação constituem a matéria de uma existência humana a que o homem está reduzido e que o converte numa morte paga assim a prestação. Aqui nos encontramos em Bouville: antes que o "excessivo" se tornasse a Náusea, o próprio Roquentin aspirava a amar, a exercer uma função, a conquistar um lugar. Procurando saber o porquê disto.

Referir-nos-emos ao modelo sartriano e ao exemplo de Céline para considerar a imagem da pessoa em outros romances publicados na mesma época dos quais diremos que reduzem, se não degradam, ao simples plano da vivência essa dualidade do humano e dos valores que, ao contrário, ditava ao herói de *Adeus às Armas* à procura da superação da existência. Mas antes de considerar a temática desses romances, lembraremos que o olhar de Céline sobre o mundo não é de modo algum isolado: em 1934, apareciam *Trópico de Câncer* e sobretudo *Call it Sleep* (Isso é Sono), de H. Roth, cujo título lembrava *Viagem ao Fundo da Noite* e, que transtornava e renovava não menos a escritura romanesca. *Isso é Sono* dificilmente pode ser traduzido devido à alternância,

---

49. J. McCormick, *Catastrophe and Imagination*, p. 256.

como em Céline, de uma língua de rara pureza e de uma linguagem rigorosamente falada: a de um menino judeu dos pardieiros de Nova York, filho de emigrantes poloneses, cuja história entre os seis e os oito anos é contada por Roth. Um escritor americano – que como Céline rompia as formas literárias "tradicionais" e ia ainda mais longe do que o Joyce de *Retrato do Artista*... na transcrição bruta de uma linguagem de criança[50] – exaltava uma realidade à qual Céline votava um ódio delirante: a realidade judia. Entretanto compararemos *Isso é Sono* com este outro romance de educação que é *Morte a Crédito*. Se nos limitarmos a considerar a situação e a expressão da pessoa numa série de romances cujos autores abandonam o espírito de nostalgia – no caso o *Sonho Americano*[51] – mas, de outro lado, renunciam à moral positiva de *Num Combate Duvidoso*, poderemos legitimamente reconhecer em *Isso é Sono* e em *Morte a Crédito* duas visões simétricas do mundo. Aqui e lá a vivência (em particular os atos sexuais) é transcrita tal como é sentida e falada, sem concessão, despojada de toda "proteção" idealista ou conformista. Em ambos os romances, a situação edipiana da personagem central e suas determinações sociais formam estruturas fundamentalmente concretas. H. Roth, como Céline, faz da palavra o espelho imediato do gesto, da atitude, da afetividade. Mas importa mais observar que o problema da *pertença* ao mundo (este problema do *to belong* que angustia tantas personagens do romance americano, que os heróis de Malraux querem resolver pela ação e Roquentin pelo absurdo, quando toma consciência da Náusea por intermédio de uma *raiz*) sustenta poderosamente essas duas biografias parciais. Na revelação de seu judaísmo, o menino de *Isso é Sono* descobrirá um enraizamento que lhe permitirá resistir ao sórdido e ao ódio. O refúgio que o adolescente de Céline encontra na afeição de um tio preenche uma função idêntica de ligação ao mundo. A vida torna-se possível – a possibilidade de ser de uma pessoa reaparece – quando a personagem vê que valores afetivos e espirituais (religião, ternura) não estão totalmente esquecidos numa sociedade que, por toda a parte, os corrói.

Essa fraca resistência ao real das diversas formas do amor ou da solidariedade testemunha uma nova mudança no tema e na expressão da alienação. Os dois primeiros romances de Céline nos mostram o homem esmagado por sua condição social e econômica, mas é à natureza humana que esse esmagamento é imputado. Se essa natureza se caracteriza antes de tudo pelo sofrimento, remanesce entretanto aquém do bem e do mal, assim como do passado e do futuro. Ela é "como isto", para retomar as primeiras palavras de *Viagem ao Fundo da Noite*: o indivíduo é um misto de coragem e de covardia, de generosidade e de baixeza. O narrador de Céline é diferente desses semitas que uma personagem de *Isso é Sono* vê à imagem de um homem "mergulhado até a cintura numa cloaca, mas cuja fronte tocaria o céu"[52]? Numa série de romances que apare-

---

50. Cf. W. Allen, *Tradition and Dream*, p. 193.
51. Idem, ibidem.
52. Cf. I. Howe, Prefácio, em H. Roth, *Call it Sleep*, .

ceram no decurso dos anos de 1930 será completamente ignorada a maldição mítica de Faulkner assim como a perigosa nostalgia de um Broch: o amor, a solidariedade, a fé existem cá neste mundo, mas enfermos, pois a ética de um Malraux ou de um Hemingway permanece letra morta: o homem é mostrado incapaz, quer por sua fraqueza própria quer em razão de uma sociedade desumana, de elevar o homem. Ama sem pensar o amor. Insurge-se contra sua condição sem poder revoltar-se efetivamente contra ela. Só age assumindo funções. A dialética do ser e do fazer, vivida em *Os Conquistadores* para realizar uma aspiração, será deixada ao nível da *necessidade*. O universo do amor restringir-se-á ao dos desejos, a categoria da vontade à da necessidade. Enfim, as personagens de N. Algren, de Céline, de C. McCullers passam grande parte de seu tempo falando daquilo que fazem para ganhar a vida. Mas se esse comentário contribui para exprimir sua pessoa, a ação de trabalhar propriamente dita permanece, entretanto, para eles, uma negação da pessoa, visto que seu trabalho não tem outro preço a não ser o de assegurar-lhes a subsistência. Trabalhar é o destino do homem. Não é mais o signo de uma fraternidade possível, nem um meio de luta para mudar a condição humana.

Abramos um parêntese sobre as relações do trabalho e da pessoa no romance ocidental. Forster pôde legitimamente deixar de classificar o trabalho nas "categorias" do romanesco: o fato de trabalhar jamais pertencera, *por si mesmo*, à "vida dos valores". Mesmo e sobretudo entre os naturalistas, o trabalho fora com muita frequência descrito como um corpo estranho à pessoa, como uma humilhação. Em *Ulisses* e em *Manhattan Transfer*, a função, o ofício são objetos que o *stream* tenta tornar humanos. Observemos que P. Hamp, se coloca o ofício no lugar de honra, esta imensa parte da existência humana geralmente negligenciada pelos romancistas de sua época – salvo quando se trata de evocar profissões "nobres" –, prefere exaltar o trabalho do que destacar seu sentido no plano moral, social, político. E essa exaltação, por seus aspectos metafóricos e antropológicos, não deixa de ligar Hamp ao romanesco da subjetividade. Por isso, uma literatura em torno do proletariado (que M. Ragon estudou) opor-se-á não menos ao populismo do que a uma literatura operária devida a "intelectuais"[53]. Tratar-se-á para essa escola de integrar a vida operária na pessoa, mostrando, por exemplo, quais tomadas de consciência ela suscita, quais funções psicológicas específicas ela desenvolve[54].

Entretanto, os romancistas da participação também se recusavam a situar o trabalho à margem da pessoa. De Malraux a Steinbeck, o trabalho é valor; faz parte do mais-ser dos homens. Com *The Land of Plenty* (Terra da Abundância, 1934), R. Cantwell descreverá, num tom épico, a educação de um operário que se realiza ao mesmo tempo como indivíduo e como militante sindicalista. Totalmente diferente, o espírito de *Isso é Sono* ou de *The Man with the Golden Arms* (O Homem de Braços de Ouro), de Algren. Observamos que uma revista de esquerda

---

53. Cf. M. Ragon, *Histoire de la littérature ouvrière*, p. 127.
54. Cf. P. Malrieu, Témoignage du romancier sur la psychologie ouvrière, *Journal de Psychologie*, p. 171-192.

americana recusou publicar *Isso é Sono* pelo seguinte motivo: "É desolador ver tantos jovens escritores nascidos no meio operário que só põem sua experiência a serviço do proletariado para escrever febris romances de introspecção"[55].

Roth efetivamente considerava o reverso de uma realidade apresentada em *As Vinhas da Ira* como o teatro de uma humilhação, mas também como um terreno de luta e uma razão de esperar: o universo dos isolados, dos não-participantes, que não querem ou não podem revoltar-se a não ser individualmente contra a condição humana, e cuja vida passional aparece tanto mais intensa e miserável quanto é apenas uma ajuda para viver, uma compensação à existência, um recurso contra o isolamento social. A. Kettle sublinha que os escritores "sócio-realistas" de entre as duas guerras, em particular G. Greene, empenham-se em descrever gente "economicamente esmagada" que ignora a "sensibilidade refinada" de uma V. Woolf. Kettle observa, todavia, que essas novas personagens ("negociantes, vagabundos, prostitutas, *barmen*, intelectuais desacreditados, aventureiros, mendigos") *não têm a sensibilidade da classe operária*, pois vivem na "periferia" desta[56]. Isso é igualmente verdade em relação aos emigrantes poloneses de *Isso é Sono*, ou do "filho nativo" de Wright, que enfrentam a sociedade sem o apoio de um grupo organizado, nem de uma moral ou de uma fé. Esses seres isolados entram no âmbito humano animados por tendências (ódio, vontade de poder, ternura por alguém, desejo de liberdade) que julgam ser pessoais, ao passo que essa individualidade afetiva é o sinal de uma alienação social irremediável. A linguagem desses indivíduos marginais não é, como julgam, um bem que lhes é próprio, mas o de uma classe, de um ambiente sem raízes nem poder. O discurso de Scobie e o dos narradores de Céline exprimem ambos um pensamento abortado, prisioneiro, nivelado. O jovem negro de Wright, o Gamin* de *Brighton Rock* (O Rochedo de Brighton) haurem sua força numa impotência e num desamparo que caracterizam todo um nível social. Não fazem mais do que traduzir um desenraizamento, um egoísmo, uma irresponsabilidade de todos que a primeira Mouchette denuncia por um homicídio, e a segunda suicidando-se. Mesmo monologada (é o caso de *Bottom Dogs* [Burros de Carga**], de Dahlberg), essa linguagem nada tem de comum com a *erlebte Rede* de uma Mrs. Dalloway, pois não humaniza nem personaliza o real. Não se trata mais de interpretar a vida, mas de explorá-la, de arrebatar-lhe alguma coisa para subsistir, ou sentir-se existir. Colocando Jiggs em presença de um par de botas, Faulkner exprime o poder poético que resta a um ser a despeito de seu esmagamento. Ao passo que o "filho nativo" e seus companheiros, no ato de atacar um comerciante para roubá-lo, julgam conseguir uma vitória. ("Em suma, isto seria um desafio simbólico lançado ao poder que sobre eles tinham os brancos.[57]")

---

55. Cf. W. Allen, op. cit., p. 192.
56. A. Kettle, *An Introduction to the English Novel*, p. 171-172.
* Nome atribuído à personagem na tradução francesa, no original inglês: Pinkie Brown (N. da E.).
** Tradução aproximada da expressão, que significa subordinado, pessoa de baixo status social, e que em geral é aplicada a trabalhadores braçais (N. da E.).
57. *Native Son*, cap. I.

As suas personagens, Malraux e Hemingway davam armas e uma fé para combater e negar o desamparo. Os romancistas chamados por Kettle de "sociorrealistas" mostrarão o homem irrevogavelmente desamparado. Suas personagens viverão em termos do ter e não do ser. E o espírito de participação e de universalidade, próprio de *Voo Noturno* como do romance de Dietrich, é substituído por uma invencível necessidade de contato e de calor humano. Aqui, exigência de comunhão; lá, desejo de comunicar. O senso de responsabilidade preside, em Malraux, às relações humanas; estas são marcadas pela culpabilidade em Greene. É que as mediações perderam, na consciência das personagens, todo o caráter transcendente; são rigorosamente encarnadas: a "vida dos valores" não faz mais do que obsedar, hesitante, seres individuais. Também as relações humanas são compromissos e mal-entendidos.

O mais vivo sofrimento das personagens de Malraux é, sem dúvida, suscitado pela "incomunicabilidade dos destinos individuais"[58]. Entretanto, podem ultrapassar este mal-entendido fundamental referindo-se a uma verdade geral inspiradora de ação coletiva. May não se comunica com Kyo, mas comunga com ele, e o mesmo se passa com Chantal de Clergerie animado de uma alegria que transcende relações interpessoais inautênticas. Valorizado em *A Esperança* ou pensado pelo narrador de *A Aprendizagem da Cidade*, o espírito de comunhão aproxima mais realmente os seres do que a imagem de uma "alma universal" que o Narrador via por assim dizer inscrita como abismo em cada consciência. Implicitamente, o homem de Malraux rejeita como falsa uma comunicação passional assim evocada por J. Delhomme: "A literatura romanesca e a psicologia introspectiva mantiveram a ideia de uma afetividade simpática, modo direto de apreensão de outrem"[59].

As personagens de Greene e de Céline, ao contrário, são privadas ao mesmo tempo do brilho afetivo proustiano e das ideias ou dos princípios aos quais as de Malraux referem os múltiplos aspectos do humano. Essas personagens devem *apegar-se* umas às outras, ou, ao contrário, odiar-se, para remediar seu desamparo. Em *O Rochedo de Brighton*, o Outro é esta boia de salvação que será para o Autodidata e que era para Roquentin ao chegar a Bouville. O "estar com" de Malraux torna-se, em destinos doravante individuais, ou antes superindividualizados, o "estar perto de", ou "soldado a", dos falsos casais de Greene, das amizades precárias de Céline. O inverso da comunhão é, em Bernanos, medo de não mais amar[60]. O fracasso da comunicação é, para Greene, isolamento. Pode-se ver em *The Power and the Glory* (O Poder e a Glória) uma inversão e uma redução de *Diário de um Pároco de Aldeia*. O padre de Bernanos assume com lucidez o combate que nele travam a graça, manifestada pela fé, e a miséria de ser um homem físico, afetivo, social. O padre de Greene está entregue a essa miséria, à qual se opõe uma graça misteriosa, quase estranha à pessoa e manifestada por uma *religião* que o converte no *representante* de Deus: o "o esquisito

---

58. Cf. J. Delhomme, op. cit., especialmente p. 80-95.
59. Idem, p. 74.
60. Cf. *Journal d'un curé de campagne*, p. 86.

de pouco sentido" separado das coisas, que determina a ascensão da Náusea, e que escandaliza Ferdinand, o romancista é o único a vê-lo flutuando, irrisório, irreal, acima das relações humanas; as personagens de C. McCullers, de N. Algren, de E. Waugh são nominalistas, e tornam-se assim presas do desumano – da existência. Só há amor exceto pessoal, e testemunhado por gestos, palavras, hábitos. O herói de *Morte a Crédito* entrega-se ao erotismo assim como a seus diversos ofícios: é necessário ligar-se a Outrem, mas esse vínculo significa somente a ausência de uma ternura da qual, no entanto, todos precisam. E se para H. Miller o homem não é verdadeiro e a vida não merece ser vivida, salvo pelo erotismo e estetismo[61], não é porque a pessoa deve contentar-se com signos (gestos, técnicas) do amor e da arte, visto que estes desaparecerão como valores, ou ideias? Não é uma relação com o mundo que o herói celiniano de *L'Apprenti* (O Aprendiz), de R. Guérin, encontrará no onanismo? A luxúria, chamada "tumor no flanco da espécie" pelo padre de Bernanos (que crê na união carnal do casal cristão), torna-se modo de comunicação. Julgou-se inverossímil e desumano o sacrifício do doméstico de Scobie no fim de *The Heart of the Matter* (O Cerne da Questão)[62]. Mas Scobie não precisa sempre de uma "presença real" para sentir-se pecador, portanto, para poder esperar a salvação, ao passo que o amor em Malraux, a graça em Bernanos são verdades universais às voltas com o humano. J. M. Cormick observa que "em Malraux, Hemingway, Wolfe a pessoa só se comunica na morte, ou em presença da morte"[63].

Entretanto, esses romancistas, dentre os quais os dois primeiros exprimem uma visão do mundo oposta à do terceiro, fazem uma diferença entre a morte e o fato de perecer. A morte suscita a comunicação para o herói de Wolfe, porque a seus olhos a consciência humana não poderia morrer. Morrendo ou testemunhas de uma morte, Kyo e o padre de Bernanos afirmam que o homem não morre quando quiser lutar contra todas as formas da morte. No fim de *Adeus às Armas*, Frederick comunica-se com Catherine porque comungou com ela num amor que era também a ideia do amor. Para Greene e Céline, em compensação, só é possível comunicar-se na existência. Morrer não tem mais sentido do que viver.

Pensando que não poderíamos ver nossos semelhantes naqueles que nos olham e nos julgam, Kyo abraça o problema da culpabilidade tal como é colocado de Fitzgerald a Sartre, de *A Aprendizagem da Cidade* a *L'Emploi du temps* (O Emprego do Tempo): torna-nos culpável a *presença* do Outro, quando este não é nosso próximo. Nossos sete séculos de romance, lembremo-lo, revelam-nos a historicidade de nossas funções psicológicas. A culpabilidade não evolui menos do que o ciúme ou a ambição. O homem de Balzac quase não é faltoso exceto em relação aos valores de poder (os títulos, o dinheiro) de uma sociedade; como Rubempré, cuja absolvição Vautrin podia fazer reembolsando sua

---

61. Cf. W. Allen, op. cit., p. 236.
62. Cf. A. Kettle, op. cit., p. 174. Mas A. Kettle sublinha que essa obra tem um significado oposto àquele dos romances de Hemingway.
63. J. McCormick, op. cit., p. 256.

dívida. Julien Sorel, em troca, não se considera pecador a não ser que deixe de realizar uma certa imagem de si – tipo de culpabilidade vizinha da de um Lafcadio. O naturalismo suprime a falta, mesmo a do padre Mouret – a natureza não poderia ser boa nem má – e os "costumes de província" são em Flaubert responsáveis pelo bovarismo: Emma não se sente culpada; somente tem medo de ser condenada; o faltoso é Charles quando não corresponde à imagem – ao estereótipo – do médico[64]. Entretanto ninguém olha inocentemente Emma Bovary, e esse olhar-juízo anuncia esta *consciência culpada* que se tornou fundamental em Dostoiévski e, depois, no romance do século XX. Mas a culpabilidade latente de um Narrador infiel à imagem da Mãe, o obscuro estado de pecado de Christmas, a "viva censura" do Pai evocado por Bloom – todas situações de falta expostas e avivadas pela presença de outrem – são de certa maneira sufocadas no fluxo de uma consciência (de uma memória) em busca de seu ser: o indivíduo é culpado, o Eu não o é.

O homem radicalmente culpado, porque privado de todo o álibi, refúgio ou compensação, será o de Malraux. Visto que Deus está morto (como o humano para Bernanos), que os jogos de espelhos do Eu dissolvem a pessoa, que a cultura e a arte não são mais do que justificativas hipócritas, o indivíduo não tem mais o direito de *se preferir*. Doravante, tem o Outro como juiz imediato e inevitável. Quer seja o inimigo representando a opressão, ou, ao contrário, o amigo a cujo lado é preciso combater, o Outro é vosso acusador implícito se não mudardes o mundo. Mas essa culpabilidade sempre virtual, e que sempre concerne ao futuro, transcendem-na as personagens de Malraux pelo espírito de comunhão e de participação. Ao fim de *A Condição Humana*, fica conjurado este sentimento de falta que angustia Fitzgerald ante o pensamento de uma *lost generation* impotente para sair de si. Fica conjurado também este pecado radical de existir que impregna os relatos de Kafka.

Em contrapartida, a constatação de Kyo (os homens vos olham e vos julgam) ou ainda a palavra de Hegel posta em exergo em *Les Mandarins* (Os Mandarins) – "toda consciência persegue a morte do outro" – presidem a um romanesco do isolamento no qual vemos desaparecer a noção de *eleição*. Por razões radicalmente opostas, o Narrador havia escolhido Albertine, e Kyo escolheu May – e o Pároco de aldeia, Chantal, que é aquela que é preciso particularmente salvar. Em Greene, Algren e Céline, somos forçados a ir na direção de Outro, e essa própria imposição (essa obrigação de escapar à solidão) põe a marca de impotência, de incompreensão e sobretudo de culpabilidade nas relações interpessoais. Sublinhemos que estamos presentemente num universo onde é possível e permitido viver de amor, encontrar outrem. Ao contrário da visão naturalista do mundo, a vida passional não é mais sistematicamente rompida ou interditada por um mecanismo social ou econômico. *O Homem de Braços de Ouro*, nesse plano, não tem mais nada em comum com *Uma Tragédia Americana*. De outro lado, a vida dos sentimentos não é mais abafada pela

---

64. Cf. J. Fleury-Zéraffa, *La Relation médicin-malade dans l'oeuvre de Flaubert et de Proust*.

fascinação, pela nostalgia ou pela autoanálise. Encontros e uniões se realizam, ou ao menos se produzem, apesar do peso pirandelliano do passado, apesar desta incomunicabilidade das consciências cuja evidência V. Woolf e Proust temiam conceber e que gera tanto o "sono de Albertine" quanto o suicídio de Quentin. Mas nenhum interdito, nenhuma maldição pesa mais sobre as relações humanas (ao menos com relação a *Manhattan Transfer, Luz em Agosto, Os Sonâmbulos*). Estas continuam malditas por si mesmas devido ao fato de que os seres se procuram, se aproximam, se unem sem confessar que aspiram a amar num mundo que não tem mais o sentido do amor nem da fraternidade. Os indivíduos não *transgridem* nada mais exceto o *valor* do amor ou da caridade. *The Heart is a Lonely Hunter* (O Coração é um Caçador Solitário) parece-nos representar particularmente uma época em que *Viagem ao Fundo da Noite, À Sombra do Vulcão, A Gun for Sale* (Arma de Aluguel) (cujas personagens são prisioneiras do cotidiano) são simétricos a um romanesco de heroísmo. Rompendo com um romanesco americano de ruído e de furor[65], o romance de C. McCullers dir-nos-á que o mal do homem depende primeiramente de um mau uso do amor: "Os outros odeiam todos alguma coisa. E eles têm todos alguma coisa que amam mais do que a comida ou o vinho ou a companhia de um amigo. É a razão pela qual vivem sempre tão ocupados"[66].

Os dois enfermos de C. McCullers, que são inseparáveis, e um dos quais se matará após a morte do outro, constituem uma exceção, mas confirmam a regra: só se aproximaram um do outro para escapar ao isolamento, à ausência de caridade de uma sociedade que na realidade – isto é muito importante – gosta mais e mais das coisas e leva cada vez menos em consideração as pessoas. Um dos dois mudos ama, ao passo que o outro se deixa amar. Eles estão unidos pelo laço do mal-entendido, que todavia os salva do egoísmo, da indiferença do mundo. O primeiro suicidar-se-á para não mais sofrer a solidão, ou para escapar à vergonha de viver num mundo sem caridade? O "coração" de C. McCullers corresponde bem à ternura de Céline, indo solitário à procura de uma impossível fraternidade cuja sombra erra entretanto através dos homens, resíduo de um Sentido que os gestos e as palavras não podem captar.

Por causa dessa ignorância do amor como valor universal, em seres que no entanto se *aproximam* uns dos outros, as relações afetivas tornam-se atos falhos. Em *Miss Lonelyheart* (Miss Corações Solitários), de N. West (1933), já encontramos uma situação comparável àquela de *Armas de Aluguel*, de *O Rochedo de Brighton*, de *O Coração é um Caçador Solitário*: os seres significam, exprimem o amor a despeito de si próprios. "Miss Lonelyheart" tem por ofício apaziguar, no "correio do coração" que mantém num jornal, os desgostos amorosos dos outros. Contudo ficará preso em sua própria armadilha. Tendo pretendido, por derrisão, ter uma aventura com uma de suas correspondentes, encontrará uma morte cujo relato torna inútil todo comentário:

---

65. Cf. D. de Rougemont, Prefácio, em C. McCullers, *Le Coeur est un chasseur solitaire*.
66. C. McCullers, op. cit., p. 212.

Acudiu para ajudá-los com todo seu amor.
A doente deu meia volta para fugir, mas seus movimentos eram lentos e Miss Lonelyheart a alcançou.
Enquanto lutavam, Betty irrompeu pela porta da rua. Gritou-lhes que parassem e pulou para a escada. Vendo que ela cortava sua retirada, a enferma tentou desembaraçar-se de seu pacote. Ele soltou sua mão. Um tiro partiu do revólver envolto no jornal e Miss Lonelyheart tombou arrastando consigo a enferma. Agarrados um ao outro, rolaram escada abaixo[67].

Efetivamente, é irrisão ir na direção do Outro para sentir-se existir num mundo que não reconhece mais a existência da pessoa. N. Algren, Céline, C. McCullers, N. West, Greene tratarão com uma ironia ao mesmo tempo amarga e terna os impulsos afetivos de personagens que procuram sobretudo no Outro sua salvação – o fim de seu isolamento – e não podem ou não ousam transformar um encontro em amor verdadeiro, capaz de transcender sua situação contingente. O olhar de Gamin sobre Rose (*O Rochedo de Brighton*), de Ferdinand sobre Lola, de Roquentin sobre Anny é um olhar de censura, porque cada um dos dois parceiros concebe a ternura como uma cumplicidade e como uma possessão. Rose tem vergonha de amar pois é feia (mas queria ter, "como as outras", um homem em sua vida) e o Gamin, depois de tê-la olhado com enfado (Rose é um insulto à sua ambição) acabará por sentir-se envergonhado de servir-se dela para escapar à polícia. Mas desde há muito sentia-se em falta ao pensar que talvez não tivesse o estofo de um chefe. Anne e o matador de aluguel deveriam ter-se amado autenticamente (eram feitos um para o outro), mas continuarão sendo vítimas do mal-entendido que foi seu encontro. E é ainda no mal-entendido que Anne e Mather formarão um casal que ironicamente faz triunfar a ordem e a virtude.

Assim como a necessidade de comunicar-se e de "pertencer" é função do desamparo dos seres, da mesma forma a culpabilidade tem como reverso a inocência: visto que a condição humana é culpabilizada em seu conjunto (num mundo não-fraterno), visto que a sociedade doravante é composta de indivíduos entregues a si próprios, o indivíduo não é mais responsável por sua má consciência. "O filho nativo" é, ao mesmo tempo, culpado e inocente de sua negritude como o menino de *Isso é Sono*, de seu judaísmo. O médico de Céline sabe que não é responsável pela morte de Bébert; contudo aflora nele um sentimento de culpa. Esta ambiguidade da pessoa culpada-inocente parece-nos tipicamente expressa pela cena final de *Arma de Aluguel*:

> No entanto, diz Anne (Raven cobre-a com seu saco... Raven toca sua mão gelada)... fracassei.
> – Fracassou? diz Mather, mas seu êxito é completo!
> Por alguns instantes Anne tem a impressão de que este sentimento de derrota jamais a deixaria, de que esta nuvem obscureceria sempre um pouco suas alegrias; era alguma coisa que jamais poderia explicar a Mather: ele jamais a compreenderia; mas,

---

67. N. West, *Romans*, p. 74.

no mesmo momento em que sua figura perdeu sua expressão melancólica, Anne havia sucumbido de novo: era a expiação.
– Você não fracassou, diz ele.
Londres tinha suas raízes no coração de Anne: o campo sombrio nada lhe dizia; deixou de olhar a paisagem para contemplar o rosto feliz de Mather.
– Você nada compreendeu, diz ela, procurando por um breve instante esquecer o fantasma. Sim, fracassei.
Mas ela o esqueceu completamente quando o trem entrou em Londres por um grande viaduto sob o qual as brilhantes ruelas sórdidas divergiam com os raios de uma estrela[68].

No universo de Malraux, de Steinbeck, de Bernanos, a ação, a responsabilidade, a solidariedade sofrem derrotas. No mundo de Greene, e de C. McCullers, o sentimento de culpabilidade revela à personagem que não somente sua experiência, mas também sua condição, são marcadas pelo malogro. Há o sentimento de que nele e em torno dele tudo aborta. De Julien Sorel, diremos não que ele fracassa, mas que não tem êxito em seu projeto. Fora isso, terá permanecido senhor de seu destino e antes de morrer pode ter neste domínio de si um êxito. Emma Bovary projeta-se demasiado cegamente na direção de um mito para conceber sua existência como um fracasso. As condutas e a impressão de fracasso são fenômenos do romance do século xx, e elas tornam-se consubstanciais à pessoa quando o romancista, conferindo a suas personagens a *liberdade de estarem sozinhos*, põe-nas rigorosamente frente a frente, sem outra mediação a não ser a necessidade de uma presença. Elas são constrangidas à comunicação, e o mal-entendido se instaura pelo fato de que nenhuma delas tem o poder de *revelar-se* ao Outro. A heroína de D. Richardson quer de certa forma malograr na vida subtraindo-se à comunicação: ela vive para sua consciência. Ao contrário, Anne e o matador de aluguel, Ferdinand e Lola, o "filho nativo" e seus colegas desejariam, sem confessá-lo, que suas consciências fossem recíprocas. Mas a comunicação imediata (não mediatizada) à qual estão destinados permite-lhes somente mostrar ao Outro aspectos fragmentários, portanto inautênticos, de sua pessoa. Quem dá a outrem dá a si, pensavam Jack Barnes, Kyo, os militantes de Steinbeck, o Pároco de aldeia. Quem precisa de outrem precisa de si mesmo, dizem de diversas maneiras os romancistas do desamparo. Eis o começo de *O Ardor do Dia*, de E. Bowen:

> A mulher usava um casaco de imitação de pelo-de-camelo; o frescor da tarde fez com que levantasse a gola e a puxasse ao altar sobre os joelhos...
> A primeira vista, dir-se-ia uma destas inúmeras londrinenses que, naquele verão, se esforçavam por assemelharem-se às jovens soviéticas...
> No fundo dela mesma, faltava-lhe coragem. Dirigindo por duas vezes a palavra a este homem, ela se condenara a ser aquilo que jamais fora: que paroxismo de solidão ou de egotismo havia ela atingido neste crepúsculo musical? Antes egotismo. Era seu eu e não seu encanto que ela quisera afirmar[69].

68. G. Greene, *Tueur à gages*, p. 252-253.
69. E. Bowen, *L'Ardeur du jour*, p. 98.

Como o Gamin diante de Rose, a jovem de *O Ardor do Dia* tem necessidade de mostrar a outrem a existência e a verdade de sua pessoa (a ideia que ela faz de sua autenticidade). Entretanto essa necessidade mudou de sentido com relação a *O Rochedo de Brighton*. A heroína de E. Bowen acaba de tomar consciência da variedade e da ineficácia de uma comunicação todavia inelutável, sem a qual a gente *não existe*. Ela sabe agora que a linguagem deforma, mutila um Eu que as palavras deviam revelar a Outrem, e que este interlocutor, que foi seu juiz e não seu semelhante, tornou assim ainda mais inautêntico seu esforço para comunicar-se. A linguagem falada, mentira e falsa aparência para Míriam, para Mrs. Ramsay, para o Narrador, torna-se, de *Os Conquistadores* a *Morte a Crédito*, o único mediador possível da expressão da pessoa.

Mas duvidando do valor de uma linguagem na qual lhe cumpre entretanto confiar, a jovem de Roquentin se apartava de Ferdinand, pois ela se vê rigorosamente só diante de outrem, se reconhece responsável por sua linguagem, ao passo que as personagens de Greene são os intérpretes inconscientes de uma religião renegada, esquecida, e que os narradores de Céline "falam" um pessimismo que é para o romancista verdade universal, e que no entanto os sustenta na existência. Com *O Ardor do Dia* estamos num universo sartriano: cada um de nós só existe – só é – para outrem e diante de outrem, e nenhum valor pode falar por nós, nem pode reger (autenticar) atos indispensáveis de comunicação que, no entanto, falsificam esse ser que desejaríamos que exprimissem. A personagem existencialista, compreendendo, de um lado, que só tem como mediadora sua linguagem, e, de outro, que seu interlocutor não recebe, ou deforma, sua mensagem, vai colocar nos planos da necessidade e da experiência uma comunicação que em Greene é ao mesmo tempo fatal e vã. Sabendo estar só com sua linguagem, esse herói tentará despojar a comunicação das ilusões que se lhe apegam como mitos que a regem. Procurará que suas palavras ou suas atitudes cinjam o mais de perto possível sua situação atual, concreta, seus impulsos ou desejos autênticos – e penetrar assim as defesas do Outro. Fará a aprendizagem de sua liberdade, e de sua responsabilidade de si, por uma comunicação que sabe ser ilusória, mas necessária. Estar em situação é saber que as consciências são fechadas umas às outras, esforçando-se porém por desagregar, pela palavra, os muros que as isolam. É dar, pois, um valor absoluto (sempre recomeçado) à contingência radical da linguagem, mas também à da pessoa: cada um de nós é ele mesmo aqui e agora. Em *Arma de Aluguel*, dois seres são atraídos um para o outro "humanamente" mas sem saber que mediatizam uma caridade e um amor cristãos. Em *L'Invitée* (A Convidada), ao contrário, a pessoa rigorosa e exclusivamente humana de Xavière é escolhida como mediadora por dois amantes que sabem que o homem está sempre só, mas recusam que essa solidão tenha um caráter de fatalidade.

O romanesco que constitui o objeto deste capítulo e do capítulo precedente oferece-nos três imagens do amor. Os casais Frederick-Catherine, Jack Barnes-Brett Ashley, Kyo-May e, de outro lado, Mac e Jim, o Pároco de aldeia e Chantal, Claude e Perken afirmam o amor como plenitude e superação do indivíduo;

o amor existe no mundo mas transcende sua encarnação (sua realização). Em compensação, os mudos de C. McCullers, Rose e Gamin, os amantes de *The End of the Affair* (Fim de Caso), os narradores de Céline e seus senhores episódicos, os "eróticos" de Miller vivem o amor num mundo degradado, sem fraternidade; essas personagens dizem-nos que somente o contato com o Outro permite ao homem enganar sua solidão; não é por acaso que Algren, Céline, Greene e C. McCullers fazem com que o amor, a ternura e o desejo sejam vividos por enfermos, deserdados, marginais: a derrisão e a necessidade de contacto humano, o recurso ao sentimento para resistir ao egoísmo do mundo manifestam-se com tanto maior força. Dois enfermos ainda nos propõem uma terceira imagem do amor: numa horrível e sublime cena de *Les Chemins de la liberté** (Os Caminhos da Liberdade), Sartre deitará por terra a situação de humilhação, de impotência, de mal-entendido que é a das relações afetivas de Algren a C. McCullers. Para os dois doentes de *Sursis*, o coração não é mais um caçador solitário. Eles passam por cima do abandono, da degradação, da presença acusadora dos outros, assim como de seu próprio olhar de culpados. Criam uma liberdade incondicional de amar. Fracassam e sabem superar o fracasso. Husserl, observara Sartre, "cura-nos de Proust". Com efeito, a personagem do romance existencialista ama qualquer um, se este "é amável"[70]. Deve ainda aprender que o amor é livre.

A redução da vida autêntica às armadilhas da Existência – da história ao cotidiano, do ato à função, do amor vivido ao amor impossível, da derrota ao malogro, da responsabilidade à culpabilidade – será descrita por M. Lowry em *À Sombra do Vulcão*: privado do heroísmo de *A Condição Humana*, o Cônsul nem pode viver a aventura intelectual de Roquentin, nem sobreviver à maneira de Ferdinand. O romance de Lowry desenrola-se entre o polo da participação e o do desamparo, vai do senso ao contrassenso, nos faz assistir ao esmagamento dos valores afirmados pelas personagens de Malraux.

À Sombra do Vulcão só tem em comum com *Ulisses* o fato de estar compreendido no espaço de um dia: a condição humana vista por Joyce opõe-se em todos os pontos àquela que Lowry concebe. O itinerário de Bloom é progressão, o do Cônsul, regressão. O monólogo de Bloom dá vida às coisas e as reúne, vai do pontual ao universal. As reminiscências do Cônsul reduzem à condição de objetos, dispersam na fascinação do cotidiano, aquilo que outrora foi participação, amor, confiança na história dos homens. Mas a solidão do Cônsul degrada sobretudo o pensamento de Kyo. Enquanto que os heróis de Malraux se recusam a ser sujeitados à sua vida psicológica, as tendências da personagem de Lowry vão arruinar aquilo que se pode chamar, por referência a *A Condição Humana*, a dignidade histórica da pessoa. O psíquico, em Joyce, mediatiza a história. Para Malraux e Bernanos, como o precisaremos mais adiante, nossas funções psicológicas constituem somente a substância do ser. Em Lowry o passional destrói os vínculos que uniam um homem ao universal para encerrá-lo

---

* Trilogia composta por: *L'Âge de raison; Le Sursis* e *La Mort dans l'âme* (N. da E.).
70. J. P. Sartre, Une idée fondamentale de la Phénoménologie de Husserl, l'Intentionnalité, *Situations* I, p. 34.

numa imagem fascinadora de si mesmo. À *Sombra do Vulcão* é exatamente o contrário de um romance do alcoolismo como *Lost Weekend* (Fim de Semana Perdido): o Cônsul encarna esse desgaste do homem pelo humano cuja ameaça é latente nos romances de Malraux, de Bernanos, de Dietrich. Desgaste que é a vida humana tão logo se roube aos indivíduos a noção de um destino humano global. Com efeito, a ruína de uma concepção universal do homem terá sido vivida hora por hora pelo alcoólatra de *À Sombra do Vulcão*: não tendo podido ser permanente no fundamental, morreu "contingente" no nada. É a derrota de uma visão fraterna do mundo que gerou a consciência culpável do Cônsul. Pelo alcoolismo, ele se pune por ter deixado (segundo acredita) massacrar a tripulação de um submarino alemão prisioneiro. E os acontecimentos políticos dos anos de 1930 (ascensão do fascismo, guerra de Espanha) só contribuíram para encerrá-lo mais seguramente em sua individualidade faltosa e impotente. Na origem de sua desagregação houve o fracasso de um futuro positivo dos homens exaltado por *Os Conquistadores* e que nele não é mais do que uma *lembrança*. Ora, é esse resíduo de um destino humano fraterno que os policiais abaterão. Como o herói de *O Processo*, o Cônsul é morto como um cão. Mas essa desumanização do homem tem um sentido totalmente diferente daquele da narração de Kafka. Em Lowry, com efeito, abate-se a *testemunha* de um pensamento político vencido, e que se deixou inculpar por sucessivas vitórias do adversário. Em Kafka, um bancário se vê de repente culpado logo que é preso. O Cônsul conhece o caráter histórico de um estado de culpa do qual não pode libertar-se a não ser morrendo sob os golpes de seus inimigos "fascistas", para os quais, mesmo dominado pelo álcool, representa um perigo. K. será abatido por seus semelhantes porque quis procurar escandalosamente sua falta num sistema social baseado na interdição de semelhante busca – de uma semelhante manifestação de inteligência.

Lowry conta menos uma desgraça individual do que a queda de um homem do plano da ação, da participação, dos valores universais, para o da exclusiva consciência. Se "cada página de *À Sombra do Vulcão* implica a necessidade de amar e a impossibilidade do amor", se o Cônsul "encontra a vida somente na contemplação", se enfim "vivemos todos num tempo em que é preciso agir demais e viver demais, de modo que passamos ao lado da vida"[71], isso se deve ao fato de o Cônsul ter sido separado, de ter caído de um mundo em que o amor era possível e necessário, onde a existência era atividade, criação e luta, onde certa concepção da vida permitia a homens dominar a vida, permitia agarrá-la em vez de deixar-se arrastar por seus tumultos. Daqui por diante, passivo e contemplativo, visionário e culpado, o Cônsul certamente tem uma atitude não-existencialista[72]. Mas outrora ele esteve do lado da ação e da fraternidade, e a redução de seu destino a um dia simboliza a derrota das "possibilidades infinitas" da aventura humana. Presentemente, a ação consiste em beber, pois a embriaguez abre as portas da contemplação.

71. Cf. J. McCormick, op. cit., p. 87-88.
72. Idem, ibidem.

Assim, o Cônsul, quando sua esposa volta para ele, pensa que o amor nada significa *sem* a virilidade de que o álcool o priva. Assim também, a fraternidade e a participação perdidas são agora reduzidas a uma cumplicidade do Cônsul e de seu cunhado que nos faz lembrar *Vechnyj muzh* (O Eterno Marido).

À Sombra do Vulcão é um romance de disjunção, mas também de síntese. O Cônsul é exilado do mundo de Malraux: hoje, ninguém tem mais nada a ver com ninguém; ao mesmo tempo, a amplidão de sua vida interior, sua atitude política afirmada, a despeito de tudo, este resíduo de heroísmo que é sua morte separam-no do niilismo cético que *permite viver* aos narradores de Céline obcecados pela "vida dos valores", mas para os quais não há destino nem história.

A própria forma do romance de Lowry representa uma regressão do universal ao contingente, do Nós ao Eu, do senso ao contrassenso, do ser ao ter. Os acontecimentos, que em Malraux estruturavam e animavam o romanesco, permanecem aqui em segundo plano, focalizados pela consciência do Cônsul: a história não é senão *background*. Em compensação, o cotidiano sórdido e caótico de *Morte a Crédito* é levado por Lowry ao nível do mito. A grandeza de Ferdinand está no fato de ele protestar no próprio seio de sua resignação, tornando assim o mundo escandaloso. Aquela do Cônsul procede de sua lúcida descida para os infernos aos quais o narrador de Céline se adapta. Tendo sido culpado diante dos homens, o Cônsul sente-se culpado diante de si mesmo. Tendo amado, tenta desejar. Inspirando-nos num estudo recente, diremos que um círculo romanesco que parte de *Os Conquistadores*, em que o "herói moderno" aparece como uma fênix, se completa de maneira brilhante com *À Sombra do Vulcão*, em que esse herói se reconverte em cinzas[73]. Não é um indivíduo esmagado, nem mesmo desamparado que Lowry nos mostra, porém um homem que doravante é condenado a viver sob as potências, ora mudas ora furiosas, da História e do Ego. Vida e morte, ideias e existência não são mais, como em Malraux, solidárias: são duas imagens opostas do Ego. Uma imagem de *À Sombra do Vulcão* resume o destino de um homem dilacerado entre suas nostalgias e suas servidões:

> Condensadas, as negras nuvens continuavam subindo ao céu crepuscular. Muito acima de suas cabeças, a uma altura imensa, a uma altura terrivelmente imensa, negros pássaros desencarnados, antes esqueletos de pássaros, vogavam. Tempestades de neve caíam no cimo de Ixtaccipuatl, obscurecendo-o, enquanto a base desaparecia sob uma camada de cúmulos. Mas toda a massa abrupta do Popocatepetl parecia vir a seu encontro, deslizar das nuvens, inclinar-se sobre o vale em cujo flanco, em relevo na curiosa e melancólica luz, brilhava uma pequena elevação de colina rebelde onde estava engastado um minúsculo cemitério[74].

---

73. E. Kern, The Modern Hero, Phoenix or Ashes?, *Comparative Literature*, p. 325-334.
74. *Au-dessous du volcan*, p. 367.

O ROMANESCO E A LIBERDADE

Leopold Bloom procura o sentido de sua vida e da existência humana interpretando ao vivo um universo do qual pode afastar-se em espírito, mas do qual sabe que é prisioneiro. Opondo ao real o único poder de sua lúcida e penetrante sensibilidade, o homem do monólogo não pensa em fazer seu destino: no termo de *Ulisses*, um indivíduo está em condições de construir sua vida, mas o romance se remata nessa aptidão – nessa virtualidade. *A Montanha Mágica*, *O Homem sem Qualidades*, *A Morte de Virgílio* implicam uma lição semelhante: não se pode, ao mesmo tempo, receber e tomar, conhecer e agir, estar fascinado e querer.

    Mas o Cônsul é um homem livre que se enreda em sua liberdade em vez de dar-lhe uma *forma*. Ao contrário de Kyo, condena-se a procurar *sua verdade* num mundo do qual ele mesmo se torna escravo. Que fazer de minha liberdade? Já levantada por Gatsby e pelo herói "inocente" de *América*, essa questão sustenta o romanesco desde *O Sol Também se Levanta* até o crepúsculo de *À Sombra do Vulcão*. Entre *Os Conquistadores* e *A Náusea*, as soluções ao problema da destinação do homem terão percorrido um verdadeiro círculo em torno da mesma hipótese central inscrita em *A Tentação do Ocidente* e implicada em *A Impostura*: o homem decide de si. Soluções diversas, mas que podem ser reduzidas esquematicamente a três. Para Malraux, o homem faz seu destino por referência a uma essência permanente, mas degradada e esquecida, da humanidade. M. Lowry exalta num mito uma situação que caracteriza tanto *O Rochedo de Brighton* como *Morte a Crédito*: o homem debate-se numa independência que é desenraizamento; deve agir sobre o mundo, mas seus atos só geram mal-entendido, absurdo, perda. O romance existencialista – especialmente *O Ardor do Dia* – tenderá a abolir esta maldição que atinge indivíduos dotados de poder de revoltar-se contra sua condição, mas que alcançam um objetivo contrário daquele que se propunham alcançar: se são arrastados à perdição pela própria revolta, é por terem confiado em princípios, em seres e em objetos que são somente palavras. Decidir de si é, pois, antes de tudo, fazer tábula rasa da linguagem que designa o passado e o presente. A vida é atualidade inominável.

    Mas, quaisquer que sejam a metafísica do escritor ou sua visão do mundo, que ele fundamente seu romance no desconhecimento do divino de que os homens se tornam culpados, no abandono dos negros, na ausência de ordem e de caridade que constata ao redor de si – que Aureliano não saiba ir ao encontro de Berenice, que o herói de *Os Bairros Elegantes* redescubra a esperança ao fazer uma escolha política, ou que o álcool permita ao Cônsul refugiar-se numa contemplação que ocupa nele o lugar da ação (para usar o juízo de Fernandez sobre *Em Busca do Tempo Perdido*) –, a liberdade existe. Acontece com ela o mesmo que com o sentido de participação em Kyo, com a miserável vontade de poder de Gamin, com o isolamento proposital de Roquentin: é um ponto de partida. A questão essencial é saber o que o homem faz dela, como a concebe ou a ignora, a realiza ou a degrada.

Lembremos quão pouco complexas e pouco reflexivas são essas personagens em face de um Bloom ou de um Jimmy Herf. Sua simplicidade psicológica (sobre a qual voltaremos) e seu olhar voltado para o Exterior dependem de sua condição social, que lhes proíbe a passividade: devendo engajar-se no mundo, não podem, ao contrário de Bloom, interiorizá-lo, refleti-lo. Mas cumpre sobretudo levar em conta a intenção profunda do romancista que é a de desmistificar suas personagens e seu leitor. Malraux e Sartre, Céline e Lowry, C. McCullers e Greene nos demonstram que não existe nenhum álibi ao qual um ser possa recorrer para deixar de encarar sua condição face a face. *Os Conquistadores* denuncia a magia do sanatório de Hans Castorp; as narrações "engajadas" de Steinbeck enviam *Paralelo 42* ao domínio da lenda; a odisseia de Ferdinand devasta a de Bloom – e insulta amargamente toda a imagem coletiva do humano. A mesma atitude aparece em Greene, a despeito – e por causa – de sua fé religiosa: todas as suas personagens, por seu desamparo, acusam uma religião que não é mais cristã, e ideologias políticas desumanas ou ineficazes. Os dois mudos de C. McCullers, o matador de aluguel, o "agente secreto", de uma parte, e Mac e Jim ou o Pároco de aldeia, de outra, devem descobrir uma autenticidade *tangível*, manifestar, personalizar sua verdade por atos ou por vínculos. Sua liberdade – sua obrigação de serem livres – depende da impossibilidade de justificar doravante a presença do homem no mundo referindo-se a valores ideais (o que era a consciência tal como a concebiam Proust e Joyce) e ainda menos a princípios ou a convenções. Querendo como Kyo dar vida a valores, errando como Ferdinand em busca de ternura, tomando por moral uma vontade de dominação, como o Gamin, o indivíduo é sempre aquilo que faz, destrói, recria em seu próprio nome, ainda que seja o delegado, o representante de uma ideologia ou de uma fé. Em muitos aspectos, *The Confidential Agent* (O Agente Secreto) cobre de irrisão *A Esperança* e *Por Quem os Sinos Dobram*. Contudo, o matador de aluguel de Greene também cumpre seu dever de estado, como o padre de Bernanos. Quer encarne valores autenticamente universais, quer assuma ou crie, ao contrário, sucedâneos de valores – "a impostura é um sucedâneo da força"[75] –, o homem é livre. Ele deve escolher-se por meio de atos. Deve ter um projeto graças ao qual possa (iludindo-se ou não) ultrapassar sua condição concreta, evadir-se da prisão social. Como observa o escritor inglês W. Lewis, o "adeus às armas" de Frederick implica que um homem "possa decidir dizer ou não adeus à guerra"[76].

Nobre ou irrisória, mas sempre dramática, essa liberdade leva para "a negra noite do tempo" as personagens de Greene. O tempo não é mais, com efeito, como em *Manhattan Transfer*, aquele de que se deveria dispor para poder-se reconhecer, e do qual o mundo moderno nos priva. Trata-se agora de um tempo que certos indivíduos querem açambarcar e devorar para existir, isto é, para sobreviver. A "obsessão do tempo", diz G. Greene, "é um problema que

---

75. Citado em *Dictionnaire historique*, de Robert.
76. W. Lewis, *The Writer and the Absolute*, p. 46.

um romancista não pode eludir"[77]. Mas em *O Rochedo de Brighton* ou *Morte a Crédito*, a obsessão do tempo "que passa" tem um caráter projetivo, e não mais nostálgico: toma-se o partido de uma não-identidade da pessoa. Para Dos Passos como para Faulkner, são conscientes as personagens que procuram reencontrar, recuperar a duração; os inconscientes vivem no tempo. Mas quando o romanesco se desenvolve a partir de um "estar-aí" irrevogável dos indivíduos, a linha divisória não se refere mais à ligação do indivíduo ao passado: está consciente o herói que vê no mundo uma desumanidade, uma ausência de alma que "os outros" aproveitam ou que suportam. Consciência que C. McCullers emprestará a deserdados entre os deserdados, como Blount, o negro ébrio, que toma por interlocutor um surdo-mudo:

> Sou alguém que sabe. Sou um estranho num país estranho.
> – Calma, diz Biff.
> Blount só prestava atenção ao mudo. Olhavam-se. Os olhos do mudo eram frios e doces como os de um gato e todo seu corpo parecia escutar. O bêbado agitava-se freneticamente.
> – Você é o único na cidade que compreende aquilo que quero dizer... Há os que sabem e os que não sabem. E para dez mil que não sabem, há somente um que sabe. É o milagre de todos os tempos... o fato de milhões saberem tantas coisas mas não sabem isto. É como no século XV, quando todo o mundo julgava que a terra era plana e somente Colombo e alguns outros conheciam a verdade. Mas assim mesmo é diferente, pois era preciso talento para imaginar que a terra era redonda. Ao passo que esta verdade salta de tal forma aos olhos que é o milagre de toda a história o fato de as pessoas não o saberem. Você sabe?[78]

Mas testemunhando a ausência da Pessoa, a personagem testemunha a ambiguidade de sua pessoa, pois a partir do momento em que deve projetar-se num mundo não fraterno e "materialista" ao qual tem, de certa forma, que impor sua marca, este projeto é falseado, impuro, implica sempre um compromisso que o condena ao fracasso. Bloom era ambíguo porque a contingência de Dublin – dos objetos – era incompatível com o campo virtualmente infinito de sua consciência. A ambiguidade de Kyo e a do matador de aluguel depende de uma irremediável inadequação entre o ser e o fazer: nossa ação jamais se reveste do sentido que nós gostaríamos de conferir-lhe. Bem o viu Sartre dramaturgo que, em *Morts sans sépulture* (Mortos sem Sepulturas), mostra-nos que um torturador não é mais carrasco do que sua vítima é em si heróica. Em ambos os casos um homem quer afirmar uma essência pessoal que julga ser autêntica. O militante heróico e o técnico em homicídio veem suas ações alterar, senão desmentir, a intenção que as determinou: manifestar-se como pessoas.

Lowry cristaliza essa ambiguidade no alcoolismo de seu herói, que bebe para existir porque não tem mais ser. Graças ao álcool, o Cônsul revê, se representa, em imagens nostálgicas e desiludidas, a liberdade positiva que foi a de Kyo; mas continua a "ver" por contraste a liberdade que agora é a sua, esta

---

77. Cf. Isaacs, *In Assessment of Twentieth Century Literature*, p. 123.
78. C. McCullers, op. cit., p. 27.

liberdade sem horizonte, sem valor, que as personagens de Céline assumem com obstinação. Assim dividida entre a visão de um passado em que tudo era possível e a constatação de um presente no qual tudo é miseravelmente contingente, a existência do Cônsul tornou-se *estática*. A forma escolhida por Lowry (todo um destino num dia) exprime esta imobilização de um homem numa contradição que o retorno de Ivonne todavia vai resolver, que coloca o herói diante daquilo que Sartre chamaria sem dúvida sua verdade, a saber, sua impotência sexual, que resume uma impotência muito mais profunda: a de um homem duplamente privado de liberdade, visto que não aceita nem a morte do passado, nem a vida na realidade do presente.

Tal estrutura romanesca, comparável à de *Rumo ao Farol* ou de *A Montanha Mágica*, visto que era artifício mesmo traduzindo uma situação objetiva do homem e do mundo, nem Malraux nem Sartre podiam aceitar: para eles, o romance tinha como primeira missão traduzir o devir do homem. Que a liberdade fosse luta com o anjo ou que a evidência do Nada (do absurdo) tornasse sua existência inelutável, o desenvolvimento de um romance (a realização da pessoa) não podia implicar nenhuma dualidade (por mais complementar que ela fosse) entre o formal e a vivência. Ainda que tudo oponha o homem total virtual de Joyce ao homem decaído de Lowry, em ambos os romancistas a escolha de um quadro temporal formal atesta a primazia do Eu sobre um mundo do qual esse Eu está separado. Ao contrário, uma forma romanesca, para Malraux como para Sartre, devia exprimir a oposição existencial e constante do ser e do fazer, da realidade de um projeto e daquela das servidões incursas para realizá-lo, de uma experiência moral ou espiritual e das exigências do corpo.

Em 1953, Malraux escreverá a G. Picon:

> O homem se pensa, mas não é absolutamente necessário que ele o faça (e muitos não o fazem). O drama essencial está na oposição de dois sistemas de pensamento, o primeiro que tende a pôr o homem e a vida em questão, o segundo que tende a suprimir toda a questão por uma série de atividades. Spinoza contra Lênin. Dizemos, para simplificar, que se trataria de recolocar em termos precisos a relação da vida e do pensamento[79].

Sem dúvida, a atitude de Malraux permanece fundamentalmente política. "Spinoza contra Lênin" é o problema cuja solução, possível em *A Condição Humana* e *Tempo de Desprezo*, já aparece longínqua em *A Esperança* para apagar-se por detrás do pessimismo de *Nogueiras*. Malraux porém faz certas reservas quanto ao aspecto "heróico" e "positivo" de seus romances: "Eu não diria: como é preciso viver, mas como tentar viver?"[80].

Assim é retomada a questão de Jack Barnes, num romance em cujo termo os dois protagonistas poderiam dizer, como Garcin no fim de *Huis-clos* (Entre Quatro Paredes): "Continuemos". Mas, para Barnes, os outros não são o inferno: ele continuará a interrogar uma vida, um destino constituídos em partes iguais

---

79. G. Picon, *André Malraux* (Carta de A. Malraux reproduzida no início).
80. Idem.

de ser e de nada, de senso e de contrassenso. Se em Malraux a pessoa é fundamentalmente interrogação[81], essa ausência de certeza implica uma procura do sentido de nossa liberdade. Busca sem fim: a morte de determinada personagem não a interrompe. O romance, precisará Malraux, quase não permite explicar nada "em termos afirmativos"[82]. O romance moderno é procura, incerteza, mas a não-afirmação dos relatos de Malraux não é a de *Ulisses*. Para Malraux (como para Hemingway), o romance é ambiguidade porque deve apresentar o destino de personagens que travam combates duvidosos, enfrentam situações objetivamente críticas, em que se defrontam um pró e um contra, uma verdade e uma mentira, a esperança e o desespero. Tais situações, que implicam de uma parte a certeza de que a vida é devir, e de outra uma dúvida perpétua sobre seu valor e seu sentido, reencontramo-las no sul dos Estados Unidos com M.C. McCullers, em Brighton com Greene, em Roma com Moravia, em Xangai com Malraux, em Bouville com Sartre. Essa condição evolutiva e crítica do homem determina as relações do escritor e de sua obra. Diversas formas romanescas traduzirão sempre uma problemática concreta da liberdade.

M. Shorer, como vimos, assemelha as "máquinas estruturais" de Dos Passos (e os "comentários líricos" de Steinbeck) a manobras técnicas desesperadas e desesperantes. Emitimos reservas sobre este juízo, mas é verdade que Malraux devia necessariamente ignorar toda a estrutura estranha ou sobreposta à consciência de suas personagens. Bastava a história vivida e a ser feita, que proibia nomeadamente a mistura dos tempos e o recurso aos jogos de espelhos. Em sua longa carta a G. Picon (em que se esboça uma estética do romance), Malraux negará que o quadro seja "fundamental", porquanto o essencial, ao contrário, é "o elemento pascaliano"[83]. A cidade de Dublin, quadro real e humano, estético e simbólico ao mesmo tempo, designava os limites dentro dos quais um indivíduo se encontrava encerrado e que devia "interpretar" a fim de recuperar sua identidade e sua liberdade. Em compensação, os raros lugares "de um heroísmo possível"[84] onde Malraux situa seus romances, foram teatro de uma prova decisiva para uma liberdade pessoal (cada um dos combatentes decidia sobre si) e universal: cumpria defender uma concepção da liberdade. Mas se o *quadro* de um romance só pode ser histórico, sua *forma* só pode, de outro lado, representar certa ideia do homem, que sobrepassa as existências individuais. Comentando *A Impostura* em 1928, Malraux notará que as cenas aí preexistem às personagens e fará a mesma observação quanto à obra de Dostoiévski[85]. E ocorre com as personagens o mesmo que se passa com a forma: ilustram uma ideia, mas não são *criaturas*. O herói balzaquiano representa uma vontade de transfigurar a História, o de Dostoiévski, uma interrogação a Deus[86].

81. Cf. J. Delhomme, op. cit., p. 25-26.
82. G. Picon, op. cit. (Carta a G. Picon).
83. Cf. Cap. IV, nota 156.
84. Nota a G. Picon, op. cit.
85. A. Malraux, *Les Voix du silence*, p. 333. Cf. M. Zéraffa, Personnage et personne dans le roman français, *Revue d'Esthétique*, p. 10.
86. G. Picon, op. cit. p. 41.

Entretanto a concepção do homem em Malraux é dinâmica: sua desconfiança no terreno das técnicas (ainda que em *Os Conquistadores* nos faça conhecer Garine pelo comentário de um relatório de polícia, artifício que voltamos a reencontrar em *Der Fragenbogen* [O Questionário], de E. von Salomon) provém de sua intenção profunda de não fixar a pessoa, de mostrá-la sempre em situação de projeto, e de hesitação. O destino de Kyo corresponde bem à ideia de que um romancista "se exprime para criar"[87], e não o contrário. As atitudes, as decisões de Kyo não são, com efeito, jamais subordinadas à sua existência nem à existência, mas a princípios. Do mesmo modo, Malraux encontrará nos acontecimentos da História, assim como nos de sua própria história, a *matéria* romanesca: "A imagem que tento alcançar, antes de ser um retrato exemplar ou embelezado (aquilo de que não sou juiz), é uma armadilha onde pego os elementos do real de que necessito para criar meu universo"[88].

Malraux, no entanto, dá a suas personagens, como vimos, uma surpreendente contingência de gestos e de linguagem. Deste modo faz concorrência não "ao estado civil", mas à realidade que é "imposta ao romancista, a da vida"[89]. Com efeito, como é que uma personagem seria exemplar de uma concepção do homem e da história se não exprimisse física e singularmente a natureza humana (isto é, ambígua e contraditória) do combate que trava para realizar essa ideia? As condutas de Kyo constituem cópia da ideia que ele tem de seu destino, e esse destino é uma cópia do destino humano em seu conjunto, tal como Kyo o concebe e o espera. Da mesma forma, o romance, concebido como uma imagem do homem, tem como quadro um momento da história cujos elementos e acidentes determinam sua progressão.

Mas esse paralelismo da ideia e da forma, de uma estética e de um dinamismo, do essencial e do existencial só era possível graças a laços de cumplicidade entre um autor e personagens, dentre os quais cada um representava uma filosofia da condição humana. Kyo, Garine, Gisors, Clappique não são somente responsáveis por seus atos e por suas atitudes; eles pensam e concebem plenamente os motivos. Ao típico psicológico de Proust, Malraux responde com um típico intelectual. Se pode, como James, excluir a soberania do autor, é porque suas personagens são todas inteligentes e representam quase todas uma concepção criadora, positiva, finalista da liberdade.

As coisas se passam de outra maneira, quando as personagens são as vítimas de uma independência proveniente de seu desenraizamento, e se limitam então a aproximar-se cegamente desta *consciência de uma ausência* (isto é, de uma presença esquecida ou renegada dos valores) que Greene e C. McCullers experimentam. Animados por diversas paixões ou intenções, essas figuras romanescas realizam somente um *percurso* da existência à essência. "A vida não é tão ruim", diz Rose. Gamin responde: "Não creia nisto; vou dizer-lhe o que é: uma prisão.

---

87. Idem, p. 58.
88. Idem, p. 38.
89. Idem, p. 58.

Não saber onde achar dinheiro... Vermina, catarata e câncer... Ousem-se gritar pelas janelas das mansardas os garotos que nascem... É a morte lenta"[90].

Como o negro Blount, o Gamin "sabe". Mas sua consciência de uma ausência de humanidade sobre a terra conduzi-lo-á a realizar a caricatura de um ser que é claro e distinto, ao contrário, no espírito do romancista. Prefaciando a tradução de *O Coração é um Caçador Solitário*, D. de Rougemont oporá os diálogos dos romancistas franceses àqueles de C. McCullers: os primeiros são "curtos ensaios" que "nos conduzem, por um ligeiro rodeio, às conclusões decididas pelo autor, ao passo que dos segundos não se pode tirar um conhecimento mais íntimo dos heróis. Nada a tirar da parte do romancista"[91]. Entretanto, esse conhecimento só é *psicológico* secundariamente. Ele se refere primeiro ao "estar no mundo" das personagens, é "íntimo" na medida do "saber" delas, indica enfim o grau de distância entre a consciência das personagens e a de um romancista que, não tendo uma concepção otimista, positiva, da liberdade, não pode identificar-se com seus heróis, "repartir-se" entre eles como Malraux, Bernanos, Steinbeck. Os diversos patamares de relações que unem Greene ou C. McCullers a suas personagens são paralelos aos diversos aspectos do desamparo sofrido por elas, e aos quais tentam remediar. Mas tanto no caso de a personagem ser um Ele-Eu (caso em que o escritor se situa acima de seu destino) ou um Eu-Ele (caso em que o romancista se mantém no mesmo nível deste, partilhando plenamente com ele uma ética coerente que implica a realização de uma ideia), o romance conserva como foco a condição humana, isto é, o problema da liberdade de ser. Porque Kyo e o Gamin têm em comum o fato de serem determinados por uma negação (num, lúcida, no outro, confusa) do determinismo sócio-histórico naturalista e do determinismo psicológico proustiano: seu trajeto situa-se ao nível de uma metafísica aqui presente, lá ausente. A infinita possibilidade dos destinos humanos concebidos por Malraux, e que faz de seus romances obras abertas não mais, como *Ulisses*, a uma presença pensada do homem, mas a seu futuro a enfrentar, corresponde em McCullers a imagem de uma liberdade obscura, impotente, mortal, mas existente. Num poema improvisado em 1947, a romancista terá negado de maneira evidente o pessimismo formal e radical de um Faulkner: à predestinação de *Luz em Agosto* um escritor (também do Sul) opõe uma ausência de destino na qual os homens podem ao menos errar procurando-se:

> Quando nós nos sentimos perdidos, que imagem tem valor?
> O nada assemelha-se ao nada; no entanto este nada não é um vazio.
> É o Inferno que assumiu a figura:
> De relógios observados nas tardes de inverno,
> Estrelas maléficas, que reclamam um conteúdo,
> Todas isoladas, o ar circulando entre elas[92].

---

90. *Le Rocher de Brighton*, p. 406.
91. D. de Rougemont, op. cit., p. III-IV.
92. Citado por R. Lalou, Prefácio, em McCullers, *Frankie Addams*, p. 8.

Estas duas faces da liberdade – o Ser como presença e o Ser como vazio – são confrontadas pelo Cônsul de M. Lowry em sua impotência contemplativa, e os *narradores* de Céline *ignoram-nos* na medida em que o ser e o nada, o bem e o mal, a vida e a morte compõem a seus olhos uma união humana informe que Roquentin tomará como *objeto* de reflexão e de conhecimento. Não vendo mais do que degradação, impotência, mentira na liberdade dos enfermos, matadores de aluguel, padres pecadores – aos quais se faz falar uma linguagem que não é a *deles* –, rejeitando de outro lado como um mito toda a referência metafísica (e heróica) assinalada à liberdade, Roquentin abandona o conceito de condição humana (que a seus olhos dissimula a crença num destino meta ou infra-humano) por não confiar mais do que em sua situação presente e radical de homem livre – sem raízes eternas nem fatais. Visto que doravante nada preexiste à liberdade senão a Existência, tudo será atitude, afora a liberdade de tomar uma. Se, para Malraux, o propósito essencial do romancista é o de conceber um destino antes de dar vida a figuras, para Sartre a arte do romance consiste primeiramente em tornar livres as personagens. O primeiro vai da pessoa à personagem, o segundo das aparências ambíguas, híbridas do homem que ainda não se tem como livre, à descoberta da liberdade como essência.

Malraux cristaliza em torno da ação – único aspecto da vida onde o homem pode ter "uma necessidade, senão uma racionalidade"[93] – uma ideia do homem que será coerente, ou não existirá. Mas essa ideia, sempre a conquistar e a realizar, vivida na hesitação, na angústia, na contradição, avizinhar-se-á finalmente a uma dúvida sobre a possibilidade de uma liberdade humana plena e inteira. Sartre degrada primeiro a ação, arruína a coerência para chegar a uma liberdade-nada, mas absoluta e imediatamente realizável. Paralelamente, Malraux considera que Laclos, Balzac, Dostoiévski estão próximos por terem compreendido e descrito a ambiguidade fundamental da natureza humana, mas a fim de chegar a este resultado essencial que são imagens do homem transfiguradoras do real, que compõem uma magia[94], e que sucessivamente evocam e interrogam uma verdade meta-humana. Lendo Faulkner ou Conrad, Sartre vê as obras deles fundadas sobre uma metafísica, mas escritas para exprimir a ambiguidade essencial do indivíduo; a liberdade na qual ele se debate. Cons tante abertura para um homem "outro" para Malraux, o romance exprime aos olhos de Sartre a certeza de um estar-aí, mas sempre mascarado, da liberdade. Por isso as técnicas, situadas para um no segundo plano, são para o outro primordiais: exprimem a personagem. Esta reflexão de Malraux: "O poder de ilusão romanesca não nasce sempre da aptidão de aprender uma existência independente, transmitida como tal"[95] havia sido contraditada, em 1939, pelo romancista de *A Náusea*: é para fazer-nos acreditar na realidade de *um* indivíduo que um romancista deve saber criar uma ilusão, "prender" seu leitor, fazê-lo "esquecer o tempo". Realidade que será viva na proporção da imprevisibilidade

---

93. N. Chiaromonte, op. cit., p. 778.
94. G. Picon, op. cit., p. 40.
95. Idem, p. 41.

conferida ao destino da personagem. De fato, está excluído que um romancista possa governar seus heróis.

Ora, nem a concepção de Malraux nem a de Sartre deviam prevalecer a partir de 1950. Será confirmado o desencanto de *As Nogueiras de Altenburgo*, enquanto novas tendências (sobretudo na França, mas também alhures) afastar-se-ão deliberadamente da concepção sartriana do romanesco. Devemos considerar particularmente os textos teóricos e polêmicos de Sartre, pois seu conteúdo nos explica, em grande parte, por que foram desmentidos. Do célebre artigo dirigido em 1939 contra Mauriac até o notável prefácio a *Portrait d'un inconnu* (Retrato de um Desconhecido, 1947), ninguém melhor do que Sartre compreendeu e expôs a problemática do romance contemporâneo.

Com muita lucidez, Sartre mostrava em *Thérèse Desqueyroux* e em *La Fin de la nuit* (Fim de Noite) uma falta de *coerência*. A coexistência de uma "Thérèse-sujeito" e de uma "Thérèse-objeto"[96] fora considerada inadmissível por James em 1884, e toda a estética inovadora dos anos de 1920 ia ao encontro de tal soberania "mascarada" do romancista. Os relatos de Mauriac são uma prova de que diversas formas podem nascer de uma mesma visão da realidade social e psicológica, mas também que poucos artistas sabem descobrir *nesta mesma realidade* os meios de criticá-la, assim como de descrevê-la, e deduzir de sua experiência uma forma que represente a vida e lhe atribua um sentido. Proust e Joyce são sujeitos diante de um mundo no qual se viram como objetos, e essa contradição os impede de serem juízes ou partes no romance. Mauriac, como vimos, tinha uma consciência muito aguda do caráter complexo e inatingível da vida psicológica, bem como da incompatibilidade dessa vida, descontínua mas fluida, e das leis, das formas, das convenções de uma sociedade. O mal-entendido entre uma personalidade e o mundo, a oposição radical entre o papel de um ser e suas tendências profundas constituem o tema de *Thérèse Desqueyroux* tal como de *Rumo ao Farol*. Mas Mauriac, ao contrário de Proust, focalizava sua narração numa personagem, e não numa consciência. Em nome da soberania de uma moral cristã, certamente ambígua, e em certa medida extracatólica ("não julgueis"), mas exterior e inacessível a uma personagem que, todavia, aspirava a isso, o romancista (querendo ser o representante imparcial dessa moral) objetivava a subjetividade de Thérèse, e subjetivava por meio desta uma realidade social e princípios morais rígidos e convencionais. Poder-se-ia fazer a mesma observação com relação ao Salavin de Duhamel, que traz em si "os germes" de um Leopold Bloom, mas do qual o romancista nos diz: "Eis o que ele pensava, mas não sabia que o pensava"[97].

Totalmente diferente será a óptica de Bernanos, que integra o espírito cristão em suas personagens, fá-las juízes e partes, sujeitos e objetos em seu próprio ser – como Proust procedia em relação a seu Narrador. Da mesma forma Mauriac, "romancista-Deus", era levado a utilizar puras *convenções* narrativas (a volta de trem de Thérèse), ao passo que outro romancista católico escolherá

---

96. J. P. Sartre, M. François Mauriac et la liberté, *Situations* I.
97. G. Duhamel, *Deux hommes*.

as estruturas de *O Rochedo de Brighton* ou de *Arma de Aluguel* nos *sistemas* aos quais recorre uma sociedade ou um grupo para defender-se contra o "mal", ou para cometê-lo. Sublinhamos a importância desse fenômeno de analogia estrutural observado tanto em Dos Passos como em Faulkner: a Cidade, a investigação policial, a viagem representam para estes últimos exatamente o contrário do anedótico e do contingente. São as formas de uma sociedade.

Sartre estava, pois, autorizado a denunciar como não-livres personagens cuja sede de liberdade Mauriac queria precisamente mostrar. Entretanto, duas objeções podem acudir ao espírito do estudioso da estética do romance, na medida em que *Thérèse Desqueyroux* demonstra a justeza da asserção de Sartre, leitor de Faulkner: toda a técnica romanesca remete à metafísica de um escritor. É em razão dessa crença numa ordem (categoricamente recusada por Sartre) que Mauriac fazia de Thérèse um objeto-sujeito e empregava certos procedimentos narrativos: acima da personagem existia uma autoridade soberana, imprescritível. Mauriac rejeitava o "em-si" do subjetivismo proustiano em nome de uma fé religiosa, como Fernandez o condenara em nome do dever de ação. *Em princípio*, portanto, a atitude de Mauriac em face de suas personagens era justificada. Enfim, levaremos em conta uma tese americana recente, segundo a qual são recenseados e analisados os meios utilizados por Mauriac para criar a "ilusão romanesca"[98].

Para Sartre, tratava-se de liberdade da personagem ou de liberdade da pessoa? Parece-nos que Sartre se referia negativamente a Mauriac e positivamente a Dostoiévski, Meredith, Faulkner, para defender um princípio da liberdade existencial que devia ser um fim *em si* para o romancista. Admirador de escritores que souberam apresentar, por certos meios, seus heróis imprevisíveis, Sartre filiava-se ao pensamento de James, de Proust, de V. Woolf: uma personagem deve sempre aparecer imperfeita, mal-formada. Todavia em *Absalão!*, por exemplo, a indeterminação, a imprevisibilidade dos seres são justamente os efeitos de um determinismo – de uma lei divina que deixa a cada um a ilusão da liberdade. Do mesmo modo, Stavróguin não é livre (imprevisível) tão-somente em função de uma presença divina, e não se pode dizer que as condutas do Narrador só são livres relativamente à noção de consciência global? As reações desses heróis nos surpreendem sem cessar, mas essa imprevisibilidade é contida por um pensamento geral. Era muito diferente, cremos nós, a atitude de Sartre, na medida em que a busca de sua liberdade pela personagem constituiria a essência desta, e não mais, como em Faulkner, apenas a substância de um destino: entre o geral (uma metafísica) e o particular (as "técnicas de liberdade") a relação é lógica, racional, em *Enquanto Agonizo* tal como em *Rumo ao Farol*. Também o é em *A Náusea*: a imprevisibilidade de Roquentin é coerência, pois desde o começo de sua aventura o narrador suspeita em torno de si e em si da presença de uma essência (o em-si da liberdade) ao redor dele e em si, e parte para a sua

---

98. J. D. Erickson, *The Illusion of Reality in the Novels of F. Mauriac*.

descoberta. Em *A Náusea*, Sartre seguiu o exemplo de Faulkner pelo fato de não desconectar as exigências técnicas de uma exigência metafísica[99].

Mas quando Sartre puser em cena heróis que *realizam* sua liberdade num universo histórico e social em devir (e não mais na inércia de Bouville), tenderá a separar, ou antes a deslocar, aquilo que depende do artifício e aquilo que é da ordem dos fatos e do sentido. Com *Os Caminhos da Liberdade*, Sartre renovava o *Bildungsroman*: colocadas página após página em presença de "raízes", as personagens veriam esmigalhar-se sua má-fé (seus álibis), ao passo que sua consciência se formaria. Desvelando-se-lhes, cada vez mais, o conceito de Existência torná-los-ia progressivamente mais livres e responsáveis por seus destinos. Assim, a pessoa escaparia à liberdade de deriva dos narradores de Céline, libertando-se, ao mesmo tempo, da fatalidade proustiana ou faulkneriana, devida ao peso do passado. Mas dessa vez as "raízes" não seriam somente "os outros" nem as coisas: o caráter absurdo da vida – cuja evidência devia ensinar a Mathieu que somente sua vontade livre não era absurda – seria significado também por acontecimentos históricos suportados, incontroláveis pelos heróis, e que seriam para eles *lições*, ensejos de tomadas de consciência. Estava invertida a situação de *A Condição Humana*: a história não seria mais um lugar de participação criadora nem, por conseguinte, um quadro romanesco. As circunstâncias históricas não formariam senão um devir fatal, sempre mascarado. E a contradição que Sartre revela a seus heróis é exatamente oposta àquela de que Kyo e Katow tomam consciência: suscitada pelo impacto de uma história cega, a descoberta da liberdade não serve para nada, a não ser a título *individual*, quando chegam "os pássaros negros"; a história e "os outros" nos ensinam cruelmente a necessidade de sermos livres, mas cumpriria termos sido livres para dominar a história e estar *com* "os outros".

Tal *Bildung* é por certo positiva. Embora nos façam pensar no verso de Aragon – "O tempo de aprender a viver já é muito tarde" –, Mathieu e Brunet avançam pelo caminho da liberdade, e Ivich descobre sem dúvida por que "falhou" a sua. Mas devemos prestar atenção a dois pontos. Primeiro, o não-acabamento de *Caminhos da Liberdade* estava logicamente inscrito na contradição essência-existência que as personagens devem "aprender"; para que o romance se completasse sem dúvida teria sido preciso que a história se tornasse a de Malraux: positiva, revolucionária, propondo aos indivíduos uma evidente necessidade de engajamento. Em segundo lugar, à defasagem entre o ser e o devir – essas duas forças que "desgastam" a má-fé dos heróis –, corresponde a diferença entre os *artifícios* utilizados pelo escritor para tornar suas personagens imprevisíveis e "relativas" e a significação *realista* de seu romance. Submetendo à história uma aprendizagem da liberdade, Sartre devia *assumir* o conflito, *naturalmente resolvido* por Faulkner, da arte e da verdade: as técnicas (personagem mostrada através do olhar de um outro, simultaneísmo, às vezes monólogo) achavam-se em falso diante da existência real, objetiva, dos heróis,

---

[99]. Cf. La Temporalité chez Faulkner, *Situations I*.

pelo fato de o universo romanesco não ser regido por nenhum outro princípio, não estar encerrado em nenhum quadro a não ser a ideia de uma liberdade "em si" que as personagens deviam precisamente descobrir. O exemplo de Ivich nos parece significativo. Durante todo o tempo em que Ivich existe pelo olhar de outrem – enquanto vemos Mathieu *determinar-se* em função da *indeterminação* absoluta de um ser que faz o que lhe agrada, vive de caprichos, é liberdade pura – a jovem tem uma presença surpreendente, sua pessoa é existência e ser ao mesmo tempo. Mas Ivich estava sendo espreitada pelo "demasiado": quando sobrevém a guerra devastadora da ilusão da liberdade pura, Ivich lança raiz no mundo, torna-se um Ela-sujeito, um objeto bem menos livre, doravante, do que Mathieu, e assemelha-se a uma personagem do romance tradicional. Sartre sem dúvida o queria assim. Mas devemos sublinhar que enquanto o escritor recorria à *indirectness* de James, à "apresentação indireta dos fatos" procurada por Gide, ele irrealizava Ivich, deixava-a desligada do mundo, mas mostrava-a verdadeira e viva. Quando, em compensação, apresenta Ivich engajada no mundo e determinando-se por seu próprio olhar, o escritor é obrigado a recorrer à técnica do sujeito-objeto, a tomar a atitude soberana há pouco censurada a Mauriac. Vivendo numa liberdade falsa – sem apegos nem responsabilidade –, Ivich é uma personagem de *Os Moedeiros Falsos*. Confrontada com o problema da liberdade, Ivich evoca Thérèse Desqueyroux.

Quanto a Mathieu, que liberdade espera, ele que desde o começo do romance era hesitação, interrogação, ambiguidade – ele que se formava para a liberdade compreendendo que esta deve ser recomeçada sem cessar? Ele alcança a liberdade de apagar, atirando sobre alemães, a sequência de atos falhos e de compromissos que foi até aqui sua existência. Ao contrário de Ivich, Mathieu passa de uma liberdade aparente a uma liberdade concreta. Passagem consumada graças a um ato, mas individual: no curso desse "apocalipse" Mathieu toca de um lado numa história que ele não pode nem fazer nem dominar, de outro, numa personalidade que agora é capaz de dominar, mas que continua sendo seu passado, sempre presente apesar das balas simbólicas que o atravessam. Mathieu afirma-se – é sua vitória – bastardo[100]. Não representa nem o solipsismo proustiano recusado por Sartre, e também não representa, como Kyo, uma filosofia ativa da vida. Assim composto de "para si" e de "para outrem", representa a realidade de nossa liberdade? Tal é, cremos, a questão essencial no plano do romance. Não se pode pensar que à vitória de Mathieu corresponde a "derrota" dos *Caminhos da Liberdade*? Ou que por seu próprio não-acabamento essa obra evoca uma fase de uma civilização em que o "herói" está consciente de sua responsabilidade diante da história, mas não tem bastante poder para fazer a história nem bastante força para conjurar seus fantasmas, sem receber da própria história a força para aderir a uma ação coletiva? É precisamente essa bastardia que muitos escritores, alguns anos após o fim da Segunda Guerra Mundial, recusarão ter como verídica. Afastar-se-ão de uma concepção da

---

100. Cf. F. Jeanson, *Sartre*.

pessoa segundo a qual não somos autênticos salvo confrontando nosso Eu com a inelutável necessidade de comunicação com os outros – de engajamento no mundo –, sem o que vivemos na má-fé e, sobretudo, na culpabilidade. Veremos no capítulo seguinte que esses romancistas, julgando irreais a natureza híbrida de Mathieu assim como a ambiguidade de Kyo, julgar-se-ão no direito de separar o indivíduo do movimento da história, mas também de confundir (como Proust) as exigências do *artifício* e a necessidade de exprimir a *realidade*. Beckett e N. Sarraute (assim como H. Green) negarão enfim que o romanesco possa ser demonstrativo no sentido ético e recusarão esta intenção pedagógica sartriana assim evocada por R. Girard:

> Em vez de nos advertir bruscamente que não se deve simpatizar com (as personagens), Sartre, Deus longíquo dos Jansenistas, mostra suas personagens de má-fé, seja do interior, seja do exterior, pelos olhos de outras personagens [...]. E nossa má-fé será revelada ao mesmo tempo que a das personagens. O objetivo principal é a psicanálise existencial do leitor, sua psicanálise por analogia, se assim ouso dizer[101].

Mas outro escritor existencialista, mesmo admitindo a hipoteca da história, deixava suas personagens entregues a si próprias: S. de Beauvoir levou de certa forma a termo "os caminhos da liberdade". É visível o parentesco entre Ivich e Xavière. Por sua situação e sua qualidade de ser *pedido*, essa é a expressão particularmente rigorosa daquela mediação encarnada, reduzida à presença de uma pessoa (de uma consciência) que observamos em Greene, Lowry, Céline. Em *A Convidada*, Françoise escolheu Xavière como mediadora. Ela deverá, no entanto, matar Xavière para poder ser livre. A necessidade de mediação terá sido um mal necessário do qual é mister sarar. Roquentin aqui é alcançado: a liberdade não toma caminho algum; ela é ou não é.

A liberdade da personagem depende, pois, de uma concepção da pessoa, que corresponde a uma situação histórica do homem a ser revelada, interpretada por uma arte. Lukács havia escrito: "Um escritor não é um realista, nem mesmo um bom escritor, quando pode dirigir de acordo com sua vontade a evolução de suas personagens"[102].

Mas o realismo tal como o concebia Lukács devia estar de acordo com as *estruturas* do real: a personagem só devia "escapar" ao escritor no plano do conteúdo (nos limites de um quadro e de um pensamento). Em textos teóricos que exprimem um pensamento próximo do existencialismo, E. Bowen insistirá, como Sartre, na necessidade de persuadir o leitor da liberdade da personagem. Mas o herói deve ser, por outro lado, *inevitável*: a curva de seu destino deve parecer-nos coerente. É que a aparente independência, a imprevisibilidade existencial do herói dependem de hipóteses concebidas pelo escritor; há liberdade, mas a partir de certos princípios: *freedom from preassumptions*. Ora, tais hipóteses não excitam o pensamento, não governam as atitudes dos protagonistas do relato, quer se trate

---

101. R. Girard, Où va le roman?, *The French Review*, p. 202.
102. G. Lukács, *Studies in European Realism*, p. 12.

de Roquentin, de Françoise ou da heroína de *O Ardor do Dia*, quando esta compreende que a transcendência e a historicidade do amor são indissociáveis?

> Mas eles não estavam sós, e jamais haviam estado, mesmo no começo de seu amor. A sua mesa tomava lugar uma terceira personagem: sua época. Eram criadores de história, e em sua própria natureza sua reunião estava marcada por este dia, e não por um outro dia. Tal havia sido a verdade de todos os encontros de amantes, ainda que tivesse sido necessário esperar até hoje para dar-se conta disto. As relações de pessoa para pessoa dependem da relação de cada um com sua época – com aquilo que se passa aqui e agora. Se até o presente não se tivera consciência do fato – quem sabe? –, agora era preciso tomar consciência disto, à força. Cada instante, presentemente, e tudo aquilo que fora "presentemente" antes deste mundo, ia ajuntar-se inelutavelmente ao romance total da história. E eles dois teriam podido amar-se melhor num tempo melhor? Em nenhuma outra época teriam podido ser eles mesmos como o eram, pois aquilo que havia conduzido seu mundo até esta hora presente corria em suas veias. A exigência do amor é tanto mais forte quanto remonta bem mais longe para atingir os seres: amar agora está carregado de tudo aquilo que a natureza do amor fez. Para tranquilizar-nos, instalamo-nos no eterno, esquecendo que todos os amores, na história, em seu tempo foram amores modernos. Presentemente a guerra tornava cada vez mais delgada a membrana entre o sim e o não: era mister render-se a esta evidência. Mas, que é o amor, senão isto?[103]

Sem dúvida, "esquecemos nosso tempo" lendo E. Bowen. Mas essa expatriação constitui a liberdade da personagem? Nossa boa vontade não é antes "historializada" porque uma heroína nos parece contraditória, hesitante em função da realidade espiritual ou passional do amor, que faz com que seu ser aspire à coerência? Nem V. Woolf nem Gide queriam *tornar* suas personagens livres: subtraíam-nas a determinações exteriores a fim de revelá-las como verdadeiras por reflexões, atitudes, às vezes atos, que seriam social e historicamente gratuitos, e teriam em compensação um caráter de necessidade por referência à noção de Eu, ao princípio da corrente de consciência, ao próprio imperativo da espontaneidade. Ao contrário, as personagens dos romancistas que negligenciam a imagem movediça do Ego são incontestavelmente determinadas pelo Exterior, mas tentam tornar-se livres intervindo no mundo; seus amores mesmos são ações. Entretanto, essa afirmação da liberdade não é intrínseca, mas depende de uma verdade na qual o romancista acredita. Verdade com nomes diversos: fraternidade, amor, fé, erotismo, existência, ou nada. O princípio de indeterminação de um Joyce ou de um Gide foi suscitado, pensamos nós, pelo confronto de um mundo "impossível" e de uma consciência "possível": um era falso, o outro verdadeiro. Do princípio de liberdade defendido por Malraux não menos do que por Sartre, diremos que reflete uma oposição dialética da impotência e da potência do homem, potência na qual o escritor – mesmo Céline – aposta.

"Queremos um exterior naturalista, mas um interior de chamas e de tumultos", escreve E. Bowen[104]. Com efeito, o primeiro poder do homem reside no parecer; cumpre-lhe ter uma presença visível, singular (e também social)

---

103. E. Bowen, *The Heat of the Day*, p. 187-188. A concepção do romance de E. Bowen é analisada por J. G. Hanna, Boston University, 1961, exemplar dactilografado.
104. *Pourquoi j'écris*.

para que possa engajar-se no mundo, ir em direção do outro; mas nesse engajamento não pode manifestar seu Eu salvo por lampejos: o necessário "para outrem" mutila, deforma, mascara parcialmente o "para si"; nossas "chamas e tumultos", se podem ser sensíveis a Outrem, ficam entretanto inexpressos, porque nós mesmos só os percebemos global e confusamente; nós não os dissociamos. Veremos no capítulo seguinte que o Eu, que na época joyciana era uma realidade, torna-se cada vez mais uma entidade à medida que nos aproximamos do período contemporâneo. Poderoso pela necessidade que tem de agir e de se comunicar para caminhar rumo à salvação, a personagem de Céline, de E. Bowen, de Sartre, tem como fraqueza aquilo que fazia a força de Christmas: a vida de sua consciência. Uma personagem é sempre ambígua: Pons assim como Ahab, Heathcliff assim como Ferdinand. Mas talvez devamos distinguir dois níveis dessa ambiguidade e fazer intervir a noção de relações de forças. Mrs. Ramsay é ambígua em dois graus; de uma parte, não pode deixar de ser este indivíduo social tão falso a seus olhos; de outra, suas miríades de impressões que atestam a presença oculta de seu Ser não tramam com precisão a forma de sua personalidade, de seu caráter. Mas há nos protagonistas de V. Woolf uma "transparência" dominante: vemos no *stream* a realidade de sua verdade. Em Kyo, a participação implica uma ameaça de esmagamento do homem pelo mundo; mas nesse primeiro nível de ambiguidade externa o conflito das tendências e do dever é paralelo. Todavia, a dominante, a "solução" de Kyo é a ação, como é em Ferdinand a força de viajar, a humilde coragem "técnica" para sobreviver.

A essa nova ambiguidade da personagem corresponde uma concepção nova do valor e da função da literatura. Se o romanesco é ação para Malraux e para Bernanos, é o primado da comunicação a que apelam Céline (sem dúvida), C. McCullers, E. Bowen, Sartre. "Meus livros *são* minha relação com a sociedade", dirá o autor de *O Ardor do Dia*[105], e da mesma ideia de participação procederá *Qu'est-ce que la littérature*? (O Que é a Literatura?). Era em certa medida a atitude de Dos Passos – não a de Proust. A experiência do herói é de algum modo garantida pela experiência de um escritor que participa de um mundo certamente escandaloso, mas no movimento do qual é haurida a matéria romanesca. Movimento cuja imediaticidade é respeitada e traduzida. O romancista não pode nem quer, doravante, efetuar um recuo graças ao qual revelaria a plenitude verdadeira do Eu, a harmonia verdadeira do mundo. Fazendo-se o aliado de suas personagens em seu engajamento assim como em suas hesitações, o escritor conhece esta "humilhação" observada por P. Ricoeur a propósito de um romance de P. A. Lesort. Efetivamente, é para "instaurar no coração do leitor este *mistério* mútuo entre os homens" que um romancista, desta vez, multiplica os ângulos de visão, toma sucessivamente o lugar de muitas personagens[106]. Em *Les Reins et les coeurs* (Os Rins e os Corações) estamos no lado oposto da técnica dos olhares cruzados – do "A vê B". Se um escritor, em 1947,

---

105. J. P. Sartre, Qu'est-ce que la littérature?, *Situations* II, especialmente p. 295-300, e J. McCormick, op. cit., p. 100.
106. P. Ricoeur, Le Mystère mutuel ou le romancier humilié, *Esprit*, p. 692.

abdica de sua soberania, não é mais para demonstrar ou para celebrar o caráter inapreensível da pessoa (cujos reflexos aliás comporão um todo), mas a fim de mostrar que nossa condição é de comunicar, apesar do mal-entendido que toda a comunicação implica. Alienando-se na pessoa de outrem, esse romancista quer provar que a sorte dos indivíduos é viver "mutuamente". "Eu que sou um, torno-me de repente múltiplo"[107], nota P. Ricoeur. Gide poderia ter dito: "Eu que sou múltiplo, posso fazer-me um, alternativamente". A atitude de P. A. Lesort é próxima daquela de Sartre que assume a personagem de Mathieu: nenhum ato de comunicação alcança seu objetivo, e no entanto não é verdade que o homem seja um Proteu, porque na existência concreta, em presença do Outro, cada um de nós é este objeto opaco, unívoco no qual V. Woolf não podia decidir-se a ver a pessoa, mas que significa sempre nossa pessoa – nossas tentativas para sermos um.

Não é surpreendente que romancistas que fazem concorrência à vida tenham posto em dúvida a noção de especificidade do romance. "Ideia suspeita", dirá Malraux[108], e os reunidos em *Situations* manifestam a mesma reserva. O interesse de Sartre e de Malraux vai às sucessivas imagens do homem a balizar a evolução do romanesco. Mesmo que um veja, sobretudo no romance, a afirmação de uma busca da liberdade, que outro aí considere antes a exaltação do humano num mito, a admiração de ambos vai para as mesmas obras: aquelas que caracterizam com um traço profundo a ambiguidade da pessoa, num tempo e segundo tal pensamento. Malraux vê o grande romancista dominar uma matéria em certo estádio de seu devir. Próxima está a atitude de Sartre, quer definisse, em 1939, o tempo faulkneriano ou, oito anos mais tarde, focalizasse a originalidade do "anti-romance" de N. Sarraute na expressão da pessoa. Sublinhando que o romance não tinha nem regras nem leis, não convidava R. Caillois a conceber um museu imaginário do romanesco?[109] Em vez de classificar os romances por categorias ou de revelar os "aspectos essenciais de uma arte", a crítica referir-se-á a duas constantes fundamentais: as noções de pessoa e de tempo, cujos conteúdos mudam no decorrer da história, e que tornam necessárias técnicas cuja evolução é paralela àquelas do homem e das sociedades. Forster e Muir, a despeito de seu essencialismo, Lukács, em razão de seu ponto de vista histórico, terão anunciado uma atitude crítica que considera o romance em função das sucessivas representações do humano que nos propõe, às quais correspondem diferentes olhares do romancista. Em 1947, aparecerá *Temps et roman* (Tempo e Romance), de J. Pouillon, estudo estrutural que salienta a importância da situação escolhida pelo romancista em relação a seus heróis. No decorrer dos anos de 1950, são publicadas as obras de L. Edel, J. Isaacs, A. Kettle, que oferecem importantes contribuições a uma psicologia e a uma sociologia do romance. R. Humphrey, para o monólogo interior, P. Mendilow, para o tempo romanesco, colocarão em paralelo técnicas e significações.

---

107. Idem, p. 694.
108. G. Picon, op. cit., p. 38.
109. R. Caillois, *Puissances du roman*, p. 33.

Se lançarmos um olhar de conjunto sobre os romances que examinamos do capítulo III ao capítulo VI, poderemos considerar que Mrs. Ramsay, Christmas, o Homem sem Qualidades, Gatsby ou Jimmy Herf são seres verdadeiros, mas ideais: mortais ou fontes de vida, sua solidão, seu pendor para a contemplação, suas fascinações constituem uma sabedoria. São parentes de Gisors. Seus desejos convergem, profundamente, para a ordem e a beleza. Quando se passa deste mundo da representação e da reflexão ao da vontade e da existência, então aparecem (por detrás do amor, do ódio, da guerra, do ofício) a vida ativa e física do homem, os gestos eróticos, o álcool, o dinheiro, o homicídio, a impotência; a própria vida. Por isso a "personagem" parece ressuscitar; o herói do romance não é mais cercado de um "halo luminoso"; doravante ele é um, pois a ação a realizar e o olhar de outrem que o julga aqui e agora obrigam-no à coerência. Em 1932, a obra de Joyce inspirava esta observação de Jung: "O cinismo de *Ulisses* encerra uma compaixão profunda: o mundo não é nem belo nem bom e, o que é mais grave, é despido de esperança, pois, através da eterna repetição dos dias, arrasta a consciência humana na louca dança das horas, dos meses e dos anos"[110].

Para Joyce como para Gide, indeterminação é efetivamente sinônimo de autenticidade: Bloom só se torna verdadeiro através da fragmentação das formas do social, trate-se da religião ou do tempo dos relógios. De Malraux a Céline, em compensação, o autêntico é assimilado ao intencional; por conseguinte a pessoa ganha em unidade, em coesão, aquilo que perde em profundidade e em virtualidade. Mas se o romanesco da participação e o do desamparo atualizam a pessoa, se vemos personagens preferirem a morte, o fastio ou o tédio aos refúgios do sonho ou da nostalgia, devemos todavia pensar que quando o homem se diz "Como viver?" está menos *apegado* ao mundo do que quando se pergunta: "Que significa para mim a existência?"

Nos homens, o Narrador pode ver seus semelhantes, por referência a uma alma universal que Cottard ou Jupien ignoram, mas da qual estas personagens participam. Quentin não está só: todos os homens são irmãos numa mesma e absurda condenação. Em contrapartida, Kyo e Ferdinand são "estrangeiros sobre a terra"[111] porque querem ou mudar a vida ou resistir-lhe. Antes de Mathieu, antes do Estrangeiro, os heróis de Malraux e os narradores de Céline são seres incompreendidos e escandalosos aos olhos dos "outros" que querem permanecer humanos, isto é, passivos, gozadores, conformistas. A relação Kyo-Clappique será encontrada em *O Rochedo de Brighton*, *O Coração é um Caçador Solitário*, *À Sombra do Vulcão*. Quer o romance exalte a participação, quer reduza, ao contrário, o homem à sua existência desamparada, vemos sempre um protagonista dar provas de coragem e de realismo e distinguir-se assim dos "aceitantes" ou dos inconscientes.

Em face da angústia heróica de Tchen, da coragem amarga e desiludida de Ferdinand, da lucidez furiosa de Roquentin, a pesquisa proustiana parece ser

---

110. C. G. Jung, Ulysses, *Euröpaische Revue*.
111. B. T. Fitch, *Le Sentiment d'étrangeté chez Malraux, Sartre, Camus, S. de Beauvoir*.

um luxo. Não obstante, por mais vão que possa parecer o esforço do Narrador quando reencontra o Tempo, portanto vê aproximar-se a morte, foi-nos dada a prova de que a consciência humana existe em si, forma um todo e que essa totalidade, uma vez concebida e percebida, opõe-se inalterável, em sua coerência, aos acidentes contingentes de uma vida: a permanência da memória de Si persuade o Narrador da permanência da pessoa humana. Quando Proust ou Joyce dão a seus heróis o poder de transformar o mundo em consciência, esta torna-se Ser, e quando T. Mann, e mesmo Musil, acrescentam a um mundo, a uma história sem humanidade, o pensamento humanizante de seus heróis-testemunhas, a Pessoa existe, aqui e agora, na medida em que uma consciência solda o presente ao passado e afirma assim a continuidade do humano. Mas, de *Os Conquistadores* a *A Náusea*, a Pessoa ainda não existe: é preciso criá-la, e ela não o é se outro herói não vier substituir o herói vencido. Interrupção no caminho do Homem para Malraux, a morte é, ao contrário, para Céline e para Lowry, o corte, o termo absoluto.

São essas duas significações opostas da morte que Roquentin quer negar. Nas últimas páginas de seu diário, a possibilidade da pessoa não é mais referida à ideia de continuidade, nem é submetida à ameaça do nada: cada destino se inscreve, em sua totalidade informe, na tábula rasa do "excessivo". Homem da aceitação do desenraizamento, Roquentin enfrentará doravante a Existência com a única força, o único valor de uma liberdade incondicional, sempre recomeçada.

A atitude de Roquentin, segundo a qual é mister precisamente contar com o *absurdo* da vida para triunfar sobre o *absurdo*, atesta entretanto a inquietação que paira sobre todo o romance do século xx. Quer se trate de Christmas ou de Kyo, do Homem sem Qualidades ou do Cônsul, a aventura do herói é marcada pelo medo de não poder conjurar a *despersonalização* do homem. Franz Kafka havia caracterizado esse medo, na época em que Joyce e Proust se entregavam a seu paciente trabalho de recomposição da pessoa, assim:

> Trabalha-se tão excessivamente no escritório que se acaba por ficar cansado demais para gozar bem as próprias férias. Mas todo esse trabalho não lhe dá ainda nenhum direito de ser tratado por todos com amor; ao contrário, a gente está só, totalmente estranha aos outros, simples objeto de sua curiosidade. E enquanto você diz *a gente* em vez de dizer *eu*, isto ainda passa e você pode recitar esta história como uma lição aprendida, mas desde que confessa que este *a gente* é você mesmo, isto o transpassa literalmente e você fica espantado[112].

Logo após a Segunda Guerra Mundial, essa constatação tornar-se-á um tema romanesco direto, no sentido de que o romance, em vez de ilustrar o direito do *eu* à existência, será baseado na evidência reconhecida, senão aceita, do *a gente*.

---

112. F. Kafka, *Préparatifs de noce à la campagne*, p. 10.

9   Do Absurdo ao Contrassenso

> Não havia ninguém tão supérfluo no mundo.
> J. ROTH

> A impressão que as pessoas têm de mim comunica-se imediatamente a mim, torno-me logo e contra a vontade exatamente como me veem.
> N. SARRAUTE

> Porque os pavões picavam a saia escarlate, e os pombos brancos que balançavam empoleirados sobre cada um dos ombros da jovem contra as faces brilhantes, e os dois olhos imensos onde cintilavam lágrimas de felicidade, tudo isto formava um quadro.
> H. GREEN

Nenhum romance exprimiria melhor o absurdo da condição humana do que *La Peau de chagrin* (A Pele de Onagro), se Raphael verdadeiramente consentisse em pagar com muitos anos de vida cada êxito, cada felicidade, e se julgasse lógico morrer no momento em que o talismã se desvanece. Ora, ele não reconhecerá a validez do contrato que assinou. Acreditou ele alguma vez que o chagrém diminuiria de maneira irremediável? Não estava antes certo de que o homem detinha o poder de abolir a oposição da natureza e da magia? Quando tiverem fracassado os meios de que dispõe a civilização industrial nascente para realargar o chagrém, Raphael quererá abster-se, para continuar com vida, de formular para o futuro algum desejo: nova prova de sua recusa de abdicar à esperança. Mas essa abstenção é impossível: o homem sempre deseja, e o herói perecerá no momento de uma última felicidade. Insistamos em dois fatos: de um lado Raphael ignora a resignação; de outro, contesta a lógica instaurada pelo mágico, em virtude da qual todo o desejo realizado diminui na mesma proporção a possibilidade de ser feliz. No começo, Raphael viu-se diante do *contrassenso* que consiste em ser acuado ao suicídio pela falta de dinheiro; mas postulando que a vida nada vale se não se tem o poder de fruí-la (Rubempré raciocina da mesma forma antes da intervenção do mágico Herrera), o jovem *aceita* esse contrassenso e o torna racional: o não-poder liga logicamente a vida à morte. Ao contrário, tendo escapado do nada (do desespero) graças a um talismã que torna rigorosamente proporcionais a felicidade e a morte, Raphael vê nessa relação lógica um contrassenso que ele *recusa*. Mas quer esteja bem próximo do suicídio quer se esforce por viver a qualquer preço apesar do encolhimento do talismã, Raphael refere-se sempre, negativamente no início, positivamente depois, à *esperança*. O sentido e o valor da vida são opostos à noção de determinismo. A felicidade, o amor, a amizade, o prazer deveriam prevalecer contra as relações, no entanto, rigorosas entre uma escolha e suas *consequências*. Negando (primeiro por sua decisão de morrer, depois por sua luta contra a morte) que a morte e a vida possam estar sistematicamente ligadas uma à outra, Raphael nega a evidência do *absurdo*.

Estamos no universo balzaquiano. O Balzac de *A Pele de Onagro* só põe em perigo e em questão a vontade de poder referindo-se ao imaginário: ao fantástico. Opostas ao sobrenatural, as máquinas hidráulicas estouram; no universo de Rastignac não estouram. Da mesma forma, *Le Chef-d'oeuvre inconnu* (A Obra-prima Desconhecida) parece-nos exprimir toda a ambiguidade de uma catarse: é ao mesmo tempo condenado e exaltado o criador que procurou a obra de arte em si, desligada dos imperativos do realismo. Raphael se perde por haver apostado numa transcendência da felicidade e do amor. O pintor perde-se por ter querido arrancar a estética daquilo que a condiciona. Mas qual personagem da *Comédia* que é feliz como terá sido Raphael? Pode-se escrever *A Comédia Humana* sem conceber como uma verdade transcendente a arte de fazer concorrência ao estado civil? Certo é que Balzac ligará o absurdo da condição humana às nossas tentativas de evasão: tudo é lógico quando o indivíduo participa estrategicamente do teatro social; tudo é contrassenso quando a gente se protege do mundo precisamente para aproveitar as venturas deste mundo. Em *A Comédia Humana*, o absurdo surge quando um sonho individual deixa a rede das formas sociais para seguir seu próprio curso. Observemos que *Le Cousin Pons* (O Primo Pons), romance realista, nos mostra uma personagem inconsciente dessa contradição. Romance fantástico, *A Pele de Onagro* é, todavia, de uma lucidez, contém uma análise crítica do sistema que condena o velho colecionador.

Dostoiévski estabelecerá, ao contrário, o absurdo no próprio coração da existência, revelá-lo-á inerente à esperança do homem e a suas paixões. Raphael escapava do suicídio trapaceando com as leis que regem o real. Kirilov chegará ao suicídio por um raciocínio. Tendo estabelecido que Deus não pode existir, sente-se senhor de uma liberdade absoluta, que entretanto só será demonstrada se vier a matar-se: para contestar que Deus seja o autor e o juiz de nossa vida, é mister ousar ser o autor de nossa morte, o que priva imediatamente de significado nossa existência e nossa liberdade. O herói de *A Pele de Onagro* debate-se numa situação cuja chave e cujo sentido lhe escapam; julgava-se vítima da oposição de uma realidade *possível* sustentando um *sentido* (viver), e de uma realidade *impossível*, que era um *contrassenso* (morrer). Mas voltamos a encontrar o mesmo conflito de Rastignac a Vautrin (e a Gervaise): tem um sentido aquilo que o indivíduo pode fazer, não o tem aquilo que ele não consegue realizar. No romance do século XIX, aquilo que um indivíduo faz para si mesmo deve ir no sentido do determinismo social; visto que o combate do possível e do impossível tem a sociedade como árbitro, o homem pode levantar-se depois de um fracasso, encontrar um equilíbrio entre o Eu e o não-Eu. Em Dostoiévski, ao contrário, aquilo que o homem faz para si realiza-se ao mesmo tempo contra Deus, e inversamente, e esta contradição é irredutível, pois Deus abandona o homem e o habita ao *mesmo tempo*. Coexistem em nós uma humanidade e uma divindade no entanto *exclusivas* uma da outra. Aquilo que um indivíduo tem de mais humano (suas paixões mais exacerbadas, pelas quais quer afirmar o reino intrínseco do homem) faz aparecer sistematicamente a presença de Cristo nele: não terá reivindicado a transgressão a não ser para descobrir o pecado, portanto a graça. Aquilo que um indivíduo tem de mais divino (a inocência do príncipe Míchkin) leva-o em compensação a mergulhar nas paixões humanas e a descobrir a dúvida.

Para Rogójin, Raskolnikov, Stavróguin, tudo seria simples se cada um de seus atos, investido de um *sentido humano*, afirmasse logo *Deus como contrassenso*. Míchkin seria um santo se cada contrassenso que constata na vida humana revelasse logo o sentido da graça. Produz-se o inverso: o humano e o divino afirmam-se um pelo outro, conjuntamente, como compostos de um sentido e de um contrassenso que nenhuma verdade decisiva jamais vem separar. Materializando pelo suicídio sua "nova e terrível liberdade", Kirilov quer aniquilar não a Deus, mas a *ambiguidade* do homem (e a de Cristo): a "vida eterna", na qual crê "neste mundo"[1], é uma vida homogênea, pois quando tudo é permitido, o sentido torna-se um verdadeiro sentido, e o contrassenso um verdadeiro contrassenso. Ora, dessa não-ambiguidade Kirilov deve dar a prova pelo absurdo: com toda a lucidez e lógica, esse herói demonstra que não se pode *ao mesmo tempo* ser a favor do homem e contra Deus. Stavróguin compreende que a realidade humana participa do humano e do divino; o fato de que ao suicidar-se um indivíduo faça o jogo do criador demonstra uma *concomitância* do sentido e do contrassenso que ele, Stavróguin, tentará ao contrário destruir por seus atos, lançando assim um desafio à ambiguidade da natureza humana, envergonhando assim, de certa forma, a Deus por ter misturado indissoluvelmente a coerência e a não-coerência.

Estabeleçamos um primeiro princípio que parece ilustrar a atitude de Raphael e a de Kirilov: o sentimento do absurdo apodera-se do homem que não pode mais interpretar o real num espírito *maniqueu*; quando o mundo ou a vida ou seu próprio ser não são mais divididos em duas ordens, mas ao contrário se compõem de sua interferência. Se excetuarmos Aliocha ou Tikhone, que podem assumir os pecados do mundo porque o deixaram, cada personagem de Dostoiévski é condenada à angústia por não poder mais negar a carne em nome do espírito assim como o espírito em nome do desejo: diremos que se choca contra a *psicologia* e contra a *transcendência* como em dois muros que o repelem sucessivamente um contra o outro.

A indissolubilidade das funções psicológicas e dos imperativos espirituais no romance dostoievskiano será sublinhada por Malraux numa observação muito esclarecedora para quem estuda o tema romanesco do absurdo: era a

---

1. Cf. A. Camus, *Le Mythe de Sisyphe*, p. 144.

mesma coisa, quanto ao sentido da condição humana, que o assassino fosse Míchkin ou Rogójin[2], pois se o passional e o espiritual estão em relação inversa em um e em outro, seus comportamentos chegam à mesma verdade: o homem é divino-humano. Os dois heróis são intercambiáveis na medida em que sua existência individual conta infinitamente menos do que a coexistência dilacerante, neles, de pulsões, e de uma fé que nem uma nem outra será realizada, que nem uma nem outra aparecerá como a verdade. A paixão não será saciada, a fé não reinará de maneira evidente. Só a morte põe termo ao confronto de duas forças opostas na natureza, indissociáveis, e que se neutralizam mutuamente. Quer se trate de Raskolnikov ou dos Karamazov, vê-se sem cessar nos romances de Dostoiévski uma temática psicológica – a situação edipiana, por exemplo – mediatizar a fé, vê-se a graça tendo como cópia o inconsciente, a caridade manifestando-se por paixões[3]. Lembremos sobretudo o "maldito psicólogo!" lançado por Stavróguin ao Bispo Tikhone[4]. Se o santo (como Chatov, que Stavróguin havia igualmente tratado, com cólera e ironia, de "psicólogo") desvenda as defesas do pecador, faz-lhe ver quanto sua *ética* resulta de *tendências*, Stavróguin tem, no entanto, razão ao maldizer Tikhone, pois sabe que seu orgulho exprime a própria morte de Deus, e que não se poderia pois *reduzir* ao passional essa presença (essa ausência) espiritual. A condição de Stavróguin é absurda menos por sentir-se duplo do que em vista da combinação de pecado e de graça que traz em si. De um lado, o indivíduo só descobre confusamente a Deus graças a mediações totalmente humanas – o estupro e o homicídio dostoievskianos encontrarão seu eco em *Sob o Sol de Satã*; vê-los-emos de certa forma degradados em *Santuário*, e sobretudo nos romances de Greene. De outro, o indivíduo não pode encontrar a realidade e a autenticidade do humano a salvo pela fé, que nunca é certeza evidente. A concomitância de duas ordens heterogêneas, a necessidade e a inutilidade da mediação (da comunicação), a intercambialidade, enfim, dos seres em vista de uma verdade absoluta, única, mas encoberta, constitui uma *condição absurda do homem* radicalmente diferente da *condição trágica*. Stavróguin, com efeito, não tem a possibilidade (dada a Kyo) de escolher entre duas soluções igualmente mortais, mas das quais uma significa a liberdade e a outra sua perda. A personagem dostoievskiana só é livre para assumir, ao mesmo tempo, duas faces contrárias da realidade, de modo que para procurar o sentido da vida deve *supor resolvido* o problema de sua presença sobre a terra: se Deus não existe, tudo é permitido. Se tudo é permitido, o homem não tem ser.

O absurdo era um tema romanesco novo. De Cervantes a Tolstói, o herói esperava, ou lutava contra o desespero, em função de um fim a alcançar, de uma verdade a defender, que eram ambos homogêneos. Sua morte ou a de um ser querido não é absurda para o herói que vê, por essa mesma derrota, quanta razão lhe assistia ao apegar-se a um valor – mesmo que se tratasse do dinheiro. Essa

---

2. *Les Voix du silence*, p. 333.
3. Cf. R. Girard, *Dostoiévsky, du double à l'unité* e D. Arban, *Dostoievsky, le coupabe*.
4. Cf. M. Sperber, Maudit psychologue!, *Preuves*, p. 48-60.

afirmação, essa procura do verdadeiro, do autêntico, própria de Des Grieux, de Justine, de Anna Karenina, nos faz duvidar de que se possa categoricamente ligar *Moby Dick*, como fez A. Camus, ao tema do absurdo[5]. Porque a imagem mítica da baleia branca conferiu um significado constante, evidente, ao esforço de Ahab, que morreu por ter alcançado seu objetivo. Ao contrário, o bancário de Kafka morre por nada. De Mme. de Clèves a Robinson, a personagem se havia formado, havia realizado seu destino, graças aos obstáculos colocados ao longo do caminho, organizado pelo romancista, entre aquilo que o herói julgava ser, ou queria ser, e aquilo que o mundo fazia dele, ou aquilo que ele era para outrem, que explodia a verdade de sua pessoa. Para ser – para que o amor exista –, Fabrice deve passar pela experiência de uma sociedade degradada e mesquinha, e inversamente Vautrin continuaria sendo um aventureiro sem gênio sem a perda de Rubempré. Morrendo no combate, o Príncipe André denuncia o mito da guerra, a mentira da História. Derrotado por moinhos de vento, um mitômano trava um maravilhoso combate de retaguarda contra uma "moderna epopeia burguesa", que deixará de ser triunfante quando Emma Bovary moribunda denunciar, sem sabê-lo, a incompatibilidade do Eu e dos Outros. Dom Quixote, assumindo a morte da epopeia, o Príncipe André, assumindo a morte da História, Emma Bovary, assumindo a do "romantismo"[6] veem defrontar-se, neles e em torno deles, um *pró* e um *contra*. Melville, Flaubert, Conrad ensinam-nos que o herói de romance é por essência aquele que luta para fazer triunfar sua verdade da realidade, de modo que o Impossível que marca o termo de sua aventura signifique, ao mesmo tempo, o fracasso e a vitória. Mas Dostoiévski nos ensina que se o impossível é uma situação, o absurdo é um estado, pois no próprio herói coexistem e se interpenetram uma realidade psicológica (e social) e uma verdade espiritual, de sorte que quanto mais procura ser (quanto mais quer existir, diria Sartre), mais toma consciência de seu não-ser. O herói dostoievskiano não é dilacerado, porém dilaceração. É romanesco não por uma vontade, um desejo ou uma obsessão relativos a um objeto determinado, e contrariados pelo real, mas antes por uma dualidade complementar, uma hibridação por assim dizer, de um afetivo e de um espiritual que se desvelam mutuamente como forças e como exigências, e que tornam aparentemente insensatas as condutas do herói. Assim é Stavróguin que insulta um homem em quem se recusará atirar no momento do duelo. O homem dostoievskiano é romanesco por seus esforços para encontrar enfim, em estado puro, a realidade do metafísico e a do psíquico. Mas o ser e o não-ser – a ordem da verdade e a ordem do desejo – remetem, sem cessar, esse herói, de uma ordem para a outra. Ele se vê forçado a recorrer ao carnal para afirmar o espiritual, e aquilo que faz para negar o humano o entranha ainda mais aí. Tudo é para ele, ao mesmo tempo, sentido e contrassenso, e ele não pode livrar-se deste estado fundamental de absurdo, consubstancial à sua existência.

---

5.   *Le Mythe de Sisyphe*, p. 151. Cf. L. S. Roudiez, Camus and *Moby Dick*, *Symposium*, p. 30-40.
6.   Cf. R. Girard, *Mensonge romantique et verité romanesque*.

Esse herói certamente é culpado. Comete faltas para livrar-se da falta. Tenta ir até o extremo do Mal para livrar-se da absoluta autoridade do Bem. Por isso o romance de Dostoiévski não tem, ao contrário do romance de Kafka, uma significação global absurda: a presença da graça é tão forte na existência de Stavróguin, como será a ausência de salvação na de K. Mas se a gente se atém à *situação* do homem no mundo, situação aqui e lá absurda, cumpre ver que horizontes Dostoiévski abria à ficção romanesca tornando implicitamente vã toda a explicação da pessoa (portanto toda a "criação" de personagens) fundada na divisão do indivíduo num ser psicológico e num ser social. O primado do valor e da verdade conferido por Balzac ao sócio-histórico, a primazia oposta dada por Proust à vida interior são igualmente arruinados por *Os Demônios*, pois, para Dostoiévski, um indivíduo não pode conhecer a realidade de sua vida psíquica mais do que agir sobre a sociedade. Exprimiremos assim o paradoxo dostoievskiano: o homem é psiquicamente determinado demais para que exista nele uma verdade psicológica analisável; ele é determinado demais socialmente para que sua ação possa modificar o social. A existência humana desdobra-se – absurda – entre dois polos de inconsciência: fora do alcance estão nossas tendências de um lado, e, de outro, a organização da sociedade. Mas é mister precisar logo que no romance dostoievskiano a inconsciência psicológica não é mais "freudiana" como não é "marxista" a impotência sociológica: a graça transcende essas duas realidades *ocultas* – esses dois mecanismos obscuros – do humano. Não esqueçamos que para Dostoiévski os santos são os mais profundos psicólogos, pelo fato de ultrapassarem o psicológico. É Stavróguin, em quem a graça apresenta latência tão poderosa, que *suspeita* de que no psíquico não se encontra a verdade. Onde está, pois, a verdade do homem? Naquilo que ele faz e parece ser. Nunca somos outra coisa (contraditória a absurdamente) senão nossos atos, nossos comportamentos, nosso aqui-e-agora.

Mas se o indivíduo é constituído de suas *aparências*, ao menos ele tem liberdade (liberdade absurda, pois jamais conduz à verdade) de *escolhê-las*. Não é somente negada, por Dostoiévski, a verdade stendhaliana segundo a qual a necessidade de parecer revela a exigência de ser, e inversamente. É igualmente denunciada de antemão a inutilidade dos momentos privilegiados de V. Woolf ou de Proust, em que a vida da consciência se revela como totalidade, verdade e essência. Do lado de Stavróguin, em compensação, situa-se a gênese dos romances que designamos como de participação e de existência: se Dostoiévski desmente que o homem possa salvar o homem (que a História possa compensar a morte de Deus) certo é que Garine e Kyo, o Cônsul e Roquentin são em *atitude* os irmãos de Raskolnikov, Kirilov, Chatov. De Malraux a Sartre o homem é aquilo que ele faz, e esse fazer exprime e nega, ao mesmo tempo, o determinismo psicológico e o determinismo social. Munidos de uma liberdade absoluta, mas absurda, absurda mas absoluta, Kyo, o Estrangeiro, Roquentin sabem que viver só pode consistir em *passar além*. Na ordem do romanesco, o termo modernidade só tem sentido em função daquele de transgressão: o romance contemporâneo situa-se entre a possibilidade de transgredir o "Eu" afirmada por Stavróguin, e a impossibilidade de transgredir a "História" demonstrada por K.

Gide foi, sem dúvida, o primeiro que discerniu até que ponto Dostoiévski minava os fundamentos do romance psicológico, que, de um lado, encerrava o sujeito num Eu literalmente ilusório, visto que as motivações desse eu estavam fora do alcance do sujeito, e, de outro, separava a "personagem" da existência, visto que esta só podia ser feita de atos a realizar, de decisões a tomar, de aparências a assumir. Na própria medida em que torna seu herói não responsável por seus móbiles, Dostoiévski o torna responsável por suas condutas, de sorte que esse herói, obrigado como está a mergulhar na existência – a manifestar-se ao outro –, é e não é ao mesmo tempo; seu ser é ser ambíguo; sua presença no mundo é sempre um meio-termo entre a afirmação de um pensamento e as forças psíquicas (e sociais) que "condicionam" esse pensamento. Mesmo porque Gide comentador de Dostoiévski anuncia a psicologia *existencial* de *Os Moedeiros Falsos* quando observa que o homem dostoievskiano é "explicável" em razão mesma dos "sentimentos contraditórios que nele coabitam" e que ele "exagera até o absurdo". Gide soube ver que "consciência" e "inconsequências" são *simultâneas* nos heróis do romancista russo[7].

Mas consideremos sobretudo como Gide, mesmo tendo profunda consciência do cristianismo dostoievskiano, vai situar, ou antes vai restabelecer, no nível de um absurdo e de uma liberdade radicais, uma condição absurda e livre do homem que, para Dostoiévski, dependia da renegação de sua redenção pelas criaturas de Deus. Libertando Kirilov da presença-ausência de Cristo, Gide vai justificar uma concepção da pessoa que Lafcadio ilustrou primeiro, ironicamente e, depois, Edouard, seriamente. Da substância do romance dostoievskiano, Gide extrai, pode-se dizer, uma ética da transgressão: Lafcadio transgredirá não a autoridade da Graça, nem a imagem do Pai, mas somente as convenções sociais, de uma parte e, de outra, (sobretudo) aquelas cavernas, aqueles abismos que Proust, o contrário, ou V. Woolf julgavam poder explorar pouco a pouco, indo do mais luminoso ao menos luminoso. Para retomar uma importante expressão de J. Rivière, Lafcadio vai "respeitar as trevas" a ponto de ignorá-las[8].

O ato gratuito estava baseado – para o essencial – na radical não-gratuidade do suicídio de Kirilov. Com efeito, como observará J. Hytier, Gide considerava como gratuito um ato por excelência necessário, sendo o suicídio o único ato que permite ao herói afirmar que não crê em Deus[9]. Caracterizando por sua ausência de motivos e por sua espontaneidade[10] ações atribuídas por Dostoiévski a uma dupla necessidade (psicológica, metafísica), Gide transmutava em independência aquilo pelo que o autor de *Os Demônios* significava uma recusa ilusória de submissão. Assassinando um desconhecido no trem ou roubando de uma desconhecida enquanto esta pede socorro, Lafcadio afirma

---

7. A. Gide, *Dostoievsky*, p. 223.
8. Artigo de J. Rivière, N.R.F., apud Gide, op. cit.
9. J. Hytier, *André Gide*, p. 133.
10. Cf. Idem, p. 138-140 e L. P. Quint, *André Gide*, p. 107.

sempre que toda a ação é radicalmente contingente[11], mas esse apego à pura contingência gera a necessidade sistemática de agir gratuitamente, e J. Hytier faz esta importante observação que, para além da visão gidiana do mundo, diz respeito ao romanesco de toda uma época: querendo ser sem cessar e *a priori* indeterminado, Lafcadio se determina[12]. Interpretando Dostoiévski no sentido de uma perpétua imanência da liberdade, Gide esclarece singularmente a evolução do romance de Proust a Sartre. Estabelecendo que o indivíduo pode e deve passar além das "grandes leis" procuradas pelo Narrador como das convenções que Mrs. Ramsay quer somente afastar, Lafcadio anuncia as "vias reais" que abandonarão a imagem movediça do eu e prefigura enfim estes indivíduos lúcidos (desmistificados) que certos heróis de *Os Caminhos da Liberdade* querem tornar-se. Negligenciando não menos a busca balzaquiana da *consequência* do que a interrogação proustiana sobre o Ser, Lafcadio e Edouard haurirão da *fonte* de Dostoiévski para, diante da pergunta "que pode o homem"?, responder: tudo, com a condição de que o homem não atribua nenhuma importância às causas e aos efeitos de seus atos[13]. Parente de Lafcadio será o narrador de *Un uomo finito* (Um Homem Acabado), de G. Papini, publicado sensivelmente na mesma época em que *Les Caves du Vatican* (Os Subterrâneos do Vaticano):

> Tudo aquilo que eu faria será inútil, mas é precisamente por isso que me sinto impelido a fazê-lo. O nada [...] é o ponto de chegada de cada um de meus esforços [...] [...] consinto em viver precisamente porque a vida não tem segurança[14].

Atitude entretanto totalmente abstrata. Em *Os Moedeiros Falsos*, Gide mostrará justamente que o indivíduo não pode ignorar nem a causalidade, nem a coerência, nem a responsabilidade. Gide sabia que a passagem do absurdo ao gratuito não podia ser *artificial*, que o "ato autóctone" era em larga escala uma "ilusão estética"[15]. "Nada me impede tanto quanto a necessidade", dizia Lafcadio. Mas observava: "Não gosto muito dos amadores"[16].

Protos retoma a reflexão do empregado de bar de *Le Prométhée mal enchaîné* (Prometeu Mal Acorrentado) (cujo tom é sartriano): "O homem é o único ser incapaz de agir gratuitamente"[17].

O mito da gratuidade só pode mascarar a realidade do absurdo. O herói de *O Processo* não pode ser um amador. Seus juízes tampouco.

---

11. Cf. L.P. Quint, op. cit., p. 106.
12. Cf. J. Hytier, op. cit., p. 133.
13. Idem, ibidem.
14. G. Papini, *Un homme fini*, p. 278.
15. J. Hytier, op. cit. 138.
16. *Les Caves du Vatican*, p. 232.
17. *Le Prométhée mal enchaîné*, p. 20.

ABSURDO E HOMEM ABSURDO

K. acaba de ser preso sem que se lhe diga por quê. Não é conduzido perante uma autoridade judiciária. É deixado em seu quarto e um momento mais tarde poderá voltar às suas ocupações. Falam-lhe somente de um processo encetado. Essas circunstâncias são tão ambíguas que K. pensa numa iniciativa apta a esclarecê-las e a transformá-las numa situação que seria real porque coerente:

> Talvez, se tentasse abrir a porta do aposento vizinho, ou mesmo a do vestíbulo, os dois vigias não o impediriam? Talvez fosse necessário fazer as coisas chegarem ao pior. Podia ser que esta fosse a chave da situação.
> Mas também era possível que os dois guardas o prendessem se ele tentasse: então adeus à superioridade que ainda assim conservava sobre eles em certos aspectos! Por isso preferia esperar a solução menos incerta que o curso natural das coisas traria necessariamente; ele voltou portanto a seu quarto sem acrescentar uma só palavra[18].

Duas ordens de significações são aqui confrontadas: a consciência da personagem e um aspecto do mundo social representado pelos vigias. Mas cada uma dessas duas ordens acha-se cindida em duas possibilidades: de um lado, K. hesita entre desejo de agir e o "quanto a si" que quer conservar diante dos vigias. De outro lado, estes últimos podem ser verdadeiros ou falsos policiais. É melhor, pois, esperar. Esse *status quo* de incerteza, esse equilíbrio entre senso e contrassenso durarão até o fim do romance, em que se vê que K. é morto pela polícia sem que nenhum veredicto o tenha assim decidido. K. será morto por efeito de um duplo cansaço, de uma dupla impotência: não tem mais a força de continuar procurando em que consiste o processo, ao passo que a Justiça é incapaz de julgar K., apesar de sua organização precisa e complexa. Entre a "livre detenção" de K. e sua morte, ter-se-ão mantido duas ordens de significação; terão apresentado grande número de possibilidades ou de alternativas, terão revestido muitas formas, *sem jamais entrar em contato*. A mesma distância terá persistido entre a busca da personagem e a máquina administrativa, sendo que ambas são claramente racionais: a ideia de um mistério não se manifesta em K. e a justiça jamais é apresentada como um universo de delírio. Essa pura justaposição estrutura todo o *Processo*: os raciocínios de K., suas deduções, seus diálogos com outrem só contribuem para afirmar a heterogeneidade de dois universos. Assistimos a muitas tentativas de resolução de um problema que tem uma hipótese, mas nenhum enunciado. O escritor preenche um vazio "romanesco" entre dois polos encobertos de sombra, pois a razão profunda da busca de K. não aparecerá, assim como não aparecerá a natureza exata da Justiça.

O leitor se encontra, pois, como o próprio K., diante de um estado mais do que diante de uma situação. Denunciado por uma carta de Mme. de Rênal a M. de la Mole, Julien Sorel concebe que tipo de absurdo o atinge, depois reage contra esse acidente. Em Kafka, ao contrário, o absurdo afirma-se na medida em que a personagem se recusa a reconhecê-lo: não admitindo que alguém possa ser preso

18. *Le Procès*, p. 17.

sem motivo, K. vai perseverar na lógica. Ser-lhe-á permitido travar essa luta a seu bel-prazer, e a vida continuará aparentemente normal. Mas por ser original e infinito (ou melhor, sem finitude) o estado absurdo não é menos concreto. A ausência de comunicação, de compreensão, de verdadeiros intercâmbios entre K. e os outros – indicada por esta simples frase: "Ele gostaria de encontrar um meio de se infiltrar no pensamento de seus vigias, revertê-lo em seu favor ou penetrá-lo completamente"[19] – tornar-se-á tanto mais evidente, precisar-se-á tanto melhor quanto todos os interlocutores de K. reconhecem essa justiça da qual ele nada sabe. K. percebe de súbito que ninguém se admira de que ele seja objeto de um processo de inquérito. Na verdade – uma verdade absurda –, o inquérito é conduzido por ele... Cada novo encontro, cada conversa parecer-lhe-á como o fragmento de um todo indiscernível. Além do mais, os representantes da Justiça não são mais do que delegados subalternos; em vez de encontrar juízes, K. e sua lógica chocam-se contra uma série de irresponsabilidades. Enfim, sua própria condição de prisioneiro livre impede-o de concentrar-se no problema que o preocupa. Desejando uma relativa imobilidade para poder refletir, é arrastado num turbilhão de aparências, ele que procura uma verdade. Essa vida de contratempos condena-o ao automatismo irresponsável que constata nos outros. Nele mesmo como fora dele, sofrerá doravante de uma ausência de mediação. Viverá numa descontinuidade que, no entanto, é contínua.

Ora, esses traços do estado de absurdo já são precisos e evidentes quando termina o primeiro capítulo de *O Processo*; K. desejava explicar a estranheza de sua situação à sua vizinha, Mlle. Bürstner, que nada compreende de seu discurso. Para ela, a pessoa ou é culpada e presa, ou inocente e livre. Em todo caso, é mister confiar na justiça. A jovem não pode deixar de rir quando K. lhe representa a cena de sua detenção como uma cena cômica (no sentido original do termo), isto é, ao mesmo tempo concreta e irreal. Mas um grito emitido por K. "ator" desperta um vizinho que bate na parede. Mlle. Bürstner fica amedrontada. A experiência não teve êxito; o psicodrama imaginado por K. para evocar sua aventura e fazer com que apareça seu absurdo acaba num acidente bem real: o "processo" agora faz parte integrante da vida. Então K. beija a jovem "como um animal sedento que se atira com estalos de língua sobre a fonte que acabou de descobrir".

Assim, sua tentativa para fazer-se compreender por outrem tem como saldo um impulso de sexualidade que nada deixava prever, que não corresponde ao caráter de K. e que em nada reduz a opacidade do processo. Mas esse impulso possui importante significação psicológica e participa da estrutura fundamental do romance, pois desempenha o papel que a morte de K., no fim da narração, desempenhará. As tendências afetivas de K. estão efetivamente de tal modo isoladas da obsessão intelectual provocada pelo processo que ele volta a cair nelas como que por acidente: sua busca converteu-se agora uma natureza, e suas tendências tornaram-se parasitas. Será morto "como um cão", porque

---

19. Idem, ibidem.

sua morte não é imotivada: morrer só seria humano se o julgamento tivesse ocorrido. Mas Kafka acaba de escrever, algumas linhas acima: "Por mais que a lógica seja inabalável, ela não resiste a um homem que quer viver"[20].

No último minuto, K. compreende que a racionalidade que procurava levanta uma barreira entre o homem e sua necessidade de crer que a vida é uma ordem coerente em que Eu e Outrem correspondem e se correspondem. Ele não avançou, pois, desde que viu entrar em seu quarto os policiais em vez da empregada que lhe trazia o desjejum. A "lógica" não depende nem do indivíduo nem da sociedade, mas de sua relação; ela gera um universo artificial, arbitrário, onde o homem não conhece começo nem fim, mas repetições, ao passo que seus impulsos espontâneos assumem o aspecto de aparecimentos logo enfraquecidos. Era mister, pois, que cada parte de *O Processo* fosse a imagem reduzida do romance total.

Constata-se em *O Castelo* a mesma justaposição de uma consciência individual e de uma organização social que lhe é estranha, incompreensível. Como K., o Agrimensor esforça-se por conhecer a natureza de um poder que lhe delega "assistentes" irresponsáveis. Ele também terá com estranhos contatos carnais repentinos que sua exclusão do *Castelo* provoca e priva de sentido. Será igualmente arrastado para um dédalo de pormenores e de aparências, ao passo que a parte essencial dele mesmo continua ligada a esse ofício de agrimensor que não se lhe permite exercer.

Os romances de Kafka oferecem uma estrutura particularmente clara. A irredutível justaposição de duas ordens provoca a aparição de um vazio, que, por não ser jamais preenchido, será no entanto sempre percorrido, visto que o indivíduo persiste em procurar a significação e os traços de um poder que o mantém à distância. Não chegando nunca a um resultado probante, o indivíduo vê os acontecimentos seguirem-se sem concatenação: os efeitos abundam, sem causa; multiplicam-se os signos, sem formar uma linguagem. Encontramo-nos, pois, ao contrário dos romances do século XIX, nos quais as mediações coerentes unem o indivíduo ao social, depois cedem, se degradam, provocam a derrota. Mas esse malogro assume um sentido aos olhos da personagem: Julien Sorel reencontra em sua prisão a coerência de seu ser, Emma Bovary morre fascinada pela noção de impossível. Stendhal, Tolstói, Flaubert vão do concreto ao abstrato; o final da obra revela ou indica uma metafísica; uma verdade aparece quando se rompe uma cadeia de acontecimentos que a personagem viveu para realizar um propósito; ela fez a experiência de uma causalidade. A personagem de Kafka só assiste a um determinismo. Nada de causas, nada de efeitos: somente o confronto de duas lógicas. Ali aparecem o parentesco entre Dostoiévski e Kafka, e o abismo que os separa. Kafka exprime o absurdo em estado puro, converte-o num mecanismo cujas engrenagens giram no vazio, visto que situa na ausência de Deus (ou do Pai?) uma procura inútil, mas inelutável, da verdade. Em Dostoiévski, ao contrário, o homem tenta em vão desprender-se,

20. Idem, p. 273.

raciocinando, de uma presença divina. À pertença a Cristo que angustia "os possuídos", corresponde um abandono inexplicável que Kafka procurará explicar. Para um, o estado de absurdo deixa de ser absurdo quando vem a morte, sinal da presença-ausência do divino. Para o outro, morre-se como um cão porque não se sabe que "desde sempre" a porta do divino estava ironicamente aberta. Stavróguin, observa M. Goth, não cessa de perguntar-se se a presença do Outro, que sentia em si, era a do Mal. O Demônio, ao contrário, está ausente de *O Processo*. K. compreenderá que o Mal não é sequer um adversário: está fundado no ser[21]. Em *Os Demônios* o absurdo é ameaça, vertigem, interrogação. Em *O Processo*, o absurdo tem traços pronunciados porque K. preenche, com raciocínios rigorosos mas gratuitos, o vazio deixado pela verdade, ao passo que uma sociedade coloca sistemas coerentes, mas irracionais, no lugar de uma ordem invisível.

Considerando a problemática do absurdo que se inscreve em filigrana de *Mrs. Dalloway* a *Paralelo 42*, percebe-se que Kafka, de preferência a "descobrir" o absurdo, fixa-o e o erige em estrutura fundamental da natureza humana. Como tornar a vida coerente, homogênea, pessoal? Essa questão, suscitada pela crise de uma civilização cujos valores definham, é cristalizada pelos romancistas, como vimos, pondo em oposição e em interferência duas ordens: uma, autêntica, da descontinuidade contínua do *stream* (ou do humanismo), a outra mentirosa, da continuidade descontínua da vida social. Todavia, as personagens de *Manhattan Transfer* vivem, sem saber, numa situação de processo (a Cidade as recusa e as mutila, mas não *procuram integrar-se* nela?) assumida com toda lucidez por K. Detestando "casernas, cargos, escritórios", o herói de Hesse transforma-se num lobo da estepe abandonado a seus jogos de espelhos.

O romance fantástico, no qual o sonho – o puro imaginário – se encontra sobreposto ao real, nos faz ver o quanto o absurdo foi um tema "estruturante" saído de uma realidade psicossocial opressora e fascinante. Em 1909, A. Kubin (nascido em 1877, numa pequena cidade da Boêmia) publica *Die ancere Seite* (O Outro Lado), que não hesitaremos em definir como a história de um Agrimensor convidado a entrar no Castelo e levar aí uma existência votada à felicidade – e que se desenrolará num horror incompreensível. Chamado ao Império do Sonho pelo "demiurgo" Patera, que *comprou* um extenso país do qual é senhor absoluto (e liberal), o narrador de Kubin encontra aí a imagem inversa da civilização industrial, o inverso da economia de mercado: sem razão determinada a pessoa um dia se torna rica, e logo depois pobre; determinado objeto de pouco valor tem um preço exagerado; outro objeto, raro, nada custa; os habitantes do Império do Sonho passam com facilidade do puritanismo à licença desenfreada; em breve os homens transformar-se-ão em animais. Antes que essas *metamorfoses* tornem alucinantes a vida cotidiana, o narrador terá desejado ver o Senhor de quem cada habitante do Império pode aproximar-se, em princípio, sem dificuldade. Mas em vão *procurará as salas* do palácio. Até o

---

21. Cf. M. Goth, *Franz Kafka et les lettres françaises*, p. 145.

dia em que, por acaso, se encontra na presença de Patera, que se transformará em monstro para mostrar-lhe seu poder.

Qual? Aquele de uma imaginação que só pode corromper, aviltar o homem. "O demiurgo é um ser híbrido": tais são as últimas palavras que o narrador escreve depois que tudo entra novamente na ordem. Porque a destruição desse Império do Sonho, onde tudo se esboroava, liquificava-se, foi rematada pelas "potências da Europa" ao chamado de um americano que conseguiu fugir do poder de Patera a bordo de uma *locomotiva*. Ora, uma das últimas visões do narrador mostra-lhe o americano e Patera se atracando "com todas as garras de fora, confundidos numa massa informe"[22]: em vão o americano entra no *demiurgo*, quer tornar-se Patera. Mas esse americano – "que ainda vive em nossos dias, e o mundo inteiro o conhece"[23] – atravessará impecavelmente vestido as ruínas do Império do Sonho e irá ao encontro das tropas europeias.

Estamos longe de dar-nos conta da grande riqueza simbólica de *O Outro Lado*. Essa obra concerne ao nosso propósito pela imagem que Kubin projeta de um conflito que é central, essencial, no romance da primeira terça parte do século XX: o conflito das forças subjetivas e das formas, das leis de uma civilização industrial, materialista e urbana. Com efeito, convém comparar à evocação de "Metrópoles" de Musil, ou àquela de Manhattan de Dos Passos, o País do Sonho tal como o apresenta ao Narrador de *O Outro Lado* o mensageiro de Patera:

> Patera nutre uma aversão extraordinariamente profunda contra todo o progressismo em geral. Eu digo, contra todo o progressismo, especialmente no domínio científico. Peço-lhe que tome essas palavras absolutamente ao pé da letra, pois é nelas que reside a ideia mestra do Império do Sonho. O Império é separado do mundo circundante por um anel de muralhas e protegido contra toda a invasão por sólidas construções. Um único portão permite a entrada e a saída e facilita o mais rigoroso controle sobre as pessoas e as mercadorias. No Império do Sonho, lugar de asilo para todos aqueles que não estão satisfeitos com a civilização moderna, provê-se a todas as necessidades corporais. Longe do pensamento do senhor deste país o desejo de criar uma utopia, uma espécie de estado do futuro[24].

O Império do Sonho põe, portanto, os eleitos ao abrigo de uma despersonalização, de uma desumanização que Dos Passos, Mann e Musil denunciarão, temerão e procurarão conjurar. Mas, se a montanha de Castorp era encantada, a região privilegiada para onde se dirige o narrador de Kubin é mágica, e as formas e o sentido dessa magia apresentam extremo interesse. O Império do Sonho é protegido por uma muralha da contaminação do mundo moderno. Contudo, desde sua chegada a Perle (capital do Império), o narrador deve constatar o absurdo de uma existência cotidiana que é exatamente a do século XX, mas desprovida da ordem que caracterizava a vida prosaica e desesperadora que levava numa Europa "normal". Ao mesmo tempo, esse narrador vê

---

22. *L'Autre côté*, p. 240.
23. Idem, p. 250.
24. Idem, p. 5.

com crescente inquietação que o Sonho, que deveria ser uma busca "do fundo das coisas"[25], resume-se aos efeitos, aos sinais da onipotência de um Senhor: o cidadão do Império do Sonho não sonha: em vez disto, pensa – imagina. Faz dele um objeto sonhado.

É que Patera representa, encarna, o absoluto de uma imaginação que deve poder exercer seu poder afastada de "todo o progressismo". Mas, separada de um mundo moderno da ordem, de cujas leis necessita, essa imaginação só manifesta seu poder de metamorfose levando os homens à animalidade, tornando-os intercambiáveis. Quando chega o dia do enfrentamento decisivo com a civilização da ordem e da eficácia, esta triunfa: chegado ao Império do Sonho sem dúvida para conhecer aí uma vida mágica depois de ter conhecido uma vida prosaica (mas não viera também para "fazer negócios?"), o americano alcança a vitória sobre o demiurgo: este só metamorfoseia por um instante seu adversário. Mas nos escombros de Perle, onde as "Potências" acabam de restabelecer a ordem, encontrasse Patera morto, com uma fisionomia de sublime beleza. Assim, a imaginação reencontrou seu verdadeiro aspecto, sua verdadeira natureza: ela se tornou a beleza poética, mas essa beleza doravante é um fantasma, uma recordação. Se interpretamos corretamente o romance fantástico de Kubin (especialmente à luz do grande texto que iria escrever mais de trinta anos depois H. Broch, sobre a impossibilidade da poesia), depreende-se em primeiro lugar que o universo materialista desnaturou o Imaginário (tornou híbrido o demiurgo, que desde então torna os homens monstruosos), em seguida, que o prosaico e o poético, que deveriam tornar-se complementares, tornaram-se duas entidades radicalmente isoladas uma da outra, a primeira real e reinante, a segunda virtual: a beleza não tem mais objeto. O Império do Sonho é um país absurdo porque assistimos à impossível coexistência, à impossível união do universo da tecnicidade, do "progresso" e do negócio abandonado por Hans Castorp, e do universo dos Valores, que se confunde (no-lo mostram *Finnegans Wake* e sobretudo *A Morte de Virgílio*) com aquele da imaginação.

Consideramos igualmente *O Outro Lado* como uma representação simbólica, ou melhor, fantástica, de uma situação da consciência humana no mundo moderno do qual o romance realista, de Proust a Broch, vai dar interpretações diversas, porém todas no mesmo sentido, interpretações que *somente* o romance de Kafka (o que explica em larga medida sua ressurgência logo após a Segunda Guerra Mundial) vai *contradizer* de maneira radical. Com efeito, é a possibilidade de tornar autênticos objetos externos, significados cujos aspectos rígidos os espantam e os ferem (como já espantavam e feriam a heroína de Gustave Flaubert), que os heróis de *Em Busca do Tempo Perdido* ou de *O Quarto de Jacó* afirmam, assim como Castorp e os Sonâmbulos pensam na possibilidade de revalorizar o mundo "da planície". Mas não esqueçamos que o homem que tenta salvar-se (salvar sua qualidade de pessoa e, ao mesmo tempo, re-personalizar os outros homens), integrando o real em sua consciência imaginativa, só metamor-

---

25. Idem, p. 6.

foseia o real metaforicamente, isto é, como sublinhamos, virtualmente. Que o homem não se livra do absurdo a não ser dando vida, pela mediação do Eu (da consciência) a um mundo esclerosado e mecanizado, é o que nos mostram Christmas, Dedalus, Mrs. Ramsay, mas essa metamorfose permanece exemplar, no sentido estrito do termo: foi preciso abstrair-se do real para recriar as condições de uma participação autêntica na existência. No mito do *Fausto*, T. Mann terá exaltado o poder dado ao artista de metamorfosear o real em verdadeiro, e em beleza. Mas Fausto, precisamente, é luciferiano, e não prometiano: separa-se não só da ordem divina – *natural* – mas também dos outros homens, que vivem num mundo desumano; cria, artificialmente, uma beleza que é solidão numa sociedade privada de comunhão, de justiça e de ideal. Fausto em seu discurso musical e diabólico, Aschenbach em Veneza ilustram o *Hoffmansthal e seu Tempo*, de Broch: o homem do poético está separado, cortado de sua época. Pensemos igualmente nas dúvidas que assaltam o Narrador sobre o valor da Arte (dúvidas cuja réplica pode ser vista na cena em que as pessoas de Balbec olham os hóspedes do Grande Hotel jantando como se olham peixes num aquário). Evoquemos também o estudo de um fino comentador de *Em Busca do Tempo Perdido*, para quem Proust cometeu um esplêndido pecado, uma esplêndida ofensa à criação, transformando em "feitiçaria", desnaturando artificialmente as coisas e os seres: a obra de Proust instaura "Uma nova natureza que empresta a forma de um jardim monstruoso a todas as noções que o termo 'Absurdo' agrupa"[26].

Para Kafka, ao contrário, *imaginar é impossível*. Não é permitido ao homem isolar-se da máquina social, nem transformá-la em autenticidade humana: só lhe é permitido *compreendê-la*, e esse esforço de compreensão leva-o à perdição.

Jan Weiss nada tem de seu compatriota Kafka – salvo talvez um capítulo de *América* – quando escreve *Dům o Tisíci Patrech* (A Casa dos Mil Andares, 1929). Saído de uma experiência de campo de concentração (foi deportado para a Sibéria durante a guerra), Weiss transfere para a alucinação onírica o tema de "Metrópoles". A casa de mil andares é uma sociedade hierarquizada, dominada e organizada por um invisível homem de negócios. Perdido nessa Babel onde se pode, em princípio, fugir para o cosmo, o narrador não acaba nunca de percorrer quartos, salas, corredores, escadarias para escapar a seres que querem fazê-lo perecer[27]. De outro lado, J. P. Sartre ficará legitimamente surpreendido de que M. Blanchot não tenha escrito *Aminadab* sob a influência de Kafka. É sabido que Thomas, para encontrar uma mulher que lhe faz sinal, erra de quarto em quarto, sobe de andar em andar numa "estranha república de locatários onde cada um parece, ao mesmo tempo, suportar e impor a lei"[28]. Ele se *transforma*, perde seu companheiro ao qual fora acorrentado para aprender, no termo de sua busca, que nenhuma ordem o havia chamado: era

26. C. Vallée, *La Féerie de Marcel Proust*, p. 263-264.
27. J. Weiss, *La Maison aux mille étages*, prefácio de Jiri Hàjek.
28. Cf. J. P. Sartre, *Aminadab* ou du fantastique consideré comme un langage, *Situations I*, p. 122.

outra a pessoa esperada. O companheiro perdido encontra-o e lhe diz: "Você não conseguiu reconhecer seu caminho... Eu era como outro você mesmo. Reconheci todos os itinerários da casa e sabia quem era aquele que você devia seguir. Bastava que você me interrogasse"[29].

Thomas, como o herói de Kubin, desperta: chega a seu ponto de partida. *Aminadab* terá povoado de objetos imaginários, mas que continham toda a densidade de objetos reais, um círculo percorrido no lugar: só a ficção (o sonho) dá um sentido a fatos ou a coisas que por si mesmos não o possuem. J. P. Sartre observou com exatidão que o fantástico de *Aminadab* exprime a "revolta dos meios contra os fins". Com efeito, o herói se vê "de fora" percorrendo o universo no qual viaja. Universo, diremos, rigorosamente *sucessivo*, porque composto de objetos contingentes, não ligados entre si. Será, pois, imaginária a significação desse cosmo retalhado, onde tudo é "fim e meio ao mesmo tempo"[30].

Aqui aparece a originalidade realista de Kafka. No romance do *stream*, a estranheza dos objetos, sua hostilidade e seu caráter absurdo são dissolvidos pela consciência, que assim reencontra sua coerência e reordena o real, da mesma forma como, em *A Montanha Mágica*, um pensamento privilegiado recebe e assimila as diversas correntes de uma duração humana suscetível de ser oposta ao tempo da história. No romance fantástico (quando o autor toma por objeto o universo moderno), o herói suporta ou vê um outro sofrer metamorfoses e faz pairar sobre o real – para usar a expressão de Sartre a propósito de *Aminadab*[31] – a verdade do sonho, de modo que ele jamais se espanta: escandaliza-se. Entre o espanto, que já caracterizava tão fortemente Emma Bovary, e o escândalo diante da diferença de natureza entre o humano e os objetos, situa-se a obra de Kafka. Efetivamente, o começo de *O Processo* parece negar que K. seja o homem do não espanto. Quanto a seu "escândalo", pouco dura: alguns instantes após a sua detenção, o bancário sem saber toma o partido do aparelho da justiça, pois vai esforçar-se por descobrir a causalidade e a finalidade de um Exterior que não tem causa nem fim: trata-se de uma máquina que funciona. Esse esforço de racionalização pelo qual um indivíduo adere ao mundo moderno sem duvidar dele, separa radicalmente o romanesco de Kafka das outras correntes de inspiração romanesca de seu tempo, segundo as quais, ao contrário, o homem se isola do real (refletindo-o) para descobrir o autêntico em si mesmo, graças, principalmente, à sua memória – às suas imagens.

Pois, do sonho, Kafka só toma o tempo da pura constatação, arrastando, em seu curso imperturbável e uniforme, a normalidade do estranho, a sucessão das rupturas, o confronto simultâneo do sentido dos "outros" e da lógica do herói[32]. Ao contrário de um Leopold Bloom a significar todas as coisas em sua consciência-espelho, K. só se interessa pelo problema do sentido. Toda sua existência é discussão, argumentação. Sabe que o mundo está aí, que os objetos não podem

---

29. *Aminadab*.
30. J. P. Sartre, op. cit. p. 129, 137,138.
31. Idem, p. 136.
32. Cf. R. Caillois, *L'Incertitude qui vient des rêves*, p. 41-50, e J. Hermitte, *Les Rêves*, cap. VI.

penetrar nele, nem ele neles. Mas por que esses sistemas de signos procedem de uma razão não heterogênea da sua, mas deslocada (julga ele) com relação a esta? Entre dois caminhos que levam ao infinito, ambos evidentes, tangíveis, K. não cessa de querer lançar empecilhos. Efetivamente, a razão concreta e vida do herói, aplicando-se a uma razão puramente formal e esclerosada, só engendrará mal-entendidos. "O ápice do trágico consiste sem dúvida em ser *mal compreendido*", havia dito Kierkegaard[33]. Isso era verdade para Orestes e será verdade para Kyo: nem os deuses nem os homens compreendem a aspiração de Prometeu. O trágico, em Praga, é impossível. Nada mais oferece ponto de apoio à razão tenaz de um indivíduo todavia heróico por sua vontade de compreender. Com efeito, o mundo é – como em Dos Passos – inerte em seu ativismo. Porém, não é dado mais ao homem o poder de refletir, de ter o consolo do monólogo metafórico. E sobretudo o homem não dispõe mais dessa potência de *metamorfose* ilustrada por Kubin e por Blanchot. Não há metamorfose em Kafka. Com efeito, quando começa a história de Gregor Samsa, este já está mudado em inseto imundo pelo outros. Citamos uma observação particularmente importante de M. Robert: "A interpretação de Kafka é necessariamente sem saída: é que ela se aplica a uma linguagem que é também interpretação"[34].

Quando a personagem empreende sua busca, todos os *simbolismos* possíveis já estão acabados, fechados em si próprios. O poder absoluto da linguagem – pensemos em Roquentin – proíbe doravante o recurso a imagens que representariam um universo diferente – coerente, verdadeiro, adaptado à vida das consciências. Desapareceu o "como" de Flaubert e sobretudo o "como se" faulkneriano. O Homem do Sonho e o Americano cessaram de destruir-se: o homem híbrido – o homem bastardo – não existe mais. Nem o Lobo da Estepe.

No entanto, recorreremos a Faulkner para especificar essa sistemática do mal-entendido que é o romanesco de Kafka. Deus estabeleceu para sempre, no sul dos Estados Unidos, uma hierarquia social e familial da qual, entretanto, os homens se recusam reconhecer a fixidez absoluta e a maldição que representa[35]. Ignoram que essas estruturas imutáveis são outras tantas prisões destinadas a perdê-los. Cada um crê na sua individualidade:

> A gente nasce, experimenta isto e aquilo, e não sabe por que continua a experimentar; a gente nasce ao mesmo tempo que uma multidão de outras pessoas, absolutamente misturado com ela, como se a gente se esforçasse, como se fosse obrigada a mover com cordéis os próprios braços e as próprias pernas, mas como se os mesmos cordéis estivessem ligados a todos os outros braços e a todas as outras pernas, a todos os outros que também experimentam e não sabem por quê, a não ser que todos os cordéis se entrecruzem, como se cinco ou seis pessoas experimentassem tecer um tapete sobre o mesmo tear, mas cada uma delas quisesse tecer seu tapete segundo seu próprio desenho; e aquilo não pode ter importância, você o sabe, ou então aqueles que instalaram o tear teriam arranjado as coisas um pouco melhor, e contudo aquilo deve

---

33. Kierkegaard, *Journal*, 22 nov. 1834.
34. *Kafka*, p. 122.
35. Cf. especialmente C.-E. Magny, *L'Âge du roman américain*, p. 236-237; M. Butor, Les Relations de parenté dans *L'Ours* de Faulkner, *Répertoire I*, p. 250.

ter importância, visto que se continua a experimentar, ou se é obrigado a continuar, e depois de repente tudo acaba e tudo que lhe resta é um bloco de pedra com alguma coisa rabiscada em cima[36].

Embora Kafka jamais exponha de maneira tão explícita a perpétua concomitância do sentido e do contrassenso, uma semelhança de estrutura não deixa de aparecer entre O Processo, O Castelo e os romances de Faulkner. Aqui e lá uma ordem social sistemática opõe-se às iniciativas, às tentativas do indivíduo que quer crer que esta ordem é feita para acolher a sua pessoa. Faulkner, como Kafka, concebe a condição humana como uma separação entre dois gêneros de significação que nunca concordam, mas que são, entretanto obrigados a se defrontarem: seus romances tecem sobre este vazio redes inúteis. O estado de absurdo (isto é, no plano literário, o efeito absurdo) será provocado não pela interrogação metafísica de determinada personagem – a atitude do "por quê"? é a do herói romântico, que se espanta vendo o mundo resistir à sua subjetividade –, mas antes por um esforço incessantemente renovado para discernir uma ordem num labirinto. Além disso, Kafka e Faulkner fazem-nos experimentar ou conceber o absurdo com tanto maior acuidade quanto as duas ordens postas em presença são expressas com grande precisão. Aos imperturbáveis raciocínios de K. corresponde, em Faulkner, a exatidão das visões e das imagens; à organização burocrática e organizada da justiça do "castelo" correspondem estas relações de parentesco e estas estratificações sociais cuja complexidade Faulkner descreve com esmero. Enfim, em ambas as obras, o mundo que o herói enfrenta está povoado de pessoas irresponsáveis que pertencem a uma hierarquia e a representam sem interrogar-se sobre a natureza da autoridade que aí vigora. Os chefes das grandes estirpes de plantadores do Sul permanecem o mais das vezes na sombra, como os juízes de O Processo. Faulkner evoca sobretudo as classes inferiores da hierarquia e, em particular, os mestiços, estes brancos-negros que nunca terão no entanto acesso ao mundo dos brancos; esse "ser e não-ser" lembra singularmente a personagem de K. e os funcionários de O Processo: há absurdo quando se é obrigado a admitir, ao mesmo tempo, o senso e o contrassenso.

Kafka e Faulkner mostram-nos como um indivíduo se perde em labirintos (familiais, administrativos, sociais), como uma *continuidade* se perde no descontínuo. Em O Processo e em O Som e a Fúria, o absurdo torna-se manifesto devido ao contraste entre, de uma parte, a plenitude intelectual, afetiva, espiritual dos "heróis", que são seres profundamente lúcidos (K. por sua racionalidade, Quentin por sua potente imaginação) e, de outra, a irrisória, a desumana fragmentariedade da ordem – da desordem – social.

Ora, cada uma das defrontações entre a consciência do herói e os aspectos do mundo traduz-se com uma precisão extrema: estamos na ordem do percebido e do vivido. Se é verdade que "a justaposição do absurdo e do relativo repre-

---

36. *Absalon! Absalon!*, p. 110.

senta o universo fechado do absurdo"[37], cabe precisar que Kafka e Faulkner se aplicam, acima de tudo, a figurar o relativo na multiplicidade de suas formas e o caráter irregular de seu movimento: a consciência da personagem é como que arrancada dela mesma. O absurdo constitui um universo pleno que parece sufocar o acaso e no qual a imaginação do leitor quase não encontra lugar. C. E. Magny observa com razão que Faulkner nos propõe "um universo onde tudo é dado conjuntamente"; a expressão pode ser aplicada também ao mundo de Kafka. Entretanto, não poderíamos acompanhar C. E. Magny quando estabelece uma distinção entre o absurdo (como conceito) e a expressão de tal universo: pensamos, ao contrário, que é precisamente este "dado conjuntamente" que constitui o absurdo, ao menos ao nível da linguagem romanesca[38]. A relação é por certo evidente entre a religiosidade faulkneriana derivada do Antigo Testamento, decidida por um "Jeová cioso e sádico"[39] e a situação judaica de Kafka: os juízes de O Processo só podem representar um Deus invisível, indiferente que nada perdoa a suas criaturas[40]. Os momentos de desejo sensual das narrativas de Kafka, raros, brutais, efêmeros, signos em significação, devem ser comparados com uma sexualidade que em Faulkner tem a própria face do Mal, e as mulheres de O Castelo são parentes da Eva faulkneriana, irresponsável agente de perversidade. Enfim, os temas da vã procura e do confronto das duas ordens inconciliáveis são comuns às duas obras.

Mas uma semelhança de estrutura e de fatos não implica uma analogia de forma e, sobretudo, de significação. O termo "absurdo" não aparece em Kafka. Como poderia aparecer, posto que o herói quer crer no mundo racional, coerente, humano? A vontade de excluir o absurdo constitui a *pessoa* de K. e a do Agrimensor. Mas como personagens vistas de fora (olhadas pelo escritor e pelo leitor) são absurdas porque, de uma parte, sem sabê-lo, fazem o jogo de uma sociedade que funciona sem se preocupar com o sentido dessa função, de outra, creem que o universo é regido por uma Autoridade soberana em sua razão e em sua justiça. Em compensação, o termo "absurdo" volta frequentemente em Faulkner, e quantas vezes não o encontraremos de Malraux a Sartre, de R. Wagner a Camus, de Musil a G. Orwell? É que do monólogo de Quentin ao protesto do Estrangeiro trata-se de lutar, ainda que se apoiando nela, contra uma absurdidade mostrada por Kafka como geral, fundamental e imutável. Evocando a última cena de O Sol Também se Levanta, dizíamos que Hemingway diferenciava implicitamente absurdidade e absurdo. Com efeito, a situação com que se defronta Jack Barnes não é o estado de natureza significado por O Processo. A personagem de Hemingway tenta, ao mesmo tempo, tirar partido e escapar dele. Assim se conduzirão, por razões e com objetivos bastante diferentes, muitas personagens do romance contemporâneo. A absurdidade faulkneriana é absoluta, mas ao menos

---

37. J. K. Simon, The Glance of Idiots, *Yale French Studies*, p. 111.
38. C. E. Magny, op. cit. p. 230.
39. Cf. M. Nathan, *Faulkner*, p. 91.
40. Cf. A. Girard, Kafka et le problème du journal intime, op. cit.; P. Klossowski, Kafka nihiliste?, *Critique*, p. 963; M. Carrouges, *Kafka*, p. 23.

procede de uma certeza de caráter teológico: Deus está ausente, mas não oculto. Sartre foi muito perspicaz ao suspeitar que Faulkner tenha "posto em primeiro lugar" o absurdo em seus romances; com efeito, a absurdidade depende em Faulkner de uma decisão divina. Mas sobretudo resta a seus heróis, como a Dedalus ou ao Narrador, a compensação – a liberdade – do monólogo. A absurdidade é certamente evidente em V. Woolf[41]. Absurdos são os passeios ao farol em vista da verdade de uma duração (que sempre nos foge quando a sentimos em nós). Mas também aí o *stream* é o refúgio do Ser. A evidência do absurdo é essencial na obra de Malraux. Mas a vontade de poder ou o engajamento num mundo em mudança oporão à absurdidade uma resistência infinitamente mais eficaz do que o apego à imagem movediça do Eu. Pensemos na carta de Garine:

> Não julgo que a sociedade seja má… acho-a absurda…
> Absurda. Não quero dizer desarrazoada. Não me interessa que esta sociedade seja transformada. Não é ausência de justiça nela que me atinge, mas alguma coisa de mais profundo, a impossibilidade de dar uma forma social, qualquer que ela seja, à minha adesão. Tudo isto não teria importância alguma se eu fosse homem de estudo…[42].

Somente o narrador de Musil, caracterizado (como K., em certo sentido) por sua ausência de "asperezas", e que tem também ele sob os olhos o aparelho administrativo austro-húngaro, acabará por conceber a universalidade do absurdo[43]. Mas K., Samsa, o Agrimensor (ainda que seja inacabado *O Castelo*) só são derrotados pelo absurdo no momento de morrer. Durante o processo de busca nunca terão admitido este "excesso" cujo reconhecimento salvará Roquentin, pois o problema que os preocupa terá sido o da ligação da vida humana a um *sentido*. Enquanto o narrador sartriano suspeita desde o começo de sua aventura da onipresença da absurdidade, K. procura encontrar uma significação evidente do contrassenso. Para Roquentin, tão logo o absurdo é *concebido*, a vida pode cessar de ser absurda. Em *O Processo*, ao contrário, a própria impossibilidade de conceber instaura a absurdidade. Parece-nos, com efeito, que Kafka – no romance – isola os raciocínios das noções que deveriam ou fundamentá-los ou resultar deles. Enquanto funciona sem finalidade o aparelho da justiça, ou enquanto se faz o amor sem saber por quê, a intelectualidade do herói solitário e sua sensibilidade aparecem limitadas em si mesmas. O romanesco de Kafka parece inverter (como Sartre o havia observado) a ordem dos continentes, e a dos conteúdos. A máquina judiciária surge como algo absoluto, quando deveria ser relativa à ordem, e os raciocínios de K. ilustram a exclusiva existência do racional: o herói não tem outra visão do mundo a não ser aquela do julgamento; fora dele restam apenas hipóteses e conclusões que, ao termo do relato, serão mostradas como dependentes de um poder divino irônico e enganador.

---

41. Cf. M. Chastaing, *La Philosophie de V. Woolf*, p. 214-215.
42. *Les Conquérants*, p. 57-58.
43. Cf. C. David, Um chef d'oeuvre autrichion, Le Roman de Musil, *Preuves*.

Fazendo do absurdo um Deus oculto, Kafka – cumpre aqui pensar em Dostoiévski – dava o Impossível como realidade essencial da natureza humana; erigia em estrutura e em estado um conjunto de situações de impossibilidade que tantos romancistas de sua época, ao contrário, procuravam dominar; mostrava o homem cortado do Sentido quando todos os seus contemporâneos (em primeiro lugar o próprio Kubin, cujo herói crê encontrar o humano no País do Sonho) faziam com que suas personagens empreendessem uma viagem "involutiva" em direção ao Sentido. Reduzido ao absurdo será este desejo de pertencer a um Passado contínuo tão fortemente expresso de *Entre os Atos* a *A Montanha Mágica*, pois em Kafka reina este presente sucessivo que reencontramos em muitos romancistas inovadores dos anos de 1950. De D. Richardson a Faulkner, os vínculos edipianos, quer a personagem queira reforçá-los ou livrar-se deles como uma fatalidade, continuam sendo laços, ao passo que, na obra de Kafka, o Pai representa o absurdo, pois está radicalmente separado de um Filho cujo destino todavia trama. Os "sentimentos filiais de um parricida", evocados por Proust, a "profanação da mãe" que, segundo G. Bataille, *Em Busca do Tempo Perdido* exprime[44] são todavia os signos de uma duração e de uma memória humanas, pessoais. Mas Kafka, que concebe a sua própria obra como "uma tentativa de evasão fora da esfera paterna"[45], só entende o parentesco em termos de falta e de separação. Absurda é a máquina social, que faz o indivíduo à sua imagem, lamina sua inteligência, aprisiona-o em mecanismos de que sairá incólume, ao contrário, o vagabundo de *Tempos Modernos*. Absurda, enfim, toda a condição humana, a existência da pessoa, visto que o indivíduo é separado de si próprio por uma força cega, desconhecida, que o imanta em direção a um não-Eu absoluto.

"A arte de Kafka", dirá M. Carrouges, "evoca, pois, o não-enraizamento de todo homem na existência humana e o peso de toda a autoridade social"[46].

Enfim, são ricas de implicações estas observações de R. P. Debray, num artigo de título eloquente, aparecido em 1948, "Do Romance Psicológico ao Romance da Condição Humana":

> Kafka especialmente pode variar os caracteres, os temperamentos, as circunstâncias. Mas querendo imaginar, extrapolar, recuar, não recria senão aquilo que é, não imagina, não extrapola senão a partir daquilo que é. Incapaz de inventar um ser diferente dele, experimentando mesmo da parte de seu personagem uma resistência invencível [...].
>
> Ao contrário, a liberdade que J. P. Sartre concede a seus heróis, ao menos em *Os Caminhos da Liberdade*, não é feita, segundo ele mesmo reconhece, senão de sua absoluta disponibilidade ante o acontecimento. Aconteça-lhes o que lhes acontecer, sua conduta não cessa de ser imprevisível[47].

Este juízo faz aparecer a diferença entre o estado absurdo de Kafka e as interpretações do absurdo que comporão, sobretudo depois de 1945, o mais evidente e

---

44. G. Bataille, Marcel Proust et la mère profanée, *Critique*, p. 601-611.
45. Cf. especialmente A. Girard, op. cit.
46. M. Carrouges, op. cit., p. 27.
47. R.-P. Debray, *Cahiers du monde nouveau*, p. 63.

o mais fértil dos temas romanescos. A evidência do desenraizamento total, que Kafka havia assumido pessoalmente, será de certa forma invertida. Kafka, que em 1911 dizia a M. Brod: "Nada me falta a não ser eu mesmo"[48], só escreverá efetivamente uma narração (*América*), onde o herói recebe do mundo – dos outros – algumas frágeis respostas capazes de suscitar nele este sentimento de identidade que Bloom e Dedalus conhecerão. Em *O Processo*, em *O Castelo*, ao contrário, a despersonalização do herói, sua assimilação à sociedade acabarão por confundir-se com seu ser, porque sem sabê-lo terá *mimado* o Absurdo que pretendia conjurar. Sartre faz com que Roquentin realize um movimento oposto: reconhecido, enfim, como ser universal do homem e do mundo, o absurdo torna-se princípio e motor de libertação. Influenciados ou não por Kafka, numerosos romancistas narrarão a luta de um indivíduo para a sua salvação numa realidade e apesar desta que será tal como a apresentam, no seu termo, os romances de Kafka. Nestes podem ver-se obras mediadoras por excelência (como o é *Madame Bovary*), que demonstram de fato que um passado (real assim como literário) está completamente terminado, mas abrem perspectivas novas. *O Castelo* fecha as saídas de *Em Busca do Tempo Perdido* ou de *A Morte de Virgílio*, e propõe a futuros romancistas um campo desértico a explorar, – e a transformar. Na condição absurda do homem um sentido novo do humano será revelado. Enfim, passar-se-á com o absurdo, após 1945, o mesmo que se passou com o movimento e com a complexidade do Ego depois de 1930: será admitido e ignorado ao mesmo tempo.

A importância do tema do absurdo e de suas variações incita-nos a formular os traços essenciais de uma condição e de uma estrutura que Kafka tornou exemplares.

Defrontam-se duas ordens de significações que um indivíduo se esforça por conciliar, julgando que seus passos, seus comportamentos e os de outrem dependem de um mesmo princípio racional.

Este princípio *existiu*; mas presentemente está desnaturado.

O absurdo não é pois o contrassenso[49]. O sentimento do absurdo é, ao contrário, engendrado por séries de signos contraditórios que a gente se vê obrigado a admitir ao mesmo tempo. O indivíduo atribui uma significação ao mundo exterior, ao passo que ele é, sem o saber, um signo deste mundo. Ele só conhece o conteúdo fragmentário de uma totalidade cuja forma e natureza lhe escapam. Sua existência compõe-se de momentos sucessivos. Em consequência, o tempo do romance (que representa um tempo humano) exprime e representa a distância intransponível que separa o indivíduo de um conjunto desconhecido como tal. O universo aparece portanto povoado de irresponsáveis que não procuram compreender as causas de seus atos. Em compensação, creem na existência de uma ordem geral, ao mesmo tempo incoerente e mecânica. Assaltado por sucessivas

---

48. Cf. M. Brod, *F. Kafka*, p. 91.
49. Cf. G. Hall, Aspects of the Absurd, *Yale French Studies*, n. 25, p. 21-32. "Na literatura", observa G. Hall, "*absurdo* nunca é oposto à *razão*, e nunca equivale a contrassenso". Cf. de outro lado o artigo *Absurde* de *Vocabulaire de la Philosophie* de Lalande.

presenças, o indivíduo vive numa alienação total. Sonho, evasão, compensações são-lhe proibidos. Por ser sua consciência impotente para esgotar um universo de aspectos sempre novos, e no entanto imutável, parece condenado ao automatismo, à passividade. Sua condição humana é a de um *espectador*.

Por isso, vê-se desaparecer o senso dos valores assim como dos impulsos passionais duráveis. O universo absurdo comporta uma uniformidade, uma impassibilidade cortadas por lampejos de violência. Esse universo nada tem de histórico: não há nele progresso nem regressões. A noção de devir parece esmagada entre o instante e a eternidade. O mundo absurdo, enfim, não é mediatizado. O indivíduo sente desaparecer sua personalidade, enquanto o outro não lhe oferece nem lugar, nem função, nem amor. Quanto aos *comportamentos* que esse estado e essa estrutura determinam nas personagens, nós os caracterizaremos assim: a existência de um indivíduo desenrola-se *paralelamente* a uma realidade organizada à qual quer *aderir*, ao passo que na realidade *rivaliza* em vão com ela. Seus atos serão, pois, *repetitivos* (sem saber, volta sempre a seu ponto de partida). Além disso, ainda que o "buscador" deseje que o *fim* de sua ação coincida com a *finalidade* do real, essa realidade organizada, automatizada, porá arbitrariamente termo a seu esforço, pois terá desejado integrar-se como indivíduo livre num mecanismo destinado a aniquilar a personalidade de cada um. Tendo desejado personalizar-se em função de um universo onde os indivíduos devem ser intercambiáveis (ou ao menos abdicar à própria individualidade), pagará esse esforço com sua própria pessoa.

Reconheceu-se Sísifo, de quem Kierkegaard havia dito que um *acaso* "o empurra do alto do rochedo"[50]. Sísifo está presente em Bernanos quando a primeira Mouchette tenta viver autenticamente num mundo de hiprocrisia, ou quando o Pároco de Torcy põe de sobreaviso o Pároco de aldeia contra o orgulho contando-lhe como uma empregada morrerá por sua encarniçada teima em querer eliminar uma sujeira que sem cessar reaparecia. Só os heróis de Kafka terão no entanto vivido a absurdidade como pura aventura romanesca, pois ao imprimir à constatação e à intelecção uma tensão, uma força que outros escritores imprimiam ao imaginário, Kafka radicaliza (torna absoluto e fundamental) e humaniza (integra na existência) um confronto do senso e do contrassenso que tem o rigor do raciocínio por absurdo, que mostra como, a propósito de um objeto, *dois* passos *lógicos* são *exclusivos* um do outro[51].

Mas quando a Segunda Guerra Mundial tiver de certa forma traduzido o absurdo histórico e o tiver transferido com toda a certeza do abstrato para o concreto, então o absurdo aparecerá no romance como o árbitro de uma partida que a personagem deve ganhar sob pena de morrer, ou de cessar de ser uma pessoa. Aquilo que em Kafka era estrutura torna-se esquema, enquanto que metamorfoses, processos (ações judiciais), castelos tornam-se "reais". A Autoridade invisível de *O Processo* assumirá diversas faces precisas, identificáveis. Para a personagem,

---

50. Kierkegaard, *Journal*, 14 de setembro de 1835.
51. Cf. G. Vailati, Sur le raisonnement par l'absurde, *Revue de métaphysique et de morale*, p. 799-809.

não se tratará mais de compreender um Porquê, mas de negar, de combater ou de fugir de uma absurdidade tangível, a menos que persista em querer alcançar um objetivo bem preciso sem saber quanto seu esforço é vão.

Lembremos que o absurdo implica ironia. Perseguidos por uma exigência de coerência e de finalidade, as personagens de Kafka comportam-se imperturbavelmente como se sua verdade não estivesse em contradição com a verdade com que se defrontam. O evidente humor de Kafka[52] ilustra o grito de Ricardo III: meu reino por um cavalo, pois seus heróis trocam sua vida e sua pessoa por um mundo feito para lhes tirar. Dessa tentativa para conciliar um poder totalmente indiferente ao nosso destino, e que na realidade nos deve levar à perdição, pode-se tomar como exemplo *Der Tod des Kleinbürgers* (A Morte do Pequeno Burguês), de F. Werfel (1927), cujo herói procura viver porque fez um seguro de vida. Na mesma época aparecerá *Die Flucht ohne Ende* (O Voo Sem Fim), de J. Roth, que nos oferece o reverso de *O Processo*, mas chega à mesma conclusão: o indivíduo está tanto mais só, tanto mais perdido quanto mais se julga livre – e quanto mais o mundo lhe concede uma liberdade aparente. Feito prisioneiro pelos russos e conseguindo fugir da Sibéria, o tenente austríaco Tunda conhecerá o destino de um K. que escapou de seus guardas. Em parte alguma encontrará lugar onde viver, encontrará raízes, e tudo será para ele contingência. Por acaso combaterá com revolucionários e por acaso deixá-los-á. Em toda a parte encontrará a contradição. Uma jovem comunista se apaixonará por ele "segundo todas as leis do amor antigo de um mundo que ela renegava"[53]. Sua fuga perpétua terminará em Paris, onde viverá sem emprego, sem amor, sem ambição e até sem egoísmo. Acreditando ser rejeitado em toda parte, Tunda tornou-se o homem supérfluo por excelência. Fuga sem fim também em *Transit*, de Anna Seghers: vãs tentativas para obter vistos, superar fronteiras, escapar dos enclausuramentos burocráticos; reencontramos o tema da vagueação organizada, sistemática, vivida por K. A Segunda Guerra Mundial efetivamente devia suscitar um romanesco do absurdo extremamente diferenciado, e que depende todavia da temática fundamental de *O Processo*: vão ou mortal aparecerá o esforço de uma pessoa para rivalizar com o Coletivo, quer se trate da própria guerra, de um organismo administrativo, de uma estrutura econômica. Comparem-se os romances de guerra aparecidos depois de 1918 (*Le Feu* [O Fogo], *Im Westwrn nichts Neues* [Nada de Novo no Front Ocidental]) com aqueles que têm por teatro o segundo conflito mundial. Aqui, a pessoa humana é afirmada, através do horror, como um valor. Lá, a absurdidade tem a última palavra, de *Education européenne* (Educação Européia), de R. Gary, a *The Thin Red Line* (Além da Linha Vermelha), de J. Jones. O absurdo reinará em particular sobre *The Naked and the Dead* (Os Nus e os Mortos): uma primeira personagem-narradora, da qual se podia esperar que daria testemunho dos horrores da guerra, e por este meio os conjuraria, morrerá

---

52. M. Dentan, *Humour et création littéraire dans l'oeuvre de Kafka*.
53. J. Roth, *La Fuite sans fin*, p. 28.

algumas páginas mais adiante. Absurda é a cena de *Kaputt*, de C. Malaparte, em que centenas de cavalos ficam presos no gelo em pleno ímpeto do galope. O tema do esforço-fracasso é típico de *Hauptman Pax* (Capitão Pax), de J. Fernau. Julgando ir contra as linhas alemãs, o capitão Pax e aquilo que resta de uma pequena tropa desembocarão nas linhas soviéticas, após uma marcha esfalfante. O tema da coexistência de duas ordens, absurdo porque doravante inútil, é aquele de *Rien en vue* (Nada em Vista), de J. Rehn: um aviador americano e um marinheiro alemão encontrar-se-ão reunidos num bote salva-vida. Rehn põe em jogo dois aspectos importantes do absurdo. Dois inimigos estão reunidos, mas demasiado tarde, e *confrontam* suas recordações do tempo de paz no momento em que estão condenados à morte. Com *The Aerodrome* (O Aeródromo), R. Warner concretizará e sistematizará a dialética de *O Castelo*, mas para chegar a uma conclusão não absurda. *Sabe-se*, com efeito, desde o começo da narração, que o aeródromo devora tudo, influencia tudo, perverte as relações humanas. Ora, o romance acaba pela revelação de que esse poder onipresente, totalitário, não existe, visto que o aeródromo e o burgo que vive à sua sombra são ambos humanos, ambos povoados de seres *culpados*: "Assim, às culpabilidades da aldeia correspondiam as culpabilidades do aeródromo; os dois mundos não se excluíam reciprocamente, e só se conseguia uma segurança ilusória ao negar um ao outro"[54].

A reconciliação com o absurdo – o herói de Warner recupera aquilo que julgava perdido: o desejo de ver o mundo tal como é e uma "certa segurança sobre o solo"[55] – estará naturalmente ausente de *1984* como de *Darkness at Noon* (O Zero e o Infinito), em que um universo que se julga ser o de uma libertação possível do homem se torna (é a situação fundamental de *O Processo*) prisão alienante, destruidora da pessoa. Mesmo porque a temática do absurdo continuará a ser explorada quando os romancistas tiverem que fazer frente, para usar uma expressão de E. Bowen, "ao grande vazio da paz"[56]. Para tornar-se um homem independente ganhando depressa 325 mil francos, uma personagem de R. Vailland vai trabalhar numa fábrica, onde tenta medir-se com uma máquina, competição que o leva à doença. Essa estrutura de rivalidade será o de *Salaire de la peur* (O Salário do Medo) e sobretudo de *Lumière de soufre* (Luz de Enxofre), de G. Arnaud: um homem atacado de câncer não quer morrer antes de autenticar um Van Gogh achado num belchior; descobre uma razão de viver no momento em que sua morte parece certa: o contrassenso da morte próxima determina uma busca destinada a dar um *senso* à vida. "Meu reino por um cavalo" será o tema (e a estrutura) de *They Shoot Horses, Don't They?* (Mas Não se Matam Cavalos?), de H. McCoy: um casal quer ganhar a "maratona da valsa"; quanto mais tempo continua na pista mais claras se tornam as possibilidades de vencer; e mais a morte se aproxima. O mal-entendido será o foco de *Self-Condemned* (Autocondenado), de W. Lewis, cujo herói (professor num

---

54. R. Warner, *L'Aérodrome*, p. 268.
55. Idem, p. 273.
56. Cf. *Aspects de la littérature anglaise*, Fontaine.

colégio inglês) se recusa a viver por mais tempo em má consciência: "Não sou mais capaz de ensinar uma história do mundo que eles possam aceitar: eles não me deixariam ensinar a meus alunos aquilo que presentemente sei"[57].

Mas bastará recusar o compromisso para escapar à aceitação do mal-entendido manifesto por todos os lados? A palavra absurdo vem ao espírito de uma personagem de Lewis quando vê um parente lhe oferecer uma soma de dinheiro que o ajudará a "viver livre". Aquilo que desejava reencontrar não era a liberdade, mas a autenticidade. Irá ao Canadá, onde seu destino se resolverá num isolamento e numa miséria que nos lembram o epílogo de *Suave é a Noite*. Aquilo que Fitzgerald punha na conta de uma cruel não-reciprocidade das consciências pertence aqui, explicitamente, ao estado objetivo do mundo. *Autocondenado* é talvez o romance que se aproxima mais claramente do espírito de *O Processo*: um homem se condena ao nada por ter recusado uma inautenticidade que "os outros" consideram como o ser do mundo; prefere uma culpabilidade pessoal à má-fé universal.

Certo é que o romance mais representativo da condição absurda – no sentido que o absurdo de um destino surge aí de uma situação social rigorosamente real, mas apresentada como simbólica de uma civilização pervertida – fora escrito muitos anos antes de *A Náusea*. Baseando o *Appointment in Samarra* (Encontro em Samarra) num tema análogo ao de *Babbitt*, J. O'Hara invertia, em 1935, a significação do romance de S. Lewis. Com efeito, Babbitt se incorporava numa estandardização que, entretanto, incitava-o a perguntar-se, por momentos, se viver em Zenith era verdadeiramente existir. Julian English, ao contrário, tem tudo para ser feliz na vida americana: sujeição (e alienação) em Babbitt, o conformismo é para English sinal de poder, terreno de liberdade. Mas enquanto Babbitt era *mantido em vida* pelo sono organizado de "Zenith", era protegido por sua submissão ao automatismo, Julian English é repentinamente acordado de sua inconsciência, que é a inconsciência do mundo. Basta que um desconhecido lhe lance um copo de bebida ao rosto ou marque "encontro em Samarra" (com a morte) para que English comece a *duvidar* da vida americana e se engaje desde então numa vã *corrida* com a morte[58]. C. E. Magny devia observar com muita justeza que, suicidando-se, English é vencido "por sua própria inconsciência"[59]. Mas essa inconsciência é aquela de toda uma sociedade. Outro aspecto da "radicalização", por O'Hara, da situação descrita por Lewis e por Dos Passos: o suicídio de Julian reproduz exatamente o de seu avô. Em Dos Passos, o passado deveria poder ligar a personagem à vida. Em O'Hara recomeça-se o passado na morte.

Concebe-se que C. E. Magny tenha atribuído grande importância à narração rigorosamente realista, mas com significação simbólica e geral, de J. O'Hara, e que, por outro lado, Sartre, S. de Beauvoir e Camus tenham sido tão fortemente atraídos pelo romance americano. De *Manhattan Transfer* a *Samarra* podiam

57. W. Lewis, *Self Condemned*, p. 16.
58. C. E. Magny, Postface, em J. O'Hara, *Rendez-vous à Samarra*.
59. Idem.

ver a condição absurda ligada à noção de *sistema*. Colocado diante de estruturas estandardizadas nas quais decifra a *má-fé do mundo* (efeito, em Faulkner, de uma condenação divina), a personagem do romance americano descobrirá assim sua *má consciência*, mas também *suspeitará* de que esse universo inautêntico (e em primeiro lugar a linguagem desse universo) o priva de todo o acesso à verdade e, por conseguinte, à liberdade. Tanto mais que o absurdo, quer assuma os traços do Duplo dostoievskiano, do ato gratuito de Lafcadio, dos policiais de Kafka, dos "Snopes" de Faulkner ou da corrida para a morte de Julian English, levanta invariavelmente o problema da *sinceridade* que se revela como exigência através das próprias armadilhas do mal-entendido. As sequências de corredores e de quartos, os labirintos da justiça, as trapaças burocráticas colocavam *fora* do homem o "incessante jogo de espelhos e de reflexos" evocados por Sartre em *L'Être e le rien: Essay d'ontologie phénoménologique* (O Ser e o Nada: Ensaio de Ontologia Fenomenológica), no qual a maior parte dos romancistas dos anos de 1920 haviam visto, ao contrário, o sinal de uma sinceridade possível que existe no *interior* da alma humana.

A condição absurda, demonstrada por K. no fim de um vão esforço intelectual, era o resultado de uma história e de uma civilização que muitos romancistas julgaram poder reumanizar. Outros escritores apelarão para a história (em todos os aspectos do devir do homem), a fim de procurar as possibilidades de uma vida livre e autêntica. Contra o absurdo, Malraux erige o Homem e C. McCullers, o amor. Sartre torna a não-significação geradora de sentido e de liberdade. Mas A. Camus haurirá, de maneira totalmente diferente, das fontes do absurdo.

Lembremos a cena decisiva de *L'Étranger* (O Estrangeiro):

> E desta vez, sem se levantar, o árabe sacou o seu punhal que me apresentou ao sol. A luz jorrou sobre o aço e era como que uma longa lâmina cintilante que me tingia na fronte. No mesmo instante, o suor acumulado em minhas sobrancelhas escorreu num golpe sobre as pálpebras e recobriu-as de um véu morno e espesso. Meus olhos ficaram cegos por detrás desta cortina de lágrimas e de sal. Eu só sentia os címbalos do sol sobre minha fronte e, indistintamente, o gládio resplandescente sempre diante de mim. Esta espada ardente corroía meus cílios e comprimia meus olhos dolorosos. Foi então que tudo vacilou. O mar trouxe um sopro espesso e ardente. Pareceu-me que o céu se abria em toda a sua extensão para fazer chover fogo. Todo meu ser se estendeu e crispei minha mão sobre o revólver. O gatilho cedeu, toquei o ventre polido da coronha e foi aí, no ruído ao mesmo tempo seco e ensurdecedor, que tudo começou. Sacudi o suor e o sol. Compreendi que havia destruído o equilíbrio de um dia, o silêncio excepcional de uma praia onde havia sido feliz. Então, atirei mais quatro vezes sobre um corpo inerte onde as balas penetravam sem que se percebesse. E foram como que quatro golpes aplicados à porta da desgraça[60].

Cometendo um ato que não havia planejado realizar, Meursault entra de súbito num universo diferente, e ele mesmo se vê diferente. Tem uma impressão de traição comparável à surpresa de K., ao espanto das personagens de Faulkner.

60. A. Camus, *L'Étranger*, p. 89.

Doravante vê o mundo em que vivia separado daquele em que vive, enquanto sua pessoa se desdobra. Ora, essa brusca mudança não é por causa da atitude do árabe (que só tirara o punhal porque Meursault, contra todo o bom senso, continuava avançando em direção a ele), mas de uma sequência de fascinações: o sol, o calor, a fonte para a qual Meursault se dirigia, a queimadura do suor, o sopro do mar. Como as personagens de Kafka e de Faulkner, é tomado por este mundo exterior. Coisas e pessoas resistem-lhe, cegam-no. "Espessura, densidade impenetrável, peso, toque doloroso, tais são as dimensões físicas do absurdo"[61]. A personagem de Camus sofreu, no plano das sensações, das impressões, aquilo que K. sofria no plano da inteligência. Desorientado pelo objeto de sua busca (uma vida feliz, tranquila), Meursault avançou de ruptura em ruptura: exatamente no momento de atirar sobre o árabe teve o sentimento de que muitos elementos "dados em conjunto" destruíam a coesão de sua pessoa. Antes dessa cena que parte seu destino, Meursault levava uma existência simples, desprovida de paixões e de ambição, muito semelhante à vida de K.: cada dia bastava-se a si próprio. Vai ser perseguido por uma ordem cujos signos se tornaram de repente concretos, tangíveis, deslumbrantes.

Todavia, antes do apocalipse da praia, Meursault já levava uma existência estranha às instituições, aos valores, aos ritos da sociedade. Tomou conhecimento sem emoção da morte de sua mãe, observou a seus funerais como puro espectador, como se fosse um teatro: a morte, a tristeza, a gravidade do momento eram como que recobertas pelo desdobramento concreto da cerimônia. É que Meursault gostava de ser espectador. Além disso, sabe que está cometendo um ato absurdo ao avançar para o árabe ("Eu sabia que isto era estúpido..."). Enfim e acima de tudo, a segunda metade do relato nos mostrará Meursault reivindicando sua qualidade de inocente, de estranho, numa sociedade que doravante sabe ser absurda, e da qual recusa participar: sua atitude será aquela de um K. que teria admitido a impossibilidade de ser julgado e que decidiria viver sem preocupar-se com outrem. Para A. Camus, o absurdo é uma realidade de que tomamos consciência constatando o caráter totalmente artificial das regras sociais e religiosas. Dessa realidade, podemos deduzir uma ética da felicidade e da coragcm. O homem pode ser feliz se ousar resistir à contradição Eu-Outro, se souber recusar o jogo do mundo social. Feliz, pois lhe resta a sensualidade, a beleza, tudo aquilo que Meursault ama em vez de amar sua mãe. Esse apego à felicidade[62], mas à felicidade *pontual*, será causa de sua condenação à morte.

Assim, Camus terá substituído este homem do absurdo que era Roquentin pelo homem absurdo. Homem justificado por sua vontade de *separar-se* da absurdidade da história e das convenções sociais. Com *O Estrangeiro*, estamos no lado oposto de Kyo assim como do Oreste de *Les Mouches* (As Moscas) e de Mathieu. Em vez de ser um motivo de ação, de vontade ou de participação, o absurdo torna-se uma dimensão específica da pessoa *individual*. Pode-se dizer

---

61. G. Benamou, Contrepoint romantique, *Yale French Studies*, n. 25, p. 81.
62. Cf. M. Boudot, L'Absurde et le bonheur dans l'oeuvre d'A. Camus, *Cahiers du Sud*, n. 315, p. 291-303.

que Camus, em seu primeiro romance, substituía o individualismo tanto quanto o altruísmo pela noção de indivíduo generalizado. A espontaneidade do desejo, a alegria do instante, que de Proust a Sartre só podiam ser conhecidas e vividas em certas condições, cuja ausência gerava logo culpabilidade ou angústia, recobram valor e sentido por si mesmas. Reaparece um indivíduo esquecido desde Fabrice del Dongo (ainda que este último tenha sido prisioneiro dos mitos da glória e da felicidade): um homem que pode confiar na natureza boa e sadia de suas funções psicológicas e de seu corpo. Esse indivíduo, naturalmente feliz enquanto não intervêm a opressão e a hipocrisia sociais, fora evocado por Kafka em seu Diário: "A um rapaz que à noite está bem no meio de uma história cativante nunca se fará compreender por meio de uma demonstração limitada a ele mesmo que é mister interromper sua leitura e ir deitar-se"[63].

Não obstante, concebendo o absurdo como uma "modalidade de nossa existência", Camus substituía "uma ética da salvação por uma ética da saúde". Efetivamente, em O Estrangeiro (como em O Processo e em Candide, ou l'Optimisme [Cândido, ou o Otimismo]), o absurdo suscitava uma moral, atitudes exemplares, uma concepção coerente do homem[64]. A segunda parte da história de Meursault justifica em larga medida a interpretação de R. Champigny, que vê no Estrangeiro uma personagem heróica. Do herói, com efeito, Meursault conhece a solidão exigente e o abandono: podia-se perdoar-lhe o individualismo, mas não reivindicar sua absoluta individualidade. Mas Meursault é um herói pagão[65]. A moral de que dá exemplo não procede de uma religião, de algum mito, de algum conceito universal. Quer ignorar enfim a própria noção do heroísmo. Aceitando morrer antes que renunciar a seu direito de viver *cotidianamente*, Meursault nega que Garine, Perken ou Manuel lhe sejam superiores. Camus escrevia em Le Mythe de Sisyphe (O Mito de Sísifo): "Um extranumerário dos correios é igual a um conquistador se a consciência lhes for comum"[66].

Entretanto O Estrangeiro procedia do mesmo ponto de vista, inscrevia-se no mesmo contexto que os romances que o haviam precedido no caminho do absurdo: Raskolnikov e os Karamazov, K. e o Agrimensor, Quentin e Christmas comparecem diante de juízes, e o olhar-julgamento de outrem obsedia Roquentin. É num universo de processos e em processo que Meursault deve transformar, em nome do absurdo, sua culpabilidade social em responsabilidade incondicional de seus atos. Desmistificando Sísifo (afirmando que este pode e deve ser feliz), Meursault não tem nenhum argumento concreto, nenhuma moral prática a opor àqueles que querem perdê-lo. Para usar uma expressão de E. Mounier, seu tiro contra o árabe criou um "equilíbrio de indiferença entre sua vontade e o acaso"[67]. Ora, esse acaso é social, ou antes é tal no espírito dos juízes, e é essa socialização de uma fascinação que se apoderou dele numa praia que Meursault acha absurda.

---

63. F. Kafka, *Journal intime*, p. 237.
64. Cf. M. Boudot, op. cit., p. 294.
65. R. Champigny, *Sur un héros païen*.
66. *Le Mythe de Sisyphe*, p. 167.
67. E. Mounier, *L'Espoir des désespérés*, p. 117.

Por isso, terá como único argumento sua recusa de um absurdo inerente às convenções dos homens. Se, pois, Meursault é heróico por sua resistência à tentação de entrar na ordem legal da mentira, é-o igualmente no fato de assumir a impossibilidade de converter os homens a uma moral positiva que consistiria em realizar um "equilíbrio entre a ordem social e a ordem natural"[68].

Com efeito, a cena da praia fez reinar o silêncio sobre o sentido da vida. O absurdo é uma ofuscação muda. Os homens, por seu turno, silenciam sobre as respostas de Meursault a seus juízes, depois sobre seu monólogo. Meursault só pôde afirmar uma independência de princípio. Não conseguiu transformar em participação sua recusa da absurdidade em nome de sua consciência do absurdo. Mas o heroísmo deste Eu, que só é concreto e positivo para os leitores, teve que manifestar-se diante de um Nós. O direito à ventura e o valor das alegrias individuais são demonstrados, mas pela mediação de um mal-entendido, e esse paradoxo a que não pode escapar o herói parece-nos explicar em grande parte a curva romanesca de Camus. O "Meursault" de *Le Peste* (A Peste) ainda conferirá a seus atos uma qualidade e um sentido gratuitos, só comprometendo a si mesmo. Contudo, essa ação terá também o caráter de uma escolha histórica, social, política. Não lutar contra o flagelo seria aderir àqueles que Sartre chama "os porcos", que preferem admitir ou espalhar a peste do que partir, como as personagens de Kafka, à descoberta de sua *falta*[69]. O "Meursault" de *La Chute* (A Queda) conceder-se-á o direito de recusar amargamente o mundo; mas alguém chama por socorro, e o narrador une-se à sombra culpada, talvez religiosa, de Stavróguin. O Estrangeiro, cremos, é uma personagem plenamente romanesca pelo fato de afirmar uma ética de puro princípio através das contradições vividas e une-se assim a Julien Sorel, de uma parte e, de outra, a K. e Roquentin. Nos dois outros escritos de Camus, a tensão é menos nítida: os heróis entram no reino de um compromisso ao qual escapam, paradoxal mas logicamente, as personagens de *Os Caminhos da Liberdade* que desde a origem, e ao longo de todo o seu trajeto, se debatem na má-fé, no compromisso, no mal-entendido.

É um acaso se quatro obras romanescas francesas – *A Náusea, As Nogueiras de Altenburgo, Monsieur Ouine* e *A Peste* (aos quais se poderia acrescentar *À Sombra do Vulcão*) – põem em discussão a responsabilidade histórica ou social do homem em função da ideia de degradação e têm como tema central o apodrecimento dos valores assim como o da vida? As conclusões a que são obrigados a chegar Roquentin, Berger, Ouine e Rieux desmentem a palavra de Malraux: "O contra não existe".

Essas quatro personagens, três das quais sucedem a heróis "positivos", terão constatado a deterioração da própria noção de humanidade; todas as quatro são penetradas da existência da absurdidade, mas que não têm o aspecto glacial e sistemático do absurdo de *O Processo*: é um absurdo de decomposição. Depois de ter sido superado por Kyo e transcendido pelo Pároco de aldeia, o Absurdo

---

68. G. Hall, op. cit., p. 28.
69. Cf. M. Goth, op. cit., p. 171.

torna-se absurdo, isto é, contaminação do mundo por um contrassenso que Roquentin "endurecerá" bem mais do que o eliminará. Mas, desde Dostoiévski, o absurdo colocava o homem em situação de defesa e, depois de Kafka, não se havia podido negá-lo, conjurá-lo a não ser *conceptualizando-o*: designando-o por uma palavra. Do Agrimensor a Meursault, a absurdidade não é mais uma presença incompreensível: é representada por aqueles que a admitem inconscientemente, justificam-na para manter uma opressão ou a exploram em seu proveito. Por isso, será preciso que Kyo conceba a finalidade da História, e os heróis de Bernanos, a da graça, ou ainda que Fausto seja dotado de um gênio luciferiano para que a recusa do absurdo assuma um aspecto e um sentido construtivos. Paradoxalmente, as personagens de Kafka e de Faulkner, que existem no absurdo e pelo absurdo, são menos "negativas" do que Garine, Roquentin e Meursault, na medida em que são passíveis do julgamento de Gide sobre *Luz em Agosto*: sua não-consciência depende de uma superconsciência de seus "criadores". A uma ordem arbitrária e irracional, K. e Christmas opõem efetivamente uma tenaz procura da verdade que só não os leva à própria perdição porque o jogo estava antecipadamente combinado. Vencidos ao final de sua busca, o bancário de *O Processo* e o falso branco de *Luz em Agosto* são, entretanto, vitoriosos pela natureza de seu esforço: sua vitória é a da *atividade* e do conteúdo (no primeiro irracionais, no segundo afetivos e imaginativos) de sua consciência, que fazem deles sujeitos diante de uma força absurda e totalitária que reduz o homem ao estado de objeto. Lembremos que Dedalus e o Narrador sabem, ao contrário, que o vivente está do lado de sua espontaneidade interior, a morte do lado das formas, das convenções que aprisionam e esclerosam a inteligência e a sensibilidade dos indivíduos. Mas Garine, Roquentin, Meursault, com uma clara consciência da absurdidade que os cerca, e à qual dão seu nome, não são enganados pelo absurdo como Perken dizia que a gente se torna, pelo suicídio, a pessoa enganada por Deus?

Insistimos no caráter de combate defensivo de que se reveste o romanesco de Musil a Camus a fim de que melhor apareça o aspecto histórico da reação contra o *tema* do absurdo que se manifesta pouco após o fim da última guerra, sobretudo na França, mas também nos Estados Unidos e na Inglaterra. É desviar o romance de sua vocação estética e realista, declararão em substância muitos romancistas inovadores, fazê-lo exprimir uma *visão do mundo* (implicitamente positiva) baseada na *evidente absurdidade* da existência. Esses escritores não admitirão que a consciência ou a não-consciência do absurdo assuma a forma de *recurso* contra a realidade atual. Recusarão referir à oposição do senso e do contrassenso (ou da liberdade e da opressão) a ambiguidade da pessoa. Para eles a pessoa, no romance, será a própria ambiguidade. Julgam, enfim, que é construir uma personagem em todos os seus elementos fazer com que se interrogue e volte a interrogar-se sobre sua presença neste mundo, analisar suas relações com outrem, refletir sobre o problema da comunicação, procurar qual pode ser o sentido de sua existência. Em suma, esses romancistas pensarão que dando ao absurdo aspectos e formas se chega ao beco sem saída do romance de tese. Mas demonstrarão assim a historicidade de um sentimento e de uma noção que constituirão o destino de todas as outras interpretações do real transformadas pelos escritores em temas, em estruturas e sobretudo em *mediações* que permitam significar a pessoa e organizar os comportamentos de uma personagem. Da mesma forma como a evidência ou a ameaça do absurdo haviam tornado vão, aos olhos de Kafka, depois de Malraux, o "quem sou eu?" proustiano, assim, a recusa categórica em atribuir um sentido à condição do homem permitirá a novos autores (cujos relatos serão mais discutidos ainda do que o fora *O Quarto de Jacó*) ir além do dilema de *As Nogueiras de Altenburgo*: o homem deve *ser* ou no fundamental ou no nada. O Ser e o Nada, para Beckett, não existem, visto que são ideias ou, quando muito, palavras.

Molloy não acredita mais, com efeito, que o estado ou o sentimento de absurdo tenham alguma vez tido uma origem qualquer: metafísica, psicológica, histórica. Com maior razão, o solitário de Beckett considerará como mitos absolutamente inconsistentes toda a moral e toda a certeza fundadas no absurdo de uma condição humana que não possui nenhuma outra qualidade ou natureza a não ser o movimento *imprevisível* de seu *estar-aí*. Molloy é muito claro neste ponto:

> Sou mais aquele que descobre do que aquele que narra, ainda hoje, a maior parte do tempo... E não me espantaria que eu me afastasse, nas páginas que vão seguir, da marcha estrita e real dos acontecimentos. Mas creio que nem mesmo a Sísifo se impõe que se coce, ou gema, ou exulte, se se acreditar numa doutrina em voga, sempre nos mesmos lugares exatamente. E é até possível que não se esteja a cavalo no caminho que ele toma no momento em que chega a bom porto, nos prazos previstos. E quem sabe se ele não acredita que cada vez é a primeira? Isto o entreteria na esperança, a esperança que é a condição infernal por excelência, ao contrário do que se pôde crer até nossos dias. Ao passo que ver-se recair sem fim, isto nos enche de contentamento.

Assim, Molloy falava a Kyo e sobretudo a Meursault: quem lhes prova que o absurdo é absurdo; com que direito reduzem vocês à vida *ad absurdum* para deduzir daí noções de continuidade e de consciência que lhes façam amar a vida e lhes assegurem uma possibilidade de mudar o mundo? Implicitamente, Beckett denunciava aquilo que se pôde chamar de absurdismo, que consiste ou numa racionalização sistemática do real, ou numa redução do real ao contingente[70], visto que essa redução se torna *verdade*. Parece-nos que esse ponto é essencial para a inteligência de novas formas romanescas antiexistencialistas que aparecem depois de 1945: como fora Robbe-Grillet em seus textos teóricos, Beckett nega a descoberta de Roquentin, quando do apocalipse da raiz: "[...] a contingência não é um fingimento, uma aparência que se possa dissipar; é o absoluto, por conseguinte, a gratuidade perfeita", pois Roquentin, desde então, confia na contingência, ao passo que para Molloy esta nem sequer pode ser nomeada. Em outros termos, Molloy censura Roquentin de instaurar em absoluto a negação do absoluto e, constatando o absurdo nos fenômenos absurdos,

---

70. *Molloy*, p. 206, e S. Cantaro, El Absurdismo o filosofia del absurdo, *Universidad*, p. 157-185.

de fazer do absurdo uma ética, enquanto que a absurdidade da existência é de certa forma orgânica: nós *nem sequer sabemos* se o mundo é absurdo. Nomear o absurdo é comutar arbitrariamente a realidade de um mutismo em verdade mítico, e utilitário. Caracterizar o absurdo pela repetição, pelo automatismo ou pelo ato falho, dar-lhe o aspecto de um labirinto ou de uma sequência de corredores sem fim, é transferi-lo para um reino totalmente fabricado, aquele das leis. Em compensação, essa realidade absoluta da incerteza – que é necessário abster-se de conceptualizar – faz de nós inocentes; ninguém é maldito, ninguém deve ter má consciência sobre esta terra que nenhum "Godot" jamais frequenta e sobre a qual avançamos *tateando*.

Com efeito, ver não é mais este "instrumento romanesco" muito bem observado por H. Granville-Hatcher. Desta vez, de maneira explícita, Molloy arruína a *arte* do romance assim como fez oscilar o *plano* do absurdo. V. Woolf fora aquela que procurava mais do que narrava. Molloy é menos narrador do que descobridor: nada há a *procurar*, e tudo a descobrir, ao contrário, posto que as coisas estão *aí*, pondo-nos em estado de sítio, cercando-nos com sua opacidade, mas também fazendo-nos mudar como elas mudam:

> Estou no quarto de minha mãe: sou eu quem agora vive aqui. Não sei como aqui cheguei. Talvez numa ambulância, certamente num veículo qualquer. Ajudaram-me. Sozinho não teria chegado. Talvez seja graças a este homem que vem cada semana que estou aqui. Ele diz que não. Dá-me um pouco de dinheiro e leva as folhas. Quantas folhas, tanto dinheiro. Sim, agora trabalho, um pouco como outrora, só que não sei mais trabalhar. Parece que isto não tem importância. Agora desejaria falar das coisas que me restam, fazer minhas despedidas, acabar de morrer. Eles não querem. Sim, eles são muitos, parece. Mas é sempre o mesmo que vem... Quando não tenho nada feito, ele não me dá nada, e resmunga. Entretanto não trabalho pelo dinheiro. Para quê então? Não sei[71].

Esse narrador existe, pois, aquém do absurdo nocional. Está instalado no contrassenso. Não encontramos mais vestígio de um confronto da consciência e da inconsciência, do conhecimento e do saber, do passado e do presente, do Eu e do não-Eu. Será preciso sublinhar que o "massacre" dos anos de 1920, tão necessário aos olhos de V. Woolf, é aqui por sua vez massacrado? Que não somente o Calidoscópio não existe mais – não tem mais continente, forma, nem fim – mas sobretudo que o escritor não pode mais olhar o caos no qual está justamente preso? Não sendo mais uma qualidade da pessoa, a indeterminação não poderia, *a fortiori*, ser utilizada para focalizá-la. Molloy forma uma coisa só com o indeterminado. Está no quarto de sua mãe e tem um filho. Mas não deseja para tanto explorar a "esfera" de Kafka, nem sair dela graças a uma *obra*.

De uma parte, Molloy sabe que está vivo aqui, sem saber por que nem para que e ignorando se será deixado neste lugar ou se, ao contrário, será obrigado a deixá-lo. De outro lado, redige por necessidade: escreve sem ser escritor. Essas duas ordens de fatos, e sua ambiguidade, nos parecem de grande importância:

---

71. Início de *Molloy*.

é rejeitada como uma ilusão toda a literatura que se refere ao absurdo para significar o real; ao contrário, é *o total, rigoroso e concreto absurdo do mundo e das relações sociais que faz o romanesco*. Mais uma vez, a ampulheta é virada, e essa inversão de óptica depende de uma concepção "outra" da pessoa. A situação (melhor seria dizer a posição) de Molloy pode decompor-se em diversos níveis, unidos entre si segundo uma lógica perfeita. Molloy é um indivíduo, *tendo tido* um passado, uma origem. Esse vínculo é um fato, não uma certeza; ainda menos é um motivo para agir, pensar, julgar. Redigindo para viver (portanto, por acaso), rigorosamente abandonado a si próprio sem no entanto ser livre, Molloy nega de fato a existência de uma sociedade institucionalizada, produtora de valores. Em compensação, afirma-se como indivíduo intrinsecamente *social*: fazem-no escrever, ele não se pertence. Molloy portanto prova o escrever escrevendo. Nada preexiste a seu errar, no que é o contrário da memória proustiana, afora o papel e a pena. Não procedendo de nenhum desejo de sentido, essa redação não seguirá alguma direção nem será uma *exposição*, visto que Molloy deverá escrever "objetos" maciços e proteiformes, fatos de acaso que se apresentam diante dele e, portanto, não compõem circunstâncias nem situações. Esses fatos e esses objetos só pertencem ao visível; existem também os pensamentos, eles também reificados, na medida em que surgem como os reflexos, as parcelas daquilo que nunca foi um todo, daquilo que jamais foi coerente. O narrador "escreve" o mito de Sísifo como escreve que o "vermelho do sol, misturando-se com o verde das folhas, dava um resultado azul"[72]. A aparição desses objetos externos e internos que se colocam lado a lado faz de Molloy um ser (ou melhor, um objeto) que "fala andando diante de si"[73]. *Molloy*** escreve-se no tempo que Molloy é ditado a Molloy – a Beckett. Pois esse narrador (observemos logo qual o caminho percorrido pela "preocupação com a sinceridade" depois de Gide a Sartre) não faz questão de ter *sua* linguagem mais do que de conceber *seu* absurdo: "Eram pássaros selvagens. E no entanto muito confiantes. Eu os reconhecia e eles pareciam reconhecer-me. Mas nunca se sabe. Havia ausentes e também novos. Tentei compreender melhor sua linguagem. Sem recorrer à minha"[74].

Estamos, pois, num plano absolutamente estranho àquele do monólogo interior: nenhum laço entre o percebido e o pensado, entre a lembrança e a memória; nenhuma volta a si mesma; nada de consciência totalizante. Essa acumulação de contiguidades gera – melhor seria dizer: fabrica – um sentimento de incerteza absoluta. Molloy não é um cético: fazem-no o homem, ou antes a personagem, do contrassenso e da ironia. Num primeiro tempo, as coisas, as lembranças, os pensamentos surgem num impulso caótico misturando o antes e o depois, o lógico e o fantástico, o interior e o exterior. Num segundo, o Indeterminável se revela, um universal "eu não sei" surge da onda das percepções.

---

72. Idem, p. 127.
73. L. Janvier, em *Pour Samuel Beckett*, cita em exergo esta expressão de R. Queneau.
* Primeira parte da trilogia composta ainda pelos romances *Mallone meurt* e *L'Innommable* (N. da E.).
74. *Molloy*, p. 272.

Aqui nos aparecem traços novos da pessoa – se admitirmos que um romancista nunca privilegia mais do que um aspecto do humano, que ele julga caracterizar sua época. Fundamentalmente o indivíduo é feito pelo mundo; portanto sua *vida* só ocupa o espaço e o tempo (não contínuos, variáveis) das coisas e dos pensamentos-objetos que vêm a ele. Sua *existência* é o reflexo falado desta corrente rigorosamente "objetal". Chamaremos fatal a esta translação palavra por palavra do mundo: dizer é a condição *sine qua non* do viver. Nada existe que não fale. A partir do momento em que cessa de falar, Malone morre, logicamente. Ora, essa obrigação de dizer não é somente negativa. Falando, o indivíduo não faz mais do que sobreviver; essa palavra forçada guia-o para si mesmo. Com efeito, esta importante anotação de *L'Innommable* (O Inominável): "É mister dizer palavras enquanto as houver, é preciso dizê-las, até que me encontrem"[75], indica-nos que fazendo acolher (esgotar) por um personagem-narrador as palavras-coisas, as palavras-acontecimentos que constituíram uma existência, Beckett vai em direção à ignorância assim como em direção do ser do homem, e que este ser não existe se essa ignorância não é *realizada*. Assim, Roquentin ia rumo ao absurdo. Por mais negativa e negadora que seja, a totalidade não está ausente do romanesco de Beckett. Aliás, não é inútil confrontar o fim de *A Náusea* com aquele de *Molloy*. Uma vez irrefutavelmente estabelecida a Existência em seu total despojamento de sentido, Roquentin poderá sem dúvida "aceitar-se": depois da Náusea seu passado poderá reordenar-se, posto que o hotel Printania, a Nova Estação, o bosque úmido constituem enfim, em sua absurdidade nua, um *presente*. No fim da rememoração que se deixou ditar, Molloy, exatamente como Roquentin, entra em si para escrever, mas para relatar a existência absoluta da desordem. Apenas viu, à meia-noite, a chuva fustigar os vidros, anota: "Não era meia-noite. Não chovia".

Os dois narradores foram da existência à essência, mas o ser que se impõe ao segundo é o contrário daquele que o primeiro descobre. Reconhecendo o absurdo como verdade (tudo é excessivo, portanto nada tem sentido em si), Roquentin pode estruturar seu passado, dar um sentido à sua vida, construir um futuro, escrever um *novo* livro. Submetido à *realidade* do absurdo (nada é supérfluo, tal coisa e seu contrário equivalem-se), Molloy concebe o contrassenso como ser e só tem que escrever a *mesma* narração – que contudo seria *outra*, porque se o sentido não existe, as *combinações* de termos variam infinitamente. Variabilidade na qual consiste (talvez) a liberdade do indivíduo: Molloy é mais livre "agora"[76], isto é, uma vez passado do contrassenso como experiência ao contrassenso como estado?

No fim de *Molloy*, assim como nas últimas páginas de *A Náusea*, desenha-se uma essência do homem. A pessoa fica possibilidade da pessoa. Uma vez mais, vê-se o quanto interferem uma interpretação do humano e uma estética romanesca. Elas são correlativas na atualidade e na especificidade da obra: Molloy só

---

75. *L'Innommable*, p. 261.
76. *Molloy*, p. 269.

teria que recomeçar sua narração – deixar-se de algum modo inventariar de novo por objetos – para voltar a ser aquilo que é: o homem que não sabe. O trânsito romanesco e a "formação" da pessoa são solidários. Mas a própria obra se liga, por reação e filiação, a uma tendência já antiga de interpretar o homem em função do absurdo. A redução e a ruína que Roquentin opera com relação a Céline e a Malraux tem como correspondente o cruel tratamento infligido por Beckett ao espírito de certeza e de responsabilidade que animava, em épocas diferentes, *Le Sang des autres* (O Sangue dos Outros) e *O Estrangeiro*. Ora, num mesmo golpe, Molloy aniquilava a consciência culpada, o inferno da comunicação e, sobretudo, a noção de *projeto*: uma narração não tinha mais necessidade de ser final. Se o escritor de Beckett, ao cabo de sua viagem imóvel, defrontava-se com o contrassenso como verdade e com o não-saber como ser, sua escritura implicava, além disso, que unicamente eram reais não os objetos em si mesmos, porém os sistemas que eles compunham segundo um acaso que se poderia qualificar de objetivo.

Sem dúvida, atrás de Molloy e de Malone adivinha-se Bloom e Dedalus. Como seu "mestre" Joyce, Beckett considera a literatura como essencialmente desmistificadora. Seus "vagabundos" são para o "conforto climatizado" de 1950 aquilo que um pequeno-burguês israelita era para os aparelhos religiosos, sociais, industriais da Irlanda – da Europa – de 1904. Aos dois escritores são comuns a andança, a indeterminação, o espírito de dissociação. Tal como a de Joyce, a linguagem de Beckett arruína a confiança concedida ao discurso, denuncia o artificialismo das fórmulas, dos símbolos, dos retratos tendentes a designar o homem uma vez por todas[77]. Entretanto, a palavra de Molloy, o discurso antidiscursivo do Inominável, até que se siga a morte, destroem o valor, a utilidade, o sentido do *stream*, destroem toda a esperança de que a corrente de consciência possa ser verdade e conduzir à verdade, tornam vão o esforço de Dedalus para reencontrar sua identidade no movimento e pelo movimento de sua vida mental, diante de um mundo que nivela, automatiza, aliena o homem. Dedalus não quer juntar-se aos outros a fim de reencontrar, na singularidade de sua consciência, aquilo que constitui a totalidade e a permanência do humano. Molloy, ao contrário, sabe que se parece com todo o mundo e que a consciência de si lhe é proibida; é-lhe permitido somente ter consciência de alguma coisa.

Molloy é o protótipo, o modelo de uma personagem romanesca da qual N. Sarraute, Robbe-Grillet, na França, Charles Chapman Mortimer, na Inglaterra, P. Bowles, nos Estados Unidos, e Salinger propõem ou vão propor outras versões: a personagem isolada dos outros e que entretanto não tem individualidade; que é rigorosamente só (de fato há uma só "personagem" em *Retrato de um Desconhecido*, *Le voyeur* [O Voyeur], *A Stranger in the Stair* [Um Estranho na Escada], de Mortimer) e que entretanto não se comunica consigo mesma mais do que com outrem; que traduz o real palavra por palavra, mas que jamais o comenta; que está desenraizada sem sofrer desse desenraizamento; cujo

---

77. Cf. L. Janvier, op. cit., p. 29-31. Mas L. Janvier insiste, sobretudo, com razão, nas *significações opostas* de *Ulisses* e de *Molloy*. Enquanto corrigimos nossas provas, o mesmo autor escreve "Joyce: une esthétique de la domination. Beckett: une esthétique du non-pouvoir", em *L'Arc*.

ser se confunde com aquilo que constata; cuja pessoa, enfim, limita-se à pura presença.

Com efeito, em alguns anos vão ser negadas a pertença ao mundo de Mathieu e a revolta contra o mundo de Meursault. Mas serão negados também a pertença a si do herói proustiano, o compromisso de Kyo, a lúcida queda do Cônsul. Façamos logo o paralelo entre O Estrangeiro e O Voyeur. Em ambos os relatos, o acontecimento central, decisivo, tem um caráter totalmente imprevisto. Mas o homicídio "ofuscante" do árabe entrega Meursault às convenções de uma sociedade que não admite que um indivíduo possa *escolher seus vínculos* com seus semelhantes, ao passo que a personagem de Robbe-Grillet, que (talvez) cometeu um crime, poderá deixar a ilha. Para usar a expressão de U. Eco, O Voyeur é uma "obra aberta"; não sabemos se Mathias escapará ou não da polícia; a conclusão de sua aventura é tão indeterminada como sua gênese. É que o herói de Robbe-Grillet é um *verdadeiro* estrangeiro, posto que para ele nada tem sentido, ou melhor, para ele tudo é contrassenso. Meursault, ao contrário, dava a todas as coisas uma significação, mesmo e sobretudo quando constatava que os funerais de sua mãe nada significavam para ele. Não comprometido, Meursault ainda se comprometia, era responsável por sua qualidade de espectador livre do mundo e de outrem. Mathias quer ser – implicitamente, reconhecemo-lo – irresponsável, pois com toda a tranquilidade admite esta ausência de relações necessárias, coerentes, entre si mesmo e o mundo, e entre seus atos e seu Eu, que sem cessar inquietava a personagem principal de *Os Caminhos da Liberdade*. Mas se confrontarmos Retrato de um Desconhecido, com A Convidada, e Molloy com A Náusea, constataremos um mesmo fenômeno de redução do senso ao contrassenso, da história ao presente, da pertença ao isolamento e da responsabilidade à irresponsabilidade. O fracasso da comunicação, que angustia a heroína de S. de Beauvoir, parecerá normal em N. Sarraute; Roquentin, que lançava ao absurdo o desafio de Rastignac em Paris, é reduzido ao absurdo por Molloy. A jovem heroína de C. McCullers, Frankie Addams, ignorará do mesmo modo as tragédias faulknerianas do Sul, e na obra de S. Bellow os outros não serão mais o inferno. Nos romances mais originais dos anos de 1950, tudo se passa como se não houvesse mais necessidade de demonstrar que toda a consciência persegue a morte do outro. Então se coloca a questão: Há alguém[78] em obras que parecem poder resumir-se com a palavra ausência[79]. De que ausência se trata? Daquela do *sentido* que o indivíduo, quer se chame Stavróguin ou Meursault, Mrs. Ramsay ou Ivich, dá a seu futuro e às suas relações com outrem. A *pessoa* ainda existe se o herói de romance evita deduzir alguma coisa de seus atos, de suas representações, e se o mundo, por outro lado, se abstém de significar esse herói? Essa personagem é humana quando nem ela mesma nem outrem liga seu presente a seu passado

---

78. B. Pingaud, Y a-t-il quelqu'un?, *Esprit*, núm. especial sobre "O Novo Romance".
79. Cf. C. Burucoa, Mythologie de l'absence dans le roman contemporain, *Temps des hommes*, p. 100-105, e L. Goldmann, Nouveau roman et réalité, *Pour une sociologie du roman*, p. 181-209.

ou a seu futuro e quando nem parece preocupar-se com as causas nem com as consequências de cada uma de suas situações sucessivas?

A desconfiança alimentada por muitos romancistas inovadores, logo após a Segunda Guerra Mundial (suspeita especificada por N. Sarraute em célebres ensaios), irá versar efetivamente sobre a *significação* dada, de V. Woolf a Sartre, à *historicidade* da pessoa, e não sobre os aspectos desta, tais como os representam *Em Busca do Tempo Perdido* ou *O Estrangeiro*; não sobre a pequena "madeleine", sobre o homicídio do árabe ou o apocalipse da raiz tomados em si mesmos, mas sobre o sentido que o leitor, implícita ou explicitamente, é convidado a deduzir desses acontecimentos. A N. Sarraute, Beckett, Robbe-Grillet será suspeito todo o domínio da interpretação romanesca, a partir de dados que deveriam permanecer dados. Mesmo porque a suspeita não surge em N. Sarraute leitora de *O Estrangeiro* a não ser no momento em que vê Meursault (isto é, A. Camus) deixar o universo da constatação e ir para o do pensamento e da ética; a partir do momento em que o herói cessa de ser espectador para tornar-se ator, entrando assim na ordem de uma história que nos é explicada, e que por sua vez vai explicar a visão do mundo – a solução do problema da existência – que ele adota no fim de sua aventura. A autora de *Le Planétarium* (O Planetário) sente-se enganada quando se dá conta de que Camus fez de Meursault o homem que *nós esperávamos* (o homem espectador), com a única intenção de nos mostrar que ser espectador é impossível, pois cada um de nós é tributário de sua história psicológica e social, história que só pode transgredir por uma moral.

Os escritores que recusavam ao romancista – e em primeiro lugar, cronológica e logicamente, ao romancista existencialista – o direito de transformar o fenomenal em historicidade significante, devem ser confrontados com seus predecessores dos anos de 1920, que também afirmavam que o romanesco era necessário, específico, estético somente na medida em que o escritor ficasse aquém do limiar da explicação e também eles censuravam seus contemporâneos de passarem por cima da observação dos fatos para propor imagens artificialmente definitivas, claras, distintas, da pessoa. Em 1950 como em 1920, o romancista original funda-se na visão e na concepção do real, que nessa realidade lhe fazem perceber zonas ainda não exploradas, para afirmar o romance como arte e como pesquisa. O "típico" de Galsworthy era não-estético e não-realista para V. Woolf como serão a ética e o compromisso sartrianos para Robbe-Grillet. Lembremos que a inovação consiste em primeiro lugar, o mais das vezes, em revelar os "pontos fracos" de obras contemporâneas ou imediatamente precedentes e que tornam tais obras inaptas para expor a realidade atual.

Mas de um após-guerra a outro a problemática do romance não é mais absolutamente a mesma. À grande questão dos anos de 1920 – coerência ou não--coerência da pessoa? –, opõe-se a grande questão da "era da suspeita" – senso ou contrassenso? Em 1920, a busca romanesca significava a busca de si (isto é: do humano) graças aos movimentos de uma consciência impressionada pelo real e a captar seus elementos. Em 1950, a busca romanesca original é atenção a um mundo inerte e indiferente ao homem. Se V. Woolf censurava os romancistas eduardianos por formarem personagens estranhas, exteriores à realidade, impermeáveis ao movimento da vida, Robbe-Grillet censurará, pelo contrário, Sartre por imergir suas personagens no real e no humano.

Molloy e *La Jalousie* (O Ciúme) assinalam um abandono da "época do romance americano". É negada esta aderência do homem ao real, aos outros, a si, ilustrada por *Santuário* assim como por *A Náusea*. O erro de Proust, escreverá N. Sarraute, era acreditar que explorando a consciência se descobria a verdade da pessoa. O erro de Sartre, escreverá Robbe-Grillet, é crer que essa verdade é sinônimo de engajamento na existência, posto que esse engajamento é inevitável e significa sempre o homem; para o autor de *O Voyeur*, ao contrário, a verdade humana reside, num primeiro nível (nível que doravante deve ser o domínio específico do romanesco), na precisão de suas constatações: o olhar do homem separa-o de um mundo que de qualquer maneira lhe é estranho.

Mas a partir do momento em que o herói do romance reflete somente o mundo em vez de refletir sobre o mundo, é ele ainda verdadeiro e humano? A essa pergunta pode-se responder afirmativamente, com a condição de considerar *O Inominável, O Voyeur, Um Estranho na Escada* de um ponto de vista histórico – de lê-los pensando na evolução estética e "semântica" do romanesco moderno. Em 1943, o escritor P. Gadenne observava: "A recusa de pensar a vida é ainda um modo de pensá-la"[80].

Todavia, essa recusa não caracterizara Gide leitor de Dostoiévski, Proust em comparação a Balzac, Joyce em seu empreendimento de dissolução das formas do pensamento ocidental, Sartre, enfim, procurando captar a coisa nua, viva, informe, através das barreiras protetoras e enganadoras da palavra, do sentimento e do conceito? A desconfiança de N. Sarraute ou de S. Beckett para com toda explicação sociológica e psicológica da pessoa – sua desconfiança, mais exatamente, para com as ideias de causalidade e de finalidade – corresponde sem dúvida a uma época em que os valores estão mais do que mortos: de 1940 a 1945, o terror acabou com o humanismo. Precisemos mais: uma obra como *Molloy* procede de um inegável ceticismo com respeito a um advento possível da pessoa humana; Beckett é por excelência o escritor não-cristão e, sobretudo, no presente caso, não-marxista. Não percamos de vista, entretanto, a especificidade histórica da arte romanesca. Não nos esqueçamos de que, desde os anos de 1930 o romance ocidental estava marcado por uma ideia preconcebida de *exteriorização* da pessoa, da qual Kafka de certa forma havia estabelecido o protocolo. A suspeita transformada em teoria por N. Sarraute e por Robbe-Grillet estava inscrita em muitas obras em que a pessoa era mostrada desenraizada, reduzida a seu aspecto, à sua presença pontual, e à sua linguagem. A personagem-olhar de Robbe-Grillet é o herdeiro de Roquentin e de Meursault. A forma de *Molloy* aparece menos estranha se considerarmos o trajeto seguido, no decurso dos vinte anos precedentes, pela expressão romanesca do homem psicológico e social.

---

80. Cf. P. Gadenne, Eficacité du roman, em Problèmes du roman, *Confluences*.

A SUSPEITA E SUA GÊNESE

De *Os Conquistadores* a *Retrato de um Desconhecido*, a expressão das funções psicológicas não cessa de ir do plano da interioridade ao da exterioridade, do analítico ao sintético, da expressão virtualmente infinita de uma consciência a sua manifestações contingentes. Se Kyo se afasta dos espelhos interiores, oferece-nos todavia a imagem de um homem total que degradará sistematicamente Roquentin. Mas este último é um "maldito psicólogo" diante de Meursault, que por sua vez representa a coerência do Ego se o compararmos a Molloy. De *Rumo ao Farol* a *A Convidada*, efetua-se um reascenso das profundidades, uma progressiva transferência do homem íntimo, subjetivo, que tem o tempo ou que procura ter o tempo para tomar distância em face da realidade externa, a um homem que quer ou que deve decidir sobre si na imediatidade objetiva da vida: um homem aparente. À força de dissociá-lo fibra por fibra, de fazer dele o produto da vida orgânica do Eu, o Narrador apaga uma realidade intrínseca global e universal do amor que reaparece, ao contrário, em Malraux e em Bernanos. Tendo o herói decidido negligenciar o determinismo proustiano, cessará com isso de crer numa essência psicológica, e mesmo psicossocial, do indivíduo: sem negar a existência nem sobretudo o peso das tendências, considerará o homem em função da necessidade de agir, de participar, de ser responsável diante de outrem por sua pessoa e, por conseguinte, defini-lo-á por seus comportamentos e suas condutas. Uma evolução semelhante manifesta-se no plano sociológico: de Céline a C. McCullers, a pessoa participa cada vez menos da noção de sociedade; o indivíduo (a personagem) é cada vez menos solidário com o grupo. Essa afirmação da contingência psicológica e social do homem implica uma diminuição, uma restrição do *sentido* da existência humana, e de seus valores. A suspeita com relação à significação coerente da pessoa e da vida terá aumentado em proporção ao *desenraizamento* progressivo do indivíduo.

N. Chiaromonte observou justamente que a obra de Malraux se caracteriza por um "feito único": " [...] a ação, o mais opaco e o mais ambíguo dos fenômenos humanos, é observada e analisada tão intensamente que se torna imaterial e transparente, quase como as obras da própria inteligência"[81].

De fato, Malraux refere o espírito de análise à necessidade de agir, ao ser no mundo de suas personagens. Em vez de tomar a si mesmo por objeto como em *Em Busca do Tempo Perdido*, o mental é projetado para a ação a realizar, que cessa então de ser uma coisa e tende a confundir-se, ao contrário, com o ato do espírito (para usar uma expressão proustiana) que a decidiu. A ação torna-se transparente porque através dela adivinhamos a vida mental complexa que ela traduz sinteticamente. Em Bernanos nada separa, observará E. Mounier, o "público do privado, os jogos da política da intimidade das consciências"[82], e

---

81. N. Chiaromonte, Malraux and the Demons of Action, *partisan Review*, p. 787.
82. E. Mounier, op. cit., p. 222.

Malraux via em *A Impostura* o contrário do romance de análise: a "fatalidade" começa ali onde "se apaga" o caráter[83]. No entanto, o romance, da mesma forma como nunca é associal[84], é sempre psicológico. Como a do Pároco da aldeia, a psicologia de Kyo é a de suas situações, e são aparências que a determinam e a exprimem, se entendermos por essa palavra a presença urgente de Kyo na vida, a presença urgente dos outros diante dele. Quer medite sobre sua singularidade mais íntima, quer pense, ao contrário, em termos de generalidade, Kyo nos é sempre mostrado em momento de decisão e de ação. Quanto ao Pároco de aldeia, ele não tem pior adversário do que a vida passional da Condessa e de Chantal, atrás da qual estas se entrincheiraram, que elas tomam como álibi para recusar a graça. E sempre Bernanos traduz em condutas e em atitude o conflito do passional e do espiritual, do divino e do diabólico, da carne e do espírito: "O Sr. Pároco de Torcy leu o pavor em meu ridículo semblante, e seguramente compreendeu que toda a tentativa para me tranquilizar seria vã naquele momento. Ele calou. Esforcei-me por sorrir. Creio mesmo que sorri. Foi duro"[85].

Eis como L. Guilloux afirmava em 1936 o abandono do olhar introspectivo, a primazia a ser concedida doravante à atitude, às manifestações visíveis e imediatas da pessoa: "O escalpelo dos psicólogos nunca foi outra coisa senão um corta-papel [...]"; "A observação é uma qualidade necessária em literatura"[86].

Do mesmo modo, M. Mohrt observará que "em R. Penn Warren, assim como em Bernanos, a 'psicologia' é substituída pela 'poesia'"[87], e tem sido sublinhada a importância assumida pelo *gesto* numa obra que contrasta de maneira surpreendente, por seus aspectos behavioristas, com a de Faulkner[88]. *Mr. Pulham, Esquire* (Honorável Sr. Pulham), de J. P. Marquand (1941), é um diário no qual o narrador consigna suas reações, suas impressões sucessivas – e contraditórias. O romance de Marquand provoca, de parte de B. Romberg, penetrantes observações que nos mostram uma vez mais o caráter histórico do problema do narrador: o escritor sabe e o leitor aprende aquilo que Pulham ignora sobre si mesmo, e os signos dessa não-consciência constituem o mecanismo da narração[89]. Ainda que seu herói seja um "Babbitt", Marquand considera entretanto a pessoa sob uma luz totalmente diversa daquela de Lewis e Dos Passos: a nostalgia da infância[90] em Pulham é apenas um reflexo; o passado não tem mais peso na medida em que Pulham não sofre mais sua fascinação. Esse novo narrador não sente mais falta de raízes (e de identidade) que às vezes atormentava Babbitt, e que angustiava Jimmy Herf. Está abolida, ou quase, essa oposição entre a verdade do passado e a inautenticidade do atual que, de Wolfe a Fitzgerald, constituía a estrutura mais profunda do romanesco.

---

83. A. Malraux, *L'Imposture*, N.R.F., p. 406.
84. Cf. I. Meyerson, Quelques aspects de la personne dans le roman, *Journal de psychologie*, p. 304.
85. *Journal d'un curé de campagne*, p. 116.
86. L. Guilloux, Notes sur le roman, *Europe*, p. 6-7.
87. Prefácio a *Les Fous du roi*, p. 13.
88. J. H. Justus, *The Concept of Gesture in the Novels of R. Penn Warren*.
89. B. Romberg, *Studies in the Narrative Technique of the First Person Novel*, p. 122.
90. *M. Pulham, Esquire*, (L'Honorable M. Pulham), cap. V.

A pessoa será ainda mais exteriorizada – e desenraizada – nos romances de Céline, de Aragon, de C. McCullers. O autodidata e Xavière dependerão de uma psicologia rigorosamente existencial. Essa preferência dada daqui por diante ao comportamento e às reações refletia certamente a evolução e os progressos de uma psicologia científica em face da qual os romancistas geralmente tinham uma atitude ambígua. Num estudo de grande interesse, A. Lavers apresenta o escritor moderno como um *pretendente* erigido contra este *usurpador* que é o psicólogo[91]. Do *stream* à psicologia existencial de Sartre, o romanesco segue uma via paralela àquela que vai de Freud a Goldstein, ou de Binswanger a P. Guillaume. Mas os romancistas opõem sempre, por diversos motivos, a própria existência das funções psicológicas, a vida dos conteúdos de uma consciência a fatos para os quais a psicologia e a psiquiatria propõem uma explicação teórica e uma classificação. Vimos que V. Woolf e Joyce se recusam a dar a suas personagens uma forma psicológica que as explicitaria e, por conseguinte, privá-las desta verdade romanesca que deve recriar o movimento da vida. Esse imperativo de liberdade e de imprevisibilidade pronunciar-se-á ainda mais quando psicanálise, *Gestalt*, behaviorismo entrarem no romance a título de teorias ou de terapêutica mais ou menos conhecidas dos heróis (alguns serão psicólogos ou psiquiatras) e que o romancista levará em conta. Numa época em que se impõe um romanesco "bergsoniano", que dissocia em imagens, em sensações e em ideias as tendências do indivíduo, J. Green faz obra de precursor ao descrever em *Léviathan* (Leviatã) as *condutas* de culpabilidade de uma personagem. Mas a ética gidiana do direito à contradição, baseada na soberania do livre-arbítrio, mostrar-se-á incompatível com a exploração metódica dos "abismos", pois estes devem permanecer as fontes vivas de uma personalidade, aquém das noções de bem e de mal, de sadio ou de mórbido[92]. Malraux e Bernanos unir-se-ão para condenar uma psicologia científica que corre o risco de encerrar um ser numa anatomia clara e distinta, mas paralisante, de seu Ego: importa antes de tudo deixar à pessoa a liberdade (a verdade) de suas escolhas, de seus impulsos, de sua experiência do mundo. A psicologia diminui o homem quando se interpõe entre suas exigências metafísicas e os atos que devem traduzi-las. Chantal de Clergerie e Kyo confirmam esta afirmação de Vincent Berger: "Não é raspando sem fim o indivíduo que se acaba por encontrar o homem"[93], porque ambos procuram os aspectos sintéticos do humano (a alegria, a coragem), em detrimento de sua análise crítica, e buscam a verdade dirigindo-se antes rumo a outrem do que se observa a si próprios. O indivíduo é aquilo que ele decide, parece e realiza. Não é o labirinto de suas tendências, nem de suas meditações.

O caminho das aparências será seguido também pelo existencialismo romanesco, na acepção ampla do termo: em romances cujas personagens só se conhecem, fazem a experiência de seu ser ou a conquista de sua liberdade através de suas sucessivas situações diante do real e de outrem. Um trem passa e

---

91. A. Lavers, *L'Usurpateur et le prétendant*.
92. Idem, p. 82-90.
93. *Les Noyers de l'Altenburg*, p. 29.

Mathieu sente-se velho[94]. A heroína de *O Ardor do Dia* dá-se conta de que só existe se se comunica. O imperativo da exterioridade é particularmente significativo em *The Caine Mutiny* (O Motim do Caine). O romance de H. Wouk, quer se trate da ação propriamente dita, da revelação das personalidades, do sentido sociológico da obra ou da moral que esta implica, esteia-se em larga medida nos comportamentos do capitão do Caine e, particularmente, no seu hábito de manipular duas bolinhas de aço que traz sempre consigo. A situação de "pretendente" do romancista é muito interessante por sua ambiguidade: se Wouk tira indiscutivelmente vantagem das descobertas da psicologia científica, em compensação as duas bolinhas de aço permitirão ao escritor mostrar quanto eram errôneas as conclusões às quais haviam chegado os peritos psicólogos encarregados de examinar o capitão durante a instrução do processo.

Revelando doravante suas personagens por suas aparências pontuais, imediatas, contingentes, os romancistas "apagam", poder-se-ia dizer, a historicidade da pessoa, dissolvem as raízes do Ser, de modo que (fato muito importante para a inteligência do romanesco que aparecerá no curso dos anos de 1950) o antigo "movimento do mental" se torna um fenômeno global, compacto, numa palavra, implícito. Ora, esse abandono progressivo das profundezas significa que a personalidade do herói é *decidida* pontualmente no tempo em lugar de ser *definida* na duração. De Bernanos a E. Bowen, a diminuição sempre mais pronunciada da interioridade implica a necessidade em que nos vemos de levar uma existência sucessiva, em que só podemos constatar e utilizar o mundo tal como se nos apresenta e em função das reações imediatas e irremediáveis que ele provoca de nossa parte. O tempo presente será por excelência o tempo dos romances de após-guerra, que, como os de Kafka, definem o homem pela irredutível sucessão de seu destino, pela inevitável atualidade de sua vida. Que o homem está sempre *ali* apesar de seu passado, mostra Camus em *O Estrangeiro* por um emprego do perfeito do indicativo cujo valor e sentido foi notavelmente definido por E. Benveniste:

> O perfeito estabelece um liame vivo entre o acontecimento passado e o presente em que ocorre sua evocação. É o tempo daquele que relata os fatos como testemunha, como participante; portanto é também o tempo que será escolhido por todo aquele que quiser fazer ressoar até nós o evento apresentado e uni-lo ao nosso presente[95].

Esse "passado composto" significa efetivamente o caráter irrevogável, imutável, das percepções, das sensações, dos atos de Meursault. É um tempo feito de constatações, que basta para a felicidade do herói, mas pelo qual "os outros" o tornarão logo *responsável*. Essa temporalidade ocorrencial, que deixa ao herói uma ínfima margem de interpretação e de liberdade, encontra-la-emos no começo de *O Emprego do Tempo*, de M. Butor ("Os alugadores se multiplicaram"). Mas em 1947 (o ano de *Retrato de um Desconhecido* e de *The Victim* [A

---

94. *L'Âge de raison*, p. 9.
95. E. Benveniste, Les Relations de temps dans le verbe français, *Bulletin de la Société de Linguistique*, p. 76, e J. P. Sartre, Explication de *L'Étranger*, *Situations I*, p. 115-118.

Vítima]), Violette Leduc conta do mesmo modo *L'Affamée* (A Esfaimada), cuja narradora adere tanto mais a uma vida cotidiana presente quanto assume a angústia de um amor ausente: jamais entrará em contato com a pessoa desejada. O relato compõe-se de uma sequência de momentos que, um após outro, nos fazem ver o quanto o tempo vivido, em vez de ser preenchido, tornado autêntico, por um amor satisfeito, é enchido artificialmente por realidades afetadas do cotidiano. "Comi", em *A Esfaimada*, significa: sou alguém que se alimentou em lugar de ver o Outro. Mas era preciso alimentar-se. Voltamos a encontrar aí o espírito de *O Processo*: nossos atos são ao mesmo tempo vãos e necessários: se não os cumprirmos, deixaremos de ir em direção ao nosso alvo.

Com *O Estrangeiro* e *A Esfaimada* estamos na presença de uma narração progressiva que se afasta tanto de uma narração linear clássica como da narração subjetiva, polarizada pelo Eu de uma personagem. O relato linear consiste num vetor em cuja extremidade o romancista se coloca quando empreende narrar, e se há aí uma volta para trás, como às vezes em Balzac, é sempre em função de uma coerência, de uma lógica da história social das quais o escritor (este historiador a alicerçar-se na noção de determinismo) se faz fiador e às quais as personagens são submetidas de bom ou mau grado. Um relato é linear quando o ponto de vista do romancista se desloca numa linha homogênea e contínua, a de um passado que é considerado pelo escritor como um objeto – tal como considera o mundo como um espetáculo regido por leis. Voltar atrás é um dos direitos do romancista, dirá Hugo em *Os Miseráveis*, e Balzac observará no prefácio de *Une fille d'Eve* (Uma Filha de Eva): "Só é possível contar cronologicamente a história do tempo passado, sistema inaplicável a um presente que marcha".

Em *O Processo* como em *A Náusea*, o "sistema" do romancista não é precisamente cronológico: para traduzir um presente que marcha incessantemente, recorre a uma temporalidade feita de momentos dispostos uns depois dos outros. O escritor indica-nos assim, de uma parte, que a existência da personagem não é mais sustentada por um tempo social "oficial" a ligar o atual ao passado, de outra, que o herói não se apoia mais, para encontrar sua identidade, sobre seu passado – sobre sua memória. A irrevocabilidade do presente, vemo-la justamente demonstrada pelos *flashbacks* inseridos por Mailer em *Os Nus e os Mortos*, porque essas evocações fragmentárias e sucessivas do passado, da história das personagens, mostram-no até que ponto estas são agora isoladas de sua existência anterior: encontram-se agora mergulhadas na atualidade e na imprevisibilidade da guerra. Nenhuma ponte subjetiva poderia unir esses dois planos, como também nenhuma ponte histórica, no sentido próprio do termo, visto que a história nos é dada como uma sequência de acidentes monstruosamente absurdos. Mesmo porque só a noção de absurdo reúne o atual e o passado.

Ora, essa existência no presente faz com que os acontecimentos, os objetos e mesmo "os outros" sejam para o herói *aparições* que balizam seu destino, para não dizer que elas o fazem. Antes de Meursault e Roquentin, Ferdinand e as personagens de Greene tiveram que decifrar o Exterior como tal – sem a ajuda implícita da rede de significações balzaquiana ou naturalista, nem a de um filtro subjetivo. Talvez o caráter mais claramente inovador de *O Processo* resida no fato de que K. utiliza objetos surgidos diante dele em absoluta contingência a fim de compor pacientemente aquilo que acredita ser um mosaico, segundo um plano em cuja existência e coerência quer acreditar. Mas, para além destes bosquejos do absurdo que são as narrações de Kafka, vemos personagens cada vez mais abrangidas pela definição que Molloy dá de si mesmo: elas procuram menos do que descobrem. Quaisquer que possam ser suas paixões, sua necessidade de ternura, sua vontade de alcançar um objetivo, sua fidelidade a um mito, os narradores de Céline, os "viajantes do imperial", o herói de *O Salário do Medo* são confrontados com uma realidade que se lhes apresenta como um filme "verdadeiro" no qual seriam obrigados a "entrar" imediatamente. Em vez de ficarem espantados com o real, como Mrs. Ramsay diante de um crânio encalhado numa praia, em vez de serem enquadrados, sustentados por um universo material que representa um organismo e sobre o qual se acha inscrito o sentido de seu destino, em vez, enfim, de poderem dispor de um mundo como de uma matéria a plasmar e a transformar segundo uma ideia geral, essas personagens devem utilizar tal qual, na sucessão de suas aparições, uma realidade não menos desenraizada das noções de ordem, de coerência, de continuidade do que elas são, por sua vez, desprovidas dos refúgios do Eu. Tempo da constatação e da utilização imediata das coisas (pois é mister viver, caminhar para um objetivo, comunicar-se com outrem), o tempo do presente que marcha é o de uma experiência na qual a certeza o disputa à dúvida. Com efeito, o herói fia-se doravante no concreto, no contingente bem mais do que nas grandes palavras e nas grandes esperanças. Não-lírico e não-narcisista, confia no estar-aí da existência, acredita apenas nos valores que emanam diretamente dos fatos. Aquela cena de furor erótico de *Morte a Crédito* mostra ao herói que amar é desejar, mas ensina-lhe também quanta necessidade de amor e ternura têm os seres. A narradora de *A Esfaimada* prefere manter o diário de seus atos e de suas constatações a analisar ou descrever sua paixão. Mas esses fatos, esses objetos sucessivos e contingentes, sobre os quais o herói se apoia por necessidade, são sibilinos: levam ao desastre ou à salvação? Tudo se passa como se a personagem tivesse que admitir a "colaboração" do Exterior para realizar seu destino. Vê-se bem isso em *O Estrangeiro*, em que a Contingência, sobre a qual Meursault fundava sua existência, de repente se torna nêmese.

Mas precisamente *O Estrangeiro* afirmava o *valor* da vida sucessiva. Meursault morre heroicamente porque exige que ao homem seja dada a liberdade de ignorar suas raízes (elas mergulham numa terra mortal) a fim de poder encontrar o preço da vida na descoberta de um mundo aparente, fragmentado, sempre novo. É que Meursault, depois de Roquentin, olhava de frente, considerava como um fato consumado uma solidão do homem *diante* do mundo que muitas personagens haviam experimentado sem, contudo, resolverem-se a admiti-lo. Num isolamento social do indivíduo sobre o qual o romance desde há muito dava testemunho em termos de desespero e de pessimismo, Sartre e Camus, por vias opostas, terão fundado, ao contrário, uma nova esperança, mas que será denunciada como um mito pelos escritores que marcaram os anos de 1950.

Com efeito, se tomarmos como base de referências *Ulisses* e *Manhattan Transfer*, constata-se que a personagem não é menos progressivamente desligada do Nós do quanto é separada do Eu. O Eu é cada vez mais revelado em estado puro, e esse duplo despojamento (por um paradoxo que é apenas aparente) interdiz ao herói toda confiança no individualismo. Em outros termos, vemos desagregarem-se, no romance, as mediações (psicológicas, sociais, ideológicas) graças às quais a pessoa pode achar-se em situação de cumplicidade com o real. Enquanto que os heróis de Malraux e de Bernanos lançavam um desafio à desumanidade fatal de *O Processo*, e os revoltados de Steinbeck tentavam suprimir "as tragédias americanas", era a realidade descrita por Céline que reinava cada vez mais sobre o romanesco: aquela de indivíduos que ignoram, voluntariamente ou não, a existência ou a possibilidade de uma comunidade humana e que só pertencem a uma *vida social* na qual tentam franquear-se um caminho. Em Algren, em C. McCullers, N. West, não se trata mais de transformar uma ordem desumana numa ordem humana, mas de preservar as existências singulares contra a insegurança. Em três romances tão diferentes como *Isso é Sono, A Aprendizagem da Cidade* e *1984*, a degradação do espírito social ou, ao contrário, a estruturação rígida, sufocante, das relações humanas pelo totalitarismo, testemunham a morte da consciência coletiva. O desenraizamento de que sofre o menino judeu de Roth, a ausência de solidariedade que angustia o narrador de Dietrich, a aniquilação da vida individual em Orwell não têm como contrapartida a eventualidade de uma revolta organizada, de um reordenamento humano: a salvação é dada como extrassocial, extra-histórica. Na realidade, tais romances nos revelam todo o preço de uma existência cotidiana simples, talvez sem grandeza, e avara de liberdade, mas que ao menos permite o amor, o calor humano, a comunicação.

Chegamos aqui ao tema do absurdo: aquilo que ameaça o homem, em Céline assim como em C. McCullers, é a liberdade precária que lhe concede um mundo desumano que o torna instável numa prisão invisível e, todavia, real. De *Transit* e de *325.000 francs* (325 Mil Francos), deduz-se a lição de *O Processo*: ninguém pode, ao mesmo tempo, ser livre e estar seguro. Por mais acessível que possa parecer, e legítima, a salvação do não-ambicioso, do não-revoltado, que não se perguntam mais se a humanidade existe e que concebem sua vida em função de um espaço socioafetivo limitado (um ofício, amigos, um amor), não é realizável num mundo que, precisamente, não é mais coletivo. Ninguém é empregado de banco inocentemente. Não há mais direitos do homem. Um aspecto da grandeza de *O Processo* não é que K., feliz em sua vida sem histórias, precisa percorrer, uma vez preso, o labirinto sempre mais vasto e complexo que *Manhattan* representava? Em compensação, não é um valor profundo de *O Estrangeiro* que Meursault, instruído pela sorte dos Agrimensores, recusa fazer o jogo dos juízes, e defenda passo a passo uma existência estreita que um

Dreiser ou um Nizan teriam denunciado como o próprio exemplo da alienação e do egoísmo?

À margem da luta de um Kyo para reestruturar o homem e o mundo, será traçada uma via romanesca não-heróica e restritiva da pessoa, na qual podemos discernir as condições *objetivas* da aparição de obras como *Molloy*. De Kafka a Beckett, é valorizada a vida cotidiana, único bem concreto e autêntico ao qual cada um pode aspirar num universo fragmentado sobre o qual sabemos que ameaças pesam antes de 1939 e qual o desencanto que aí reina depois de 1945, quando certas esperanças políticas terão abortado, ao passo que a vida assume um aspecto técnico, frio, estandardizado, confortável. Mas a aspiração ao cotidiano é o mais das vezes traída quando somos enganados pelos próprios esforços que envidamos a fim de arranjarmos um lugar que não seja mais ao sol, mas na sombra, dissimulada aos olhares de uma sociedade cujos indivíduos não podem mais controlar o desenvolvimento esmagador. Tal é o círculo vicioso que Meursault recusa a admitir. Tal era, em contrapartida, a ilusão denunciada por Roquentin: viver oculto é impossível; quanto mais nossa vida é singular, tanto mais os outros são para nós um inferno.

A fragmentação e a instabilidade sociais, os esforços ilusórios do homem para conseguir-se uma ínfima zona de humanidade, eram evocados por Céline com uma verve amarga que lhe mascarava somente o caráter absurdo. Pois seus narradores avançam permanecendo no lugar; as venturas limitadas que conhecem tornam logo a cair no nada; metamorfoseiam-se permanecendo idênticos a si próprios, isto é, a seu modo de existir; seus esforços para sobreviver são proporcionais à noite e à morte que dissimulam os infinitos aspectos do mundo. Quanto mais esses aspectos variam, tanto mais o indivíduo muda de máscara. Quanto mais é preciso estar presente à vida como personagem, mais a pessoa se apaga. Já nos anos de 1920, três personagens, que lembravam as do romance picaresco, haviam mostrado que a dissolução de uma ordem social, determinando as mudanças de estado de um indivíduo, faziam da noção de pessoa um chagrém: o cavaleiro de indústria Félix Krull, Paul Pennyfeather (*Declínio e Queda* [Decline and Fall], de E. Waugh [1928]), e o herói de *América*. Dois romancistas ingleses haviam descrito com talento um conjunto de indivíduos desorientados pela desagregação de uma ordem social e de seus valores: A. Huxley, C. Isherwood. Mas *Contraponto* e *Eyeless in Gaza* (Sem Olhos em Gaza) dependiam do pensamento gidiano: a realidade e a verdade da pessoa residem em sua própria dispersão, e compreende-se que tal exaltação da não-coerência tenha escandalizado D. H. Lawrence[96]. *Contraponto* (nisto semelhante a *Em Busca do Tempo Perdido*) mostrava um esmigalhamento da vida e, no entanto, compunha uma *rede* sociopsicológica. Com *The Memorial* (O Memorial), ao contrário, Isherwood fazia o inquérito da decomposição de uma família. A própria realidade social era dada ao leitor como um "puzzle", e não como a consciência de um narrador. A estrutura de *O Memorial* põe singularmente à mostra, por

---

96. Cf. J. Isaacs, *An Assessment of Twentieh Century Literature*, p. 119-120.

contraste, qual foi a "astúcia" dos grandes escritores dos anos de 1920: fazendo com que uma consciência reflita a fragmentação de um mundo e de seus valores, revelavam este mundo como um caos, mas exaltavam a totalidade da consciência humana, seu poder de unificação. Não é, pois, surpreendente que seja citada amiúde a declaração de Isherwood no começo de *Mr. Norris Changes Train* Mr. Norris Troca de Trem), escrita pouco antes da guerra: "Sou uma câmara cuja objetiva é entregue a si mesma, registrando, sem pensar"[97].

Declaração anunciadora de *O Ciúme*: o instrumento narrativo de Isherwood nada mais tinha de comum (afora a influência do cinema) com o *camera eye* de Dos Passos, próprio para tomar uma visão panorâmica do mundo e de suas dimensões históricas. O ponto de vista utilizado em *O Memorial* implicava já, em 1932, esta recusa do comentário que é um dos aspectos dominantes do romanesco contemporâneo: "Agarrando-se ao canto do lavabo, curvou uma perna sob o corpo, levantou-se. Imediatamente, o quarto e a luz brilhante fizeram docemente uma semirrevolução, como um volante bem lubrificado"[98].

Assim estará realizada, já contemporânea do grande esforço romanesco de expansão da consciência que vai de *Em Busca do Tempo Perdido* a *A Morte de Virgílio*, já manifesta na época de um romanesco heróico cujo malogro *As Nogueiras* e *A Náusea* marcam, uma restrição da pessoa ao visível e ao pontual: o homem não é mais do que seus aspectos e suas situações. Restrição que o escritor nos parece tornar evidente por dois traços da personagem sempre mais acusados: seu anonimato, sua inocência.

De forma alguma é novo, quando são publicados *Molloy* e *Retrato de um Desconhecido*, o fato de que um romancista não só encene *ex abrupto* uma personagem, mas ainda se esforce o mais possível para deixar na sombra aquilo que foi antes do começo da narração. Num estudo muito recente consagrado ao romance francês contemporâneo, insistimos na tendência de numerosos escritores a designar a personagem por um simples pronome pessoal, e desenvolvemos a seguinte ideia: quanto mais se apaga a *caracterização* física e psicológica da personagem, mais se torna patente a *noção de pessoa*, visto que esta aparece no vazio deixado pela ausência de forma, de signos particulares e de história[99]. Mantido na incerteza no plano do estado civil, da biografia e da tipologia psicológica, o leitor, por um paradoxo apenas aparente, pergunta-se a que pode corresponder, na ordem do *ser*, uma personagem apenas esboçada, apenas individualizada. Definimos aqui a estratégia de Proust com respeito ao Narrador (e em certa medida de Swann) cujo Eu ultrapassa imensamente os fatos vividos. Estratégia radicalizada por Kafka: reduzindo à expressão mais simples a presença real – histórica – de suas personagens, o escritor torna presente, obsidiante, dramática a ausência da pessoa humana. Fazendo isso, Kafka é realista. Evoca um mundo onde só se designam os seres por iniciais, por sinais aos quais respondem, por clichês que substituem o pensamento; onde portanto só se pode sonhar a pessoa. A estrita coincidência

---

97. Cf. especialmente N. Friedman, Point of view in Fiction, P.M.L.A., p. 1178.
98. C. Isherwood, *The Memorial*, primeira parte: 1928.
99. M. Zéraffa, Personnage et personne dans le roman français, *Révue d'Esthétique*.

de uma personalidade e de seus signos distintivos, que constitui em Balzac o sentido da vida, e que continua plenamente significante quanto ao *séquito* de Emma Bovary, torna-se em Kafka, ao termo de uma vã procura, um contrassenso absoluto. Com *O Processo*, torna-se romanesca a angústia (que Roquentin quererá desmentir) de ver que nada (nem mesmo os poderes de uma subjetividade) pode ligar a pessoa aos sinais que se julgam representá-la. Sua presença reside em sua exclusiva ausência. É esse paradoxo e essa ambiguidade que queremos focalizar, sublinhando os diversos aspectos de uma progressiva e inexorável redução da pessoa (se excetuarmos o período relativamente breve do romanesco heróico, ainda que Malraux, Bernanos, Steinbeck reduzam propositalmente o homem no plano psicológico) no romance contemporâneo. De Céline a Beckett, o homem é despojado dos últimos atributos capazes de significar sua coerência e sua identidade: nem mais pode recorrer ao imaginário. Sua pessoa é restrita àquilo que se lhe faz fazer e àquilo que se quer dela. Entretanto, essa pessoa puramente visível e contingente é dada como falsa. A verdade do homem reside num vazio, numa ausência, e não na noite multicor da viagem humana. Se o aventureiro a contragosto de *O Salário do Medo*, a heroína de *Transit* à procura de um visto, o obsesso sexual de *O Aprendiz* renunciassem ao desejo de serem salvos pela Existência – se fossem intelectuais refugiados em Bouville –, raciocinariam como Roquentin: o homem e o mundo são os resíduos de uma significação ilusória, artificial, e a partir dessa constatação de carência pensariam em reinstaurar a pessoa. Guiados por um escritor moralista, raciocinariam como Meursault: o homem só é pessoal por seu desejo natural e imprescritível de felicidade e de liberdade, que doravante ele não pode preservar, salvo vivendo à margem do desumano aparelho das convenções e das palavras de ordem – o que é impossível.

A suspeita com relação ao Sentido cuja história esboçávamos é, pois, de dois gumes. De um lado, o romancista confia somente nos signos. Sua personagem e o leitor devem suportar uma prova de desmistificação da qual oferecem exemplos, além de *A Náusea*, *O Estrangeiro* ou *A Esfaimada*, todos os romances baseados no tema do absurdo: a única realidade é aquela de um universo onde tudo se equivale, onde os seres são virtualmente intercambiáveis, onde reina a instabilidade, a contingência, o automatismo. Mas de outro lado, o escritor deixa que seu herói e seus leitores suspeitem da existência de uma pessoa inominável, que é ainda a pessoa.

Ao anonimato, à despersonalização, parece corresponder uma inocência que é sempre menos o reverso de uma culpabilidade: não tendo força contra a vida, o indivíduo é absoluto. Ao contrário de Dostoiévski, que "personaliza" o mal, convertendo-o num "adversário", Kafka torna-o "constitutivo do ser"[100]. Kafka, entretanto, procura sua falta porque não pode, precisamente, fazer o bem nem o mal. Assim se caracteriza a existência dos dois jovens que querem ganhar a maratona da dança, os adolescentes de *Educação Europeia*, o "estrangeiro" de Camus, a "vítima" de S. Below: não têm poder real, concreto, sobre

---

100. M. Goth, *F. Kafka et les lettres françaises*, p. 145.

o mundo. J. Onimus expôs muito bem a filiação que une as personagens de R. Queneau àquelas de Beckett: são homens perdidos no mundo porque este os cerca de objetos alucinantes por sua precisão, sua multiplicidade, suas mudanças infinitas e quase automáticas de aspecto. Mas se essas personagens estão submetidas a uma "constatação pura e simples do real que pode enlouquecer"[101], tal delírio é sentido somente pelo leitor, legitimamente tomado de vertigem diante do Unipark de *Pierrot, mon ami* (Pierrot, Meu Amigo) ou diante do quarto incerto e contudo tão preciso de Molloy. Malone sem dúvida vê-se "errar, único vivente, no fundo de um instante sem limites, onde a luz não varia e onde os destroços se juntam"[102], porque admite não ter nenhum poder sobre um universo em cujo caos se deixa arrastar – passividade que é exatamente o contrário da contemplação crítica de Leopold Bloom. Malone é inocente do caos que sua palavra reproduz. A mesma atitude, embora não confessada, surge em Pierrot. Passando ao longo do mundo enquanto o mundo desliza em torno dele, o jovem imaginado por Queneau em 1942 realiza, sem angústia nem escândalo, porque sem revolta, uma viagem à extremidade da noite. Ferdinand comove por sua obstinação em "pertencer", Pierrot por sua tranquilidade num não-engajamento que Beckett tornará alucinante. Dez anos antes de Molloy, o passeante de Queneau tem por destino uma inocência que nos parece corresponder exatamente à sua impotência social. Todavia, essa participação não deixa de apresentar dois traços positivos que convém sublinhar na perspectiva de *Retrato de um Desconhecido* e de *Voyeur*. De um lado, a constatação pura e simples dos objetos nos leva a reconsiderar os problemas que dizem respeito à sua *percepção*. De outro, Queneau, S. Bellow ou Beckett (considerados os aspectos simbólicos de relatos) incitam o leitor a não mais conceber a existência sob a luz da desventura, da fatalidade ou do trágico. A suas personagens (mesmo a Malone, em cuja ironia também é preciso pensar) é poupada a morte que de algum modo Meursault exigira.

Sucedendo a Bernanos, para quem a graça do estado de infância era a condição de um renascimento do humano[103], muitos escritores vão, além do mais, confiar uma missão importante e nova à personagem-criança: a de nos fazer enxergar o mundo unicamente em sua presença, isto é, subtraído às múltiplas hipóteses expressas por tantos romances, sejam elas de ordem ideológica ou religiosa, subjetiva ou objetiva, trágica ou intelectual. Não mais se trata, pois, do "arcanjo da infância" guiando Jérôme Bardini rumo a uma humanidade e a terras "intactas"[104] e que encarnava esta exaltação da aventura singular, isolada, que encontramos também em *Les Enfants terrible* (As Crianças Diabólicas), e em *Moravagine*. Nem se trata da infância evocada por Proust, porque o Narrador só procura reviver os anos de Combray para reconhecer o foco de sua consciência: esta fascinante falta de ser que fez com que o tempo fosse perdido.

101. J. Onimus, L'homme égaré, *Les Etudes*, p. 322.
102. *Malone meurt*, p. 109.
103. Cf. A. Béguin, *Bernanos*, p. 41-42.
104. Cf. M. Primault, H. Lhong, J. Malrieu, *Terres de l'enfance*, p. 65; P. H. Newby, *The Novel*, 1945-1950.

Do narrador de *Si le grain ne meurt* (Se o Grão não Morre) que, descrevendo sua infância, constata a falsidade e o artificialismo da *cronologia*[105] ao monólogo elementar de Benjy, a palavra e as imagens infantis implicam a afirmação e a procura de um sentido – do sentido de um devir.

Ao contrário, é um universo de que nos esquecemos que está antes de tudo aí, aquém de suas significações históricas, sociais, morais, que o olhar de Frankie Addams nos propõe. Sem cessar não-significativo, sem cessar novo *a priori*, esse universo é uma realidade hostil à adolescente de C. McCullers. Mas ela ignora essa hostilidade, e aí está o ponto importante: essa visão inocente e precisa, para não dizer lúcida, nos leva a sonhar com o que poderia ser uma vida livre do fardo das significações (das maldições) "faulknerianas". De sorte que esse olhar, por sua impotência mas também por seu poder desmistificador, exprime o desejo de uma volta à razão e à liberdade. A vida errante de Frankie através de uma pequena cidade do Sul, sem esperança de ser *A Member of the Wedding* (A Sócia do Casamento)*, representa o contrário de uma nostalgia do paraíso perdido: essa viagem implica uma dúvida sistemática em face dos aparelhos de convenções e de linguagem de que os homens cobrem o mundo. A lógica de Frankie é da mesma natureza da lógica (implícita) de K. antes de sua detenção: em primeiro lugar, seria preciso ignorar os sentidos, as etiquetas da vida para poder torná-la racional. Importa antes de mais nada ver as coisas como novas. É a lógica de Pierrot. Não é aquela que se deduz de *Molloy*? Velhos-crianças, os narradores de Beckett deixam-se arrastar, possuir pela desordem. Não nos dão assim a nostalgia de uma ordem autêntica? O herói de *The Horse's Mouth* (A Boca do Cavalo), de J. Cary, em quem podemos ver a negação de Fausto, envia-nos também ele a uma razão impotente-inocente, ignorando a artificialidade das significações sociais para só levar em conta, em nome da arte, formas e aparências de vida. As crianças de T. Capote existem além das angústias da "geração perdida". Não conhecem o mundo nem sonham com ele; olham-no atravessando-o, e se a gente pensar em Robbe-Grillet, é mister reter este comentário de W. Allen:

> O romanesco de T. Capote nos propõe essencialmente um mundo que se basta a si mesmo, e que só é referido a si mesmo, mundo comparável, pelas fascinações e pelas magias que suscita, a estas bolas de vidro onde uma sacudidela da mão faz aparecer uma tempestade de neve envolvendo um chalé alpestre[106].

W. Allen sublinha logo a *limitation* que os romances de Capote implicam. Com efeito, a partir de 1945, assistimos a uma restrição do campo romanesco[107]: cada vez mais localizada, a personagem parece carecer de espaço psicológico, social, filosófico, espiritual tanto quanto de espaço material. Mas já Céline,

---

105. Cf. A. Dupuy, *Un Personnage nouveau dans le roman français: l'enfant*, p. 24-25.
* Em francês, a obra tem por título *Frankie Addams*.
106. W. Allen, *Tradition and Dream*, p. 321.
107. Cf. M. Zéraffa, Le Temps et ses formes dans le roman contemporain, *Revue d'Esthétique*, p. 57-60.

Greene, Algren terão cercado o homem de cotidianidade, até o dia em que os romancistas vão subtrair suas personagens às ameaças deste mundo trivial e restrito, que eles negam seja sistematicamente trágico. Contudo, os objetos continuam próximos, imediatos, e a existência do herói será ainda mais singular e solitária do que em *Morte a Crédito*: ele só verá e refletirá aquilo que estiver a seu alcance, nos limites de uma experiência na qual "os outros" têm uma parte mínima. Joyce será tomado ao pé da letra: o romance é uma casca de noz. Mas essa casca não mais encerra um universo. O olhar de inocência projetado sobre as coisas faz aparecer, ao contrário, a absoluta descontinuidade do real. A vida já não é concebida em termos de universalidade, de totalidade, de comunhão.

Em 1922 (*Ulisses, O Quarto de Jacó*), o romance original é fundado na necessidade de aprofundar e de desdobrar a consciência, a fim de conjurar a despersonalização do homem. E a consciência de Bloom, integrando um mundo privado de sentido, dá a este mundo um sentido. Em 1947, em compensação (*Retrato de um Desconhecido*) a mesma ameaça de despersonalização é conjurada por uma aceitação rigorosa do contrassenso: o romancista inovador reivindica para o indivíduo a qualidade de estrangeiro.

Escritores que inocentam a pessoa, que a livram dos vínculos e do peso da Existência, que a instauram como espectadora, não se pode dizer que em larga medida, sobretudo na França, tornam-se os intérpretes "às avessas" do culpabilismo e da impotência expressos por Kafka? A influência crescente que os romances de Kafka tiveram após 1945 não se explica apenas por uma guerra que havia feito do humanismo um deserto. O prestígio de *O Processo* procede também do fato de sua substância, seu conteúdo, sua diegese serem modelos. O trajeto de K. provava que era possível escrever um romance que mostrasse o homem como alguém que ignora e estranha a significação de sua história psicológica e social: um homem totalmente ocupado em refletir o real, em constatá-lo, sem ser por isso maldito nem estar perdido. Se separássemos a obra de Kafka de sua metafísica, e seus heróis de sua angústia de *saber* (como Gide extraía de Dostoiévski o esquema do ato gratuito), poderíamos ver Kafka ensinando a seus semelhantes que a pessoa nunca se pode deixar prender na rede do "humano" – na rede das significações que cerca a pessoa, e que ela mesma trama no decurso de sua aventura humana, rede absurda e mortal. Que é que N. Sarraute censura em Camus se não o fato de comprometer seu herói numa armadilha concretamente mortal para levá-lo a proclamar abstratamente sua inocência – e dizer-nos que a salvação reside numa resistência ao absurdo da existência do homem entre os homens? Em outros termos, Camus em lugar de deixar sua personagem no contrassenso (na ignorância de *si* e na dos *outros*) deduzia um senso (universal) de uma situação (contingente) absurda. É que Camus se baseava num postulado cuja verdade não estava provada: aquele da necessária pertença do homem ao mundo. Sem dúvida, nem Beckett nem Robbe-Grillet negam que o homem pertença à sociedade. Afirmam, entretanto, que essa pertença não compromete o indivíduo num caminho determinado, não forma o sentido de sua existência, nem lhe dita dever algum. O romance sartriano será tomado como alvo pelo autor de *Les Gommes* porque Sartre procura demonstrar, por seus heróis, que cada um de nossos atos, cada uma de nossas reações, de nossas percepções mesmo, significam-nos irremediavelmente ao mesmo tempo que significam o Outro e o mundo; sendo a significação assim inelutável, de certo modo automática, dois caminhos abrem-se ao indivíduo: ou ele se deixa significar sem o saber (Ivich) por sua existência, e então perde sua liberdade, ou tem consciência dessa fatalidade do Sentido (Mathieu), e pode, a partir daí, conquistar sua liberdade assumindo a responsabilidade de suas atitudes. Mas em ambos os casos o homem era fundamentalmente um ser histórico; era, como o mundo, uma cadeia de causas e efeitos. Ora, qual o aspecto do universo que não indicava, em 1947, que esse encadeamento era absurdo, e que era coisa vã querer procurar na história (psicológica assim como social) os fundamentos de um destino humano *autêntico*? Além disso, vinte anos de romance haviam mostrado que o homem estava na realidade sem história, sem passado, sem raízes.

O projeto dos romancistas que se empenham na via da não-significação pode ser definido por contraste com a máquina de *In der Strafkolonie* (A Colônia Penitenciária): suas personagens recusam deixar-se "marcar" por sua pertença ao real. Todavia não são nem passivas, nem inconscientes, nem sonhadoras. O sentido de sua existência, eles o concebem ou o imaginam *sozinhos*, a menos que não o deduzam de suas apercepções sucessivas de uma realidade (humana e material) à qual não se sentem ligados. Essas personagens significam-se na mesma medida em que preservam, salvaguardam o contrassenso (a ausência de sentido) do real. Destacando-se, diremos, sobre essa ausência de sentido e de liames, não assumirão nem a *falsa submissão à absurdidade*, dos narradores de Céline (que se revoltam, que esperam apesar de tudo que o mundo não seja totalmente absurdo), nem o *autêntico combate contra o não-senso* que constitui o tema profundo de *O Ardor do Dia* como de *A Convidada*. A luta do indivíduo por sua salvação, ilustrada por *O Quarto de Jacó* como também por *O Estrangeiro*, será considerada por Beckett e N. Sarraute como suspeita porque eles discernirão ali a intenção, de parte do romancista, de mostrar que existem forças coerentes, identificáveis, em nós e em torno de nós, às quais nos devemos nos opor se quisermos viver humanamente. O romance será não-figurativo por excelência, porque convém excluir não somente a personagem representativa, banida trinta anos antes de V. Woolf, mas também esta constância de que dão prova Mrs. Ramsay, Ferdinand, Mathieu em seu esforço por descobrir *a* verdade.

Ora, em *O Estrangeiro*, em *Os Caminhos da Liberdade*, esses romancistas inovadores podiam precisamente encontrar a justificativa de sua recusa do Sentido, pois a resistência de Meursault e de Mathieu ao contrassenso era fraca. Privado dos retornos a si que às vezes salvava Mrs. Ramsay, visto que a necessidade de engajamento político para ele não era mais evidente e que não se concedia o direito de decidir sobre o sentido como o fazem os heróis do Sartre dramaturgo, Mathieu trava um combate extremamente duvidoso para descobrir a verdade da pessoa por detrás de suas aparências movediças e tentaculares. Não se resigna a que um ser se reduza a seus gestos, a seu aspecto, à sua opacidade: essa despersonalização representa para ele, como para a narradora de *A Convidada*, a morte. Mas Mathieu e Françoise nunca estão certos de poder conjurar essa face morta do humano. Ela chega a atraí-los, a convertê-los de certa forma a seu mutismo. Por ter aceitado e até mesmo reivindicado uma despersonalização e uma não-participação que o tornam um "herói anônimo"[108], Meursault ver-se-á julgado e executado. A personagem sartriana, que ao contrário crê, para usar uma expressão de S. de Beauvoir, que não se pode "justificar a própria existência a não ser através da existência dos outros homens"[109], expõe-se também a um perigo mortal, pois buscando a identidade na comunicação, exigindo o ser significado pelo Outro, só encontra uma ambiguidade e um mutismo angustiantes: ele nunca acha num rosto a coerência de um sentido. Contemplando Xavière, a narradora de *A Convidada* choca-se "com uma espécie de mecânica da qual não se conhecem mais as molas"[110]. Anne (*Os Mandarins*) experimenta a mesma inquietação diante de sua filha[111], e sua identidade é ameaçada pela suspeita de que seu marido "teria podido esposar não importa quem e contudo viver como vivia"[112]. É que o anonimato e o estar-aí do indivíduo, heroicamente reivindicados por Meursault ou fonte de angústia, de escândalo e de revolta para Anne, eram dados em *O Estrangeiro* assim como em *A Convidada* como realidades primeiras, irredutíveis, a partir das quais cumpria ser feliz ou livre, pensar ou agir. Por mais diferentes que fossem, Meursault e Rieux, Ivich, Françoise e Mathieu baseavam-se na presença aparente do homem e no aspecto imediato das coisas. Depois de Kyo e do Pároco de aldeia, aspiravam a eliminar de si mesmos e de outrem este peso do passado que, em Pirandello, significava, de maneira trágica mas certa, a existência da pessoa e a individualidade dos destinos. Essa contradição expunha-os, se lhes faltavam as forças para darem um sentido a esse presente radical, a ficarem encerrados no quarto de Molloy. Citemos um comentário muito penetrante de H. Charley, do qual sublinhamos a última frase:

> Em Mme. de Clèves como em Julien Sorel, a oposição de forças contrárias funde-se na *Persona*. O lugar que as personagens ocupam, seja na sociedade representada seja na consciência do leitor, é também sua história, o equivalente social da memória. Nós sabemos que elas existem e elas mesmas o sabem. E é no momento em que jogam sua sorte que emerge nossa percepção aguda de sua individualidade. *Aí está a escolha do ato em Camus, Sartre, S. de Beauvoir; mas quando o passado não está em jogo nesta cena, nada de pessoal está aí em jogo*[113].

Dessa impotência em reconhecer-nos em nossa única atualidade, em tornar o opaco translúcido e o desordenado coerente, em reencontrar um discurso

---

108. Cf. H. Charley, Le Héros anonyme de *Monsieur Teste aux Mandarins*, *The Romanic Review*, p. 268-275. (Sobre Camus, p. 269).
109. S. de Beauvoir, Pour une morale de l'ambiguïté, *Les Temps Modernes*, p. 408.
110. H. Charley, op. cit., p. 274.
111. *Les Mandarins*, p. 576.
112. H. Charley, op. cit., p. 272.
113. Idem, p. 274.

numa floresta de palavras, Beckett e N. Sarraute tirarão partido: o romanesco da "não revolta e dos não-escritores"[114] permanecerá exterior a um combate pelo Sentido que não era mais referido a valores universais. Ferdinand, Aureliano, Ivich, o "Homem de braços de ouro", o matador de aluguel não têm nem a áspera lucidez de Roquentin, nem a intransigência de Meursault: estão por demais mergulhados na existência. As personagens romanescas de Sartre liberam-se da má consciência, mas livram-se de uma má-fé que consiste em querer ser mesmo existindo, sem nunca tomar a devida, distância com respeito ao real? Em sua paixão pela vida, em sua consumação da vida, discernimos apenas a *procura* de um sentido cuja *possibilidade* coerente de nós a descobrirmos, em compensação, através da viagem em Dublin de um "homem meio sensual".

O princípio de não significação que será aquele de muitos escritores depois de 1945 parece-nos, pois, oriundo de uma impotência de significar a coerência e a permanência do homem há muito manifestadas no romance, e que a guerra só pudera agravar. Aparentemente, as obras que ilustram a "era da suspeita" assestarão na personagem golpes mais decisivos que a era da indeterminação dos anos de 1920 lhes assestara. De fato, essa suspeita, que lentamente tomara corpo, referir-se-á aos dois campos sucessivamente explorados pelo romance há mais de trinta anos: a consciência, o compromisso do homem com a existência, pois em ambos – sobretudo no segundo – a procura do sentido mostrara-se cada vez mais vã: o indivíduo era cada vez menos capaz de *nomear* as etapas de seu caminho. Quer corresse contra o absurdo, quer fosse o "homem absurdo" ou ainda procurasse sua liberdade e a verdade na comunicação, a personagem de O'Hara, de Camus e de Sartre roçava os limites, os pontos sem conversão além dos quais outras personagens, a partir do contrassenso, realizariam novos trajetos romanescos.

As obras originais publicadas após 1945 são, pois, obras de retirada, de desengajamento e de alusão. A recusa da "historicidade significante" não será entretanto arbitrária, mas dependerá de uma concepção da vida segundo a qual o indivíduo participa no mundo sem ser por isso solidário com ele. O homem de Céline e de Sartre debate-se entre os liames que estabelece com os outros, amigos ou inimigos, e que devem, acredita ele, entrançar a imagem de sua pessoa. Ligando-se aos outros, percebe que se torna diferente deles, que ao mesmo tempo se tornam seus semelhantes, visto que lhe permitem descobrir sua singularidade e sentir-se livre. Uma nova óptica romanesca evitará o com e o para: os problemas de sua pertença ao mundo, de sua identidade, de sua liberdade não mais se apresentarão a personagens cuja *semelhança* com os outros será admitida de pronto, e que por isso mesmo não ficarão surpreendidas ao sentirem-se, ou melhor, verem-se, separadas do Nós. Essa não-adesão tem uma contrapartida que torna seu destino romanesco oposto àqueles de Ferdinand ou do Cônsul: por não esperarem do mundo nenhuma resposta "ontológica", Molloy ou os narradores "imantados" de N. Sarraute encontram-se diante de uma realidade que lhes é apresentada como indiferenciada na ordem

---

114. Cf. R. Giraud, Unrevolt among the Unwriters in France today, *Yale French Studies*, p. 11-17.

de significações: uma vez que o real não é hostil, nem indiferente, mas neutro, e que só aos olhos oferece captação, a personagem deverá (pois necessita viver, trabalhar, amar) analisar formas, seguir às apalpadelas os contornos a fim de reconhecer seu caminho, do qual nunca é o espelho.

Transposta a linha do absurdo, cremos que duas questões deviam suscitar uma nova problemática do romance: que palavra dar a personagens quando é constante o fato de que os indivíduos são impessoais? – de que vida dotar uma consciência quando esta é um objeto cercado de objetos?

O ROMANESCO CONTRA A PERSONAGEM

J. Cayrol, que acabava de conhecer a vida dos campos de concentração, devia sentir, sem dúvida, profundamente a inutilidade dos esforços exaltados por tantos romances desde os anos de 1930: viver em estado de revolta; amar e agir para possuir; declarar-se inocente num mundo onde todos em princípio são faltosos; julgar-se singular quando tudo concorre para despersonalizar; procurar a comunicação com outrem quando a não-reciprocidade das consciências tem força de lei; crer, enfim, que o homem está sujeito a um universo material diante do qual, ao contrário, abdicou. *Je vivrai l'amour des autres* (Eu Viveria o Amor dos Outros): um homem está excluído (deixa-se excluir) da existência. De um lado, isola-se da fúria de existir de seus semelhantes, de outro, vive nos pequenos espaços deixados ainda livres pelos objetos de que se compõe o mundo:

> Ele fala.
> Deixem-no falar. Não poderá dizer mais do que sabe, mais do que vive. Não se ouve sua voz nas ruas; ela não entra nas casas; não toca os corações. Ela passou roçando em você na calçada[115].

Por isso este homem vive daquilo que os outros ignoram. Sua linguagem é um contrassenso social ao qual dá um sentido pelo exclusivo fato de poder exprimi-lo:

> Pode-se assim levar uma vida miúda atrás dos feixes, atrás dos transeuntes, atrás das árvores dos jardins, atrás da vida dos outros; onde é preciso saber ocupar pouco lugar; com muita frequência nos espezinham porque não nos veem e é preciso não dizer nada, não se mexer, mesmo se a gente começa a ter cãibras, porque bem depressa, aqueles que estão no verdadeiro caminho invadem nosso espaço, empurram-nos cada vez mais para a sombra, essa sombra que faz com que nossa face não tenha nome[116].

Insistimos nessa situação "infraliminar" das personagens de Cayrol, porque voltamos a encontrá-la, de maneira ainda mais categórica, em muitos romances

---
115. J. Cayrol, *Je vivrai l'amour des autres*, p. 11.
116. Idem, p. 45.

dos anos de 1950. Parte integrante do mundo, o herói do romance sartriano procura modelar sua liberdade na massa informe da vida. Ao contrário, aquele que quer viver o amor dos outros (que herói de romance jamais terá tido este desejo?) dissimula-se num universo onde não somente nada é oculto, mas ainda onde tudo é duro: onde tudo tem uma forma definitiva. Ele fala os ínfimos silêncios de um discurso socioafetivo rigorosamente coerente e claro, utilizado por todos os homens. Enquanto o *stream* de Bloom carcomia a linguagem de uma sociedade e, falando aos outros, Mathieu os mudava e mudava a si mesmo, a palavra da personagem de Cayrol deixa intacto um mundo onde tudo é super-significado. A que tende então essa linguagem? A fazer aparecer vazios numa realidade que todos julgavam plena e mostrar que nesses vazios circula certa verdade. Cayrol escreverá em *La Gaffe* (A Gafe):

> Gosto das personagens que, em linguagem de romancista, são chamadas de personagens inúteis. Algumas palavras murmuradas por um desconhecido pesaram muito mais em minha vida do que as lições de amigos fiéis. São essas personagens que têm o segredo, e ninguém o conhece ou todo o mundo quer ignorá-lo[117].

Como não evocar aqui Mrs. Brown e suas folhas de carvalho? Encontramo-nos diante do mesmo tipo de situação que em maio de 1924. O Inútil privilégio de Cayrol emerge da mesma sombra em que a autora de *As Ondas* procurava o "espasmódico" e o "falho". Por seu turno, Cayrol valoriza uma personagem que outros romancistas negligenciaram ou excluíram; e essa personagem representa a seus olhos um indivíduo negligenciado ou excluído por uma sociedade atual da qual ele é (como Mrs. Flanders) o *produto*: o mundo uniforme de 1945 gera consciências marginais como o universo móvel de "1910", halos luminosos. Entretanto, o Inútil de Cayrol cumprirá uma missão absolutamente oposta àquela de Mrs. Flanders. Uma devia desmentir a realidade das personagens que a outra, ao contrário, respeitará. Esta devia procurar *nos* objetos, na vida dos outros e em si própria, frágeis segredos que comporiam sua verdade e que a singularizariam. Aquela revelaria um segredo – o amor do próximo – que existe à margem da vida de todos os outros, e que os próprios vínculos que estes contraem entre si os impedem de conceber. Mrs. Flanders existia entre os atos. O narrador de Cayrol existe ao lado do engajamento e da comunicação.

Efetivamente, esse narrador encarna uma renúncia às coisas, a outrem e à sua própria existência singular que teria surpreendido Leopold Bloom e que Roquentin julgava impossível. Que procure um lugar "atrás das árvores" ou abandone um ser amado a um amigo, esse narrador se afasta de uma "fúria de viver" que ele vê como uniformizada, submetida a estereótipos. Mas mesmo recusando a jogar um jogo viciado – lutar, em particular, para aquilo que não deveria constituir o preço de um combate –, não se fecha num Eu amargo ou doloroso: torna-se o porta-voz de um silêncio que é a autenticidade virtual de um Nós atribuído agora às formas e aos atos de amor, e não mais à sua essência

---

117. J. Cayrol, *La Gaffe*, Carta ao leitor.

viva. *On vous parle** : estamos longe da despersonalização voluntária dos militantes de Steinbeck, mais longe ainda do extranumerário dos correios de *O Mito de Sísifo*), que se levanta sozinho *contra* a inconsciência de todos. O *On* que se dirige aos outros (a outras pessoas anônimas) é aqui o pronome indefinido que toma sua função de sujeito, porque o amor do próximo é a sombra mesma deste *On* objeto que é cada indivíduo em sua existência sujeita a uma linguagem impessoal, sistemática. O narrador de Cayrol aceita ser somente Alguém (renuncia a esta personalidade psicossocial que J. Romais havia exumado do *On* em *Morte de Alguém*), precisamente a fim de exprimir uma autenticidade geral latente, que cada um esquece[118]. De um estado do homem assim definido dez anos antes por E. Mounier: "Cada pessoa é aos poucos abandonada ao anonimato do *mundo do 'On'*"[119], Cayrol fazia um ponto de partida: o Anônimo contradizia o anonimato em seu próprio campo, o de uma despersonalização que se tornou uma coisa entre as coisas.

Pois se "On vous parle" é que "o Objeto leva o mundo"[120]: os homens tomam o signo pelo significado; querem ter, e não ser. A vida nos deixa somente "cascas"[121] porque nós nos deixamos fascinar, absorver por coisas, por gestos, por funções cujos resíduos (pensemos em *A Náusea*) constituem agora a autenticidade de nossa vida, nosso sentido de fraternidade. Por isso, o narrador de Cayrol, que procura o autêntico e o fraterno entre as coisas como a heroína de V. Woolf procurava a Duração entre os atos, seria o homem da *atenção*: ele verá aquilo a que os outros aderem.

A pessoa revelada por Cayrol era por certo cristã[122]. Mas esse cristianismo permanecia implícito; não era o de Bernanos. *Eu Viveria o Amor dos Outros* manifestava uma recusa de *possuir* o mundo e uma *atenção* a suas *formas* que seriam sistematizadas por Beckett, N. Sarraute, Robbe-Grillet, mas que haviam prefigurado dois romances do desapego e da inocência: *Pierrot, Meu Amigo*, na França, *A Sócia do Casamento*, nos Estados Unidos, cujas personagens viam sua realidade em espaços esvaziados pela Existência, e se afirmavam, em suas relações com outrem, muito menos singulares e participantes do que espectadores e impessoais. Pierrot ignorará sempre a visão do Mundo de Mathieu, de Ivich ou de Brunet: não é ao preço de um combate (de um engajamento) que ele quer ter aquilo que deseja. Pergunta-se-lhe o que ele se torna, e sua resposta é: "nada", pois Pierrot não espera do mundo a realização de sua pessoa. Dada por uma personagem de *Os Caminhos da Liberdade*, a mesma resposta significa que está estagnado na vida. Pierrot (como as personagens de *Les Impudents*

---

*   Na impossibilidade de traduzir a expressão, que corresponde aproximadamente a "Estão falando com você", e o pronome impessoal *On*, isto é, "se", "A gente", mantivemos a forma francesa, a fim de não destruir a inteligibilidade do que segue'(N. da T.)
118. Cf. M. Zéraffa, Personnage et personne dans le roman français, op. cit., p. 21.
119. E. Mounier, *Révolution personnaliste et communication*, p. 79.
120. Cf. *Je vivrai l'amour des autres*, exórdio à segunda parte, *Les Premiers jours*, p. 111.
121. Idem, p. 91.
122. Cf. B. Dort, Are Those Novels Innocent?, *Yale French Studies*, p. 22-29.

[Os Impudentes], de M. Duras) exprimia, em 1942, uma "nova psicologia[123]" que denominaremos de psicologia da presença e da não-historicidade. *A Sócia do Casamento*, de outro lado, é exatamente o contrário de um romance da infância. A heroína de C. McCullers está muito menos animada pelo desejo de tornar-se adulta do que pelo fato de não aspirar a uma fraternidade cuja necessidade todos, sem o saber, sentiam. Seu irmão e sua cunhada serão, no espírito dela, seu "Nós"[124], e este pensamento doravante afastará sua visão dos seres e das coisas – visão tanto mais exata quanto Frankie cessou implicitamente de encarar como verdadeiros os laços de necessidade (e de obrigação) estabelecidos entre os indivíduos pelas convenções e pelas leis. Por essa ignorância, Frankie entrega o mundo, como acima dissemos, a seu "estar-aí". Frankie só secundariamente é uma menina do Sul dos Estados Unidos. A integração com que sonha exprime uma "comunhão humana"[125], um amor universal inscrito em filigrana numa sociedade que perdeu o senso do amor.

Essa situação de renúncia ao *Eu* e de *falsa neutralidade* com respeito ao real (às coisas ou a outrem) é aquela do narrador de Cayrol. Ele não procura singularizar-se. Sua consciência reflete a vida dos outros, está mesmo impregnada deles. Entretanto, a partir dessa situação de reflexo e de eco, olha o mundo com acuidade, e concebe valores somente esquecidos por outros. Consideramos agora o Voyeur. Comparado a Frankie, a personagem de Robbe-Grillet é um fantasma: é ainda mais desprovida de atributos sociais e psicológicos do que uma figura de *Os Moedeiros Falsos*. No entanto, o Voyeur é também um falso indiferente. Sem apegos ao mundo que o cerca, é o único a ver como espetáculo aquilo que todos conhecem como evento; pode-se dizer que ele terá recebido de outrem – como Frankie recebe o "Nós" – uma aventura à qual dá forma – e um sentido. Atribuindo a suas personagens um olhar *revelador* de uma realidade todavia inscrita na consciência dos outros, fazendo com que concebam ou assegurem uma *situação de ausência* todavia presente no mundo, implicitamente proposta a outrem, C. McCullers e Robbe-Grillet exprimem duas recusas paralelas, o primeiro da fatalidade faulkneriana, o outro da concepção sartriana das relações humanas. Frankie e o Voyeur não aderem mais nem à sua vida interior nem à sociedade, porque entre eles e o Eu, como entre eles e os outros, se interpõem o pensamento ou a obsessão de um vazio cujo contorno sua atenção do mundo descreve, isola. Encontramos semelhante visão romanesca em *Loving* (Amando), *O Planetário, Eu Viveria o Amor dos Outros*. Ao romancista importa sobretudo narrar as caminhadas "no vazio", que escapam às redes de significações admitidas – que estejam livres do peso da coerência, da continuidade históricas. As caminhadas, porém, não são imaginadas, mas imaginárias, e se elas nos parecem traçadas num mundo verdadeiro e não fictício, é devido à ausência mesma de traços distintivos nas personagens. A forte personalidade do Grand Meaulnes suscitara uma excursão para fora dos

---

123. Cf. P. Lafue, Nouveaux psychologues, em Problèmes du roman, *Confluences*.
124. *Frankie Addams (The Member of the Wedding)*, p. 60.
125. Idem, prefácio de R. Lalou, p. 13.

limites do real, e que eram para a atualidade do mundo aquilo que o sonho é para a vigília. A incursão do Voyeur ou do narrador inquieto do *Planetário* nas falhas da realidade social se realiza em virtude de sua não-singularidade: passando despercebidos na existência, podem ser seus testemunhos. Qualquer um poderia realizar esse trajeto balizado de objetos ou de pessoas concretas. Ora, esses sonhadores, que admitem o circunstante como o quadro indestrutível, imutável de sua imaginação – seja ele olhar ou discurso – fazem-nos descobrir a face positiva do anonimato: a liberdade, ainda que fosse absurda. Depois de C. McCullers e de Queneau, Beckett e Sarraute parecem-nos tirar partido de uma despersonalização do indivíduo dramaticamente descrita por Kafka, como Proust tirara partido de uma não-identidade da pessoa que seria angustiante para D. La Rochelle: *Retrato de um Desconhecido* e *Molloy* exprimem uma visão do mundo que, por mais pessimista que seja, evita que a pessoa seja *esmagada*. O fato de personagens saírem incólumes de situações que outros romancistas teriam disposto para sua perdição constitui uma significação cujo valor não poderia ser subestimado. O percurso da personagem é circular, mas ao menos pode ser refeito, e esse percurso mostra-nos novas realidades.

Com efeito, o fim de *Martereau* e o de *A Sócia do Casamento* assemelham-se no fato de ambas as narrações se deterem no momento em que a existência vai retomar seus direitos: quando essas significações admitidas (históricas) vão fechar-se sobre a personagem. Dentro em breve Martereau aparecerá – reintegrará o estado civil –, e o sonho de Frankie sem dúvida vai desmoronar no instante do toque de campainha dos noivos. Da mesma forma, a intervenção da polícia talvez vá tornar "concreta e social" a aventura de um Voyeur que é o contrário de um Estrangeiro, pois no relato de Camus um ato rigorosamente acidental prende Meursault num sistema social, ao passo que, após a violação incerta de uma menina, Mathias ficou livre; o mundo não tem "presa" sobre ele, algo que o segure nele. Mas C. McCullers e N. Sarraute tinham o propósito de não engajar suas personagens na existência, mas de expor sua "preparação" para os acontecimentos; de não nos dizer aquilo que pensa ou faz um indivíduo antes que seu trajeto seja marcado por uma significação moral, histórica, psicológica definitiva; de nos revelar enfim seres secretamente móveis num universo aparente e realmente inerte e mudo. Por isso, o espião de *O Ciúme* poderia recomeçar uma vigilância que *foi* sua incerteza; ele exerceu apenas seu papel de ciumento assim como Molloy exerce o de transcritor do contrassenso. Tendo sido (imaginária), a aventura de Frankie pode referir-se a qualquer pessoa "que viva o amor dos outros". Aventura tanto mais universal, tanto mais renovável quanto a personagem; tendo evitado toda a comunicação "por aderência" com os outros, jamais terá conhecido a situação de conflito. Assim como Frankie e Pierrot respondem sem cessar "marginalmente" ou fazem ao mundo perguntas "deslocadas" em face dos significados admitidos, da mesma forma *Planetário* ou *O Voyeur* são dramas cujo herói ouve somente os outros, ou vê somente seus gestos. A esperança de Frankie, as aventuras de Pierrot, os tropismos de N. Sarraute, a visita mortuária do "estranho na escada" deslizam em torno do real sem deixar rasto. Para Frankie como para o Olhador, o universo e as relações humanas conservam sua forma de modo que o percurso destes sonâmbulos de percepções espantosamente precisas se detêm no momento em que deveriam começar o itinerário proustiano, uma aventura "policial" ou a aprendizagem sartriana da sua liberdade – e que o romance pode perfeitamente recomeçar (como *Um Estranho na Escada*) pois nada aí foi *histórico*. Mas, repitamo-lo, tudo aí foi real, das recordações de Molloy à centopeia de *O Ciúme*. Na "teia de aranha" da personagem de James, eram focalizados, organizados, muitos traços objetivos do mundo social, e subjetivos de um ser, mas que sempre tinham um sentido por si mesmos: o herói era seu próprio historiador. Aqui, uma personagem cria significações à medida de sua vagueação diante do real. Significações originais, novas, mas – ao contrário dos relatos de James – impessoais, visto que a personagem é apenas o mediador de um espetáculo que comporta às vezes uma ação. Um novo código para interpretar o mundo instaura-se à nossa vista.

O leitor constatava essa mobilidade de um herói neutro, através de um mundo imóvel sobre o qual não tem poder e que nada lhe responde, no Agrimensor, em Meursault, em *Encontro em Samarra*. Comentando *Le Parti-pris des choses* (O Partido das Coisas), de F. Ponge, Camus observava: "Uma das conclusões do pensamento absurdo é a indiferença, a renúncia total, a nostalgia da imobilidade"[126].

A sedução do monótono, do perpétuo imutado, reencontramo-la nos romances de Robbe-Grillet, mas rigorosamente não-trágica, pois suas personagens deixam intacto o contrassenso da repetição, das máscaras, do silêncio, deixam sua qualidade e sua natureza de espetáculo para uma realidade estruturada cujo arranjo dramático K. e o Agrimensor esperavam descobrir, a fim de obter uma resposta deste aparelho. O Voyeur não será mais vítima do imobilismo repetitivo do mundo. Sabe que os mecanismos estão ali somente para rodar. O objetivo de sua viagem é sua viagem mesma: vender relógios aqui ou alhures, pouco importa. E sua aventura romanesca, realizando-se num vazio ameaçado interiormente por uma sociedade que gira por assim dizer em torno de si mesma, não será em nada esta armadilha que era, para Camus como para Sartre, toda inserção no mundo. Porque o Voyeur não escapa dos outros por acaso. Ele evita o "processo" porque admite sua impessoalidade (sua despersonalização) e porque, por conseguinte, nada – sobretudo não sua imaginação – o liga à sociedade. Esta, em troca, se lhe assemelha *em princípio*: estamos num universo onde ninguém é culpado *a priori*. Por isso, o Voyeur pode tomar o itinerário, e mesmo as atitudes – a curiosidade – de K., sem jamais suportá-las. Com efeito, M. Robert escreve:

> A personagem de Kafka não é absolutamente uma pessoa, é singular ao extremo, mas, na medida em que aquilo que faz parece único e exemplar, tem sempre o ar de representar outra coisa que não ela.
> Com isso, nos é mostrado que um narrador a quem ele não inspira visivelmente nem interesse particular nem simpatia, e que, além disso, sabe tão poucas coisas a respeito dele que parece ir à sua descoberta...[127].

---

126. A. Camus, Lettre au sujet de *Le Parti-pris des choses*, N.R.F.
127. M. Robert, *Kafka*, p. 138-139.

Completemos esse juízo com aquele de M. Goth: "As personagens de Kafka assemelham-se: homens medianos e pequenos – burgueses gozando de condições sociais mais ou menos favoráveis, de espírito minucioso e pedante, preocupados com seu dever profissional"[128].

O universo social, em trinta anos, mudou de aspecto e de sentido. Assim como C. McCullers afasta de suas personagens as duas faltas de que era culpado "o condado de Jefferson": haver transgredido a ordem ancestral e permitido a intrusão do comércio e da indústria, da mesma forma como Robbe-Grillet torna suas personagens exemplares de uma sociedade indiferente: são Agrimensores invertidos, semelhantes a um mundo que não se interessa por eles. Kafka devia usar de cinismo para com heróis que acreditavam ser indivíduos, sujeitos, em virtude de sua submissão virtuosa a uma ordem que os utilizava de fato como coisas[129]. Sabendo-se objeto, o Voyeur pode descobrir o mundo sem ser ameaçado sistematicamente de morte, e se nos afigura único em vista de sua própria impunidade de princípio. Do Voyeur assim como dos narradores de N. Sarraute, podemos dizer, pensando em Durkheim, que agiam *como* coisas. O objeto-personagem é neutro. É uma forma humana em que está disssolvida a introspecção e que ignora o "estar com".

Mais anônimo do que K. (numa sociedade onde não reina o terror), não corre o risco da condenação. Entretanto, singulariza-se por seu olhar e por suas reflexões orientadas *para* o mundo. Personalizado somente por uma faculdade de atenção que os outros esqueceram, pode fazer de sua existência o *conteúdo* daquilo que era o destino do Agrimensor. Com efeito, seu trajeto é uma *sucessão* de olhares, de constatações ou de pensamentos, ao passo que o Agrimensor acreditava numa *progressão* e queria viver nela. Robbe-Grillet se empenha, sem dúvida, em descrever esse caráter "perpetuamente processivo (demandista) da realidade humana" na qual Sartre vê uma das revelações essenciais de O Processo. Mas o autor de Les Gommes não colocará suas personagens "em perpétua instância de liberdade"[130] – isto é, também, de cativeiro. Seus heróis evitam a armadilha do absurdo. Perguntar-nos-emos mais adiante se escapam àquelas do contrassenso e do não-ser.

Heidegger e Sartre doravante são tomados ao pé da letra, pois o *Dasein* da personagem desta vez é quase puro: privado de condições, de história, de prolongamentos. Lembremos de novo que essa situação de simples presença do herói romanesco não é fortuita nem surpreendente, visto que Beckett, N. Sarraute ou T. Capote cortam os laços de causalidade e de significação que se tornaram sempre mais tênues. E se quisermos atribuir a essa personagem um arquétipo, uma referência simbólica, pensamos que é mister considerar *Thomas l'obscur* (Thomas, o Obscuro), que pode ser definido como o homem do trajeto nas não-profundezas:

---

128. M. Goth, op. cit., p. 199
129. Não é inútil lembrar aqui que Kafka (como Broch e Joyce) votava uma espécie de ternura irônica ao "europeu médio". Cf. M. Robert, op. cit., p. 95.
130. J. P. Sartre, *L'Etre et le Néant*, p. 543.

Graças a estes seres que se entregavam a atos que fugiam de toda a interpretação, edifícios, cidades inteiras foram construídas, cidades reais feitas de vazio e de milhares de pedras amontoadas, criaturas, rolando no sangue e às vezes dilacerando as artérias, que desempenhavam o papel daquilo que Thomas outrora chamava ideias e "paixões"[131].

Aqui são petrificados os universos de *Em Busca do Tempo Perdido* e de *A Náusea*. A obscuridade de Thomas ilumina um homem aparente diante das aparências, e cujo destino parece separado de todo o sentido preestabelecido. A relatividade torna-se absoluta, por não ser mais referida a funções psicológicas remediáveis, nem a uma necessidade de comunicar. Não decorre daí, entretanto, que Thomas seja um ser simples e livre: à errância através da história incerta do Eu sucede uma procura indecisa do Outro num labirinto sempre futuro, composto de uma sucessão de objetos indissolúveis e mudos. O avanço da personagem de Blanchot correspondia à reflexão secreta do narrador de Cayrol, pois o sentimento do Eu se aniquilava diante da constatação de que os seres eram formas. Dizendo-nos que a existência se compõe seja de vazio, seja de cheio, *Thomas, o Obscuro* designa um aspecto essencial do romance dos anos de 1940: o mundo humano está desprovido de *vínculos*. O olhar das personagens de Robbe-Grillet abole as nuanças, as mediações, os "degraus". De um lado existe uma realidade plena, composta de coisas impermeáveis e intransmissíveis do homem. De outro, essa realidade formal apresenta *intervalos* nos quais a imaginação (a paixão) do Voyeur, do Ciumento, efetuam um percurso. Os narradores de N. Sarraute veem no Outro uma figura igualmente formal, inacessível ao "modo direto de apreensão de outrem" – usamos aqui a expressão de Delhomme – que caracteriza o "romance psicológico". Em torno desta figura imutável, estranha, e que contudo se lhes assemelha, seu discurso secreto traça círculos minuciosos e frágeis.

Deste homem do estar-aí radical, indivíduo obscuro e no entanto translúcido (pois aquilo que diz, pensa ou faz nos é dado como presença absoluta, sem referência a uma angustiante complexidade do Eu, nem a uma angustiante rede de relações interpessoais) um romance americano propunha outra figura cujo herói é separado de si como do Nós:

> Isto se repetia sem cessar nele: "Estou aí". Nada havia a deduzir daí; esta fala parecia estar relacionada a uma impressão vizinha da anestesia em alguma parte interior. Esse fenômeno não o perturbava; mesmo em si próprio parecia anônimo em grau extremo, e é difícil estar preocupado por aquilo que se passa numa pessoa que não se conhece. Ao mesmo tempo, aquilo que se passava fora havia perdido todo o parentesco com ele: isso poderia não se ter verificado de forma alguma[132].

De outra personagem de Bowles (o herói de *The Sheltering Sky* [O Céu que nos Protege]), W. Allen dirá que sua "alma pode somente tocar o vazio e os silêncios"[133]. Mas já em 1942 J. Bousquet via uma nova orientação dada ao romanesco em *Aminadab*:

131. M. Blanchot, *Thomas l'Obscur*, p. 22-23.
132. P. Bowles, *Let It Come Down*, p. 113-114.
133. Op. cit., p. 320.

> M. Blanchot é um autêntico romancista. Sabe *que tudo aquilo que somos, que tudo aquilo que sabemos está subordinado àquilo que somos sem sabê-lo.*
> A personagem de *Aminadab* não evolui, no sentido em que a psicologia entende. Caminha de erro em erro para uma evidência da qual seu apetite de verdade o mantinha separado.

O comentário de Bousquet a *Aminadab*, que já citamos no capítulo precedente, anunciava os textos teóricos de N. Sarraute e de Robbe-Grillet, assim como as posições assumidas por volta de 1955 pelos integrantes do movimento britânico "angry young men" (jovens irados). As "obras de força e de verdade" almejadas por Bousquet, leitor de Blanchot, eram concebidas como uma "exteriorização literária da experiência"[134]. Mas essa experiência era em si mesma externa e progressiva. A situação proustiana seria revirada. O romancista fundaria a existência de sua personagem em aspectos – os efeitos – de uma vida psicológica cuja história seria deliberadamente ignorada. O herói exploraria o universo de formas.

O leitor de *A Náusea* podia persuadir-se de que a consciência era "um espaço sem nenhuma dimensão"[135], e G. Picon bem observara que a psicologia de *A Convidada*, "exemplo de análise", estava "contida inteiramente no movimento e nas aparências do relato"[136]. Tomando assim o partido do aparente, do existencial, do sucessivo, o escritor obtém dois efeitos contrários: de uma parte, tornar particularmente livres e autênticas as relações entre estes três protagonistas; de outra, revelar que estas relações, no concernente a Xavière, não terão sido trocas, nem terão podido permitir às duas outras personagens a aproximação da verdade de "a convidada". Chega um momento em que Françoise se encontra diante de Xavière como Roquentin diante da raiz. Ela quis enfrentar o estar-aí do "objeto" (deixou-se apanhar na armadilha da comunicação) mas o em-si do "objeto" resiste-lhe: "Era uma verdadeira angústia depender a tal ponto em sua felicidade e até em seu próprio ser dessa consciência estranha e rebeldes"[137].

O romancista moderno conhece situação comparável. Vendo que o mundo não lhe propõe mais a forma precisa de um indivíduo representativo, recusando, além do mais, referir-se a um modelo psicológico[138], multiplicará os meios próprios para identificar menos uma figura do que uma consciência. Do cruzamento recíproco destes fios chamados monólogo interior, diálogo, olhar, pontos de vista, deverá surgir esta consciência que o leitor, chegado ao fim da narração, chamará personagem. Pons existe nas primeiras linhas de *O Primo Pons*, Clarissa Dalloway no fim de *Mrs. Dalloway*. Mas é ainda preciso que o romancista, quando afasta as noções de exemplaridade e de "típico", creia que esta consciência-personagem é definível; que os diversos ângulos de vista dispostos por ele na narração convirjam não por certo sobre um caráter, nem mesmo sobre uma personalidade, mas sobre um ser. Chegamos aqui a um ponto

---

134. J. Bousquet, op. cit., p. 181.
135. Idem, p. 184
136. G. Picon, *Panorama de la nouvelle littérature française*, p. 109.
137. *L'Invitée*, p. 245.
138. Ver O Demasiado Próximo e o Demasiado Distante, supra, p. 121.

particularmente importante. Acontece que o Narrador, Bloom, Mrs. Ramsay se reencontram num lugar saído de suas reflexões e do olhar de outrem sobre eles. De outra parte, Kyo e o Pároco de aldeia concebem, através da ação (seu ser no mundo), a presença ambígua mas permanente de sua pessoa. Para S. de Beauvoir, em compensação, a comunicação é, em primeiro lugar, reveladora de nossa essência: nós somos nossa linguagem. Ora, *A Convidada* implica um paradoxo que, aliás, torna Françoise e Xavière notavelmente romanescos: os numerosos diálogos do romance revelam-nos o ser de Françoise na medida mesma em que Xavière é refratária à comunicação. Porque Xaviére não tem essência (como Françoise acabará por dar-se conta), Françoise se conceberá como ser graças a suas tentativas para se comunicar com ela. Sua essência serão os ecos que o "muro" de Xavière lhe terá remetido. Como Ivich, nos dois primeiros volumes de *Os Caminhos da Liberdade*, Xavière não é, posto que a seus olhos a comunicação é um ato gratuito. Observemos de pronto que a concepção existencialista da pessoa (nossa liberdade liga-nos infalivelmente a outrem, mas podemos sempre romper tais laços) é demonstrada nos dois romances pela morte (aqui moral, lá física) das heroínas: Ivich e Xavière são condenadas por indiferença; por não terem admitido que toda a consciência procura a morte de outrem. Cremos que de fato *A Convidada* dá razão, por absurdo, a Proust, assim como a Bernanos, na medida em que era necessário que Françoise acreditasse primeiro na existência de uma essência em Xavière e em si mesma para "convidar" a jovem.

Mas o que se passa em *A Convidada* se, à maneira de Forster, a isolarmos da "história"? Em torno do objeto-Xavière, Françoise terá descrito círculos acreditando dirigir-se para um *centro*. Realizando em espírito movimentos análogos, sem alimentar a esperança nem de se comunicar de maneira duradoura com Outrem, nem de poder descobrir seu ser, Françoise se encontraria na situação descrita em *Retrato de um Desconhecido*, e que se assemelharia àquela de Molloy, situação que definiremos com o termo *aproximação*. Nas narrativas de N. Sarraute a relação comunicação-ser torna-se letra morta. Com efeito, o Outro não é mais do que a forma social (o nome) que nos permite situá-lo. Por isso as mensagens que endereçamos a esta presença "estranha e rebelde", que escandalizava Françoise, são simples fórmulas: nossa linguagem social tem o mesmo caráter artificial e inautêntico que o nome de Martereau. Nossos colóquios com o Outro, as palavras que dizemos a seu respeito com uma terceira pessoa, limitam-se a acentuar uma máscara da qual o velho Príncipe Bolkonski oferece a imagem exemplar ao narrador de *Retrato de um Desconhecido*[139]. A partir de então nossa verdade só poderia situar-se aquém de nossa linguagem social. Nossa verdadeira pessoa, se é que ela existe, compõe-se das "subconversações"[140] de que nossa consciência é teatro, quer retracemos as ressonâncias de um colóquio que tivemos com Outrem, quer repitamos antecipadamente, como atores solitários e secretos, as palavras a

---

139. *Portrait d'un inconnu*, p. 66-67. Lembremos aqui esta frase de *A Convidada* (Françoise pensava em Xavière): "Só se poderia andar descrevendo círculos numa exclusão eterna" (p. 294).
140. N. Sarraute, *L'Ère du soupçon*, p. 81-124. Cf. o prefácio de J. P. Sartre a *Portrait d'un inconnu*, p. 12.

serem dirigidas a essa presença opaca, na esperança de descobrir a falha, o defeito em que poderia escorregar nossa intenção. Pois a "subconversação" não é nem gratuita nem estática. Trata-se de comentário orientado, determinado sem dúvida por tendências cuja complexidade um H. James nos teria feito conhecer. Quer desejemos saber quem é Martereau quer estejamos preocupados em agradar a alguém (*Planetário*), nosso destino é o de ir rumo ao Outro. Nós somos tropismos. Entretanto, não estamos orientados para outrem por uma corrente de consciência: o tropismo é função de palavras aparentes e grosseiras – "estas palavras brutais que assomam como golpes de matraca"[141] – que trocamos com o Outro, ou lhe dirigimos. Da mesma forma como o Outro só é verdadeiro em relação aos incertos defeitos de sua máscara social, assim nós jamais somos autênticos durante a conversação, mas antes ou depois dela. Se para conhecer o Outro é preciso tentar "surpreendê-lo"[142], é que a verdade de nossa pessoa reside entre os signos que a definem socialmente. Mas esta zona frágil, incerta, que existe nos intervalos do discurso aparente, é ela mesma *falada*.

Em seu tempo, *O Quarto de Jacó* também foi um "antirromance". A exemplo de V. Woolf e de James, N. Sarraute reagia contra um romanesco "estabelecido", escolhendo, como objeto, uma realidade de natureza *intersticial*: *Retrato de um Desconhecido* revelava zonas que haviam permanecido obscuras ou silenciosas entre as linhas do discurso proustiano, mas também do discurso de *A Convidada*. Sartre não se enganou ao reconhecer que o homem de N. Sarraute *era* "um vaivém incessante entre o particular e o geral"[143]. Precisemos entretanto que o "geral" se compõe das aparências convencionais da pessoa, uma vez que o "particular" consiste em passos tateantes de um indivíduo para entrar de surpresa em contato com o Outro. Mas esse contato nunca se estabelece a não ser por breves lampejos: as fendas da aparência estão sempre prontas a fechar-se "como a fontanela das crianças"[144]. As técnicas de N. Sarraute permitiam decerto "esperar, para além do psicológico, a realidade humana em sua própria *existência*"[145] – com a condição de não se tomar a palavra existência numa acepção existencialista. Efetivamente, se nos referimos a Bloom, a Kyo ou a Mathieu, as "subconversações" de N. Sarraute não remetem a nenhuma metafísica nem constituem um Sujeito: de um lado, o tropismo tende somente a revelar lampejos ocasionais de verdade (e não uma essência da pessoa), de outro, o Eu ou o Ele de N. Sarraute é comparável ao *On* (Se, A Gente) de J. Cayrol, no sentido de que os esforços da personagem para surpreender as falhas de outrem constituem apenas uma linguagem retranscrita pelo escritor, que a considera de fora, objetivando-a, e assim a despersonaliza. O herói do *Planetário*:

> [...] Sabes o que fiz, sabes de onde venho? Da casa de Germaine Lemaire... Desta vez ela abre grandes olhos maravilhados... Imagine, estava tão irritado saindo daqui, foi

---

141. *Portrait d'un inconnu*, p. 66.
142. Idem, p. 17.
143. Prefácio de J. P. Sartre a *Portrait d'un inconnu*, p. 13.
144. Idem, p. 69.
145. Prefácio de J. P. Sartre a *Portrait d'un inconnu*, p. 14.

ignóbil, perdoa-me... era idiota, sei... Isto de repente deu-me forças, agarrei minha coragem com as duas mãos e telefonei-lhe... Ela me disse que viesse imediatamente...
– Sabes, Alain, meu caro, vês o que eu dizia...[146]

exprime menos seu discurso do que *o* discurso de alguém que se encontra em situação de "querer agradar", como a personagem de *Eu Viveria o Amor dos Outros* exprimia uma autenticidade passada sob silêncio por uma coletividade anônima que faz do amor um objeto. Os técnicos de N. Sarraute situam-se ao nível de uma infralinguagem, que ainda é linguagem: a subconversação não faz mais do que repetir uma conversação motivada certamente pelos movimentos afetivos de um ser, e que depende de uma situação sociológica determinada; mas enquanto que outros romancistas teriam enfrentado essa situação e teriam penetrado em profundidade na existência passional do jovem ambicioso de *Planetário*, N. Sarraute limita-se a retranscrever os ecos íntimos da comunicação, ecos fixados por palavras tão "irrevocáveis" quanto as da comunicação aberta. A constatação do malogro da linguagem ainda é linguagem. Por isso se pode dizer que é "suspeita" a suspeita de Roquentin com respeito às palavras e é contestada a desconfiança crescente de Mathieu para com o discurso social, pois qualquer que seja nosso desejo de autenticidade (e de êxito) são sempre palavras que constituirão a pessoa; não há nada de preciso, portanto nada de real, por detrás daquilo que se diz em nossa consciência. Pensemos em *A Esfaimada* de V. Leduc, cuja heroína também descrevia este movimento para o outro expondo fatos e não complexos movimentos passionais. Fixando esses movimentos por palavras, N. Sarraute fecha a teia de aranha de James, em que o virtual e o real (o vivido) se encontravam frente a frente, a amplidão de um compensando a pontualidade do outro. Considerando que a arte de N. Sarraute se exerce "para além do psicológico", Sartre sem dúvida mostrou-se mais preciso do que B. Dort, que evoca a "infrapsicologia" (e não a infracomunicação) de uma romancista cuja obra tende a desmentir o valor de toda a aproximação psicológica da pessoa no romance[147].

Porque *L'Ère du soupçon* (A Era da Suspeita) é nitidamente mais severa com V. Woolf do que esta o havia sido com Bennettt e Galsworthy. Não que a autora de *Tropismes* (Tropismos) não tenha estima para com *Mrs. Dalloway*. N. Sarraute sublinha somente quão ingênuo era procurar a verdade do homem na ágil complexidade de uma consciência. Não é a expressão da vida psicológica que constitui o interesse de *O Quarto de Jacó* e de *Em Busca do Tempo Perdido*, mas as relações que dois romancistas souberam estabelecer entre imagens, palavras, formas[148]. O romancista que se inspira no exemplo de *Em Busca do Tempo Perdido* não cai menos numa armadilha do que aquele que quer continuar a obra de Tolstói. A revelação das profundezas não corresponde mais à realidade do que a criação do tipo:

---

146. *Le Planétarium*, p. 112.
147. B. Dort, op. cit.
148. N. Sarraute, op. cit., p. 113-115

Com que presteza, com que generosidade cada um deles se esforça em descobrir um pulular de sentimentos inexprimíveis por detrás de suas reticências e de seus silêncios, em ver pudor e uma força contida na prudência e na abstinência que lhe impõe a constante preocupação de não deixar que seu estilo perca a sua linha[149].

Voltemos uma vez mais ao comentário de Bousquet sobre o primeiro romance de M. Blanchot: "Toda interpretação subjetiva ou simpática de um ato é fabulação abusiva. Pelo contrário, o ato desprovido de sua interpretação teológica tem o *valor rigoroso de uma incógnita numa equação*"[150].

Sublinhamos essas últimas palavras por nos parecerem essenciais para a inteligência de *Tropismos*, de *Molloy*, de *O Ciúme* e das narrativas de H. Green. Em 1942, J. Bousquet levantava a questão fundamental do *suporte* do imaginário romanesco, a saber, da estrutura ou do esquema da realidade tomados pelo romancista como referências. Fabulação para Bousquet como para Blanchot, a vida psicológica havia sido essencialmente não fictícia para Proust, e sem dúvida o autor de *Thomas, o Obscuro* devia julgar não-reais os momentos históricos e heróicos aos quais se referia Malraux, tal como o vivido – o biográfico – comentado por Céline. Rejeitando expressamente a intriga, os grandes romancistas dos anos de 1920 descreviam, no entanto, uma história que traduzia os vaivéns entre uma consciência e os objetos, e é precisamente essa história que Blanchot e depois N. Sarraute julgarão artificial. A "madeleine", o "guardanapo esticado e engomado" serão por sua vez suspeitos de comporem uma intriga – ou ao menos de proporem a escritores ingênuos modelos tão inverossímeis quanto as figuras de Fabrice ou do Príncipe André. Para N. Sarraute, ao contrário, a realidade sobre a qual deve ser fundado o romance reside num homem global, aparente, reduzido a um contorno ao qual um escritor não poderia fazer concorrência, nada existindo de irrefutavelmente verídico por trás desse aspecto. Todavia a verdade de que o romanesco (a imaginação) é suscetível de revelar ao leitor compõe-se de *movimentos traçados em torno dessa figura* com a condição de que a indecisão, a incerteza dessas aproximações sejam aquelas que materializam palavras. Aquém dos fatos de linguagem, estende-se uma vida psicológica por certo existente, mas absolutamente incompreensível. As mais finas análises ou introspecções não poderiam alcançar o ser através da irremediável contingência do discurso. Dá-se com o Eu – sujeito – como com o objeto ("Martereau"), cuja verdadeira face o sujeito procura: do mesmo modo que o narrador, o romancista tem de tratar com um desconhecido admitido como tal. "Martereau", porém, ver-se-á integrado numa rede de linguagem cujo escritor poderá dispor os elementos de tal maneira que o Desconhecido acabe por realçar-se sobre o "On", e que o narrador que pesquisa sobre ele acabe por se *singularizar* aos olhos do leitor por sua aproximação "falada" do objeto.

Certo é que N. Sarraute se define contra V. Woolf como esta se havia definido contra Galsworthy. Os dois procedimentos são paralelos e dão prova de

---

149. Idem, p. 85.
150. J. Bousquet, op. cit., p. 184.

igual ambiguidade. V. Woolf afastava um romanesco e uma personagem "sociológicos" que julgava inaptos para traduzir este movimento de átomos provocado em consciências pelas relações interpessoais de sua época. Ora, confiando no *stream*, o autor de *O Quarto de Jacó* demonstrava, paradoxalmente, a inautenticidade e a impossibilidade dessas relações. N. Sarraute repelirá, de sua parte, a sedução de uma complexidade interior capaz de suscitar "tipos psicológicos" tão formais quanto as figuras de Tolstói. A seus olhos, esta comunicação direta, vivida, que *Rumo ao Farol* evitava, constitui nossa realidade de que não podemos fugir: estamos sempre diante ou com o Outro. Mas em vez de fundamentar o romance, como S. de Beauvoir, na necessidade de comunicar, o autor de *Planetário* tomará essa necessidade somente como referência, e fará aparecer a comunicação vivida como ilusória, escolhendo como objeto (tornando romanesco) as falhas, as "tentativas" ou o resíduo de nossa linguagem aparente. Encontra-se em A. Robbe-Grillet um procedimento semelhante, na medida em que o autor de *Les Gommes* e suas personagens analisam, sem contudo decompô-lo, este universo de formas e estruturas que é para eles o real.

Não é fortuito que S. Beckett, N. Sarraute e A. Robbe-Grillet tenham contestado a realidade e a verdade do "homem absurdo". A esses admiradores de Kafka, o Estrangeiro parecia particularmente inautêntico, pois, em lugar de representar este dado, este fato bruto e indeterminado que é o absurdo, a personagem de Camus não só nos propõe uma figura do homem sobre a qual uma esperança podia ser fundada, mas ainda havia uma história: Meursault dependia de um determinismo psicológico e social[151]. E é muito importante sublinhar que os três escritores unem numa mesma recusa a atribuição a uma personagem de um *sentido* e sua *explicação histórica*. Ora, essa dupla recusa nada tem de arbitrária: N. Sarraute e A. Robbe-Grillet justificam-se invocando precisamente obras do passado, e cabe pensar que Beckett deduz a incerteza de Molloy da indeterminação de Bloom. Da mesma forma como o autor de *Retrato de um Desconhecido* admira Proust por ter enformado (e não restituído) a vida de nossa consciência, assim Robbe-Grillet justificará por uma obra que passa por ser particularmente psicológica – *A Consciência de Zeno* – um romanesco da exterioridade pura e da "perspectiva". Porque *Zeno* só mui longinquamente é o comentário de uma psicanálise. Contam-nos aventuras pontuais, contraditórias, puramente visíveis de uma personagem, isto é, (julgamos não trair aqui o pensamento de Robbe-Grillet) uma existência que não é nem proustiana – pois Zeno nunca é mais que seus atos e suas palavras – nem sartriana porque, ao contrário de Mathieu ou de Françoise, Zeno quer ignorar que seus vínculos com outrem tramam sua essência. O comentário de Robbe-Grillet a *A Consciência de Zeno* comporta uma passagem particularmente útil para a inteligência de sua obra:

> Tempo doente, linguagem doente, libido doente, procedimento doente, vida doente, consciência doente… evidentemente não se deve ver aí dentro uma vaga alegoria sobre

---

151. N. Sarraut, op. cit., p. 18-23; *Molloy*, p. 206; A. Robbe-Grillet, Le Réalisme, la psychologie et l'avenir du roman, *Critique*, p. 699.

a falta original, ou alguma outra lamentação metafísica. Trata-se de vida cotidiana e de experiência direta do mundo. Aquilo que Italo Svevo assim expressa é que, em nossa sociedade moderna, nada mais é *natural*. E não há sequer razão para afligir-se[152].

Assim, Robbe-Grillet admite friamente que nenhum indivíduo possui um fundo de verdade. O autor de *Les Gommes* deliberadamente tira a razão de ser de *Manhattan Transfer* como de *A Convidada*. A má-fé de Zeno[153] é um fenômeno irredutível, pois resulta de uma situação humana objetiva. A partir daí uma "escritura romanesca" não poderia ser "inocente"[154]. Mas aqui não se trata da má-fé que Sartre julga necessária ao romancista, nem da responsabilidade que todo escritor assume sistematicamente diante dos homens, como o especifica *Qu'est ce que la litterature?* (O Que é a Literatura?). Para Robbe-Grillet, a não-inocência do romance provém necessariamente do fato de que a obra está fundada sobre esta má-fé que adere à presença sempre atual, pontual, aparente do indivíduo no social. Postas de lado todas as considerações estéticas, é permitido pensar que a surpresa escandalizada ou admirativa que suscitaram os romances de Robbe-Grillet é devida em grande parte a um *renascimento da autenticidade* de que deram prova também as obras de Beckett, de N. Sarraute e de H. Green.

Mesmo porque Robbe-Grillet, em seu texto teórico mais significativo, negará a existência de uma natureza humana definida em *A Náusea*, dada a impossibilidade em que nos encontramos de nos separarmos dos outros e das coisas e que por isso é trágica. O autor de *Les Gommes* considerará que o procedimento de Roquentin acaba dando novos nomes (náusea, absurdo, existência) a noções constitutivas das pessoas, exploradas por uma longa tradição romanesca: as de natureza, de humanismo e de tragédia – que cessaram de se referir ao homem de nosso tempo. Ao contrário, o romance se renovará mostrando o indivíduo tal como ele é presentemente: separado de seus semelhantes, isolado do mundo material, ignorando enfim suas "profundezas".

A imagem da raiz comporta duas significações complementares: o homem pertence ao mundo, e essa pertença significa sua história. Quando a Existência se lhe revela, Roquentin concebe que pode fazer o que quiser da raiz mas não aboli-la. Existir é ter a liberdade de cortar os laços com o inferno do mundo para travar outros laços: podemos transformar incessantemente em adesão livre nossa aderência fatal a este mundo, mas sempre "pertencemos" – como irão prová-lo Mathieu e sobretudo Oreste, Garcin, Hugo. Tudo aquilo que pode ser negado deve ser negado, escrevia Nietzsche. Roquentin terá podido desmentir tudo, afora a presença tátil, imediatamente aderente a um ser, das coisas. E a vida – o "pastoso" – dessa presença significa a natureza do homem. Natureza trágica, visto que devemos desenraizar-nos sem cessar para enraizar-nos de novo.

152. A. Robbe-Grillet, La Conscience malade de Zeno, texto de 1954 integrado em *Pour un nouveau roman*, p. 81.
153. Idem, p. 80.
154. Idem, ibidem.

Para Robbe-Grillet, Roquentin não se libertou do mundo a não ser para melhor se aprisionar nele. Baseando a natureza humana sobre o toque dos objetos, o narrador de *A Náusea* tornou-se sua presa. Com efeito, renunciou ao único poder de que depende nossa liberdade, o de olhar o mundo:

> A subjetividade relativa de meu olhar serve-me precisamente para definir *minha situação no mundo*. Evito simplesmente concorrer, eu mesmo, para fazer desta situação uma servidão.
>
> Assim Roquentin em vão pensa que "a vista é uma invenção abstrata, uma ideia limpa, simplificada, uma ideia de homem", ela continua sendo, apesar de tudo, entre o mundo e eu, a operação mais eficaz[155].

De Sartre a Robbe-Grillet, a tábula rasa muda de sentido. O narrador de *A Náusea* compreende que o homem é um ser de má-fé enquanto não afastar a linguagem e as ideias a fim de tocar em sua própria aderência às coisas. Para Robbe-Grillet, ao contrário, o homem que procura esta presença do contato nada mais faz do que alienar-se, pois ele se priva assim do poder de objetivação que lhe dá a vista – o ponto de vista. Os dois escritores partem da constatação do estar-aí dos objetos e nisto se separam de Proust como de Faulkner, porque para eles a coisa não pode ser humanizada, não pode ser integrada no *continuum* de uma consciência que imagina – e que se recorda. Para Robbe-Grillet, as coisas são "cabeçudas"[156]; eram obstinadas, resistentes, "a" para Roquentin. Mas já Malraux havia sublinhado a indiferença das coisas ao homem, e quando Meursault, no momento de atirar no árabe, se dá conta de que o mundo lhe é estranho, cabe pensar nesta observação de Ramuz: "A gente se *choca* com a coisa; ela não é penetrada. A gente tropeça nela; a gente a apalpa, a gente a sopesa; mas ela permanece compacta; seu interior é obscuridade, irredutível e duro"[157].

Mas a própria constatação da não-cumplicidade das coisas com o homem suscita concepções opostas da pessoa. As coisas resistem às personagens de Sartre porque elas "colam" na sua consciência: dizem-lhes aquilo que são, provando-lhes que para serem senhores de seu destino devem arrancar-se incessantemente dos objetos que os impressionam a fim de projetar-se sobre novos. Um guindaste metálico com "tremores senis", o ar "avaro e limitado" de feijões verdes indicam ao leitor a não-liberdade de um indivíduo[158]. Esta humanidade não-humana das coisas, as personagens de Robbe-Grillet a ignorarão: para elas um objeto não é mais do que sua forma aparente. Mas evitarão igualmente chocar-se com uma opacidade e com uma obscuridade do real que suscitam o drama de *La Grande peur dans la montagne* (O Grande Medo na Montanha). A presença indiferente ou hostil do mundo será por eles neutralizada de duas maneiras: considerando o aspecto, o lugar e a estrutura dos objetos; fazendo destes os pontos de referência,

---

155. A. Robbe-Grillet, Nature, humanisme et tragédie; *Pour un nouveau roman*, p. 66.
156. *La Nausée*, p. 164-168, e Une voie pour le roman futur, *Pour un nouveau roman*, p. 18.
157. Ramuz, Le contre, *Lettres*, vi, p. 98, apud G. Poulet, La Personnalité critique de J. Starobinski, *Critique*, p. 401.
158. *L'Âge de raison*, p. 188.

as balizas de sua aventura. Qual é a verdade de um romanesco fundado na noção de distância? Tem a pessoa uma realidade e um sentido quando a personagem que a representa recorre unicamente à vista para isolar-se de um universo no qual deve no entanto existir?

Abrindo uma página qualquer de uma narração de Robbe-Grillet constatamos a pura instantaneidade da personagem. Encontramo-nos diante de uma pessoa essencialmente unívoca. Margem nenhuma de comentário a acompanha. A personagem não tem sombra. Está privada das repercussões afetivas e intelectuais que não poderiam todavia deixar de acompanhar seus atos, suas relações com outrem, seus olhares. Devemos aqui nos lembrar de como Kafka reduz a pessoa à necessidade de tomar imediatamente um partido: K. está privado da margem de subjetividade deixada às personagens de Dos Passos porque lhe cumpre captar constantemente o sentido de uma situação e tirar daí uma conclusão para prosseguir a sua busca. Por seu turno, as personagens de Robbe-Grillet reduzem as de Kafka: mesmo o "ou então ou então" desaparece de sua consciência. Essa univocidade, esse estar-aí radical, nós o constatamos também nos romances de N. Sarraute e em *Malone Meurt* (Malone Morre). Entretanto, o jovem inquieto de *Planetário* e o narrador de Beckett exprimem, com sua linguagem, uma incerteza fundamental quanto à verdade, à autenticidade das condutas humanas. Eles não são mais do que seu discurso, mas este evoca um perpétuo "tremor". Em compensação, para Robbe-Grillet, a incerteza da existência humana nos é manifestada por uma sucessão de certezas que o curso do relato fará aparecer como contraditórias entre si, mas cada uma das quais é radical. Assim, determinada visão do Ciumento será desmentida por uma visão seguinte, mas nenhuma dúvida fica subjacente a uma ou a outra. Num dado instante, a personagem está sempre segura daquilo que vê ou faz. Obstina-se em ver (e procurar conhecer) quando o real lhe parece incerto. Não se entrega, como as personagens de N. Sarraute e de Beckett, a tentativas: "É preciso um olhar a seu prato vazio, mas sujo, para convencer-se de que ela não deixou de servir-se... Agora, o rapaz leva os pratos. Assim é impossível controlar os traços que maculam os de A... – ou sua ausência, se ela não fosse servida"[159].

Como N. Sarraute e Beckett, Robbe-Grillet situa suas narrações no plano dos fatos, mas sua óptica é deliberadamente imaginária. Molloy encontra-se no quarto de sua mãe e fala de sua biografia. *Martereau* ou *Planetário* desenrolam-se num meio social caracterizado, levantam problemas que um leitor culto considerará facilmente como reais e que talvez lhe serão familiares. Se, ao contrário, a personagem de Robbe-Grillet é um ser unívoco, se nunca a sentimos exposta às ameaças do mundo social, isso depende primeiramente do fato de ser uma pessoa fictícia a evoluir numa paisagem imaginária. No romance de Robbe-Grillet, nada evoca a experiência pessoal do escritor – o que não implica de modo algum que o romancista esteja ausente de sua obra. Paradoxalmente, Robbe-Grillet – que desmente tão energicamente quanto N. Sarraute que um

---

159. *La Jalousie*, p. 34

escritor deva criar personagens[160] –, põe em cena figuras inventadas, e suas narrações, ao contrário de *Retrato de um Desconhecido* e de *Molloy*, jamais se referem ao velho Príncipe Bolkonski ou ao mito de Sísifo. Tem-se a impressão de que N. Sarraute e Beckett escrevem (em parte) contra Proust e contra Camus (ou Sartre). Mas o domínio de Robbe-Grillet é claramente positivo: o romancista quer elaborar um universo romanesco novo. Mais claramente desprovidas de "psicologia", de cultura, de filosofia, menos problemáticas ainda do que o Ele de *Planetário* ou Malone, estas entidades fictícias que são o Voyeur e o Ciumento podem ser tanto melhor encarregadas pelo romancista de uma missão bem precisa: ensinar ao leitor que a existência de um indivíduo consiste numa sequência de operações do espírito.

"Trata-se aqui de eficácia", escreve Robbe-Grillet opondo-se a Sartre[161]. Essa preocupação com a eficácia depende de uma concepção da pessoa à qual muitas exegeses da obra de Robbe-Grillet parecem ter dado pouca importância. Guardadas todas as proporções, *Les Gommes*, *O Voyeur*, *O Ciúme* tiveram um destino comparável àquele de *Ulisses*. De boa vontade, confrontaram-se esses romances com uma imagem romanesca do homem tal como ela se formou desde Mme. La Fayette até (precisamente) Joyce. Considerou-se, de outra parte, que o Ciumento ou o Voyeur exprimem (refletem) a ausência de humanidade que caracteriza nosso tempo. As penetrantes análises de B. Morrissette refutam a opinião segundo a qual as personagens de Robbe-Grillet são destituídas de psicologia e de destino. Dando, além disso, razão a Forster, B. Morrissette revela que cada romance de Robbe-Grillet conta uma história coerente[162]. L. Goldmann, por seu lado, verá em Robbe-Grillet o romancista realista por excelência: suas obras traduzem um universo onde as relações autenticamente humanas foram apagadas pelo reino das técnicas e dos objetos[163].

Qual é este olhar que caracteriza fundamentalmente os relatos de Robbe-Grillet? Para precisar o significado de uma visão que deixa os objetos intactos[164], escolheremos duas referências: de uma parte, dos próprios objetos, tais como os veem as personagens, de outra, a visão cinematográfica, à qual foi referida de bom grado a arte do romancista.

Para L. Goldmann, *O Ciúme* exprimia exemplarmente um mundo reificado, "no qual somente as coisas agem, onde o tempo humano desapareceu e onde o próprio homem se torna um simples espectador: reduzido ao estado mais abstrato: um olho que contempla e registra"[165].

Esse julgamento leva suficientemente em conta a realidade escolhida, privilegiada pelo romancista? A passagem de *O Ciúme* acima citada indica que o

---

160. Cf. *Sur quelques notions périmées*, Pour un nouveau roman, p. 26-28, e *L'Ère du soupçon*, p. 51-58.
161. *Pour un nouveau roman*, p. 66.
162. B. Morrissette, *Les Romans de Robbe-Grillet*, especialmente o "argumento" de *Les Gommes*, p. 42-51.
163. L. Goldmann, Nouveau roman et réalité, *Pour une sociologie du roman*.
164. *Pour un nouveau roman*, p. 19-21.
165. L. Goldmann, La Réification, *Les Temps modernes*.

Ciumento não se limita a ver nem a registrar. Esse ciumento percebe e localiza. Em outros termos, Robbe-Grillet baseou sua narração sobre o nível mais elementar – mais fundamental – do fenômeno do ciúme: o olhar escrutador que deve permitir ao ciumento saber se é traído. Esse nível perceptivo de uma função psicológica era, pela primeira vez, explorado por um romancista: *O Ciúme* situa-se aquém da inquietação do Conde Mosca e da introspecção angustiada do Narrador ciumento de Albertine. Contudo, o Ciumento está fascinado. Mostra-o sua não-consciência da temporalidade de seu olhar. Lembremos que para Robbe-Grillet a narração "só se *inquieta*" – nós sublinhamos – "com o *tempo humano*", visto que nossa memória "*nunca* [ele sublinha] é cronológica"[166]. Era o pensamento de Faulkner. Todavia, o princípio da cronologia subjetiva não é aplicado em *O Ciúme* da mesma maneira de como em *Absalão!* e toma um sentido diferente, porque a gênese da paixão desse "voyeur" permanece desconhecida para nós, ao passo que os sucessivos contatos que constituem seu ciúme não têm em sua consciência repercussão alguma. Sua fascinação acha-se em estado puro, e pode-se dizer que a personagem, como o escritor, põe rigorosamente "entre parênteses"[167] não o tempo humano – que é não-consciência da cronologia na medida em que *somos* a duração de nossa consciência quando um espetáculo nos obsidia – mas aquele dos relógios. E o Ciumento escapa assim de um aspecto particularmente "reificado" da vida moderna.

O valor e o sentido do olhar das personagens de Robbe-Grillet precisam-se mais nitidamente por referência à arte do cinema. Sublinhemos primeiro que no decurso destes últimos anos o cinema e o romance seguiram caminhos inversos, mas simétricos. Em larga escala, o filme arrebatou sua substância ao romanesco, sendo que o romancista rivalizou, de sua parte, com o cineasta em seu próprio terreno. Obras como *L'Avventura* (A Aventura) de Antonioni[168], *8 ½*, de Fellini, *A Prisão*, de Bergman puderam exprimir uma realidade psicológica que parecia expressamente reservada ao romance. Entretanto o romanesco abandonava a psicologia para fundar-se cada vez mais claramente num sentido do olhar que parecia depender intrinsecamente da representação fílmica – e chegava destarte a revelar aspectos do mundo que a câmara não podia captar. Assim, Robbe-Grillet renova a especificidade do romanesco ao mesmo tempo pelo cinema e contra ele. Seus romances nos apresentam por certo o universo como uma sucessão de planos e de movimentos, mas Robbe-Grillet restabelece os direitos da literatura *descrevendo* aspectos do real que a arte do cinema pode somente *representar*. De fato, é raro que uma imagem cinematográfica seja destinada a ser apenas percebida. Quase sempre essa imagem significa a natureza humana (ou desumana) do objeto de maneira global: num instante é projetado sobre a coisa mostrada um feixe de significações afetivas, sociais, históricas. São dois dramas que resumem pateticamente, sob os nossos olhos, o pedaço de carne podre de *O Encouraçado Potemkin*, ou os rochedos desertos de *A Aventura*.

---

166. Nouveau roman, homme nouveau, *Pour un noveau roman*, p. 118-119.
167. Citado por M. Mourlet, Cinéma contre roman, *Revue des Lettres Modernes*, p. 159
168. Cf. especialmente R. Borde, Un cinéma de la vérité subjective, *Les Temps modernes*, p. 839-852.

Robbe-Grillet, ao contrário, abstém-se de condensar num objeto uma totalidade humana. Não pensamos que jamais tenha considerado o romance como "a paráfrase de um filme"[169]. Essa paráfrase, em todo caso, extrairia do universo fílmico um conteúdo analítico proposto a nosso intelecto e à nossa razão. Pode-se dizer que no começo de *O Voyeur* o romancista renova "a chegada de um barco a um porto" fazendo-nos medir as distâncias, avaliar ângulos, isolar linhas, todas operações excluídas tanto de *A Comédia Humana* ou de *Em Busca do Tempo Perdido* como do universo cinematográfico. "Despatetizando" a realidade, o escritor submete-a à nossa apreciação.

No entanto, esse universo de linhas, de formas e de proporções, visto sem dúvida alguma com os olhos do espírito, exerce sobre nós um fascínio que pode ser qualificado de onírico. É verdade que o mundo de Robbe-Grillet, à força de ser *real*, se nos torna *irreal*[170]. Esses objetos são insólitos porque se dirigem somente a uma parte de nossas funções psicológicas: as funções perceptivas. Por isso o leitor se vê privado do sentimento de plenitude e de realidade que suscita o *Em Busca do Tempo Perdido*, em que cada coisa considerada pelo Narrador determina neste uma atividade mental múltipla e global, de sorte que o espírito da personagem e o mundo se tornam, ao mesmo tempo, totalidades coerentes. É-nos insólito, em compensação, tudo aquilo que nos parece de tal modo impreciso a ponto de só podermos aplicar aí nossa imaginação *ou, ao contrário*, tão preciso que somente nossa razão é empenhada. Em ambos os casos, falta-nos alguma coisa; devemos completar o espetáculo sem saber se esse complemento é verdadeiro. O efeito de insólito, que o escritor romântico obtém com a delicadeza, E. Poe o obtém, em *Landor' Cottage* (O Chalé de Landor), apenas situando objetos sem outra intenção que não aquela de situá-los (a narração pára quando o humano aparece) com uma arte que nos lembra singularmente a de Robbe-Grillet. Recusando-nos a adesão ao mundo, o insólito é não-humano, pois para aderir ao mundo é mister que recebamos mensagens que façam apelo à totalidade de nosso ser. O insólito provoca uma ruptura em nosso sentimento de sermos uma pessoa. O objeto insólito força-nos a completá-lo pelo intelecto ou pelo sonho, e dessa imposição nasce a impressão de irrealidade.

Essa cisão da pessoa parece-nos caracterizar essencialmente o realismo de Robbe-Grillet. Com efeito, respondendo à objeção segundo a qual suas personagens seriam privadas de humanidade (portanto não seriam personagens), o escritor precisa que cada um de seus heróis viva "uma aventura passional das mais obsidiantes"[171]. É um fato que o Voyeur, o Ciumento, o soldado errante de *Dans le labyrinthe* (No Labirinto) são animados por uma obsessão. Mas esta só pode projetar-se sobre objetos que permanecem aquilo que são: formas, contornos imutáveis, indiferentes ao homem, e que este pode somente identificar, medir, com relação aos quais pode somente situar-se. A coisa não penetra nem é penetrada como em Flaubert, e ali não há mais Narrador para integrá-la

---

169. M. Mourlet, op. cit., p. 157.
170. Cf. Débat sur le roman, dirigido por M. Foucault, *Tel quel*, p. 24.
171. A. Robbe-Grillet, op. cit., p. 118.

metamorfoseando-a. Por isso, a personagem é um ser duplo, ou antes dividido. A paixão do ciumento leva-o a olhar, e que vê ele? O estar-aí das coisas, que faz dele um localizador, um olhar que constata, um espírito que registra, e não mais um ciumento. Entretanto, a obsessão continua existindo: racional por seu olhar sobre um mundo que nada lhe responde, a personagem é passional pelo simples fato de sua incerteza. Perseguido por sua obsessão (que produz no leitor um efeito "perceptivo" e não "sentimental"), o ciumento confunde os momentos, não se reconhece mais no espaço, quase se confunde com a coisa olhada. Assim, o vínculo, a fusão, nunca se produz entre a vida das tendências e a intelecção, entre o afetivo e o objetivo. Os dois planos do "sono de Albertine" estão separados. Da mesma forma, a violação sonhada pelo Voyeur é isolada de um universo que, propriamente falando, é esquemático.

Observamos em outros lugares fenômenos análogos de dicotomia da pessoa. Sabemos que Molloy e Malone são seres pessimistas e desesperados, que o herói do *Planetário* fica angustiado diante do pensamento de não ser bem acolhido, que o de *Eu Viveria o Amor dos Outros* sofre numa sociedade que perdeu o senso do amor. Mas estas paixões, que levam uma personagem de Beckett a dispersar sua biografia na onda de um delírio, a de Cayrol a assumir o amor dos outros, a de N. Sarraute a isolar-se na subconversação, só têm uma função motora, ou de veículo; não fazem mais do que sustentar uma atividade de constatação, de reprodução do real; provocam análises, pesquisas, combinações cujo caráter preciso, minucioso, objetivo não deixa de surpreender o leitor de Joyce, porque a atenção quase científica da personagem desta vez parece-lhe isolada das tendências que lhe determinaram o exercício, e não percebe, ou percebe muito confusamente, com que propósito o herói inspeciona deste modo seu universo.

Nesta ausência de vínculo entre o perceptivo e o afetivo (nesta recusa de estabelecer uma relação coerente entre o Ego – ou o Eu – do herói, e o olhar – ou a linguagem – deste), reside no entanto a concepção da pessoa e da vida que o romancista inovador dos anos de 1950 quer ilustrar. Concepção baseada num princípio de separação, entre o homem e o mundo assim como entre pessoa e pessoa, e entre passado e presente, do qual tentamos mostrar que a partir de Kafka não cessa de impor-se ao escritor, em detrimento do princípio de associação ilustrado no mais alto grau pelos romances do fluxo de consciência, depois por Malraux e Bernanos. Do mesmo modo que, para Sarraute, o homem não pode mais acreditar na natureza *simpática* da linguagem, para o autor de *Les Gommes* é ilusório e pernicioso querer lançar qualquer tipo de ponte, quer a chamemos metáfora quer "náusea", entre nós e um universo que nos escapa[172]. Ora, lembremo-nos de Dedalus pensando em sua vida de estudante em Paris: o *herói* do *stream* parte em busca de sua identidade singular e total, que é o contrário mesmo dos signos distintivos a figurar numa carteira de identidade, visto que esta confere a todos os homens o mesmo estatuto artificial: cada qual

---

172. Idem, p. 49-52.

é um número social. É reencontrando sua verdadeira singularidade que o herói joyciano, como Christmas, será irmão de todos, ligar-se-á autenticamente ao mundo. Em compensação, a personagem de Kafka, isolada do mundo e de outrem, deve assemelhar-se a este mundo e aos outros. O princípio de associação (ou de integração) implicava a diferença na comunhão e na comunicação. O princípio de separação implica a semelhança na solidão. Para Robbe-Grillet, o indivíduo é e está radicalmente só porque tudo, no universo, difere dele; mas é e está só, também, porque todos os homens se parecem, agora que está morto "o velho mito da profundidade". Como o escritor inglês C. Wilson, o romancista de *O Ciúme*, vê em nossa época aquela do número de matrícula[173]. Tudo se equivale e todos se equivalem, diz em substância Molloy, e um personagem de N. Sarraute tem este pensamento: "Eu me torno de imediato e contra a vontade exatamente como eles me veem"[174].

Se, contudo, tal estado de solidão e de semelhança é reconhecido como uma evidência inegável, se se admite que a sorte do homem não mais consiste em ligar-se a todo preço aos "outros", nem ao mundo, ao menos resta-nos a via do conhecimento pela atenção e pela observação, compreendendo-se que essas atividades intelectuais, na vida cotidiana, nunca são gratuitas: desejos, interesses e obsessões as sustentam, determinam e animam. "É a *liberdade* que deveria ser possível, e que não o é", declara Robbe-Grillet[175]. A missão do romance é mostrar-nos qual liberdade nos é permitida (nos é deixada), se, evitando as armadilhas da comunicação, do engajamento (pois vivemos numa época em que as atividades humanas são sempre mais diferenciadas e tecnicizadas: em que o romancista não deve mais o que lhe é próprio na política, na psicologia, na sociologia), soubermos guardar nossa distância em face de um mundo que nos é estranho, que não tem significação humana e do qual somos, entretanto, prisioneiros. A mensagem do "romance de ausência" pode ser assim resumida: tiremos partido de uma realidade que só é presente, como nós só somos presentes, não podendo mais confiar numa pretensa coerência do real tal como numa pretensa continuidade do Eu ou numa pretensa lógica das relações humanas. Mas se nada há de real e de verdadeiro a não ser esta pura aparência de nós mesmos e das coisas, então nossos atos de conhecimento, as manifestações de nossa afetividade e, sobretudo, a atividade de nossa imaginação são fenômenos *objetivos*: esses "objetos" estão "aí". Num penetrante comentário de *O Inominável*, um crítico italiano faz esta importante observação:

> Esta preocupação com uma dimensão temporal "ideal" (sem lugar preciso, sem passado nem futuro) permite ao escritor superar a contradição entre a ficção (artifício) e a confissão (autenticidade). *O Inominável* situa-se além de toda a "náusea", pois a revolta contra a História é ainda uma forma de fé que se tem nela[176].

173. Cf. *Les Jeunes gens en colère vous parlent*, p. 37, e os artigos de A. Robbe-Grillet, em *L'Express*, jan. 1956.
174. *Portrait d'un inconnu*, p. 52.
175. A. Robbe-Grillet, op. cit., p. 18.
176. M. Perniola, *Tempo Presente*, p. 727

Isso significa que a contradição autenticidade-artifício (*assumida* em *Os Moedeiros Falsos* como em *A Náusea*) só é superada em função de uma *decisão* do escritor: em Beckett como em Robbe-Grillet (com exceção de *O Ciúme*, em que a atemporalidade nos parece corresponder à obsessão da personagem), o tempo é não-tempo, o lugar, não-lugar porque o romancista não admite (ou ignora) a existência de uma necessidade histórica ou psicológica que determine em nós (em sua personagem) a consciência da duração. Entretanto, esse conceito prévio de indeterminação não é nem gratuito nem arbitrário. Para G. Lukács, é o fato de mostrar o homem afastado do mundo, puramente contingente, incoerente e inconsequente em sua solidão, que manifesta, numa obra de Beckett, uma civilização que não oferece mais ao indivíduo nenhuma perspectiva humana, isto é, coletiva[177]. L. Goldmann vê em Robbe-Grillet o escritor realista por excelência, visto que traduz o estado de desumanização de nosso tempo[178]. Nossa interpretação, que aliás não contradiz a dos historiadores e sociólogos marxistas, é que Beckett ou Robbe-Grillet querem mostrar-nos a vida tal como é: em suas aparências totalmente sucessivas, desprovidas doravante dos suportes de uma continuidade e de uma finalidade psicológica, histórica, filosófica que eles julgam irreais ou caducas. Para eles a verdade que nos é acessível (a liberdade de que nos é permitido desfrutar) reside, não numa humanização sentimental ou ideológica do real, mas antes em sua utilização perceptiva.

Como Proust ou V. Woolf, esses romancistas sustentam que o romance é fundamentalmente pesquisa[179]. Usam uma linguagem semelhante àquela de seus antecessores para dizer-nos que um romance não deve demonstrar coisa alguma, e que somente esta não-demonstratividade garante o valor estético da obra como sua fidelidade ao real. Todavia, consideram a pesquisa romanesca de maneira muito diferente daquela dos romancistas do homem interior. De *Em Busca do Tempo Perdido* a *O Homem sem Qualidades*, a obra é certamente "aberta", mas o romancista se entrega a uma experiência destinada a restituir um sentido à existência humana, e esta experiência, assumida por um herói ao qual o escritor dá seus poderes, teve por fundamento a primazia do Eu sobre o mundo concreto. Ao contrário, os "romancistas da ausência" concebem o romance em termos de pura experimentação. Não julgamos trair o espírito de seus textos teóricos especificando que são partidários destas "experiências para ver" de que fala C. Bernard, e que exigem uma precisão técnica toda particular. Ao passo que Mrs. Ramsay (lembremos que se impõe a comparação com a estética dos anos de 1920, pois se trata em primeiro lugar de "massacrar" formas e uma concepção da pessoa "estabelecidas") vive uma experiência arriscada, mas da qual pressente a que conclusão (a certeza de ser) chegaria se o Tempo não viesse bloquear o curso da Duração. Ao contrário, Molloy ou o Voyeur contentam-se em exercer sua atenção sobre a realidade, em manipulá-la deixando-a, todavia,

177. G. Lukács, F. Kafka ou T. Mann?, *La Signification présente du réalisme critique*, p. 86-168.
178. L. Goldmann, Nouveau roman et réalité, *Pour une sociologie du roman.*
179. A. Robbe-Grillet (p. 445) e N. Sarraute (p. 441), em N. Sarraute, Nouveau roman et réalité, *Revue de l"Institut de Sociologie*, 2.

intacta, apesar do fascínio que ela provoca, apesar sobretudo do sentido que ela necessariamente tomaria se eles pudessem ligar-se ao mundo, para a salvação ou a perdição deles, transformando assim sua aventura em destino.

No romance-experiência, fundado na noção de determinismo (seja esse determinismo sociológico, psicológico ou metafísico), a personagem – mesmo Ivich e Xavière, que não querem ter de ser – vai de tomada de consciência em tomada de consciência; queira ou não, ele aprende não somente que faz sua história, mas ainda que desde sempre teve uma história. No romance experimental, empreendido *ex nihilo* segundo uma decisão do escritor, que julga que o homem e o mundo não repousam sobre outra coisa exceto sua atualidade, só o leitor pode conceber o herói como histórico, pois este último, em vez de assimilar o real, registra-o, constata-o, utiliza-o (inclusive até o crime, para parafrasear a célebre reflexão de Kyo) sem tirar dessas atividades qualquer tipo de lição, sem, contudo, reconhecer-se como permanente, nem mesmo como um ser responsável. Por isso, só o leitor poderá pensar nessa personagem em termos de historicidade, vendo sucederem-se, acumularem-se os efeitos (os resultados) de uma busca que não é investigação, de um trajeto que não é viagem. Cabe a nós atribuir ao herói os traços de uma pessoa humana situada num mundo humano, visto que esse herói, que só foi atento e receptivo (no seio de seu sonho ou de sua obsessão), apenas nos forneceu os *materiais* graças aos quais estamos em condições de recobrar as noções de coerência e de finalidade. Em *Planetário*, por exemplo, as personagens vivem de tropismos, mas não sabem que as relações humanas compõem um sistema solar feito de abstrações e de repulsões, sem que haja aí jamais contato: elas são este sistema. A consciência pertence ao escritor, depois ao leitor. Por isso, a personagem é construída, na acepção própria do termo, a partir do nada, e essa construção só adquire uma forma (e um sentido) em função da pura contingência de um trajeto no curso do qual o herói "ensaia" o real. Como observa B. Morrissette, a psicologia das personagens de Robbe-Grillet é elaborada no curso da narração, e, em *A Gafe*, J. Cayrol nos precisará: "Invento minha psicologia à medida que avanço num mundo *distraído*".

Assim, invenção significa: atenção à sucessividade do real. Como observa com muita justeza A. Hoog, o romance do segundo pós-guerra rejeita a "psicologia divinatória"; a personagem aí é (psicologicamente) aquilo que faz, "fala" ou vê, e é ao leitor que cabe transformar, graças aos elementos que lhe fornece a atenção particularmente aguda do romancista e de sua personagem, fatos em acontecimentos, lugares em situações e, sobretudo, o olhar ou a palavra do herói neste mesmo herói. Em *O Voyeur*, observa R. Micha, "os objetos desenham progressivamente se não o próprio crime, ao menos seu lugar e seu movimento", e o mesmo se dá com a personagem, cujos traços sociopsicológicos devemos descobrir como numa adivinhação, onde o traçado das coisas, considerado sob certo ângulo, deixa aparecer a figura de alguém[180].

---

180. J. Cayrol, *La Gaffe*. Indicação ao leitor; A. Hoog, Psychologie du coeur et psychologie des surfaces dans le roman contemporain, *Cahiers de l'Association Internationale des Etudes Françaises*; R. Micha, Le Nouveau roman, *L'arc*, p. 46.

Mas é a figura de uma personagem que assim balizamos ou a pessoa tal como o romancista a concebe? Se, com efeito, nada nos proíbe pensar, sonhar ou mesmo ver o mundo à maneira de Molloy ou do Ciumento, em compensação é-nos impossível pôr-nos em seu lugar, pela simples razão de que eles não existem como nós devemos existir na vida real, em que é mister que um crime tenha sido ou não cometido, em que cada qual deve saber há quanto tempo se encontra em determinado lugar, e por que e em que é preciso estabelecer laços de comunicação com o Martereau do estado civil. Tais personagens não existem porque elas se desdobram em atenção e em sonho, em razão e em delírio, sem que uma relação lógica venha unir esses dois planos, sem que essa dualidade acabe por gerar um sentido – uma orientação. Essas personagens vivem no nível dos *conteúdos* do espírito *e* do coração, da inteligência *e* da obsessão. Por que nos apegamos aos heróis de romances, por que vemos (e procuramos) neles modelos explicativos do homem, se não pelo fato de que, mesmo nos mostrando o quanto o viver contradiz o olhar-se viver, até que ponto o exterior é inconciliável com o interior, e o fazer com o ser, permanecem, não obstante, pessoas coerentes? Mas vimos dissipar-se progressivamente no romanesco essa osmose dramática entre aquilo que depende da essência e aquilo que depende da existência: talvez esteja aí a lição fundamental de obras como *As Nogueiras de Altenburgo, Monsieur Ouine, À Sombra do Vulcão*. Negando a validade dos esforços de Camus e de Sartre para salvar a "consciência", a coerência, a finalidade, escritores inovadores tomam o partido de Kafka, que demonstrava pelo absurdo que o homem não pode mais ver *e* ver-se; que não pode fazer-se, estando já feito, irremediavelmente, à imagem de um universo funcional, sistematizado, "inconsciente". Contudo, como conceber uma personagem que ignorasse este "dever" de significação, de finalidade, de coerência que todo indivíduo, por mais absurda que seja a existência, é obrigado a assumir para viver? Podemos estar seguros de que Camus e Sartre haviam previsto a objeção de Robbe-Grillet: só o olhar é liberdade, mas essa liberdade visual e inteligente é apenas ideal e abstrata; para viver, cumpre tomar contato. Beckett e Robbe-Grillet sabiam, por outro lado, que cada um deve intervir no mundo, e ser responsável por essas intervenções, cada uma das quais não tem mais do que um sentido e uma forma. Todavia, era possível fazer ignorar, ou quase, à personagem a existência mesma de um determinismo (sob todos os seus aspectos) – como Frankie Addams ignora que existem os Temple, os Quentin Compson, os Christmas – se a isolássemos do real, se a colocássemos retirado do mundo, de tal sorte que as coisas e as circunstâncias fossem somente propostas à sua razão *e* à sua imaginação. A partir de então, o mundo seria um laboratório contendo assuntos de experiência, e o sentido dessa experimentação residiria nessa mesma experimentação. Não referiria os resultados a seu ser.

Mas essa personagem não será humana. Concomitantes mas dissociadas, essa razão e essa imaginação correspondem a uma entidade, a um signo, a um nome. A personagem é agente de uma interpretação do real que é a do romancista. Ela é o espelho em movimento diante de uma realidade que deve falar por si mesma ao leitor como fala ao escritor, sendo que este usa a personagem como um simples mediador. A "hora do leitor"[181] é a do autor, porque é neste que vê ou faz a personagem, e não na consciência desta, que reside a concepção da pessoa, a visão do mundo que o romancista decidiu ilustrar.

Concepção e visão não-trágicas por excelência, devido à exiguidade e à precisão do campo romanesco: a realidade (a situação geográfica, temporal, social) na qual se encontra o herói – lembremos que ele é solitário, que nunca está *com* o Outro – é cortada, isolada de maneira muito mais arbitrária, e aparentemente perigosa, do que o era em *Rumo ao Farol*. As constatações não consequentes de Molloy, a cena renovável da qual o "estranho da escada" não faz mais senão aproximar-se, o drama psicossocial de *Planetário*, a ilha do Voyeur podem ser comparados a objetos pictóricos, no sentido que o escritor se interessa em primeiro lugar pelos conteúdos deliberadamente privados de contexto social, histórico e até psicológico. Se as coisas se passassem de maneira diferente, se a personagem fosse posta em situação, em cada um de seus passos confrontar-se-ia – como Lafcadio – com o problema do sentido: a *localização* acarreta a historicidade, a temporalidade, a significação. As pequenas cidades de Verrières, o fato de se ter deitado cedo por muito tempo ou de chegar a Bouville para escrever a biografia de M. de Rollebon já são atributos da pessoa; indicam ao leitor que o herói possui uma espontaneidade cujas contradições e mutações vão dar ao romance seu ritmo profundo, seu sentido e talvez sua forma. É precisamente a evitar (a contornar) o problema da personalidade que tendem romancistas que poderiam ser qualificados de não existencialistas. Sua intenção é, ao contrário, fazer com que o leitor considere como e em que medida funções psicológicas, tão "anônimas" quanto possível, se projetam sobre objetos que devem, por conseguinte, ser não historializados, para usar a palavra de Sartre, mas presentes e precisos, mesmo e sobretudo quando tais objetos são manipulados de tal modo (como em *Molloy*) que aquilo que é dado por negro se torne logo branco, e que a chuva caia e não caia. Pois o elemento próprio da geometrização de Robbe-Grillet, da subconversação de N. Sarraute, da radical indeterminação exaltada por Beckett, como o é por P. Bowles e C. Mortimer, é provar-nos que *não há psicologia sem objeto*; passa-se com nossas funções psicológicas o mesmo que passa com a história, com a sociedade e com os conceitos: são elementos que não têm nenhuma existência por si mesmos, visto que não são verdadeiros e reais salvo no ensejo de um ponto de impacto que os revele em sua contingência, em sua necessidade. Nessa perspectiva, a objeção feita a "Roquentin" por Robbe-Grillet é válida: a constatação de uma raiz não poderia tornar-se uma ideia geral, nem modificar completamente nosso sentimento de ser. Válidas também são as reservas de N. Sarraute com respeito ao romanesco proustiano: logo que é tirado o objeto (e nossas palavras, nossos gestos são coisas) nossa atividade mental é imaginária.

Esses conteúdos não-históricos, privados de ressonâncias por decisão do escritor, expressos numa linguagem geralmente despida de metáforas e de comparações, têm uma precisão de linhas e de pormenor que cativa nossa atenção,

---

181. J. M. Castellet, *La Hora del Lector*.

despertando em nós, ao mesmo tempo, um sentimento de insólito. Nesse misto de exatidão e de indecisão reside, cremos, a liberdade que presidiu à inspiração do romancista e que este deseja transmitir-nos ensinando-nos a ver tanto quanto a sonhar diante de um universo imutável, mas proposto à nossa curiosidade, e com o qual nossa imaginação pode jogar. Em outros termos, o humano está somente do lado do homem, desde que este saiba estar presente nas coisas. Mesmo porque a visão analisadora de Robbe-Grillet e os tropismos de N. Sarraute estão no oposto de uma obra, aliás forte e sedutora, como *Le Corridor* (O Corredor), de J. Reverzy, em que os objetos sufocam o homem. O romance "objetal", ao contrário, não nos terá ensinado apenas a ver melhor; ter-nos-á proposto diversos modelos de afinamento e de desabrochamento de nossas funções psicológicas. Quer se trate do Voyeur de quem se pode dizer que é um Estrangeiro "realizado" (escapando do mundo na medida em que o olha com acuidade), de Malone que só morre depois de ter esgotado este capital de verbo que é sua biografia (o que é um modo de morrer menos trágico do que o de Meursault), dos solitários de N. Sarraute, que prospectam o tênue domínio dos intervalos que se estendem entre os fatos de comunicação, a mensagem romanesca é de igual natureza: avivemos nossa consciência do real, agucemos nossa sensibilidade. Mensagem simbólica certamente, e cujo caráter arbitrário, parcial e intelectual é preciso reconhecer. A lição de Roquentin não era também simbólica, não dependia de uma decisão? Porque – e nisto não poderíamos estar de acordo com as explicações exclusivamente sociológicas e históricas do romanesco – o romancista inovador tende a propor-nos aquilo que nos falta para melhor conhecer aquilo que ele julga ser o real; esse romancista, cujo realismo é crítico, limita-se a refletir em sua obra determinado estado da realidade apenas para indicar-nos que *forma* de lucidez é aí possível e necessária. Ora, se considerarmos o trajeto do romance de *Manhattan Transfer* a *Planetário* (para tomar dois exemplos extremos), não vemos somente a pessoa assumir de maneira progressiva estas características de totalidade e de universalidade afirmadas por Joyce, e que, em sentido totalmente diverso, Malraux e Bernanos afirmarão; vemos também a lucidez do herói perder suas dimensões afetivas (os sentimentos de Kyo são lúcidos) para entregar-se cada vez mais à inteligência ou, ao menos, ao espírito de observação. Ficaremos talvez menos espantados, se não escandalizados, vendo as personagens de Robbe-Grillet isolarem-se dos homens, numa palavra, não amarem, e uma obra como *O Voyeur* propor-nos, no fim de contas, uma lição de objetividade, se, com J. Hytier, considerarmos o romance em função de suas estruturas intelectuais: "O romance é uma metafísica da inteligência que mascaramos no mais das vezes de metafísica do sentimento, e chego a crer que esta seria uma boa definição deste deplorável estado de sensibilidade, desta poesia barata, a que chamamos *romanesco*"[182].

Dois fatos sucessivos atestam nosso *devir* e geram um *sentido*: nesse postulado acreditava o bancário de Kafka, como acreditaram, e ainda acreditam

---

182. J. Hytier, *Les Arts de littérature*, p. 159.

tantos heróis de romance. Hoje se pode ver qual a revolução realizada pelo autor de *O Processo* ao nos demonstrar que não há mais devir nem história, e que, ao contrário, só o espaço da vida (com seus objetos, seus movimentos, com as relações que os seres aí travam) *é* o sentido desta vida. Dissemos que os romancistas da era da suspeita tendem a preservar o contrassenso do real (e do homem). Agora devemos precisar: esses escritores dizem-nos que só é significativo o trajeto que efetuamos num mundo que é para nós um nada se não o concebermos como estruturado, senão como sistematizado. Assim, são reconhecidos e desmentidos, ao mesmo tempo, o romanesco de Kafka e sua concepção da pessoa. Reconhecidos porque ele nos mostrou que somente são verdadeiras e reais nossa presença atual e a presença atual do universo. Desmentidos pelo fato de serem colocados em cena personagens que representam um espírito e uma imaginação que se exercem e se experimentam livremente "sobre" as estruturas da realidade (a linguagem, se pensarmos em Beckett, é uma estrutura material e real), ao passo que as personagens de Kafka, *ignorando* a estruturalidade desumana do mundo, eram os prisioneiros e as vítimas deste.

Essa nova metamorfose do romanesco não se explica apenas por uma lenta usura do humanismo: terá sido determinada em larga escala pela importância assumida pelas noções de estrutura e de espaço, em detrimento daquela de historicidade. Lembremo-nos, mais uma vez, de Kafka. Em *O Processo*, a redução da existência humana a movimentos em um espaço finito e sem fim, ao mesmo tempo implicava uma total ausência de esperança, uma radical impossibilidade de salvação, uma despersonalização sem apelo. Nos romances inovadores dos anos de 1950, a espacialidade e a exterioridade da vida, sua localização e, concomitantemente, sua não-finitude, são dadas como fatos admitidos ou a admitir e isentos de terror. Ao contrário da reflexão proustiana, que tendia a pôr em jogo as raízes do Eu e do Nós, e a mostrar-nos o individual e o social como totalidades organizadas, o discurso fragmentário de *Planetário* remete-nos a trocas de palavras ou de atitudes de algumas pessoas que formam um grupo, um "núcleo" apenas pela maneira como se exprimem – expressão cuja subconversação nos manifesta a inautenticidade e a inutilidade. Em outros termos, o social não nos é apresentado como um organismo, mas como um sistema em equilíbrio instável, estruturando-se e desestruturando-se ao nível de suas aparências: relações faladas ou gesticulares pelas quais os seres entram em contato. Sistema ao qual a própria noção de sociedade não está mais subjacente: nós, os leitores, estamos diante de um puro espaço social sem limites nem relações, constituído por palavras – por signos – cujo eco nos é restituído por uma personagem. O interesse de N. Sarraute pelos romances de H. Green não é surpreendente[183]: *Amando* é constituído pela linguagem de doze empregados, cujos diálogos entrecruzados não só definem com exclusividade a "socialidade" das personagens, mas ainda cercam, isolam a figura do herói central, o mordomo Raunce, verdadeira alma do grupo. Ocorria o contrário nos relatos de

---

183. *L'Ère du soupçon*, p. 104.

James, em que a personagem-foco, consideradas as "influências" recebidas de outrem, determinava e armava a ação romanesca. As durações de Bloom e de Dedalus desenvolviam o espaço de uma cidade enquadrando suas existências. Inversamente, a duração do narrador de *O Emprego do Tempo* é submetida ao espaço, à topologia de uma cidade da Inglaterra que ele explora com uma exatidão tanto mais áspera quanto a sofrer aí um doloroso exílio.

A dimensão fundamental do romanesco não é mais diacrônica. A história não faz mais o homem mas sua situação, sua situação num lugar, sobre um plano, num nível determinados. A "musicalização" caracterizava a estética dos anos de 1920. Logo depois de um novo cataclismo, a espacialização é dominante, se tomarmos o termo numa acepção bastante ampla: a personagem de Robbe-Grillet, e já a narradora de *A Esfaimada*, são achatadas, mas não no sentido em que o entendia Forster: são à imagem de um mundo que se concebe em termos de localização, de níveis, de graus, mais do que de causalidade e de finalidade[184]. Usando a segunda pessoa – o Vós – o romancista de *La Modification* (A Modificação) "conta a alguém sua própria história"[185]. Entretanto, o vós da narração de M. Butor parece-nos revestir-se de uma significação essencialmente a-histórica e a-psicológica: designando assim seu herói, o escritor tira-lhe, em uma parte, sua qualidade de sujeito, ao menos em comparação com Swann, ou com o Cônsul. Esse Vós implica o reino do *On*, a fragilidade e, conjuntamente, a redução da "corrente de consciência". Por isso, observaremos que a psicologia dessa personagem semianônima, semi-impessoal (designada a partir do exterior) não é mais focalizada em seu próprio ser (em sua história): lugares (a exterioridade do mundo) elaboraram em larga escala sua vida afetiva, e ver-se-á de súbito modificada ao constatar que a paixão, que julgara ter jorrado de seu Eu, devia de fato sua intensidade, se não sua existência, a olhares sobre a Itália que no curso de sua viagem perderam insensivelmente seu poder. Estamos aqui no lado oposto ao de Swann, que vê de repente mudada em indiferença sua paixão ciumenta por Odette, pois se o herói proustiano cessa de amar, é porque uma obsessão profunda acabou por esgotar suas forças em relação a um objeto.

Em *O Intruso*, Faulkner utiliza a trama, o quadro de um inquérito policial, para revelar-nos um aspecto da tragédia do Sul, e Greene recorre a formas semelhantes para mostrar-nos que os indivíduos são abandonados por um Deus que eles abandonaram. Em compensação, assistimos a uma pesquisa em estado puro em *O Voyeur*, e não é um acaso se Robbe-Grillet pensou em "refazer" *O Rochedo de Brigthon*[186], interessado em primeiro lugar nos conteúdos sucessivos, no mecanismo de um romance de Greene. É significativo que *Monsieur Ouine*, único romance de Bernanos em que a dúvida leva a melhor sobre a fé, tenha como estrutura (ao menos formal) "uma intriga policial da qual o autor não nos dá a chave"[187]. *The Alexadria Quartet* (O Quarteto de Alexandria),

---

184. Cf. G. Matoré, *L'Espace humain*.
185. M. Butor, L'Usage du pronom personnel dans le roman, *Répertoire*, II.
186. Cf. B. Morrissette, op. cit., p. 117.
187. Cf. M. Estève, *Bernanos*, p. 74-83

de Durrell, é, para o espaço – para o percurso de uma superfície –, aquilo que o romance proustiano era para o tempo – para a história. Não é sua própria verdade, nem a de Justine que preocupam o romancista-narrador, mas antes a leitura deste "palimpsesto" formado pelos "mascarados do amor a entrelaçar-se com o desenvolvimento e o fracasso de uma conspiração nacionalista copta"[188]. Das penetrantes análises de B. Romberg resulta que as outras partes do romance de Durrell caracterizam somente a existência, a presença de Justine. Esta corresponde à definição do "ato" por J. Bousquet comentando *Aminadab*: a heroína é uma incógnita numa equação. A história dos protagonistas (Balthazar, Pursewarden, Clea) é espacializada na medida em que cada um deles se define em função da presença-ausência de Justine, e sempre ao nível dos fatos contingentes, sem que intervenha a análise histórica. Durrell terá procurado principalmente reunir (justapor) diversos planos de uma mesma realidade global. Se pensarmos, além do mais, que Justine foi a principal personagem de um romance com personagens reais escrito por seu primeiro marido, pode-se considerar *O Quarteto de Alexandria* como um romance exemplar dos anos de 1950: o escoamento da duração é substituído por uma restituição das circunstâncias através de cortes e níveis; a psicologia das profundezas por aquela dos comportamentos e das reações; o tempo histórico pela estruturação e pela desestruturação de relações humanas; o conhecimento pela informação. O universo de Durrell opõe-se ao de *Os Moedeiros Falsos*, porque aqui a técnica dos olhares cruzados, dos enfoques diversos, não visa a dispersar a pessoa para melhor mostrá-la em sua totalidade e em sua essência, enfim, a explicá-la.

Ao trajeto romanesco que vai do absurdo ao contrassenso (ao menos chamemo-lo assim), daremos um termo totalmente arbitrário, referindo-nos a uma declaração de S. Bellow, que nos mostra o quanto a situação e o olhar do romancista mudaram em quarenta anos:

> O que em geral o jovem escritor americano sente é o seu *próprio* infortúnio, a injustiça feita a seu talento por uma vida embrutecida e ignorante, por um mundo submerso em detergentes e inseticidas. Esta é a única injustiça que sente. Ele não ataca de frente o poder ou a injustiça. Defende simplesmente sua sensibilidade. A razão disso talvez seja a prosperidade, a relativa segurança da classe média da qual saiu a maioria dos romancistas. Ensinou-se-lhes que podem gozar de tudo o que lhes oferece a vida. Burocratas e boêmios, ao mesmo tempo...[189].

Mas parar de lutar "de frente" contra a alienação não implica que o escritor se demita diante da condição de homem alienado. Em 1925, o romancista é, primeiramente, consciência receptiva: cumpre reumanizar o mundo graças aos recursos de uma ciência movente, múltipla, vibrante de possibilidades, através da qual transpareça o Ser. Em 1935, o romancista é primeiro consciência revoltada: podemos (ou não podemos) mudar a vida? Em 1960, num tempo

---

188. B. Romberg, *Studies in the Narrative Technique of the First Person Novel*, p. 277 e 303.
189. *Recent American Fiction*. Conferência sobre Gertrude Clarke Whittal, Poetry and Literature Fund, 1963.

de desilusões, de morte aparente das ideologias, julga só poder fazer frente ao problema da *adaptação*: proteger sua própria sensibilidade é querer proteger a do homem numa sociedade de consumo em que os objetos existem de alguma forma em nosso lugar. A atitude de S. Bellow lembra-nos a de Cayrol: doravante o humano reside nas falhas de um mundo reificado e cuja existência incerta cabe ao romancista revelar. Além disso, na conferência da qual acabamos de citar uma passagem, S. Bellow quase não se distanciou de Robbe-Grillet, ao constatar que o homem do após-guerra não é introspectivo e não tem o senso do trágico. O Eu de Proust e o Eu de Zeno "caducaram". "Eu", dirá Bellow citando B. Russell, "é uma simples forma gramatical". E *Lolita* é exatamente o contrário de *A Morte em Veneza*: no romance de Nabokov, toda a visão trágica da existência desapareceu. O relato de T. Mann mostrava um homem, representativo de uma civilização e de seus valores, traído por seus "instintos" e conduzido destarte à sua perdição. Mas o adolescente desejado por Eischenbach encarnava a beleza; era sagrado como era inacessível. Pelo contrário, a menina da narração de Nabokov é "vulgar, comum" e permissiva; na realidade, ela se serve de seu velho amante. Estamos no universo *cômico* da contingência, da técnica, do consumo[190].

Bellow devia manifestar essa recusa do trágico, mas também a vontade de defender a sensibilidade do indivíduo, em 1947, com seu primeiro grande romance, *A Vítima*, cujo espírito se opõe àquele de *Manhattan Transfer*. Leventhal e seu perseguidor, Albee, são os representantes e as vítimas; o primeiro da condição dos judeus "médios" de Nova York, o segundo de uma classe "média" antissemita. Mas nem o judaísmo de Leventhal nem o antissemitismo de Albee nos são dados como trágicos. As duas personagens focalizam a mentalidade de duas estruturas sociais que coexistem e são até o reflexo uma da outra[191] no seio de uma sociedade urbana que não é mais esmagada pela cidade, como a enxergava Dos Passos. O herói de Bellow não é mais "estandardizado" como Babbitt, nem procura, como a personagem de T. Wolfe, preservar-se dos golpes do mundo moderno olhando para si mesma. Homem do "estar-aí" e do "assim é", Leventhal é, contudo, personalizado nos próprios limites de sua condição impessoal: como o narrador de *Eu Viveria o Amor dos Outros*, Leventhal – que num mundo descrito por Bellow com uma precisão objetiva que nos lembra o método de Robbe-Grillet – singulariza-se por uma *sensibilidade atenta* ao real, sensibilidade da qual seu "precursor", em contrapartida, estava desprovido. Dentre os que rodeiam Leventhal, ninguém como ele sabe sentir, perceber, compreender, analisar a realidade. Por seu olhar sensível e racional sobre uma sociedade contra a qual não pensa se revoltar, e sobre cujos valores não alimenta ilusão, Leventhal continua humano.

Todas as faltas humanas, pensava Kafka, originam-se de uma falta fundamental: a impaciência. A psicologia é uma forma dessa impaciência. Em nossa

---

190. Idem. Cf. H. Kohut, *Death in Venice* by T. Mann, *Psycho-Analytic Quaterly*, p. 206-228.
191. Cf. W. Allen, op. cit., p. 344.

pressa de querer descobrir fronteiras seguras, formas seguras do humano, de querer encontrar o solo firme de nossa existência, voltamo-nos para a psicologia. Mas o homem psicólogo não descobriu sua face sobre uma terra na realidade desolada, que não lhe remete nenhum reflexo nem eco[192]. Negando o universo de Joyce e por antecipação àquele de Malraux, as duas grandes narrações de Kafka chegam tragicamente à oposição do sentido e do contrassenso. Sobre a solidariedade, ao contrário do ser e do nada, edificavam-se uma nova concepção da pessoa e uma nova estrutura romanesca que eliminavam as possibilidades de sublimação, as formas de compensação que o escritor podia propor a suas personagens enquanto o sentido e o contrassenso eram considerados como dois inimigos. Com Kafka, a literatura apresentava o atual como inelutável e como ambíguo. O presente, e não mais a história, apresentava-se mascarado. A partir de então uma sucessão de objetos ocupava as faculdades perceptivas e o poder de raciocinar de uma personagem privada do socorro do Ego, do apoio do passado, e mesmo do recurso à angústia. Transformavam-se a percepção do tempo e, mesmo, a noção de tempo. O passado, o presente, o futuro cessavam de pertencer à Duração como à História, pois não eram mais relativos uns aos outros, mas se tornavam simples planos.

No entanto, o absurdo gerará um sistema de valores, tornar-se-á modo de conhecimento e princípio de ação. Sobre o absurdo será fundada uma moral. Mas se o romance, de *O Processo* a *Molloy*, nos mostra que o tema do absurdo evolui, muda, numa palavra, é histórico, ainda assim, o fato é que as narrativas esteadas numa tomada de consciência do absurdo, ou cujas personagens são, sem o saber, presas do absurdo, negam a historicidade da existência humana, isto é, sua coerência e sua finalidade. As estruturas que vemos desenvolverem-se e diferenciarem-se, de *O Castelo* a *A Náusea*, separam a pessoa do humano, dissociam o tempo de uma vida do tempo (do devir) da História. Mesmo as personagens de *O Estrangeiro*, de *Os Caminhos da Liberdade*, de *Autocondenado*, que encaram o absurdo de frente e, por conseguinte, o sobrepassam, não creem que o Outro possa ser seu semelhante numa comunidade, nem uma ação comum. Retomando mais uma vez a palavra de G. Lukács, diremos que o romance do absurdo implica e traduz uma ausência de perspectiva em relação ao passado assim como ao futuro, sejam esse passado e esse futuro sociais ou psicológicos.

Atribuindo ao absurdo uma significação e um valor éticos, fazendo do absurdo do mundo uma razão de amar ou de agir, os romancistas de *O Estrangeiro* e de *A Náusea* serão acusados de má-fé: o absurdo não poderia ser invocado para dar uma forma e um sentido à pessoa e para restaurar a "personagem". O romanesco do não-senso (da ausência de sentido) basear-se-á nos conteúdos, nas diversas substâncias de que é composta nossa existência. Em tais obras, em que a personagem não é mais do que um signo, vemos menos uma visão desesperada e desesperadora da vida do que um esforço de lucidez e desmis-

---

192. F. Kafka, *Préparatifs de noce à la campagne*, p. 37, 68-69.

tificação. O campo do romanesco restringiu-se à medida que diminuíam os campos da esperança, da comunhão, da comunicação entre as consciências, e que, em compensação, se pronunciava a *especificidade* das coisas e das palavras. Nesses espaços restritos, nesses conteúdos, que parecia preferível considerar unicamente na exiguidade, apenas na contingência de sua presença, o olhar do escritor, certamente desiludido, fez-se particularmente agudo. As funções perceptivas, as atividades de pesquisa, os jogos da imaginação, numa palavra, uma temática da descontinuidade e da espacialização, tomaram no romance o lugar em outros tempos ocupado pelo Eu, pela ação, pela comunicação virtual das consciências.

Conclusão

Estética do Romanesco e História da Pessoa

> O herói do romance é o próprio romance.
> C. LEVI-STRAUS

A pessoa, a personagem, o romanesco: concluamos nosso estudo em torno dessas três noções.

O romance do século XX focaliza um fato fundamental assim definido por I. Meyerson: "Não há mais uma substância, porém uma experiência da pessoa"[1].

Vimos como essa experiência muda de forma, de conteúdo, de significação em menos de quarenta anos. Essencialmente constitutivos da pessoa romanesca numa época, os "estados do eu"[2] são logo eclipsados pela necessidade de existir no mundo, na história, com ou contra os outros. Depois, o romance evitará os problemas referentes à consciência de si e à consciência social. Os heróis de *A Náusea* e de *O Estrangeiro* serão tomados ao pé da letra. A era da suspeita é também a do desenraizamento. A historicidade é substituída pela sucessão. Desaparece da narração a ideia de destino, e se é permitido ler em Beckett, por exemplo, que a condição humana é trágica, o senso do trágico abandonou Molloy. Enfim, o romance da pura constatação é aquele da pura incerteza: quanto mais os fenômenos da percepção suplantam as outras funções psicológicas e o caráter imediato da duração, mais são deixados à sombra a totalidade e o destino da pessoa. Esta parece ser constituída de fatos registrados, sem ordem.

Mesmo porque a distância e o contraste são menores entre Joyce e Lowry do que entre *À Sombra do Vulcão* e os romances de Robbe-Grillet, de Salinger ou de J. Kerouac: Bloom e o Cônsul ao menos têm em comum este "sentimento de continuidade da alma" ao qual o Narrador está tão fortemente apegado. Bloom, Castorp, Roquentin lutam para serem eles mesmos num tempo que seja o seu. Combate desesperado em Dos Passos, tragicamente inútil em Kafka: a Cidade priva o homem de sua consciência, que não é mais do que um fio condutor ilusório. O combate de certa forma terminado, quando se pergunta a uma personagem de R. Queneau o que ela vem a ser e ela responde: "nada"[3]. Que resta, então, desses "aspectos do romance" considerados essenciais por Forster, Muir e Alain: a causalidade, a inteligibilidade, a continuidade?

O romance ainda exprime a pessoa, se não mais traduz a evolução e a realização de um ser? Ainda é realista quando não seguimos nele mais do que

---

1. I. Meyerson, *Les Fonctions psychologiques et les oeuvres*, p. 192.
2. Idem, ibidem.
3. Cf. P. Lafue, Nouveaux psychologues, em Problèmes du roman, *Confluences*.

uma aventura, no nexo estrito do termo? No museu imaginário do romance, Molloy pode tomar lugar ao lado de Leopold Bloom, ele cuja viagem, ao contrário daquela do herói joyciano, compõe-se de episódios intercambiáveis – e Mathias pode figurar ao lado do Estrangeiro, ele que passa como uma sombra diante da realidade e não mais na realidade? Essas perguntas, a que tentamos responder adotando um ponto de vista histórico e um método comparativo, só podem ser propostas validamente se levarmos em conta três fatores fundamentais: a historicidade da pessoa, a necessária parcialidade do artista, a evolução específica das formas.

Como todas as outras artes, o romance explica as mudanças, as variações da pessoa humana. Nenhum romance traduz a pessoa em sua totalidade: o romancista privilegia um aspecto que julga essencial, mas que tende a exprimir e a explicitar completamente. Se a maioria dos grandes romancistas procurara representar o homem total, essa totalidade continua sendo relativa: a de Balzac, fundada nas estruturas objetivas de uma sociedade, é exclusiva daquela de Stendhal, cujo polo dominante é psicológico. Da mesma forma, o homem de Tolstói e o de Dostoiévski se opõem. Em 1922, J. Rivière observava: "Para o romancista, há duas maneiras bem diferentes de realizar a ideia de uma personagem: ou pode insistir em sua complexidade, ou pode sublinhar sua coerência"[4].

Não esqueçamos a época em que foi formulada essa observação. A alternativa coerência-complexidade, sobre a qual Gide medita lendo Dostoiévski, corresponde a uma etapa decisiva da história do romance. Para Gide, o homem é coerente quando ousa ser múltiplo: quando passa além das "profundezas", assim como das convenções. Todavia, Gide, que procura "obturar os abismos", e Proust, que quer explorá-los, têm uma atitude comum diante do problema da pessoa. Preferem a "linha" Stendhal-Dostoiévski-Flaubert-James à "linha" Balzac-Zola-Hardy-Galsworthy. A possibilidade e a necessidade de escolher entre essas duas vias tornam-se manifestas quando o romancista pode legitimamente perguntar-se se a pessoa não é antes experiência do que substância. Mas escolhendo a experiência – considerando que a verdade da pessoa consiste no movimento –, os romancistas mais originais dos anos de 1920 de forma alguma renunciam à ambição de exprimir o homem total. Muito ao contrário: tendem a unificar o homem às duas técnicas maiores da "multiplicidade exposta", para usar a expressão de R. Fernandez: o monólogo interior, os olhares contraditórios sobre um mesmo objeto. Em compensação, em *Os Conquistadores* como em *A Alegria*, tratar-se-á de desviar o indivíduo de sua interioridade, a fim de que possa obedecer a um imperativo meta-humano, e tornar-se homem: a unidade da pessoa está diante de sua própria existência. Mas ainda aí a totalidade humana expressa pelo romance é parcial e injusta.

Dos romancistas dos anos de 1920 dissemos que privilegiavam uma pessoa situada nos vazios, nos intervalos de uma imagem do homem que outros escritores, ao contrário, haviam tomado como principal objeto. Dos Passos escreve nas

---

4. Cf. A. Gide, *Dostoievsky*.

entrelinhas do naturalismo americano. Incompatíveis com a visão do mundo de Galsworthy, as "miríades de impressões" constituem o essencial de *O Quarto de Jacó*. O ser, de Proust a Musil, é de essência analítica. Mais exatamente: a dissociação é mediadora da ideia de ser. Em Malraux, ao contrário, o ser será síntese de consciência e de ação, superação necessária do Ego. Mas para Roquentin, que rejeita tanto a tentação hegeliana quanto a do "solipsismo" proustiano, a pessoa não é outra coisa, em última análise, senão a liberdade de instaurar, aqui e agora, um sentido. Tal é também a pessoa para o "herói pagão" de Camus. Ora, a esta criação do Sentido, dependente de uma pura decisão do homem, com exclusão de todo o valor preestabelecido, apegar-se-ão vários romancistas, como outros se haviam apegado às próprias noções de indivíduo e de sociedade, que julgavam doravante vazios de substância. Devemos deduzir daí que a pessoa é aniquilada em *Molloy*, ou que o errante de *On the Road* (Pé na Estrada) não é mais homem? Subscreveremos a opinião de F. Mauriac: "O drama da pintura une-se ao drama do romance: ela também perdeu seu objeto. A estética é função da metafísica, sempre acreditei nisto: o homem é alguém ou não é ninguém?"[5].

Drama por certo já conhecido e superado por James no tempo em que Cézanne pintava, depois por V. Woolf na época do fauvismo. Já se podia então censurar o autor de *O Quarto de Jacó* por fazer que suas heroínas ignorassem essa responsabilidade social, moral, afetiva, que caracteriza tão profundamente Anna Karenina. Vejamos o quanto as noções de destino e de existência se degradam de *Moby Dick* a *Absalão!*, de Meredith a D. Richardson, de Stendhal a Gide. Ser alguém não é necessariamente ter uma linha de vida, dizem-nos em diversas formas Mrs. Ramsay, Dedalus, Quentin Compson, e a restauração de uma tal linha de Malraux, Bernanos, Steinbeck, terá sido de curta duração. O esteta e o historiador do romanesco não podem julgar uma obra em função da esperança ou do desespero que ela implica, mas segundo o conteúdo e o sentido de uma certa ideia do homem que a obra lhes propõe. Os escritores inovadores dos anos de 1950 julgam que a presença do humano – a presença de seres que amam, sofrem, que pensam em si e nos outros, que suportam tal obsessão ou querem alcançar tal objetivo – não é condição necessária da aventura romanesca. Para compreender sua atitude e para discernir em seus romances aspectos da pessoa, cumpre pensar que também seus antecessores eram guiados, em sua própria inspiração, pela ideia de relatividade e que também eles impunham ao real como à literatura existente um trabalho de *abstração* e de *redução*.

Com efeito, trate-se de Balzac ou de James, o romancista original esforça-se por entrar pela porta estreita. Apesar de sua amplidão estrutural, *A Comédia Humana* constitui uma ascese com respeito ao messianismo romântico. Admirador de Flaubert, tal como se admira um pioneiro, James julgará, todavia, que é necessário "tratar" o bovarismo pela inteligência: o homem não pode libertar-se das imposições sociais a não ser pensando-as, e não recusando-as. No romance como na pintura, a inovação tem um caráter crítico e desmistificador. A atitude

5. Artigo de *L'Express*, 16 de março de 1959.

do Abade de Aubignac, escandalizado por ver a maior parte dos escritores de seu tempo pintar homens "inimitáveis" em vista de sua perfeição, será a de Flaubert[6]. Adversários do "romance-cubo", Proust e V. Woolf serão um dia suspeitos de delimitar, de explicar indevidamente a consciência humana. Em *Thomas, o Obscuro*, M. Blanchot enclausura, de certa forma, os estados e funções psicológicos que vinte anos antes eram as fontes vivas do romance. Carcomida por Beckett, a filosofia romanesca do absurdo aparece singularmente "positiva". O romance original é quase sempre antirromance, em que se descreve uma antipessoa. No século XX, um princípio parece certamente reinar sobre a expressão da pessoa no romance: a recusa da certeza. Observemos, entretanto, de uma parte, que de todo o empreendimento de desmistificação surge um novo mito (a própria ausência do "personagem" assume, por exemplo, um caráter mítico em *Planetário* ou em *O Voyeur*), de outra, que as "obras abertas", tão bem estudadas por U. Eco, são obras "fechadas" por sua precisão técnica.

Inovar é, pois, o mais das vezes, erigir em forma aquilo que estava contido numa literatura precedente, fazer surgir correntes até então obturadas, tomar como matéria aquilo que foi considerado como acessório ou residual, valorizar aquilo que outros renegaram, e inversamente. V. Woolf teria revelado um universo de "entreatos" se os escritores vitorianos não houvessem concedido demasiada importância às aparências e às convenções? Mas aproveitando-se daquilo que os outros abandonaram, ou arruinando os fundamentos sobre os quais outros construíram, o romancista original orienta-se num sentido realista. Deduz a necessidade de destruir, bem como a de reconstruir, dos aspectos que julga se terem tornado fundamentais na zona da existência de que é a testemunha: no quadro dessa realidade inelutável, sua personagem deverá procurar uma verdade possível, mesmo que fosse a verdade do contrassenso. A crítica que exerce sobre obras cujo fundamento nega, mas que frequentemente servem de referências, é paralela à sua escolha de um objeto novo, que a seus olhos caracteriza essencialmente o homem de sua época.

Não é um dos traços primordiais a missão do romancista indicar-nos qual a salvação possível num mundo que lhe coube experimentar? Salvação cuja forma e cujo sentido não terão mudado menos de James a Beckett do que haviam variado de Rousseau a Balzac. Salvação, também, cuja concepção ultrapassa o campo e o tempo de uma simples existência individual, ainda que fosse tão rica como a de um Julien Sorel, de um Strether, de um Narrador. Na falta de outros termos, diremos que a maior parte dos romances que propõem do homem uma imagem nova (mas real, porque o escritor não deixa na sombra nem as ambiguidades nem as fraquezas de um sujeito) desdobram-se entre uma superpessoa e uma subpessoa. Superpessoais são conjuntamente, em Balzac, a Sociedade e a vontade de poder, ao passo que o indivíduo e suas paixões têm um direito relativo à existência. A relação é invertida em Stendhal, que faz do conhecimento – do reconhecimento – de si o valor dominante. Superpessoal é

---

6. Abbé d'Aubignac, *Conjectures académiques*, 1715, p. 224.

para Flaubert a impressão, ao passo que se situam aquém da pessoa o papel, a função e, mesmo, a vontade. James valorizará a expansividade, a sensibilidade, a afinação da consciência contra as convenções e os hábitos sociais, aos quais, todavia, as personagens se submetem. Superpessoal é a Duração em Proust, subpessoal, o Tempo. E, na época em que Malraux escreve *A Esperança* (quando se degrada a fé numa História realizadora do Humano), Roquentin concebe a ideia de Existência, que ultrapassa sua própria individualidade e que tem como reverso a cortina alienante da linguagem. A pessoa é razão para Kafka: acaba por aniquilá-la a sem-razão do automatismo e do *On*. Mas, num mundo "guiado pelo Objeto", Cayrol e Robbe-Grillet descobrirão estritos caminhos de liberdade: o amor secreto dos outros, o espírito de precisão. Contra o conforto climatizado, H. Miller exaltava o erotismo e o estetismo. Kerouac, por sua vez, "tomará" a verdade da aventura pela realidade de um universo petrificado pelo conformismo. Nem rir, nem chorar, mas compreender: assim definiremos a pessoa tal como S. Bellow a concebe.

Flaubert, Fitzgerald, Kafka, Beckett certamente descrevem o homem num tempo. Mas essa representação é um fim em si? O romancista realista não se preocupa antes em saber e em mostrar-nos como a pessoa é possível num ponto dado da história, e quais são exatamente os fenômenos que põem embaraços a esta possibilidade?

Entre a pessoa possível, ou essencial, e as dificuldades que se opõem à sua realização, a personagem é mediadora. A personagem (nisto ao menos consistia nossa tese) é o significante da pessoa. Dom Quixote ou Kyo, o herói do romance objetivo, condensa um aspecto do humano que é, ao mesmo tempo, super-humano, e, às vezes, não-humano. O Bem que simboliza o Príncipe André equivale ao Mal para o qual os heróis de Laclos e de Gide tiveram propensão: aqui e lá é criticado o homem que é apenas homem. A personagem "redonda", como dizia Forster, ilustra a diferença que o psicossociólogo vê entre a pessoa e a função[7]: ela significa o mais totalmente e o mais exatamente possível tal concepção do homem e da vida humana. A personagem plana, em troca, é função, representação, univocidade. A prima Bette e Vautrin, que compreendem qual é o sentido (isto é, quais as determinantes fundamentais) da sociedade em que vivem, têm em comum com Pons o fato de estarem indo em direção a um ser e de se afastar de um não-ser. O colecionador Pons, cuja imaginação abraça objetos precisos, e que não se resigna a ser tão-somente um parente pobre, é tão ambicioso quanto Vautrin.

O bancário de *O Processo* também é uma personagem. Não mais personalizando a sociedade nem podendo personalizar-se contra ela, "K." exprime a angústia que se apossa do herói de *Hochzeitsvorbereitungen auf dem Lande* (Cenas de um Casamento) quando descobre que Eu é na realidade On. Objetivamente (sem que o saiba), a personagem de Kafka já é um número de matrícula quando começa sua aventura, que consistirá em percorrer o labirinto do

---

7. Cf. especialmente J. Stoetzel, La Notion de personne, *La Psychologie sociale*, cap. x; e G. W. Allport, *Personality:* A Psychological Interpretation.

anonimato na esperança de redescobrir a consciência humana – até o momento em que o *On* pune K. por ter acreditado na existência possível do Eu. A personagem-inicial de *O Processo* (mas ela existe, tem uma sensibilidade, desejos, e sobretudo uma razão) parece reenviar ao nada, como tantas ilusões, todas as concepções da pessoa expressas pelo romance, de *Dom Quixote* a *O Homem sem Qualidades* e, particularmente, as visões balzaquiana e proustiana do homem e do mundo. Em Kafka, essa medida é a tal ponto comum entre o indivíduo e a sociedade global que ela deixa de existir: o individual é o social, o Ele não é mais representativo do que o Nós. Anti-Vautrin (aos poucos é despojado dos sinais distintivos, das *Eigenschaften* que lhe permitiriam participar da vida social e agir sobre o mundo), o herói de Kafka é, de outro lado, um anti-Narrador, pois está privado da liberdade de pensar-se a si próprio como ser singular, como consciência singular: não pensa em si (recordemos a trágica ironia de Kafka) a não ser em função de um todo compacto, de contornos indiscerníveis. No entanto, a redução do humano ao desumano operada por Kafka não é uma verdade absoluta, nem mesmo a verdade essencial de uma época: em *O Processo* e em *O Castelo*, a busca do humano não é menos verdadeira nem menos concreta do que o fracasso do humano. Confrontando uma personagem demasiado possível e uma pessoa impossível, Kafka não é menos onisciente e soberano do que Balzac, que é dado considerar como seu "adversário" por excelência, porquanto Balzac ignora cientemente qualquer separação entre a personagem e a pessoa.

Confrontando Balzac e Kafka podemos conceber a importância da transição representada pela obra de Proust na história do romance e da pessoa. Muitas figuras de *Em Busca do Tempo Perdido* são somente personagens: Jupien, Odette, o Duque de Guermantes são dotados de uma rigorosa representatividade balzaquiana. Mas essa representatividade é dada por Proust como vã, como vazia de substância ou, mais exatamente, de necessidade e de sentido. Só é significante a consciência – a de um Narrador cuja *figura* permanecerá desconhecida para nós. E, entre o caos organizado do mundo social e o cosmos fluido e resplandecente do Eu, situam-se, como mediadores, Charlus e Swann, semipersonagens, semiconsciências.

"Quanto mais Balzac descreve um rosto, menos vejo o rosto que ele descreve"[8]. Essa observação de Malraux é a de um romancista moderno. Ainda que as personagens de Malraux ilustrem o pensamento hegeliano segundo o qual a aparência, longe de dissimular a interioridade, ao contrário a exprime, não são, como as de *A Comédia Humana*, significadas por seu aspecto, ele mesmo significativo de um estatuto e de um destino essencialmente sócio-históricos. No século XX, e em Dostoiévski, a aparência é separada da consciência, a "personagem" da pessoa. Nos traços de May, Malraux nos faz ler sua história "objetiva", que contradiz outra história, aquela que deve ser feita segundo um espírito. *Stream* em Dedalus, receptividade em Hans Castorp, reflexividade no Narrador, senso de ação e de participação para Kyo, a consciência tem sempre a primazia sobre

---

8. Cf. G. Picon, *Malraux*, p. 62.

a função no romance contemporâneo. Ao longo de todo o nosso estudo, verificamos uma ruptura entre a noção de pessoa e a realidade da personagem que a encarna. Essa ruptura torna-se desproporção em Robbe-Grillet se admitirmos que a concepção da pessoa defendida pelo romancista de *Voyeur* consiste fundamentalmente numa aproximação racionalista dos objetos. O contrassenso e a indeterminação defendidos por Beckett têm Molloy ou o narrador de *O Inominável* como simples suportes.

Forster foi, sem dúvida, o primeiro a sublinhar claramente a natureza de significante, se não "instrumental", do herói do romance. Em última análise, a personagem é, ao mesmo tempo, uma noção e um objeto, uma figura e uma gente, cuja existência, como dissemos, transcende a evolução do romance a igual título que a "narração". Aí está uma das descobertas de Proust, de V. Woolf, de Faulkner – após muitos séculos de arte romanesca. Há personagens em *O Voyeur* como há em *O Pai Goriot*, mas entre o romance de Robbe-Grillet e o de Balzac a diferença não é menos nítida e específica do que entre a "pensão Vauquer" e "a chegada de um barco a um porto". O anonimato de K. oferece um desmentido aos heróis pirandelliano, gidiano, proustiano: no universo de Kafka, não é mais possível sequer verem-se mil para conceber-se um. Ao herói que ilustra a ambiguidade e a laceração da consciência em breve vai suceder aquele que exprime a universalidade da constatação.

Consideremos enfim o romanesco, cuja verdade R. Girard sublinhou, em oposição à mentira romântica. No romance de Mme. de La Fayette, a ordem da realidade (que comporta dois níveis: a vida do coração e uma moral imperativa) acha-se em conflito com um universo imaginário constituído pelas paixões da alma. A verdade romanesca de M. de Clèves, que assume este conflito do moral e do passional, opõe-se à mentira romântica dos heróis ou heroínas da "Ternura", cujos sentimentos acabam por triunfar dos obstáculos dispostos em seu caminho. O romanesco será situado num plano totalmente diferente por Balzac. A imaginação, que é privilegiada em *A Comédia Humana*, não se refere mais ao amor, mas à posse de um mundo composto de objetos precisos, que significam a ordem e as estruturas deste mundo. Sendo romanescos em função dessa realidade, Pons, Vautrin, Rastignac, o Cura de Tours são personagens balzaquianas por excelência. Em compensação, Rubempré é romântico. Para Balzac, as princesas de Clèves são anacrônicas, como os Vautrin o serão para Proust.

Julgamos dever sublinhar a importância do espanto no romance moderno, a partir de Flaubert. Lembremos o episódio de *Peregrinação* em que Míriam descobre que existem salmonetes. Fabrice ainda sabia fazer com que a realidade servisse seus desígnios, mas para o herói proustiano o real não passa de uma matéria inerte quando a consciência é impotente para integrá-lo, para metamorfoseá-lo:

> A cidade que tinha diante de mim deixara de ser Veneza. Sua personalidade, seu nome, me pareciam como ficções mentirosas que eu não tinha mais a coragem de inculcar às pedras. Os palácios se me apresentavam reduzidos às suas simples partes e quan-

tidades de mármore semelhantes a todas as outras, e a água, como uma combinação de oxigênio e de azoto...[9].

Da mesma forma, H. Bosco escreverá:

> Eu não encontrava amizade nestas presenças materiais; mas uma espécie de aspereza que se desprendia do anonimato. O menor godé de metal logo assumia uma importância inesperada, e quanto mais ele se afirmava impondo-se a mim, menos eu o sentia como sociável. A madeira voltava a ser madeira, o ferro, ferro [...][10].

O romanesco muda, mas não tem ele como caráter profundo, como constante, a perseverança num ser escolhido, que dá um sentido e sua forma à imaginação do herói? Justine, o Príncipe André, Hans Castorp, o próprio Molloy querem antes realizar-se do que avaliar-se. Lord Jim, diz-nos expressamente Conrad, é romântico por sua fidelidade à imagem de um Eu fictício. Não podendo viver sem tentar resgatar por sua coragem e seu espírito de justiça uma falta que é real na mesma medida em que é imaginada, o herói de Conrad valoriza um ser-culpado, como Fabrice valorizava a ideia de felicidade e Heathcliff, a paixão. "A imaginação", escreve Bachelard, "é em primeiro lugar o *sujeito tonalizado*"[11]. Mas devemos ainda escolher certa ideia de nós mesmos que nossa imaginação possa exaltar e realizar. De uma tal escolha, consciente ou não, o romancista nos desvela e nos explica o poder. Com Lord Jim, Izabel, Strether, o romanesco depende desta ordem de impressão focalizada por Proust leitor de Flaubert: a verdade do Eu torna-se diferente em natureza da verdade do mundo. Depois, em *Peregrinação*, a ruptura será consumada entre sujeito e objeto. O Ser que Míriam, Mrs. Ramsay e o Narrador tão fortemente desejam perceber não tem mais outro nome senão o próprio nome de Ser. Malraux e Bernanos nomeá-lo-ão novamente.

Mas essa perseverança numa certa forma imaginada de ser não tem verdade, sentido, valor a não ser com relação a uma certa forma de não-ser. Uma relação de necessidade, concebida pelo grande romancista entre tal modo de imaginação e tal aspecto, tal estrutura do mundo concreto, aproxima Dom Quixote de "K."[12] e Julien Sorel de Leopold Bloom. Destinado, cremos, a fazer existir o mundo em função de uma certa ética, o herói só é verdadeiro e vivo se suporta ou assume as forças que contradizem essa missão. Ao ser com que sonha sua heroína, Flaubert opõe o anti-ser dos "comícios agrícolas". O ser imaginado pelo Príncipe André continuaria mítico se, ao mesmo tempo, uma certa forma precisa da História não o suscitasse e não o contradissesse. A liberdade afirmada como possível por Robbe-Grillet não se verifica sem uma tomada de consciência das servidões impostas pela tecnicidade de nossa civilização. O "mau romance", pelo contrário, parece-nos ser aquele no qual a realidade está

---

9. M. Proust, *La Fugitive*, p. 652.
10. H. Bosco, *Le Mas Théotime*, p. 173.
11. G. Bachelard, *La Terre et les rêveries du repos*, p. 87.
12. Cf. M. Robert, *L'Ancien et le nouveau*.

sujeita às exigências da imaginação, que então é sonho, ou, inversamente, aquele em que vemos a consciência sujeita aos aspectos do real.

A verdade do romance é, sem dúvida alguma, de ordem estética[13]. Lembremos, entretanto, a distinção que estabelecemos no começo deste estudo entre estética e arte: o romancista escreve uma obra verdadeira pela ciência das formas de que dá prova; pela consciência que tem, em outros termos, do caráter formal, estrutural, da realidade que pretende exprimir, mesmo e sobretudo quando se trata de uma realidade psicológica. O escritor que nos aproxima de uma "verdade estética" considera os fatos, inclusive aqueles de sua própria consciência, como uma substância, e sua arte consiste, primeiramente, em focalizar a existência de uma relação, de uma tensão, entre conteúdo e continente: entre a matéria fugaz, imediata da vivência, e as estruturas que ele descobriu nesta via. A enformação é, antes de tudo, conhecimento das formas "reais". Pensamos que toda a sociologia do romance deva levar em conta, de uma parte, a especificidade histórica da arte romanesca, de outra, o fato de que o próprio romancista de valor é sociólogo – que pensa, interpreta e sintetiza a vida social. O mesmo se passa na ordem da psicologia. Do início do século XX a nossos dias, o romance reflete as diversas interpretações modernas da vida psíquica: *stream of consciousness*, bergsonismo, psicanálise, *Gestalt*... Mas Henry James toma à letra a teoria de seu irmão William? Para o romancista inovador, a psicologia das profundezas ou a dos comportamentos são ao mesmo tempo formas, meios técnicos e temas. O escritor original *confronta* uma experiência vivida com certo esquema, portanto, com um certo sentido, da realidade. Esquema e sentido que são mediadores entre a vivência imediata e as exigências formais de uma arte que tem sua história. Qual a arte que faz aparecer melhor do que o romance a dualidade complementar do histórico e do fundamental, do existencial e do nocional, da ação e do pensamento?

Devemos também conceber essa complementariedade confrontando nossa própria vida e nosso universo presente com a evolução do romance, da pessoa, da personagem. Existem em nossos dias os Pons, os Vautrin, e não é só ao museu imaginário do romance que pertencem a esperança desesperada de Ferdinand, a lucidez heróica de Kyo. Os destinos de Anna Karenina e de May têm relação com muitas mulheres de nosso tempo. Molloy não exclui Roquentin como este não abole as descobertas psicológicas, espirituais, estéticas do Narrador. Em nossa cultura e para nossa instrução, coexistem as três principais formas assumidas sucessivamente pelos heróis de romance: o tipo, o caráter, a consciência. A personagem-signo, ou sombra, tal como foi concebida em nossos dias, propõe-nos ainda uma visão do mundo.

Tal como na pintura, a criação romanesca procede de duas escolhas das quais uma se exerce sobre a realidade vivida e pensada pelo escritor, a outra sobre o domínio próprio de uma arte. As razões, as determinantes históricas

---

13. Cf. J. G. Bomhoff, La Verité du roman, *Actes du XII Congrès de philosophie de langue française*, p. 157-160.

que levam um romancista inovador a revelar, a privilegiar tal aspecto da pessoa não se lhe apresentam sempre com toda a clareza. Proust e D. Richardson, T. Mann e Dos Passos escrevem sem que um conheça a obra dos outros e, no entanto, suas obras manifestam a mesma problemática fundamental: trata-se de denunciar o divórcio entre o Mundo e a Consciência e de mostrar qual é a salvação possível no caso. A outra escolha é estética e técnica e devemos, uma vez mais, sublinhar um de seus traços essenciais: a erosão dos contornos. Quando pesquisa "a representação indireta dos fatos", o Gide de Os Moedeiros Falsos tende a exprimir assim a ambiguidade, a incerteza, a liberdade da pessoa; mas o romancista procura, além disso, não dizer aquilo que Balzac já disse: a *indirectness* consiste numa arte da implicação, tornada necessária pela própria historicidade do romanesco. Como o criador, o esteta deve levar em conta a acumulação das formas antigas, que ao mesmo tempo restringe a margem de escolha do artista "novo" e o incita a instaurar técnicas inéditas.

Redução da pessoa, precisão e complexidade das formas: tais características do romance ocidental, a partir do fim do século XIX, são conexas. Assim como a economia estrutural realizada por Balzac para criar um vasto universo romanesco corresponde a uma época de tipologia social particularmente nítida e organizada, do mesmo modo a condensação romanesca realizada por Proust e por T. Mann é, sem dúvida, o resultado de uma civilização incerta em si mesma e que procura ordenar-se no espaço e no tempo. Opondo precisamente *A Montanha Mágica*, romance da totalização da pessoa, à obra de Beckett, em que o humano parece dissolver-se, G. Lukács vê em *Molloy* ou em *En attendant Godot* (Esperando Godot) a imagem de uma sociedade desorientada, sem comunicação humana, sem perspectiva. Mas há outras e múltiplas razões para a "morte da personagem", tal como para esta recusa do lirismo, da psicologia e das "ideias" que caracteriza as formas mais originais do romance após 1945. Logo depois da última guerra, S. Bellow observava:

> É de evidência meridiana que no romance moderno a estatura da personagem ficou reduzida em relação aos romances de outrora, e essa redução preocupa profundamente aqueles que conferem um valor à existência. Penso, todavia, que não ficaram reduzidos os poderes de emoção ou de ação do homem, nem que a humanidade se tenha degenerado. Creio, antes, que os indivíduos aparecem mais restringidos em razão das dimensões imensas assumidas pela sociedade[14].

Aqui está constastada a ambição proustiana de exprimir o Todo revelando a profundidade do Um. A imensidade social sublinhada por Bellow, e que implica crescente complexidade dos fenômenos sociais, restringiu aquilo que designaremos como o poder de comentário do escritor e, por conseguinte, o da personagem. Se confrontarmos *Os Embaixadores* com *Os Moedeiros Falsos*, poderemos ver de que campo de informação, de interpretação, de julgamento – e de certeza – dispunha ainda James em face de Gide, cujas personagens

---

14. Cf. W. Allen, *Tradition and Dream*, p. 342.

têm em certo sentido uma "pulverulência" mais pronunciada do que as de Dos Passos. A investigação sociológica, a especificidade mais ou menos grande das pesquisas em sociologia, os meios de economia e de demonstração de que dispõe o cineasta não deviam tornar mais estrito o caminho do romancista, isto é, o caminho da autenticidade romanesca?

    O homem invisível de Wells, observa J. L. Borges, deve vestir-se totalmente "para que não se veja que é invisível". Com esse símbolo terminaremos nosso estudo. O romancista revela *um* mundo e revela-se neste mundo. O que devo, o que posso tornar evidente no que vem da pessoa?, pergunta-se o escritor inovador. Queríamos, sem nostalgia, acentuar essa necessidade romanesca.

Ensaio de Síntese

"Aquilo que era ação torna-se impressão": assim Proust caracterizava a obra de Flaubert. Mas esse juízo corresponde ainda mais claramente ao renascimento romanesco que se manifesta no decurso dos anos de 1920: a própria existência das consciências é então escolhida como objeto essencial pelos romancistas inovadores. O romance terá, como plano diretor, o conjunto das "miríades de impressões" que conferem sua autenticidade à pessoa. Perdendo a qualidade de sujeitos, a sociedade e a história tornam-se, ao contrário, objetos relativos à vida de uma consciência privilegiada, cuja amplidão e verdade o escritor opõe a estes "clichês fotográficos" que são as "personagens".

Aberto por Stendhal, o caminho da relatividade certamente foi seguido por Flaubert, depois por James. Suas obras mostram-nos que quanto mais as formas do social e o sentido da história são postos em questão pelo escritor, mais agudo se lhe apresenta o problema do *narrador*, por cuja secreta mediação o romancista objetivará os aspectos mais subjetivos de sua pessoa. Julien Sorel, Emma Bovary e o herói de *Os Embaixadores* "duvidam", todos eles, da realidade e da verdade do mundo que os rodeia, e "se fiam", ao contrário", em sua vida interior.

Não obstante, essas personagens terão tido um destino coerente. Ter-se-ão formado, realizado. E é precisamente essa orientação da pessoa que Proust e Joyce, Virginia Woolf e Faulkner, Dos Passos e Musil vão recusar. De Stendhal a James, a intriga esposava o traçado de uma tendência dominante do herói. Desta vez tratar-se-á, em primeiro lugar, de pôr a consciência em confronto com fatos que o romancista considera como coisas. O objetivo remoto e profundo do romance será a descoberta – e a afirmação – do *ser* para além das "paixões" e da história.

O monólogo dito interior será a liça deste enfrentamento do Eu e do mundo: o *stream* é uma onda de choque que volta ao sujeito depois de se ter chocado com objetos. Metamorfoseando coisas em consciência, cada momento do *stream* prefigura esta "alma universal" que o romance quer recriar contra o devir desumano da história.

Era mister dar forma a este romanesco essencialmente não-diretivo, fundado na existência arriscada de consciências captadas em estado puro – mas entregues a um mundo hostil. Para conter e estruturar o *stream of consciousness* o escritor inspirar-se-á nos modos de composição que lhe propõem a pintura e a música de seu tempo. O romance se desdobrará segundo uma *lógica* subjetiva. Enfim, o escritor apelará, a fim de compor sua obra, para estes *limites do homem*, que são fenômenos sociais intoleráveis, porém inelutáveis.

Mas o Ego, ainda que fosse tão profundo e amplo como no Narrador, em Leopold Bloom ou em Hans Castorp, não pode erigir-se em rival do mundo, salvo em sonho. O ser do homem consiste numa história que o homem faz: reconheceram-se as personagens de Malraux e de Bernanos. Já *O Sol Também se Levanta* havia negado os prestígios dos espelhos e dos labirintos: o homem está sempre aí; e deve amar, sofrer, morrer aqui e agora; não é em sua memória que pode encontrar sua verdade. Assim, o romance volta a uma forma que *Em Busca do Tempo Perdido* como *O Som e a Fúria* recusavam: a forma da narração cronológica. Como o destino do herói, a escritura romanesca recupera uma progressão histórica. Todavia, não é mais aquela de Balzac, pois os novos heróis de romance vivem para um *fim* da história.

Musil, Fitzgerald e, sobretudo, Kafka o haviam compreendido: o homem está votado a caminhar à sua frente, e essa marcha, quando não é iluminada por este fim da história em que crê Kyo, ou pela fé que anima o Pároco de aldeia, desemboca no nada. Ir ao encontro do não-senso como se a rota não tivesse sentido: no tema do absurdo o romanesco vai haurir uma vida nova. Esse tema tem uma história: há, ao longe, figuras celinianas, que sem se cansar recomeçam cada dia o absurdo de uma vida reduzida à existência, ao absurdo exaltado como uma força, se não como um valor, por Roquentin e por Meursault – cada qual a seu modo. Ora, um narrador de Beckett, denunciando o mito do absurdo, far-nos-á penetrar numa incerteza absoluta: nem o nada é seguro. Com a era da suspeita começa a era da constatação. Todavia, os romancistas originais dos anos de 1950, que querem caracterizar o mais exatamente possível a ausência de senso das coisas e dos seres, contam-nos ainda, como seus antecessores, a história da pessoa humana. História da qual cada nova figura é parcial e injusta: não existe homem romanesco total. Entre 1920 e 1955, o romance terá precisado três imagens da existência humana: a vida recorrente, a vida progressiva, a vida sucessiva.

No romance como na pintura, estética e significação não podem ser dissociadas. Necessariamente injusto quando concebe a pessoa em tal momento de uma civilização, o escritor inovador deduz da realidade que observa, em si mesmo e em torno de si, estruturas próprias para ilustrar essa concepção. Um equívoco deve ser dissipado: quando o romancista afirma a necessidade de uma *arte* do romance, recusa não menos imitar o real do que fazer uma obra gratuita. Só acentua a necessidade de instaurar *formas*. A estética romanesca consiste principalmente em estudar os aspectos sucessivos daquilo que Proust chamava o "instrumento de ótica" do romancista.

E como captar a significação humana da personagem romanesca sem antes tomar consciência de sua situação e de seu valor formais no conjunto da obra? Charlus ou Babbitt, Roquentin ou o "homem sem qualidades", o herói do romance é uma pessoa na própria medida em que é o signo de uma certa visão da pessoa.

Bibliografia

(Com exceção da rubrica *A noção de pessoa*, só são indicados aqui os estudos diretamente referentes a nosso texto.)

A Noção de Pessoa

ALLPORT, G.W. *Personality: A Psychological Interpretation*. London: 1938.
ANZIEU, D. *L'Auto-analyse*. Paris: 1959.
BAUDOIN, C. *Découverte de la personne*. Paris: 1940.
BLANCHE, R. *Les Attitudes idéalistes*. Paris: 1949.
BRÖNDAL, V. Le Concept de "personne" en grammaire et la nature du pronom. *Journal de Psychologie*, 1939.
BRUNSCHVICQ, L. *De la connaissance de soi*. Paris: 1956.
BUBER, M. *Je et Tu*. Paris: 1938.
CANTARO, S. El absurdismo o filosofia del absurdo. *Universidad*, ago. 1952.
CHASTAING, M. *L'Existence d'autrui*. Paris: 1954.
CULBERG, J. *Das Du und die Wirklichkeit*. Upsall: 1933.
DUFRENNE, M. *La Personnalité de base*. Paris: 1953.
DUNNE, W. *Experiment with Time*. New York: 1944.
FILLOUX, J. C. *La Personnalité*. Paris: 1957.
FRAISSE, P. *Psychologie du temps*. Paris: 1957.
GOLDMANN, L. La Réification. *Les Temps modernes*, mar. 1959.
GURVITCH, G. [Sob a direção de]. *Traité de Sociologia*. Paris: 1959-1960. 2 v.
HALL, C. S; LINDZEY, G. *Theories of Personnality*. New York: 1957.
HEIDEGGER, M. *Was ist metaphysik?* Bonn: 1930. Trad. franc. *Qu'est-ce que la Métaphysique?* Paris: 1951.
_____. *Sein und Zeit*. 1927. Trad. franc. *L'Etre et le Temps*. Paris: 1964.
LALANDE. Vocabulaire de la philosophie, *Personne*.
LEMARIÉ, O. *Essai sur la personne*. Paris: 1936.
LEWIS, W. *Time and Western Mann*. New York: 1928.
MATORÉ, G. *L'Espace humain*. Paris: 1962.
MEAD, M. *The Philosophy of the Present*. New York: 1932.
MERLEAU-PONTY, M. *Phénoménologie de la perception*. Paris: 1945.
MEYERSON, I. *Les Fonctions psychologiques et les oeuvres*. Paris: 1948.
_____. L'Entrée dans l'humain. *Revue philosophique*, jan.-mar. 1952.
MUCCHIELI, R. La notion de structure en psychologie. *Notion de Structure*, XX, semana de Síntese, Paris: 1957.
NÉDONCELLE, M. *La Réciprocité des consciences, essai sur la nature de la personne*. Paris: 1942.
RICOEUR, P. *Philosophie de la volonté*. Paris: 1950-1960. 3 v.
ROSSET, C. *La Philosophie tragique*. Paris: 1960.

SARTRE, J. P. *L'Être et le néant*. Paris: 1943.
_____. *L'Imaginaire*. Paris: 1948.
STOETZEL, J. *La Psychologie sociale*. Paris: 1963.
TILQUIN, A. *Le Behaviourisme*. Paris: 1942.

A Pessoa e a Personagem no Romance

ACKERMANN, F. Psychologische Romane, *der Forschstell Psychodiatic*, n. 11, 1945.
ADORNO, T. W. *Noten zur Literatur* (I e II). Frankfurt a. M.: 1957-1961.
ALBÉRÈS, R. M. *Portrait de notre héros, essai sur le roman actuel*. Liin: 1945.
_____.*La Révolte des écrivains d'aujourd'hui*. Paris: 1949.
_____. *L'Aventure intellectuelle du XXe siècle*. Paris: 1959.
ALDRIDGE, J.W. *After the Lost Generation*. New York.
ALLEN, W. *Reading a Novel*. London: 1949.
_____. *Tradition and Dream, the English and American Novel from the Twenties to Our Time*. London: 1964.
ALQUIÉ, F. *Philosophie du surréalisme*. Paris: 1955.
ALTHEIM, F. *Roman und Dekadenz*. Tubinga: 1951.
ARAGON, L. *Traité du style*. Paris: 1928.
ARBOUR, R. *Henri Bergson et les Lettres françaises*. Paris: 1955.
ASSELINEAU, R. W. Faulkner moraliste puritain. *La Revue des lettres modernes*, n. 5, hiver 1958-1959.
ASTRE, G.A. *Thèmes et structures dans l'oeuvre de Dos Passos*. Paris: 1956, 2 v.
_____.*Hemingway*. Paris: 1959.
AUDIAT, P. La Critique littéraire devant la psychologie contemporaine. *Journal de Psychologie*, n. 21, 1924.
BAIWIR, A. *Le Déclin de l'individualisme chez les romanciers américains contemporains*. Liège: 1943.
BALZAC, H. de. Etudes sur M. Beyle. *Revue Parisienne,* Paris, 25 set. 1840.
BARLON, L. Le Silence de Dieu dans la littérature contemporaine. *Les Etudes*. Paris, mai.-jun., 1954.
BARR, D. Freud and Fiction. *Saturday Review*, 1956.
BASTIDE, R. Sociologie de l'art. *Cahiers internationaux de Sociologie*. Paris: 1948.
BATAILLE, G. Marcel Proust et la mère profanée. *Critique*, 1946.
_____. *La Littérature et le Mal*. Paris.
_____. Le silence de Molloy. *Critique*. XLVIII, 1951.
BECKETT, S. The Background of *Ulysses*. *Kenyon Review*, XVI, n. 3, 1954.
BELAVAL, Y. *Le souci de sinceritè*. Paris: 1944.
BELLOW, S. *Recent American Fiction*, conferência sob os auspícios do Gertrude Clarke Whithall (Poetry and Literature Fond). Washington: (Library of Congress), 1963.
BENVENISTE, E. Les Relations de temps dans le verbe français. *Bulletin de la Société de Linguistique*, n. 54, Paris: 1959.
BERGE, A. *L'Esprit de la littérature contemporaine*. Paris: 1930.
BERGLER, E. *The Writer and Psycho-Analysis*. New York: 1950.
BEHL, E. *Mort de la pensée bourgeoise*. Paris: 1929.
BÉGUIN, A. *Bernanos*. Paris: 1954.
BLACKMUR, R. P. *The Lion and the Honeycomb*. New York: 1955.

BLANCHET, A. *La Littérature et le spirituel*. 3 v. Paris: 1958, 1960, 1961.
BLIN, G. *Stendhal et les problèmes de la personnalité*. T. I. Paris: 1954.
BLONDEL, C. Marcel Proust et l'immensité mental. *Revue philosophique*, n. 56, 1931.
BLOTNER, J.-L. Mythic Patterns in *To the Lighthouse*. P.M.L.A., sep. 1950.
BOAS; BURTON, *Social Background of American Literature*. New York: 1925.
BOMHOFF, J.G. La verité du roman. *Actes du XIIe Congrès des sociétés de philosophie de langue française*. Bruxelas-Louvain: 1964.
BONNET, H. *Le Progrès spirituel dans l'oeuvre de Marcel Proust*: 1) Le Monde, l'Amour, l'Amitié; 2) L'Eudémonisque esthétique de Proust. Paris: 1946-1949.
BOUCHER, M. *Le Roman allemand (1914-1933) et la crise de l'esprit – Mythologie des inquétudes*. Paris: 1961.
BOUVIER, E. *Initiation à la littérature d'aujourd'hui*. Paris: 1932.
BOYER, J. *Herman Broch et le problème de la solitude*. Paris: 1954.
BRAY, B. *L'Expression de l'inquiétude dans le jeune roman français*. Gröningen: 1959.
BRÉE, G. *A. Gide: l'insaisissable Protée*. Paris: 1953.
BRÉE, G; GUITON, M. *An Age of Fiction: The French Novel from Gide to Camus*. Rutgens, 1957.
BRÉE, G. *Camus*. New Brunswick: 1959.
BRETON, A. *Manifestes du Surréalisme*. Paris: 1926-1930.
BROMBERT, V. *Studies in the French Novel: The Intellectual Hero*. Philadelphia: 1960.
BROOKS, C; PENN WARREN, R. *Understanding Fiction*. New York: 1943.
BRUNEAU, J. Existencialism and the American Novel. *Yale French Studies*, 1948.
BURUCOA, C. Mythologie de l'absence dans le roman contemporain. *Temps des hommes*, n. 2, mars 1958.
CAILLOIS, R. *Puissance du roman*. Marseille: 1942.
_____. *L'Incertitude qui vient des rêves*. Paris: 1956.
CAMPBELL, J. *The Hero with a Thousand Faces*. New York: 1949.
CAMUS, A. *Le Mythe de Sisyphe*. Paris: 1946.
_____. *L'Homme révolté*. Paris: 1951.
CARROUGES, M. *Franz Kafka*. Paris: 1948.
_____. *A. Breton et les données fondamentales du surréalisme*. Paris: 1950.
CATTAUI, G. *Marcel Proust*. Paris: 1952.
CELLY, R. *Répertoire des thèmes de Marcel Proust*. Paris: 1935.
CHAMPIGNY, R. Sens de *La nausée*. P.M.L.A., mars 1955.
_____. Existencialism in the Modern French Novel, *Thought*, 31, 1956.
_____. *Sur un héros païen*. Paris: 1959.
CHARLEY, H. Le Héros anonyme de *Monsieur Teste* aux *Mandarins*. *The Romanic Review*, New York, déc. 1959.
CHASE, R. *Finnegans Wake*: An Anthropological Study. *American Scholar*, 8, 1944.
CHASTAING, M. *La Philosophie de V. Woolf*. Paris: 1951.
CHAUFFER, L. M. Proust analyste. N.R.F., v. XX, 1923.
_____. Les Faux-monnayeurs. *Les Cahiers du mois*, mars 1927.
CHIAROMONTE, N. Malraux and the Demons of Action. *Patisan Review*, XV, jul. 1948.
CHRISTADLER, M. *Natur und Geschichte im Werk von W. Faulkner*. Heidelberg: 1962.
CLAUDEL, P. *Du côte de chez Ramuz*. Paris: 1947.
COLLINS, C. *The Interior Monologue of* The Sound and the Fury. Cambridge: 1954.
COMFORT, A. *The Novel and our Time*. London: 1948.
CONCHON, G. Psychanalise et création romanesque. *La Table ronde*, n. 108, déc. 1956.
CRÉMIEUX, B. *XXe siècle*, Paris: 1924.

_____. *Inquiétude et reconstruction: essai sur la littérature d'après-guerre*. Paris: 1931.
CUISENIER, A. *Jules Romains et l'unanimisme*. 3 v. Paris: 1935, 1948, 1954.
DAICHES, D. *The Novel and the Modern World*. Chicago: 1939.
DANDIEU, A. *Marcel Proust: sa révélation psychologique*. Paris: 1930.
DANIEL-ROPS, H. Approfondissement et dispersion du Moi. *La Revue hebdomadaire*, mai 1926.
DAVID, C. Un chef d'oeuvre autrichion, Le Roman de Musil. *Preuves*, août. 1955.
DAVID, C.D. *Eyes of Boyhood*. Philadelphia: 1953.
DAUWEN ZABEL, M. *Craft and character in modern fiction*. New York: 1957.
DEBRAY, P. Du roman psychologique au roman de la condition humaine. *Cahiers du Monde Nouveau*, 3, 1948.
DEGUY, M. *Le monde de T. Mann*. Paris: 1962.
DELATTRE, F. *Le Roman psychologique de V. Woolf*. Paris: 1932.
DELAY, J. *La Jeunesse d'A. Gide*. 2 v. Paris: 1956-1957.
DELHOMME, J. *Temps et Destin: essai sur André Malraux*. Paris: 1955.
DE VOTO, B. *The World of Fiction*. Boston: 1950.
DIEGUEZ, M. de. *De l'absurde*. Paris: 1948.
DIETRICH, M. Broch und Kafka. *Freude un Bücher*, 1954, n. 1.
DINKLAGE, K. *R. Musil, Leben, Werk, Wirklung*. Zurique: 1960.
DÖBLIN, A. *Das Ich über der Natur*. Berlin: 1928.
DORT, B. Henry James: de la connaissance à la compromission. *L'Observateur*, 14 jan. 1954.
_____. Un Roman de la connaissance: *Les Ambassadeurs*. *Cahiers du Sud*, n. 306.
DU BOIS, C. *Psychology in Fiction*. Hollywood: 1949
DUESBERG, J. Un Créateur de mythes: W. Faulkner. *Synthèses*, 3 déc. 1949.
DUFRENNE, M. *Phénoménologie de l'expérience esthétique*. Paris: 1953.
DUVIGNAUD, J. *Pour entrer dans le XXe siècle*. Paris: 1961.
EASTMAN, M. *The Literary Mind: Its Place in an Age of Science*. New York: 1931.
EDEL, L. *The Psychological Novel, 1900-1950*. London: 1955.
ESTÈVE, M. *Bernanos*. Paris: 1965.
ETIEMBLE, R. *Proust et la crise l'intelligence*. Alexandria: 1945.
FAYE, J. P. Mann et Musil: révolution du retour. *Critique*, 189, fév. 1963.
FERNANDEZ, D. *Le Roman italien et la crise de la conscience moderne*. Paris: 1958.
FERNANDEZ, R. La Garantie des sentiments et les intermittences du coeur. N.R.F., fév.-mars 1924.
_____. *Messages*. Paris: 1926.
FINEMAN, D. A. (ed.) *Studies in Western Literature*. London: 1962.
FITCH, B. T. Le Sentiment de l'*aliénation* dans le roman français entre 1930 e 1943; étude de l'aliénation ontologique. Strasbourg: 1962. Tese. (Exemplar datilografado).
_____. *Le sentiment d'étrangeté chez Malraux, Sartre, Camus, S. de Beauvoir*. "Etrangers à soi-même et à ce monde". Paris: 1964.
FOLETT, W. *The Modern Novel: A Study of the Purpose and Meaning of Fiction*. New York: 1918.
FREEMAN, M. *D. H. Lawrence: A Basic Study of his Ideas*. Gainesville: 1955.
FREY, J. R. The Function or the Writer. *Monatshefte für deutschen Unterricht*, XXXII, 1940.
FROHOCK, W. M. Celine's Quest for Love. *Accent*, II, n. 2.
_____. *André Malraux and the Tragic Imagination*. London: 1952.
FULLER, E. *Man in modern fiction*. New York: 1958.
GEISMAR, M. *The Last of the Provincials: The American Novel, 1915-1925*. Boston: 1947.
GEORGI, C. *The Businessman in the Novel*. The University of North Caroline Library: 1959.
GIDE, A. *Dostoievsky*. Paris: 1923.

GILLET, L. Du côté de chez Joyce. *Revue des Deux Mondes*, août 1925.
GIRARD, A. Kafka et le problème du journal intime. *Critique*, juin 1946.
GIRARD, R. *Mensonge romantique et verité romanesque*. Paris: 1961.
_____. *Dostoievsky du double à l'unité*. Paris: 1963.
_____. Où va le roman? *The French Review*. Baltimore, 1956-1957.
GIRAUD, R. Unrevolt among the Unwriters in France today. *Yale French Studies*, n. 24, 1959.
GLASGOW, E. *A Certain Measure*. New York: 1943.
GLICKSBERG, C.I. Nihilism in Contemporary Literature. *Nineteenth Century and after*, CXLIV, oct. 1948.
_____. The Lost Self in Modern Literature. *The Personnalist*, n. 43, 1962.
_____. *The Tragic Vision in Twentieth Century Literature*. Carbondale: 1963.
GOLDMANN, L. *Pour une sociologie du roman*. Paris: 1964.
GOTH, M. F. *Kafka et les lettres françaises*. Paris: 1956.
GRANGER, G. E. O Verdadeiro, o Falso e o Absurdo. *Boletim da Faculdade de Filosofia, Ciências e Letras*, São Paulo, III, 1948.
GRAY, D. *Le Roman anglais contemporain et la pensée moderne*. Lille: 1948. Tese. (Exemplar datilografado.).
GREEN, F.C. *The Mind of Proust. A Detailed Interpretation*. Cambridge: 1949.
GUGENHEIM, S. Le *Miroir* a-t-il joué un rôle dans la littérature française du XXE siècle? *Cahiers de l'Association internationale des Etudes françaises*. Paris: mai 1959.
HALL, H.G. Aspects of the Absurd. *Yale French Studies*, n. 25, 1960.
HANDREZ, M. *Céline*. Paris: 1964.
HASSAN, I. *Crise du héros dans le roman américain contemporain*. Paris: 1963.
HAWLETT, J. Distance et personne dans quelques romans d'aujourd'hui. *Esprit*, 1958.
HELLER, E. *The Disinherited Mind: Essays in Modern German Literature and Thought*. Cambridge: 1952.
L'HERNE, (Cahiers de) n. 2, consacré à G. Bernanos. Paris: 1962.
L'HERNE, (Cahiers de) n. 3 e 5, consacrés à L.-F. Céline. Paris: 1963, 1965.
HINDUS, M. *The Proustian Vision*. New York: 1954.
HOFFMAN, F. J. *Freudianism and the Literary Mind*. Bâton rouge, Louisiana:1945.
HOFFMAN, J. *The Modern Novel in America*, 1900-1950. Chicago: 1951.
HOFLING, C. K. Hemingway's *The Old Man and the Sea* and the Male Reader. *The American Imago*, n. 2, 1963.
HOLMES, J. C. Existencialism and the novel. *Chicago review*, n. 13, 1959.
HOLZAPFEL, R. M. *Panideal*. Berlin: 1923.
HOOG, A. Psychologie du coeur et psychologie des surfaces dans le roman contemporain. *Cahiers de l'Association Internationale des Etudes Françaises*. Paris: 1962.
HOUSMAN GELFANT, B. *The American City Novel*. University of Oklahoma Press: 1954.
HUBBARD, L. J. *The Individual and the Group in French Literature since 1914*. Catholic University of America Press: 1955.
HUTCHINS, P. *James Joyce's World*. London: 1957.
HYTIER, J. *Les Romans de l'individu*. Paris: 1928.
_____. *André Gide*. Alger: 1938.
ISAACS, J. *An Assessment of Twentieth Century Literature*. London: 1951.
JANVIER, L. *Pour Samuel Beckett*. Paris: 1966.
JEANSON, F. *J. P. Sartre*. Paris: 1955.
LES JEUNES *Gens en Colère vous Parlent* (D. Lessing, C. Wilson, J. Osborne, J. Wain, K. Tynan, B. Hopkin, L. Anderson, S. Holroyd). Traduzido do inglês por M. Chrestien. Paris: 1958.

JUSTUS, J.H. *The Concept of Gesture in the Novels of R. Penn Warren*. University of Washington: 1962. Tese. (Exemplar datilografado.)
KAZIN, A. *Panorama littéraire des Etats-Unis*. Trad. franc. de G. Rousseau. Paris: 1952.
_____. *The Inmost Leaf*. New York: 1955.
KERN, E. The Modern Hero, Phoenix ou Ashes? *Comparative Literature*. Eugene, Oregon, v. 10, 1958.
KETTLE, A. *An Introduction to the English Novel*. New York/Toronto/Sydney: 1953.
KLOSSOWSKI, P. Kafka nihiliste? *Critique*, 1948.
KOHN, R. J. Four Centuries of French Novel: Evolution of the Hero. *The American Society Legion of Honor Magazine*, n. 29, 1958.
KOHUT, H. *Death in Venice* by T. Mann: A Story About the Desintegration of Artistic Sublimation. *Psycho-Analytic Quaterly*, 26, 1957.
LALO, C. Le Conscient el l'inconscient dans l'inspiraton. *Journal de Psychologie*, mars 1926.
_____. *L'Art et la vie*. Paris: 1946.
LASSUS, J. de. L'Inquiétude freudienne dans le roman et le drame français contemporains. *Grande revue*, jan. 19278.
LAVERS, A. *L'Usurpateur et le prétendant: le psychologue dans la littératture contemporaine*. Paris: 1964.
LAWRENCE, D. H. *Psychoanalysis and the Unconscious*. London: 1931.
_____. *Lettres choisies*. 3 v. Paris: 1934. Trad. franc. de T. Aubray.
_____. *Phoenix, the Posthumous Papers of D.H. Lawrence*. Londres: 1936.
LAWRENCE, O. C. *Thomas Wolfe*: from individual to man-swarm. University of Washington: 1961. Tese. (Exemplar datilografado).
LEAVIS, F. R. *The Great Tradition*. London: 1948.
LE BRETON, M. Temps et personne chez W. Faulkner. *Journal de psychologie*. Paris: 1951.
LEHMANN, K. *Der Roman unserer Tage*. Leipzig: 1925.
LEITCH, D. The Salinger Myth. *The Twentieh Century*, déc. 60.
LEVIN, H; MERCIER, V. H. *Society and Self in the Novel*. New York: 1956.
LEWIS, W. *The Writer and the Absolute*. London: 1952.
LITWINSKI, L. *La Psychologie et la littérature*. Lisboa: 1944.
LITZ, W. La Généalogie comme symbole dans *Go down Moses*. *Faulkner Studies*, 1952.
LOWENTHAL, L. *Literature and Image of Man*. Boston: 1957.
LOWREY, P. H. *The Critical Reception of W. Faulkner in the U.S.A. (1926-1950)*. Chicago: 1956.
LOY, J.R. Things in Recent French Literature. Publications of M.L.A.A., LXXI v, 1950.
LUKÁCS, G. *Die Theorie des Romans*. Berlin: 1920. Trad. franc. *La Théorie du roman*. Genève, 1963.
_____. *Essays über Realismus*. Berlin: 1948. Trad. ingl. *Studies in European Realism*. London: 1950.
_____. *Die Gegenwartsbedeutung des Kritischen Realismus*. Hamburg: 1958. Trad. franc. M. de Gandillac. *La Signification présente du réalisme critique*. Paris: 1960.
LYNN, K. S. *The Dream of Success: A Study of the Modern American Imagination*. Boston: 1955.
MAGNY, C. E. *Les Sandales d'Empédocle*. Neuchâtel: 1945.
_____ *L'Âge du roman américain*. Paris: 1948.
MALRAUX, A. *L'Imposture*. N.R.F., 1º mars 1928.
_____. (entrevista de). *Horizon*, XII, oct. 1945.
_____. *Les Voix du silence*. Paris: 1952.
MALRIEU, P. Témoignages du romancier sur la psychologie ouvrière. *Journal de Psychologie*, avr.-juin 1961.
MANN, T. Freud et la pensée moderne. *Revue d'Allemagne*, août 1931.
_____. *Mon Temps*. Comprendre, Revue de la société européenne de Culture, n. 3, Paris.
MARSHAL, T. F. *Literature and Society (1950-1955)*. Miami: 1956.
MARVIN, J. R. *Pylon*: the definition of Sacrifice. *Faulkner Studies*. Denver: spring 1952.

MAURIAC F. Entrevista em *Revue hebdomadaire*, jan. 1926.
MAURON, C. *Des métaphores obsédantes au mythe personnel.* Paris: 1963.
MAYOUX, J.-J. Le temps et la destinée chez W. Faulkner. *Cahiers du Collège philosophique.* Paris: 1948.
_____. *L'Inconscient et la vie intérieur dans le roman anglais (1905-1940).* Nancy: 1952.
MCCORMICK, J. *Catastrophe and Imagination:* An Interpretation of the Recent English and American Novel. London: 1957.
MCLENDEN, W.L. Giraudoux and the Split Personality. P.M.L.A., 73, 1958.
MERLEAU PONTY, M. Roman et métaphysique. *Cahiers du Sud*, 1945.
MEYERSON, I. Quelques aspects de la personne dans le roman. *Journal de Psychologie*, 1951.
MICHA, R. Le nouveau roman. *L'Arc*, aut. 1958.
MONGLOND, A. *Le Préromantisme français.* Grenoble: 1930.
MORNET, D. *La Nouvelle Héloise.* Paris: 1925.
MORRIS, R. The Novel as Catharsis. *Psychoanalytic Review*, 31, 1944.
MORSE, J.-M. Augustine, Ayenbite and *Ulysses*. P.M.L.A., sep. 1955.
MOUNIER, E. *L'espoir des désespérés.* Paris: 1953.
NAHAS, H. *Etude de la femme dans la littérature existencielle française: J. P. Sartre et Simone de Beauvoir.* Paris: 1957.
NATHAN, M. *Virginia Woolf.* Paris: 1956.
_____. *Faulkner.* Paris: 1963.
NEWBY, P.H. *The Novel, 1945-1950.* London: 1951.
NIEL, M. L'échec de l'amour: etude sur le roman contemporain. *Synthèses*, juin-juil. 1961.
NOTH, E. E. Le Roman allemand. *Le Point*, p. 158-183, 1938.
THE NOVELIST as Philosopher. *Studies in french fiction* (1935-1960). London: 1962.
O'BRIEN, J. La Mémoire involuntaire avant M. Proust. *Revue de littérature comparée*, XIX, 1939.
O'BRIEN SCHAEFER, J. A. *The Three Fold Nature of Reality in the Novels of V. Woolf.* Standford University: 1962. (Exemplar datilografado).
O'FAOLAIN, S. *The Vanishing Hero.* London: 1956.
ONIMUS, J. L'Homme égaré. *Les Etudes*, CLXXXII, déc. 1954.
_____. La Crise de l'humanisme dans la littérature contemporaine. *Les Etudes*, n. 308, 1961.
ORTEGA Y GASSET, J. *La Deshumanización del art e ideas sobre la novela.* Madrid: 1925. Trad. ingl. H. Weyl. *The Dehumanization of Arts and Notes in the Novel.* Princeton: 1948.
OVERTON, G. *The Philosophy of Fiction.* London/New York: 1948.
PACI, E. Memoria e presenza dei "Buddenbrook" *Rivista di filosofia e di cultura*, Milano, nov. 1963.
PAVESE, C. *Il Mestiere di vivere.* Torino: 1952. Trad. fr. M. Arnauld. *Le Métier de vivre.* Paris: 1958.
PEYRAD, J. *Recherche de la joie à traver le roman contemporain.* Paris: 1946.
PEYRE, H. *Literature and Sincerity.* New Haven: 1963.
PICON, G. *Panorama de la nouvelle littérature française.* Paris: 1949.
_____. *L'écrivain et son ombre.* Paris: 1953.
PINGAUD, B. Je, vous, il. *Esprit*, juil.-août 1958.
POMMIER, J. Flaubert et la naissance de l'acteur. *Journal de psychologie*, n. 40, 1947.
POULET, G. *La Distance intérieure.* Paris: 1952.
_____. *L'Espace proustien.* Paris: 1963.
PRESCOTT, J. The Characterization of Leopold Bloom. *Literature and Psychology*, 9(1), 1959.
PRÉVOST, J. La Conscience créatrice chez J. Romains. N.R.F., avr. 1924.
PRIESTLEY, J. P. *Literature and Western Man.* New York: 1960.
PRIMAULT, M.; LHONG, H; Malrieu, J. *Terres de l'enfance: le mythe de l'enfance dans la littérature contemporaine.* Paris: 1961.

PRUCHE, B. *L'Homme de Sartre*. Paris: 1949.
PSYCHOANALYSIS, *Psychology and Literature*. A Bibliography ed. by N. Kiell, Madison: 1963.
QUINT, L.-P. Voyage au bout de la nuit. *La Revue de France*, 1933.
_____. *Marcel Proust. Sa vie, son oeuvre*. Paris: 1936.
_____. *André Gide*. Paris: 1952.
RADFORT, J. Existencialism in Modern French Literature. *Manitoba Arts Review*, n. 10, 1956.
RAGON, M. *Histoire de la littérature ouvrière*. Paris: 1953
RAIMOND, M. *La Crise du roman des lendemais du naturalisme aux années vingt*. Paris: 1965.
RAMUZ, J. *Taille de l'homme*. Genebra: 1951.
RAYNAUD, L. *La crise de notre littérature. Des romantiques à Proust, Gide et Valéry*. Paris: 1929.
READ, H. *The Sense of Glory*. London: 1931.
RICOEUR, P. Le Mystère mutuel ou le romancier humilié. *Esprit*, août 1947.
RICHARD, J. P. La Nausée de L.-F. Céline. *Nouvelle Revue Française*, juil. 1962.
RICHLI-BIDAL, M.L. *Après le symbolisme: retour à l'humain*. Paris: 1938.
RIDEOUT, H. *The Radical Novel in the United States*. New York: 1949.
RIVIÈRE, J. La Crise du concept de littérature. N.R.F., fév. 1924.
_____. Quesques progrès dans l'étude du coeur humain (Freud et Proust). *Les Cahiers d'Occident*, n. 4, 1926.
_____. Une Nouvelle orientation de la psychologie. *Les Cahiers d'Occident*, 1927.
ROBACK, A. A. The Psychology of Literature. *Present Day Psychology*. New York: 1955.
_____. *L'Ancien et le nouveau*. Paris: 1963.
ROCHEFORT, R. *Kafka ou l'irréductible espoir*. Paris: 1947.
ROMAINS, J. *Problèmes d'aujourd'hui*. Paris: 1931.
ROUDIEZ, L.S. Camus and *Moby Dick*, *Symposium*, n. 1, 1961.
SARRAUTE, N. *L'Ère du soupçon: essais sur le roman*. Paris: 1956.
SIMON, J. K. The Glance of Idiots: The Novel of the Absurd. *Yale French Studies*, n. 25, 1961.
SACK, L. *Die Psychoanalyse im modernen englischen Roman*. Zürich: 1930.
SAGAVE, P. P. Art et bourgeoisie dans l'oeuvre de T. Mann. *Revue germanique*. Paris: 1937.
_____. *Réalité sociale et idéologie religieuse dans le roman de T. Mann*. Paris: 1954.
SEYPPEL, J. H. Two Variations on a Theme: *Death in Venice* and *Across the River and into the Trees*. Literature and Psychology, 7 (1), 1957.
SOERGEL, A. *Dichtung und Dichter der Zeit*. T. II: *Im Banne des Expressionismus*. Leipzig: 1927.
SOURIAU, E. *L'Abstraction sentimentale*. Paris: 1951.
_____. *La Condition humaine à travers l'art*. Cours de Sorbonne. Paris: 1955.
_____. Art et verité. *Revue philosophique*, CXV, jan. fev. 1933.
SPERBER, M. Maudit psychologue. *Preuves*, n. 100, 1960.
STEINER, G. *Tolstoy or Dostoievsky*. New York: 1959. Trad. franc. R. Celli. *Tolstoï ou Dostoievsky*. Paris: 1963.
STEVENSON, L. The Intellectual Novel. *The Personalist*, 1950.
STRELKA, J. *Kafka, Musil, Broch*. Vienne/Hanovre/Bâle: 1959.
SYPHER, W. *Loss of the Self in Modern Literature and Art*. New York: 1962.
TAYLO, W. F. *The Economic Novel in America*. The University of North Caroline Press: 1942.
TEDLOCK, J.; WICKLER, C. V. (ed.). *Steinbeck and his Critics*. New Mexico: 1957.
THEIS, R. Albert Camus, Rückkehr zu Sisyphus. *Romanische Forschungen*, v. LXX, 1958.
THOMSON, L. Mirror Analogues in *The Sound and the Fury*. *English Institute Essays*. New York: 1952.
TRAHARD, P. *Les Maîtres de la sensibilité française au XVIIIe siècle (1715-1789)*. Paris: 1931.
TRILING, L. *The Liberal Imagination*. London: 1951.
TYMMS, R. *Doubles in Literary Psychology*. Cambridge: 1949.

VALLÉE, C. *La Féerie de Marcel Proust*. Paris: 1958.
VANDROMME, P. *L. F. Céline*. Paris: 1962.
VIALLE, L. Sur l'esthétique du désespoir. *Journal de Psychologie*, n. 33, 1949.
WALTERS, D. J. *The Theme of Destructive Innocence in the Moderne Novel. Greene, James, Cary, Porter*. University of Oklahoma, 1960. (Exemplar datilografado).
WAELHENS, A. de Der Roman des Existencialismus. *Universitas*, 1948.
WAGNER, G. Sociology and Fiction. *The Twenthieth Century*. London, 167, 1960.
WARREN, A. *Rage of Order*. Chicago: 1948.
WELLEK, R; WARREN, A. Literature and Psychology. *Theory of Littérature*. New York: 1956.
WERPEL, F. *Realismus und Innerlichkeit*. Berlin: 1931.
WEST, A. *Crisis and Criticism*. London: 1937.
WOODWORTH, S. D. *William Faulkner en France (1931-1952)*. Abbeville: 1959.
WOOLF, V. Freudian fiction. *The Times Literary Suplement*, mar. 25, 1920.
_____. Waves in a Tea Cup. French novelists and their Sphere. *The Times Literary Suplement*, n. 60, 1961.
ZÉPHIR, J. J. *La Personnalité humaine dans l'oeuvre de Marcel Proust. Essai de psychologie littéraire*. Paris: 1959.
ZÉRAFFA, M. Personnage et personne dans le roman français. *Revue d'esthétique*, jan.-juin 1959.
_____. *Aspects psychologiques du langage romanesque*. Paris: 1961. Tese. (Exemplar datilografado.)
_____. Aspects structuraux de l'absurde dans la littérature contemporaine. *Journal de Psychologie*, n. 4, 1964.
_____. Espace et imagination: la révolution romanesque des années 1920. *Sciences de l'art*, 1968.

Artes e Técnicas do Romance

AIKEN, C. William Faulkner: the Novel as Form. *The Atlantic Monthly*, 164, nov. 1939.
ALAIN. *Système des beaux-arts*. Paris: 1920.
ALBÉRÈS, R.M. *Bilan littéraire du vingtième siècle*. Paris: 1956.
_____. *Histoire du roman moderne*. Paris: 1962.
ALLEN, W. *The Novel To-day*. London/New York/Toronto: 1955.
ALLOTT, M. *Novelists on the Novel*. New York, London: 1959.
AMES, Van M. *Aesthetics of the Novel*. Chicago: 1928.
ARLAND, M. *Le Promeneur*. Paris: 1944.
ASPECTS DE LA LITTÉRATURE *anglaise (1918-1946)*. Fontaine. Paris: 1946.
AUERBACH, E. *Mimesis, Dargestellte Wiclichkeit in der abendländischen Literatur*. Berna: 1946. Trad. ingl., New York: 1957.
BARNES, F. E. W. *L'Esthétique d'Henry James*. Paris: 1940.
BARRIÈRE, M. *Essai sur l'art du roman*. Paris: 1931.
BARRIÈRE, P. *Honoré de Balzac et la tradition littéraire classique*. Paris: 1928.
BARTHES, R. *Le Degré zèro de l'écriture*. Paris: 1953.
_____. Littérature littérale. *Critique*, n. 100-101, sep.-oct. 1955.
BARZUN, J. Our Non-Fiction Novelists. *Atlantic Monthly*. CLXXVIII, 1946.
BEACH, J.W. *The Twentieth Century Novel: Studies in Tecnique*. New York, 1932.
_____. *American Fiction, 1920-1940*. New York: 1941.
BENTLEY, P. *Some Observations on the Art of Narrative*. New York: 1947.
BERTAUX, F. *Panorama de la littérature allemande contemporaine*. Paris: 1928.

BETZ, M. Sur une prise de conscience artistique. *Les Cahiers du Mois*, n. 1, mai 1924.
BIBAS, H. Le Double dénouement et la morale du Rouge. *Revue d'histoire littéraire de la France*, 1949.
BJURSTRÖM, C. G. Den nya romanen. *Bonniers Litterära Magasin*. Stockholm, n. 27, 1928.
BLANCHOT, M. *La Part du feu*. Paris: 1949.
_____. Kafka et l'exigence de l'oeuvre. *Critique*, 1952.
_____. *L'Espace littéraire*. Paris: 1955.
_____. *Le Livre à venir*. Paris: 1959.
BLIN, G. *Stendhal et les problèmes du roman*. Paris: 1954.
BOISDEFFRE, P. de. *Métamorphose de la littérature de Barrès à Malraux*. Paris: 1950.
BOEKENKAMP, W. Ammerkungen zu "neuen" franzözischen Roman. *Jahrbuch des Akademie fur Spräche und Dichtung*, 1959.
BONNET, H. *Roman et Poésie*. Paris: 1951.
BONWITT, M. *Gustave Flaubert et le principe d'impassibilité*. Berkeley: 1950.
BOOTH, W. C. *The Rhetoric of Fiction*. Chicago: 1961.
_____. Distance and Point of View: An Essay on Classification. *Essays in Criticism*. New York: 1961.
BOPP, L. *Esquisse d'un traité du roman*. Paris: 1935.
BOUVIER, E. *Les Lettres françaises au XXe siècle*. Paris: 1962.
BOWEN, E. *Why do I write?* London: 1948.
BRAY, B. La Notion de structure et le nouveau roman. *La notion de structure*. La Haye: 1961.
BROCH, H. *Dichten und Erkennen*. Zürich: 1955. Trad. franc. A. Kohn. *Création littéraire et connaissance*. Paris: 1966.
BROWN, E. K. *Rhythm in the novel*. Toronto: 1950.
BROWNELL, W. C. *American Prose Masters*. New York: 1923.
BRUCCOLI, M. J. *The Composition of F.S.F. Tender is the Night: A Study Based on the Manuscrits*. University of Virginia: 1961. Tese. (Exemplar datilografado).
BUTOR, M. *Répertoire I*. Paris: 1960; *Répertoire II*. Paris: 1964.
CAHIERS DU MOIS. Núm. consagrado ao cinema, 16/17, 1925. Especialmente Les Lettres, la pensée moderne et le cinema, p. 131-184.
CHAMPIGNY, R. In Search of the Pure Recit. *American Society Legion of Honor Magazine*, winter 1956.
_____. *Le Genre romanesque*. Monte Carlo: 1963.
CHANTAVOINE, P. L'Éclatement de la littérature. *Témoignages*, 1950.
CINEMA ET ROMAN. Núm. especial de *Revue des Lettres modernes*, été 1958.
COMPARATIVE Literature: Method and Perspective, ed. N.M. Starllknecht; Horst Frenz. Carbondale: Southern Illinois University Press: 1961.
COWLEY, M. *The Literary Situation*. New York: 1955.
CRÉATION littéraire à l'âge de la science. Congresso do Pen Club. Frankfurt/m: 1960.
CRESSOT, M. *Le style et ses techniques*. Paris: 1956.
CURTIS, J. L. *Haute école*. Paris: 1950.
DAICHES, D. "Character". *Criticism*, New York: 1948.
DAUWEN ZABEL, M. *Craft and Character in Modern Fiction*. New York: 1957.
DAIX, P. *Sept siècles de roman*. Paris: 1958.
DÖBLIN, A. *Aufsätze zur Literatur*. Freiburg im Breisgau: 1963.
DORT, B. Le Temps des choses. *Cahiers du Sud*, jan. 1954.
DODERER, K. Die Kurzgeschichte als literrische Form. *Wirkendes Wort*, v. 8, 1957.
DU BOS, Ch. *Journal I: 1921-1923*, Paris: 1946; *II: 1925-1926*, Paris: 1948; *III: 1926-1927*, Paris: 1949; *IV: 1928*, Paris: 1950.

_____. *Approximations*. Paris: 1922-1929.
_____. *Qu'est-ce que la littérature?* Paris: 1945.
DUHAMEL, G. *Essai sur le roman*. Paris: 1925.
DUJARDIN, E. *Le Monologue intérieur: son apparition, ses origines, as place dans l'oeuvre de Joyce*. Paris: 1931.
DUMERY, H. La méthode complexe de J. P. Sartre. La Vie intellectuelle, julho 1948.
ECO, U. *Opera aperta*. Milano: 1962. Trad. franc. L. Roux de Bézieux. *L'Oeuvre ouverte*. Paris: 1965.
EDGAR, P. *Henry James: Man and Author*. Boston: 1927.
EISENSTEIN, S. M. *Film Form: Essays in Film Theory*. Edited and translated by Jay Leyde. London: 1951.
ELLMANN, R. *James Joyce*. Oxford: 1959.
FEUILLERAT, A. *Comment M. Proust a composé son romance*. New Haven: 1934.
FISER, E. *Le Symbole littéraire*. Paris: 1941.
FORD MADOX FORD. *The Old Man. The Question of Henry James*. London: 1964.
FOREST, H.U. *L'Esthétique du roman balzacien*. Paris: 1950.
FORMS *of Modern Fiction: Essays Collected in Honor of J.W. Beach*. Edited by W. O'Connor. Minneapolis: 1948.
FORSTER, E. M. *Aspects of the Novel*. London: 1927.
FORSTREUTER, K. *Die deutsche Icherzählung*: eine Studie zu ihre Geschichte und Technik. Berlin: 1924.
FOUCAULT, Michel (org.). Debats sur le roman. *Tel quel*, printemps, 1964.
FRANK. J. Spatial Form in Modern Literature. *Criticism*. New York: 1948.
FREJLICH, H. *Flaubert d'après sa correspondence*. Paris: 1933.
FREY, J. R. Author Intrusion in the Narrative: German Theory and some Modern Examples. *Germanic Review*, dec. 1948.
FRIEDMAN, M. *Stream of Consciousness: A Study in Literary Method*. New Haven: 1955.
FRIEDMAN, N. Point of View in Fiction: The Development of a Critical Concept. P.M.L.A., New York: 1955.
FRYE, N. The Four Forms of Prose Fiction. *Hudson Review*, II, 1950, 582.
GENETTE, G. *Figures*, Paris: 1966.
GIDE, A. *Journal des Faux-Monnayeurs*. Paris: 1927.
_____. *Journal: 1893-1939*. Paris: 1945.
GILBERT, S. *James Joyce's "Ulysses"*. London: 1952.
GOODMAN, T. *The Techniques of Fiction: An Analysis of Creative Writing*. New York: 1955.
GRANVILLE-HATCHER, A. *Voir* as a Modern Novelistic Device. *Philological Quarterly*. New York: 1944.
GUILLOUX, L. Notes sur le roman. *Europe*, 1936.
HARLASS, G. Objektive Literatur-Aliteratur-Notizen zum "Nouveau Roman". *Welt und Wort*. Tübingen, 1961.
HASLEY, L. The Stream of Consciousness Method. *Catholic World*, CXLVI, 1937.
HOARE, D. M. *Some Studies in the Modern Novel*. London: 1938.
HUMPHREY, R. *Stream of Consciousness in the Modern Novel*. Berkeley/Los Angeles: 1955.
HUXLEY, A. *The Olive Tree and Other Essays*. London: 1933.
HYTIER, J. *Les Arts de Littérature*. Alger: 1941.
JAMES, H. *The Art of Fiction*. London: 1919.
_____. *Notes on Novelists*. London: 1914.
JANVIER, L. *Une parole exigeante*. Paris: 1964.

JOYCE, J. *Critical Writings*. London: 1959.
_____. *Miscellany*. New York: 1957.
KASACK, H. *Mosaiksteine: Beitrage zu Literatur und Kunst*. Frankfurt a. M.: 1956.
KAYSER, W. Entstehung und Krise des modernen Roman. *Deutsche Vierteljahrschrift für Literatur und Geistesgeschichte*, n. 28, 1954.
KOSKIMIES, R. Théorie des Romans. *Annals of the Finnish Academy*, série B, v. XXXV. Helsinki: 1935.
LACHER, W. *Le réalisme dans le roman français contemporain*. Genebra: 1946.
LAFFAY, A. Le Récit, le monde et le cinéma. *Les Temps modernes*, n. 20-21, mai-juin 1947.
LAFILLE, L. *A. Gide romancier*. Paris: 1954.
LALOU, P. *Le Roman français depuis 1900*. Paris: 1941.
LANGE, V. *Modern German Literature (1890-1940)*. Cornell: 1945.
LE BRETON, M. Problème du moi et technique du roman chez V. Woolf. *Journal de Psychologie*, n. 4, 1951.
LEFÈVRE, F. *Une heure avec*. Paris: 1924-1929 (5 séries).
LEHAMAN, H. *Der Roman unserer Tage*. Leipzig: 1925.
LA LITTÉRATURE narrative d'imagination: des genres littéraires aux techniques d'expression. Colóquio de Strasburgo, 23-25 abr. 1959. Paris: 1961.
LEVIN, H. *James Joyce*. Norfolk: 1941.
LIDDELL, R. *A Treatise on the Novel*. London: 1949.
LIPPS, M. Le Style indirect libre chez Flaubert. *Journal de Psychologie*, oct. 1921.
LOURIA, Y. *La Convergence stylistique chez Proust*. Geneve: 1957.
LUBBOCK, P. *The Craft of Fiction*. New York: 1931.
MASSIS, H. *Réflexions sur l'art du roman*. Paris: 1927.
MATTHEWS, J.H. (dir.). *Un nouveau roman? Recherches et tradition*. Paris: 1963.
MAURIAC, C. *L'Allittérature contemporaine*. Paris: 1958.
MAURIAC, F. *Le Roman*, Paris: 1928.
_____. *Le Romancier et ses personnages*. Paris: 1933.
MAYOUX, J.-J. Sur une livre de V. Woolf. *Revue anglo-américaine*, 1928.
MEYER, H. *Zur erlebten Rede im englischen Roman des zwanzigsten Jahrhunderts*. Berna, 1952.
MEYERSON, I. Sur la spécificité de l'art et de ses objects. *Mélanges Paul Jamati*. Paris, 1956.
MICHA, R. Langage du roman et langage du cinéma. *Les Temps modernes*, juin 1951.
MICHAUD, G. *L'Oeuvre et ses techniques*. Paris: 1957.
MIDNIGHT Novelists, *Yale French Studies*. New Haven: 1959.
MILLER, J.E. *Myth and Method: Modern Theories of Fiction*. Lincoln: 1960.
MILLER, J.E. Jr. *The Fictional Technique of Scott Fitzgerald*. La Haye: 1957.
MOHRT, M. *Le Nouveau roman américain*. Paris: 1956.
MONNIER, J. P. *L'Âge ingrat du roman*. Neuchâtel: 1967.
MORRISSETTE, B. Les Modalités du point de vue. *Cahiers de l'Association internationale des Etudes françaises*. Paris: 1962.
_____. De Stendhal à Robbe-Grillet. *Cahiers de l'Association internationale des Etudes françaises*, n. 14, juin 1962.
MOUILLAND, M. Le Nouveau roman. *Revue d'Esthétique,* Paris: 9 août-déc. 1964.
MUIR, E. *The Structure of the Novel*. London: 1928.
NEUSE, W. *Die literarische Entwicklung von J. Dos Passos*. Giesen: 1931.
NICOLSON, H. Is the Novel Deat? *The Observer*. London: 29 aug. 1954. Resposta de P. Tonybee The Defense Brief, *The Observer*. London: 5 sept. 1954.
L'OBJECT dans le roman. *Cahiers du Cercle ouvert*. Paris: 1957.

PABST, W. Literatur zur Theorie des Romans. *Deutsche Vierteljahrschrift für Literaturwissenschaft und Geistesgeschichte*. Stuttgart: 1960.
PASCAL, R. Autobiography as an art form. *Proceedings of the 1957 Conference of* F.L.L.M. Böckmann: 1959.
_____. *The German Novel*. Manchester: 1956.
PAULHAN, J. *Les Fleurs des Tarbes*. Paris: 1941.
PEYRE, H. *The Contemporary French Novel*. New York: 1955.
PICON, G. Du roman exprimental. *Mercure de France*, juil. 1967.
_____. *Malraux*. Paris: 1953.
PIERRE-QUINT, L. *Le Combat de Marcel Proust*. Paris: 1955.
PINGAUD, B. La Technique de la description dans le jeune roman d'aujourd'hui. C.A.I.E.F., mars 1962.
POUILLON, J. A propos d'*Absalom! Absalom! Les Temps modernes*, oct. 1952.
PRESTON, E. *Recherches sur la technique de Balzac*. Paris: 1926.
PRÉVOST, J. *La Création chez Stendhal*: essais sur le métier d'écrire et de la psychologie de l'écrivain. Marseille: 1942.
PRITCHETT, V. S. *The living Novel*. London: 1946.
PROBLÈMES du roman. *Confluences*, cahier special, Lyon, n. 21-24, 1943. Publicado sob a direção de Jean Prévost.
PROUST, M. A Propos du "style" de Flaubert. *Nouvelle Revue Française*, jan. 1920.
QUESNOY, P. F. Littérature et Cinéma. *Les Essais*, 9, Paris: 1928.
RICHARD, J. P. *Littérature et sensation*. Paris: 1954.
RIVIÈRE, J. Le Roman d'aventure. N.R.F., mai-juin-juil. 1913.
ROBBE-GRILLET, A. *Pour un nouveau roman*. Paris: 1964.
READ, H. *The Nature of Literature*. New York: 1958.
LE ROMAN, *Esprit*, n. 26, 1958.
LE ROMAN Allemand. *Revue germanique*, 1925.
ROMANCIERS Americains Contemporains. *Le Cahiers de Langues nouvelles*, n. 1. Paris: 1946.
ROMBERG, B. *Studies in the Narrative Technique of the First Person Novel*. Stockholm: 1962.
ROUSSET, J. Notes sur la structure d'*A la recherche du Temps perdu*, Lille. *Revue des Sciences Humaines*, fasc. 79, juil.-sep. 1955.
_____. *Forme et signification*. Paris: 1964.
SADE, D. A. F. Idée sur les romans in *Les Crimes de l'amour*, Paris: ano VIII, cf. D. A. F. de Sade, *Oeuvres complètes*, t. III. Paris: 1961.
SARRAUTE, N. Nouveau roman et réalité. *Revue de l'Institut de Sociologie*. Bruxelas: 1963.
SARTRE, J. P. *Situations* (I e II). Paris: 1947-1948.
SIMON, J. *Le Roman américain au XXe siècle*. Paris: 1950.
SINGER, G. F. *The Epistolary Novel*: its origin, development, decline and residuary influence. Philadelphia: 1933.
SOURIAU, E. *Pensée vivante et perfection formelle*. Paris: 1925.
_____. La Notion de catégorie esthétique. *Revue d'Esthétique*, juil.-déc. 1966.
SPECOVIUS, G. Der "objektive Roman" ist nicht objecktiv. *Deutsche Rundschau*. Baden-Baden, n. 86, 1960.
STANG, R. *The Theory of the Novel in England (1850-1870)*. London: 1961.
STEIN, G. *Composition as Explanation*. London: 1926.
SUTHERLAND, D. *Gertrude Stein: A Biography of her Work*. New Haven: 1951.
TATE, A. The Post of Observations in Fiction. *Maryland Quarterly*, II, 1944.
TEYSSÈDRE, B. Réalisme critique et avant-garde. *Les Lettres nouvelles*, n. 16, juil. 1961.

THIBAUDET, A. *Réflexions sur le Roman*. Paris: 1938.
THOMAS, V. I. *Narrative Types and Technologiques in James Joyce's "Ulisses"*. University of Visconsin, 1963. Tese. (Exemplar datilografado).
TILGHER, A. L'Esthétique de Proust. *Revue philosophique*, 1933, n. 115.
TURNELL, M. *The Art of Frech Fiction*. New York: 1959.
ULLMANN, S. *Style in the French Novel*. Cambridge: 1957.
VIAL, A. *Proust: structures d'une conscience et naissance d'une esthétique*. Paris: 1963.
WAIDSON, H.M. *The Modern German Novel*. London, New York, Toronto, 1959.
WEIGAND, H. J. *Thomas Mann's Novel* Der Zauberberg. London, New York: 1933.
WELLEK, R; WARREN, A. *Theory of Literature*. New York: 1942.
WHITCOMB, S. L. *The Study of a Novel*. London: 1905.
WOOLF, V. Textes Théoriques. *The Common Reader*. I. London: 1925, II. 1938: *The Death of the Moth*, 1942. *The Captain's Death Bed*, 1950.
_____. *L'Art du roman*. Textos traduzidos por R. Celli. Paris: 1962.
_____. *A Writer's Diary*. London: 1950.
WRITERS AT WORK. *The Paris Review*. Interviews edited by M. Cowley. New York: 1958.
ZMIGRODKA, M. Le Problème du narrateur dans la théorie du roman du XXe siècle. *Acta Litteraria*, 5, 1952.
ZOLA, E. Le Roman expérimental, em *Oeuvres complètes*, t. I. Paris: 1928.
_____. Les Romanciers naturalistes, *Oeuvres complètes*, t. XL, Paris.

Tempo e Duração no Romance

ABIRACHED, R. Les Romans du présent. *N.R.F.*, n. 22, 1963.
BACHELARD, G. *La Dialectique de la durée*. Paris: 1936.
BIANQUIS, G. Le Temps dans l'oeuvre de Thomas Mann. *Journal de Psychologie*, 1951, n. 44.
BLOCH MICHEL, J. *Le Présent de l'indicatif*. Paris: 1963.
BONNOT, R. Le roman du temps. *Journal de Psychologie*, 53, 1956.
BRÉE, G. Du temps perdu au temps retrouvé. *Etudes françaises*, Paris, n. 44, 1950.
CHEVALLEY, A. Temps, Histoire, Roman. *Revue de Littérature comparée*. Paris: 1928.
CORMEAU, N. Révolte contre le temps chez les romanciers d'aujourd'hui. *L'âge nouveau*, mai. 1951.
DELATTRE, F. La Durée bergsonienne dans le roman de V. Woolf. *Revue Anglo-américaine*, 1931-1932.
FRIEDMAN. The Neglect of Time. France's Novel of the Fifties. *Books Abroad*, n. 36, 1962.
GROETHUYSEN, B. Les Aspects du temps, notes pour une phénoménologie du récit. *Recherches philosophiques*, Paris: 1936.
HAWARD, J.-P. L'Espace et le temps chez Durrell. *Critique*, mai 1960.
LOWREY, P. Concepts of time in *The Sound and the Fury*. *English Institute Essays*. New York, 1952.
MENDILOW, A. A. *Time and the Novel*. London: 1952.
ONIMUS, J. L'Expression du temps dans le roman contemporain. *Revue de Littérature comparée*, juil.-sep. 1954.
POULET, G. *Etudes sur le temps humain*, t. III. Paris: 1964.
VETTARD, C. Proust et Einstein. *N.R.F.*, v. XIX, 1922; Proust et le temps. *N.R.F.*, v. XX, 1923.
VIAL, F. Le Symbolisme bergsonien du temps dans l'oeuvre de Proust. *P.M.L.A.*, p. 1191-2112, dez. 1940.
ZÉRAFFA, M. Le Temps et ses formes dans le roman contemporain. *Revue d'esthétique*. Jan.-mar., p. 43-65, 1966.

BIBLIOGRAFIA COMPLEMENTAR

ABBE D'AUBIGNAC. *Conjectures académiques.* 1715.
ANDERSON, S. *Many Marriages.* New York: 1923.
ARAGON, L. *Anicet ou le malentendu.* Paris: 1928.
ARBAN, D. *Dostoievsky, le coupable.* Paris: 1954.
ARENDT, A. Prefácio. *Création littéraire et connaissance.* Trad. franc. A. Kohn. Paris: 1966.
ARLAND, M. *Essais et nouveaux essais critiques.* Paris: 1952.
BACHELARD, G. *La Terre et les rêveries du repos.* Paris: 1958.
BEAUVOIR, S. de. *L'Invitée.* Paris: 1943.
_____. *Les Mandarins.* Paris: 1954.
_____. *Mémoire de une jeune fille rangée.* Paris: 1958.
_____. Pour un morale de l'ambiguïté. *Les Temps modernes*, déc. 1948.
BECKETT, S. *L'Innommable.* Paris: 1952.
_____. *Malone Meurt.* Paris: 1951.
_____. *Molloy.* Paris: 1951.
BENAMOU, G. Contrepoint romantique. *Yale French Studies*, 1945.
BENDA, J. *La France byzantine.* Paris: 1945.
BENET, J. Journal d'un curé en campagne. *Les Cahiers du sud*, juil. 1936.
BERNANOS, G. *Journal d'un cure de campagne.* Paris: 1936.
_____. *La Joie.* Paris: 1929.
BERNARD, D. *Théâtre public.* Paris: 1966.
BEUCLER, A. *Les Instants de Giraudoux.* Paris: 1948.
BLANCHOT, M. *Lautréamont et Sade.* Paris: 1967.
_____. *Thomas l'Obscur.* Paris: 1950.
BOILEAU, N. *Ouevres*, t. I. Paris: 1965.
BONNET, H. *L'Eudémonisme esthétique de Marcel Proust.* Paris : 1946.
BORDE, R. Un cinéma de la vérité subjective. *Les Temps Modernes*, déc. 1960.
BOSCO, H. *Les mas Théotime.* Paris: 1945.
BOUDOT, M. L'Absurde et le Bonheur dans l'ouevre d'A. Camus. *Cahiers du Sud*, 1952.
BOWEN, E. *Pourquoi j'écris.* Paris: 1954.
_____. *The Heat of the Day.* New York: 1948. Trad. franc. *L'Ardeur du jour.* Paris: 1952.
BOWLES, P. *Let It Come Down.* New York: 1952.
BRETON, A. Réponse à l'enquête sur le procès Céline. *Le Libertaire*, n. 212, jan. 1950.
BRION, M. L'Ouevre d'H. Broch. *Preuves*, juin. 1955.
BROCH, H. *Die Schlafwardler.* Zürich : 1932. Trad. franc. P. Flachat e A. Kohn. *Les somnambules*, II *(Esch ou l'Anarchie).* Paris: 1950.
BROD, M. *F. Kafka.* Paris: 1945.
BROWN, J. *Panorama de la littérature américaine contemporaine.* Paris: 1954.
BUTOR, M. Henry James. *Monde nouveau*, out. 1955.
_____. Individu et groupe dans le roman. *Cahiers de l'association internationale des Études Françaises.* Paris: 1962.
CALLEN, S. P. *Bergsonian Dynamism in the writings of W. Faulkner.* Univ. Tulane, 1962. Tese. (Exemplar datilografado).
CAMUS, A. *L'Étranger.* Paris: 1945.
_____. Lettre au sujet de Le Parti-pris des choses. *N.R.F.*, sept. 1956.
CASTELLET, J. M. *La Hora del Lector.* Barcelona: 1957.
CAYROL, J. *Je vivrai l'amour des autres.* Paris: 1947.

_____. *La Gaffe*. Paris: 1957.
CELINE, L. F. *Guignol's band, v. 1*. Paris: 1944.
_____. *Voyage au bout de la nuit*. Paris: 1956.
CONRAD, A. *Blue Voyage*. New York: 1936.
_____. *Great Circle*. New York: 1943.
_____. *King Coffin*. New York: 1939.
COUGHLAN, R. *The Private World of William Faulkner*. New York: 1953.
DELEUZE, G. *Marcel Proust et les signes*. Paris: 1964.
DENTAN, M. *Humour et création littéraire dans l'ouevre de Kafka*. Genève: 1961. Tese Univ. de Lausanne.
DERRIDA, J. *Forme et significations, Critique*, juin-juil. 963.
DIETRICH, Luc. *L'Apprentissage de la ville*. Paris: 1942.
DONIOL-VALCROZE, J. *Naissance d'un véritable ciné-ceil. Cahiers du Cinema*, jan. 1947.
DORT, B. *Are Those Novels Innocent? Yale French Studies*, n.23, 1959.
DOS PASSOS, J. R. *Manhattan Transfer*. London: 1925. Trad. franc. M. E. Coindreau. Paris: 1939.
DUJARDIN, E. *Les Lauriers sout coupés*. Paris: 1987.
DUPUY, A. *Un Personnage nouveau dans le roman français: l'enfant*. Paris: 1931.
ERICKSON, J. D. *The Illusion of Reality in the Novels of F. Mauriac*. Univ. Minnesota, 1963. Tese. (Exemplar datilografado).
FARRELL. J. T. *Studs Lonigan*. New York: 1938.
FAULKNER, W. *Absalom! Absalom!* New York: 1936. Trad. franc. R.-N. Raimbault. *Absalon! Absalon!* Paris: 1953.
_____. *As I Lay Dying*. New York: 1946.
_____. *Intruder in the Dust*. New York: 1948. Trad. franc. R.-N. Raimbault. *L'Intrus*. Paris: 1952.
_____. *Light in August*. New York: 1932. Trad. franc. M. E. Coindreau. *Lumière d'août*. Paris: 1935.
_____. *Pylon*. London: 1935. Trad. franc. R.N. Raimbault. *Pylône*. Paris: 1946.
_____. *Sanctuary*. London : 1931. Trad. franc. M. E. Coindreau. *Sanctuaire*. Paris : 1933.
_____. *The Sound and the Fury*. New York: 1929. Trad. franc. M.-E. Coindreau. *Le Bruit et la fureur*. Paris:1938.
FERNANDEZ, R. *Notes sur l'esthétique de Proust. Nouvelle Revue Française*, aôut. 1928.
FISER, E. *La Théorie du symbole chez Marcel Proust*. Paris : 1941.
FITZGERALD, S. *Tender is the Night*. New York: 1934.
FLEURY-ZERAFFA, J. *La Relation médicin-malade dans l'ouevre de Flaubert et de Proust*. Thèse de Médecine. Paris: 1962. Exemplar datilografado.
FORSTER, E.M. *Passage to India*. New York : 1924. Trad. franc. *La Route des Indes*. Paris: 1927.
FORSTREUTER. *Revue Germanique*. Paris: 1925.
FRANCASTEL, P. Préface. *Peinture et société*. Lyon: 1952.
FRIEDEMANN, K. *Die Rolle des Erzählens in der Epik*. Leipzig: 1910.
GIDE, A. *La Prométhée mal enchainé*. Paris : 1949.
_____. *Les Caves du Vatican*. Paris: 1961.
_____. *Paludes*. Paris: 1895.
GOLDMANN, L. *Le Dieu cahé*. Paris: 1955.
GREENE, G. *A Gun for Sale*. London: 1936. Trad. franc. R. Masson. *Tueur à gages*. Paris: 1961.
_____. *Brighton Rock*. New York: 1938. Trad. franc. M. Sibon. *Le Rocher de Brighton*. Paris: 1962.
HECHT, B. *A Jew in Love*. New York: 1931. Trad. franc. *Un juif amoreux*. Paris: 1933.
HEMINGWAY, E. *Death in the Afternoon*. London: 1932. Trad. franc. R. Daumal. *Mort dans l'après--midi*. Paris: 1938.
_____. *The Sun also Rises*. New York: 1926.

HERMITTE, J. *Les Rêves*. Paris: 1957.
HESSE, Herman. *Der Steppen wolf*. Berlin: 1947. Trad. franc. P. Jacottet. *Le Loup des Steppes*. Paris: 1947.
HOGG, J. *Confessions of a Justified Sinner*. Auckland: 1824. Trad. franc. *Confession du pécheur justifié*. Paris: 1949.
HONNERT, R. *Corps et ame*. Paris: 1926.
HOWE, I. Prefácio. In: ROTH, H. *Call it Sleep*. New York: 1934.
HUXLEY, A. *Point Counter Point*. London: 1928.
ISHERWOOD, C. *The Memorial*. London: 1928.
JAKOBSON, R. *Essais de linguistique générale*. Paris: 1963.
JAMES, H. Gustave Flaubert (1902). *The House of Fiction , Essays on the Novel*. London: 1957.
_____. *Notebooks*. Oxford: 1947. Trad. franc. L. Servicen. *Carnets*. Paris: 1954.
_____. *Portrait of a Lady*. New York: 1951.
_____. *Selected Letters*. London: 1956.
_____. *The Ambassadors*. London: 1930. Novel and Sories.
_____. *The Awkward Age*. London: 1899. Trad. franc. M. Sager. *L'âge difficile*. Paris: 1956.
_____. *The Golden Bowl*. London: 1930. Novels and Stories.
JANVIER, L. Joyce: une esthétique de la domination. Beckett: une esthétique du noun-pouvoir. *L'Arc*, out. 1968.
JOURNAL des Goncourt. Paris: 1958. T. I.
JOYCE, J. *A Portrait of the Artist as a Young Man*. New York: 1948. Trad. franc. L. Savitzky. *Dedalus: Portrait de l'artiste jeune par lui meme*. Paris: 1943.
_____. *Stephen Hero*. London: 1944. Trad. franc. *Stephen le Héros*. Paris: 1948.
_____. *Ulysses*. Paris: 1965.
JUNG, C. G. Ulysses. *Eurōpaische Revue*. 1932.
KAFKA, F. *Der Prozess*. Leipzig: 1925. Trad. franc. A. Vialatte. *Le Pròces*. Paris: 1943.
_____. *Hochzeitsvorbereitungen auf dem Lande*. Frankfurt am Main: 1953. Trad. franc. *Préparatifs de noce à la campagne*. Paris: 1957.
_____. *Journal*. Trad. franc. M. Robert. Paris: 1955.
_____. *Journal Intime*. Trad. franc. P. Klossowski. Paris: 1945.
KLEIN, M. N. *The Novel in America in the 1950.*. New York: 1962. Tese. Univ. de Columbia. (Exemplar datilografado).
KUBIN, A. *Die ancere Seite*. München/Leipzig: 1909. Trad. franc. R. Valençay. *L'Autre Côté*. Paris: 1964.
LACRETELLE, J. *Croisières en eau trouble*. Paris: 1939.
LAWRENCE, D. H. *Women in Love*. London: 1920. Trad. franc. M. Rancès e G. Limbour. *Femmes amoureuse*. Paris: 1934.
_____. *Correspondence*. London: 1937.
LEAVIS, F. R. *D.H. Lawrence Novelist*. London: 1955.
LEFEBVRE, H. *La Somme et le reste*. Paris: 1959.
LEWIS, S. *Babbitt*. New York: 1922. Trad. franc. M. Rémon. Paris: 1935.
LEWIS, W. *Self Condemned*. London: 1954.
LOWRY, M. *Under the Volcano*. New York: 1947. Trad. franc. Spriel et Francillon. *Au-dessous du volcan*. Paris: 1959.
LYOTARD, J. F. *La Phénoménologie*. Paris: 1961.
MAGNY, C. E. *Histoire du roman français depuis 1918*. Paris: 1950.
_____. Steinbeck, or the limits of the Impersonal Novel. In: TEDLOCK, J.; WICKLER, C. V (eds.). *Steinbeck and his Critics*. New Mexico: 1957.

MALRAUX, A. *L'Espoir*. Paris: 1937.
_____. *La Condition humaine*. Paris: 1933.
_____. *La Tentation de l'Occident*. Paris: 1964.
_____. *La Voie royale*. Paris: 1954.
_____. *Les Conquérants*. Paris: 1928.
_____. *Les Noyers de l'Altenburg*. Paris: 1948.
_____. Prefácio. In: FAULKNER, W. *Sanctuaire*. Paris: 1933.
MANN, T. *Der Zauberberg*. Stockholm: 1939.
_____. *Freud und die Zukunft*. Berlin: 1936. Trad. franc. *Freud et l'avenir*. *La Table ronde*. 1950.
_____. *Joseph und seine Brüder*, v. II. Berlin: 1933.
_____. *La Montagne magique*. Paris : 1961.
_____. *Lübeck als geistige Lebensform*. Lübeck: 1926.
MCCULLERS, C. *The Heart is a Lonely Hunter*. New York: 1940. Trad. franc. *Le Coeur est un chasseur solitaire*. Paris: 1947.
_____. *The Member of the Wedding*. Boston: 1946. Trad. franc. *Frankie Adams*. Paris: 1949.
MCLUHAN, H. M. *John dos Passos: Technique vs. Sensibility*. In: GARDINER, H. C. *Fifty Years of American Novel: A Christian Appraisal*. New York: 1951.
MITRY, J. *S.M. Eisenstein*. Paris: 1955.
MONTAIGNE, M. de. *Journal de Voyage*. Paris: 1774.
MORRISSETTE, B. *Les Romans de Robbe-Grillet*. Paris: 1963.
MOUNIER, E. *Révolution personnaliste et communication*. Paris: 1935.
MOURLET, M. *Cinéma contre roman*. Revue des Lettres Modernes, 1958.
MUSIL, R. *Der Mann ohne Eigenschafter*. Berlin: 1930. Trad. franc. P. Jacottet. *L'Homme sans qualités*. Paris: 1958.
NADEAU, M. *Littérature Presente*. Paris: 1952.
NANTET, J. Cahiers du "Cercle Ouvert", v. 3. Paris: 1956.
O'CONNOR, W. A Short View of Sanctuary. *Faulkner Studies*. Denver: 1952.
OHARA, J. *Appointment in Samarra*. New York: 1934. Trad. franc. M. Sibon. *Rendez-vous à Samarra*. Paris: 1947.
PAPINI, G. *Un uomo finito*. Firenze: 1913. Trad. franc. H.-R. Chazel. *Un homme fini*. Paris: 1923.
PASSOS, J. dos. *The Big Money*. New York: 1936. Trad. franc. C. de Richter. *La Grosse galette*. Paris: 1946.
PENN WARREN, R. *All the King's Men*. New York: 1946. *Les Fous duroi*. Paris: 1949.
PERNIOLA, M. *Tempo Presente*, n. 9 e 10, Milano.
PIA, P. *Carrefour*, 11 mai. 1955.
PIGUET, R. *L'Ancien et le nouveau*. Paris: 1963.
PINGAUD, B. Y a-t-il quelqu'un? *Esprit*, juil.-août. 1958.
POUILLON, J. *Temps et román*. Paris: Gallimard, 1946.
POULET, G. La Personnalité critique de J. Starobinski. *Critique*, mai. 1953.
POWYS, J.C. *Dorothy Richardson*. London: 1931.
PROUST, M. *À La Recherche Du Temps Perdu*. Paris: 1954
_____. *Contre Sainte-Beuve*. Paris: 1954.
_____. *Jean Santeuil*. Paris: 1952.
_____. *Pastiches et mélanges*. Paris: 1919.
QUENEAU, R. *Moustiques*. Paris: 1964.
RICHARDSON, D. *Pilgrimage*. London: 1935.
RICHARDSON, K. E. *Quest for Faith, A Study of the destructive forces in the novel of W. Faulkner*. Claremont Graduate School, 1962. Tese. (Exemplar datilografado).

ROBBE-GRILLET, A. *La Jalousie*. Paris: 1956.
_____. Le Réalisme, la psychologie et l'avenir du roman. *Critique*, sept. 1956.
ROBERT, M. *Kafka*. Paris: 1960.
ROCHELLE, D. de. *Nouvelle Revue Française,* mai. 1940
ROMAINS, J. *Les Sentiments unanimes et la poésie*. Paris: 1903.
_____. *Puissances de Paris*. Paris: 1931.
ROTH, J. *Die Fluch ohne Ende*. München: 1927. Trad. franc. R. Altdorf e R. Jouglet. *La fuite sans fin*. Paris: 1930.
SACKVILLE-WEST, V. The Future of the Novel. *The Week-end Review*. London: 1950.
SARRAUTE, N. *Le Planétarium*. Paris: 1959.
_____. *Portrait d'inconnu*. Paris: 1964.
SARTRE, J.-P. *La Nausée*. Paris: 1938.
_____. *L'Âge de raison*. Paris: 1960.
_____. La Temporalité chez Faulkner. *Situations I*. Paris: 1947.
SAVAGE, D. S. *The Withered Branch*. London: 1950.
SCHNITZLER, A. *Fräulein Else*. Berlin: 1924. Trad. franc. *Mademoiselle Else*. Paris: 1926.
SCHORER, M. Sinclair Lewis and the Method of Half-Truths. *English Institute Essays*. New York: 1956.
SOUZA, P. de. *La Philosophie de Marcel Proust*. Paris: 1939.
SPIELHAGEN, F. *Neue Beiträge zur Theorie und Technik der Epik und Dramatik*. Leipzig: 1898.
STEIN, G. *Autobiographies*. Paris: 1946.
STEINBECK, J. *In Dubious Battle*. New York : 1936. Trad. franc. E. Michel-Tyl. *En un combat douteux*. Paris: 1966.
_____. *The Graps of Wrath*. New York: 1939. Trad. franc. *Les Raisins de la colère*. Paris: 1939.
_____. *To a God Unknown*. New York: 1931.
STENDHAL. *Filosofia Nova*, t. II. Paris: 1931.
THE GREAT *Gatsby*. New York: 1925.
TROTSKY, L. *Littérature et révolution*. Paris : 1964.
TROY, W. Scott Fitzgerald: The Authority of Failure. In: *Forms of Modern Fiction*. Minneapolis: 1948.
VAILATI, G. Sur le raisonnement par l'absurde. *Revue de métaphysique et de morale*, 1904.
WAHL, J. *Poésie, pensée, perception*. Paris: 1948.
WARD, A. C. *20th Century Literature*, London: 1928.
WARNER, R. The Aerodrome. London: 1941. Trad. franc. L. Savitzki. *L'Aérodrome*. Paris: 1945.
WASSERMANN, J. *Der Fall Maurizius*. Berlin: 128. Trad. franc. M. Murte. *L'Affaire Maurizius*. Paris: 1963.
WEISS, J. Dum o tisíci patrech. Prague: 1929. Trad. franc. J. Svoboda e C. Morisse. *La Maison aux milles étages*. Vervies: 1967.
WEST, N. *The Complete Works of Nathanael West*. New York: 1957. Trad. franc. M. Sibon. *Romans*. Paris: 1961.
WILSON, E. *Classics and Commercials*. New York: 1950.
WOLFE, T. *Look Homeward, Angel*. New York: 1929..
_____. *Of Time and the River*. New York: 1935. Trad. franc. *Au fil du temps*. Paris: 1951.
WOOLF, V. *Granite and Rainbow*. London: 1928.
_____. *Jacob's Room*. London: 1922. Trad. franc. J. Talva. *La Chambre de Jacob*. Paris: 1942.
_____. *The Mark on the Wall*. London: 1919.
_____. *The Moment and the Other Essays*. London: 1947.
_____. *The Waves*. London: 1931. Trad. franc. M. Youcernar. *Les Vagues*. Paris: 1937.
_____. *Between the Acts*. New York: 1941. Trad. franc. *Entre les actes*. Paris: 1945.

WRIGHT, R. *Native Son*. New York: 1940.
ZÉRAFFA, M. *Eugene O'Neill dramaturge*. Paris: 1956.
_____. Problems of Style and Techniques: The Young Novelists. *Yale French Studies*, n. 8, New Haven: 1951.

Índice Remissivo

1984 (G. Orwell) 387, 408
325 Mil Francos (325.000 francs, R. Vailland) 408
8½ (F. Fellini) 436

À Deriva (A la dérive, P. Soupault) 106
A Nós a Liberdade (A nous la liberté, R. Clair) 305
À Sombra do Vulcão (Under the Volcano, M. Lowry) 287, 300, 301, 328, 338, 342-345, 361, 392, 442, 453
A Um Deus Desconhecido (To a God Unknown, J. Steinbeck) 302, 310
Absalão! Absalão! (Absalom! Absalom!, W. Faulkner) 72, 129, 131, 141, 145, 146, 158, 160, 163, 167, 175, 183, 190, 209, 212, 223-225, 231, 234, 260, 262, 288, 291, 354, 380n, 436, 455
Adeus às Armas (A Farewell to Arms, E. Hemingway) 47, 287, 291, 301, 311, 320, 331, 336
Adorno (T.) 155
Aeródromo, O (The Aerodrome, R. Warner) 387
Agente Secreto, O (The Confidential Agent, G. Greene) 346
Aiken (C.) 125, 160, 223
Alain 19, 30, 32, 34, 141, 453
Albérès (R. M.) 300, 320, 330n
Alegria, A (La Joie, G. Bernanos) 291, 304, 311, 315, 320, 327, 454
Além da Linha Vermelha (The Thin Red Line, J. Jones) 386
Algren (N.) 329, 333, 336, 337, 339, 342, 408, 414
Allégret (Y.) 97
Allen (W.) 59n, 140, 148n, 154, 156n, 191, 235, 332n, 334n, 336n, 413, 425, 448n, 462n
Allott (M.) 40n, 55n, 57n, 105n
Allport (G. W.) 457n
Alquié (F.) 109
Amante de Lady Chatterley, O (Lady Chatterley's Lover, D.H. Lawrence) 230
América (Amerika, F. Kafka) 265-270, 274, 275, 345, 377, 384, 409
Americano, O (The American, H.

James) 58, 59
Ames (V. Meter) 224, 225
Aminadab (M. Blanchot) 285n, 286, 377, 378, 425, 426, 447
Amando (Loving, H. Green) 421, 445
Anderson (S.) 162, 240, 243, 271
Anicet (L. Aragon) 312
Animal na Selva, O (The Beast in the Jungle, H. James) 67
Anna Karenina (L. Tolstói) 27
Annunzio (G. d') 23
Anos de Aprendizagem de Wilhelm Meister, Os (Wilhelm Meisters Lehrjahre, J.W. Goethe) 26, 40, 42, 81, 166
Antonioni (M.) 436
Aprendiz, O (L' Apprenti) 336, 411
Aprendizagem da Cidade, A (L'Apprentissage de la ville, L. Dietrich) 307, 315, 330, 335, 336, 408
Aragon (L.) 109, 216, 288, 312, 330, 355, 404
Arban (D.) 366n
Arbour (R.) 223n
Arco-Íris, O (The Rainbow, D.H. Lawrence) 227, 233
Ardor do Dia, O (The Heat of the Day, E. Bowen) 329, 340, 341, 345, 358, 359, 405, 415
Arendt (A.) 317n
Arland (M.) 306, 330n,
Arma de Aluguel (A Gun for Sale, G. Greene) 338, 339, 340n, 341, 354
Arnaud (G.) 387
Astre (G.A.) 92n, 93n, 180n, 235n, 236n, 241n, 242, 299n, 300n, 317n
Aubignac (Abade) 456
Auerbach (E.) 53, 106, 137
Aureliano (Aurélien, L. Aragon) 301
Austen (J.) 40, 128, 132
Autobiografia de Alice B. Toklas (The Autobiography of Alice B. Toklas, G. Stein) 189
Autocondenado (Self-Condemned, W. Lewis) 388
Aventura, A (L'Avventura, M. Antonioni) 436

Babbitt (J. O'hara) 237, 239-241, 277, 388

Bachelard (G.) 460
Bairros Elegantes, Os (Les Beaux quartiers, L. Aragon) 315, 345
Balzac (H. de) 10, 17, 19, 22, 25-27, 29, 31, 35, 37-39, 42-46, 49-51, 53, 55, 65, 68, 69, 74, 80, 104, 109, 111, 113, 124, 131, 134, 146, 147, 152, 159, 170, 178, 181, 213, 224, 227, 302, 305, 306, 309, 336, 352, 364, 368, 401, 406, 411, 454-456, 458, 459, 462, 466
Barbey (B.) 106n
Barbusse (H.) 96
Barnes (F. E. W.) 62n
Barrès (M.) 22, 102
Barrière (M.) 33n
Barrière (P.) 44n
Barthes (R.) 56n
Bataille (G.) 383
Beach (J. W.) 73, 97n, 140n, 276n
Beauvoir (S. de) 328n, 357, 388, 399, 416, 427, 431
Beckett (S.) 106, 283, 357, 394, 396-398, 400, 401, 409, 411-415, 420, 422, 424, 431, 432, 434, 435, 438, 440, 442, 443, 445, 453, 456, 457, 459, 462, 466
Béguin (A.) 318n, 412n
Bella 109
Bellow (S.) 399, 412, 447, 448, 457, 462
Benamou (G.) 390n
Benda (J.) 107n
Bénet (J.) 305n
Bennett (A.) 24, 25, 77, 429
Benveniste (E.) 405
Beresford (J. D.) 221
Berge (A.) 94, 103n, 110
Bergman (I.) 436
Bergson (H.) 24, 101, 102, 115, 158, 167, 181, 189, 212, 213, 222, 223, 230, 404, 461
Berlin Alexanderplatz (A. Döblin) 85, 112, 127, 137n, 144, 149, 151, 169, 170, 243, 251
Bernanos (G.) 10, 148, 216, 285, 287, 288, 291, 300, 301, 303-305, 307-318, 320, 324, 326, 327, 330, 331, 335-337, 340, 342, 343, 346, 351, 353, 359, 385, 393, 402-405, 408, 411, 412, 420, 427, 438, 444, 446, 455, 460, 466

Bertrand (L.) 115
Besant (W.) 38n, 57, 58, 60, 64
Betz (M.) 106n
Beucler (A.) 107n
Bianquis (G.) 258n, 259n
Blanchot (M.) 41, 278, 285n, 286, 377, 379, 425, 426, 430, 456
Blin (G.) 47, 48n, 49n, 50n, 95n, 312n
Blotner (J. L.) 182n, 220n
Blue voyage 223n
Blum (R.) 224n
Boca do Cavalo, A (The Horse's Mouth, J. Cary) 413
Boileau (N.) 39
Bomhoff (J. G.) 461
Bonnet (H.) 154n, 205n, 211, 216
Bonnot (R.) 182n
Bonwitt (M.) 73n
Bopp (L.) 33n
Borde (R.) 436n
Borgès (J. L.) 463
Bosco (H.) 460
Boucher (M.) 72n, 114n, 149n, 157n, 257n
Boudot (M.) 390n, 391n
Bourget (P.) 102
Bousquet (J.) 285, 286, 425, 426, 430, 447
Bouvard et Pécuchet (G. Flaubert) 52, 142, 143
Bowen (E.) 285, 329, 340, 341, 357--359, 387, 405
Bowles (P.) 398, 425, 443
Boyer (J.) 250n, 251n, 252n, 253n
Brecht (B.) 94
Brée (G.) 97n
Breton (A.) 109, 110, 294, 312, 329, 330
Brion (M.) 234n, 249n, 254n
Brissaud (A.) 329n, 330n
Broch (H.) 12, 23, 57, 71, 170, 180n, 244, 246-254, 256, 263-266, 269, 271, 274, 276, 277, 279, 288, 291, 296, 317, 318, 333, 376, 377, 424n
Brod (M.) 384
Brombert (V.) 305n, 320n, 326n, 328n
Brontë (E.) 132
Brown (E. K.) 87n
Brown (J.) 180n, 188n, 236n, 241n
Brownell (W. C.) 70
Buddenbrooks (T. Mann) 255
Burguês, O (Bürgerlich, L. Franck) 245
Burros de Carga (Bottom Dogs, E. Dahlberg) 334
Burucoa (C.) 399n
Butor (M.) 44, 45n, 74, 86, 88, 161n, 252n, 379n, 405, 446

Caillois (R.) 285n, 287, 360, 378n
Callen (S.P.) 167n, 223n
Caminhos da Liberdade, Os (Les Chemins de la liberté, J.P. Sartre) 342, 355, 356, 370, 383, 392, 399, 415, 420, 427, 449
Camus (A.) 365n, 367, 381, 388-393, 400, 405, 407, 411, 414, 417, 422, 423, 431, 435, 442, 455
Cândido, ou o Otimismo (Candide, ou l'Optimisme, Voltaire) 391
Cantaro (S.) 394n
Capitão Pax (Hauptman Pax, J. Fernau) 387
Capote (T.) 413, 424
Carrouges (M.) 298, 381n, 383
Carruthers (J.) 28, 32, 225
Cartuxa de Parma, A (La Chartreuse de Parme, Stendhal) 49, 51, 108, 136, 213
Cary (J.) 413
Casa dos Mil Andares, A (Dům o Tisíci Patrech, J. Weiss) 377
Casa Soturna (Bleak House, C. Dicken) 31
Caso Maurício, O (Der Fall Maurizius, J. Wasserman) 91, 110, 114, 155, 156, 257
Castellet (J. M.) 443n
Castelo, O (Das Schloss, F. Kafka) 26, 265, 266, 269, 373, 380-382, 384, 387, 449, 458
Cavalo de Troia (Le Cheval de Troie, P. Nizan) 306, 310
Cayrol (J.) 418-421, 425, 428, 438, 441, 448, 457
Céline (L.F.) 10, 287, 328-339, 341, 342, 344, 346, 355, 357-359, 361, 362, 402, 404, 407-409, 411, 413, 415, 417, 430
Celli (R.) 78n, 348, 352, 398
Cenas de um Casamento no Campo (Hochzeitsvorbereitungen auf dem Lande, F. Kafka) 362n, 449n, 457
Cendrars (B.) 96, 103, 106, 107
Cerne da Questão, O (The Heart of the Matter, G. Greene) 336
Cervantes (M. de) 366
Céu que Nos Protege, O (The Sheltering Sky, P. Bowles) 425
Cézanne (P.) 21, 28, 75, 83, 455
Chalé de Landor, O (Landor's Cottage, E. Poe) 437
Chamado da Estrada, O (L' Appel de la route, E. Estaunié) 101
Champigny (R.) 152n, 322, 323n, 325n, 326n, 391
Chaplin (C.) 265, 305
Charley (H.) 416
Chastaing (M.) 152, 154n, 180n, 382n
Chauffier (L. M.) 100, 210
Chevalley (A.) 114, 285n

Chiaromonte (N.) 297n, 323n, 352n, 402
Cidadão Kane (Citizen Kane, O. Welles) 238
Ciúme, O (La Jalousie, A. Robbe-Grillet) 400, 401, 410, 422, 423, 430, 434n, 435, 436, 439, 440
Clair (R.) 305
Claudel (P.) 103n
Cocteau (J.) 103, 106, 107
Coindreau (M.-E.) 160n
Colette Baudoche: Histoire d'une Jeune Fille de Metz (M. Barrès) 102
Colette 109
Collins (C.) 146n, 161n
Colônia Penitenciária, A (In der Strafkolone, F. Kafka) 415
Colomba (P. Merimée) 32
Comédia Humana, A (La Comédie Humaine, H. Balzac) 11, 25, 42, 44, 46, 49, 55, 111, 112, 113, 124, 225, 364, 437, 455, 458, 459
Condição Humana, A (La Condition Humaine, A. Malraux) 9, 89n, 216, 285, 289n, 291, 292n, 294, 296, 298, 301, 304, 309, 311, 313n, 314n, 315, 316, 324, 327, 337, 342, 348, 355
Confissão de um Pecador Justificado, A (Confession of a Justified Sinner, J. Hogg) 40
Conquistadores, Os (Les Conquérants, A. Malraux) 11, 156, 289, 293, 295, 298, 303-306, 309, 310, 317, 318, 325, 326, 333, 341, 343-346, 350, 362, 382n, 402, 454
Conrad (J.) 22, 35, 66, 68, 86, 89, 95, 125, 134, 137, 166, 183, 223, 235, 352, 367, 460
Consciência de Zeno, A (La Coscienza di Zeno, I. Svevo) 221, 431
Contraponto (Point Counter Point, A. Huxley) 229, 409
Convidada, A (L' Invitée, S. Beauvoir) 341, 357, 399, 402, 415, 416, 426, 427, 432
Copeau (J.) 115
Coração é um Caçador Solitário, O (The Heart is a Lonely Hunter, C. McCullers) 338, 351, 361
Coração Pesado (Coeur gros) 106
Corpo Perdido (Corps perdu, P. Soupault) 106
Corps et âme 188n
Corredor, O (Le Corridor, J. Reverzy) 444
Coughlan (R.) 162n
Cowley (M.) 275n
Crébillon Filho (C. de) 41n
Crémieux (B.) 33, 102, 105-108, 139

ÍNDICE REMISSIVO 489

Crianças Diabólicas, As (Les Enfants terribles, J. Cocteau) 412
Cuisenier (A.) 108n

Dahlberg (E.) 334
Daiches (D.) 145, 149n
Dandieu (A.) 213
Daniel-Rops (H.) 222
David (C.) 260n, 262, 264n, 276n, 317n, 382n
Debray (R.P.) 383
Declínio e Queda (Decline and Fall, E. Waugh) 409
Dedalus (J. Joyce) 87n, 252
Deguy (M.) 255, 256n, 259n
Delattre (F.) 79n, 139n, 173n
Deleuze (G.) 213
Delhomme (J.) 288, 292, 296, 297, 323n, 324, 335, 349n, 425
Demian (H. Hesse) 252
Demônios, Os (Biêsi, F. Dostoiévski) 35, 38, 40, 368, 369, 374
Denis (M.) 114
Derrida (J.) 213
Diário de um Pároco de Aldeia (Journal d'un curé de campagne, G. Bernanos) 285, 304, 305, 316, 335
Dickens (C.) 31, 38, 113, 159, 265
Diderot (D.) 40, 41
Dietrich (L.) 307, 315, 335, 343, 408
Do Outro Lado do Rio e Entre as Árvores (Across the River and into the Trees, E. Hemingway) 318, 319
Döblin (A.) 19, 72, 85, 86, 137, 144, 170, 241, 250-252, 266, 307
Dom Quixote (M. de Cervantes) 11, 26, 458
Doniol-Valcroze (J.) 48n
Dort (B.) 74n, 190n, 312, 420n, 429
Dos Passos (J.) 10, 19, 34, 35, 56, 70, 87, 92-95, 97, 102, 108, 109, 124, 140, 141, 162, 169, 180-183, 211, 236-239, 241-244, 249, 250, 252, 254, 263, 266, 270-272, 299, 302, 307, 317, 347, 349, 354, 359, 375, 379, 388, 403, 410, 434, 448, 453, 454, 462, 463, 465
Dostoiévski (F.) 40, 42, 50, 66, 74, 88, 109, 178, 220, 222, 276, 293, 337, 349, 352, 354, 364-370, 373, 383, 389, 393, 401, 411, 414, 454, 458
Doutor Fausto (Doktor Faustus, T. Mann) 255, 271, 297, 377
Dreiser (T.) 236-238, 243, 271, 331, 409
Drieu La Rochelle (P.) 106, 107, 301, 330n, 422
Dufrenne (M.) 218, 317
Duhamel (G.) 33n, 107, 353

Dujardin (E.) 124, 125n, 126n, 127, 128
Dupuy (A.) 413n
Duras (M.) 420
Durkheim (E.) 108, 424
Durrell (L.) 447

Eco (U.) 129n, 139, 142, 143, 399, 456
Edel (L.) 58n, 112, 121n, 126, 127n, 133n, 136, 145, 360
Edgar (P.) 62
Educação Europeia (Education européene, R. Gary) 386, 411
Educação Sentimental, A (L' Education sentimentale, G. Flaubert) 20, 51
Eisenstein (S. M.) 93n, 96
Eliot (T. S.) 162
Em Busca do Tempo Perdido (À la recherche du temps perdu, M. Proust) 10-12, 19-21, 23-25, 27, 29, 31, 33-35, 51, 56, 57, 60, 70, 72, 76, 80, 82, 84, 86, 87, 91, 94, 97, 101, 103, 105-109, 111-115, 124-126, 129, 131, 133, 134, 138, 140, 142, 143, 147-149, 151-155, 158, 160, 165, 168, 170, 176, 179, 180, 184, 187, 190-194, 196, 197, 199-203, 206, 208, 209, 211-216, 218, 221, 222, 225, 234, 246, 260-262, 275, 277, 278, 288, 292, 292, 308, 318, 322, 323, 328, 337, 345, 346, 376, 377, 383, 384, 400, 402, 409, 410, 425, 429, 437, 440, 458, 466
Embaixadores, Os (The Ambassadors, H. James) 31, 38, 60-63, 74, 76, 84, 404, 462, 465
Emerson (R. W.) 242
Emprego do Tempo, O (L' Emploi du temps, M. Butor) 336, 405, 446
Encontro em Samarra (Appointment in Samarra, J. O'Hara) 388, 423
Encouraçado Potemkim, O (Bronenosets Potyomkim, S. Eisenstein) 93, 96, 436
Enquanto Agonizo (As I Lay Dying, W. Faulkner) 153, 164, 354
Entre os Atos (Between the Acts, V. Woolf) 138, 181, 209, 217, 275, 385
Entre Quatro Paredes (Huis-clos, J.P. Sartre) 348
Epaves (The Strange River, J. Green) 104
Epic of the Wheat, The 236n
Era da Suspeita, A (L'Ère du soupçon, N. Sarraute) 427n, 429, 435n, 445n
Erickson (J.D.) 354n
Esfaimada, A (L'Affamée, V. Leduc) 406, 407, 411, 429, 446
Esperança, A (L' Espoir, A.

Malraux) 10, 287n, 289n, 291n, 304, 305, 310, 320, 323n, 325, 329, 335, 346, 348, 357, 391n
Esperando Godot (En attendant Godot, S. Beckett) 462
Esplendor e Miséria das Cortesãs (Splendeurs et misères des courtisanes, H. de Balzac) 42n, 111, 113
Estaunié (E.) 101
Estève (M.) 304n, 446n
Estrada Real, A (La Voie royale, A. Malraux) 287, 289n, 290, 291, 304, 308, 314
Estrangeiro, O (L' Étranger, A. Camus) 390, 391, 398-400, 405-408, 411, 415, 416, 449, 453
Estranho Intermediário (Strange Interlude, E. O'Neill) 133, 177
Eterno Marido, O (Vechnyj muzh, F. Dostoiévski) 344
Etiemble (R.) 309
Etzel Andergast (J. Wassermann) 157, 318
Eu Viveria o Amor dos Outros (Je vivrai l'amour des autres, J. Cayrol) 418, 420n, 421, 429, 438, 448
Eugénie Grandet (H. Balzac) 109

Fallada (H.) 244
Farrell (J. T.) 156, 241, 307, 331
Faulkner (W.) 12, 17, 19, 21, 22, 51, 52, 71, 92, 97, 109, 121, 124-126, 128, 130, 131, 135, 136, 138, 140, 141, 144, 145, 148-150, 152-156, 158-165, 167-170, 173-176, 179, 182-184, 189-191, 201, 209, 212, 216, 217, 223, 224, 226, 229, 231, 250-252, 263, 271, 276, 277, 286, 288, 290, 292, 294, 300-302, 307-309, 311, 331, 333, 334, 347, 351, 352, 354, 355, 360, 379-383, 389, 390, 393, 399, 403, 413, 421, 433, 436, 446, 459, 465
Faye (J. P.) 266n, 269n
Fellini (F.) 436
Fernandez (D.) 315n
Fernandez (R.) 19, 28, 107, 112, 145, 207N, 213-217, 220, 234, 262, 345, 354, 454
Fernau (J.) 387
Filha de Eva, Uma (Une fille d'Eve, H. Balzac) 406
Filho Nativo (Native Son, R. Wright) 329, 334n
Fim de Noite (La Fin de la nuit, F. Mauriac) 353
Fim de Caso (The End of the Affair, G. Greene) 342
Fim de Semana Perdido (Lost Weekend, C.R. Jackson) 343

Financista, O (The Financier, T. Dreiser) 236
Finnegans Wake (J. Joyce) 125, 252, 253, 275, 376
Fiser (E.) 223n
Fitch (B. T.) 361n
Fitzgerald (S.) 148, 180, 216, 238, 270-272, 274, 275, 278, 299, 307, 336, 337, 388, 403, 457, 466
Flake (O.) 85
Flaubert (G.) 9, 20-22, 29, 38, 51-57, 59, 63-66, 68, 69, 72, 73, 75, 76, 81, 84, 87, 90, 94, 95, 101, 109, 111, 112, 123, 133, 134, 137, 140, 143, 147, 163, 166, 177, 178, 183, 189, 199, 205n, 207, 218, 220, 221, 232, 233, 279, 305, 322, 323, 337, 367, 373, 376, 379, 437, 454-457, 459, 460, 465
Fleury-Zéraffa (J.) 337n
Fogo, O (Le Feu, H. Barbusse) 386
Ford Madox Ford 73n
Forest (H. U.) 43n
Forster (E. M.) 19, 28, 34, 39n, 40, 50, 58, 74, 77, 86, 92, 104, 105, 114, 141, 165, 168, 259, 285, 333, 360, 427, 435, 446, 453, 457, 459
Forstreuter (K.) 72
Foucault (M.) 437n
Fournier (A.) 23
Fourré (M.) 110
Fous du roi (Les) 403n
Francastel (P.) 13, 27, 106
Frank (J.) 54n, 183n, 213
Frank (L.) 245
Frank (W.) 237
Freeman (M.) 228n
Freud (S.) 106, 133, 146, 162, 221-223, 228, 233, 368, 404
Friedman (N.) 60n, 410n
Friedmann (K.) 72
Frohock (W. M.) 294, 306n, 309, 311, 315n, 329n

Gadenne (P.) 401
Gafe, A (La Gaffe, J. Cayrol) 419, 441n
Galsworthy (J.) 24, 68, 77, 236, 400, 429, 430, 455
Gance (A.) 96
Garnett (A. E.) 230
Gato Murr, O (Kate Murr, E.T.A. Hoffmann) 40
Geismar (M.) 236n, 272n, 276n
Georgi (C.) 236n
"Gênio", O (The "Genius", T. Dreiser) 236
Germinal (E. Zola) 35, 71
Gibbon (E.) 60
Gide (A.) 11, 24, 31, 37, 39, 40, 56, 70, 71, 86, 97-103, 107-109, 123, 127, 137n, 138, 155, 161, 178, 189, 191, 217, 240, 246, 248, 285, 292, 313, 316, 356, 358, 360, 361, 369, 370, 393, 396, 401, 414, 454, 455, 457, 462
Gilbert (S.) 96n, 142, 145n, 166
Gilles (P. Drieu La Rochelle) 103
Gillet (L.) 126, 127, 142
Girard (A.) 267n, 381n, 383n
Girard (R.) 52n, 357, 366n, 367n, 459
Giraud (R.) 417n
Giraudoux (J.) 103, 106, 107, 127
Goethe (J. W.) 40, 42, 74, 81, 166, 248
Goldmann (L.) 42n, 102n, 295-297, 318n, 320, 399n, 435, 440
Gommes, Les (A. Robbe-Grillet) 415, 424, 431, 432, 435, 438
Goodman (T.) 75
Goth (M.) 374, 392n, 411n, 424
Gracq (J.) 110
Grande Gatsby, O (The Great Gatsby, F.S. Fitzgerald) 270-272, 299, 301
Grande Meaulnes, O (Le Grand Meaulnes, A. Fournier) 102
Grande Medo na Montanha, O (La Grande peur dans la montagne, C.F. Ramuz) 433
Granville-Hatcher (H.) 54, 65, 167n, 395
Great Circle (C. Aiken) 223n
Green (H.) 357, 363, 430, 432, 445
Green (J.) 103, 104, 404
Greene (G.) 328, 329, 334-337, 339-342, 346, 349-351, 357, 366, 406, 414, 446
Griffith (D.W.) 92, 96, 237, 238
Grilhões do Passado (Mr. Arkadin, Orson Welles) 238
Gris (J.) 142
Guérin (R.) 336
Guerra e Paz (L. Tolstói) 32, 35, 38, 114, 183
Guignol's Band 330n
Guilloux (L.) 306, 326, 329, 403
Guiomar (M.) 22n, 110n

Hall (G.) 384n, 392n
Hamp (P.) 333
Hanna (J. G.) 358n
Hardy (T.) 40, 454
Hecht (B.) 223
Hegel 23, 40, 318, 325, 337, 455, 458
Heidegger (M.) 295, 311, 424
Heller (E.) 270
Hemingway (E.) 162, 216, 285, 287, 288, 299-301, 306, 307, 309, 311, 315, 317-319, 325, 333, 335, 336, 349, 381
Henrez (M.) 330n
Hermitte (J.) 378n
Herrick (R.) 236
Hesse (H.) 34, 56, 180, 227, 244-246, 250, 252, 265, 266, 269, 374
Histórias de Jacó (Die Geschichten Jaakobs, T. Mann) 255
Hoare (D. M.) 22n, 216n
Hoffmann (F. J.) 126, 127
Hoffmannsthal (H. von) 277
Hofling (C. K.) 319n
Hogg (J.) 40
Holzapfel (K. M.) 223n
Homem Acabado, Um (Un uomo finito, G. Papini) 370
Homem de Braços de Ouro, O (The Man with the Golden Arm, N. Algren) 333, 337
Homem sem Qualidades, O (Der Mann ohne Eigenschaften, R. Musil) 139, 149, 167, 184, 215, 234, 243, 247, 249, 260, 261, 263, 264, 265, 269, 270, 274, 275, 278, 345, 440, 458
Homens de Boa Vontade, Os (Les Hommes de bonne volonté, J. Romain) 108, 109
Honnert (R.) 188n
Honorável Sr. Pulham (Mr. Pulham, Esquire, J.P. Marquand) 403
Hoog (A.) 441
Howe (I.) 332
Hudson (S.) 190, 191
Hugo (V.) 406, 432
Humphrey (R.) 38, 96n, 124-126, 130, 135, 145, 189n, 252, 360
Husserl (E.) 342
Hutchins (P.) 96n
Huxley (A.) 86n, 229, 230n, 409
Huysmans (J. K.) 55, 143
Hytier (J.) 369, 370, 444

Idade Difícil, A (The Awkward Age, H. James) 65, 135n
Imagem no Tapete, A (The Figure in the Carpet, H. James) 67
Imoralista, O (L' Immoraliste, A. Gide) 24
Impostura, A (L' Imposture, G. Bernanos) 304, 310, 345, 349, 402, 403
Impudentes, Os (Les Impudents, M. Duras) 420-421
Incerto, O (L' Incertain, M. Betz) 106
Inocentes, Os (Die Schuldloser, H. Broch) 252
Inominável, O (L' Innommable, S. Beckett) 397, 401
Intolerância (Intolerance, D.W. Griffith) 96
Intruso, O (Intruder in the Dust, W. Faulkner) 168, 173, 446
Irmã Carrie (Sister Carrie, T. Dreiser) 236
Isaacs (J.) 92n, 128n, 142, 145, 183n, 191, 250n, 252n, 253n, 347n, 360, 409n

ÍNDICE REMISSIVO

Isherwood (C.) 285, 409, 410
Isso é Sono (Call it Sleep, H. Roth) 331-334, 339, 408

Jakobson (R.) 133n
James (H.) 24, 30, 37, 55, 57, 60n, 64n, 74n, 80n, 83n, 101n, 104, 427n, 461
James (W.)
Jane Eyre (C. Brontë) 32
Janvier (L.) 396n, 398n
Jean Barois (R. Martin du Gard) 240
Jean Santeuil (M. Proust) 47, 165, 191, 208, 225
Jeanson (F.) 356n
Jogo das Contas de Vidro, O (Das Glasperlenspiel, H. Hesse) 246, 252
Jones (J.) 386
José e seus Irmãos (Joseph und seine Brüder, T. Mann) 233, 256
Joseph Kerkhoven (J. Wasserman) 157, 318
Journal des Goncourt 111n
Joyce (J.) 12, 19-21, 23-26, 32-34, 57, 68, 70, 74, 81, 84, 87n, 90-93, 96, 99, 101, 104, 105, 107, 110-112, 115, 119, 121, 123n, 124-128, 131,134-145, 148n, 150, 154, 160-166, 169, 171, 173, 177, 182, 183, 189-191, 211, 212, 216, 217, 219, 220, 222-225, 228, 229, 233-235, 241, 243, 244, 247, 252-254, 260, 265, 271, 286, 292, 294, 295, 298, 302, 305, 314-318, 322, 330, 332, 342, 346, 348, 353, 358, 361, 362, 398, 401, 404, 414, 424n, 435, 438, 444, 449, 453, 465
Judas, o Obscuro (Jude the Obscure, T. Hardy) 235
A Jew in Love 223n
Juliette no País dos Homens (Juliette au pays des hommes, J. Giraudoux) 127
Jung (C.G.) 361
Justine, ou os Infotúnios da Virtude (Justine ou les infortunes de la vertu, M. Sade) 41
Justus (J.H.) 403n

Kafka (F.) 21, 71, 106, 109, 148, 151, 157, 182, 233, 246, 248, 265-271, 274, 275, 278, 279, 290, 323, 337, 343, 362, 367, 368, 371, 373, 374, 376-386, 389-395, 401, 405, 407, 409-411, 414, 421-424, 431, 434, 438, 439, 407, 409, 422, 442, 444, 445, 448, 449, 453, 457-459, 466
Kandinsky (W.) 89
Kaputt (C. Malaparte) 386

Kaufmann (P.) 286
Kern (E.) 344n
Kerouac (J.) 453, 457
Kettle (A.) 82n, 83, 124, 140, 144n, 145, 235, 334, 335, 336n, 360
Kierkegaard (S.) 256, 379, 385
King Coffin 223n
Klee (P.) 28
Klein (M. N.) 237n, 303, 304
Klossowski (P.) 381n
Kohn (A.) 277n
Kohut (H.) 448n
Kubin (A.) 374-376, 378, 379, 383

L'Amoureuse initiation 155n
La Fayette (Mme. de) 154, 435, 459
Laclos (Chorderlos de) 352, 457
Lacretelle (J. de) 48n
Lafille (L.) 98n
Lafue (P.) 421n, 453n
Lalande 384n
Lalou (R.) 351n, 421n
Lang (F.) 263
Lange (V.) 252n, 266, 276n
Lascault (G.) 180n
Laude (J.) 180n
Lavers (A.) 404
Lawrence (D. H.) 56, 57, 77, 83n, 90, 143, 227-235, 247, 278n, 311, 409
Le Breton (M.) 158, 167n, 174n
Leavis (F. R.) 57n, 91n, 233n
Leduc (V.) 406, 429
Lefebvre (H.) 211
Lefèvre (F.) 103n
Lehmann (K.) 149n
Leiris (M.) 287
Lênin 348
Lesort (P. A.) 359, 360
Let it Come Down 425n
Léviathan (Leviatã, J. Green) 404
Levin (H.) 317
Lewis (S.) 162, 236, 239, 240, 243, 388, 403
Lewis (W.) 346, 387, 388
Liddell (R.) 89, 91n, 140, 217
Ligações Perigosas, As (Les Liaisons dangereuses, C. de Laclos) 48
Lipps (M.) 54n
Lobo da Estepe, O (Der Steppenwolf, H. Hesse) 11, 51, 82, 245-248, 252, 258, 268
Lobo entre Lobos (Wolf unter den wöfen, H. Fallada) 244
Lolita (V. Nabokov) 448
Look Homeward, Angel (T. Wolfe) 173n
Lord Jim (J. Conrad) 51, 66, 136
Loureiros São Cortados, Os (Les Lauriers sont coupés, E. Dujardin) 127-129
Lowrey (P.) 174n

Lowry (M.) 288, 321, 328, 342-348, 351, 357, 362, 453
Luas de Papel (Lunes en papier, A. Malraux) 294
Lubbock (P.) 28, 94, 114
Lucienne (J. Romains) 109
Lukács (G.) 26, 27, 42n, 59, 105, 106, 166n, 295, 357, 360, 440, 449, 462
Luz de Enxofre (Lumière de soufre, G. Arnaud) 387
Luz em Agosto (Light in August, W. Faulkner) 149, 150, 153, 161, 164n, 170, 331, 338, 351, 393
Lyotard (J. F.) 176n

Macaulay (T.) 60
Macbeth (W. Shakespeare) 160
Machard (A.) 96
Madame Bovary (G. Flaubert) 20, 51, 53, 57, 73, 109, 135n, 143, 221, 233, 384
Magny (C. E.) 107n, 140n, 159n, 174n, 302, 303, 310, 311, 320, 379n, 381, 388
Mailer (N.) 406
Mala Vazia, A (La Valise vide, P. Drieu La Rochelle) 106
Malaparte (C.) 387
Mallarmé (S.) 24
Malone Morre (Malone meurt, S. Beckett) 434
Malraux (A.) 10, 106, 145, 148, 167, 216, 217, 219, 285, 287-298, 300, 301, 303, 304, 306-320, 323-327, 329, 330, 332-337, 340, 342-346, 348-353, 355, 358-362, 365, 368, 381, 382, 389, 392, 394, 398, 402-404, 408, 411, 430, 433, 438, 444, 449, 455, 457, 458, 460, 466
Malrieu (J.). 412n
Malrieu (P.) 333n
Mandarins, Os (Les Mandarins, S. de Beauvoir) 337, 416
Manhattan Transfer (J. Dos Passos) 12, 23, 27, 29, 34, 35, 87,93-95, 97, 100-102, 106, 108, 112, 123n, 137, 140, 141, 149, 151, 170, 172, 179-182, 234, 237, 239-241, 271, 299, 307, 309, 330, 333, 338, 346, 374, 388, 408, 432, 444, 448
Mann (T.) 10, 22, 72, 86, 100, 101, 106, 144, 145, 170, 174, 180n, 182, 189, 212, 216, 233, 234, 244, 245, 247-250, 255-260, 263-266, 269, 271, 286, 295, 297, 298, 317, 318, 362, 375, 377, 448, 462
Manon Lescaut (A. Prévost) 41n, 109
Many Marriages (S. Anderson) 240n
Marivaux 40, 190

Marquand (J.P.) 403
Martereau (N. Sarraute) 422, 434
Martin du Gard (R.) 102, 109, 240, 320
Martineau (H.) 47n
Marvin (J. R.) 163n
Mas Não se Matam Cavalos? (They Shoot Horses, Don't They?, H. McCoy) 387
Mas Théotime (Le) 460n
Massis (H.) 71
Matoré (G.) 446
Maupassant (G. de) 190
Mauriac (F.) 29, 104, 105, 127, 353, 354, 356, 455
Mauron (C.) 29n, 63n
Mayoux (J. -J.) 173n
McCormick (J.) 111n, 248n, 331n, 336n, 343n, 359n
McCoy (H.) 387
McCullers (C.) 288, 328, 333, 336, 338, 339, 340, 342, 346, 347, 349-351, 359, 389, 399, 402, 404, 408, 413, 421, 424
McLuhan (H. M.) 180n, 182n, 241n
Mead (M.) 240
Meia-Noite (Minuit, J. Green) 104
Melville (H.) 95, 367
Memorial, O (The Memorial, C. Isherwood) 409, 410
Mendilow (P.) 86, 145, 174, 178n, 182, 322n, 360
Mercier (V. H.) 317n
Meredith (G.) 354, 455
Merleau-Ponty (M.) 111n
Metropolis (F. Lang) 263, 307
Meyerson (I.) 13, 121, 138, 139n, 307, 310, 403n, 453
Micha (R.) 241
Michaud (G.) 100n
Miller (H.) 328, 336, 342, 457
Miller (J. E.) 237n, 271n, 275n
Millet (F. B.) 58n
Milosz (O.V. de) 155n
Miseráveis, Os (Les Misérables, V. Hugo) 108, 406
Miss Corações Solitários (Miss Lonelyheart, N. West) 338
Mito de Sísifo, O (Le Mythe de Sisyphe, A. Camus) 365n, 367n, 391, 420
Mitry (J.) 93n
Moby Dick (H. Melville) 114, 367, 455
Modificação, A (La Modification, M. Butor) 446
Moedeiros Falsos, Os (Les Faux Monnayeurs, A. Gide) 29, 31, 33, 39, 47, 87, 89, 97, 98, 100, 101-103, 109, 113, 138, 155, 162, 246, 271, 285, 312, 356, 369, 370, 421, 440, 447, 462

Mohrt (M.) 311, 403
Moll Flanders (D. Defoe) 71
Molloy (S. Beckett) 394, 395n, 396, 397, 398, 399-402, 408, 410, 413, 422, 430, 431n, 434, 443, 449, 455, 462
Monet (C.) 29, 83, 89
Monglond (A.) 41n
Monsieur Ouine (G. Bernanos) 392, 442, 446
Montaigne (M. de) 132, 248, 330
Montanha Mágica, A (Der Zauberberg, T. Mann) 23, 82, 86, 110, 113, 133, 145, 149, 169, 182, 212, 233, 234, 244, 246, 255, 257-258, 262, 265, 275-278, 285, 345, 348, 378, 383, 462
Montanhas, Mares e Gigantes (Berge, Meere und Giganten, A. Döblin) 252
Montherlant (H. de) 103
Morand (P.) 103, 106
Moravagine (B. Cendrars) 108, 412
Moravia (A.) 315, 349
Mornet (D.) 41
Morrissette (B.) 435, 441, 446n
Morro dos Ventos Uivantes, O (Wuthering Heights, E. Brönte) 32
Morse (J.M.) 149n
Morte a Crédito (Mort à crédit, L.F. Céline) 328, 329, 332, 336, 341, 344, 345, 347, 407, 414
Morte ao Entardecer (Death in the Afternoon, E. Hemingway) 306, 309, 315, 320
Morte de Alguém (Mort de quelqu'un, J. Romains) 109, 420
Morte de Virgílio, A (Der Tod des Vergil, H. Broch) 57, 82, 138, 139, 160, 252, 253, 254, 275-277, 296, 345, 376, 384, 410
Morte do Pequeno Burguês, A (Der Tod des Kleinbürgers, F. Werfel) 386
Morte em Veneza (Der Tod in Venedig, T. Mann) 319, 448
Mortimer (C.) 398, 443
Mortos sem Sepulturas (Morts sans sépulture, J.P. Sartre) 347
Moscas, As (Les Mouches, J.P. Sartre) 390
Mosquitos (Mosquitoes, W. Faulkner) 225
Motim do Caine, O (The Caine Mutiny, H. Wouk) 405
Mounier (E.) 304, 310, 323n, 391, 402, 420
Mourlet (M.) 436n, 437n
Moustiques 126n
Mr. Norris Troca de Trem (Mr. Norris Changes Train, C.

Isherwood) 410
Mrs. Dalloway (V. Woolf) 51, 89, 145, 176, 374, 426, 429
Muir (E.) 19, 28, 29, 32, 33, 51, 74, 86, 105, 114, 141, 150, 360, 453
Mulheres Apaixonadas (Women in Love, D.H. Lawrence) 227n, 229, 230, 231, 232, 233, 234
Musil (R.) 12, 21, 67, 85, 109, 114, 144, 149, 151, 176, 178-180, 216, 227, 230, 244, 248, 249, 255, 260-266, 270, 274-276, 278, 288, 291, 295, 305, 307, 317, 323, 362, 375, 381, 382, 393, 455, 465, 466

Nabokov (V.) 448
Nada de Novo no Front Ocidental (Im Western nichts Neues, E.M. Remarque) 386
Nada em Vista (Rien en vue, J. Rehn) 387
Nadeau (M.) 330n
Nadja (A. Breton) 109
Nantet (J.) 94n
Nascimento de uma Nação, O (The Birth of a Nation, D.W. Griffith) 92, 93
Nathan (M.) 158n, 159n, 174n, 381n
Náusea, A (La Nausée, J.P. Sartre) 144, 212, 285, 321n, 322, 324-328, 345, 352, 354, 355, 362, 388, 392, 397, 399, 401, 406, 410, 411, 420, 425, 426, 432, 433, 440, 449, 453
Negro do "Narcissus", O (The Nigger of the "Narcissus", J. Conrad) 89
Newby (P.H.) 412n
Nietzsche (F.) 207, 245, 432
Nizan (P.) 409
No Labirinto (Dans le labyrinthe, A. Robbe-Grillet) 437
Noailles (A. de) 329n
Nogueiras de Altenburg, As (Les Noyers de l'Altenburg, A. Malraux) 289, 297, 304, 318-320, 324, 348, 353, 392, 394, 404n, 410, 442
Noite do Rose Hotel, A (La Nuit du Rose-Hôtel, M. Fourré) 110
Norris (F.) 236
Noth (E. E.) 157n
Nova Heloísa, A (La Nouvelle Héloïse, J.J. Rousseau) 41, 42, 222
Num Combate Duvidoso (In Dubious Battle, J. Steinbeck) 237, 291, 302, 303n, 306, 308, 318, 327, 330, 332
Nus e os Mortos, Os (The Naked and the Dead, N. Mailer) 386, 406

O'Connor (W.) 158n
O'Hara (J.) 388, 417

ÍNDICE REMISSIVO

O'Neill (E.) 133, 177, 240
Obra-prima Desconhecida, A (Le Chef-d'oeuvre inconnu, H. Balzac) 364
Oliver Twist (O. Twist) 111
Ondas, As (The Waves, V. Woolf) 87n, 94, 97, 105, 153, 172, 189n, 216, 292, 298, 322, 419
Onimus (J.) 412
Ordem, A (L' Ordre, M. Arland) 306
Ortega y Gasset (J.) 211
Orwell (G.) 381, 408
Outro Lado, O (Die ancere Seite, A. Kubin) 375

Pabst (W.) 114n
Paci (E.) 257n
Pai Goriot, O (Le Père Goriot, H. de Balzac) 39, 459
"Palmeiras Selvagens" (The Wild Palms, W. Faulkner) 149, 156, 301
Paludes (A. Gide) 99n, 102, 246
Papini (G.) 370
Partido das Coisas, O (Le Parti-pris des choses, F. Ponge) 423
Pascal (R.) 234n, 258n, 259n, 267n
Passagem para a Índia (A Passage to India, E.M. Foster) 29
Paulhan (J.) 96
Pavese (C.) 187
Pé na Estrada (On the Road, J. Kerouac) 455
Pele de Onagro, A (La Peau de chagrin, H. de Balzac) 363, 364
Penn Warren (R.) 403
Peregrinação (Pilgrimage, D. Richardson) 19, 25, 80, 81, 86, 91, 113, 129, 132, 138, 143, 146, 148, 149, 151-154, 167, 189, 191-193, 218, 221, 276, 288, 328, 459, 460
Perniola (M.) 439n
Peste, A (Le Peste, A. Camus) 392
Peyre (H.) 188n, 287n
Pia (P.) 330n
Picasso (P.) 142
Picon (P.) 98n, 287n, 292n, 320, 348, 349, 352n, 360n, 426, 458n
Pierre-Quint (L.) 329
Pierrot, Meu Amigo (Pierrot, mon ami, R. Queneau) 412, 420
Pilone (Pylon, W. Faulkner) 96, 137, 150, 153, 154n, 161-164, 167, 179, 190, 257, 307
Piloto de Guerra (Pilote de guerre, A. de Saint-Exupéry) 307
Pingaud (B.) 399n
Pirandello (L.) 40, 81, 101, 106, 108, 138, 139, 157, 188, 246, 253, 294, 312, 313, 338, 416, 459
Planetário, O (Le Planétarium, N. Sarraute) 400, 421, 422, 428,
429, 431, 434, 435, 438, 441, 443-445, 456
Poder e a Glória, O (The Power and the Glory, G. Greene) 335
Poe (E.) 437
Pommier (J.) 43n, 51n
Ponge (F.) 423
Por Quem os Sinos Dobram (For Whom the Bells Tolls, E. Hemingway) 301, 302, 310, 311, 313, 319, 346
Pouillon (J.) 140n, 154n, 159, 161n, 167n, 176n, 360
Poulaille (H.) 96
Poulet (G.) 24, 213, 433n
Powys (J.C.) 167n, 276n
Preston (E.) 43n
Prévost (Abade) 41n
Prévost (J.) 47n
Priestley (J. B.) 140, 211
Prima Bette (La Cousine Bette, H. Balzac) 147
Primault (M.) 412n
Primo Pons, O (Le Cousin Pons, H. Balzac) 364
Prisão (Fängelse, I. Bergman) 436
Processo, O (Der Prozess, F. Kafka) 9, 148, 265-267, 270, 327, 343, 370-374, 378, 380-382, 384-388, 391-393, 406-408, 411, 414, 424, 445, 449, 457, 458
Procura do Absoluto, A (La Recherche de l'absolu, H. Balzac) 44
Prometeu Mal Acorrentado (Le Prométhée mal enchaîné, A. Gide) 37
Proust (M.) 9, 10, 12, 19-22, 24, 25, 27, 29, 31-35, 37, 38, 43, 46, 50, 51, 53, 55-58, 64, 66-68, 70, 71, 74-76, 80, 81, 84-86, 91, 92, 94, 97, 99, 101, 103-111, 113-115, 121, 124-126, 131, 133, 134, 138, 139, 142-145, 147-149, 152, 154, 155n, 161, 163-165, 167-169, 171-174, 176, 177, 179-184, 187-226, 227, 228, 230-234, 247, 253-255, 259, 261, 262, 265, 266, 276, 278, 286, 288, 289, 291, 292, 299, 301, 307, 309, 311-314, 317, 318, 322-324, 330, 335, 337, 338, 342, 346, 350, 351, 353-357, 359, 361, 362, 368-370, 376, 377, 383, 391, 394, 396, 399, 401, 402, 410, 412, 422, 423, 426-428, 430, 431, 435, 434, 440, 443, 445, 446-448, 454-460, 462, 465, 466
Pruche (B.) 321n

Quarteto de Alexandria, O (The Alexandria Quartet, L. Durrell) 446, 447
Quarto de Jacó, O (Jacob's Room, V. Woolf) 20, 25, 27-29, 78, 82, 89, 92, 98, 100, 111, 114, 132, 134, 138, 139n, 141, 142, 148, 177, 225, 231, 271, 295, 317, 376, 394, 414, 415, 428, 429, 431, 455
Queda, A (La Chute, A. Camus) 392
Queneau (R.) 126n, 396n, 412, 422, 453
Quesnoy (P. F.) 94, 96n
Questionário, O (Der Fragebogen, E. von Salomon) 350

Ragon (M.) 333
Rahv (P.) 328n
Raimond (M.) 22n, 98n, 211n
Ramuz (C. F.) 96, 103, 216, 433
Read (H.) 62n, 63, 69n, 70, 74n
Rehn (J.) 387
Reino Maluco (Royaume farfelu, A. Malraux) 294
Rétif de la Bretonne, Nicolas Edme Restif, dito 41
Retrato de Nosso Herói (Portrait de notre héros, R.M. Albérès) 300
Retrato de um Desconhecido (Portrait d'un inconnu, N. Sarraute) 353, 398, 399, 402, 405, 410, 412, 414, 422, 427, 428, 431, 435
Retrato de uma Senhora (The Portrait of a Lady, H. James) 21, 51, 62-64, 76, 147-148, 222
Retrato do Artista Quando Jovem (A Portrait of the Artist as a Young Man, J. Joyce)
Reverdy (P.) 23
Reverzy (J.) 444
Richard (J. P.) 53n, 328
Richardson (D.) 19, 21, 25, 27, 40, 41, 52, 56, 58, 74, 76, 80, 81, 91, 97, 107, 121, 123, 136, 149, 151, 152, 161, 178, 184, 189, 191, 192, 216, 231, 276, 287, 340, 383, 455, 462
Richardson (K. E.) 182n
Richli-Bidal (M. L.) 23n
Ricouer (P.) 359, 360
Rins e os Corações, Os (Les Reins et les coeurs, P.A. Lesort) 359
Rivière (J.) 19, 28, 29, 33, 107, 115, 167n, 214, 369, 454
Robbe-Grillet (A.) 221n, 394, 398-401, 413, 414, 420, 421, 423-426, 431-437, 439-444, 446, 448, 453, 457, 459, 460
Robert (L. de) 210n
Robert (M.) 379, 423, 424n, 460n
Robinson Crusoé (D. Defoe) 40
Rochedo de Brighton, O (Brighton Rock, G. Greene) 334, 335,

338, 339, 341, 345, 347, 351n, 354, 361
Romains (J.) 19, 108, 109, 240
Romberg (B.) 271n, 403, 447
Rosset (C.) 308n
Roth (H.) 331, 332, 334
Roth (J.) 363, 386, 408
Roudiez (L. S.) 367n
Rougemont (D. de) 338n, 351
Rousseau (J. J.) 41, 42, 154, 301, 456
Rousset (J.) 213
Rua Principal (Main Street, S. Lewis) 240
Rumo ao Farol (To the Lighthouse, V. Woolf) 23, 50, 70, 72, 75, 81, 87, 91, 100, 112, 123-125, 129, 133, 137, 138, 141, 147-149, 153, 168, 169, 172, 173, 189, 217, 223, 225, 291, 348, 353, 354, 402, 431, 443
Russell (B.) 448

Sacco (J.) 241
Sackville-West (V.) 79n
Sade (D. A. F. de) 41
Sagave (P. P.) 257
Saint-Exupéry (A. de) 307- 309
Salário do Medo, O (Salaire de la peur, G. Arnaud) 387, 407, 411
Salinger (P.) 398, 453
Salomon (E. von) 350
Sangue dos Outros, O (Le Sang des autres, S. de Beauvoir) 398
Sangue Negro, O (Le Sang noir, L. Guilloux) 306, 311, 328
Santuário (Sanctuary, W. Faulkner) 82, 101, 150, 155, 158, 161, 167, 308, 366, 401
Sarraute (N.) 110, 357, 360, 363, 398-401, 414-417, 420, 422, 424-432, 434, 435, 438-440, 443-445
Sartre (J. P.) 50, 140n, 141, 144, 148, 161n, 174n, 209n, 212, 217, 231, 240, 288, 321-325, 327-329, 336, 342, 346-349, 352-360, 367, 368, 370, 377, 378, 381-384, 388, 389, 391, 392, 396, 400, 401, 404, 405n, 407, 415-417, 423, 424, 427n, 428, 429, 432, 433, 435, 442, 443
Saussure (F. de) 146
Savage (D. S.) 140n
Schnitzler (A.) 128, 132
Schorer (M.) 86n, 183n, 238, 239n, 243
Se o Grão não Morre (Si le grain ne meurt, A. Gide) 413
Seghers (A.) 386
Seignobos (C.) 60n
Selva, A (The Jungle, U. Sinclair) 236
Sem Olhos em Gaza (Eyeless in Gazza, A. Huxley) 409

Senhorita Else (Fräulein Else, A. Schnitzler) 129, 146, 155
Seyppel (J. H.) 319n
Shakespeare (W.) 144, 160, 162, 212, 220, 253
Simon (J. K.) 381n
Sinclair (U.) 236, 238n
Sinos da Basileia, Os (Les Cloches de Bâle, L. Aragon) 301
Sob o Sol de Satã (Sous le soleil de Satan, G. Bernanos) 304, 366
Sócia do Casamento, A (The Member of the Wedding, C. McCullers) 351n, 413, 420-422
Soergel (A.) 23n
Sol Também se Levanta, O (The Sun Also Rises, E. Hemingway) 273, 299, 300, 301, 307, 319, 345, 381, 466
Som e a Fúria, O (The Sound and the Fury, W. Faulkner) 19, 23, 124, 127, 129, 131, 133, 136, 145, 148-150, 153, 160, 182, 212, 225, 271, 380, 466
Sonâmbulos, Os (Die Schlafwandler, H. Broch) 234, 243, 249, 250 (Huguenau oder die Sachlichkeit), 250n, 251, 252 (Huguenau oder die Sachlichkeit), 253, 254, 256, 258, 262, 264, 275, 285, 338
Souday (P.) 198
Soupault (P.) 106n
Souriau (E.) 13, 121
Souza (P. de) 222
Spender (S.) 126
Sperber (M.) 330n, 366n
Spielhagen (F.) 72
Spinoza 348
Spitzer (L.) 330n
Stang (R.) 22n
Starobinski (J.) 433n
Stein (G.) 19, 20, 84, 92, 93, 188, 189, 191, 271, 299
Steinbeck (J.) 148, 237, 243, 285, 287, 302, 303, 310, 311, 313, 317, 318, 330, 333, 340, 346, 349, 351, 408, 411, 420, 455
Stendhal 11, 12, 20, 25, 37-39, 45-51, 54-56, 62-65, 69, 75, 76, 79, 84, 95, 110, 112, 128, 132, 154, 168, 178, 188, 206, 218, 219, 306, 312, 325, 373, 454-456, 465
Sterne (L.) 190
Stoetzel (J.) 457n
Strindberg (J.) 22
Studs Lonigan (J.T. Farrell) 156, 241, 254n
Suave é a Noite (Tender is the Nigth, S. Fitzgerald) 148, 270, 272-275, 278, 301, 307, 327, 388
Subterrâneos do Vaticano, Os (Les

Caves du vatican, A. Gide) 370
Svevo (I.) 221, 432
Swinburne (C. A.) 160

Taça de Ouro, A (The Golden Bowl, H. James) 20, 39, 61, 63, 64, 67, 68, 74, 75, 136
Tavernier (R.) 287
Taylor (F. W.) 242
Tchekov 40
Tempo do Desprezo, O (Le Temps du mépris, A. Malraux) 297
Tempos Modernos (Modern Times, C. Chaplin) 167n, 305, 383, 416n, 435n, 436n
Tenente Gustl (Lieutenant Gustl, A. Schnitzler) 128
Tentação de Santo Antônio, A (La Tentation de Saint-Antoine, G. Flaubert) 52, 143
Tentação do Ocidente, A (La Tentation de l'Occident, A. Malraux) 294, 295
Tentador, O (Der Versucher, H. Broch) 252, 253
Ter e Não Ter (To Have and to Have Not, E. Hemingway) 306
Terra da Abundância (The Land of Plenty, R. Cantwell) 333
Terra dos Homens (Terre des hommes, A. de Saint-Exupéry) 307, 309, 310
Thérèse Desqueyroux (F. Mauriac) 353, 354
Thibaudet (A.) 103n
Thibault, Os (R. Martin du Gard) 103, 155, 257, 320
Thomas (J.) 285
Thomas (V. I.) 136, 137
Thomas, o Obscuro (Thomas l'obscur, M. Blanchot) 424, 425, 430, 456
Tilgher (A.) 211, 213
Titã, O (The Titan, T. Dreiser) 236
Tolstói (L.) 13, 27, 37, 50, 68, 75, 105n, 107, 178, 276, 366, 373, 429, 431, 454
Trahard (P.) 41n
Transit (E. Cooper) 386, 408, 411
Trem Louco, O (Le Train fou, H. Poulaille) 96
Troeltsch (E.) 257
Trollope (A.) 60, 68
Trópico de Câncer (Tropic of Cancer, H. Miller) 285, 328, 331
Tropismos (Tropismes, N. Sarraute) 429, 430
Trótski (L.) 180
Troy (W.) 180n, 274n

U.S.A. (J. Dos Passos) 180, 241, 242, 243, 244, 249, 251, 254, 263, 275, 277, 346 (Paralelo 42), 374

(Paralelo 42)
Ulisses (J. Joyce) 9, 12, 19, 20, 23, 25, 27-29, 33, 34, 51, 57, 70, 72, 91, 92, 96, 97, 105, 106, 111, 114, 115, 124, 126, 129, 133, 134, 136, 137, 139, 140, 142-145, 149, 152, 153, 155, 158, 160, 165, 166, 168, 169, 172, 176, 177, 180, 182, 189, 212, 215, 218, 220, 221, 224, 225, 233, 234, 241, 252, 260, 276, 277, 285, 289, 292, 309, 315, 317, 333, 342, 345, 349, 351, 361, 398n, 408, 414, 435
Um Estranho na Escada (A Stranger in the Stair, C. Mortimer) 398, 401, 423
Um, Nenhum e Cem Mil (Uno, nessuno e centomila, L. Pirandello) 81, 106
Uma História Verdadeira (A True Story, S. Hudson) 191
Uma Tragédia Americana (An American Tragedy, T. Dreiser) 236-238, 240, 337
Urso, O (The Bear, W. Faulkner) 161, 179, 276

Vailati (G.) 385n
Vailland (R.) 387
Valéry (P.) 101
Vallée (C.) 377n
Vandromme (P.) 330n
Vanzetti (E.) 241
Veblen (T.) 242
"Velho, O" (The Old Man, W. Faulkner) 149
Vermelho e o Negro, O (Le Rouge et le noir, Sthendhal) 20, 46, 48, 56, 76, 237

Vettard (C.) 154n, 210n
Viagem ao Fundo da Noite (Voyage au bout de la nuit, L.F. Céline) 285, 328, 329, 331, 332, 338
Viagem, A (The Voyage Out, V. Woolf) 73, 225
Vial (A.) 213
Vida de Marianne, A (La Vie de Marianne, P. Marivaux) 40, 102, 190, 235
Vinhas da Ira, As (The Grapes of Wrath, J. Steinbeck) 305n
Vítima, A (The Victim, S. Bellow) 405-406, 448
Volta do Parafuso, A (The Turn of the Screw, H. James) 67
Voo Noturno (Vol de nuit, A. de Saint-Exupéry) 307, 315, 335
Voo sem Fim, O (Die Flucht ohne Ende, J. Roth) 386n
Voyeur, O (Le Voyeur, A. Robbe-Grillet) 398, 399, 401, 412, 422, 435, 437, 441, 444, 446, 456, 459

Wagner (G.) 240n
Wahl (J.) 323n
Walpole (H.) 74n
Ward (A. C.) 86n
Warner (R.) 387
Wassermann (J.) 72, 114, 156, 157, 244, 245, 248-250, 257, 291, 318
Waugh (E.) 336, 409
Weber (M.) 257
Weiss (J.) 377
Welles (O.) 238
Wells (H. G) 77, 463
Werfel (F.) 386

West (A.) 140
West (N.) 338, 339, 408
Whitcomb (S. L.) 38
Wilson (C.) 439
Winesburg, Ohio (S. Anderson) 162
Wolfe (T.) 172, 174, 180, 189, 230, 231, 275, 278, 307, 336, 403, 448
Woodworth (S. O.) 164n
Woolf (L.).
Woolf (V.) 12, 19, 20, 22-25, 27, 29, 31, 34, 35, 53, 56, 58, 67-71, 73-75, 77-84, 86, 88-95, 97-99, 101-104, 108, 110, 111, 113, 121, 124, 128, 129, 137, 139-141, 144, 148, 152, 154, 157, 160, 161, 168-175, 178n, 181, 184, 187-190, 201, 208, 209, 211, 216, 220, 221, 223-225, 231-233, 235, 243, 260, 271, 286, 287, 292, 295, 298, 306, 309, 311, 314, 322, 334, 338, 354, 358-360, 368, 369, 382, 395, 400, 404, 415, 420, 428-431, 440, 455, 456, 459, 465
Wouk (H.) 405
Wright (R.) 329, 334

Yeats (W. B.) 160
Yourcenar (M.) 189n

Zéphir (J. J.) 210n, 223n
Zéraffa (M.) 47n, 133n, 154n, 178n, 349n, 410n, 413n, 420n
Zero e o Infinito, O (Darkness at Noon, A. Koestler) 387
Zola (E.) 27, 42, 59, 75, 102, 109, 113, 159, 181, 235, 236, 276, 302, 329, 454

Índice das Personagens

Adolescente (o) (*Morte a Crédito*) 329
Agathe 262, 264
Agrimensor (O) 26, 267, 268, 270, 381, 382, 391, 393, 408, 423, 424
Ahab (Capitão) 26, 130, 359, 367
Albee 448
Albertine 147, 148, 154, 155, 189, 195-197, 201, 204-206, 209, 215, 228, 337, 338
Aliocha 365
Alvear 297, 305, 306
Andergast 155, 156
André (O Príncipe) 27, 35, 38, 82, 141, 145, 306, 367, 430, 457, 460
Anna Karenina 306, 367, 455, 461
Anna Lívia Plurabelle 253
Anne 339, 340, 416
Anny 325, 328, 339
Árabe (o) 389-391, 399, 400, 433
Archer (cf. Izabel)
Arthez (d') 43, 45
Aschenbach 320, 377
Ashley (Brett) 299, 341
Aureliano 301, 345
Autodidata (o) 323, 326, 335, 404
Aviador (o) (*Dinheiro Graúdo*) 243
Aviadores (os) (*Terra dos Homens*) 310
Avó de Marcel (a) 200

Babbitt 238, 239, 254, 388, 403, 448, 466
Barnes (J.) 299, 300, 307, 312, 319, 340, 341, 348, 381
Bates (Miss) 128
Bébert 339
Benassis 43
Benbow 150
Benjy 124, 126, 127, 130, 131, 135, 136, 146, 155, 160, 276, 413
Berenice 301, 345
Berger 392
Bergotte 83, 205, 208
Berma (a) 195, 203, 205
Bernard 11, 87, 101, 172
Bette 42, 43, 146, 147, 457
Bianchon 43, 45
Biberkopf (Hans) 112, 127, 137, 162, 170, 241, 251, 252, 254, 275
Biff 347
Birkin 229, 234

Blount 347, 351
Bloom (L.) 11, 12, 26, 30, 34, 35, 111, 124-132, 134, 136, 137, 140-145, 148, 150, 151, 155, 165, 166, 168, 169, 174, 177-180, 182, 183, 215, 217, 219, 220, 223, 228, 233, 234, 241, 247, 253, 260, 274, 305, 307, 309, 314-316, 319, 337, 342, 345-347, 353, 361, 378, 384, 398, 412, 414, 419
Bolkonski 31, 435
Bournisien (Abade) 54
Bouvard-Pécuchet 67
Bovary (Charles) 147, 337
Bovary (Emma) 34, 52-57, 59, 62-64, 67, 82, 111, 123, 132, 134, 135, 147, 150, 163, 177, 189, 218, 221, 272, 306, 322, 326, 337, 340, 367, 373, 378, 411
Brett 299, 300, 319
Briscoe (Lily) 83, 112, 124, 148, 176, 220
Brown Mrs 77-82, 88, 221, 419
Brunet 355, 420
Bud 94
Bürstner (Mlle.) 372
Burton 303
Byron Bunch 331

Caddy 148, 160
Camponês espanhol (o) 292
Cândido 41
Cantwell (R.) 319
Casanova 229
Castorp (Hans) 26, 112, 113, 132, 155, 170, 182, 223, 233, 234, 244-247, 249, 256-260, 262, 264, 275, 276, 291, 317, 318, 346, 375, 376, 453, 458, 460
Catherine 301, 336, 341
Chabert 43, 45, 111, 132
Chantal (de Clergerie) 291, 304, 325, 335, 337
Charlus 10, 27, 82, 113, 148, 150, 201-203, 205, 206, 247, 309, 313, 458
Chatov 368
Chauchat (Mme) 149, 234, 265, 291
Christmas (Joe) 138, 149-151, 158, 159, 164, 170, 190, 218, 223, 286, 316, 337, 359, 361, 362, 377, 391,
393, 439, 442
Ciumento (o) 425, 434-437, 442
Clappique (Barão de) 292, 313, 314, 316, 317, 324, 350, 361
Clarissa (cf. Dalloway)
Claude 289, 290, 293, 306, 311, 325, 341
Clélia 48
Clèves (Princesa de) 34, 291, 367, 416, 459
Coldfield (Rosa) 136, 175, 189, 271
Compson (cf. Quentin)
Condessa (a) (*Diário de um Pároco de Aldeia*) 316, 403
Cônsul (o) 287, 300, 342-345, 347, 368, 398, 417, 453
Copperfield (David) 60
Cottard 361
Courtial 330
Cripure 311, 326, 328
Cura de Tours (o) 459

Daisy 271, 272
Dalloway (Clarissa) 128, 130, 174, 178, 247, 426
Darl 164
Dedalus (Stephen) 11, 23, 68, 73, 87, 92, 112, 135, 136, 138, 143-146, 148, 150, 151, 162, 166, 169, 170, 178, 179, 182, 183, 217, 219, 220, 228, 229, 234, 252, 253, 257, 261, 276, 297, 298, 308, 309, 312, 315, 318, 319, 377, 382, 384, 393, 398, 438, 446, 455, 458
Derville 43
Desertor (o) 320
Des Grieux 367
Diver (Dick) 272-275, 278
Doc 302
Don Juan 202, 229
Dom Quixote 26, 367, 457, 460
Dorsday 128

Earwicker 252
Edouard 11, 99, 100, 102, 127, 162, 285, 313, 369, 370
Ellen 94
Elmer Gantry 238
Else 128, 129, 132
Elstir 192, 205, 247
Emile 94
Emma (cf. Bovary)

English (Julian) 388, 389
Esch 249-251, 264
Ester 43
Estrangeiro (o) 361, 368, 391, 392, 422, 444, 454
Etzel (Andergast) 155-157, 245, 257, 258, 296
Eyre (cf. Jane)

Fabrice 45, 47-50, 61, 132, 141, 367, 391, 430, 459, 460
Fausto 248, 319, 377, 393, 413
Ferdinand 234, 328-331, 336, 339-342, 344, 346, 359, 361, 406, 412, 415, 417, 461
Ferral 289, 305, 308, 309, 316
Filho Nativo 334, 339
Flanders (Mrs) 113, 132, 138, 419
Françoise 71, 154, 199, 357, 358, 416, 426, 427, 431
Frankie Addams 399, 413, 421-423, 442
Frédéric Moreau 150
Frederick 287, 301, 311, 312, 336, 341, 346

Gamin (le) (Rochedo de Brighton) 334, 339, 341, 342, 345, 346, 350, 351
Garcin 348, 432
Garine 289, 293, 299, 303, 304, 308, 310, 313, 316, 328, 350, 368, 391, 393
Gatsby 271, 272, 345, 361
Gerald 231
Gervaise 82
Giacomo 267
Gil Blas 60, 242
Gilberte 195-198, 201, 202
Gilles 106, 107, 301
Godot 395
Goetz 324
Goodwood (Caspar) 63, 147
Goriot 43-45, 52
Grabot 289
Gregor Samsa 379, 382
Griffith 237, 238
Guermantes (Duque de) 179, 192, 195, 197, 198, 205, 458

Hans (cf. Castorp)
Harry Haller 245, 246, 248
Heathcliff 82, 132, 359, 460
Henderson 113
Herff (cf. Jimmy)
Herrera (Abade de) 113
Homais 54
Homem do braço de ouro 417
Homem sem qualidades (o) 132, 147, 170, 179, 261, 263-265, 362
Hugo 432
Huguenau 250

Hulot 309

Ilren 157, 318
Imoralista 217
Izabel (Archer) 62-64, 75, 84, 134, 147, 460
Ivich 355-357, 399, 414, 416, 420, 441
Ivonne 348

Jack 299
Jacques (Thibault) 155, 245, 320
Jaime 291
Jane Eyre 20
Jiggs 153, 159, 164
Jim 303, 311, 341, 346
Jim (cf. Lord)
Jimmy (Herf) 82, 94, 95, 112, 141, 151, 162, 170, 178-181, 275, 361, 403
Joachim 249, 250, 259
Jordan 313
Jornalista (o) de Pilone 150, 162-165, 179, 319
Julian 388
Julien (Sorel) 11, 12, 20, 24, 34, 45, 47-50, 62, 130, 145, 167, 172, 202, 216, 237, 265, 289, 337, 340, 392, 416, 456, 460
Jupien 202, 361, 458

K 132, 265, 267, 268, 270, 343, 368, 369, 371-374, 378-382, 386, 389-393, 407, 408, 413, 414, 423, 424, 434, 457-460
Karamazov (Os) 366, 391
Kassner 297
Katow 286, 292, 293, 297, 303, 304, 310, 311, 313, 316, 318, 319
Kerkhoven 157, 318
Kirilov 364, 365, 368, 369
Klein 303, 304
Krokowski (Dr.) 234
Krull (Félix) 266
Kyo 11, 286, 288, 289, 291-294, 297, 298, 303, 304, 306, 308, 310-320, 323, 327, 335-337, 340-342, 345-347, 350, 351, 355-357, 359, 361, 362, 366, 368, 379, 390, 392-394, 399, 402-404, 409, 416, 427, 428, 441, 444, 457, 458, 461

Lafcadio 98, 217, 337, 369, 370, 389, 443
Lambert (Ned) 134, 144, 219
Lamiel 47
Langeais (Duquesa de) 55
Larivière (Dr.) 54
Lena 149
Lenglen 291
Lewis 240
Ligeia 229

Lobo da Estepe (o) 34, 178, 248, 254
Lola 328, 330, 339, 340
Lonelyheart (Miss) 338, 339
Lord Jim 34, 35, 84, 145, 460
Lonigan (S.) 254

Mac 302, 303, 311, 341, 346
Mãe de "Marcel" (a) 130, 337
Malone 397, 398, 412, 435, 438, 444
Manuel 285, 292, 293, 310, 391
Marianne 150
Martereau 422, 427, 430, 442
matador de aluguel 339, 340, 346, 347, 417 Mather 339, 340
Mathias 399, 422, 454
Mathieu 324, 325, 355-357, 360, 361, 390, 399, 405, 415, 418-420, 428, 429, 431, 432
Mathilde (de la Mole) 48, 55, 291
Maurício 156, 257
May 291, 292, 293, 297, 304, 306, 314, 318, 335, 337, 458, 461
Meaulnes (O Grande) 421
Meursault 389-394, 399-402, 405-409, 411, 412, 415, 416, 417, 422, 423, 431, 433, 444, 466
Míriam 122, 127, 129, 132, 146, 149-151, 153, 191-193, 218, 341, 459, 460
Mole (M. de la) 371
Moll (Flanders) 30
Möllberg 318, 320
Molloy 394-399, 402, 407, 412, 416, 417, 422, 423, 427, 431, 434, 438-440, 442, 443, 453, 454, 459-461
Molly 124, 166, 317-319
Moravagine 106
Morel 150, 202, 206
Mortsauf (Mme. de) 43, 55, 56, 111
Mouchette 288, 300, 334
Mouret 337
Míchkin 365, 366
Mulligan 150, 176, 276

Nafta 149, 256, 258, 259, 265
Narrador (o) (Céline) 287, 330, 331, 332, 334, 342
Narrador (o) (Os Conquistadores) 306, 310
Narrador (o) (O Emprego do Tempo) 446
Narrador Marcel (o) (Em Busca do Tempo Perdido) 23, 25, 34, 50, 56, 60, 70, 71, 107, 111, 113, 129-134, 138, 143, 147-151, 154, 155, 162, 171, 172, 174, 179, 181, 183, 189, 192-212, 214, 215, 217, 218, 222, 223, 228, 234, 246, 247, 259, 261, 262, 265, 276, 287-289, 309, 314, 335, 337, 341, 354, 362, 370, 393, 402, 410, 427, 436, 437, 453, 456, 458, 460, 461

ÍNDICE DAS PERSONAGENS

Narradora (a) (*A Convidada*) 416
Natacha Rostov 141
Nicole (cf. Warren)
Nicolaieff 309
Norpois 162, 167
Nucingen 43

Odette 113, 138, 149, 195, 206, 446, 458
Olivier 100
Oreste 324, 390, 432
Oriane de Guermantes 195, 197, 205
Ouine 392

Pagel 244
Pároco de aldeia (o) 286, 304-306, 308, 310, 311, 313-316, 320, 325, 327, 328, 337, 340, 341, 346, 403, 416, 426
Pároco de Torcy (o) 303, 304, 311, 316, 385, 403
Passavent 11, 101
Patera 374, 375
Paul (Pennyfeather) 409
Peeperkorn 259
Pei 294
Perken 11, 287, 289, 290, 292, 293, 297, 299, 300, 306, 309, 311, 313, 314, 316, 323, 325, 391, 393
Philippi (Jurgen) 244, 245
Pierrot 412, 413, 420, 422
Pons (o primo) 43, 45, 110, 132, 426, 457, 459, 461
Popeye 150, 155, 158
Popinot 43
Protos 370
Pulham 403

Quentin (Compson) 12, 124, 126, 128, 131, 132, 136, 145, 146, 148, 150, 151, 159, 161, 173, 175, 178, 179, 223, 258, 276, 289, 300, 338, 361, 380, 381, 391, 442, 455

Ramsay (Mrs.) 27, 56, 82, 86, 97, 112, 123, 124, 131, 132, 136-138, 141, 143, 148-151, 155, 158, 169, 170, 172, 174, 177-180, 183, 188, 189, 191, 215, 220, 233, 234, 249, 316, 317, 341, 359, 361, 370, 377, 399, 407, 415, 427, 440, 455, 460
Raphael 363-365
Raskolnikov 27, 150, 365, 366, 368, 391
Rastignac 26, 43-45, 48, 49, 52, 202, 238, 239, 242, 364, 399, 459
Raunce 445
Redator-chefe (o) (Pilone) 150, 168
Rênal (Mme. de) 48, 371
Rieux 392, 416
Rigaud (Mme.) 94
Rinaldo 311
Robinson 367
Rodolphe 54, 177
Rodrigue 308
Rogójin 365, 366
Roquentin 144, 287, 321-329, 331, 332, 335, 339, 341, 342, 345, 354, 357, 361, 362, 368, 379, 382, 384, 390-394, 397, 399, 401, 406, 407, 409-411, 416, 419, 426, 429, 432, 433, 443, 444, 453, 455, 457, 461
Rose 339, 341, 342, 350
Rosemary 273-275
Rossmann (Karl) 265-268, 270, 271, 274, 275
Rubempré 26, 42, 43, 45, 48, 113, 336, 363, 367, 459

Santo (de Lumbres) 304
Saint Loup 138, 149, 172, 179, 199, 205, 207, 276
Saint Loup (Mme.), cf. Gilberte
Saint Preux 42, 301
Sartoris 159
Septimus 174
Settembrini 149, 256, 258, 259, 265
Shumann 163-165
Simon 103, 106
Smith (Mr) 77, 78
Snopes 159, 182, 276
Sophroniska (Mme.) 100
Stavróguin 38, 43
Strether 31, 62, 63, 67, 75, 147, 456, 460

Studs 156
Sutpen (Coronel) 131, 159, 163, 175, 176, 179, 189, 271, 288
Suzanne 107
Swann 30, 113, 138, 148, 179, 192, 195, 201-203, 205, 206, 257, 261

Tchen 293, 294, 297, 316, 319, 361
Tcheng-dai 309
Telêmaco 219, 220
Temple 442
Thérèse (Desqueyroux) 353, 354, 356
Thomas (l'Obscur) 424, 425
Tikhone 365, 366
trabalhadores (os) de Steinbeck 287
Tunda 386

Ulrich 261-264, 266, 269, 271, 274, 275
Ulisses 202, 220
Ursula 229
Usher 229

Valérie 305, 309
Vandenesse 42, 43, 45, 111
Vautrin 20, 27, 34, 42-45, 289, 336, 364, 367, 457-459, 461
Verdurin 10, 150, 179, 201, 203, 206, 215
Vinteuil 196, 197, 206, 247
Virgílio 170, 253, 265, 276, 318
Von Bertrand 250
Voyeur (o) 421-425, 435, 437, 438, 440, 443, 444

Waremme 157
Warren (Nicole) 273, 274
Wilhelm Meister 229

Xavière 341, 357, 404, 416, 426, 427, 441

Zeno 188, 431, 432, 448

Este livro foi impresso na cidade de São Paulo,
nas oficinas da Orgrafic Gráfica e Editora Ltda.,
em dezembro de 2010,
para a Editora Perspectiva S.A.